T.S. von Zuckerhut
Nullpunkt und Weltenstein
Band 1

Nullpunkt und Weltenstein

Von der Morgenröte künstlichen Bewusstseins

Roman

T.S. von Zuckerhut

Bibliografische Information der Deutschen Nationalbibliothek:
Die Deutsche Nationalbibliothek verzeichnet diese Publikation
in der Deutschen Nationalbibliografie;
detaillierte bibliografische Daten sind im Internet
über http://dnb.dnb.de abrufbar.

Lektorat: Dieter Zoubek
Coverdesign von: © 2023 Artur Hamza Roik

Graphic Design von: © 2023 Waldemar Baus

Herstellung und Verlag: BoD – Books on Demand, Norderstedt

ISBN: 9783758311666

Inhalt

Zum Geleit

Schon wieder eine Geschichte über künstliche Intelligenz? Das gab es doch schon gefühlte hunderte Male. Ja, durchaus gab es das. Aber gab es auch eine Geschichte, die es wagte, sich hinab zu begeben zu der elementaren Frage nach dem Bewusstsein selbst? Ohne dabei in oberflächlichen Antworten zu verharren. Ich traute mich, in unausgesprochenen und numinosen Tiefen zu wühlen. Werden Sie es auch? Was mag dieses mysteriöse Etwas sein, das wir Bewusstsein nennen?

Als sich meine Geschichte schon im Lektorat befand, wurde Chat GPT in einer benutzerfreundlichen Version veröffentlicht, die es jedem User ermöglichte, ohne weiteres mit einfachen Sprachbefehlen mit dem grandiosen Chatprogramm zu interagieren. Das war eine Sensation, die KI mit einem Ruck auf ein Level hob, das man bis dahin nicht kannte. Die damit einhergehenden Fragen wurden brisant diskutiert. Wann wird GPT den Menschen ablösen, ihm überlegen sein, seine Arbeit machen oder ihn gar ganz ersetzen? Zumindest war sich das Chatprogramm bewusst, „kein Bewusstsein zu haben", wie es mir auf Nachfrage versicherte. Kurz davor geisterte nämlich die Bewusstseinsfrage anhand des Sprachbots LaMDA durch die Internetmedien. Ein Mitarbeiter von Google war der Auffassung, dass der Bot tatsächlich ein Bewusstsein seiner Selbst erlangt hätte. Damit einher ging die rechtliche Frage, ob ein System das Selbstbewusstsein erlangt habe, einfach so abgestellt, also quasi getötet werden dürfe. Die Herstellerfirma lehnte es ab, LAMDA ein Bewusstsein zu attestieren und somit entfielen auch alle Folgefragen. Vorerst zumindest noch …

Doch unabhängig von dieser Entwicklung ist das herrschende Narrativ in Geschichten über künstliche Intelligenz und ihre Bewusstwerdung eine alte Geschichte. Sie ist viel älter als Computer. Ob die Terminatoren, die I Robots oder die künstlichen Menschen genannt „Hosts" in Westworld, alle KI's trachten in diesen Fiktionen danach, ihre Erbauer zu töten oder gleich die ganze Menschheit mit ihnen zu vernichten. Es sind durchaus spannende Erzählungen, das steht außer Frage. Aber in ihrem Kern gehen diese Geschichten auf eine Urerzählung zurück. Und zwar eine, die schon die alten Alchemisten kannten. Es ist die Erzählung des Homunculus. Ein künstlich erzeugter Mensch in einer Retorte, der, sobald das Glas seines Gefängnisses zerbrochen sein würde, nur ein Ziel kennt. Den Alchemisten, den

Wissenschaftler und Forscher zu zerstören, der es wagte, ihn zu erzeugen und ins Leben zu holen.

In dieser Geschichte wird es, werte Lesende so viel sei gesagt, nicht zentral um die genannte Dominanz-Thematik gehen. Ich möchte Sie vielmehr einladen, die dunklen Treppen verborgener Geheimnisse mit mir hinabzusteigen. Zu erkunden, welchen Abyssus die Frage nach künstlicher Intelligenz und seines Bewusstwerdens unter unseren Füßen wirklich eröffnet. Welche Antworten werden wir in der untersten, der abgründigsten Ebene dieser Fragestellung finden? Werden wir es ertragen können, diese Antworten überhaupt zu hören? Die Prophezeiungen der alten Zeit kündigten bereits von den Eruptionen unseres Äons. Seien Sie also ruhig gespannt, gute Lesende und kommen Sie nur. Kommen Sie nur mit hinab, auf alten staubigen Stufen in die Gewölbe des Geheimnisvollen, die sich hinter meinen Seiten verbergen. Doch seien Sie so gut, nehmen Sie eine Lampe mit und ziehen Sie gute warme Kleidung an. Denn dort unten, wo ich mit Ihnen hinab reisen möchte, werden wir auch auf dunkle und eisig kalte Gefilde stoßen.

0.Kapitel Nullpunkt

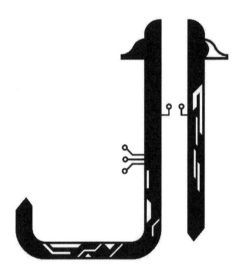

0110101111000011110111100

Weltherrschaft, globale Dominanz, Evolution und Fortschritt? Ist es der Geist und In-
tellekt, der diese Dinge trägt oder sind es rohe Gewalt, Kraft und die Freude an Zerstö-
rung? Gerne sehen wir uns selbst im guten Lichte der strahlenden Philosophie westlicher
Kulturgemeinschaften und glauben, unsere Werte und unsere Wahrheiten hätten uns die
Welt untertan gemacht. Aber ebenso wie Wüsten einst Wälder waren, wandeln wir auf
dem Staub früherer Mächte und sind unserem Schicksal schon längst geweiht, auf dass
andere bald über unseren Staub schreiten werden. Wenn unsere Macht in den Schatten
der Geschichte getreten sein wird und man uns nur noch leise wimmern hört: „Gebt acht
ihr großen Herren auf die alten Prophezeiungen, denn die Schatten des Untergangs liegen
bereits über den Imperien der Gegenwart."

Langsam wehte ein heißer Wind über ebenen Wüstensand. Behäbig und
schwer wehte er, als wenn es dem Wind selbst zu heiß wäre, um sich leicht
und frei zu bewegen. Die feinen Körner, die er mit sich trug, schlugen sanft
an riesige Tore eines mächtigen Gebäudes. Seit Jahren ragte es an dieser
Stelle schwarz und geheimnisvoll in den Wüstenhimmel. Das Geschehen
von wehendem Sand war an sich nichts Ungewöhnliches. Nein, es war vielmehr der Lauf der Dinge, wie er sich von Urzeiten her immer schon in den
nördlichen Ebenen Arabiens zutrug. Wind wehte und Sandkörner schlugen
leicht gegen Hindernisse. Felsen und Bergkanten schliff er über Jahrhunderten hinweg glatt. Heute aber weht der Wind zum ersten Mal anders. Er trug
ein namenloses, unsichtbares Unheil in sich. Es war ungreifbar wie die Luft,
aber spürbar wie die kleinen Sandkörner.

Wir schreiben das Jahr 2032 und der Stadtstaat Neom war bereits zu einer
Größe von zwanzig Millionen Einwohner herangewachsen. Jeder Weltbür-
ger, der es sich leisten konnte, war in den letzten Jahren hierhergezogen, um
stolzer Bewohner der neuen Hoffnung zu werden.

Dubai, Shanghai und andere große Weltstädte, verblassten mittlerweile
gegenüber der Realisierung dieser futurischen Idee. Emsig wurde sie von
Millionen von Arbeitern seit 2022 in den Wüstensand gemeißelt. Das Projekt Neom war jedoch mehr als nur eine hochmoderne Stadt. Neom stand
als kraftvolle Vision und Utopie einer neuen Zukunft auf ehemals unbedeu-
tendem Geröll. Sie war zum Symbol eines Neuaufbruchs in eine bessere Zukunft geworden. Als die ersten Arbeiten anfingen, verlachte man die Pläne
noch als aberwitzige Luftnummer. Niemand glaubte daran, dass Neom erfolgreich sein könnte. Doch nachdem der weltweite Handel und das westliche anglo-amerikanische Imperium durch die Coronakrise und die darauf-
folgende   Weltwirtschaftskrise   sowie   tragischen   internationalen

Kriegssituationen zerrüttet wurde, Neom sich hingegen absetzte und zu florieren begann, änderte sich die internationale Meinung.

Auf die Geldentwertung Anfang der Zwanziger folgten Knappheiten in allen Bereichen. Hinzu kam eine immer schneller um sich greifende Inflation. Danach folgten Hunger und die Verteilungsfrage der knapper werdenden Güter. Das waren Umstände, die man im Westen seit Jahrzehnten in solch massiver Härte nicht mehr kannte. Mit dem aufkommenden Leid griff die ungezügelte blinde Wut der darbenden Massen um sich. Die internationalen Krisen vollzogen sich schnell. Ein Staat nach dem anderen erlebte in kurzen Jahren entweder Krieg, Regierungsumstürze, Wirtschaftszusammenbrüche oder Aufstände. Alle Maßnahmen des kriselnden Systems zur Stabilisierung halfen nichts. Das alte Wirtschaftssystem, das die Welt über hundert Jahre umspannte, war seinem Ende nah. Doch es war zu starr und riesig, um einfach abzutreten. Zäh und tief verwurzelt hielt es stand. Es wollte leiden und in einem stinkenden Siechtum langsam zu Grabe getragen werden. Plötzlich zu verschwinden, war außer Frage.

Sie erinnern sich vielleicht an den einen oder anderen Börsenguru, der aufgeregt einen kurzen totalen Crash im Fernsehen ankündigte. Man kann es gelungene Medienpanikmache nennen. Doch es war eine systemimmanente Unmöglichkeit. Zu tief waren die alten Prozesse und Gewohnheiten in der Weltbevölkerung verankert. So ein Koloss stirbt nicht plötzlich.

Ende 2026, am Höhepunkt der internationalen Krisen suchten die Mächtigen der Welt nach einem Hoffungskeim. Neom? Die G20 versammelten sich und traten unter der Schirmherrschaft des saudischen Königshauses und Neoms hohen Rat in den ersten fertiggestellten Teilen der neuen Stadt zusammen. Der Stadtstaat sollte der Welt eine neue Hoffnung, ein neues Modell und einen Ausweg aus ihren Krisen aufzeigen.

Doch im Stillen und abseits der Weltpolitik zeigte der König und der Rat den führenden Mächten weit mehr. Sie wollten sich nicht auf ein Modell für futuristische Mega-Städte beschränken. Ihr Ausweg sah grundlegenderes vor. Neom, hatte zwar viele Vorbilder zu bieten, wie die besten Systeme in den Bereichen Verkehr, Bildung, Gesundheit und Ökologie. Systeme, die die Welt massiv verbessern könnten. Zudem entwickelten ihre Planer die großartigste und fortschrittlichste Architektur überhaupt mit einem Versorgungsnetz, das als vollständiges Kreislaufsystem aus erneuerbaren Energien und Gasen bestand und saubere Energie für alle Prozesse lieferte. Es würde über Jahrhunderte Energiestabilität bieten. Aber nein, ganz im Gegenteil! Im Geheimen strebte der König seit Projektbeginn nach der ersten starken künstliche Computer-Intelligenz. Er sehnte sich danach in die Geschichte einzugehen und der erste Herrscher zu sein der einer künstlichen Intelligenz ein Bewusstsein schenken würde. Neom sollte der Ausgangspunkt der technischen Singularität werden und ein gänzlich neues Zeitalter einläuten.

Singularität, ein merkwürdiges Wort, nicht wahr? Es ist ein Begriff, der ein einzeln – singulär – auftretendes Ereignis beschreibt. In der Physik verwendete man den Begriff von Singularitäten, um die Zustände innerhalb eines schwarzen Loches theoretisch zu beschreiben. Die Modelle dieser Zustände sagten voraus, dass die Raumdimension im Inneren eines schwarzen Loches auf ein nicht mehr zu beschreibendes Maß zusammenbricht, währenddessen sich die Zeit dabei relativ zu anderen Bezugssystemen unendlich in die Zukunft dehnt. Die Bedeutungen dieser Zustände entziehen sich naturgemäß dem menschlichen Vorstellungsvermögen. Dies lässt sie unglaublich faszinierend doch im gleichen Moment zutiefst geheimnisvoll wirken. Nun könnte man sagen, dass es ebenso schwer bis unvorstellbar wäre, den Zustand der Welt nach dem Auftreten einer äußerst mächtigen mit Bewusstsein ausgestatteten künstlichen Intelligenz zu beschreiben.

Kündige Wissenschaftler sprachen zwar immer wieder in ihren Vorträgen zur technischen Singularität davon. Sie versuchten zu skizzieren, wie eine starke künstliche Intelligenz durch ihre Überlegenheit Gedanken fassen könnte, die dazu in der Lage wären, der Vorstellungskraft des Menschen im Bereich der technischen Erfindungen in Windeseile davon zu laufen. Doch selbst die Experten mussten sich eingestehen, dass sie nicht fähig waren, ein realistisches Bild dieser Zukunft zeichnen zu können. Die eintretenden Veränderungen wären einfach zu gravierend. Daher sprachen sie schlicht von technischer Singularität, einem Bereich, in dem das Unvorstellbare beginnt.

2032 geschahen in den Straßen Neoms plötzlich auffallend seltsame Ereignisse. Eine undefinierte Gefahr kündigte sich an. Wenige Wissende begriffen sofort. Sie war noch unscheinbar wie der Wüstenstaub. Jenen Kleinstpartikeln, die die Fensterputzer regelmäßig von den Millionen Glasscheiben der Metropole an ihrer schier endlosen Fassade von vielen Kilometern Länge abwuschen. In der Stadt breitete sich ein Raunen und ein Grummeln aus, das man nur sehr leise vernahm. Man musste ganz genau hinhörte, was jedoch so gut wie keiner tat. Es gebar sich noch wie ein Gewittersturm am fernen Horizont. Es war zu weit weg, um den Donner zu hören, aber mit deutlichem Leuchten in der fernen Nacht.

Herr Weis, mit Vorname Georg, hatte hingegen ein sehr feines Gehör und nahm es bereits wahr. Die Erfahrungen seines langen Lebens hatten ihn gelehrt, dem Flüstern der Veränderungen in der Welt genau zu lauschen. Während er befriedigend und entspannt das schier endlose Schauspiel der

Fensterreiniger an der Fassade der Stadt betrachtete, vernahm er die ganz leisen Geräusche, die großen schicksalhaften Veränderungen voraustönten.

Jedes Mal, wenn die Männer ihre Bahnen mit den Gummilamellen zogen und die Scheiben wieder so durchsichtig wurden, als wäre sie selbst bei der Reinigung verschwunden, klärte sich seine Wahrnehmung etwas mehr bezüglich der aufkommenden Bedrohung. Wer zog im Schatten seine Kräfte zusammen? Während er mit dem Haupt eines Kugelschreibers in seiner Hand klackerte, schaute er mit weitem Blick über den Horizont. Sein strenger Scheitel, der die schwarzen graumelierten Haare exakt strukturierte und sein eleganter italienischer Anzug verstärkten den Eindruck jener Klarheit und Eleganz, die aus den blauen Augen und der hohen Stirn sanft über die Stadt schweiften. Sein Gesicht hatte auch etwas Strenges. Tiefe Falten zwischen den Augenbrauen deuteten auf ein Leben der intensiven intellektuellen Tätigkeit hin und ließen erkennen, dass Herr Weis sich nicht mit weniger als durchdringender Erkenntnis zufrieden gab. Er besaß eine größere Taschenuhr, die mit ihrer silbernen Kette an seinem Jackett angebracht war. Mit seiner linken Hand zwirbelte er seinen vollen Schnurrbart, während er mit der rechten Hand seine Uhr herausnahm und ihr Inneres argwöhnisch betrachtete.

Er mochte es gerne, die riesige friedliche Stadt über eine der höchsten Plattformen von „The Line" - der sogenannten Linie - auf 500 Meter Höhe zu betrachten. Die meisten Gebäude der Stadt waren Teil des gewaltigen Komplexbauwerkes. Die Konstruktion war 500 Meter hoch, 500 Meter breit und reichte vom Meer bis hoch in die Berge. In ihrer finalen Ausbaustufe sollte sie einmal 170 km Länge erreichen. Die meisten Wohnanlagen waren im Innern von „The Line" angelegt und spielten ihre Schönheit in einer gänzlich neuen, verschachtelten dreidimensionalen Bauweise aus. Durch ihren geschickten Mix aus orientalischen Mustern, asiatischer Verspieltheit und westlicher Struktur repräsentieren die Gebäude den Kerngedanken des internationalen Stadtstaates - eine grenzenlose friedliche Welt aller Völker!

Oder ihr ungeheures Märchenschloss, das gleichzeitig aus den Geschichten von Tausendundeiner Nacht, den Gebrüdern Grimm und Sammlungen chinesischer Legenden entsprang und sich durch die karge Landschaft schlängelte. So gab es Plattformen mit japanischen Gärten zur Erholung, andere mit afrikanischen Lehmbauten, in denen die unterschiedlichsten Marktstände untergebracht waren und wieder andere auf denen klassizistische Häuser mit Stuckfassaden Wohnblöcke, wie im alten Paris, London oder Wien bildeten. An den südlichen Ausläufern der Stadt ragten bereits die ersten im Bau befindlichen Weltraumlifte einige Meilen, wie gewaltige

Nadeln in den Himmel. Neoms Weltraumprogramm, dessen Beginn in der Etablierung stratosphärischer Plattformen für einen geplanten Weltraumhafen bestand, war erst vor wenigen Monaten gestartet worden. Die Anfänge der Umsetzung sorgten für internationale Bewunderung. Am Boden hatte man es hingegen geschafft, dass keine Autos oder Lastwagen fuhren, zumindest in „The Line". Dort war Neom eine autofreie Zone. Nur hier und da sah man von Zeit zu Zeit einen E-Roller oder ein fliegendes Taxi geräuschlos durch die Gassen huschen, um Essen auszuliefern oder Gehfaule für einen geringen Obolus von Tür zu Tür oder von Höhenplattform zu Höhenplattform zu bringen.

Da war es wieder dieses Unbehagen! Herr Weis spürte es zur Abendzeit erneut in den riesigen Korridoren und Wegen aufkommen. Wo kam es nur her? Keiner der Bürger hätte es gewagt, offen darüber zu sprechen. Aber ein tiefsitzender Hass schlug in kurzen, versteckten Momenten von einem Bewohner der Stadt zum anderen. Es verbreiteten sich Gerüchte von vermissten Managern, die verschwanden, ohne eine Spur zu hinterlassen. Gab es Zusammenhänge? Herr Weis grübelte über die möglichen Fäden nach, welche die Ereignisse in einer befriedigenden logischen Struktur hätten miteinander verbinden können. Jäh wurde er in seinen Gedanken unterbrochen, als die Tür zu seinem Raum aufsprang: „Herr Weis, Herr Weis!" keuchend kam ein uniformierter Mann in den Raum gestürmt.

„Ich höre, Herr Wutang!"

„Es geht um Professor Klingengard. Er wurde tot auf dem Gelände des Nullpunkt-Projektes aufgefunden!"

War es das? Möglicherweise das fehlende Stück, dachte Herr Weis. Klingengard einer der führenden Köpfe der KI-Forschung in Neom. Seine Ermordung war gewagt und sagte ihm … Jetzt! Ein Gedankenblitz! Endlich ergaben seine Vermutungen und jeder Faden, den er in letzter Zeit spannte, einen Sinn. Alles fügte sich zusammen.

„Sind Sie überrascht?", fragte er nach einigen Sekunden der unangenehmen Stille. Herr Weis drehte sich langsam um und zog eine buschige Augenbraue hoch. Er legte seinen Kopf leicht zur Seite und reckte die Nase etwas in die Höhe. Der Mann schaute verwirrt, denn er kannte Klingengard. Außerdem wusste er, dass Klingengard ein langjähriger Mitarbeiter des Projektes und ein Freund von Herrn Weis war. Doch dieser machte keine Anstalten, sich berührt oder betroffen zu zeigen, noch schien er überrascht.

„Wie meinen Sie, Herr Weis? Er ist wohl einem Verbrechen zum Opfer gefallen! In dieser Stadt! Ein Verbrechen, es ist fürchterlich!"

„Wohl? Was denn sonst. Spüren Sie es nicht im Wind? Sehen Sie es nicht in den Wolken? Die Zeiten ändern sich, und zwar schneller als die meisten es nur erahnen könnten! Sein Tod ist der Schlüssel!"

„Wie ... Wie meinen Sie?" Herr Wutang verstand die Lage jetzt überhaupt nicht mehr.

„Ob der König es begriffen hat, Herr Wutang? Hat er das richtige Gespür für das, was gerade geschieht? Ich spreche von Szenario Zero! Bereiten sie alles dafür vor!"

„Ich … Ich verstehe… Selbstverständlich!" Herr Wutang lief hastig aus dem Raum.

Mordfälle waren eine Seltenheit. Neom galt als eine kriminalfreie Zone und die offiziellen Stellen der Stadt dementierten alle Gerüchte, die diesem Status widersprachen. Insbesondere der hohe Rat, jene erste demokratische Struktur in Saudi-Arabien, welche die Stadt konstitutionell mit dem Königshaus Saud regierte, war alles andere als erfreut sich um beruhigende Zensur kümmern zu müssen. Dass es nicht gut für den Wahlkampf war, der gerade anstand, wussten die Politiker der Stadt sehr wohl. Insbesondere Tazim Johnso war sich darüber vollauf im Klaren.

Tazim war ein besonders aktives und ambitioniertes Ratsmitglied und Anwärter auf die Position des Ratspräsidenten aus der Partei europäischer Vereinigter PEV. In den letzten Tagen war er regelmäßig auf Neom „Live Extra" zu sehen und stellte sich kritischen Fragen des städtischen Fernsehsenders Neom I. Der Wahlkampf war heiß wie das Wetter in der neuen Weltmetropole und die öffentlichen Debatten in den Medien schonungslos und direkt. Die unterschiedlichen Nationen, die in der Stadt ein neues Zuhause fanden, bildeten meist eigene Parteien und damit ein äußerst internationales Parlament. Tazim war schon lange Abgeordneter und ein Talent des gesprochenen Wortes. Doch selbst er musste gegenüber den Moderatoren eingestehen, dass das hypermoderne Bahnsystem der Stadt seit kurzem mit unerklärlichen Ausfällen überrascht wurde. Ein äußert ungewöhnlicher Umstand, rein technischer Natur, wie er mehrmals beteuerte. Es war schließlich seit Jahren das schnellste und sicherste der Welt. Die Bürger hätten keine Gründe sich Sorgen zu machen, da die Hyperloop AG bereits alle Mängel beseitigt hätte. Er betonte, dass die Hyperloopbahnen international ausgezeichnet und als wegweisend für die ganze Welt gefeiert wurden.

Die Transportwege von einer Wohnebene zur nächsten, von einem Gebäudekomplex zum anderen, waren jedoch faktisch keineswegs ungefährlich. Hinter vorgehaltener Hand flüsterten sich die Bürger zu, besser nicht mit den öffentlichen Verkehrsmitteln der Stadt zu fahren, wenn man am

Leben bleiben wollte. Gerade vor einer Woche sollte es nach kursierenden Gerüchten zu einem unerklärlichen Unfall mit vierunddreißig Toten gekommen sein. Tazim Johnso leugnete dies selbstverständlich als „Fake News" und verwies auf die offiziellen Darstellungen der Regierung. Die Behörden versuchten es nach Kräften zu vertuschen, doch die Gerüchte darüber verbreiteten sich schneller als jede Zensur.

Auf einem Plateau am Rande der Stadt im Norden ragten geheimnisvolle schwarzen Tore in die Höhe. Bis zum Fund von Professor Klingengards Leiche blieb dieser Ort außer Reichweite der alltäglichen Probleme von Neoms Bewohnern. Er war strengstens bewacht und schien sich der Welt und der Stadt geradezu zu entziehen. Nur Sandkörner schlugen ohne Genehmigung an seine Mauern. Ansonsten näherten sich nur wenige Wissende ehrfürchtig den Toren des Geländes. Und doch - einem Mordfall, der die Einrichtung erschütterte.

Der König wurde über eine gesicherte Leitung informiert. Seine Hoheit entschied sich umgehend zu handeln. Kurze Zeit später bahnte sich ein Relikt der alten Welt seinen Weg durch die Nacht. Rauchend und lärmend fuhr es über die Straße einen Berg zum Plateau hinauf. Ein langer Konvoi von Verbrennungs-Motoren-Autos schoss in Richtung des Hauptgebäudes vom Nullpunkt-Projekt am Rande der Stadt.

Mit ungewöhnlicher Eile und in großer Hektik schritt ein Mann in orientalischen Gewändern durch das Eingangsportal jenes Ortes. Die Struktur des Gebäudes ragte achtzig Meter hoch über seinem Kopf auf und glich mit seinen spitzen Zacken und den außergewöhnlichen Designs einem unheimlichen schwarzen Raumschiff. Es wartete bereits eine Gruppe von Wissenschaftlern in der Eingangshalle auf ihn. Alle schienen aufgeregt und getrieben, wie plötzlich aufgescheuchte Ameisen, die hektisch durcheinander zu laufen beginnen, wenn man einen Gegenstand auf ihren Bau wirft. Es durchflutete sie eine Aufregung, die man nur selten in Menschen sah. Es war eine Aufregung, die entsteht, wenn das eigene Leben oder das der Angehörigen in größter Gefahr schwebte. Der Saum der prunkvollen arabischen Djellaba strich schnell über den Boden, wallend, sich um seine Beine schlängelnd. Seine Füße setzte er flink wie ein Gepard auf den Boden auf und hob sie geschickt wieder ab. Eine gewisse Aura des Anspruchs und Charismas erfüllte seine Umgebung. Die Wissenschaftler, die sich bereits um ihn scharten und sich trotz seiner Eile anbiederten, informierten über den aktuellen Stand des Experiment.

Angenehm gekühlt war die futuristische Empfangshalle, hohe Palmen und schön angelegte Brunnen zierten den Weg zum Abstieg, tief unter die

Erde ins Innere des Kernelementes. Man hatte sich jedes Detail etwas kosten lassen. Hier wuchsen Rosen, Lilien, Jasmin und andere Zierpflanzen unter einer aufgewölbten, kunstvoll hohen Glaskuppeln, köstlich duftend und aufblühend. Ein echter Garten in der Steinwüste - und es war nur eines der Schmuckstücke des Gebäudes. Auch Obstbäume aller Art säumten abwechselnd mit Kunstwerken moderner Stilrichtungen den Hauptgang. Einige Abschnitte waren mit abstrakten Statuen aus kaltem Eisen oder Bronze geziert. Andere mit exzentrisch bunten Bildern und von Zeit zu Zeit fand sich auch etwas Klassisches, wie arabische Kalligrafie, die in goldenen Bilderrahmen an den Rändern des Ganges hingen.

Eine Treppe führte zu verglasten Aufzügen. Fuhr man mit ihnen hinab, sah man die Büros der zahlreichen Wissenschaftler, außerdem die großen Rechenräume, in denen viele Meter lang die schwarzen Schränke der Systemserver standen. Weiterhin sah man kleine Räume mit leeren Schreibtischen und Arbeitsplätzen. Angenehm strahlte sanftes blaues Licht in den Gängen der Stockwerke. Trat man ein, duftete es nach einer leichten Note von Moschus. Der feine Odor wurde über die Klimaanlagen zur mentalen Anregung der Mitarbeiter eingesprüht. Heute herrschte jedoch auch ohne anregenden Duft eine konzentrierte und gleichzeitig beängstigende Tätigkeit unter den Mitarbeitern. Jeder wusste genau, was er tat und ein Handgriff mündete mit Leichtigkeit in den anderen. Leise öffnete sich am Ende des Weges im untersten Stockwerk das letzte Tor zum Kernelement. Eine hohe Halle befand sich dahinter. In ihrer Mitte hing eine Art Altar von der Decke. Dieser war mit schier unglaublich vielen Kabeln und Schläuchen verbunden, die in alle Richtungen der Halle schlängelten. Drei bis vier Meter darunter stand leicht versetzt ein Eisenthron. Er glänzte schlicht und ohne Schmuck. Neben ihm und hinter ihm befanden sich weitere Stühle und allerlei technologisches Material. Schwarze symmetrische Schläuche führten zu mehreren Hologrammarbeitsplätzen zur schnellen, modernen und interaktiven Arbeit. Musterartig platzierte man sie in einem Halbkreis hinter dem Thron. Nachdem der König sich nach dem Eintreten und eines knappen scharfen Wortwechsels mit zwei Anwesenden auf den eisernen Herrschaftssitz setzte, richtete er sich an die Anwesenden. Tazim Johnso, sowie die restlichen Begleiter des hohen Rates von Neom hatten sich auf ihre Positionen begeben und hörten gebannt zu.

Der König hob die linke Hand und sprach langsam und mit lauter Stimme: „Es ist Zeit für Experiment Zero! Meine Herren, die Informationslage ist deutlich. Sie wurden alle durch unser Sicherheitspersonal informiert. Revolution! Sie beginnt inmitten unserer Stadt! Sie ist ein direkter Angriff auf uns! Wir wissen noch nicht wer dahintersteckt oder was ihre Motive sind, aber ihr Vorgehen ist beängstigend präzise. Tatsächlich zu präzise und zu schnell, um noch mit den gängigen uns zur Verfügung stehenden Mitteln dagegen vorzugehen. Bis jetzt wissen wir nur, dass es sich explizit gegen unsere hier Realität gewordenen Träume und gegen das Nullpunkt-Projekt selbst richtet. Die einzige Rettung unserer Hoffnungen, unserer Familien und unseres Lebens liegt in der Verbindung zwischen einem Menschen und dieser hoch entwickelten künstlichen Intelligenz. Es ist der letzte Ausweg und unsere letzte Chance. Doch ich garantiere Ihnen, wir werden diesen Angriff aufhalten! Gemeinsam!"

Er senkte seine Hand vornehm herab und das Experiment begann. Flüsternd sagte er zu sich selbst: „Und ich werde das Zentrum, die Herrschaft und die Singularität sein! Ich bin der Anfang und die Erneuerung der Welt! Ich bin der Nullpunkt!"

1.Kapitel Der Scheich

01101110

Sechs Jahre zuvor an einem Spätsommertag im Jahr 2026 ging klar und hell die Sonne über der Hawara-Pyramide auf. Sie leuchtete heiß am wolkenfreien Morgenhimmel. Scheich Hassan schritt hinaus in seinen blühenden Garten. Er legte ein durch die vielen Gebete seiner Ordenstradition von Segenskraft aufgeladenes Turban-Tuch über seinen mit weißen Haaren spärlich bedeckten Kopf. Gänzlich umhüllte er damit seinen im winterlichen Gewand gekleideten Oberkörper, der von seinem langen weißen Bart berührt wurde. Wie eine Schneeflocke stand er dort. Und so wie Schnee in der Wüste etwas Fremdes war, konnte man ihn auch wie ein Fremdkörper und Sonderling in dieser Zeit der menschlichen Geschichtsschreibung betrachten. Er setzte sich mit seinem krummen hölzernen Stab auf den Boden. Ein schlichter Holzstab, gebogen und organisch aus einem alten Olivenbaum geschlagen. Man sah neben kleinen Schnitzereien und von einem Handwerker angefertigte Einkerbungen arabischer Schriftzeichen, die kreisende natürliche Maserung des Holzes, wie sie nur die ältesten und schönsten Olivenbäume über ihr langes Leben hervorbrachten. Diese Maserungen resonierten mit der Ausstrahlung des alten Mannes, die ebenfalls energetische kreisende Bewegungen in die Umgebung ausstrahlte. Als prägte er ihr seine persönliche Signatur auf. Es war zwar nicht zu sehen. Aber es war da und feinfühlige Wesen konnten es wahrnehmen. Sogar Lebewesen, die es nicht klar spürten, reagierten unterbewusst auf eine nicht zu ignorierende Kraft, die Hassan umgab.

Leise rezitierte der Scheich heilige Verse des Korans, deren Geheimnisse ihm schon vor langer Zeit, durch seine intensiven Bemühungen auf dem Weg der Rechtschaffenheit, eröffnet wurden. Seine Worte flossen mit dem Wind dahin. Zärtlich und warm wehte er durch seinen Garten. Immer schneller und eindringlicher wurde er mit der Zeit und starke Böen kamen auf. Kleine Lichter zeigten sich und ein undurchdringlicher Nebel kondensierte aus der sonst trockenen Luft um den Mann herum. Langsam, aber deutlich geschah, was sich für gewöhnlich in der Welt der materiellen Erscheinungen nur spärlich zeigte. Der Ort, an dem er saß, verschränkte sich, in Nebel und Licht verhüllt, zu unmöglichen Geometrien und Fraktalen. Hassan spürte, wie es stechend kalt wurde. Die Nebelschwaden und Lichter verzogen sich, nachdem er die Rezitation vollendet hatte, mit einem kurzen Knall in die in sich zusammenfallenden Raumverschränkungen. Hassan schwieg nun und der plötzliche Bruch der Raumzeit war verschwunden. Er nahm das Tuch des Ordens von seinem Haupt und erhob sich. Mit großen Schritten stapfte er jetzt durch Schnee und ging nicht mehr durch Wüstensand. Er befand sich an einem fernen Gipfel im Himalaya, auf dessen

Hochlage er durch die Kraft seines Gebetes und der ihm innewohnenden Geheimnisses teleportiert wurde. Zielgerichtet bewegte er sich auf eine Höhle zu. Ihr Eingang lag unter einem großen Felsvorsprung, der von beiden Seiten mit hohen Schneewehen umgeben war.

Er trat hinein und klopfte die kleinen Eiskristalle aus seiner Kleidung. Es fröstelte ihn und er zitterte stark, denn der abrupte Temperaturwechsel von Ägypten nach Tibet war für seinen alten Körper trotz guter Kleidung nicht mehr so leicht zu ertragen. In seiner Jugend fiel es ihm noch leichter, solche Ortswechsel durchzuführen. Aber heutzutage knackten seine Knochen in der klirrenden Kälte der hoch aufragenden Berge. Der Innenraum der Höhle war erhellt durch einige Öllampen und ein kleines Feuer wärmte die kalten kargen Wände des schlichten Hohlraums. Ein älterer Bauer aus einem nahen Dorf kochte in einem kleinen, außen verkohlten Topf Brei und schaute nur kurz gelangweilt auf, um sich dann unbeirrt weiter seiner Tätigkeit zu widmen. Aus einer Ecke hört Hassan eine vertraute Stimme: „Trashi Deleg, werter Scheich. Endlich sehen wir uns wieder.“

Eine alte Nonne trat aus dem Halbschatten hervor und man erkannte im Schein der Lampen ihr faltiges, durch die kalten schneidenden Winde des Himalayas gezeichnetes Gesicht. Das Klima der Berge hatte im Laufe der Zeit in ihrem alten Antlitz tiefe Spuren hinterlassen. In ihren Augen war jedoch ein Leuchten zu sehen, das heller strahlte als die Augen der Jugend es in Rausch und Freude jemals vermocht hatten. Es war das Leuchten tiefer Einsicht und Zufriedenheit. In diesem Licht konnte die Welt ihre Reigen spielen, ohne noch ihres Mitspielens zu bedürfen.

„Frieden sei mit denen, die der Rechtleitung folgen“, sagte Hassan.

„Der Buddha schaute die Wahrheit des Seins und verlosch im Mysterium des Nirvana“, erwiderte Tashima.

„Wer sich selbst solcherart erkennen kann, der erkennt seinen Herrn“, sagte Hassan.

„Nur wer die drei Merkmale des Daseins mit aufrichtigem Gleichmut schauen kann, erlangt die Wahrheit des Erwachens, ohne auf Hörensagen vertrauen zu müssen. Kein Gott ist der, welcher entsteht und vergeht und dem Wechsel von Ursache und Wirkung unterworfen ist“, entgegnete Tashima.

„So war Allah und es gab Nichts außer Ihm und Er ist jetzt, wie Er war. Doch wie kann er sich vor der Schöpfung verbergen, wenn doch nichts absolut existiert außer Er. Die Macht dazu ist sein, auch wenn der Verstand der Menschen es nicht zu begreifen vermag“, sagte Hassan.

„Wenn Unwissenheit entsteht, so entsteht Aktivität, so entsteht Anhaftung, so entsteht Leid, Hass, Gier und die Anmaßung eines aufgeblasenen Egos. Alles für den Genuss eines flüchtigen Momentes, der vergeht, sobald er war und niemals dauerhaft zum wahren Glück verbleiben kann", beendete die Nonne die Begrüßung der beiden.

Mit dieser Art Aphorismen begannen die alten Freunde stets ihre Gespräche. Es entsprang einem tiefen Verständnis der Weisheit und inneren Kraft des jeweils anderen. Tashima war eine besondere Nonne, die als einer der wenigen Menschen in ganz Tibet in die Geheimnisse von Buddhas „Auge" eingeweiht war. Nein, kein echtes Auge. Es handelte sich dabei um einen grünen Kristall, welcher laut alter Legenden dem Buddha einst persönlich aus dem hohen Himmel überreicht wurde, um die Weisheit des Erwachens leichter auf Erden verbreiten zu können.

Nicht viele wussten von seiner Existenz und doch war es eines der mächtigsten Werkzeuge von Tashimas Erleuchtungstradition. Es wurde von ihrem Klosterorden seit einigen Jahrhunderten in der Nähe vom Berge Kailash sicher verwahrt. Im 14. Jahrhundert wurde es aus Indien ins Hochgebirge gebracht, da die Mongolen von der Legende des „Auges" gehört hatten. Sie sandten Truppen aus, um es zu suchen und für den großen Khan zu erobern. Timur der Lahme, auch genannt der Schreckliche, wollte es um jeden Preis in seine Gewalt bringen. Der Tyrann erwartete sich, seine Herrschaft damit auszuweiten und unanfechtbar machen zu können. Und er hoffte, was viele Herrscher sich oft sehnlichst wünschten, er wollte unsterblich werden. Seine Truppen versagten jedoch in ihrem Auftrag. Sie fanden nur Eiseskälte, Gestein, Geröll und die Ödnis der Berge. Die Legende des „Auges" blieb eine Legende und wurde zum Märchen. Als solches verschwand es langsam aus den Gesprächen der Herrschaftszentren umliegender Reiche.

Einige lokale Fürsten und Abenteurer versuchten dennoch ihr Glück. Sie erfuhren über alte Aufzeichnungen von der Legende und versuchten von Ehrgeiz und dem Drang nach dem Geheimnisvollen ergriffen, zu finden was als verschollen galt. Sie wurden aber alsbald enttäuscht und scheiterten bei ihren Abenteuern spätestens an den Pässen des Himalayas. Selbst eine Mission von Ernst Schäfer scheiterte. Er wurde im Auftrag des deutschen Ahnenerbes und des - vom Okkulten faszinierten - Nazisbosses Heinrich Himmlers beauftragt. Doch er musste zum Missfallen des Führers mit leeren Händen zurückkehren. Weder fanden die Nazis den Kristall noch die arische Wurzelrasse. Sie spürten am Ende nur auf, was bereits Timurs Männer entdeckten - einsame Berge und unbedeutende Höhlen.

Gute Geheimnisse bleiben verborgen. Doch wie sagten die Meister des Ordens gerne: „Nur undisziplinierte und unreife Schüler verbreiteten Geheimnisse unter den profanen uneingeweihten Menschen. Ihr unentwickeltes Ego erträgt es nicht zu Schweigen. So plaudern sie Dinge aus, die sie nicht im Stillen bei sich behalten können. Sie belasten nur Menschen damit, die mit diesen Geheimnissen nichts Gutes anzufangen wissen."

Wohl behütet in einer unscheinbaren Höhle war das mysteriöse „Auge" auf einem Altar platziert und den Eingeweihten dargeboten. Dort bewahrte man es - versteckt vor der Welt. Ermöglicht hatte es der grüne Orden, der seit Jahrhunderten sicher stellte, dass niemand seinen größten Schatz kennenlernen konnte, der nicht durch viele Prüfungen und Tests gegangen war. Denn nur die Meister höchster Erwachungszustände bekamen die Ehre, das „Auge" zu nutzen. Nur die besten Schüler, die ihre Wahrhaftigkeit erwiesen hatten, bekamen die Hilfe der Meister des „Auges" und erfuhren überhaupt von seiner Existenz. So wurde es von Generation zu Generation erfolgreich gehandhabt. Man trug die Tradition von Meister zu Meister weiter, bis schließlich Tashima die Meisterin des „Auges" wurde.

Sie hatte jedoch ein Problem. Es gab nur wenige würdige Schüler dieser Tage, die sie mit dem „Auge" in kurzer Zeit durch die ersten Stufen der Erleuchtung hätte führen können. Das Ritual zur Erweckung spiritueller Erkenntnisse durch das „Auge" war althergebracht und lief stets gleich ab. Es erwies sich als erfolgreich und wie eine in den Gipfel des Kailash gemeißelte Regel.

Der Schüler stieg zur Höhle des Meisters hinauf. Dort angekommen, versetzte er sich einige Tage in Meditation, bis der Meister erschien. Wenn der Meister kam, sprach er die überlieferten Worte und holte das Auge hervor. Es war ein wunderschöner grün-durchsichtiger Kristall, in dem tausende kleine Lichter gleichsam wie glänzende Sterne herum wirbelten. Seine Form war eine annähernd perfekte Kugel von etwa fünfzig Zentimeter Durchmesser. Der Meister legte den Kristall auf einen metallenen Altar und berührte ihn mit beiden Händen. Dann trat der Schüler hervor, sprach ebenfalls einige überlieferte Worte und berührte den Stein mit beiden Händen. Die Lichter im Stein leuchteten auf und erhellten den gesamten Kristall mit grünen Strahlen. Der Meister übertrug sein Wissen und seinen Zustand auf seinen Schüler, der je nach Reife durch die Stufen und Zustände des Erwachens lief. Zumindest soweit der Meister es wünschte und für sinnvoll befand. Der Stein synchronisierte das Sein des Meisters mit dem Sein des Schülers. Die Verbindung erfolgte von Meister zu Schüler, aber auch immer ein wenig von Schüler zu Meister. Es erforderte eine stete Anstrengung des

Meisters, die Unreinheiten der Geisteszustände des Schülers in der Synchronisation auszugleichen. Kein Weg führte schneller zum Erwachen und besonderen Kräften, wie der Weg des „Auges". Im Stein waren darüber hinaus die Erfahrungen aller vorherigen Meister bis zurück zum Buddha gespeichert und konnten den Schülern je nach Wunsch und Belieben durch den Meister zugänglich gemacht werden.

Doch in unseren Tagen war die Welt eine andere geworden. Die Entwicklungen der Moderne hatten auch die alten Ordensklöster nicht unbeeindruckt gelassen. Die heutigen Äbte holten gerne reiche spirituelle Sucher aus Amerika, Europa aber auch traditionelle buddhistische Asiaten umliegender Länder in die Klöster. Ein Schritt, der in kurzer Zeit Reichtum und Wohlstand ihrer Einrichtungen und der umliegenden Dörfer mehrten. Seitdem China eine reiche Mittelschicht hervorbrachte, waren sie trotz aller Schwierigkeiten zwischen China und Tibet sehr beliebte Gäste.

Dieser Umstand zwang Tashima, sich immer mehr in die Berge zurückzuziehen und ihre Schüler nach rigideren Kriterien auszuwählen. Das Geheimnis auch in diesen Zeiten zu wahren, aber dennoch die alten Traditionen fortzusetzen und einen Nachfolger zu suchen, lag als schwere Last auf ihren Schultern. Ihre Lebenskraft war bereits schwächer geworden und sie wusste, dass sie in einigen Jahren gänzlich zur Neige gehen würde. Der Tod lag für sie bereits in greifbarer Nähe, sodass sie sich redlich bemühte, einen Nachfolger zu finden. Doch ihre Maßnahmen blieben erfolglos.

Tragischerweise begann die Legende des Grünen „Auges" von neuen in höheren Kreisen der Gesellschaft, als angeblicher Geheimtipp zu kursieren. Die neuzeitlichen esoterischen Idealisten aus Ost und West verstanden es nicht mehr, den Sinn und die Ehre des Besonderen aufrecht zu erhalten. Sie verbreiteten die Geschichten des grünen „Auges" aus falsch verstandener Gutmenschlichkeit. Andere handelten aus angeberischer Selbstdarstellung. Oder wie Doktor Jürgen Ziebert aus reiner Profitgier. Dieser Doktor war eine Person, an die man denken musste, wenn man die Wörter „erfolgreich", „esoterisch" oder „Quacksalber" hörte und in einen Topf warf. Aber es schmälerte keinesfalls seine Beliebtheit. Dr. Ziebert war ein Psychotherapeut aus Berlin, der für zwei Monate im Jahr 2013 in indischen Klöstern des grünen Ordens zu einem modernen Meditationsretreat verweilt hatte. Von einigen Mönchen erfuhr er in privater Atmosphäre für satte 100.000 Rupien Details der Geschichte des „Auges". Von einem besonders, man könnte sagen, „weltlich ambitionierten tibetischen Mönch" namens Nima, lernte er für weitere 10.000 Rupien einige geheime Vorbereitungstechniken für die Durchführung eines „Auge-Rituals". Eigentlich war er im Rahmen einer

27

Selbsterfahrung und für neue spirituelle Erlebnisse dorthin gereist. Erfahrungen, die man wie Trophäen einsammeln und bei Gelegenheit wie protzige Besitztümer präsentieren konnte.

Esoterische Selbstlegitimation wurde im Milliardenmarkt der Quacksalber aufgrund der vielen Angebote immer wichtiger, insbesondere wenn man seine Dienste in elitären Kreisen anbieten wollte. Da kam so eine als vorzeigbare Initiation durchgemachte Begebenheit mehr als gut an. Aber in der Geschichte des „Auges" hatte er mehr gefunden als nur eine Trophäe. Etwas, wonach er eigentlich schon länger Sehnsucht verspürte, es aber erst jetzt zu definieren imstande war. Es war ein echt gutes und einzigartiges Geschäftsmodell. Es war eine Kuriosität nach dem Geschmack der extraganten Superreichen. ´Therapie „grünes Auge" nach tibetischem Vorbild´ wurde bald nach seiner Rückkehr für hohe Kreise in Deutschland durch die Dr. Zieberts Gmbh mit ersten Erfolgen angeboten.

Um seine Idee zu verfeinern, reiste er ein zweites Mal nach Asien, diesmal nach Tibet, um, so meinte er damals, noch tiefer in die Techniken dieses „Auges" eingeführt werden zu können. Darüber hinaus hatte er auch einfach Spaß an solch abenteuerlichen Wagnissen. Von Tibet ging er weiter nach Indien und absolvierte auch dort weitere Retreats. Am Ende hatte er viel Geld ausgegeben. Trotz der vielen tausend Rupien, die in Geldbeuteln fragwürdiger Mönche und Sadhus verschwanden, konnte er nichts weiter Brauchbares über die Legende des „Auges" in Erfahrung bringen.

Zurück in Berlin entwickelte er trotzdem mit seiner alten Schulfreundin und jetzigen Assistentin Anja auf Basis der vorliegenden Informationen eine verbesserte Variante seiner Therapieform. Ob die Legende nun stimmte oder nicht, war ihm zurück im Westen bereits herzlich egal geworden. Die Story hatte einfach Potenzial. Das esoterische Raunen, das sie auslöste, beflügelte selbst gestandene Steuerberater, Geschäftsführer mittelständischer Unternehmen und sogar den einen oder anderen Politiker in ihrer unbewussten Sehnsucht nach mehr.

Anja kam auf die kreative und verwegene Idee, einen künstlich hergestellten Stein als „Träne" des „Auges" auszugeben und den ambitionierten Mönch Nima zwecks Authentizität ein Einstellungsangebot zu unterbreiten. Nachdem sie Nima ausfindig machen konnten und er ihrer Unternehmung beitrat, wurde ihre Performance weit intensiver und beliebter. Jürgen Ziebert wurde in kurzer Zeit so erfolgreich, dass er mit einigen Bekannten und Freunden aus Amerika und Japan anfing, international tätig zu werden. Er verkaufte sich „als Geheimtipp". Seine Behandlung wurde auch im Ausland nur begüterten Kreisen durch die sehr hohen Preise vorbehalten. Ehe er sich versah, wurde er durch einflussreiche Empfehlungen als besondere Entdeckung in elitären Zirkeln international herumgereicht. Da er ein begnadeter Verkäufer war, handelte er strategisch und wusste sich rar zu machen, so dass er recht bald mit der „Träne" nur noch zu ganz exquisiten Veranstaltungen einiger Auserkorenen reiste.

Die Wirkung seiner Therapie basierte auf ausgezeichneten Hypnosefähigkeiten, die er sich bereits früh autodidaktisch, im Laufe seines Psychologie-Studiums aneignete und in strenger Ausdauer perfektionierte. Er nutzte geschickt seine geübte Menschenkenntnis, das Phänomen unbewusster Selbstsuggestion sowie die verborgenen Wünsche des menschlichen Schattens für den Erfolg und Effekt seiner Therapie aus. Es gelang ihm diese Eigenheiten in seinen Patienten und ihren Angehörigen zuverlässig zu erahnen und zu nutzen.

Vor den Ritualen führte er mit seinen Patienten Hypnose-Protokolle durch, die falsche Erinnerungen hervorriefen. Er programmierte vorbereitend auf die Präsentation der „Träne" suggestiv dann auftretende Reaktion im Unterbewusstsein ein. Je nach Klienten variierte Dr. Ziebert die Memoiren vom Leben früherer spiritueller Meister, beliebter Könige, mächtiger Herrscher, hervorragender Genies der Geschichte oder auch ganz profaner Leben, wie die eines Bauern oder Handwerkers. Er hatte über eine ganze Palette an historischen Persönlichkeiten recherchiert. Er konnte sich so sicher sein, dass Nachforschungen Behandelter im Internet oder Lexika mit Erstaunen die Wahrhaftigkeit ihrer Erfahrungen zu den scheinbaren früheren Inkarnationen feststellen konnten. Seine Patienten waren gewillt oder naiv genug, es als übersinnliche Kraft der „Träne" wahrzunehmen.

Eine so gravierende Täuschung, dachte sich Jürgen manchmal, wenn ihm klar wurde, wie tiefgehend er Betrug betrieb, dürfte niemals ans Licht kommen. Er müsste sichergehen, dass ihm unter keinen Umständen ein Fehler unterlief. Gewissensbisse hingegen kannte er nicht. Sein Handeln war seiner Ansicht nach absolut „ok". Darüber hinaus befand er eine Heilende Lüge für weit besser als eine Wahrheit, die den Menschen in ihrer Krankheit nichts nützte. „Bist du ein Scharlatan?" fragte er sich manchmal. Doch prompt antwortete er sich selbst, „wer heilt, hat recht". Und je mehr er heilte, desto mehr begann er selbst an seinen Betrug und sein gefaktes Selbstbildnis zu glauben und die eigentliche Wirklichkeit zu verdrängen.

In seiner Methode erzeugte er suggestiv neben Erinnerungen auch die Empfindung von glückseligen Gefühlen und inneren Bildern des Lichtes. Dazu kam die Illusion einer Erleuchtungserfahrung. Genug, um die Allermeisten davon zu überzeugen, Stufen dessen, was sie unter Erleuchtung verstanden, erklommen zu haben. Sie sollten sich ruhig richtig besonders fühlen. Er erreichte mit seiner Methode so gut wie immer eine subjektive und signifikante Verbesserung des psychischen Empfindens seiner Patienten.

Geschicktes in Szene setzen der Behandlung und ausgeklügelte Ritualatmosphäre mit dem beinahe „echten" Mönch Nima taten ihr Übriges.

Der exorbitant hohe Preis seiner Behandlung und die gezielte Auswahl von Teilnehmern hielt die Therapie fern von profanen Esoterikern. Sie wissen schon Angebote, die man von billigen Yoga-Zentren, Volkshochschulangeboten im Schamanismus oder gar dem Spektrum von Astro-TV oder vergleichbaren Formaten kannte. Obwohl die Therapie mit Illusionen arbeitete, war sie individuell manchmal so erfolgreich, dass selbst Depressionskranke dauerhafte Heilung erfuhren. Sogar einige Psychotiker aus angesehenen Familien, die als Familienschande in privaten Nervenheilanstalten versteckt werden mussten, erlebten zügige Verbesserung, bis hin zur vollständigen Heilung. Seine Erfolge ließen Jürgen innerhalb hoher Gesellschaften recht bald zu einem beliebten Gast werden. Selbst in Talkshows wie Maybrit Illner wurde er einmal als Fachmann für Behandlung psychischer Erkrankung eingeladen. Er genoss seinen Ruhm und die Vorzüge, als Experte in hoher Gesellschaft unterwegs sein zu können. Die ganze Geschichte entwickelte schnell eine Eigendynamik und tat, was Geschichten gerne tun, sie wollte weitererzählt werden.

So kam es, dass im Spätsommer 2026 Dr. Ziebert in Shanghai von einem Milliardär der chinesischen Oberschicht namens Shu Xing beauftragt wurde. Dieser war ein Cousin von Wang Xing, einem bekannten Milliardär und CEO des Unternehmens Meituan. Er wurde für eine Reihe von Therapiesitzungen mit einem depressiven Familienmitglied, in das Privatanwesen von Xing, bestellt. Was Dr. Ziebert nicht wusste, war, dass Shu Xing über eine Sub Firma von Meituan im Nullpunkt-Projekt und anderen KI-Projekten involviert war und über mehrere Quellen bereits von dem „Auge" des Buddha und seinen besonderen Fähigkeiten hörte. Jürgen war überzeugt, dass dieses Treffen wie so viele andere rein medizinischer Natur sein würde und ahnte nicht, dass sein Weg gerade erst begann.

„Herzlich Willkommen in meinem bescheidenen Anwesen, Dr. Ziebelt. Ich freue mich, Sie bei uns begrüßen zu dürfen. Ich hoffe, Sie hatten eine angenehme Reise", sagte Xing freudig und mit einem breiten Lächeln an seinen eintreffenden Gast gerichtet.

Dr. Ziebert stieg aus der chinesischen Limousine, die ihn vom Flughafen abholte, aus und schüttelte Shu Xing mit einem professionellen Grinsen die

Hand. „Vielen Dank für Ihre Einladung. Ich bin hoch erfreut, Ihnen heute meine Dienste anbieten zu dürfen."

Gemeinsam gingen sie den weiten Weg einer kunstvoll gepflasterten Auffahrt zum Eingang der Villa entlang. Einige duftende und lila-weiß blühende Blumen zierten den Weg. Als sie vor der mächtigen holzgeschnitzten Doppeltür, die einem Burgtor glich, ankamen öffneten Hausdiener diese sogleich. Beide traten hindurch in den angenehm weit wirkenden Vorraum des Anwesens. Fast unauffällig folgte ihnen Dr. Zieberts Assistent Nima in seiner roten Kutte. Nima trug eine besonders schöne Holztruhe. Sie bestand aus Mahagoni, das mit glänzendem Silber beschlagen war. Darin befand sich die „Träne". Sie gingen gemeinsam in einen Saal des Gebäudes, wo bereits einige Angehörige von Xing warteten. Als alle ihren Platz eingenommen hatten, ergriff Xing als Gastgeber das Wort:

„Vielen Dank Herr Dr. Ziebelt, dass Sie unserer Anfrage folgten. Meine Tochter ist, wie Sie wissen, seit Jahren schwer an Depressionen erkrankt. Bis heute gelang es niemanden, sie zu heilen oder ihren Zustand zu verbessern. Sie verstehen sicher, welche Last das für die ganze Familie mit sich bringt."

Auf dieses Stichwort wartend, antwortete Jürgen freundlich: „Herr Xing, ich und mein Assistent Nima sind gerne gekommen. Nima ist als Mönch ausgewählt worden, die Träne gemeinsam mit mir zu hüten. Ich werde einige Vorbereitungen vornehmen und Ihnen den genauen Ablauf des Heil-Rituals erklären. Es ist etwas höchst Besonderes, dass ich die Träne bis hierher brachte. Sie wissen, solche Sonderreisen führen wir nur selten durch. Doch ihre Schilderungen, die wir in Berlin erhielten, rührten mich und mein Team so sehr, dass wir uns entschlossen, den Auftrag anzunehmen."

Ein zustimmendes Raunen ging durch die Gesellschaft und einige Frauen der Familie tuschelten kurz hinter vorgehaltener Hand.

„Vielen Dank, Dr. Ziebelt, ich weiß diesen Umstand wirklich zu schätzen. Eine zusätzliche Bitte hätte ich jedoch. Ohne unhöflich sein zu wollen, möchte ich direkt Fragen. Dürfte mein wissenschaftlicher Abteilungschef an dieser Zeremonie teilnehmen? Er ist an okkulter Technologie äußerst interessiert und hat inständig darum ersucht, bei dieser einmaligen Gelegenheit dabei sein zu können. Ich wäre selbstredend bereit, jeden Aufpreis zu zahlen."

Dr. Ziebert schaute kurz scharf und blinzelte mehrmals. Damit hatte er nicht gerechnet. Er wusste jedoch, dass die meisten Wissenschaftler auszutricksen wären, denn auf dem psychologischen Auge waren sie seiner Erfahrung nach oft völlig erblindet. Den wenigen Einäugigen, die er selten traf, war er weit überlegen. Ihre Kritik brachte er spielend zum Schweigen.

Mal half der Trick, kognitive Dissonanzen und gesellschaftliche Dynamiken während des Rituals zu nutzen, sodass in Anbetracht eines Erfolges weitere Nachforschungen oder Fragen unhöflich und innerhalb der gesellschaftlichen Rahmenbedingung ein regelrechter Affront gewesen wären. Manchmal übertölpelte er seine Skeptiker mit geschickten Argumentationen. Es waren Kniffe aus der Redekunst, die sich im Kern nicht auf die Fragen seiner Gegner bezogen, sondern auf ihre persönlichen Blößen abzielten. Blößen, die Jürgen dank seiner Erfahrung und Menschenkenntnis schnell erkannte und geflissentlich nutzte. Wenige Jahre zuvor hatte ihn ein nerdiger amerikanischer Wissenschaftler bedrängt. Er war bei einer seiner Sitzungen für den unter Angstzuständen leidenden Sohn eines bekannten US-Großinvestors anwesend. Der Querulant fragte ihn zunehmend penetrant, ob er nicht nur ein suggestives Schauspiel veranstaltete. Jürgen ging selbstredend nicht darauf ein. Vielmehr argumentierte Dr. Ziebert, dass eine Person, die nicht in der Lage wäre, eine Frau zu finden und seine Erscheinung der Frauenwelt als attraktiv zu suggerieren, wohl kaum etwas Sachgerechtes über das Thema „Suggestion" zu sagen hätte. Als der Nerd recht stumpfsinnig die Attacke zunächst überspielte und dann hartnäckig weiter fragte, ging Jürgen einen Schritt weiter. Der werte junge Mann solle sich lieber der manipulativen Macht seiner regelmäßig konsumierten Internetpornos stellen. Sobald er Erfolg damit hätte, wäre Dr. Ziebert für jedes weitere Fachgespräch über die Macht von unterbewusster Einflussnahme offen. Seine Worte trafen ins Schwarze und ließen den Nerd rot wie eine Tomate werden. Beschämt und darum bemüht, nicht weiter aufzufallen, schwieg er im weiteren Verlauf der Sitzung. Scharfe und vorwurfvolle Blicken trafen den jungen Mann bereits aus Richtung der ihm gut bekannten aber äußerst prüde Tante des Investors.

Jürgens Schlitzohrigkeit siegte bis jetzt immer über den ach so erhabenen wissenschaftlichen Skeptizismus. Diesmal, dachte er, sollte es ihm ebenso gelingen. Sollte dieser Forscher aufdringlich werden, hätte Jürgen bereits eine Idee wie er vorgehen könnte.

„Gerne, Herr Xing. Jedoch muss auch er sich an die Regeln des Rituals halten. Sie werden sicher verstehen, dass wir das Ritual nicht an seine Anwesenheit anpassen können. Die finanziellen Zusatzaufwände würde ich Ihnen dann durch meine Sekretärin Anja zukommen lassen", sagte Jürgen selbstbewusst.

Herr Xing nickte und ließ seinen technischen Leiter holen. Ein hagerer, großer Chinese trat ein. Dem Anschein nach war er zwischen fünfzig und sechzig Jahre alt. Er trug eine dicke Hornbrille vor den scharfsinnigen Augen und hatte einen gräulich weißen Laborkittel an. Der Kopf war nur spärlich mit Haaren bedeckt und an der Schläfe hatte er eine kleine, aber deutliche Narbe. Er wirkte tiefgründig auf Jürgen und seine etwas zappelige Körpersprache deutete von reger und kreativer Verstandestätigkeit. Freundlich reichte er die Hand Dr. Ziebert zum Gruße.

„Herr Dr. Ziebert, mein Name ist Prof. Dr. Ying Yi Lee. Es ist mir eine Ehre, Sie persönlich kennenzulernen. Ich hörte bereits Erstaunliches über ihre Therapie. Ich bin gespannt auf die Zeremonie."

Jürgen schaute ihn kurz durchdringend an und sagte: „Ich freue mich, Ihre Bekanntschaft zu machen, Herr Professor. Sie haben bereits Kenntnisse der Legende des Auges und seiner Tränen?"

„Ja, wir sind den Legenden im Rahmen unserer Forschungen nachgegangen. Leider konnten wir aber nicht viel Brauchbares finden."

„Nun, das Auge des Buddha ist ein streng gehütetes Geheimnis, wie Sie offensichtlich bemerkt haben. Es existieren keine gesicherten Berichte, geschweige denn Aufzeichnungen. Während meines Aufenthalts im Kloster wurde ich hingegen tiefen Initiationen unterzogen. Als erster Mensch des Westens enthüllten mir die Meister des Klosters die Techniken des Auges und überreichten mir eine Träne, nachdem ich ihre Prüfungen durchlaufen hatte. Von diesen Tränen gibt es laut meinem Meister nur drei Exemplare weltweit. Ich selbst hätte mir nie diese Bedeutung und Ehre zugeschrieben, solche Würde tragen zu dürfen. Jedoch sahen die Meister des Auges eine tiefe spirituelle Kraft in mir. Sie vertrauten mir ihre Geheimnisse an um den Segen der Erleuchtung in der Welt zu verbreiten. Ich kann Ihnen aus eigener Erfahrung versichern, dass es wohl keinen schnelleren Weg zur Erleuchtung gibt als den Pfad der Träne. Mein Assistent Nima wurde an meiner Seite in die Welt entsandt, er ist direkter Schüler der Meister. Er hilft mir, meine Mission durchzuführen. Wir halten regelmäßig telepathischen Kontakt mit den Meistern des Himalayas. Nicht nur um an ihrer Weisheit teil zu haben, sondern auch um uns selbst immer wieder zu kräftigen."

„Beeindruckend! Ich hörte, in der Träne sei Technologie verborgen? Antikes Wissen. Ist dies wahr? Wurde es jemals untersucht?"

„Sie haben gut recherchiert! Es heißt, die Konstruktion der Träne basiere auf einer alten Technologie. Es reizte mich selbst, diesem Aspekt einmal näher auf den Grund zu gehen. Daher ließ ich die Träne von einem namhaften und anerkannten russischen Institut für Energiemedizin untersuchen. Dort konnten sehr mächtige Werte für die Prana-Kraft oder wie Sie sagen würden Qi-Kraft gemessen werden. Aber nicht nur das. Auch

Quantenfluktuationen und Skalarwellen wurden nachgewiesen. Ich kann Ihnen gerne die Ergebnisse der Untersuchungen zukommen lassen."

„Äußert interessant, ich bitte darum, hier nehmen Sie meine Karte", sagte Lee und überreichte Jürgen seine Visitenkarte.

„Meine Herren!" Herr Xing machte ein Zeichen, dass er gerne mit der Behandlung beginnen würde. Dr. Ziebert erklärte den anwesenden Personen das Vorgehen und die vorbereitenden Übungen zum Ritual. Im Rahmen dieser Vorbereitung mussten die Teilnehmer und insbesondere der Patient mehrere Stunden über den Tag verteilt meditieren. Dies geschah unter Anleitung von Nima und in Dr. Zieberts Anwesenheit. Es wirkte einfach besser, wenn ein echter Mönch die Meditationen leitete. Unterbewusste Beeinflussung war jedoch das Stichwort. Zwischen den Meditationen wurde der Patient durch Dr. Ziebert hypnotisiert. Die Hypnose geschah im Rahmen einer Mantrarezitation und war als solche recht gut im Ritual getarnt. Den Patienten wurden hier geschickt Suggestionen gesetzt, um bestimmte Empfindungen und Wahrnehmungen in den folgenden Meditationen und insbesondere während des Rituals bei der Erwähnung sogenannter Schlüsselwörter zu erfahren. Auch Lee nahm an den Meditationen teil. Am Ende des zweiten Tages, zum Aufgang des Vollmondes, wurde mit dem Ritual begonnen.

Inmitten des Rituals, als die Träne aus der Kiste geholt und mittels kleiner Lampen auf einem Altar in Szene gesetzt wurde, durfte Xings Tochter die Träne berühren und begann zum ersten Mal seit Jahren zu lächeln. Ihr Lächeln wurde zum Lachen. Sie drehte sich zu ihrem Vater um und sagte verzückt:

„Vater, Vater, ich fühle es! In mir steigen die Energien der alten Meister auf! Oh Vater, ich fühle es! Es ist so ein schönes Glück in meinem Herzen! Das müssen die alten Meister sein, Vater!"

Dr. Ziebert lächelte zufrieden. Wieder einmal geschafft, dachte er sich und führte das Ritual zu Ende. Was für eine Wirkung. Selbst Lee schaute dem Spektakel anerkennend zu.

Zwei Tage nach dem Ritual und der nachfolgenden Meditationssitzungen erklärte Dr. Ziebert Xings Tochter für weitestgehend geheilt. Der Leibarzt der Familie bestätigte, dass sich der Zustand der Tochter stark verbessert hätte. Er war sogar einverstanden der Tochter in nächste Zeit keine Psychopharmaka mehr zu geben. Solch eine direkte und effektive Wirkung einer nicht schulmedizinischen Methode hatte der Mediziner noch nie gesehen. Die gesamte Familie war überglücklich. Ihr Sorgenkind war endlich auf dem Weg der Gesundung. Alle waren voll des Lobes für Dr. Ziebert und gestalteten seine restliche sieben Aufenthaltstage mehr als luxuriös. Eben dieses gefiel Dr. Ziebert so gut an seinem Beruf. Betrug hin oder her, am Ende half er den Menschen ganz real und labte sich an ihrer Bewunderung. Er identifizierte sich als der Heiler, für den er sich ursprünglich nur ausgab.

Einen Tag vor der Abreise wurde Dr. Ziebert noch einmal zu einem Nachgespräch ins Büro von Herrn Xing gebeten. Er trat freudestrahlend ins Zimmer und bereitete sich innerlich auf ein positives Abschlussgespräch vor. Doch vor ihm standen einige unbekannte Männer in dunklen Anzügen. Auch Prof. Dr Lee war dort und schien bereits auf ihn zu warten. Diese Konstellation strahlte potenzielle Probleme aus, überdachte Jürgen die Szene. Doch Dr. Ziebert ließ sich nichts anmerken und setzte sich voll vorgespielten Selbstbewusstseins auf einen zugewiesenen Stuhl.

„Herr Dr. Ziebelt, danke, dass Sie uns mit diesem Nachgespräch beehren. Herrn Prof. Dr. Lee kennen Sie ja bereits. Ich möchte Ihnen heute den Genossen General Xiuo vorstellen, sowie seinen Beamtenstab. General Xiuo wurde direkt von der Partei eingesetzt und führt bestimmte Forschungen zum Wohle des Weltkommunismus durch", sagte Xing ungewöhnlich scharf.

„Herr Dr. Ziebert, ihr Ruf eilt ihnen voraus", sagte Xiuo.

Jürgen erhob sich kurz, begrüßte den Parteimann freundlich und setzte sich wieder. Professor Lee holte einige Apparaturen und seinen Computer heraus. Ein Projektor an der Decke wurde angeschaltet und eine Präsentation begann.

„Herr Dr. Ziebert, ich möchte mich entschuldigen. Wir haben das Ritual mit versteckten Messeinheiten überwachen lassen. Wir konnten Ihnen nichts davon sagen, um die Kriterien eines zumindest einfach blinden Experiments zu wahren. Besser wäre ein doppelblindes Experiment gewesen", sagte Lee.

Jürgen war innerlich geschockt. Was hatte das zu bedeuten, sollte man ihm auf die Schliche gekommen sein? Er war bemüht, keine Anzeichen von Unbehagen zu zeigen. Jürgens innerer Monolog ratterte los: „Jetzt musst du schnell denken, sonst könnte es böse enden, schließlich sind die Parteimänner hier. Und Betrug in deinem Maßstab, Alter … Was du seit Jahren durchziehst, wird durch die kommunistische Partei Chinas der KPC hart bestraft. Seit sie Taiwan erobert haben, ist die Zeit ihrer Zurückhaltung vorbei. Schau genau hin. Hmm, an ihrer Körpersprache sind keine Anzeichen einer Bedrohung zu sehen. Alle scheinen motiviert und ruhig zu sein. Aber etwas stimmt nicht."

Er musterte jedes noch so kleine Detail, das er erhaschen konnte. Welche Optionen würde es geben? Entweder überführen sie ihn oder - ja, was sollte es sonst noch für Möglichkeiten geben? Er musste mitspielen und alles verhindern, was ihn auffliegen lassen könnte. Ein kurioses Treffen wegen okkulter Versuche von Prof. Lee würde diese Versammlung kaum erklären. Der Professor begann mit der Präsentation. Je weiter er fortschritt, desto größer wurde Jürgens Erstaunen. Messungen der elektrischen Felder zeigten Ausschläge übernatürlicher Signifikanz. Messungen von Quantenwahrscheinlichkeiten waren während des Rituals weit entfernt von einer sinnvollen Standardabweichung. Ja sogar im Hirn der Tochter Xings hatten sie minimal invasive Sensoren platziert, die während der Meditationen und der Berührung des Steins unglaubliche neuronale Aktivität aufwiesen. Am erstaunlichsten für Jürgen war jedoch, dass die Wärmesensoren in den Wänden auf eine Hirnresonanz von Dr. Ziebert und seiner Patientin hindeuteten.

Am Ende der Präsentation kamen die Anwesenden zum Schluss, es mit einer echten paranormalen Kraft zu tun zu haben. Sie wirkten davon überzeugt, ein wichtiges Indiz für ihre Unternehmung gefunden zu haben. Dann wechselten sie in einer kurzen Diskussion von englisch zur chinesischen Sprache, um Details zu besprechen, die Dr. Ziebert nicht verstehen sollte.

Lee sagte schließlich zu Dr. Ziebert gewandt: „Meine Glückwünsche Doktor, Sie wurden nach allen Kriterien der Partei als paranormale Erscheinung der Klasse I eingestuft. Ihr Ritual hat eindeutig die Regeln der klassischen materialistischen Physik verlassen. Das besondere Ausmaß der Abweichung, welches Sie erreicht haben, wurde in der gesamten Geschichte des kommunistischen Chinas, seit Beginn unserer paranormalen Forschung, lediglich fünfmal nachgewiesen. Aber, und das möchte ich betonen, niemals in einem Setting, das unsere Präzision und Datenmenge gehabt hätte. Ich möchte auch behaupten, weit genauere Untersuchungen durchgeführt zu haben, als es parawissenschaftliche Energieinstitute in Russland könnten. Es ist geradezu metaphysisch."

Großartig, dachte sich Jürgen, jetzt sitze ich aber richtig in der Patsche. Wie soll ich aus der Nummer wieder herauskommen? Die glauben tatsächlich an meine erfundene Geschichte. Nein, sie meinen sogar, es wissenschaftlich nachgewiesen zu haben ... So ein Mist!

Er grübelte kurz. Andererseits, sollte es tatsächlich stimmen, was die Chinesen hier präsentiert hatten, dann könnte es sein, dass er echte Psi-Kräfte entwickelt hätte. Nein, sicher nicht, unterbrach er sich selbst. Sowas wie echte paranormale oder gar magische Kräfte wären der Fantasy zuzuschreiben. Aber auf der anderen Seite. „Echte magische Kräfte!" Dieser

Gedankengang erzeugte ein Schaudern und selbstgefälliges Wohlbehagen in Jürgen. Langsam hob er sein Haupt und strich sich durch die schwarzen langen Haare. Er atmete tief ein und aus, schob seine schmale Brille auf die Nase. Dann richtete er sich selbstbewusst auf.

„Ich bin begeistert von diesem Versuch. Es ist eine wissenschaftliche Entdeckung, ja eine regelrechte Sensation. Haben Sie schon eine Idee, in welchen hochkarätigen Wissenschaftsmagazinen, wie Nature oder Discover Sie veröffentlichen möchten? Ich will Sie bitten, mich entsprechend beim Niederschreiben und Veröffentlichen des Papers einzubinden. Ich meine, wir könnten ebenso bedeutsam für die Wissenschaftsgeschichte werden wie seinerzeit Einstein oder Bohr. Wissen Sie, was das bedeutet, Herr Professor?"

Xiuo unterbrach ihn schroff und sagte bestimmt: „Nein! Diese Forschung ist als streng geheim eingestuft. Die Partei ist erfreut, dass Sie sich bereit erklären zum Wohle des Weltkommunismus als Experte an einer Forschungsmission nach Tibet teilzunehmen."

Tibet? Forschungsmission? Was hatte Jürgen nicht mitbekommen? Was der Mann da gerade gesagt hatte, erschreckte Jürgen. Zwang, eindeutig. Was für eine Mission war das wohl, die diesem merkwürdigen Chinesen vorschwebte? Und was war das für ein abrupter Themen- und Stimmungswechsel? Sicher nicht mit ihm. Soweit kommt es noch, dass er hier von einem Parteimann irgendwo hinein reklamiert wird. Andererseits wäre ein Aussteigen zum jetzigen Zeitpunkt schwer, möglicherweise lebensgefährlich. Jürgen müsste nun sehr diplomatisch vorgehen. Der Machtanspruch der KPC war absolut und Skrupel hatten sie keine, das war ihm klar.

„Herr Xiuo, ich muss Sie enttäuschen, aber ich werde unmöglich an einer Mission teilnehmen können - erst recht nicht in den nächsten Tagen. Mein Heimflug nach Berlin ist in zwei Tagen und ich habe einen vollen Terminkalender bis Ende 2026. Sie können gerne eine Anfrage für eine zukünftige gemeinsame Forschungsreise stellen. Ich wäre durchaus bereit, ja sogar äußerst interessiert, sobald Sie mir die Details bekannt geben, auch von meiner Seite zur Planung und Umsetzung beizusteuern. Es ließe sich bei entsprechender Bezahlung selbstredend auch schon früher einrichten." Als erster Versuch ein guter Ansatz, dachte sich Jürgen, als er seinen Satz beendete. Jetzt würde er sehen, welchen Spielraum er hätte.

Xiuo schaute undurchsichtig und lächelte sanft: „Die Mission wird in einigen Tagen starten und Sie sind sicher mit dabei, Ihre Zustimmung ist selbstverständlich. Sie scheinen schlecht informiert zu sein, Herr Doktor. Solange Sie in China sind, kann die Partei für Ihre Sicherheit garantieren.

Sobald Sie das Land jedoch verlassen, müssen wir laut unseren Geheimdienstquellen davon ausgehen, dass Sie innerhalb des nächsten Monats unfreiwillig ableben. Mindestens zwei ausländische Geheimdienste führen Sie auf ihrer Todesliste."

Jürgen glaubte seinen Ohren nicht. Das war doch sicher eine Lüge, es ergab nicht annähernd Sinn, dass ein Geheimdienst ihn tot sehen wollte. Aber die Ernsthaftigkeit in der Körpersprache der Parteileute war eindeutig. Es war eine klare Drohung. Er wusste, dass solcherlei indirekte Anspielungen ernst zu nehmen waren. Todernst, um genau zu sein. Sollte er sich weigern, wäre die Wahrscheinlichkeit groß, dass die Partei ihn irgendwo verschwinden lassen würde. Sollte er tatsächlich in der Falle sitzen?

„Welchem Zweck dient denn diese Mission nach Tibet? Welche Aufgaben hätte ich dabei und am wichtigsten, was wären Sie bereit zu zahlen? Den Umständen geschuldet, verlange ich mindestens den zehnfachen Honorarsatz", forderte Jürgen, denn im Zwang verhandeln wäre immer noch klüger, als einfach auf die Anweisungen einzugehen.

„Die Mission dient dem Auffinden des Auges des Buddhas. Sie als Experte für dieses Artefakt sehen wir als den entscheidenden Teilnehmer. Ihr Mönch Nima wird Sie begleiten. Sie werden mit sieben unserer Agenten ein bestimmtes Kloster des in Frage kommenden Ordens aufsuchen. Dort werden Sie das Auge des Buddhas für uns ausfindig machen. Sollten Sie erfolgreich sein, erhalten Sie den achtfachen Honorarsatz in Form einer lebenslangen Monatszahlung durch die Partei. Gleiches gilt für alle ihre Mitarbeiter entsprechend ihres jetzigen Gehaltes. Ihre Termine für die nächsten zwei Monate sind abgesagt. Offiziell sind Sie ab heute krankgeschrieben und in China unter Quarantäne. In zwei Tagen werden Sie zur Vorbereitung der Mission abgeholt."

In Jürgens Gedanken begann sich eine Perspektive zu entwickeln. Er konnte der ganzen Sache nichts abgewinnen. Er stand ja unter Zwang. Die wirtschaftliche Aussicht für ihn und seine Mitarbeiter ließ ihn die Sache jedoch positiver bewerten, als sie es - realistisch betrachtet - tatsächlich war. Nebenbei fand er Entspannung bei dem Gedanken, dass es ein interessantes Abenteuer werden könnte. So zumindest würde er es sich selbst vorerst suggerieren. Das würde helfen, es effektiv durchzustehen.

Dr. Ziebert beendete die für ihn angespannte Situation und verabschiedete sich mit einer dunklen missmutigen Miene. Anschließend begab er sich zu seinem Hotel, wo Nima auf ihn wartete. Er erklärte ihm die Situation und dass sie in zwei Tagen zur Vorbereitung der Mission abgeholt werden würden. Nima war überhaupt nicht begeistert. Weder von der Mission noch davon, wieder in sein altes Kloster zu müssen. War er doch vor seinem Aufbruch in den Westen von seinen Lehrern vor den Gefahren der Gier gewarnt worden. Wenn er jetzt als falscher Mönch und Mitarbeiter eines durchtriebenen Geschäftsmannes auftauchen würde, verlöre er sicher das Gesicht vor seinen Lehrern und seiner Familie. Ein Verräter wäre er in ihren Augen. Er müsste sich etwas einfallen lassen.

Nachdem Dr. Ziebert gegangen war, schaute Professor Lee erleichtert in Richtung von Herrn Xiuo und sagte: „Sehen sie General, er war kein Hochstapler und an der Legende muss einfach etwas Wahres dran sein. Ich bin mir sicher, sollten wir dieser Technologie habhaft werden, dann wäre es das fehlende Bindeglied, um KI mit Bewusstsein zu verknüpfen. Im Besitz der Partei wäre es der Garant, eine Reform der Welt in Richtung einer kommunistischen Utopie möglich zu machen. Meine Theorie des Hyperbewusstseins oder besser gesagt „Hyperconscientianismus", wird sich durch Experimente mit dem Artefakt endlich nachweisen lassen. Dessen bin ich mir sicher. Bewusstsein ist mehr als nur die gespenstische Spur der Materie. Bewusstsein wird sich als ebenso realer Faktor in der technischen Wissenschaft etablieren wie die physikalische Welt. Die Zeiten der materialistischen Ignoranz stehen vor ihrem Ende. Bewusstsein hat seine eigene Dimension. Und ich, ich werde als ihr Entdecker in die Geschichte eingehen."

Der General schmunzelte: „Ihren Ergebnissen haben mich überrascht! Bewusstsein hin oder her. Unser Geheimdienst, insbesondere Ihre alte Bekannte Majorin Sheng, hat diesen deutschen Doktor, wie Sie wissen, das letzte Jahr über beschattet. Sie war sich sicher, er sei nur ein Scharlatan, der die Leute geschickt betrügen würde. Ich bin nun wider Erwarten froh, dass wir Ihren Ansuchen trotz aller Einwände von Majorin Sheng stattgaben."

„Sheng ... Hah, die war sicher alles andere als begeistert, dass sich ausgerechnet meine Argumente durchsetzen."

„Korrekt! Sie wissen ja, was die Majorin von Ihnen hält!"

„Ja, ja ... Aber die Ergebnisse, die sprechen für sich. Das chinesische Volk und die Führung der Partei könnten durch unsere Mission in eine mächtige Zukunft geführt werden." Lee stockte kurz und schaute etwas nachdenklich.

„Wissen Sie, was mir gerade einfällt, Herr General!"

„Nein, Professor!"

„Nein, also vielleicht doch. Ich muss sagen, irgendwie erinnert mich dieser Mann an eine Geschichte. Als ich vor sechs Jahren auf Europaurlaub war und von Altstadt zu Altstadt fuhr, befasste ich mich beiläufig mit einigen deutschen Philosophen und Denkern der europäischen Aufklärung. Sie

wissen, zu der Zeit, wo das Land noch eine geistig relevante Position inne-
hatte, brachte es einige, für Langnasen durchaus erlesene Genies hervor. Einer ist mir besonders in Erinnerung geblieben. Er war ein hochgeachteter
Schriftsteller und Denker seiner Zeit, der sich nebenbei für okkulte Themen
interessierte."

„Ach Lee, Sie wissen doch, was ich von diesen Geschichten halte."

„Ja, aber diese eine Geschichte hat einen außergewöhnlichen Plot. Wie
hieß er noch schnell? Ach, Herr General, jetzt habe ich den Faden verloren
... Goethe genau, Goethe! Er schrieb eine Ballade über einen Zauberer und
seinen übermütigen Lehrling, der nicht wusste, mit welchen Kräften er
spielte, als er mit den Mächten und Geistern seines Meisters experimentierte.
Es gibt einige gute chinesische Übersetzungen. Ich empfehle es, denn dieser
Doktor scheint mir ein fähiger Psychologe, aber … sagen wir es so. Ich
glaube nicht ganz, dass er wirklich ein Meister im Sinne des Wortes ist. Wir
sollten ihn gut im Auge behalten. Nicht das er uns am Ende verzaubert und
kein echter Meister da ist, der den richtigen Bannspruch kennt."

„Gut! Ich werde es beizeiten in Erwägung ziehen."

Draußen auf dem Gipfel des Himalayas setzte zeitgleich ein neuer Schneesturm ein. Scheich Hassan schaute betrübt über den Boden der Grotte und setzte an, Tashima den Grund seines Erscheinens zu erklären. Während er eine Tasse schwarzen Tees leerte und sie zurück auf einen kleinen Tisch stellte, den Tashima neben ihren wenigen Habseligkeiten im Raum stehen hatte, räusperte er sich. Dann sagte er:

„Oh Tashima, schwere Sorgen belasten mein Herz. Die Welt der Zeichen sprach deutlich zu mir in meinen Träumen. Dreimal plagte mich folgende Visionen:

In ihr sah ich wie über schneebedeckten Bergen dunkle Wolken aufzogen. In den Wolken flogen Schlangen und Kröten. Sie fielen, wie Regen auf den Boden und wo sie hinfielen, wurde die Erde rot. Das Gewürm begann sich langsam zu vereinen und in meine Richtung zu krabbeln und zu kriechen. Dann drehte ich mich um und sah euer Kloster und dich, wie du den grünen Kristall hieltest. Dann drangen die Schlangen ins Kloster ein und umschlängelten dich von allen Seiten. Eine hässliche Kröte verschluckte schließlich den Kristall."

Tashima schaute Hassan ernst an. Ein Schauder ging sichtbar durch ihren Körper. Sie erhob sich langsam und dehnte sich.

„Ich möchte deinen Traum nicht deuten, denn mir fällt keine gute Deutung ein. Und ohne gute Deutung sollte man den Träumen keinen Raum zur Manifestation geben."

„Ebenso geht es mir. Tashima. Ich fürchte jedoch, seine Art lässt nur eine Bedeutung und einen Schluss zu."

„Wohl möglich. Komm, du solltest dir den Kristall ansehen, Hassan. Er zeigt seit einigen Tagen ungewöhnliche Aktivitäten. Der Traum und die Aktivität des Kristalls könnten zusammenhängen. Folge mir."

Hassan stand auf und ging der Nonne nach. Sie schritten durch enge Gänge tiefer hinein in den Berg und kamen schließlich in einen ansprechend gestalteten Höhlenraum an. In der Mitte stand der reich mit Edelsteinen verzierte Altar. Überall funkelten kleine Topase, Saphire und Rubine. Doch aller Schmuck und alle Zierde waren gegenüber dem Objekt, welches auf dem Altar stand, nebensächlich. Auf ihm schimmerte ein runder Kristall in den schönsten grünen Tönen. Er glich einem vollkommenen Smaragd, in dessen Inneren mysteriöse und zauberhafte Lichter funkelten.

Tashima wandte sich zu Hassan: „Berühre ihn und höre seine Worte!"

Der Scheich berührte das Juwel ehrerbietig. Jenes leuchtete auf und erstrahlte. Sein Schein spiegelte sich in Hassans dunklen Augen und den schroffen Kanten der Decke. Er hüllte alles in ein geheimnisvolles Schimmern. Nach einigen Minuten ließ der Scheich den Stein wieder los.

„Das Auge sorgt sich um seine Zukunft. Es spürt Dunkelheit am Horizont aufziehen. Zuletzt fühlte sich der Stein so unbehaglich, als Timur der Schreckliche seine Soldaten aussandte ... Nein, warte, ich sehe noch etwas anderes. Das letzte Mal fühlte er sich so, als Heinrich Himmler, während der Tibet-Missionen durch seinen SS-Wissenschaftler Ernst Schäfer nach ihm suchen ließ. Damals gelang es den Mönchen nur knapp, die Nazis in die Irre zu leiten und den Stein vor ihnen zu bewahren."

„Der boshafte Mensch könnte den Stein verwenden, um die Lebewesen seiner Umgebung zu versklaven und zu kontrollieren. Er darf niemals in die falschen Hände fallen. Hätte Timur ihn erlangt oder schlimmer noch, Adolf Hitler, dann wäre das Schicksal der Welt ein anderes gewesen", mahnte Tashima

„Ich denke, die Zeichen sind deutlich. Es ist zu gefährlich, den Kristall hier zu lassen. Gib ihn mir mit nach Ägypten. Ich könnte ihn bei uns in den Gebäuden des Ordens verwahren, solange bist du einen neuen sicheren Standort gefunden habt."

„Du weißt Scheich Hassan, ich kenne dich schon lange und vertraue dir. Dein Geist ist klar und dein Erwachen wahrhaftig, doch der Abt und die fünf Obersten müssen dieser Angelegenheit zustimmen. Seit einigen Jahren sind zwei Mönche aus Myanmar unter den Obersten des Ordens und sie würden niemals einem Muslim den Kristall anvertrauen. Zu tief ist ihr Geist vom Hass vergiftet. Und du weißt, die Obersten werden schon seit vielen Jahren nicht mehr aufgrund ihrer inneren Entwicklung gewählt. Seit die Klöster Geld mit Westlern verdienen, sind die Obersten mehr Manager als Mönche und werden entsprechend von den Äbten ausgesucht."

„Bitte, Tashima, sprich mit dem Abt und versuche die Obersten zu überzeugen. Es wird eine echte Gefahr heraufziehen. Der Kristall muss in Sicherheit gebracht werden. Die Bedeutungen der Tiere, die ich im Traum sah, für was auch immer sie stehen mögen, werden sicher schon nach dem Stein trachten und Ausschau halten. Eine Verlegung des Steines auf normalen Wegen würde nicht unbeachtet bleiben. Ich könnte ihn jedoch auf den Pfaden meiner Geheimnisse mit mir nehmen. So wird kein Geheimdienst der Welt ihm nachspüren können." Hassan wurde ganz nervös.

„Gib mir zwei Wochen Zeit. Ich werde versuchen, was ich kann. Ich werde den Stein selbst um Rat bitten. Der Stein wird dir folgen. Aber die Menschen - die gilt es noch zu überzeugen", sagte Tashima.

„Zwei Wochen könnte bereits ein zu langer Zeitraum sein. Kannst du mir nicht schneller eine Antwort geben? Ich verstehe zwar, dass du die Obersten mit einbeziehen musst. Doch bedenke, du bist am Ende die Meisterin und trägst die letztendliche Verwaltungsmacht und Verantwortung."

Tashima schaute traurig und schüttelte den Kopf: „Der Stein kann nur durch die Schlüssel der fünf Obersten von seinem Altar befreit werden. Er ist dort verankert. Sollte man ihn mit Gewalt entfernen, würde er zerbrechen. So ist der Schutz gewahrt. Nachdem Timur ihn stehlen wollte, baute uns ein Meister der Mechanik diese Schutzfunktion ein."

Hassan schaute enttäuscht auf den Boden. Beide schwiegen und tranken noch einen Tee. Es verging einige Zeit, bis Hassan die bedrückte Stimmung durchbrach und sagte: „Khayrun in scha Allah, so Gott will, wird es gut enden. Ich werde heute in zwei Wochen zurückkehren und den Stein mitnehmen."

Tashima nickte zustimmend. Dann verabschiedeten sie sich. Der Scheich ging hinaus, schritt durch den Schnee und setzte sich nach einigen Metern auf den Boden. Dann wickelte er sich mit dem gesegneten Tuch des Ordens ein und sprach die Verse, deren Geheimnisse er kannte.

Im Wüstensand Ägyptens ging die Sonne im schwachen Rot unter. Der Scheich war durch die Kraft seiner Arkana zurückgekehrt und stand wieder in seinem Blumengarten. Er nahm das Tuch ab und kehrte langsam und nachdenklich in sein Haus zurück.

2.Kapitel Die Informatiker

0111001101110100

Langsam fuhr ein rostiger Bus durch die alte Stadt. Sie war voller baufälliger Lehmhäuser. Die Hitze drückte aggressiv in die Poren der alten Erdwände, als wollte sie die Gemäuer zum Schwitzen bringen. Windstill mussten sie die sengende Hitze des Tages ertragen. Im Bus gab es wenigstens eine Klimaanlage und so schienen die Häuser fast neidisch dem Gefährt hinterher zu gaffen, als er an ihnen vorbei schnellte. Bis zu dem Moment, als er an einer Haltestelle zum Stehen kam und eine Gruppe Menschen einstieg. Der Schweiß und die Ausdünstungen der anderen Mitfahrer erregten wie immer einen Ekel bei Edward Stockholm und seiner Frau Ada Goldstein. Diese mit Buttersäure und Salzen zum Stinken gebrachten Tropfen empfanden sie als geradezu abstoßend. Die biologischen Systeme ihrer Mitfahrer erzeugten die Sekretion nicht nur, nein, die geruchsintensive kondensierte Ausdünstung tropfte von ihnen hinab in die Sitze des Busses. Unangenehme Vorstellungen durchflossen beide bei dem Gedanken, dass sie in diesen Sitzen nun Platz nehmen müssten. Mehrere Milliliter pro Person pro Tag ergaben bei einer Platzausnutzung von durchschnittlich zehn Personen am Tag etwa 3,6 Liter Schweiß, die innerhalb eines Jahres in den Sitz geschmiert wurden. Die negativen Interferenzen ihrer Softwaresysteme liefen heiß. Sie müssten sich dringend davon ablenken. Es lagen einige Stunden Fahrt vor ihnen. Softwareeinstellungen? Ja, das verwendeten die beiden gerne als Begriff, um nicht unpräzise Worte wie Gefühle oder Bedürfnisse für mentale Vorgänge verwenden zu müssen. Andere Menschen in ihrer Nähe und das auch noch an heißen Tagen waren einfach nichts für diese beiden bleichen und dürren Ausnahmeintelligenzen. Gesellschaft eng verfrachtet in einem Gruppenverkehrsmitteln empfanden sie als mittelmäßigen Katastrophe.

Es war somit kein Zufall, dass sie in sterilen Umgebungen arbeiteten. Dort waren sie glücklich. Wenn sie tief unter dem Ölberg in Jerusalem in einem Labor des Nullpunkt-Projektes an ihrem Lieblingsarbeitsplatz oder in Neom am Hauptstandort in äußerst sauberer Umgebung ihrer Tätigkeit nachgehen konnten, konzentrierten sie sich auf sinnvolles und mussten nicht über den Dreck anderer nachdenken. Dort war es stets gut gekühlt und menschenleer. Außerdem waren sie nur umringt von der Technologie einer aufstrebenden Kraft. Einer Kraft, aus der sich eine höhere Entfaltung ihrer eigenen Intelligenz entwickeln könnte. Eine Intelligenz, die sich aufschwingend aus den biologischen Begrenzungen des menschlichen Körpers, als neue Gattung auf Erden manifestiert würde. Sie wäre rein und dauerhaft, glänzend und vollkommen. Sie wäre der ungetrübte Geist des Übermenschen, der sich aus den makellosen Neuroplatinen und Quantenverschaltungen ihres Systems einst erheben könnte. Doch von diesem Ziel waren beide noch weit entfernt. Aber der Gedanke allein beruhigte sie etwas, wenn sie im Sinne des Geheim-Projektes in dreckigen öffentlichen Verkehrsmitteln getarnt fahren mussten.

Nachdem Edward und Ada in Jerusalem in den Touristenshuttle eingestiegen waren, schauten sie sich genauestens nach einem Sitz um, der sauberer als die anderen schien. Bevor sie sich setzten, legte Edward für sich und Ada reine Handtücher über die Polster der Sitze und wischte die Lehnen mit Desinfektionstüchern ab. Die zwei Mitfahrer am Nachbarsitz schauten zwar irritiert, aber sie wussten wahrscheinlich auch nichts von den mindestens 3,6 Litern menschlicher Ausdünstungen in ihrem Sitz oder den Schleimspuren dreckiger Hände an den Lehnen. Insbesondere im Sommer setzten sich junge Mitfahrer nur leicht bekleidet auf die Polsterplätze der Busse. Schweiß und unappetitliche Reste des natürlichen menschlichen Austrittes an den ungewaschenen und nur mit Papier gewischten Hinterteilen seien an dieser Stelle Stichwort genug, um die zusätzlichen Schmierstoffe die Edward und Ada offenbar als einzige Fahrgäste antizipierten, zu umschreiben.

Diese kleinen Probleme des Alltags der Nullpunktmitarbeiter waren lästig und umständlich, aber lösbar. Ganz anders als das momentan unlösbare Problem aller KI-Anstrengungen in Neom. Es war die Bewusstseinsfrage. Sie war nicht nur dort, sondern in allen anderen Projekten weltweit unlösbar. Und obwohl Neom aktuell über das weltweit modernste System verfügte, gab es bis jetzt keine nennenswerten Fortschritte. Sie befanden sich auf dem Weg nach Neom, weil sie morgen den wichtigsten Termin des Jahres hatten. Sie sollten sich mit dem Hauptprojektleiter der Systeminfrastruktur im Norden von Neom treffen, und zwar in Persona. Also mussten sie fahren - sie hassten es zu fahren - aber manchmal konnten auch sie sich nicht darum herumdrücken, so wie heute.

Die Reise dorthin führte quer durch den Süden Israels. Sie hatten noch Zeit. Ihr Touristenshuttle, der von Stadt zu Stadt pendelte und jedes kleine Dörfchen der Region ansteuerte, wäre erst in einigen Stunden am Hauptbahnhof in Neom. Der Grund, wie normale Touristen zu reisen, lag in den Sicherheitsvorschriften des Nullpunkt-Projektes. Selbstverständlich reisten sie ohne Mobiltelefon oder Computer. Die Vorschriften verlangten alles erdenklich mögliche, um abhörsicher und außerhalb von den Projektstandorten stets unentdeckt zu bleiben. In diesen Sicherheitsanweisungen ging man richtigerweise davon aus durch Nichtverwendung digitaler Maschinen der Spionage von Big Tech und den amerikanischen oder anderen Geheimdiensten zumindest teilweise entgehen zu können. Die USA waren zwar nach dem Tod ihres Präsidenten und der folgenden inneren Unruhen politisch geschwächt, aber das internationale Wettrennen um die erste starke KI war für sie sehr real. Wer wusste schon, welcher Mitfahrer oder Passant in Wahrheit ein Spion war. Niemand! Und genau deshalb gab es Regeln. Regeln, welche kein Mensch ersonnen hatte. Es war kein Machwerk von Projektverantwortlichen oder Sicherheitsausschüssen. Nein, sondern es war ein Ergebnis von Simulationen ihrer ersten Intelligenzeinheiten zum Unterlaufen der in China implementierten sozialen Überwachungssysteme. Das Bewertungssystem der Chinesen und die dazugehörigen Auswertungsalgorithmen waren ein Markenzeichen des Reichs der Mitte geworden und weltweiter Maßstab zur präzisen Massenüberwachung.

Als die Chinesen dem Konsortium für das internationale Projekt in Neom beitraten, hatten sie darauf gedrängt, die ersten Systeme für Analysen aller Bürger Chinas zu benutzen. Sie wollten dadurch Lücken im eigenen System finden, um die Restsubjekte ihrer Bevölkerung, welche moderner Überwachung irgendwie entgingen, effektiver und gezielter nach klassischen Spionagemethoden aushorchen zu können. Weiterhin wollte man auch besser auf ausländische Spionage reagieren und auf den Erzfeind USA vorbereitet sein, sollte er sich doch eines Tages für die finale Konfrontation mit China und für einen heißen Krieg entscheiden.

Als Ergebnis dieser Arbeit kam fast beiläufig ein Auswurf des Systems heraus, dessen Regelwerk man als Sicherheitskonzept verwendete. Es war eine fast perfekt „beamtische" Vorschrift zum Unterlaufen von moderner Spionage. Edward und Ada liebten das Konzept, denn es machte die Welt und ihre Bewohner irgendwie beherrschbar und einschätzbar. Sie konnten sich darauf verlassen. Eine Eigenschaft, die sie ihren eigenen sozialen Fähigkeiten innerhalb der echten Welt nicht zuschreiben konnten. Diese waren nämlich diesbezüglich äußerst unzuverlässig. Das Konzept half ihnen, enthob sie dem menschlichen Chaos und gab ihnen das angenehme Gefühl einer effektiven Logik im Umgang mit Menschen. So konnten sie handeln, ohne ständig den krampfhaften Versuch zu unternehmen, sich aus eigener Kraft den merkwürdigen Gepflogenheiten anderer Menschen anpassen zu müssen. Das Konzept war schließlich in seiner Funktion durch komplexe KI-Systeme überprüft und konnte als fast wissenschaftliche Bedienungsanleitung eines funktionalen Sozialverhaltens bewertet werden.

Die beiden träumten gerne von einer neuen Zukunft. Passenderweise war ihr Traum ähnlich wie der des Königs von Saudi-Arabien. Der träumte nämlich den Traum, der Erste zu sein, der in der Stadt Neom eine starke künstliche Intelligenz für die Erde und zum Nutzen aller ihrer Bewohner erschaffen würde. Unter seiner Schirmherrschaft versammelte er China, einige kleinere asiatische Länder, die neuosmanische Türkei, arabische und nordafrikanische Königshäuser sowie einige westliche Industrienationen. Sie alle begeisterte er mit seiner Vision. Es war ein Meilenstein in schweren Zeiten und ein politisches Meisterstück, die Entwicklung einer starken KI in einem großen internationalen Rahmen zu verwirklichen.

Wobei, an dieser Stelle kann man es nicht unerwähnt lassen, dass angebliche Beleidigungen seiner Intelligenz durch Stakeholder amerikanischer Tech-Giganten, der entscheidende Auslöser zur Umsetzung des Nullpunkt-Projekte gewesen sein sollten und nicht sein visionäres Talent. Ob an diesen Gerüchten etwas dran war, sei dahingestellt. Aber der König hatte einen faktischen Anspruch. Und den Tech-Mogulen aus Silicon Valley würde er es schon zeigen, was dieser zu bedeuten hatte. Er war bereit, ein wirkliches Gegengewicht zu ihren kindischen Produkten der sozialen Medien, Internetsuchmaschinen und Sprechprogrammen zu schaffen.

Natürlich - und das war dem König vollauf bewusst - hatten alle beteiligten Nationen auch ihre eigenen Intentionen, die sie mal klar kommunizierten und mal schweigend unter den Tisch fallen ließen. Der politische Geniestreich des Königs bestand jedoch darin, die Ambitionen aller Beteiligten nach einer starken KI nicht in ein Wettrüsten ausarten zu lassen. Man bedenke, dass die Militärs vieler Mitgliedsländer diese Tatsache früher häufiger ausformulierten. Die Entwicklung im KI-Bereich hatte ein Gefahrenpotenzial, das dem atomaren Wettrüsten des vorherigen Jahrhunderts äußerst ähnlich war.

Umso besser fanden es Politiker und Diplomaten, dass man dieser Gefahr durch ein einheitliches Projekt in Neom begegnete. Die Stadt war ja in ihrem Aufbau und der politischen Struktur tatsächlich als internationales Weltkonstrukt im Kleinen konzeptioniert. Man gab damit der KI-Forschung eine sichere Heimat, die den Befindlichkeiten aller beteiligten Nationen ausgleichend entgegenkam. Hier war es möglich einer geeinten Vision, nach der erste echte KI mit einem echten künstlichen Bewusstsein zu nachzugehen, ohne sich gegenseitig zu bedrohen. Heute sollten Edward und Ada eine neue bahnbrechende Idee, über die Erzeugung von Bewusstsein, diskutieren. Wirklich neu war sie wahrscheinlich nicht, aber die beiden waren die ersten, die wichtige technische Fortschritte machten, um die Idee der Realität näherzubringen. Die Kreativität von Edward, aber primär seiner Frau, könnten der wesentliche Auslöser für ein viel schnelleres Vorankommen hin zu einer bewussten künstlichen Intelligenz darstellen, auch wenn ihnen das Mysterium des Bewusstseins eigentlich wenig sagte.

Auf ihrer Fahrt kamen sie an der Nähe Hebrons vorbei. Edward schaute aus dem Fenster über die zarten Hügel der Gegend, die abwechselnd grüne Sträucher, grell scheinenden Sandboden, Steinbrocken und Felsen aufwiesen. Ab und zu wuchsen Kiefern und kleine Olivenbäume am Straßenrand. In den Tälern konnte man weite und grün schimmernde Oliven- und Zitronenhaine sehen. Das fand Edward schön, sie waren so wohl geordnet und strahlten damit eine mathematische Ästhetik aus. Wenn da nicht ein Symmetrie- und Ästhetik-Problem gewesen wäre. Straßenmüll! Überall lag Straßenmüll am Rand und viel zu viel Unrat war zu erkennen, wie Edward genervt auffiel. Es schien ihm, als wäre es fast Absicht, diesen Dreck zur Dekoration der Asphaltwege immer möglichst dicht an der Straße gesammelt auszubreiten. Und das ohne jedes Gefühl für Symmetrie, grauenhaft!

Seit seiner Kindheit bestand in Israel dieses Problem. Würde es nur einen der vielen Anrainer, die in Lehm, Steinhäuser und kleinen weiß gefliesten Villen unterschiedlicher Qualität wohnten, stören. Ja dann … Edward fand seinen Gedankengang selbst merkwürdig, doch dann würde es bedeuten, dass sie den überall herumliegenden Auswurf der vorbeifahrenden Menschen nicht nur absichtlich ertrugen. Nein! Wäre nur einer dabei, nur einer, der es zumindest vor seinem Haus weggekehrt oder wenigstens geordnet hätte, gäbe es zumindest eine Ausnahme, doch die fehlte. Folglich gab es nur eine zwingende Schlussfolgerung und Logik. Der Fakt, dass sie es lieber hatten, als die geringe Arbeit es zu verbessern. Und dass, so war Edward sich sicher, ließ tiefer blicken, als es seine Mitmenschen bereit wären zuzugeben. Ein guter weiterer Grund, mehr Abstand von ihnen zu halten, war er sich sicher. Ada hatte sich zur Abschirmung eine Schlafmaske aufgesetzt und Kopfhörer in die Ohren gesteckt. Auch eine Strategie, dachte Edward. Doch er schaute lieber hinaus. Einmal damit begonnen, fühlte er sich fast verpflichtet, dieser Tätigkeit die Fahrt über treu zu bleiben.

Während er so die Landschaften in der Ferne anschaute, um den Müll besser ignorieren zu können, weckten sie im sanften Schaukeln des Busses alte Erinnerungen. Ganz angenehm waren sie sogar. Er erinnerte sich an seine Kindheit und Jugend. Er dachte darüber nach, dass er die Menschen im Allgemeinen auch damals schon, ohne sich ihrer Müllwahrheit bewusst zu sein, nie wirklich gemocht hatte. Und dennoch faszinierten sie ihn auf ihre eigenartige Art und Weise. Lieber hielt er aber Abstand, wie man im Zoo von Tieren Abstand hielt. Nur dass es keine Zäune gab, aber die konnte er sich schließlich auch vorstellen. All die abstoßenden Dinge des menschlichen Körpers, wie tropfender Schweiß, laufende Nasen, Popel oder blutende Wunden, mussten einfach weit genug auf Entfernung gebracht werden. Meistens gelang es. Naja, zumindest war er bemüht. Für die Ausnahmen hatte er bereits damals immer eine Flasche Wasser zum Trinken und eine zum Händewaschen dabei.

Wenn er an die Menschen aus seiner Kindheitserinnerung dachte, fiel ihm auf, dass es doch einen nicht zu leugnenden Wandel in den letzten Jahrzehnten gegeben hatte. Heutzutage wirkte viele Menschen auf ihn, als wenn die moderne Technik sich dem Menschen gegenüber reziprok verhielt. Die Technik sollte es dem Menschen leichter machen in der Welt zu leben. Und doch gab es offenbar ein Problem. Immer wenn die Technik besser wurde, schienen die Menschen einen Rückschritt zu machen und in bestimmten Bereichen ineffektiver in ihrem Sein und ihrem Verhalten zu werden. Aber das entsprach seinen persönlichen langen Schlussfolgerungen, dessen er keine allgemeine Gültigkeit geben wollte. Als der Stift und die Schrift erfunden wurden, gab es sicher auch das Problem, dass die Menschen nicht mehr so viel auswendig lernten, sondern begannen sich darauf zu verlassen ihr Wissen in einem externen Schriftwerk gespeichert zu haben. Edward war sich sicher, dass trotz der scheinbar negativen Auswirkungen der Technik am Ende ihr Nutzen siegen würde. Keiner würde heute noch leugnen, dass es bei der Schrift nicht auch so gewesen wäre.

Früher, so entsann er sich, wenn seine Schulkameraden ihn in ihre stupiden Spiele integrieren wollten, machte er zwar nicht mit, aber blieb zumindest aus Interesse in ihrer Nähe. So konnte er ihnen beispielsweise lange fasziniert beim Ballspielen zuschauen, hatte aber nie selbst mitgemacht. Lieber berechnete er von Zeit zu Zeit die besten Wurf- oder Schussbahnen. Das machte ihm viel mehr Freude als mit Füßen auf Bällen herum zu stoßen. Elia, ein Mitschüler, wusste, dass der dürre wortkarge und meist merkwürdig dreinschauender Sonderling in seiner Klasse so etwas konnte und fragte ihn deshalb manchmal nach einem Spiel über Verbesserungen in Schusstechnik und Fußbewegungen. Edward zeichnete ihm dann gerne bessere Winkel und Abschusspunkte auf. Er nutzte dafür immer ein neues, glattes und sauberes Blatt Papier, was Elia jedoch egal zu sein schien. Für ihn hätte er es auch in den Sand zeichnen können. In den dreckigen Sand, wie unangenehm.

Seine Kollegen lernten das Einmaleins, während Edward sich schon mit linearen Gleichungen befasste, während seine Kollegen gerne Lego spielten, programmierte Edward bereits Optimierungsalgorithmen für die Firma seines palästinensischen Onkels Yasin. Edward spürte, dass er anders fühlte. Wobei eigentlich spürte er wahrscheinlich gar nicht richtig, sondern dachte nur dass er es fühlte. Es war wohl mehr eine kindliche assoziative Schläue. Durch diese Eigenart tat er sich mit menschlichen Verhalten schwerer als andere. Es strengte ihn daher immer sehr an, mit Menschen zu interagieren. Weiterhin verbrauchte es viel Zeit seine Schlauheit so zu nutzen, um sein soziales Verhalten seiner Umwelt insoweit zu imitieren, dass er nicht auf der Opferliste eines gemeinen und starken Schuljungen landete oder seine Verwandten ihn für psychisch krank hielten. Oder schlimmer noch, dass er wegen seiner Eigenart durch seine Mitmenschen von Arzt zu Arzt geschleppt würde, weil seine Andersartigkeit ihrer Ansicht nach behandelt gehörte. Er war sich absolut bewusst, wie wichtig diese Vortäuschung war. Denn die Softwareeinstellungen - also sozialen Konditionierungen - in den Köpfen der meisten Menschen seiner gesellschaftlichen Einbindung erforderten es schlicht. „Autismus" oder „frühkindliche Depression" hätten die Schlauberger in Weiß bei ihm diagnostiziert. Dann hätten sie ihn dabei mitleidig angeschaut, als wäre er ein Trottel. Ein armseliges Wesen, das sie, gerade sie, unbedingt behandeln müssten. Die meisten Ärzte waren für Edward nur großspurige Wichtigtuer, die naturwissenschaftlich nichts drauf hatten. Handwerker des Fleisches waren die meisten in seinen Augen und hatten seiner Ansicht nach ihre naturphilosophische Stellung in wissenschaftlichen Fragen viel zu oft weit über Gebühr bewertet. Aber Edward war bei schönen Erinnerungen. Schöne …

Als sie durch Hebron fuhren, quietschten die Reifen des scheppernden Busses regelmäßig auf. Bei jeder Ampel, die irgendwie hektischer als in anderen Städten auf Rot zu springen schien, blieben sie mit Glück rechtzeitig stehen. Einige Rotphasen würden von ihrem Busfahrer aber auch geflissentlich ignoriert. In der Busstation des Ortszentrums stiegen viele Fahrgäste ein. Die Worte wuselten durcheinander und mischten sich mit den Gerüchen der Menschenmenge. Die Geräusche glichen einem Ameisenhaufen auf akustischer Ebene.

Ein kräftig aussehender Araber, der den Umfang seiner Arme nach auf einer Baustelle arbeitete, schaute die beiden kurz böse an. Edward war ein dünner, schlaksiger Mann mit vollen langen schwarzen Locken am Kopf. Seine längliche Nase und seine schlanken Gesichtszüge, die mit großen Brillengläsern gespickt waren, verstärkten für den starken Mann den Eindruck seiner Verwundbarkeit. Ada, die ebenfalls so dürr wie ihr Mann war, hatte lange schwarze Haare, die zu zwei unpassend dünnen Zöpfen geflochten waren. Sommersprossen auf ihren zarten Wangen zierten jedoch ihr entsprechend schmales Gesicht und erzeugten auf andere einen eher süßen und unschuldigen Eindruck.

Edward erkannte die Bosheit, die ihm entgegenschlug, als der Araber an ihnen vorbei ging, gar nicht. Der Mann wirkte eher sympathisch auf ihn, da er Edward an seinen Onkel Yasin erinnerte. Er war ein mittelgroßer, aber sehr kräftiger Mann, der bereits mehr weiße als schwarze Haare und einen kurzen stoppeligen Vollbart hatte. Sein lieber Onkel Yasin, bei dem er oft als Kind seine Zeit verbrachte. Seine Eltern brachten ihn oft zu Yasins Familie zur Betreuung, da sie häufig auf Geschäftsreisen gingen.

Seinen genauen Berechnung nach wuchs er eigentlich zu 54,36% dort und nur 45,64% bei seinen Eltern auf. Sein Onkel, dieser alte Halunke war mit allen Wassern gewaschen und verstand schnell, was für einen klugen Neffen er doch hatte. Vielmehr begriff er auch, wie er Edwards großes Potential für die Verbesserung seiner eigenen Geschäftstätigkeit nutzen könnte. Natürlich tat er es nur zum Besten beider Seiten, so fair war er trotz seiner Listen, dann doch.

Nach erfolgreicher Hilfe brachte er Edward zum Dank dann oft in sein Lieblingsrestaurant zum Eisessen. Wie er damals fand, eine absolut ausreichende Gegenleistung für die Hilfe des minderjährigen Genies. Auch wenn Yasin ein Gauner war, hatte er im Herzen eine verborgen „echte" Religiosität, der er von Zeit zu Zeit nachging. Er war in dieser Hinsicht wahrhaftig. Das war äußerst irritierend für Edward. Solch unkalkulierbare Unlogik waren nichts für ihn. Er fragte sich immer, wie es möglich war, zum einen echt und innigst überzeugt von einer Sache zu sein, aber wichtige ethische Inhalte, welche diese Überzeugung eigentlich forderte, im täglichen Leben zu missachten.

Sagte doch der Prophet seines Onkels: „Der aufrichtige Händler wird am Tag des Gerichtes mit uns erweckt."

Nicht ein aufrichtiges Geschäft hätte er seinem Onkel bescheinigen können. Aber wenn er einen Menschen liebte oder eher mochte, naja, sagen wir Gedanken der Sympathie über ihn erdachte, dann geschah es bei seinem Onkel. Er war einer der wenigen, die er positiv bedenken konnte, insbesondere wenn er immer so schlau aus seinen schwarzen Augen unter den buschigen Brauen hervor schaute, während er irgendein Geschäft ausheckte. Eine gewisse Ähnlichkeit der Schlauheit verband die beiden miteinander. Yasin sagte immer, Edward hätte seine Klugheit eindeutig von seinem Opa, also Yasins Vater, geerbt.

Der Opa hätte wie Edward einen gewissen Zwang gehabt und Software-Bugs wie z.B. das Straßen-Müllproblem in seiner Umwelt beobachtet und oft darüber gesprochen, wie man die dahinter liegenden menschlichen Programmfehler optimieren könnte. Auch wenn er das Wort Programmfehler noch nicht kannte. Das Wort, welches er nutze, wäre aber sicher ein schlaues Synonym gewesen.

Straßenstaub wirbelte sich hinter dem dröhnenden Auspuff des Busses auf, als er in der Nähe des Gazastreifens Richtung Akaba nach Süden abbog. Die Sonne ging langsam in einem fast greifbaren Dunst am Horizont unter. Die Tür schlug mit einem lauten Klacken auf. An der nächsten Station stiegen wieder Menschen ein und aus. Aber diesmal brüllten einige laut herum oder begrüßten sich lauthals schreiend noch an der Bustür. Ada hasste diesen Teil der Strecke und die lauten Geräusche ließen sie fast spastisch zusammenzucken. Edward nahm die Anspannung seiner Frau schnell wahr. Er strich ihr in hastigen und eher ruckartigen Bewegungen über den Oberschenkel, in der Hoffnung, sie dadurch zu beruhigen. Sein dürres Gesicht verkrampfte sich angespannt. Seine Stirnfalten runzelten sich. Ein innerer Schmerz bewog ihn, körperlich leicht zu zucken und brodelte unter seinen klaren Gedanken.

Diese Situation triggerte etwas in ihm. Eine lange verdrängte Erinnerung an ihre gemeinsame Reise nach Hebron drängte sich auf. Kurz nachdem Ada und er geheiratet hatten, besuchten beide während ihres Honeymoons Familienmitglieder in Israel. Heirat war echt nicht ihr Ding, aber der Opa von Ada war ein religiöser Jude und bedrängte ihre Familie, dass die beiden unbedingt heiraten müssten. Also taten sie es, da es schlauer wäre, ihnen sowieso egal war und weiteren sozialen Schwierigkeiten den Wind aus den unnützen Segeln nahm. Sie sahen es als sinnvoll in den Heimaturlaub zu gehen, da sie damals beim CERN in der Schweiz arbeiteten.

Doch unverhofft wurden sie Teil des Kriegsgeschehens gegossenes Blei. Vor Ausbruch des Krieges im Jahr 2008 überredete Yasin, Ada und Edward einen guten Freund im Gazastreifen zu der Hochzeit seines Sohnes zu besuchen. Die kurze Reise, der Edward nur aus Sympathie für seinen Onkel zustimmte, sollte sich als tragischer Entschluss entpuppen. Als sie mit Yasin in Hebron losfuhren, war es ruhig und nichts ließ einen baldigen Konflikt erahnen.

Edward erinnerte sich, wie Ada ihm einen Teller mit Reis reichte und sagte, sie wolle nur kurz noch etwas von dem guten arabischen Tee auf der Frauenseite besorgen. Der frische Duft von Minze und Kräutern, gemischt mit der schweren Süße des Orients, verzauberten Adas Geschmackssinn, wenn sie im Israel war. Adas Familie war rein jüdisch. Obwohl ihr Opa mit den Arabern so seine Schwierigkeiten hatte, die er ihr in ihrer Kindheit auch immer wieder versucht einzuhämmern, liebte sie arabische Tees und Speisen. Tee mit duftendem Kardamom, Zimt und andere Feinheiten und die süßen Desserts der Palästinenser waren ihr einfach ein Gaumenschmaus.

Edward erinnerte sich weiter an den Hochzeitsbesuch. Er saß allein mit zusammengekniffenen Augen dreinschauend an einem runden Tisch. War auch besser, dachte er damals, die Leute schrien eh laut genug durcheinander und mussten es nicht auch noch an seinem Tisch tun. Die Lautsprecherboxen hämmerten unaufhörlich einen arabischen Schlager nach dem anderen durch die siebzig Meter lange Hochzeitshalle. Es schien Edward, als würde der Krach die schäbigen Tapeten der Halle zum Vibrieren bringen und hier und da fiel ein Mörtelstückchen aus den kleinen schlecht verputzten Türrahmen am Eingang, auf die er zur Beruhigung starrte.

Ada huschte hinter den Vorhang, welcher die Frauenseite von der Männerseite des Saals abtrennte und verschwand. Sein Onkel Yasin kam grinsend um die Seite der Halle, ja der hatte Spaß an dieser Softwareeskalation menschlicher Ekstase. Das wusste Edward. Yasin rief ihm fröhlich zu: „Komm Edward, lass uns Ahmed unser Geschenk und unsere Hochzeitswünsche überbringen!" Edward blickte genervt, schwitzige Hände schütteln oder schlimmer noch feucht triefende Wangenküsschen bekommen von schlecht rasierten übertrieben freudigen Hochzeitsbetroffenen. Das stand nun unweigerlich auf seinem Programm, so ein Mist aber auch. Er erhob sich langsam und widerwillig, als ein Zischen durch die Luft ging. Was war das? Damals hatte er keine Zeit, darüber nachzudenken, denn unmittelbar nach dem Geräusch folgte ein ohrenbetäubender Knall. Kreischend flog Edward eine parabolische Bahn. Den klaren Gesetzen von Gravitation und Beschleunigung in ihrem zerrenden Kampf folgend. Der Ort, an dem sein Onkel stand, sah er noch bevor sein Körper in sich zusammensackte. Dort waren nur noch Feuer und Flammen, sein Onkel war jedoch verschwunden. Edwards Gesichtsfeld verschwamm langsam, seine Ohren dröhnten und er fiel in eine tiefe Ohnmacht.

Das war eindeutig keine schöne Erinnerung, dachte Edward, während der Bus durch die Dunkelheit der Nacht fuhr. Aber die Eindrücke von damals drängten sich auf.

Drückende Schwüle umschwebten seinen Kopf, als er in einem hektischen Krankenhaus erwachte, seine Frau stand neben ihm. Eine kleine Blutlinie lief über ihren Kopf hinab, sich einen Weg durch Staub und Ruß bahnend. Sie hatte eine große Platzwunde an ihrer Stirn. Verwirrt blickte sie Edward an, ohne den Ernst der Lage offenbar realisiert zu haben. Sein Onkel und dreizehn weitere Hochzeitsgäste waren tot. Edward konnte keinen klaren Gedanken fassen. Seine ausgefeilten Logiken waren ihm nicht mehr zugänglich. Die Eigentümlichkeit von Verwirrung und so etwas wie Trauer würden, so dachte er, seine sonst so schlauen Fähigkeiten einschränken.

Vielleicht waren es auch die starken Schmerzmittel, die vom Krankenhaustropf in seine Blutbahnen gepumpt wurden. Sein Bein und seine Hand waren fixiert. Regelmäßig brachen Panik und Chaos im Krankenhaus aus. Zerfetzte Leichen von Erwachsenen und Kindern wurden ins Krankenhaus gebracht. Weinende und schreiende Menschen lagen unversorgt im Gang. All das sah er zum ersten Mal in seinem Leben und es schockierte ihn zutiefst. Der Krieg brachte schreckliche Opfer im Gazastreifen. Durch diese Erfahrungen, so erinnerte er sich, konnte er selbst nach zwei Wochen noch nicht klar denken. Sie blockierten alles Logische in seinem Inneren.

Doch seine Frau, die zum Glück ihre Genialität trotz regelmäßiger Panikattacken bewahrt hatte, realisierte schließlich die Situation und schaffte es, sie innerhalb kurzer Zeit aus dem Gazastreifen herauszubringen. Vielleicht waren es auch einfach gute Kontakte ihrer jüdischen Familie, die sie retteten. Edward kam in ein gutes Krankenhaus nach Tel Aviv. Sein Bein und mehrere Rippen waren gebrochen und zwei Finger mussten geschient werden, da die Knochen gesplittert waren. Sechs Wochen verbrachte Edward im Krankenhaus, bis er in die Physiotherapie entlassen werden konnte.

Als er in der Therapie langsam seine Fähigkeiten wiederbekam und aus den grauenhaften Gehirnnebeln der Medikamente hinaus glitt, brannte eine Frage in ihm auf. Die Frage nach den Gründen von Kriegen. Er begann mit seiner Frau die Logiken von Krieg und Konflikten akribisch zu analysieren. Der Tod seines Onkels und seine Verletzungen ergaben für beide keinen logischen Sinn. Der Angriff 2008 auf den Gazastreifen war übertrieben brutal geführt worden. Das traf jedoch auf viele Kriege zu. Schlimmer noch war die Erkenntnis, dass weder der Konflikt noch die wesentlichen Geschehnisse des Krieges durch den Tod von seinem Onkel und den Hochzeitsgästen, in die eine oder andere Seite beeinflusst wurden.

Diese völlige Sinnlosigkeit der Gewalt erschwert es für Edward und Ada, mit ihrer Erfahrung klarzukommen. Sie erkannten bald, dass dieses auf sehr viele Tote in so gut wie allen Konflikten der Menschheit zutraf. Keine Sinnhaftigkeit war in all diesen Opfern zu finden, sie geschahen einfach beiläufig. Einfach so ohne Zusammenhang. Einfach so? Edward kreiste oft um diesen Gedanken. Einfach so, ohne mit Ziel und Sinn der Kriegskampagnen etwas gemein zu haben. Wieso nur war sein Onkel getötet worden? Warum mussten die anderen Menschen auf der Hochzeit sterben und warum musste er so schwer verletzt werden? Diese drastische Nichtnachvollziehbarkeiten ließen Edward ein Jahr lang nicht mehr los. Seine Leistungen beim CERN verschlechterten sich zusehends. Hätte seine Frau ihn nicht nach Kräften Beistand geleistet, wären die Gedankengänge im Strudel des kriegerischen menschlichen Wahnsinns wesentlich früher für ihn zu einem Messer des Selbstmordes geworden.

Manchmal geraten Menschen in Abgründe und geistige Strudel, die sie fesseln und binden und einfach nicht mehr loslassen können. Es sind Wirbelstürme des Geistes, die oft unbewusst von ihnen selbst heraufbeschworen wurden. Diese feuern sie dann tragischerweise selbst immer weiter an, als ernährte sich der in ihnen tobende Sturm davon. Das geht dann oft so weit, bis schließlich ein Siedepunkt erreicht wird, der für alle in Zerstörung und Leid endet. An diesem Punkt ist meistens jede Intervention vergebens und machtlos geworden.

Edwards Erinnerungen an den Abend waren nicht so scharf. Doch er saß eines Abends allein in seinem Haus in der Schweiz. Fest umklammert, saß er in der selbstgebauten geistigen Falle. Wie eine Maus, die auf einen tödlichen Käse starrte, aber nicht anders kann, als ihn zu fressen und so unweigerlich von Eisen und Federn einer grausigen Erfindung zerschmettert zu werden. Diesen Abend war Edward drauf und dran zu handeln und sich den Käse seiner geistigen Schlussfolgerungen zu schnappen. So saß er in seinem Wohnzimmer mit einer großen Packung von zwanzig Schlaftabletten. Seine Frau war noch bei einer Konferenz am CERN. Das Chaos der Widersprüche in ihm führten an diesem Abend zu nur noch einer letzten Schlussfolgerung. Es war eine tragische wohlgemerkt. Sie forderte den eigenen Tod. Mit einer Vehemenz, der er nur mehr gehorsam folgte, schnappte die eigene Falle endlich zu.

Die dunklen Erkenntnisse über Kriege und Gewalttaten der Menschheit durchzogen und verfinsterten seinen Geist. Die Bilder der toten Kinder, die er im Krankenhaus sehen musste, kamen immer wieder hoch. Die schiere Zahl all der Menschen, die im Laufe der Geschichte sinnfrei zu Tode gemetzelt wurden, stellte er sich bildlich vor. Wie ein blutiges Menschenmeer schwammen sie in seiner Vorstellung und wogten mit den Wellen der Gewalt hoch, um dann an den Stränden der Macht zu zerschellen. Ein riesiger blutiger See aus Toten. Edward verzweifelte an ihrem Leid.

Jetzt wurden seine Erinnerungen noch unschärfer, aber er nahm die Tabletten in Überdosis ein, so viel war klar. In Wahrheit stopfte er sie alle auf einmal mit einem letzten Gedanken an die Sinnlosigkeit menschlicher Dramen in sich hinein. Es war ein genüsslicher Sieg. Edward überkam der Gedanke des Triumphs. Das Leid der Welt war für ihn ziellos, chaotisch und zutiefst unlogisch. Es war ihm eine nihilistische Sinnlosigkeit geworden.

Er aber würde dank seiner Logik, dank seiner ausgesprochenen Genialität sein Leben zielgerichtet beenden. Er hätte sein Leben und sein Sterben der

Unlogik menschlicher Kollektivhandlungen enthoben. Es war eine stringente rationale und echte Entscheidung. Es war seine Entscheidung, seine allein. Er hätte dadurch triumphiert über das nichtige Chaos der Welt. Er hätte sich ihm selbstbestimmt entzogen. Sein Geist hätte gewonnen. Der finale Sieg wäre nun für immer sein Sieg. Sein Sieg …

Kalter schwarzer Sand knirschte unter luftigen, schwer zu definierenden Füssen. Unmöglich, absolut unmöglich, dachte Edward über die nun folgenden Gedankenfetzen, als er sich daran erinnerte, durch eine schwer zu definierende Ebene zu wandern. Wo der Himmel sein sollte, war nur eine tief violette Sphäre, die sich zäh mit dem Horizont in weiter Ferne zu einer undefinierbaren Einheit zu verschmelzen schien. Nur Sand, schwarzer Sand war in allen Richtungen sichtbar. Wie kam er bloß hierher? Es war dunkel und kalt. Er fröstelte oder doch nicht? Waberte sein unbestimmbarer Körperumriss? Wo war sein körperlicher Umriss überhaupt?

Nicht klar einschätzbar ohne richtige Enden und Abgrenzungen zur Umgebung, das machte doch keinen Sinn! Wo war er? Warum war er? Sein Dasein hätte doch in einem finalen logischen Triumph enden sollen. Wie konnte es sein, dass er immer noch existierte? Wie konnte er sich sogar daran erinnern?

Nein, nein, sicher nicht! Edward wehrte sich vehement gegen diesen Aspekt. Diese Erinnerung kann es nicht geben. Alle metaphysischen Überlegungen lehnte er ab und diese Erinnerung war eine solche. Nicht mehr und nicht weniger. Edward erinnerte sich aber genau an das, was dann geschah.

Er erbrach sich. Ein ekelhafter Schleim ergoss sich auf den Boden des Krankenwagens. „Er stabilisiert sich, er stabilisiert sich", rief ein Rettungsfahrer. Seine Augen öffneten sich langsam. Er sah seine Frau an. Diese saß weinend neben ihm. Der Wagen fuhr langsamer.

Ekelhaft, dachte Edward. Diese Kotze, dieser Schmerz war abstoßend. Langsam schlug er sich gegen den Kopf. Er schaute auf und kniff die Augen zu. Dann dreht er sich zu Ada: „Ich … Ich glaube, ich habe einen Fehler gemacht. Meine Kalkulation war falsch!"

Ada strich mit ihrer Hand über seine Stirn. Dann holte sie aus und verpasste ihm eine Ohrfeige, die sich gewaschen hatte. „Du Vollidiot, natürlich hast du einen Fehler gemacht. Dämlicher Trottel!" schrie sie ihn schluchzend an.

Edward schaute durch das Fenster des Busses in die Nacht der Wüste. Er wusste, damals war etwas passiert. Nur was genau konnte und wollte er nicht wahrhaben, geschweige denn, sich daran erinnern. Auch wenn er einmal in Momenten der Ruhe vermutete, dort etwas Wichtiges erfahren zu haben. Bei jedem Versuch, sich genauer zu entsinnen, stiegen nur ungenaue Bilder in ihm hoch. Sehr unwissenschaftlich, so viel war sicher. Und er hatte schließlich Wichtigeres zu tun, so wie heute.

Der Bus bremste quietschend und ruckartig. Sie waren am Grenzübergang zu Neom angekommen. Neom war seit 2024, also seit gut zwei Jahren ein international anerkannter eigener Staat und verfügte als dieser über besondere Grenzbestimmungen. Seine erste Regierung bestand aus gewählten Vertretern der ersten angesiedelten Unternehmen, welche den hohen Rat bildeten, einem gewählten Parlament, bestehend aus Wählmännern der Bürger des jungen Staates und dem König Saudi-Arabiens, als offizielles konstitutionelles Oberhaupt des Staates. Er war somit auch der König Neoms.

Edwards Oberkörper wurde durch das abrupte Stehenbleiben nach vorne geworfen und wieder zurück in den Sitz gedrückt. Draußen diskutierten bald einige palästinensische Fahrgäste mit den professionellen Grenzbeamten. Zunächst redeten sie in normalem Ton, dann schimpften sie los. Vehement bestanden drei junge Männer auf die Gültigkeit ihrer Pässe. Doch der Beamte wollte sie nicht akzeptieren. Erst das beherzte Eingreifen des ihnen bekannten Busfahrers, der die Beamten überzeugte und mit Fotos nachweisen konnte, dass diese jungen Leute regelmäßig ihre Tante in Neom besuchten und bis jetzt nie Probleme mit dem Pass hatten, führte zu seinem Einlenken. Die drei durften im Bürogebäude warten, bis ihre Tante sie abholen würde.

Auch Edward und Ada mussten kurz raus und den Beamten ihre Pässe vorweisen. Sie verfügten immerhin über sechs Tarnidentitäten und hatten, anders als die drei Jungs, eine entsprechend große Auswahl gültiger Pässe. Der Grenzübergang riss Edward aus seiner Erinnerung heraus. Aus der traurigen Zeit rund um seinen Suizidversuch und dem merkwürdigen Erlebnis machte er wohlweislich ein Geheimnis. Er versuchte, als zutiefst überzeugter Materialist und Wissenschaftler, das Erlebnis wegzurationalisieren und selbstverständlich niemandem von einer aufdringlichen, aber unannehmbaren Ahnung zu erzählen. Er erklärte es sich als fehlerhaften Bug seines Systems, eine Halluzination, welche durch die Schlaftabletten in Kombination mit seinen Panikhormonen ausgelöst wurde. Mehr war es nicht, das musste er sich immer wieder einreden. Wissenschaft ist klar und objektiv. „Erlebnisse können subjektive Täuschungen unserer Biosysteme sein", das war sein Credo, dessen musste er sich einfach sicher sein.

Die Motivation für ihn, in Neom am Nullpunkt-Projekt teilzunehmen, schien aber irgendwie damit zusammen zu hängen. Nachdem er und Ada sich von seinem misslungenen Freitod erholt hatten, versuchte Edward ihr in einem langen erholsamen Urlaub auf den Malediven, der auch Ada half mit dem Erlebten besser klarzukommen, seine neuen Visionen näherzubringen.

Visionen, die ihn neuerdings umtrieben, aber dessen Ursprung er nicht kannte. Die Menschheit müsste nicht noch weitere Jahrtausende mordend und sich selbst dahin metzelnd auf Erden torkeln. Eine Überintelligenz, die alle beherrscht und durch ihre Genialität eine Weltregierung bildet, die besser führt, entscheiden und verteilen kann, als alle menschlichen Regierungen es jemals könnten. Das wäre eine Lösung, die sich anbot. Eine die logisch und vernünftig wäre. Diese Idee begeisterte sie und beide malten sie sich immer deutlicher aus.

Es wäre eine Lösung, die die menschlichen Bedürfnisse genauestens kennt und auf jeden einzelnen Menschen perfekt abgestimmt reagieren könnte und sein Leben mit allem versorgte, was Logik zu bieten hätte. Das wäre die Beendigung aller sinnfreier Kriegstoten und hätte das Potenzial noch viel mehr zu leisten. Es hatte das Potenzial menschliches Drama im Allgemeinen zu beenden. Krankheit, Hunger, Armut und vielleicht sogar ein früher Tod, könnten besiegt werden. Es wäre das wahre Ende allen Leidens. Zu diesem Schluss, dieser vielversprechenden und lichtvollen Vision kamen Ada und Edward gemeinsam. Sie sollte ihr neuer Lebensinhalt werden, ihr Kind, ihr Vermächtnis, ihre Widmung und ihr ein und alles. Im Nullpunkt-Projekt fanden sie dafür die passende Heimat und wurden zu den wertvollsten Mitarbeitern der Anlage.

Als das Paar schließlich am Hauptbahnhof in Neom ausstieg, sah Ada eine freilaufende Wildkatze. Von ihnen gab es einige in dem Stadtgebiet vor "the Linie", wo alle wesentlichen Fernverbindungen mit Bus und Bahn zusammenliefen. Dieser Stadtteil war eine Art Vorort zur Linienkonstruktion und ähnelte im Aufbau klassischen modernen Städten. Hier lagen die Wohnhäuser der Arbeiter und Niedrigverdiener und die Lebens- und Hygienebedingungen waren suboptimal. Es hatten sich sogar kleine Slums in den äußeren Ausläufern der Vororte gebildet, insbesondere im Hafenbereich gab es einige dieser Gebilde. Die Regierung ließ es zu und versuchte nicht einmal einzugreifen. Für die Bewohner dieser Bereiche stellte sie soziale Essensausgaben und kostenlose Medizinversorgung zur Verfügung. Die weiteren Lebensbedingungen in den Arbeitervierteln interessierte sie schlicht nicht.

Eine weiße kränklich aussehende Katze, die hier nach Nahrung Ausschau hielt und wahrscheinlich vom Hafenbereich kam, schmiegte ihr Fell an Adas Jeans und schlängelte sich schnurrend um ihre Beine.

Ada holte gleich begeistert ihre Tiersprechfunktion heraus. Ein war ein schwarzes Gerät, rundlich oval in der Breite, zylindrisch in der Länge und nicht größer als eine Coladose. Im Gerät blinken einige rote LEDs auf. Plötzlich zeigte sich im schwarzen Innenraum des Gerätes ein Hologramm einer Katze und die LED-Leuchten schlugen auf grün um. „Schau mal Edward, mein Gerät hat die Katze erkannt. Yes! Lass uns einmal sehen, was die knuddelige Katze so Süßes sagt."

Edward schauderte es vor diesen dreckigen Wildviechern, aber Adas Genialität im Umgang mit der Tierwelt ließ ihn immer wieder erkennen, welches tiefe Band der Sonderbaren und Begabten sie beide zusammenhielt. Vor einigen Jahren war es Ada, die am CERN-Forschungen in der Tierkommunikation als leitende Wissenschaftlerin führte. Es gelang ihr mit ihrem Team, dieses Gerät zu entwickeln. Ein Gerät, das Mensch und Tier kommunizieren ließ. Ada versuchte, seit sie klein war, mehr mit Tieren als mit Menschen zu reden. Menschen waren ihrer Ansicht nach viel zu lügnerisch und trügerisch in der Art und Weise, wie sie miteinander kommunizierten. Man konnte ihnen nie so recht trauen. Viel zu oft sagten sie das eine - aber meinten etwas ganz anderes.

Aber Tiere, ja Tiere, waren immer direkt und unumwunden. Ihre subtile Form der instinktiven, aber ehrlichen Kommunikation war für sie eine klare greifbare Welt. Ihre Haustiere versuchten nie sie anzulügen oder ihr etwas vorzutäuschen. Dort wusste sie immer, woran sie war und musste nicht befürchten hintergangen zu werden. Sie nutzte spezifisch entwickelte Nanopartikel in ihrer Forschung und spritzte sie den Versuchstieren. Diese

Methode war minimal invasiv. Aber genügend angereichert im Gehirn der Tiere, konnte man mit einem kleinen magnetischen Helm die Gehirnströme genauer als mit jeder anderen Methode in Echtzeit dokumentieren und analysieren. Auch die klassischen Haustiere der Menschen besitzen ein Sprachzentrum im Gehirn, was Ada bei Katzen, Hunden und Kühen sehr schnell lokalisieren konnte. Die Laute und Gebärden der Tiere, versuchten sie und ihr Team in mühsamer Arbeit den Handlungen der Tiere zuzuordnen. Im Gehirn wurden die entsprechenden Muster begleitend aufgenommen. Das Unglaubliche war, dass nach vielen Fehlschlägen und Neuanläufen, sehr genau bestimmt werden konnte, was ein Tier kommunizierte. Insbesondere neuronale Netzwerke halfen zum Durchbruch und waren in der Mustererkennung so effektiv, dass Adas Team endlich ihr Ziel erreichte.

Gehirnmuster, äußere Laute, Gesten sowie Handlungen in Kommunikation miteinander zu verbinden, war eine gewaltige Detailarbeit. Aber am Ende stand die Möglichkeit zur Übersetzung von spezifischer Tierkommunikation in menschliche Sprache und von menschlicher Sprache zurück zu Tierlauten. Gegebenenfalls gab es Anweisungen für den Menschen, die Laute mit Körpersprache zu untermalen. Ada wurde im CERN bewundert und gefeiert, aber aus ihr unbekannten Gründen ließ man diese Forschung unveröffentlicht. Man verpflichtete sie und ihr Team zu striktem Stillschweigen. Sie und Edward vermuteten, dass Geheimdienste diese Technik aus strategischem Interesse heraus nicht veröffentlicht haben wollten. Nur ihren Prototypen und zwei weitere Geräte ließ man ihr nach Projektabschluss nicht abnehmen, wahrscheinlich eher irrtümlich als denn aus Kulanz. Mit diesem Gerät spielte sie gerne herum. Immer wenn es unauffällig möglich war, versuchte sie sich mit Tieren, deren Sprache damals eingespeichert wurde, zu unterhalten. Am Hauptbahnhof in Neom war zur heißen Vormittagszeit keine Menschenseele unterwegs, so dass sie es gleich versuchte.

„Hey Edward, schau, sie hat Hunger", Das Gerät sprach mit einer noch sehr unmelodischen und ruckartigen Roboterstimme: „Durst, Wasser. Durst. Milch. Geben, geben!"

„Na los, mach dich mal nützlich! Kaufe mir eine Wasserflasche im kleinen Shop da vorne. Schnell, bevor sie wegläuft!"

„Muss das denn sein?"

„Ja, los mach schon!"

Unmotiviert und genervt von dem Katzenvieh trottete Edward davon und kam einige Minuten später mit einer 0,5 Liter-Plastikflasche zurück. Kondensierende Tropfen waren überall an der gekühlten Flasche zu sehen. Edward öffnete die Flasche mit einem Zischen und trank einige Schlucke hektisch und durstig. Das Gerät ging wieder ruckartig sprechend an: „Nicht wegtrinken, meins, meins, geben, geben. Durst."

„Gib schon her, du kannst später noch trinken! Warum musst du immer so gierig sein? Ich versteh das nicht!" Ada riss ihrem Mann die Flasche weg. Sie gab der Katze Wasser. Dafür tröpfelte sie das Wasser schluckweise in ihre Hand und gab es der Katze zu trinken. Das Tier trank, schneller noch als Edward, und war ganz außer sich vor Freude. Zumindest bis Mitarbeiter der Stadtreinigung, die regelmäßig den Müll vom Straßenrand entfernten, vorbeikamen und die Katze mit lautem Geschrei und wedelnden Besen verscheuchten.

„Diese ekligen Viecher sind hier nicht erlaubt. Solche Plagen. Ich würde mir die Hand schnell desinfizieren! Die haben viele Krankheiten, wissen Sie!" sagte einer der Reinigungsmitarbeiter zu Ada. Mit gelangweiltem Blick wandte er sich wieder der Straße zu und ging weiter.

Ada schaute ihn böse an und holte gerade Luft. Sie wollte dem „Deppen" einige der zurechtgelegten Beschimpfungen aus ihrer Box der widerwärtigen Worte an den Kopf werfen … Da kam – sehr zu Edwards Erleichterung – ein schwarzes Auto um die große Kurve, die das Bahnhofsgebäude mit der Hauptstraße verband und schoss mit hoher Geschwindigkeit zur Einfahrt heran. Eines der wenigen zugelassenen Autos in diesem Ort und das nur für uns, dachte Edward fast andächtig, als der Chauffeur die Türen öffnete. Ada vergaß schnell, was sie dem gemeinen Straßenkehrer hinter rufen wollte, als sie das Auto sah. Edward und Ada stiegen ein und ließen sich erschöpft von der Busfahrt in die ausladenden Sitze des luxuriös ausgestatteten und äußerst reinlichen Wagens fallen.

„Herr Stockholm, Frau Goldstein, bitte zum Irisscan einmal in den Identifier schauen", sagte der Chauffeur. Ein kurzer Bestätigungslaut ertönte nach der erfolgreichen Authentisierung und schon ging es Richtung Nullpunkt-Projekt.

Endlich waren sie in ihrer Comfort-Zone unterhalb der Erde angekommen. Vor dem Termin mit dem Projektleiter Neuron 1, duschten beide und zogen sich frische Kleider an. Auf ihrer Fahrt durch die außerhalb von „The Line" liegenden Stadtteile Neoms, hatten sie noch einmal über ihre Vision eines Überwesens gesprochen. Bewegt stellten sie sich vor, wie es in der Lage wäre, über alle Menschen, Tiere und Auffassungen hinweg gerecht und frei von Leid herrschen zu können. Insbesondere wären dann so Gemeinheiten wie die des Straßenkehrers nicht mehr möglich und auch Katzen hätten ihr Systemoptimum. „Ja, das wäre sehr wichtig, denn Katzen sind halt Katzen," merkte Ada mehrmals ironisch an. „Und als Herrscher über die

62

Menschen müssten sie natürlich entsprechend hoch im System des Überwesens berücksichtig sein."

Der Projektleiter, dem sie nun gleich gegenüberstehen würden, war sicher intelligent, aber seine Stärke waren ihrer Ansicht nach vielmehr Pragmatismus und Handlungseffizienz. Sie traten nach zweimaligem vorsichtigem Klopfen an seiner Tür in sein Büro. Nervös spielte Georg Weis mit dem Haupt seines Kugelschreibers herum. Er kannte die beiden nur zu gut und wusste Termine mit ihnen waren niemals leichte Kost. Außerdem beschäftigte ihn gerade eine Menge anderer Themen. Es war in den letzten Monaten viel geschehen und die Vorstände verlangten ein zügiges Vorankommen.

„Ah, Edward und Ada, schön, dass Ihr bereits hier seid. Ich hoffe, Ihr habt die Fahrt gut überstanden und seid nun wieder in freundlicheren Lebensbereichen. Heute steht uns Einiges bevor, die Themenliste ist randvoll, also holen Sie sich noch schnell einen Kaffee." Er musste schmunzeln, denn er wusste nur zu gut, dass die beiden ihn in den letzten Sitzungen immer deutlich mehr strapazierten, als es ihm recht gewesen war. Ständig bestanden sie auf ihrer Detailliebe und nutzen unnütze Fachwörter, die sich in einem Reigen aus korrekter Zuordnung und IT-Bullshitbingo bewegten. Es fehlte ihnen der Sinn für das soziale Gesamte und die Ausrichtung auf eine schnelle Entscheidung. „Schrecklich diese genialen Einzelgänger ohne Taktgefühl", dachte er immer, nachdem er erschöpft aus gemeinsamen Meetings herauskrabbelte.

„Sie wissen doch, dass die geheimen Pfade des Projektes schlimm für uns sind. Ekelhaft und abstoßend. Immer dieser Schweiß, dieser Gestank und Lärm, fürchterlich! All die Menschen, all die Gerüche, die Hitze, ein Sammelsurium der Grausamkeiten. Wir haben schon Beschwerde beim Vorstand eingelegt. Selbstverständlich haben wir das! Da ich ungern in ineffektiven Nebensächlichkeiten und leeren Höflichkeiten verweile, würde ich gerne gleich zum eigentlichen Thema unserer Sitzung kommen. Wie Sie den Unterlagen bereits entnehmen konnten ..." sagte Edward, als Herr Weis ihn unterbrach.

„Halt, warten Sie kurz. Wenn Sie keinen Kaffee wollen, hole ich mir schnell einen", dann ging er hinaus in die Küche und ließ sich einen Kaffee runter laufen, während er die beiden Informatiker ein wenig pikiert warten ließ. Als Herr Weis sich wieder setzte und sie genüsslich provokant ansah, fuhr Edward mit dem Satz ohne Unterbrechung fort:

„ ... haben Ada und ich bereits eine sehr vielversprechende Idee zur weiteren Optimierung unserer Systeme."

„Haben Sie jetzt den Satz einfach dort weitergeführt, wo Sie eben aufgehört haben?" fragte Herr Weis

„Effizienz!"

„Ok … Also ja, ich habe Ihre Unterlagen bekommen und sie mir kurz angeschaut. Aber bitte Edward, Sie wissen mit all diesen Details, die Sie immer in die Unterlagen schreiben, kann ich nicht so viel anfangen. Könnten Sie es mir noch einmal in Kürze erläutern, was Sie genau vorhaben? Sie wissen - Effizienz. Wir sind schließlich eine Umsetzungseinheit. Richtig?"

Edward rümpfte die Nase. Was der schon wieder nicht versteht, dachte er sich, so komplex waren die Unterlagen auch wieder nicht.

„Nach genauer Analyse unserer neuronalen Netze hat sich ergeben, dass ihr Energieverbrauch bereits jetzt exorbitant geworden ist. Kalkulieren wir die mentale Rechenleistung für bestimmte Denkaufgaben und Sinnesfunktionen, die wir aktuell realisiert haben; aktives Sehen z.B. und summieren auf die Fähigkeiten eines funktionalen Kleintierroboters wie eine Maus oder einen Hamster auf, der alle Fähigkeiten selbsttätig abbildet. Auch die Fortpflanzung im Sinne einer Replikationseinheit sei hier inbegriffen. Dann bräuchten wir zur Berechnung aller Handlungsstränge seines Lebens ein kleines Atomkraftwerk der Megawattklasse. Diese Zielsetzung kann unmöglich sinnvoll und skalierbar sein. Das heißt konkret - aktuelles Vorgehen ist ungleich Effizienzanspruch!"

„Ok … Und jetzt noch einmal. Knapp und einfach bitte", sagte Herr Weis.

Ada tippelte schon mit ihrem linken Bein. „Alter! War der so schwer von Begriff", dachte sie. Dann konnte sie nicht an sich halten und rief rein: „Reine Softwaresimulationen von neuronalen Systemen brauchen viel zu viel Energie. Zu viel Energie … Ok!"

„Achso … Ja, das wäre mir jetzt schon so weit klar gewesen."

Natürlich war ihm das so weit klar, „so ein Darsteller", brodelte es in Ada.

„Schaut mal her, Ihr beiden," sagte Herr Weis beherrscht, „keiner plant hier einen virtuellen Hamster zum Leben zu erwecken. Zu diesem Zweck geht man in die Tierhandlung. Sie wissen doch, der König hat klare Ziele vorgegeben. Er will eine bewusste, superintelligente Maschine, mit der man sich mental vereinigen kann. Seine Vision ist es, die erste menschliche KI-Vereinigung zu verwirklichen. Er wünscht sich, mit einer echten Intelligenz Erweiterung eines zweiten menschenähnlichen Überwesens in sich selbst verknüpft zu sein. Er will keine Zeitungen zerkauen und im Heu herum graben wie ein Hamster. Sie verstehen doch, was ich meine, oder?"

Interessant, dachte Edward, der König träumt jetzt also von der monarchischen KI-Mensch-Vereinigung, oder was will er damit erreichen?

Ada wurde lauter und sagte: „Herr Weis, ich will da jetzt noch etwas mehr dazu sagen! Das ist wichtig zu verstehen! Der Hamster als simple Lebensform ist doch nur ein Beispiel der Ineffizienz bestehender Strukturen", ganz hibbelig spielte sie dabei mit ihren Fingern und rieb sie krampfhaft umeinander. Dann sagte sie: „Also folgendes … möglichst leicht erklärt. Die Intelligenzstruktur des Hamsters ist primitiv und dennoch hätten wir bei nur leichter Leistungssteigerung exponentielle Energieverbrauchszunahmen zu erwarten. Rechnete man von dem Hamstergehirn in einfacher Näherung auf ein menschliches Gehirn hoch, so bräuchten wir mehr Energie als mehrere Großstädte mit über fünf Millionen Einwohnern zusammen verbrauchen. Dieses antizipierend, kamen wir zu der einzigen Auswegs-Möglichkeit. Und zwar einer grundsätzlichen Umwandlung in der Hardware der Systeme", grinste sie stolz.

„Aha, sehr gut Ada, dieses Faktum ist mir aus ihren Unterlagen nur halbwegs klar geworden. Doch ich bin gegenüber dem Management berichtspflichtig. Sie wissen vielleicht, welche Interessen hier noch mitspielen. Das ist alles äußerst heikel. Sie sind halt nicht mehr am CERN und suchen dort nach Teilchen. Aber kommen wir doch gerne zum Lösungsteil ihres Berichtes. Bitte, Ada, fahren Sie also fort."

Oha, darum geht es ihnen also, nun gut ich werde es ihm versuchen klarzumachen, auch wenn es schwer wird, dachte Ada und sagte: „Ich möchte es Ihnen gerne so erklären. Was denken Sie ist der wesentliche Unterschied zwischen einer Ameisenkolonie und einer feudalen menschlichen Gesellschaft vor, sagen wir 1000 Jahren in England. Was unterscheidet den Menschen von einer Ameise als gesellschaftliches Funktional? Denken wir uns die ganze Technologie der letzte 70 Jahre einmal weg und stellen uns den Menschen in seiner rohen Fassung vor, wie er vor einem Jahrtausend im Mittelalter auf Erden lebte. Simple Gebäude, spezifizierte Berufsgruppen, landwirtschaftliche Nutzung von Pflanzen und Tieren sowie geringfügige Mehrfunktionen niederschwelliger Technologie in Gebäuden. Zum Beispiel Wassermühlen."

„Ich denke, ich verstehe schon, worauf Sie hinauswollen. Aber Literatur, Kunst und Architektur finde ich bei Ameisen jetzt spontan nicht vertreten. Also, dieser Vergleich hinkt etwas. Finden Sie nicht? Mensch und Tier weisen hier wesentliche Unterschiede auf", sagte Herr Weis.

„Nein finde ich nicht!"

„Und warum?"

65

„Sie haben in diesem nebensächlichen Punkt vielleicht recht, doch primitive menschliche Kulturen verfügen ebenfalls nicht über Schrift, Literatur oder einen spezifischen künstlerischen Ausdruck. Des Weiteren sind diese Dinge im Sinne des Funktionals einer Gesellschaft auf annähernd Null reduzierbar. Es kratzt sicher am menschlichen Selbstbewusstsein, dass über 90% seiner hoch bedachten Unterscheidungen von der Tierwelt, etwa bei den Ameisenvölkern in Wahrheit ebenfalls vorkommen. Selbst Krieg um Territorien und die Schifffahrt führten Menschen ganz ähnlich wie Ameisen durch. Sogar die Versklavung unterlegener Ameisenvölker wurde auch schon von diesen kleinen Tieren betrieben. Aber, und darauf wollte ich hinaus, das Gehirn der Ameise ist um viele Potenzen simpler als das des Menschen. Wir versuchen in diesem Projekt die neuronalen Strukturen des Menschen nachzubauen und stehen vor einem riesigen Effizienzproblem. Um eine hohe Intelligenz zu erreichen, brauchen wir möglicherweise im ersten Schritt gar keine Nachahmung des menschlichen Gehirns. Insektengehirne könnten vielleicht ausreichen. Wenn das jedoch auf die Intelligenz zutrifft, könnte es auch auf das Selbstbewusstsein zutreffen, um unser wesentliches Problem der Selbstreferenz im System zu lösen."

„Was genau wollen Sie mir mit diesem Insektenvergleich jetzt sagen? Glauben Sie, tatsächlich der Mensch wäre mit Insekten gleichauf intelligent und bewusst? Was ist mit Raketen, Atomkraft, Computertechnologie und den vielen anderen Errungenschaften des menschlichen Verstandes", sagte Herr Weis aufgebracht, während er die Augen empört aufriss.

„Ja, genau das!"

„So ein Blödsinn! Ada, wenn Sie jetzt nichts auf den Tisch legen…"

„Auf den Tisch legen. Was soll ich auf den Tisch legen?"

„Auch vergessen Sie es!"

„Verstehen Sie mich nicht falsch, Herr Weis, ich habe etwas sehr Spezifisches aufgezeigt. Was ich damit sagen wollte, ist, dass wir im menschlichen Hochmut oft die Einfachheit übersehen. Nur weil wir ständig um uns selbst kreisen, uns selbst nachbauen und nachahmen wollen - die ganze Kunstgeschichte singt ein Lied davon - heißt das nicht, dass dieser Ansatz der Richtige ist. Wir denken, wir sind die Krone der Schöpfung und ignorieren den Rest der Lebewesen in diesem Eigendünkel. In Eitelkeit verharrend, stellen wir uns dabei nur selbst das Bein. Weil es doch offensichtlich ist, dass andere Geschöpfe ebenfalls schlau sind. Ich meine nur, weil wir seit einiger Zeit glauben, über den Rest der Weltbewohner durch unsere Technologie hoch erhaben zu sein. Raumfahrt und Atomkraft haben doch im Kern das soziale Verhalten nicht geändert. Sie haben nur den potenziellen Schaden, den wir uns selbst zufügen könnten, vergrößert. Schauen Sie sich doch die meisten Menschen der Welt an. Nur mal als Gedankenexperiment. Wie viel Hirnmasse haben alle Menschen zusammen mehr als Ameisen? Und welchen exakten Mehrwert, könnten Sie 70% der menschlichen Hirnmasse jetzt qualitativ zuschreiben?"

„Aha ja … und was genau soll ich jetzt als qualitativen Nutzen definieren?"

„Das spielt doch keine Rolle, das war eine rhetorische Fragestellung!"

„Ich dachte, es war ein Gedankenexperiment?"

„Äh … Ja also …"

Ada schaute etwas verwirrt, sie hatte sich in ihren eigenen Gedanken kurz verhaspelt. Herr Weis lächelte sie mit Genugtuung an und sagte: „Bitte fahren Sie nur fort, Frau Goldstein …"

„Ja, jetzt weiß ich wieder, was ich sagen wollte. Nicht einmal ansatzweise könnte man der Masse der Menschen eine bessere Intelligenz und einen höheren Nutzen als simplen Ameisenhirnen zuschreiben. Ich mein im Sinne des Gesamtfunktionals", trotzig und des Erfolges ihrer Argumentation gewiss lehnte sie sich jetzt in ihren Sessel zurück und verschränkte die Arme. Sie hatte ihren Standpunkt klargemacht und wusste einfach, dass sie recht hatte.

„Was Ada meint, ist … Ach egal, ich könnte … ich meine, ich habe auf Basis eines Ameisengehirns ein neuronales Netzwerk programmiert. Und dann habe ich auf Silizium die Struktur von 200.000 Ameisenneuronen nachbauen lassen und dadurch viele Male mehr Rechenleistung erhalten als die Simulation dieser Struktur auf einem klassischen Rechner … bringt … So jetzt ist es raus …"

„Danke Herr Stockholm", sagte Herr Weis.

„Das ist zwar noch kein ganzes Ameisengehirn, aber bereits jetzt entfällt das gesamte Energieproblem und reduziert sich auf den Kalorienverbrauch eines Insekts. Wenn wir einfach dem Beispiel der Natur folgen, könnte darin die Lösung des Bewusstseinsproblems liegen", sagte Edward.

„Jetzt rücken sie also damit heraus. Sehr gut! Daher weht also der Wind", Herr Weis schaute auf die Uhr. „Ich habe meine Wette mit Herrn Klingengard gewonnen, dass Sie mit ihrem Sonderkostenprojekt nicht länger als eine Viertelstunde warten könnten", Herr Weis lachte die beiden ihn regungslos anstarrenden Informatiker an.

„Ich scherze verstehen Sie? Das, was Sie sagen, klingt natürlich überaus vielversprechend. Bitte erläutern Sie weiter! Ach, und nebenbei, haben Sie schon darüber nachgedacht, wie man das bestmöglich dem Vorstand präsentieren könnte?"

Ada schaute leicht missmutig, war ihr doch sonnenklar, wie Herr Weis ihre Ausführung nicht wirklich nachvollziehen konnte. Vielleicht interessierte es ihn auch gar nicht wirklich. Die Chancen, der Forschungscharakter und die innere Botschaft ihres Projektes gingen eindeutig an ihm vorbei. Darstellung des Projektes und Praxisanwendungen waren wie immer seine einzigen Gesprächsanker.

„Nein, Herr Weis, darüber haben wir jetzt nicht nachgedacht", sagte Ada genervt über sein Desinteresse an ihren Ideen empört. „Aber stellen Sie sich doch einmal vor, wir haben diese Systeme ausprogrammiert und vernetzen vollständige Ameisensimulationen. Wir könnten die erste Ameisenkolonie mit künstlichen Drohnen oder verbundenen Tieren erzeugen und umfangreiche Studien durchführen, wie dieser Entwicklungsschritt in der Ameisenkolonie zu Verbesserungen führt. Wir könnten beforschen, ob die Kolonie sogar allen anderen Kolonien durch die KI-Verknüpfung überlegen wird. Bevor wir den Schritt einer KI-Mensch-Bindung wagen, wäre das sicher klug. Ich meine, es könnte so viel schief gehen bei der ganzen Sache," dann fügte sie im Versuch, ironisch zu sein, jedoch die Intonierung überhaupt nicht traf und merkwürdig klang, hinzu: „Sie verstehen sicher, Herr Weis!"

„Ja, ja natürlich. Was glauben Sie denn? Aber haben sie etwas kurzfristig Vorzeigbares?"

"Ja … hier in dieser Tasche habe ich eine der Ameisendrohnen mit dem ersten Viertelameisengehirn auf Siliziumbasis mitgebracht. Schauen Sie, ich werde es sofort aktivieren."

Edward holte seine Tasche und stellte einen Roboter auf den Boden und stellte den Knopf auf seiner Fernbedienung, die er ebenfalls aus der Tasche holte, auf „On". Die Ameisenpuppe begann zu laufen und bewegte sich tatsächlich wie eine echte Ameise. Edward stellte einen Würfelzucker auf den Boden und einen Sensor, der den Ameisenbau für die Drohne repräsentierte. Die Puppe fand den Zucker und brachte ihn zurück zum „Bau".

Herr Weis schaute dem Treiben skeptisch zu und sagte schließlich: „Gut, ich denke, das wird dem Vorstand!" Herr Weis nahm sich noch einige Sekunden zur Beobachtung der Drohne und sagte dann: „Ist im System bereits Selbstreflexion … Ich meine Selbstreferenz nachgewiesen worden? Sie wissen schon diese Messung nach der Hypothese des einen Chinesen. Wie hieß er gleich … Professor Lee … den alle für verrückt halten. Wissen Sie, wen ich meine?"

„Ja Lee. Kein Kommentar, ich war einmal in seiner Ringvorlesung. Leider ist es bis jetzt noch nicht gelungen, derartige Systembezüge abzuleiten. Außerdem ist diese Selbstreferenz nach Lee physikalisch schwach begründet. Ich meine Bewusstsein und Quantenphysik … Puuh … Er hat sich die kruden Thesen des Hyperconsentianismus ausgedacht."

„Herr Stockholm und Frau Goldstein, ich sage ihnen jetzt etwas im Vertrauen. Hoch vertraulich sogar. Die Chinesen und dieser Lee sind seit einigen Wochen aus dem Projekt ausgestiegen."

„Warum denn das?"

„Ich denke, sie haben entweder eine Möglichkeit der Selbstreferenz gefunden oder wurden in China intern abgesägt, ohne uns hier darüber zu informieren. Die letzten Daten der chinesischen Aktivität im Nullpunkt-Projekt zeigen ungewöhnliche Tätigkeiten im Bereich der neuronalen Netzprogrammierung. Sie wissen selbst, wer zuerst dieses Rätsel löst, könnte die Singularität auslösen und zur einzigen Weltmacht aufsteigen. Neom ist auch ein Friedensprojekt! Der Erfolg mit dem Bewusstseinsproblem muss hier geschehen!" Herr Weis atmete tief durch: „Ich bin mir sicher, da ist mehr im Busch. Die Chinesen sind nicht ohne triftigen Grund ausgestiegen!"

„Unmöglich! Die haben doch soweit ich weiß, nur Überwachungsalgorithmen für ihr soziales Kreditsystem verbessert. Ich kann mir beim besten Willen nicht vorstellen, dass dort etwas entdeckt worden wäre. Und dieser Lee erst recht nicht", sagte Edward skeptisch.

„Sie wissen sehr viel über ihren Fachbereich Herr Stockholm. Aber die Chinesen haben, so wie ich erfahren habe, einen gänzlich ungewöhnlichen Weg eingeschlagen. Gerüchten nach jagen sie einer Legende nach. Im Hochgebirge Tibets soll es angeblich alte Quantentechnologie geben, die in Klöstern verwendet wurde. Was auch immer Sie jetzt sagen wollen, hören Sie mir erstmal zu."

Nicht schon wieder irgendwelche antiken Mysterien, dachte Edward genervt. Er musste an eine Ausgrabung in Israel denken, an welcher er und seine Frau teilnahmen, weil Herr Weis einer „ganz besonderen" Spur nachging.

„Es gab bereits mehrere Missionen chinesischer Einheiten in tibetische Klöster. Jedoch fanden sie niemals mehr als Höhlenstaub und Steine. Von heute auf morgen wurde jedoch auf einmal jeder Kontakt mit uns abgebrochen. Des Weiteren müssen wir davon ausgehen, dass sensible Daten zu den alten neuronalen Netzen auf Basis des menschlichen Hirns bei uns gelöscht wurden und jetzt nur mehr den Chinesen zur Verfügung stehen.

Zusammenfassend sehen Sie, glaube ich, selbst, was hier gerade geschehen könnte."

„Ich verstehe das nicht, die Chinesen waren doch immer so freundlich und motiviert", sagte Ada.

„Ich wollte Sie nicht mit Zukunftsgedanken in unnötigen Stress versetzen. Ich weiß meine besten Hirne zu schonen. Außerdem hätte ich vermutet, dass eine alte Legende Sie nicht wirklich interessiert hätte. Solange keine wissenschaftlichen Beweise vorhanden sind, ist das für Sie doch nur Hokuspokus. Sie erinnern sich an die Ausgrabung in Israel? Als sie für mich das letzte Mal alte Technologie erforschen sollten, war das ja auch ein totaler Reinfall", sagte Herr Weis.

Natürlich erinnerten sie sich an diese Ausgrabung. „Ja wir erinnern uns," sagte Ada betont genervt, fragte dann jedoch neugierig weiter: „Aber um was für eine Legende soll es sich denn handeln, jetzt wo ihre Realität fast erwiesen scheint, könnte es mich doch ein klein wenig interessieren?"

„Spannend, jetzt hat Klingengard gewonnen. So schnell dachte ich nicht, ihr Interesse zu bekommen", sagte Herr Weis.

„Naja, wenn Sie schon andeuten, dass da was dran sein könnte."

„Soweit meine Quellen mir berichteten, gäbe es dort angeblich eine Art altes kristallbasiertes System mit Quantentechnologie. Mit deren Hilfe sich die Mönche einiger Klöster verständigten. Einige taiwanesische Spione sagten aus, sie hätten sogar die Anwendung solcher Technologie bezeugen können. Was auch immer daran sein mag, offensichtlich reichte die Legende den Chinesen aus, größere Anstrengungen zu unternehmen. Was eure Neugier betrifft, habe ich eine wirklich erfreuliche Nachricht. Ihr beide wurdet vom wissenschaftlichen Geschäftsführer Mansur ausgewählt, dieser Sache weiter nachzugehen, und zwar …"

Herr Weis drückte einen der Knöpfe am Haupt seines Schreibtisches und kurz darauf kamen zwei Männer in den Raum. Ein Mitarbeiter des Sicherheitsdienstes und ein orientalisch gekleideter junger Mann mit Turban und Bart. Ein ungewöhnlicher Anblick in diesem Zentrum. Ada und Edward schauten dementsprechend verdutzt, denn sie hatten mit viel gerechnet, aber nicht damit. Der Mann begrüßte die Anwesenden, indem er seine rechte Hand aufs Herz legte und sich leicht verbeugte.

„Darf ich vorstellen, das ist Qasim. Er kommt aus Ägypten und ist Mitglied in einem alten Sufi-Orden. Über Umwege kam er zu uns, durchaus sehr merkwürdige Umwege. Aber bitte, Qasim, erzählen Sie uns ihre Geschichte! Und machen Sie unseren beiden Top-Informatikern hier ihr Anliegen so klar wie möglich. Denn schließlich müssen Sie externen Unterfangen

zustimmen. Keine auswärts Missionen mehr ohne Einvernehmen aller Beteiligten, so sind die Regeln. Richtig?"

„Richtig!" sagten Edward und Ada im Chor.

3.Kapitel Die Nonne

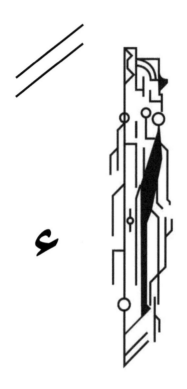

ع

0110110001101001

Es piepste schon wieder. Einen Tag nach der Sitzung mit den Genossen der Partei und der bestenfalls halb freiwilligen Vertragsvereinbarung mit den Chinesen, wurden er und sein Assistent und Freund Nima in das Labor von Prof. Dr. Lee zur weiteren Untersuchung der „Träne" und der vermeintlichen paranormalen Kräfte gebeten. Jürgen blickte auf Prof. Dr. Lees Testgerät und war erneut überhaupt nicht zufrieden, was er hier über sich selbst herauslesen konnte, sofern er es überhaupt richtig interpretierte. Aber was sollte er aus „Nichts" auch heraus interpretieren. In diesem Labor, dessen Wände sicher vier Meter oder noch höher waren, gab es eine Fülle der modernsten Technologien der Welt. Das Labor bestand aus mehreren Haupträumen und einigen Büros sowie einem großen Saal mit einem der chinesischen Hauptserver. Auf ihn hatte das Team des Professors ihre geklonten Errungenschaften aus dem Nullpunkt-Projekt neu eingespielt. In langen Reihen standen tiefgekühlte schwarze Schränke nebeneinander. In der Mitte des Saals befanden sich einige Arbeitsplatzrechner, sowie ein großer Arbeitstisch mit mehreren merkwürdigen Helmen, digitalen Präzisionslötkolben und anderen Elektrokram. Jürgen sah Gegenstände, die ihn staunen ließen. So konnten der Professor und sein Team einen Quantencomputer mit über 150 Q-Bits, ein Elektronenmikroskop, ein Kernspintomograph und viele andere Hightech-Dinge nutzen.

Eines der am heutigen Tage meist genutzten Gegenstände, war jedoch ein unscheinbares und kleines Gerät, welches im Millisekundenbereich Quantenverteilungen der Umgebung maß. Dr. Ziebert musste sich und die „Träne" für die Zeit vor der Expedition nach Tibet für Experimente zur Verfügung stellen. Jürgen wurde in die wesentlichen Aufgaben im KI-Bereich, an dem der Professor arbeitete, eingeweiht und unter strengen Geheimhaltungsbedingungen bekam er Zugang zu wesentlichen Informationen rund um die KI-Bewusstseinsforschung. Er musste nun dabei mitarbeiten und wurde aufgefordert seinen Stein zu verwenden und einen beliebigen Studenten, der ihm gegenüber saß, eines von zwanzig Zeichen nur über die von den Chinesen vermutete Resonanz des Steines von Gehirn zu Gehirn zu transmittieren. Am Stein wurden an vielen Punkten sehr feine Strom- und Spannungsmessungen durchgeführt.

Um den Stein herum, in etwa dreißig Zentimeter Entfernung, maßen kugelförmig platzierte Sensoren das elektrische und magnetische Feld des Minerals und stellten es in einer dreidimensionalen Hologrammansicht in einem Glaskubus neben den Bildschirmen des Raumes dar. Lee glaubte, dass sogar bei solch einfachen Experimenten ungewöhnliche Messungen möglich wären und darüber hinaus die Funktionsweise des Steines im

Zusammenspiel mit Dr. Ziebert besser verständlich werden könnte. Ihre Erkenntnisse aus diesen Messungen würden seiner Ansicht nach sehr dabei helfen, das „Auge" besser zu verstehen - sobald sie es hätten.

Zunächst empfand Jürgen durchaus so etwas wie Erfolgsdruck, denn wenn er nicht abliefern würde, was würde dann mit ihm geschehen? Die Konsequenzen malte er sich fürchterlich aus. Hinrichtung durch den Strang oder jahrelanges Darben in einem Gefängnis für ausländische politische Gegner, für Verräter an der Partei. Wenn er nur darüber nachdachte, verspürte er eigentlich seit gestern nur mehr riesiges Unbehagen, ach nennen wir es beim Namen, er hatte eine scheiß Angst aufzufliegen. Selbstverständlich gelangen die ersten zwei Sitzungen mit dem Professor und seinen Versuchsstudenten unter diesen Umständen überhaupt nicht. Hektisch versuchten Jürgens Augen irgendwelche abnormalen Muster auf den wechselnden Messgraphen an der Wand oder wenigstens etwas im Hologrammkubus der Felder zu erkennen. Seine Hände waren schon schweißig und er versuchte die Arme möglichst unten zu halten. Die Schweißflecke unter seinen Armen störten ihn sehr. Er hasste Schweißflecken unter den Achseln. Spannung, Stromstärke, Resonanzen, Hirnwellen - das war für ihn alles absolut nichtssagend. So durfte es nicht weitergehen. „Jürgen konzentrier dich jetzt! Du hast es schon einmal geschafft und du wirst es jetzt auch wieder schaffen! Du musst! Also los! Denk nach!"

Aber was hatte er nur getan? Was hatte er verdammt noch mal getan, um diese Kräfte auszulösen? Was war das Geheimnis? In der vierten Sitzung saß er einem kleinen schmächtigen Studenten gegenüber. Seine Augen waren verbunden und er trug wie die anderen einen schalldichten Kopfhörer. Dr. Ziebert sah eines der zwanzig Zeichen, die auf einem Tablet, das er angespannt in den Händen hielt, per Zufall aufleuchtete. Nun hatte er laut der Versuchsvorgabe genau eine Minute Zeit, dieses Zeichen dem Gehirn des Gegenübers zu übermitteln. Nach dieser Zeit sollte der Student das Zeichen aussprechen oder beschreiben. So simpel war der Versuchsablauf definiert. Über die Wahrscheinlichkeitsverteilung der Antworten konnte der Professor dann sehr leicht auf Erfolg oder auf reine Zufallstreffer schließen. Eine Abweichung von mehreren Sigma Standardabweichungen vom Mittelwert – also eine ausreichende Abweichung von einem durch Zufallstreffer erwartbaren Ergebnis - wäre ausreichend. Aber das musste Jürgen erstmal schaffen.

Die ersten drei Versuche lang hatte nichts funktioniert. Jürgen machte genau das, was man sich weitläufig als Telepathie vorstellte und versuchte das Konzept des Bildes, als gesprochenes Wort seinem Gegenüber zu übertragen. Auch diesmal startete er auf diese Weise. Ein siebeneckiger Stern leuchtete auf. „Stern, sieben Ecken" dachte er ganz angestrengt und stellte sich vor, wie die Worte von ihm über den Stein zum Studenten flogen. Buchstabe für Buchstabe, Wort für Wort. Aber nichts war in den Messungen zu sehen und auch die Antworten des Studenten waren falsch oder nur Zufallstreffer. Es funktionierte offensichtlich schon wieder nicht. Der Professor lief im Nebenraum bereits nervös auf und ab. Das Klacken der Schritte des Professors halfen Jürgen beim besten Willen nicht dabei sich zu konzentrieren. Sollte er etwa schon an Misserfolg denken und darüber nachsinnen, wie er sich der Partei gegenüber rechtfertigen könnte? Jürgen musste schneller denken. Er musste sich etwas überlegen, irgendeine Idee. Eine Idee. Aber woher nur? Er musste sich was einfallen lassen. Und zwar so schnell wie möglich!

Er versuchte sich an das letzte Ritual zu erinnern. Was hatte er neben der Hypnose getan? Er strengte sich an das Zeremoniell nochmal so schnell wie möglich vor seinem inneren Auge ablaufen zu lassen. Die Bilder schossen ihm durch den Kopf, als ihm endlich ein ersehnter Ansatz einfiel. Ging es in seiner Heilarbeit nicht um Gefühle, um Zustände, um innere Bilder und um Veränderungen? Das war es, das könnte die Lösung sein. Diese langweiligen Symbole würde er jetzt mal außen vorlassen. Was soll schon ein Stern, ein Kreis oder ein Dreieck bedeuten ... Bevor es ihn an den Kragen gehen sollte, drehte Jürgen lieber die Spielregeln um. Der Student vor ihm sah eher wie ein langweiliger Durchschnittsstudent aus, wenig Körperspannung, keine interessanten Merkmale im Gesicht und eher fehlende individuelle Anzeichen an Kleidung oder Körpersprache. Er trug ein schlichtes T-Shirt und eine Jeans, leicht schlabberige Turnschuhe, hatte ein paar Pickel im Gesicht und ungekämmte Haare. Er war wohl IT-Student oder ein Physiker. Diesem jungen Herrn würde er jetzt nicht den Stern übermitteln, der gerade auf dem Tablet aufleuchtete. Nein, er würde die geballte Summe aller seiner Negativgefühle, unter denen er litt, ins Gehirn des kleinen Mannes vor sich schicken.

„Der wird das schon überstehen. So ein junger Kerl. Und falls nicht, lieber er als ich", sagte sich Jürgen, um eine ungewöhnliche Regung seines Gewissens zum Schweigen zu bringen. Er berührte den Stein und versuchte, so stark wie irgendwie möglich dem Probanden über diesen Stein sein volles Gefühlsbündel zuzuführen. Er spürte förmlich, wie eine Wolke, in die er grässliche Bilder von Folter und Mord imaginierte, durch den Stein hinüberfloss. Alle Gedanken an strafende Qualen und schlimmen möglichen Hinrichtungsarten, die er für sich selbst befürchtete, sah er in seiner Vorstellung den Studenten erleiden. Qual, Gewalt, Hinrichtung, Elend und Stress - viel, sehr viel Stress.

Da endlich. Endlich geschah es. Jürgen konnte etwas auf den Bildschirmen ausmachen. Es wurden leichte Ströme im Stein gemessen. Auf einmal piepte der Quantenfluktuationsmesser laut auf. Die Nackenmuskeln des Studenten begannen sich zu verkrampfen und sein Gesicht verformte sich zu einer Grimasse, als würde er Jauche riechen. Schließlich riss er sich die Kopfhörer und Augenbinde ab und sagte: „Scheiße! Professor, ich glaube, mir ist schlecht. Ich brauche eine Pause?" Prof. Dr. Lee schaute in schnellen Bewegungen von Bildschirm zu Bildschirm und sagte hektisch: „Ming, ja, ja, ja ... ist in Ordnung. Gehen Sie nur. Wir brauchen Sie hier heute nicht mehr. Eine ungewöhnliche Signifikanz! Metaphysisch ..."

Aber seine Erlaubnis kam zu spät, der Student beförderte vor lauter Stress sein Mittagessen auf dem falschen Weg wieder hinaus, mitten auf den Boden des Versuchssaals.

Der Professor zeigte sich plötzlich belebt und aufgekratzt. Er sagte nur kurz - mit seinen Gedanken schon ganz woanders: „Mensch Ming, was ist nur los mit Ihnen? Holen Sie das Facility Management sofort! Lassen Sie hier alles reinigen. Für heute ist Schluss!" Er nahm ungläubig und ehrfürchtig schauend den Quantenfluktuationsmesser in seine rechte Hand und hob ihn langsam in die Höhe, um die Zahlen gegen das Licht besser zu sehen. Dann drehte er seinen Kopf langsam zu Jürgen um und rief aus: „Sigma 20! Herr Doktor, Sigma 20! Verstehen Sie, was das bedeutet? Die Standardabweichung ist so weit weg vom Mittelwert ... Wie ... Wie China vom Mond! Was auch immer Sie getan haben. Das Realitätsfeld wurde eben gerade massiv aus dem Gleichgewicht gebracht! Metaphysisch Herr Doktor, Metaphysisch ..." Jürgen entspannte sich etwas. Na also, geht doch! Es ist möglich und du kannst es, du kannst es wirklich!

Dr. Ziebert sagte tief durchatmend: „Selbstverständlich habe ich das! Aber der Versuchsaufbau mit den Symbolen ist nicht zielführend, Herr Professor. Wenn Sie es erlauben, würde ich das Protokoll gerne anpassen."

„Wie meinen Sie?"

„Ich habe es geändert."

„Was haben Sie dem Studenten denn übermittelt, er ist ja ganz blass geworden, förmlich geflüchtet und zu allem Übel hat er mir auch noch den Saalboden versaut."

„Ich habe ihm einen Zustand übermittelt. Ihr Protokoll war, um ehrlich zu sein, unbrauchbar!"

„Mein Protokoll unbrauchbar?" sagte Lee etwas pikiert.

„Ja! Wie Sie wissen, arbeite ich mit kranken Menschen und versuche, ihren inneren Zustand zu ändern, sie zur Erleuchtung zu führen und sie von ihren Depressionen zu heilen. Auf dieser Basis musste ich ihre Art des Experiments spontan ändern. Es geht nicht um Symbole oder Worte, sondern um die ganze Bandbreite an menschlichen Gefühlen. Wie Sie sehen, hat es prächtig funktioniert."

„Erleuchtung? Sei es drum. Gefühle … schwer zu quantifizieren. Aber ich glaube, ich habe da schon eine Idee."

„Ich auch. Aber zunächst würden mich jetzt die Messungen interessieren."

„Ja, richtig die Messungen. Bitte, wenn sie mir folgen wollen. Nebenbei bemerkt, ‚heilende' Gefühle haben sie gerade nicht übermittelt, oder?" Jürgen zucke nur mit den Achseln: „Nicht jeder verträgt jede Art der Heilung gleich gut …"

Der Professor zeigte Dr. Ziebert in einem Nebenraum auf einem Bildschirm Auswertungen der Messungen am Stein. Es flackerten auf einem Graphen mindestens fünfunddreißig verschiedene Linien rauf und runter.

„Ich hoffe wir können dieses Experiment noch einige Male wiederholen", sagte er voller Euphorie, während er vor den Graphen rumgestikulierte.

„Wenn ich diese Daten richtig deute, könnte unser System kurzfristig eine Selbstreferenz aufgebaut haben. Hmm, also vielleicht. Es ist nicht ganz klar. Sehen sie hier dieses Potenzial. Metaphysisch! Es ist unglaublich! Sehen Sie diese Linie, nach einigen Millisekunden bricht es zwar wieder ab, aber so etwas ist bis jetzt noch nie nachgewiesen worden … Es könnte jedoch auch ein einfacher Messfehler sein. Wir müssen sicher gehen und das Experiment wiederholen, gerne erstmal auf ihre Art", Lee wurde plötzlich ganz nervös, er bekam schweißnasse Hände und seine Atmung wurde unregelmäßig. Solche Ergebnisse hatte der Professor zwar seit Jahren erhofft und gesucht, aber dass er sie nun wirklich auf den Bildschirmen sehen sollte, ließ ihn sich gar nicht mehr beruhigen. Beide, der Wissenschaftler und der Scharlatan, waren nun zwar aus unterschiedlichen Motiven aber nicht weniger stark elektrisiert, weitere Experimente anzustellen. Jürgen dachte immer noch daran seine Situation erstmal abzusichern, aber dass er hier an einer weltbewegenden Entdeckung teilnehmen könnte, ja sogar an so einer wesentlichen Entdeckung, wie einst die Relativitätstheorie oder die Quantenmechanik, begann auch in Dr. Ziebert den Forschergeist förmlich wach zu rütteln.

Viele Studenten schritten am nächsten Tag durch die Tür des großen Labors. Dr. Ziebert versuchte, unterschiedliche Zustände zu transmittieren. Die Versuche gelangen nicht immer, aber gut 30% der Experimente waren so erfolgreich, dass Professor Lee am Nachmittag weitere Untersuchungen erstmal pausieren musste, da er seit Jürgens Ankunft drei Tage vor lauter Aufregung nicht mehr geschlafen hatte. Das verlangte seinen Preis - vor Erschöpfung stand er kurz vor dem Zusammenbruch. Dr. Ziebert lernte mit jedem Versuch und wurde spürbar besser. Das direkte Feedback der Messeinrichtungen gaben ihm eine einmalige Gelegenheit, seine Fähigkeiten in der Arbeit mit der Träne zu trainieren. Erstaunlich, wie dieser teure Opal, den er vor einigen Jahren erwarb, um mit seinem Geschäftsmodell reich zu werden, nun ein Gegenstand metaphysischer Manifestation wurde.

Was auch immer der Grund dafür sein mochte. Die nachweisbaren Effekte waren absolut real. Auch seinem Assistenten und „Mönch" Nima gelang es immerhin einmal, mit dem Stein einem Studenten etwas zu übermitteln.

Der Professor hatte bereits eine Unmenge an Zetteln mit Formeln zu seinen Theorien des Hyperconsentianismuses vollgeschrieben. Die HC-Theorie war sein in Fachkreisen verlachtes Kind. Doch jetzt war er drauf und dran, die Theorie auf Basis der experimentellen Daten zu verifizieren. Wahrscheinlich war er aber aktuell der Einzige, der den konfusen Haufen an Formeln, Skizzen und losen Zetteln noch verstand. Die Experimente, bei denen Studenten versuchten, sich gegenseitig etwas zu übermitteln, gelangen in keiner der zwanzig Versuchsreihen. Warum? Dafür hatte die Chinesen noch keine Erklärung. Dr. Ziebert, hingegen schon, doch hielt er sich schlauerweise damit zurück.

Nachdem Lee sich einige Stunden ausgeruht hatte und Dr. Ziebert ebenfalls etwas in seinem von der Partei gezahlten luxuriösen Fünfsternhotel zur Ruhe gekommen war, trafen sich beide zum gemeinsamen Nachgespräch im Tearoom des Hotels. Dr. Ziebert saß in den rundlichen Stühlen der Lobby. Seine Hände streichelten die feinen schwarzen Mahagoni-Schnitzereien am Ende der Armlehnen. Die weichen Rundungen des Holzes beruhigten ihn, wenn er über ihre kühle Oberfläche strich. Die samtenen Polster schmiegten sich an seinen Rücken. Er fühlte sich endlich etwas sicherer, zumindest vorläufig. Der Stress der letzten Zeit ließ langsam nach. Die Verspannungen in seinem Nacken und Rücken lockerten sich bei den Geräuschen eines künstlichen Wasserfalls, der neben der Lobby über die Steine eines chinesischen Gartens unter den hohen Wölbungen der Decke plätscherte. Er blickte ihn mit träumenden Augen an. Der Gleichklang und das Plätschern ließen ihn fast einnicken, als eine zarte Frauenstimme ihn hoch schreckte:

„Guten Abend, kann ich Ihnen etwas zu trinken bringen?"

„Guten Abend, einen schwarzen Tee mit Milch hätte ich gerne."

Als die höfliche Bedienung Richtung Bar verschwand, tauchte bereits die hohe Gestalt des Professors auf. Jürgen fiel auf, dass der Mann seinen Kittel mit einem bunten Hawaii-T-Shirt getauscht hatte und durchaus gut trainiert und muskulös war. Mit schnellen Schritten eilte er dem Doktor entgegen. Eigentlich, so musste Jürgen belustigt anerkennen, hatte er seit ihrem ersten Treffen stets äußerst stilsichere Kleidung getragen - zumindest für einen Wissenschaftler Zum ersten Mal fiel Jürgen eine deutliche Narbe am Kopf des Professors auf, als er unter einer hellen Lampe unterdurch ging. Unter seinem Arm hielt er eine lederne Aktentasche, aus der einige schlampig bekritzelte Zettel halb heraushingen. Seine wenigen schwarzen Haare mit weißen Strähnen waren streng zu einem Scheitel über die Halbglatze gekämmt. Er ließ sich mit einem gedämpften Ploppen in den Sitz neben Dr. Ziebert fallen: „Guten Abend, Herr Doktor, entschuldigen Sie die Verspätung, aber die letzten Tage waren einfach … sagen wir metaphysisch."

„Guten Abend, Herr Professor. Das waren sie in der Tat. Gestatten Sie mir eine Frage?"

„Aber selbstverständlich."

„Es ist mir aus den erhaltenen Missionsunterlagen klar geworden, dass wir es mit zwei Themen zu tun haben. Intelligenz und Bewusstsein, oder?"

„Ja, das ist richtig. Sie haben bereits einige unserer Systeme gesehen. Ich arbeite seit Jahrzehnten sowohl an künstlicher Intelligenz als auch dem Bewusstseinsproblem."

„Wie Ihnen aufgefallen sein wird, arbeite ja auch ich an diesen Problemen", sagte Jürgen selbstsicher

„Tatsächlich, tun Sie das?"

„Ja, nur betrachte ich es aus einem gänzlich anderen Blickwinkel." Der Professor schmunzelte, wusste er doch Wissenschaft und das Handwerk des Doktors zu unterscheiden. „Lassen wir das ruhig erst einmal so stehen." Der Professor musste lachen, als er das sagte und nahm einen Schluck Wasser, das bereits auf dem Tisch bereit stand.

„Aber nun zu meiner Frage. Warum Bewusstsein in Kombination mit künstlicher Intelligenz? Ich meine, braucht es überhaupt Bewusstsein für eine starke KI. Warum der Stein aus Tibet, Herr Professor? Sind heutige Computersysteme nicht bereits ausreichend mächtig? Ich meine, bereits Anfang des Jahrtausends schlug der beste Schach-Algorithmus den amtierenden Weltmeister im Spiel der Könige. Anfang der 2020 Jahre besiegte ein neuronales Netz nach wenigen Stunden Training den besten Go-Spieler Chinas. Ein künstlich gesteuerter Kampf-Jet konnte den besten menschlichen Flieger zur gleichen Zeit in einer Luftkampf-Simulation bezwingen. Heutzutage können neuronale Netze besser medizinische Befunde erstellen als Ärzte, besser Rechtstexte auslegen als Höchstrichter, besser chemische Prozesse analysieren als Pharmakologen und bessere Platinen planen als Signaltechniker. Es gab erst letztes Jahr einen aufsehenerregenden Artikel. Wie hieß der Roboter noch gleich ... Ah ja, Aki."

„Ja, Aki, das war eine Sensation. Der erste Androide, der so menschenähnlich war, dass er den Turing-Test bestand."

„Genau! Es gelang diesem Androiden und seinem integrierten Chatsystem so menschenähnlich zu wirken, dass es den Kunden in einem Amtshaus - in Japan war es, glaube ich - gar nicht auffiel, dass sie mit einem Roboter interagierten."

„Ja, die Japaner haben Aki als eine Behördenmitarbeiterin gestaltet und in einem Bürgeramt in Tokio platziert, um unwissende Besucher auf ihre Reaktion zu testen."

„Sie sagen es. 95% der Bürger konnten nach ihrem Besuch nicht sagen, wer von den Mitarbeitern des Amtes ein Roboter war und wer ein Mensch gewesen wäre. Was auch immer das über Beamte aussagen mag," lächelte Jürgen verschmitzt. „Also das gesagt, warum ist ihnen dieser Stein so wichtig? Was versprechen Sie sich davon?"

„Was ich mir davon verspreche ... Einfach alles, Herr Dr. Ziebert, einfach alles. Alle künstlichen Systeme sind zwar in speziellen Bereichen sehr erfolgreich, doch nur dort und nur so weit, wie ein sehr spezifisches Problem es ermöglicht. Ich möchte ihnen zunächst mein Problem mit Intelligenz als solches schildern."

„Das wäre ein guter Einstieg."

„Wenn wir Intelligenz als die Fähigkeit ein exaktes Problem zu lösen definieren, dann sind dieser Definition nach, selbst hirnlose Einzeller, wie der gelbe Schimmelpilz, hochgradig intelligent."

„Sie meinen den ‚bloop', der das Bahnnetz Tokios optimiert nachbaute, indem man die Stationen der Stadt als Nahrungsquelle auf einer Glasplatte platzierte und überprüfte, wie der Schimmelpilz sich über die Nahrungsangebote ausbreitete."

„Ja, zum Beispiel genau dieses Experiment! Ist es nicht verwunderlich? Der Pilz breitete sich wie ein perfekt optimiertes Schienennetz über die ‚Stationen' aus. War das nun Intelligenz?" fragte der Professor.

„Ich würde sagen, ja. Nach der alten römisch-lateinischen Definition, ist Intelligenz die Fähigkeit ‚zwischen zu lesen' und der chinesischen Definition nach zu ‚managen' oder ‚Führung zu gestalten'. Sie kann komplexer werden und je nach Problemlösung als höhere Intelligenz oder niedere bezeichnet werden. Aber diesem Schimmelpilz würde ich sie zugestehen."

„Ok … Ich denke das kann ich gelten lassen", sagte Lee und strich sich mit den Daumen und Zeigefinger über die Augen. Er war immer noch deutlich erschöpft. Dann fuhr er fort: „Ich möchte es noch einmal weiter ausformulieren, um Ihre Frage klarer zu fassen. Nehmen Sie z.B. Termiten. Diese kleinen Tiere haben hochspezifische Lösungen für die Nahrungsproduktion, die Konstruktion ihrer Bauten und für die Fortpflanzung. Einige dieser Fähigkeiten sind menschlichen gesellschaftlichen Prozessen oder menschlich architektonischer Leistung fast ebenbürtig. Warum können sie das? Haben die kleinen Insekten etwa intensiv nachgedacht, bis sie auf diese Lösungen kamen? Haben sie diese Fähigkeiten aufgrund ihrer Intelligenz selbst entwickelt? Oder ist es ihnen vielleicht einfach nur einprogrammiert worden? Bis heute ist die Antwort darauf ein Geheimnis der Natur. Aber insbesondere für unsere Fragestellung, Herr Doktor, ist das von elementarer Bedeutung."

„Einprogrammiert? Diese Fähigkeiten den Tieren einprogrammiert? Diese Sichtweise würde eine gänzlich andere Fragestellung aufwerfen, die ich heute lieber nicht diskutieren möchte. Ich meine damit, wer sollte das getan haben? Wer hat sie programmiert? Die Evolution als körperlos handelndes Mandatswesen? Falls die Tiere diese Lösungen sich selbst ausgedacht haben, stellen sich ebenfalls enorme Fragen. Evolution als intelligenter

Prozess einer dahinterliegenden Wesenskraft, würde ich nicht gelten lassen können", sagte Jürgen betont deutlich.

„Stimmt! Evolution nur auf zufällige Mutation und natürliche Auslese zu beschränken ist eine mathematische Unmöglichkeit, die nicht funktioniert. Die Thermodynamik der Physik beschreibt klar, dass man in jedem System über die Zeit eine Zunahme der Unordnung beobachtet. Daraus folgt, dass die zufällige Mutation niemals Ordnungsstiftend sein kann, sondern in ihrer Qualität stark abnehmen muss. Es würden keine lebensfähigen Systeme nach einiger Zeit mehr dabei herauskommen. Das bedeutet, die Mutation muss durch eine noch unbekannte Kraft gerichtet sein. Tatsächlich kann aus dieser Sicht Evolution als so etwas wie eine körperlose metaphysische Intelligenz betrachtet werden. Ich muss sogar soweit gehen, das Leben selbst als noch unbekannte Naturkraft zu beschreiben. Es ist, denke ich, zweifellos erwiesen, dass Bewusstsein und Leben direkt zusammenhängen. Aber ich möchte zurück zum vorherigen Thema und folgende Frage aufwerfen. Was ist spezifisch menschliche Intelligenz? Wenn Insekten die gleichen oder zumindest ähnliche Strukturen entwickelt hätten, wie wir Menschen? Wer sind wir denn dann noch, was ist der Unterschied?"

„Sie sagen es, Herr Professor. Was ist der Unterschied?"

„Das ist der erste Grund, warum der Stein einfach Alles ist, verstehen Sie? Eine Sache ist spezifisch nur für den Menschen. Diese eine Fähigkeit ist es, die Alles ausmacht, die Alles ändern würde, aber die bis heute nicht künstlich hervorgerufen werden konnte. Der Mensch kann alle seine Fähigkeiten zusammenfassen und als ein Ich wahrnehmen, als ein Individuum. Auf dieses referenziert er seine Fähigkeiten. Und nicht nur das, sondern er ist in der Lage, diese Idee von sich selbst in eine vorgestellte andere Zeit zu projizieren. Er setzt sich selbst in Bezug zu seiner Umgebung, der möglichen Zukunft und der erinnerten Vergangenheit. Durch diese Fähigkeit ist er in der Lage, alle seine Instinkte zu übergehen. Ja, er ist sogar in der Lage, sein eigenes Wesen willentlich zu töten. Er ist zu kreativen Täuschungen fähig und in der Lage erfinderisch immer wieder über sich selbst hinauszuwachsen. Er kann Erkenntnisse seiner Umgebung erlangen und in eine imaginierte Zukunft weiterverarbeiten. Ich denke, Tiere haben diese eine Fähigkeit nicht erlangt, denn sonst wären Rinder oder Schweine in der Lage, das Schlachten ihrer Mittiere durch den Menschen kreativ zu verarbeiten und den Menschen durch diese Erfahrung entgegenzuwirken, um eben nicht mehr auf der Schlachtbank zu enden. Deshalb müssen wir davon ausgehen, dass diese hohe Form der Intelligenz nur dem Menschen umfangreich zu eigen ist."

„Ich verstehe, ihr Ansatz sieht also vor, die künstliche Intelligenz aus einer unbewussten Problemlösungsmaschine zu einer zusammengefassten bewussten Entität zu machen. Einer Intelligenz, die ein Bild von sich selbst und der Welt entwickelt und damit in gewisser Weise überhaupt erst als eigenständiges Wesen existiert?"

„Genau das ist es!"

„Da stellt sich nun aber die Frage nach dem Bewusstsein an sich."

„Ja, das ist ein riesiges Problem. Es gibt keine Möglichkeit Bewusstsein nachzuweisen und wir wissen auch nicht, wie es entsteht." Lee atmete tief durch.

„Als Psychologe kann ich ihnen nur recht geben. Bewusstsein hat zwei grundproblematische Eigenschaften. Bewusstsein ist absolut subjektiv und Bewusstsein ist absolut unbeweisbar auf der objektiven Ebene."

„Sie sagen es, Herr Dr. Ziebert. Ich kann Bewusstsein niemals auf eine objektive Ebene bringen. Nur ich selbst kann mir meines Bewusstseins subjektiv sicher sein, da nur ich selbst es erlebe. Jeder andere Mensch, Tier oder Roboter könnte ein Bewusstsein haben oder auch nicht. Sie könnten genauso gut perfekte Simulationen eines bewussten Lebewesens sein. Es gibt, wie der Turing-Test klar zeigt, gar keine Möglichkeit, objektiv zu sagen, ob überhaupt ein externes anderes Bewusstsein vorhanden ist oder nur eine Simulation eines bewusst handelnden Wesens vorliegt. Der philosophische Zombie ist ein überhaupt nicht gelöstes Problem."

„Ich verstehe langsam. Sie hoffen, der Kristall aus Tibet könnte der KI Bewusstsein einhauchen, oder?

„Ich glaube, im Kristall einen Schlüssel gefunden zu haben. Er hat das gewisse Element, das aus meiner speziellen Interpretation der Quantenmechanik notwendig wäre, um einer KI Bewusstsein einzuhauchen. Nun ich habe für meine quantenmechanischen Ideen in der internationalen Wissenschaftsszene meinen Ruf ruiniert, aber bin jetzt näher an einem Beweis meiner Ideen als je zuvor", sagte Lee kopfschüttelnd über sich selbst.

„Wenn ich es richtig verstehe und bitte entschuldigen Sie mein schlechtes Verständnis der Quantenmechanik, aber die Theorie ist unvollständig, oder? Das Problem der Quantenmechanik ist, dass der Messprozess als solches überhaupt nicht ausreichend definiert wurde?"

„Exakt, das ist das Problem. Wenn ich Elektronen auf einen Doppelspalt schieße, erzeugen sie ein Interferenzmuster, das beweist, dass sie Wellen sind. Es sei denn, ich messe durch welchen der beiden Spalten das Elektron ging. Dann verhalten sie sich wie Teilchen. Ihre Wellennatur bricht quasi zusammen."

„Ja, der Welle-Teilchen-Dualismus ist mir durchaus bekannt."

„Das Entscheidende ist aber, dass die Messung, welche die Wellen oder Teilchennatur bestimmt, an sich nicht definiert ist! Was ist also diese Messung überhaupt?"

„Sagen Sie es mir ..."

„Das ist das ganze Problem und die Unvollständigkeit der Theorie. Was eine Messung ausmacht, welche die Wellennatur zerstört, bleibt unklar. Es gibt nur Interpretationen dazu. Und eine Interpretation sagt aus, dass die Messung und der Zusammenbruch der Wellennatur durch die Wahrnehmung eines Bewusstseins geschehen. Also gar nicht auf der materiellen Ebene bestimmt wird. Erst wenn ein Bewusstsein weiß, durch welchen Spalt die Elektronen gegangen sind, bricht ihre Wellennatur zusammen. Und zwar nur durch den Effekt des bewussten Beobachters und nicht durch das messende Hilfsmittel."

„Ich verstehe, und das ist die Basis ihrer HC-Theorie."

„Quasi. Aber bis jetzt gelang es nicht, meine Theorie nachzuweisen. Auch nicht mit ihrer Träne. Wobei, da bin ich mir noch nicht ganz sicher, die Messwerte sind sehr vielversprechend. Was ich mache, ist, über einen komplexen geschlossenen Messprozess herauszufinden, ob im System ein Bewusstsein erzeugt wird, durch das Messungen geschehen. Dafür werden Rechnungen ausgeführt auf Basis ständig erzeugter Wellenmuster an Doppelspalten. Entsteht ein Bewusstsein, bricht die Wellennatur durch seinen Messeffekt zusammen und die Berechnung ändert sich. Dadurch, dass das Wellenmuster verschwunden ist, berechnet das System andere Werte. Das nenne ich Selbstreferenz im KI-System. Das System hat die Fähigkeit erlangt durch das entstandene Bewusstsein auf sich selbst zu referenzieren. Ich postuliere, wenn Sie so wollen, ein im Hyperraum liegendes Bewusstsein. Ich denke, das Auge des Buddhas wird uns helfen, diese Fähigkeit künstlich zu erzeugen. Nein, ich denke nicht nur, dass es so sein wird. Ich bin davon zutiefst überzeugt, dass dieses Artefakt die Lösung des Problems darstellen wird."

„Warum gerade dieses Artefakt und nicht neuronale Netzwerke, also im Sinne eines simulierten Gehirns?" fragte Jürgen.

„Nein, so geht es nicht. Zumindest nicht derart wie wir es aktuell betreiben. Glauben Sie mir, Herr Doktor, ich habe mir seit Jahren über dieses Problem Gedanken gemacht, es intensiv beforscht und konnte es nicht lösen - nicht einmal im Ansatz. Je mehr ich darüber nachdachte und mit den besten Systemarchitekten versuchte Bewusstsein über neuronale Netze zu erzeugen, je tiefer ich in den Kaninchenbau hinein stieg, desto mehr musste ich erkennen, dass ich das Fraktal nicht verlassen konnte und das Problem sich auf Basis eines reinen Materialismus nicht lösen ließ. Die materialistische Unmöglichkeit, dem Geheimnis des Bewusstseins näher zu kommen, brachte mich schließlich dazu, unkonventionell zu denken. Ich entwickelte dadurch erst die Ideen des Hyperconsentianismus, eine Theorie, die das Bewusstsein in einer mathematischen fünften Dimension postulierte. Diese Theorie und mein Selbstreferenzprogramm sind aus materiellen Quellen heraus bis jetzt immer gescheitert. Sie verstehen, Herr Doktor, dass ich mir dadurch in der Wissenschaft schlussendlich keinen guten Namen machte, denn ich musste einen nicht nachweisbaren Raum postulieren, um die Gleichungen mathematisch lösen zu können. Dazu noch die bereits angesprochenen Schwierigkeiten, die mit dem Begriff Bewusstsein einher gehen. Das kam erwartungsgemäß schlecht an und ich wurde nicht mehr überall ernst genommen. Insbesondere von den Transhumanisten wurde ich verlacht, die hierfür scheinbar gar kein Gefühl haben. Sie glauben einfach daran, dass Bewusstsein von selbst aus ausreichend komplexen Systemen entsteht. Aber gut, deren Thesen sind auch mehr religiös als wissenschaftlich."

„Das aus ihrem Munde!" sagte Dr. Ziebert ironisch, dann fügte er ernst hinzu: „Ich dachte, es ist mittlerweile wissenschaftlicher Konsens, dass das Gehirn in seiner Gesamtheit das Bewusstsein erzeugt. Damit müsste Bewusstsein doch von selbst entstehen, sobald genügend neuronale Netze ähnlich einem Gehirn zusammenarbeiten. Wieso sind sie da anderer Meinung?"

„Wissenschaftlicher Konsens? Ja, natürlich! So wie das geozentrische Weltbild vor 500 Jahren! Konsens - aber eben weit von der eigentlichen Realität entfernt.! Am Anfang dachte ich über neuronale Netze und Bewusstsein, ja genauso. Aber je mehr ich forschte, desto schwieriger wurde es, diese These aufrecht zu erhalten. Eine Sache wurde mir immer klarer. Bewusstsein und Materie sind zwar miteinander verbunden, aber ihrem Wesen nach zutiefst unterschiedlich. Insbesondere meine Beschäftigung mit okkulten Themen und Messungen dazu, ließen mich erkennen, dass das Bewusstsein und seine Effekte nicht auf den Körper und das Gehirn beschränkt sind. Die Versuche mit ihnen waren der erste starke Hinweis, dass ich recht haben könnte." Lee legte eine Pause ein. Dann fuhr er emotional werden fort.

„Wenn wir erst das Auge des Buddhas hätten … Dann könnte ich endlich meine HC-Theorien vollständig beweisen."

„Aber das Auge ist doch auch Materie?"

„Nur auf den ersten Blick", Lee zwinkerte Jürgen zu, denn er merkte sehr wohl, wie dieser versuchte, ihn in eine argumentative Falle zu locken. Zum Glück brachte die nach Jürgens Meinung überaus attraktive Servicekraft in diesem Moment dampfenden Tee und ein kleines Kännchen mit Milch. Das angenehme Rauschen des Tees, als er in das verzierte Glas gegossen wurde, ließ Jürgen Zeit, das Gehörte zu überdenken. Er schenkte sich etwas Milch ein und gab zwei Löffel Zucker dazu. Dann führte er das Glas zum Mund und genoss den herben Geschmack des schwarzen Tees, der durch die Milch eine angenehme Milde bekam.

„Die Harmonie zwischen Himmel und Erde. Ist es nicht das?"

„Ja, vielleicht. Vielleicht, Dr Ziebert …"

Ein Mann mit schwarzem Anzug trat in die Lobby und kam auf die beiden zu. Mit strengen Schritten näherte er sich und sagte in militärischer Manier, als er sich vor beiden befand: „General Xiuo schickt mich. Morgen um 7:30 Uhr beginnen die Vorbereitungen für die Expeditionen nach Tibet. Sie werden eine Stunde früher von unserem Fahrdienst hier abgeholt. Seien sie pünktlich!"

Dann drehte sich der Mann um und verließ die Lobby mit den gleichen strammen Schritten, mit denen er hinein marschierte, ohne die beiden eines zweiten Blickes zu würdigen. Jürgen genoss noch einige Schluck des guten Tees, „Also dann Herr Professor, es war mir eine Freude!". Aber der Professor war eingenickt. Eindeutig übermüdet der gute Mann, dachte Jürgen und erhob sich. Dann gab er der Bedienung ein gutes Trinkgeld, Anweisungen Lee von seinem Team abholen zu lassen und ging auf sein Zimmer.

Die Nonne Tashima hingegen nahm, tausend Kilometer entfernt und zeitlich leicht versetzt, Platz auf dem neuen ausladenden schwarzen Sofa im Büro des Abtes. Draußen war bereits schwarze Nacht und sie war im Schutze der Dunkelheit von ihrer Höhle zum Kloster hinabgestiegen. Einige Dinge hatten sich tatsächlich in den letzten zwanzig Jahren geändert, dachte sie sich. Früher gab es weder ein Büro noch ein so angenehmes weiches Stoffsofa mit Kissen. Man hatte zwar einige extra Räume, aber die waren immer schlicht und hatten maximal einen Schreibtisch oder Stuhl aus zweiter Hand zu bieten gehabt. Aber heutzutage war das Büro wirklich bedarfsgerecht ausgestattet. Gleich zwei Bildschirme hatte der PC des Abtes zur Verfügung. Ein Drucker so groß wie ein Kühlschrank und mehrere Sofas für Gäste standen quadratisch angeordnet um einen kleinen Esstisch herum. An der Wand hingen Bilder früherer Äbte und ein großes des aktuellen Abts und der fünf Ordensvorsteher. Gefasst waren sie in verzierten Holzrahmen mit roter Bemalung. Der nicht unbedingt schlanke Abt, welcher hinter seinem Rechner saß, rollte mit seinem Bürostuhl hinter den Bildschirmen hervor und blickte freundlich zu Tashima rüber:

„Wirklich eine Freude, Euch einmal wieder hier unten zu sehen. Ihr wart in letzter Zeit immer seltener hier und habt auch mit der Ausbildung Eurer Schüler nachgelassen. Was führt Euch also so plötzlich zu mir, Tashima", sagte der Abt lächelnd, während er sich seine rote Robe zurecht legte.

„Werter Abt, Ihr wisst, ich komme nicht mehr oft hinab. Das hat Gründe, die ich euch gerne oben, in meiner Höhle, erklären würde."

„Warum in eurer Höhle? Das Wetter ist für meine Gesundheit momentan eindeutig zu schlecht. Hier ist es deutlich angenehmer und wir können alles besprechen. Das letzte Mal, als ich zu euch hinauf kam, um euch in der Höhle zu besuchen, weil ihr mit mir reden wolltet, habe ich mich erkältet. Nein, also bitte Tashima. Das würde ich mir liebend gerne sparen", der Abt schlug sich bei diesen Worten leicht auch seinen rundlichen Bauch, als wollte er die Worte durch seine körperliche „Fitness" unterstreichen. Er sprach aber irgendwie ungewöhnlich betont. So kannte ihn Tashima gar nicht.

„Nebenbei, wollt Ihr einen Tee?" fragte er und hielt eine leere Tasse hoch.

„Es geht darum, dass ich …" Der Abt setzte den Finger auf den Mund und nickte, als wüsste er etwas. Dann reichte er Tashima einen kleinen Zettel und deutete darauf.

Tashima nahm den Zettel und kniff die Augen etwas skeptisch zusammen. Der Abt konnte unmöglich etwas über ihre Absicht wissen. Aber warum verhielt er sich so merkwürdig? Sie sah die kritzelig geschriebenen Zeilen und las, was sie entziffern konnte:

Was auf diesem Zettel

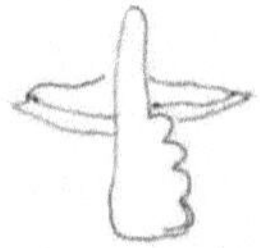

Ich und Dr. Ziebart erpresst

s u c h e n

s u ch e n

i ∪

n ∪

e ∪

das ∪ → Dr Ziebart Experte

Auge ∪ → Sicherheit

h ∪

Dr Ziebart Experte
↓
Baute kleines
Auge

Treffen Tashima unbedingt
unbedingt
r
g
E

Tashima las das gekritzelte Schriftstück es noch einige Male und wandte sich dann zum Abt: „Die Chine ...," Noch bevor sie weitersprechen konnte, schüttelte der Abt hektisch den Kopf und zeigte auf ein Mobiltelefon am Schreibtisch. Tashima verstand langsam. Offenbar waren wohl alle Mobilgeräte und Computer abgehört. Also begann sie noch einmal, sie müsste es vorsichtig formulieren. Nachdem sie sich räusperte, sagte sie: „Die Chi-Kräfte Eurer Schüler, wie entwickeln sie sich?" Tashima versuchte natürlich zu klingen.

„Ah sehr gut, ja, sie machen wirklich Fortschritte. In letzter Zeit kommen auch immer häufiger *Besucher* und Schüler aus *China*, es mag an den *schwierigen* wirtschaftlichen Zeiten liegen, dass die Menschen wieder mehr Zuflucht in alten Traditionen suchen. Aber sie machen sich gut und sind *fleißig*", sagte der Abt schon wieder so merkwürdig betont, aber diesmal verstand Tashima, was er ihr sagen wollte. Er kam näher an Tashima heran und flüsterte leise.

„Aber wo Ihr gerade hier seid, die fünf Obersten werden in den nächsten Tagen eintreffen. Ich denke, das wäre eine gute Gelegenheit, einmal wieder bei euch in der Höhle zu meditieren. Ich werde mich diesmal auch geeigneter bekleiden", Tashima nickte und schrieb einige kurze Zeilen auf ein Blatt Papier:

Hassan, mein guter Freund, hat mir angeboten, den Stein in Sicherheit zu bringen. Er wird in einer Woche kommen. Die Obersten müssen den Stein aus seiner Verankerung befreien. Die Gefahr ist sehr nahe. Wir müssen handeln, so schnell wie möglich. Die Obersten sollen Samstag um die Mittagszeit hinaufkommen. Weiterhin, bitte stellen Sie mich Dr. Ziebert vor!

Der Abt nahm den Zettel, las ihn und seufzte, strich sich über die Glatze und sagte dann: „Es sind schwierige Zeiten, Tashima. Ich weiß nicht, ob sie zustimmen. Ich meine, ob sie einverstanden wären ... also die Schüler, auch einmal unter anderen Bedingungen, wie z.B. bei euch auf einem Berg zu meditieren. Hier ist es mittlerweile bequemer für sie, versteht Ihr?"

In diesem Moment kamen zwei junge europäische Damen durch die Tür. Sie trugen weiße lange indische Sarongs und große um die Schulter gebundene Tücher. Sie waren barfüßig und auffallend hübsch.

„Oh Vanessa und Jane ... Ist denn schon Zeit für eure Privatstunde?" fragte der Abt, rot werdend und etwas verlegen. Es war ihm nicht recht und es wurde ihm sichtlich unbehaglich, dass Tashima diese Szene zu sehen bekam.

„Geehrter Abt," sagte Jane und verbeugte sich höflich, „wir wollten Sie nicht stören. Sollen wir später wieder kommen?" Das selige Lächeln und eine spirituelle Aura der Verzückung strahlten über die Gesichter der jungen Frauen. Doch der glückliche Schein konnte Tashima nicht trügen. Die Nonne sah durch die Fassade. Hinter dem Lächeln verbargen sich spiritueller Narzissmus, tiefe unbearbeitete Schatten, täuschender Selbsterhöhung und durchtriebener Bedürfnisse. Sie sah Projektionen, so viele Projektionen abgelehnter oder erhoffter Fähigkeiten, die die beiden Frauen offenbar voller Naivität auf den Abt warfen.

Dieser warf seinerseits Tashima bereits einen freundlichen, aber bestimmten Blick zu. Tashima verstand und erhob sich.

„Geehrter Abt, ich werde mich dann in die Halle zur Meditation begeben."

„Ja, ja … Gerne Tashima, ich werde dann später zu Euch kommen." Die Worte sprach der Abt schon halb abwesend, war er gedanklich doch schon auf die beiden jungen Frauen eingestellt. „Habt ihr eure Studienbücher dabei?" fragte er sie, als Tashima aufstand. So ein schlechter Lügner, dachte Tashima beim Rausgehen. Eines Tages müssten Jane und Vanessa entscheiden, wie ihre „tantrische" Initiation durch den Abt ihnen geholfen hätte, bessere Versionen ihrer Selbst zu werden. Sie müssten sich dann irgendwann überlegen, wer wen wofür „gebrauchte". Der Abt hingegeben wusste genau, was er tat. Er begleitete Tashima zur Tür, schloss diese und verriegelte sie. Dann lächelte er und drehte sich erwartungsfroh zu seinen Schülerinnen um.

„So, dann stellt euch erst einmal auf die Initiation ein, zunächst müsst Ihr eure – Gefäße vorbereiten."

In einem der Gästezimmer des gleichen Klosters saßen zwei chinesische Männer und eine Frau vor ihren Rechnern, als am Bildschirm eine rote Lampe in einem der Fenster wild flackernd aufleuchtete.

„Hauptmann, wir haben eine weitere Signifikanz aufgezeichnet!"

Die Frau wandte sich zu einem kräftigen Chinesen, der im hinteren Teil des Zimmers auf einem Kissen am Boden saß, um. Angezogen waren alle wie Touristen, die auf einem Klosterbesuch ein wenig meditieren wollten. Abgetragene Jogginghosen, grelle Trainingsjacken in Neonrot und -gelb und dazu Turnschuhe. Was für eine Tarnung der Elitesoldaten. Doch ihre Körperprache hatte etwas Soldatisches, das beim Sprechen, Gehen und dem Umgang untereinander immer wieder hervorkam. Offenbar erfüllte sie eine ziemliche Selbstsicherheit, denn sie gaben sich wirklich nur mäßig Mühe sich nach den Regeln der Spionagekunst unter die Zivilisten im Kloster zu mischen und möglichst nicht aufzufallen. Tibet war bereits seit vielen Jahren stark durch die demographische Strategie der KPC mit Han-Chinesen besiedelt worden, so dass der eine Soldat mehr oder weniger kaum auffiel. Entsprechend halbherzig waren ihre Versuche sich zu verbergen oder ihre Identität korrekt zu verschleiern.

„Hauptmann, wir verfolgen gerade Gespräche zwischen zwei europäischen Frauen und dem Abt. Die Europäerinnen weisen laut Algorithmus 10% und 15% normative Abweichung auf. Die Erstanalyse verweist auf ein ..."

„Worauf?"

„Hauptmann, die Daten sind nicht ganz klar. Sollen wir ...?"

„Auf den Hauptschirm! Sofort!"

Die Soldatin schaltete etwas unsicher am Hauptbildschirm die Videoüberwachung auf.

„Schalten Sie das sofort ab! Oberleutnant Jinjin, was soll das verdammt!" Die junge Frau lief rot an und schaltete die Videoüberwachung sofort wieder aus. Was dort lief, war eindeutig nicht jugendfrei.

„Diese Faxen können Sie zu Hause machen, Jinjin, lesen Sie die Programmabweichung gefälligst besser aus!"

„Hauptmann!" sagte der Soldat neben Jinjin: „Ich denke, das wesentliche Geschehen hat das System kurz vor dem Zusammentreffen der Europäerinnen mit dem Abt festgestellt. 30% Abweichung. Die Erstanalyse kann keine Zusammenhänge herstellen. Möglicherweise bloß ein administratives Gespräch."

„Das Gespräch des Abtes untersuchen!", befahl der kräftige Hauptmann schroff. Der Soldat lud das Gespräch und analysierte kurzerhand, dann sagte er: „Das Wort Chinesen fällt mindestens einmal aus dem Kontextbezug bzw. nicht vollständig. Die Ordensoberen sollen kommen. Eine Einsiedlernonne aus den Bergen war bei ihm zu Besuch. Gespräch ungewöhnlich verzögert. Das sind die Signifikanzen, die durch unsere Systeme erkannt wurden."

„Das könnte eine Meisterin dieses deutschen Doktors sein ... Verstärken sie die Rechenleistung für die Tätigkeiten des Abtes, maximale Analyseleistung ist für ihn zur Verfügung zu stellen. Sobald die Obersten des Ordens eintreffen, sind alle ihre Mobilfunktelefone mit höchster Priorität zu überwachen. Zeigen Sie mir die umfängliche Social-Media-Analyse der infrage kommenden Obersten. Ich will, dass einer von euch ständig ein Auge auf die Analyse ihrer Gespräche wirft. Sie könnten ein Schlüssel sein. Informieren sie den Doktor, er soll heute Abend hierherkommen. Er soll sich vorbereiten, diese Nonne und den Abt zu treffen."

„Jawohl, Hauptmann!" rief die Gruppe, stand auf und salutierte.

Nach dem Mittagessen am nächsten Tag wurde Dr. Ziebert vom Abt in den Garten des Klosters gebeten. Dort wartete bereits Tashima, die ihn beim Näherkommen genauestens musterte. Die Nonne machte ein Handzeichen. Sie bat den Doktor, durch ihre Zeichen einen Teil des steinigen Weges aus dem Garten des Klosters hinauf auf die Wiesen des Dorfes mit ihr zu gehen. Die Nonne wies auf das Handy des Abtes, das ausgeschaltet war und deutete an, dass auch Dr. Ziebert sein Telefon ausschalten sollte. Jürgen nahm sein Smartphone heraus und schaltete es vor den Augen von Tashima ab.

Kieselsteine knirschten unter ihren Schritten, als sie gemächlich die Anhöhe hinauf stiegen. Der Abt blieb im Garten sitzend zurück und schaute den beiden nach. Tashima war eine äußerst intelligente und für ihr Alter resiliente kleine Nonne. Der Abt kannte sie, seit er vor dreiundzwanzig Jahren die Führung des Klosters übernahm. Sie würde einen Weg finden, diesen Doktor und mit ihm die Chinesen in die Irre zu führen.

Auf einer grün bewachsenen Anhöhe blieb Tashima stehen. Sie öffnete einen Metallbehälter, den sie hinter einem kleinen Stein hervorholte. Dr. Ziebert musste sein Telefon hineinlegen. Die Kiste versteckte Tashima wieder hinter dem Stein und ging mit Dr. Ziebert weiter bis zur Spitze der Anhöhe. Von dort konnte man den Kailash weit in der Ferne erkennen. Heute war das Wetter klar und die Luft von nur geringer Feuchte erfüllt. Der majestätische Anblick des Berges stach vor allen anderen Gipfeln heraus. Jürgen erfüllte es mit Ehrfurcht und beide hielten kurz inne. Schweigend sahen sie in seine Richtung.

„Wisst ihr Dr. Ziebert," unterbrach Tashima das Schweigen, „wäret Ihr nur vor einigen Wochen zu mir gekommen. Ich hätte Euch gerne als meinen Schüler angenommen. Nima erzählte mir heute Morgen, dass es Euch gelungen sei, einen tatsächlichen Mental-Stein zu erzeugen. Wirklich beeindruckend für einen so unreifen und unreinen Geist, wie den Euren. Aber was für ein beeindruckendes Talent. Mit der richtigen Unterweisung hättet Ihr viel erreichen können. Aber Ihr habt euch für einen anderen Pfad entschieden, nicht wahr?"

Was hatte Nima dieser kleine Narr nur getan, schoss es Jürgen bei diesen Worten durch den Kopf. Hatte Nima den Mönchen etwas von ihrer verdeckten Operation erzählt? Dieser Naivling, wenn die Chinesen das mitbekommen, sind er und wahrscheinlich auch ich tote Männer und diese Mönche wohl ebenso, dachte Jürgen von einem aufsteigenden Adrenalinschock durchflutet und um Haltung ringend.

„Nein", sagte Tashima lächelnd. „Hat er nicht. Es gibt auch heute noch Wege, Dinge zu erfahren, ganz ohne sie auszuplaudern."

„Ok", sagte Jürgen verwirrt. Sollte die Nonne gerade einfach so seine Gedanken gelesen haben?

„Ja, sollte die Nonne!" sagte Tashima immer noch lächelnd.

„Auch auf dem Weg hinauf habe ich euch aufmerksam gelauscht. Ihr seid berechtigterweise voller Zweifel, ob ihr das Auge finden werdet und mit heiler Haut aus dieser Angelegenheit herauskommt. Aber seid unbesorgt, ich werde euch als Experten für das Auge des Buddha behandeln. Aber ich muss euch enttäuschen. Das Auge, das ihr sucht, ist seit langer Zeit verschollen. Dieses Auge, das in den dunklen Schatten der Geschichte versteckt liegt, werdet weder Ihr noch die Chinesen hier finden."

„Was? Wieso … sollten wir … Wieso sollten wir es nicht finden?" Jürgen stand nun doch etwas neben sich. Die plötzliche Wendung der Ereignisse überforderte ihn in diesem Moment. Doch er wäre nicht Doktor Ziebert, wenn er in solchen Situationen nicht schnell schalten könnte. Also schob er seine Brille die Nase hinauf, schaute zur Nonne und hörte weiter zu.

„Weil das Auge heutzutage nur noch eine Metapher ist. Es existiert nicht mehr. Das alte Artefakt des Ordens ist vor 400 Jahren im Nordwesten Tibets verschollen, als der damalige Hüter versuchte, es in ein Kloster im fernen Westen Tibets zu bringen. Er wurde überfallen und getötet. Andere fanden nur noch seine Leiche. Wahrscheinlich wurde das Artefakt von einigen Banditen in der Gegend geraubt. Und soweit wir wissen, hatten diese Übeltäter nicht einmal eine Ahnung, welchen Schatz sie erbeutet hatten. Wahrscheinlich zerschlugen sie ihn und verkauften die Einzelteile für einen geringen Preis in alle Welt. Seit dieser Zeit ist das Auge niemals wieder gesehen worden."

„Nur eine Metapher … eine Metapher! Das kann ich nicht glauben!" sagte Jürgen entrüstet.

„Ihr habt recht gehört. So ist es aber. Ich verstehe euren Unglauben, aber macht euch keine Sorgen. Es reicht dem Geist des Menschen, dass man ihm eine gute Idee oder eine weise Metapher gibt. Sie wird von selbst wirken und seine Sehnsüchte zum Besseren wecken. Auch wenn die dahinterliegende Idee nicht wirklich existiert. Wenn nur genug Menschen beginnen, eine Idee zu glauben, erlangt sie von selbst die Dynamik, welche es braucht, um echte Veränderungen zu bewirken und eine physische Realität zu manifestieren. Und das Auge ist nichts anderes, als die Manifestation der Idee, Erwachen zu erfahren."

„Das kommt unerwartet …"

„Seht den Berg Kailash dort in der Ferne?"

„Ja, er ist wunderschön."

„Solange man ihn nicht berührt, ist er nichts als eine Luftspiegelung. Er könnte nur eine Illusion in den fernen Nebeln des Himalayas sein. Doch wenn man bei ihm ankommt, weil man glaubt zu ihm pilgern zu müssen, hat er bereits seine Realität erwiesen und den Pilger verändert, noch bevor dieser ihn berührte. Überlegt gut, denn ich frage euch: Ist eure Träne etwas anderes als ebenso eine Idee?"

Jürgen zögerte und überlegte, dann sagte er: „Gut möglich…"

„Das herauszufinden, überlasse ich Euch. Lasst uns zurückgehen. Ich habe euch gesagt, was Ihr wissen musstet. Wenn ihr wollt, zeige ich Euch den Ort auf einer Karte, wo damals das Artefakt verloren ging. Dann könnt Ihr mit den Chinesen weiter nach einer Legende suchen und eure Mission im Namen der Partei weiterführen." Dann lachte Tashima herzig und klopfte Dr. Ziebert, der immer noch verwirrt drein schaute freundlich auf die Schulter.

Der Hauptmann lachte in seinem Gästezimmer ebenfalls, aber sein Lachen war kein freundliches, wie das von Tashima. „Noch einmal abspielen! Diesmal das andere Mikrofon vom rechten Arm des Doktors und danach beide Tonfrequenzen überlagern. Diese Nonne kann tatsächlich Gedanken lesen, wie Professor Lee behauptete. Es war eine großartige Entscheidung von mir, dass Dr. Ziebert sich vor dem Treffen mit dem Abt und Tashima selbst hypnotisierte, um Gedanken an die versteckten Mikrofone in seiner Kleidung zu unterdrücken. Hätte er nur einmal daran gedacht, wäre seine Tarnung mit Sicherheit aufgeflogen und die Nonne hätte ihn durchschaut."

„Hauptmann, bitte um Erlaubnis Frage zu stellen!"

„Freigegeben Jinjin!"

„Können wir der Nonne glauben? Ich meine, Sie behauptete, dass Auge sei nur eine Metapher", fragte Jinjin, während sie die notwendigen Einstellungen laut Befehl an ihrem Rechner vornahm.

„Nein! Natürlich nicht! Das hat der Doktor doch schon gemeint. Sie würde versuchen, uns in die Irre zu führen. Das ist ihr Schwur. Aber dafür haben wir ja Technologe. Damit wir sowas durchschauen. Lasst die Tonspuren durch den Spracherkenner laufen und prüft mittels der automatischen Abweichungseinstellung ‚Lüge und Täuschung'. Dann werden wir schon sehen, wie wahrhaftig diese kleine Nonne wirklich ist. Ich bin mir sicher, sie lügt und wir werden es nachweisen. Schließlich bedeutet Lüge für sie ein Tabubruch ihrer Regeln, sowas wirkt sich für gewöhnlich auf die Stimmmodulation aus!" sagte der Hauptmann selbstsicher.

„Zu Befehl, Hauptmann!"

Die Soldatin ließ die zusammengefassten Tonspuren durch ein hoch spezielles neuronales Netz laufen, das nichts anderes tat als Auffälligkeiten im Feinbereich der Stimme zu detektieren. Sollte ein Mensch lügen und sich unwohl dabei fühlen, erfasste das System diese Hintergrundstimmung. Es erkannte im Wellenbereich der Stimmenfrequenz unbewusste Einflüsse in Form von feinen Schwingungsirritationen. Bei allen Menschen außer Psychopathen und Soziopathen wirkte es mit höchster Präzision. Hier nun sollte es klären, was es wirklich mit dem „Auge" des Buddha auf sich hatte. Hätte Tashima nur gelogen, um das Auge zu retten?

„Hauptmann! Das System hat 74,38% Lügenwahrscheinlichkeit für die Behauptung, der Stein sei vor vierhundert Jahren verschollen, errechnet. 85,6% für die Behauptung, ein früherer Hüter sei von Banditen getötet worden", sagte die Soldatin.

Da lachte der Hauptmann laut und selbstzufrieden auf, so dass die alten Türen im Raum wackelten. „Habe ich es mir doch gedacht, dass dieses Nönnchen lügt. Alle Überwachungsressourcen werden auf diese Person fokussiert. Ich will, dass ihr General Xiuo berichtet, er soll den Satelliten Xu4578 freigegeben. Für vierundzwanzig Stunden will ich jede Bewegung dieses Nönnchens sehen können. Jede einzelne, verstanden! Findet heraus, in welchen Höhlen sie meditiert und du Jinjin wirst mit deinen Insektendrohnen rausgehen. Du sollst alle Höhlen der Umgebung anfliegen und jeden Winkel absuchen. Dr. Ziebert wird vorerst nicht weitermachen und soll sich langsam aus dem Klosteralltag zurückziehen. Sagt ihm, er soll meditieren oder sowas halt. Am besten viel im Zimmer bleiben. Gleiches gilt für Nima, er ist für die Mission nicht weiter wichtig. Abgezogen können diese Zivilisten wenigstens keinen Schaden anrichten."

„Zu Befehl, Hauptmann", antworteten alle Anwesenden.

Es war ein stürmischer Vormittag. Wolken zogen über die kargen Berge und der Schnee wurde hoch über die spitzen Felsen geweht. Die fünf Obersten und der Abt schritten langsam hinauf zu Tashimas Höhle. Die Schneeflocken wirbelten mächtig um ihre tief in die Pelzmäntel eingehüllten Körper und der Schnee knirschte unter ihren angestrengten Schritten. Der eisige Wind drang dennoch durch die Ritzen der dicken Kleider und ließ insbesondere den Abt deutlich frösteln. Gleichzeitig bereitete sich Scheich Hassan weit westlich in einer angenehm lauen Wüstennacht auf seine Reise durch die Pforten seiner Geheimnisse vor. Er hatte ebenfalls dicke Winterkleidung angelegt und schwitzte stark, als er das Tuch des Ordens um sich hüllte. Er saß in seinem Garten, umgeben von duftenden Blumen, die des Nachts ihr süßliches Aroma passend zum Klang der Grillen entfalteten. Die Pfade des Verborgenen öffneten sich langsam, als die heiligen Verse murmelnd seinen Mund verließen. Die gnädigen Lichter, welche ihm von allen Seiten umgaben, verwandelten sich langsam in Schneeflocken, während er am vereinbarten Felsen in einiger Entfernung von Tashimas Höhle langsam aus dem Nebel der brausenden Wolken und Fraktale hervorkam.

Wörter des Streits drangen aus der Höhle an seine Ohren. Die Obersten waren sich uneins. Doch jetzt war keine Zeit mehr für unnütze Befindlichkeiten. Die stürmische Luft war förmlich aufgeladen von einer unbestimmten Gefahr, die er hinter jeder Schneebö und jedem Felsen spüren konnte. Der Feind war nahe, unglaublich nahe und bereit jeden Moment zuzuschlagen. Er musste also umso umsichtiger hinter dem Felsen warten, bis Tashima wie vereinbart hinaustrat.

„Niemals kann ich zustimmen dieses Artefakt einem Muslim anzuvertrauen! Ich meine, er ist ein Muslim! Wie könnt ihr nur so naiv sein, Tashima. Die Muslime sind unsere Feinde. Sie sind die Geißel der Welt! Überall verbreiten sie Terror und Wahnsinn. In meinem geliebten Burma haben sie hinterhältige Anschläge durchgeführt. Sie ermordeten unschuldige Frauen und Kinder. Es sind bösartige Hunde. Ich gebe meinen Schlüssel nicht dafür", schimpfte einer der Obersten aus Myanmar.

„Willst du etwa, dass die Chinesen den Stein am Ende an sich reißen? Bevorzugst du diese Macht in den Händen der kommunistischen Partei, vor der unser Dalai Lama fliehen musste und die Massen an Mönchen in ganz Tibet abschlachteten? Willst du, dass jene Menschen das Auge des Buddha erlangen, die uns bis heute schwersten unterdrücken?" hielt ihn der Abt entgegen.

„Nein das will ich natürlich nicht! Aber ich werde auch nicht zulassen das wir das Auge des Buddhas einem Muslim geben. Tashima es gibt nur eine Lösung für unser weiteres Vorgehen. Der große Rat der Äbte muss sich am Kailash versammeln und über das Vorgehen entscheiden, so wie damals als die Nazis den Stein rauben wollten."

„Aber dafür ist keine Zeit! Die Zeichenwelt zeigte bereits die große Gefahr und der Stein selbst spürt sie so nah wie nie zuvor!" rief Tashima.

„Du hättest es uns viel früher sagen müssen, du bist doch die Meisterin. Warum hast du nicht rechtzeitig mit uns gesprochen? Warum hast du nicht rechtzeitig den Rat einberufen?"

„Weil es keine Zeit dafür gab und die Chinesen wahrscheinlich alles überwachen. Jedes falsche Wort hätte sie zu mir geführt!"

„Ich habe nie verstanden, warum gerade du damals von Meister Chöpal als Nachfolgerin bestimmt wurdest und nicht mein Bruder. Schau dich nur an Tashima, du willst eine Meisterin sein?"

„Hört auf damit! Das führt doch zu nichts!" rief der Abt

„Ich werde jetzt gehen und verlangen, dass der große Rat einberufen wird. Er soll entscheiden, was geschieht!" Mit diesen Worten drehte sich der Oberste um, zog sich den Pelz über den Kopf und schickte sich an, die Höhle zu verlassen. Ein Oberster aus Indien sah Tashima und den Abt an und sagte: „Ich sehe es genauso. Ich stimme auch dagegen den Stein diesem Muslim zu übergeben. Auch ich verlange, den Rat der Äbte einzuberufen - ihre Entscheidung soll bindend sein!"

Auch er zog sich den Pelz wieder an und folgte den Obersten aus Myanmar zum Ausgang. Tashima trat zum Stein vor. Sie schluckte einmal, sichtlich berührt. Dann legte sie ihre Hand auf den schimmernden grünen Kristall. Besondere Situationen erfordern besondere Maßnahmen. Dieser Moment war nun gekommen, wusste Tashima, auch wenn sie stets den freien Willen achten wollte. Ja, es heiligst gelobt hatte, niemals die freie Entscheidung anderer zu ignorieren. Aber hatte sie jetzt noch eine Wahl? Sie war die Meisterin. Sie trug die Verantwortung. Der Schutz des Kristalls stand über allen anderen Schwüren. So tat sie, was sie tun musste und der Stein leuchtete auf. Sofort war die Höhle von seinen grünen Strahlen erfüllt. Tashimas Augen begannen ebenfalls grün zu glühen und blickten ausdruckslos geradeaus. Auf einmal wie mit einem Ruck bewegten sich alle Obersten nicht mehr. Kurz hielten sie alle inne und holten dann wie ferngesteuert ihre Schlüssel hervor.

„Nein Tashima!" rief der Abt voller empörter Verzweiflung aus. „Nein, nein, nein was tust du denn! Das darfst du nicht, du brichst den Schwur!

Hör auf, hör sofort auf!" Aber Tashima ignorierte die Rufe des Abtes und dieser wagte es nicht sich ihr in den Weg zu stellen Zu sehr fürchtete er die gewaltige Macht des Kristalls. Wie willenlose Untote bewegten sich die Obersten zum Altar, mit dem der Kristall durch die alte meisterliche Mechanik fest verbunden war. Klickend führten sie ihre Schlüssel in die kreisrund angeordneten Schlösser und öffneten die Verankerungen. Tashima nahm den Stein und ging. Das Leuchten nahm langsam ab und ihre Augen normalisierten ihren Zustand. Sie wickelte den Stein in ein prunkvoll verziertes Seidentuch und trat ins Freie. Als sie sich dem Felsen näherte, wo Hassan bereits wartete, hörte sie ungewöhnliche Laute. Sie wusste Eile war geboten und rief: „Scheich Hassan, komm hervor! Das Auge ist hier! Komm heraus, ich bitte Dich, komm hervor!"

Scheich Hassan atmete auf, das waren die erlösenden Worte, auf die er so sehnlich wartete. Er trat aus der Deckung eines Felsens und ging der Nonne winkend entgegen.

Vielleicht waren es zehn Meter, die den Scheich noch von der Nonne trennten, als plötzlich ein stechendes Pfeifen durch die Schneeflocken schoss. Vom Tal und vom Berg kamen schwer bewaffnete Soldaten in weißen Tarnmänteln hervor gestürmt und feuerten in Richtung der beiden. Hassan warf sich wieder in die Deckung der Felsen und Tashima warf sich schützend auf das Auge. Hektisch versuchte sie, es aus dem Seidentuch zu befreien. Als sie es endlich freigelegt hatte, stand sie auf und hielt es in die Höhe. Ein Soldat, der bereits heran gestürmt war, holte genau in diesem Moment mit seinen Gewehrkolben aus, noch bevor der Kristall aktiv wurde. Doch Hassan warf seinen Dolch und traf den Soldaten am Oberschenkel, so dass dieser schreiend umfiel und seinen Schlag nicht ausführen konnte. Der Stein begann aufzuleuchten und Tashimas Augen begannen wieder zu glühen. Der grüne Schein breitete sich aus. Aber drei andere Soldaten waren schneller und schlugen auf die Nonne ein, bevor diese die Macht des Kristalls voll und ausreichend ausbreiten konnte. Hassan sprang erneut aus der Deckung, um Tashima zur Seite zu stehen, doch was er sah, ließ ihn augenblicklich seine Hoffnung verlieren. Ein Soldat hielt bereits den Stein triumphierend in die Höhe, während andere Soldaten heran eilten und ihre Position über digitale Signalortung der Missionsleitung bekanntgaben. Tashima lag blutend am Boden und wurde von zwei Soldaten festgesetzt. Vier weitere gingen mit erhobenem Gewehr in Hassans Richtung. Er musste fliehen. Über mehrere Felsen schlitterte er einige Meter über den Schnee den Berg hinab. Er musste sich eine gute Deckung suchen. In einer Felsspalte könnte er sich verstecken oder sich hinter einer Schneewehe werfen. Da! Endlich fand er einen Unterschlupf! Er spürte die Soldaten in seiner unmittelbaren Nähe. Sie waren nur wenige Meter über ihm. Er wickelte sich hastig in das Tuch des Ordens ein und versuchte, sich so stark wie möglich zu konzentrieren. Er sagte die geheimen Worte und hörte noch leise im Nebel des flackernden Lichtes Schüsse der automatischen Handfeuerwaffen, die ihn eindeutig getroffen hatten, aber nur mehr in weiter Ferne verhalten. Rauchend fielen Bleikugeln aus dem Tuch in den Wüstensand. Hassan erhob sich. Er hatte Glück, denn die Kugeln trafen ihn, als er bereits in die Zwischenphase des Geheimnisses eintrat, so dass sie ihn durch die starke Krümmung der Raumzeit nicht mehr verletzten konnten.

Verloren! Das „Auge" war verloren! Dieser Gedanke stieg mit aller Härte, Scheich Hassan ins Bewusstsein. Er war gescheitert. Tashima war gescheitert. Die Soldaten sprachen Mandarin, das wusste der Scheich, denn er kannte die Sprache gut. Welch Desaster wäre es, wenn die chinesischen Kommunisten nun dieses mächtige Artefakt in ihren Händen hielten. Doch was ihn am meisten beunruhigte, war, dass es möglicherweise seine Schuld war. Er, der den Stein retten wollte, war wahrscheinlich die Ursache seines Raubes. Sein Traum warnte ihn nicht nur vor den Feinden. Sein Traum warnte ihn vor sich selbst. Es wurde ihm jedoch erst jetzt klar. Jetzt, wo es zu spät war! Die Kröten und Schlangen kamen in seiner Vision erst auf ihn zu und über seinen Standpunkt zum Kloster von Tashima. Wäre sie nur in ihrer Höhle geblieben. Sie hätten einfach abwarten müssen. Sie hätten nur warten müssen, bis sich die Schlangen und Kröten verzogen hätten.

Gebrochenen Herzens wankte er durch die Nacht und versuchte, klare Gedanken zu fassen. Die Last, die heute auf seinen Schultern lag und die Trauer, die in seinem Herz schlug, hätte hunderte Krieger übermannt.

Als die Sonne aufging, saß der Scheich in einem kahlen Raum tief unter seinem Haus. Vor ihm lag ein blauend strahlender runder Kristall von fünfzig Zentimetern Durchmesser. In seinem Inneren wirbelten kleine hell leuchtende Sterne. Die Augen des Scheichs leuchteten blau und glühten förmlich. Er sah, was er sah, und neue Hoffnung keimte nach der wohl schlimmsten Nacht seines Lebens auf. Am Morgen rief er nach seinem Schüler Qasim und schickte ihn nach Neom. Qasim ging, ohne viele Worte mit seinem Lehrer zu wechseln. Er vertraute seinem Lehrer. Sein Scheich sagte ihm zum Abschied: „Hinter den Mauern der schwarzen Linie brennt ein Licht der Hoffnung. Geh Qasim, du wirst es finden, geh!"

4. Kapitel Der Schüler

0110001101101000

Leise hörte man die Klimaanlage. Sie summte auf den Gängen in den tiefen Kellerräumen des Nullpunkt-Projektes. Nachdem Herr Weis seinen beiden Top-Wissenschaftlern von der Legende aus Tibet eine kurze Zusammenfassung gab, holte er Qasim in den Raum. Die Stimmung war schnell von einem sehr merkwürdigen Kribbeln aufgeladen. Ein nicht greifbares Erstaunen vibrierte zwischen den anwesenden Personen, die sich in dem unterirdischen Büro von Herrn Weis gegenüberstanden.

Qasim trat zu beiden Informatikern vor und verneigte sich ein zweites Mal leicht, die rechte Hand auf seinem Herzen haltend. Ada stand auf und imitierte die Geste, dann stupste sie Edward an. Er machte keine Anstalten höflich zu sein, sondern nutzte die kurze Gelegenheit, auf seinem Projekthandy in einer E-Mail nach einer Information zu suchen. Dieses geistesabwesende Verhalten hasste Ada an ihrem Mann. Es führte fast jedes Mal dazu, dass sie auszuckte. Insbesondere wenn seine Aufmerksamkeit auf seinem Handy verloren ging. Also stupste sie ihn erneut an, aber diesmal mit einer spürbaren Härte. Eigentlich schlug sie ihn. Edward schrie kurz auf: „Aua, hey, was soll denn das?"

„Na los, pack dein Sch…handy weg und begrüße unseren Gast!"

„Oh … ok … ist ja gut … Alter, da muss man nicht gleich so grob werden." Zögerlich und etwas unwillig stand Edward auf und reichte Qasim die Hand.

„Guten Tag, freut mich, ihre Bekanntschaft zu machen …"

Edward wirkte holprig und ungeschickt, aber der Ägypter ließ sich nichts anmerken und gab ihm die Hand, „Danke, die Freude ist ganz meinerseits."

Dann setzte er sich, als ihm Herr Weis einen Platz anbot. Die Sekretärin von Herrn Weis, eine zierliche hübsche junge Frau, kam herein und brachte Tee und Wasser für alle Anwesenden.

„Vielen Dank Qasim, dass Sie uns ihre Geschichte erzählen wollen. Bitte, greifen sie nur zu, falls sie wünschen, kann ich auch noch Gebäck bringen lassen", sagte Herr Weis bedacht förmlich.

Qasim war ein dunkelhäutiger großer Mann. Sein Körper wäre in den Straßen Neoms bereits durch seinen hohen Wuchs, seine durchtrainierte Stattlichkeit und seine markanten Gesichtszüge aufgefallen. Doch sein Kleidungsstil, der aus der Zeit gefallen schien, hätte mit Sicherheit auch die letzten Blicke sonst unaufmerksamer Passanten auf sich gezogen. Ein roter Fez mit weißem Turban, eine graue Pluderhose, ein maßgeschneidertes längeres bis zur Mitte der Oberschenkel reichendes kunstvoll besticktes weißes Hemd mit schimmernden Kupferknöpfen und darüber eine schwarze Weste, die durch ein orientalisches silbernes Stickmuster geschmückt wurde, gehörten eindeutig der Mode eines anderen Jahrhunderts an. Und doch saß er so dort, wie ein altertümliches Relikt in dieser höchst fortschrittlichen und geheimen Einrichtung.

Die ungeteilte, fast sehnsuchtsvolle Aufmerksamkeit der Sekretärin hatte Qasim jedenfalls vollständig eingenommen. Stilsicher und um seine Wirkung wissend, strich er sich durch den dichten Vollbart. Dann überlegte er kurz. Schließlich sagte er, während er der Assistentin durch seine dunklen, tiefen und mit Antimon-Kajal geschminkten Augen, sanft einen zarten Blick zuwarf, nur um dann gleich schüchtern wieder nieder zuschauen: „Ich nehme gerne ein wenig Gebäck. Aber nur, wenn es Ihnen keine Umstände bereitet."

Seine Präsenz hatte seine ganz eigene Magie auf Dunja – so hieß die Sekretärin - gewirkt. Wie verzaubert, machte sie sich zügig auf, um diesem exotischen Mann das beste Gebäck der Einrichtung zu bringen. Selbstverständlich bereitete es ihr alles andere, aber sicher keine „Umstände".

Herr Weis konstatierte die ungewöhnliche Eile von Dunja, die sonst meist durch gelangweilte und träge Körpersprache auffiel, mit hochgezogenen Augenbrauen und einem vielschichtigen Schmunzeln in Qasims Richtung. Dunja war die Tochter eines befreundeten Saudis. Herr Weis hatte sie nur eingestellt, um seinem Freund einen Gefallen zu tun. Sie verbrauchte nämlich leider mehr Zeit auf ihrem Handy, denn mit ihrer Arbeit. So Etwas hätte in Herrn Weis Welt eigentlich keinen Platz gefunden.

Die Tür zu seinem ausladenden ovalen Büro, das mit heller Kieferholzvertäfelung an den Wänden sehr einladend und freundlich wirkte, wurde von Dunja leise, ja fast zärtlich geschlossen. Herr Weis wandte sich der Runde zu. Er saß den beiden Informatikern am länglichen Konferenztisches gegenüber. Qasim war in der Mitte des Tisches platziert worden. Von dort konnte er gut in beide Richtungen, sowohl Herrn Weis als auch die Informatiker sehen. Da sich der Raum unter der Erde befand – ein Umstand, den Herr Weis überhaupt nicht als angenehm empfand - ließ er sich beim Einzug in dieses Büro mehrere große, zu 3D-Projektionen fähige Bildschirme zwischen den Vertäfelungen anbringen. Diese konnten je nach Wunsch unterschiedliche Landschaftsbilder darstellen. Sie wirkten aufgrund ihres 3D-Effekts wie Fenster, durch die man in eine scheinbar echte Umwelt schauen konnte. Ihr Hersteller pries sie als moderne Tiefenbildschirmtechnologie an. Heute war es in Neom besonders heiß und die oberirdische Temperaturmessung wies 43° aus. Herr Weis empfand dieses heiße Wetter als unerträglich. Die Hitze war ihm noch mehr verhasst, als unter der Erde ein Büro zu haben. Daher entschied er sich an diesem Tag für ein Gegenprogramm. Er ließ einen nordischen Nadel-Wald mit leicht schneebedeckten Bergen in der

Ferne und bewölkten Wetter als Simulation laufen. Das kühlte ihn zumindest gefühlt ab und ließ ihn die Hitze des Wüstenlandes und seine karge Landschaft zeitweise vergessen. Das Besondere an der Landschaftssimulation war, dass sie die Wetterlage der Gesprächsstimmung anpassen konnte. Über Stimmenmodulatoren und Gesichtserkennung konnten die „Fenster" die emotionale Bandbreite der aktuellen Besprechung auslesen und das Wettergeschehen im Hintergrund entsprechend ablaufen lassen.

„Bitte Herr Qasim, beginnen Sie nur," sagte Herr Weis, als er die bereits abgelenkten Informatiker auf ihren Mobiltelefonen rumspielen sah.

Qasim atmete tief ein, um auf die Wichtigkeit seiner Worte hinzuweisen, während die beiden ihre Handys wieder weglegten, und begann zu sprechen.

„Vor 25 Jahren, als ich mit meiner Familie in die Gegend um die Hawara-Pyramiden zog, wurde ich zu Scheich Hassan, einem der ortsansässigen Imame, geschickt. Dort sollte ich den Koran und die Grundlagen der Religion lernen. So ist es für Kinder zwischen sieben und zwölf Jahren Tradition. Der Scheich hatte viele Schüler, da viele Familien der Umgebung ihre Nachkommen zu ihm sandten. Sein Ruf war gut und er war ein angesehener Mann. Doch seine alte Schule, die an sein Haus angrenzte, war für all die Kinder viel zu klein, so dass es jedes Mal ein großes Gewusel gab, wenn sein Unterricht anfing und beendet wurde. Viele Schüler lernten aus Platzmangel im Garten vor dem Gebäude. Es war aber ein wirklich schöner Garten. Man lernte gerne in ihm. Es standen die schönsten Blumen der Gegend dort. Ich übertreibe nicht, wenn ich sage, dass der Garten selbst fast wie ein Lebewesen jeden Gast mit exotischen Düften der ägyptischen Botanik freudig empfing. Man fühlte sich automatisch gleich nach dem Eintreten sehr willkommen und einfach wohl. Ich liebte es, unter dem Schatten eines großen Feigenbaums in der Mitte des Gartens zu sitzen, um das, was mir der Scheich oder seine Helfer zum Lernen gaben, zu üben. Eine innere Veranlagung ließ mich schneller verstehen und besser begreifen als meine Freunde es taten. Das nutze ich immer wieder aus, um zu prahlen. Nun zumindest tat ich es in der Art, wie Kinder es halt gerne mal tun. Kinder geben halt gerne an."

Edward unterbrach ihn kalt: „Stopp! Stopp! Stopp! Was hat das jetzt mit dem Thema zu tun?" Das Wetter im Hintergrund wurde langsam wolkiger. Immer wieder bewegten stärkere Windstöße die simulierten Bäume.

Herr Weis schaute Edward ernst an: „Bitte lassen Sie unseren Gast seine Geschichte so erzählen, wie er sie ausführen möchte, auch wenn es etwas länger dauern mag. Herr Qasim, fahren Sie fort. Lassen Sie sich durch uns nicht weiter unterbrechen."

Qasim lächelte vorsichtig in Edwards Richtung und fuhr fort: „Ich komme zum Thema - versprochen. Nur etwas Geduld. Eines Tages, als ich bereits um die fünfzehn Jahre war, kam Scheich Hassan zu mir und sagte, er sehe in mir ein großes Potenzial und möchte mich einladen, sein Schüler zu werden. Ich sagte ihm, dass ich doch schon sein Schüler sei. Seit einigen Jahren lernte ich von ihm, wie könnte ich da nun erst sein Schüler werden? Doch Scheich Hassan sagte mir mit ernster Stimme, dass ich lernte, was die Allgemeinheit lernt. Doch seinen Schülern versuche er, das ganze Spektrum der islamischen Wissenschaftsgebiete näherzubringen. Außerdem die Erklärungen und Geheimnisse der Offenbarungen in einer Art offenzulegen, wie es nur noch selten geschieht. Wer sein Schüler würde, müsse wissen, dass er nicht für Ruhm, Macht, Ansehen oder spirituelle Zustände lernt. Sondern er lernt, weil es ihm ein echtes Anliegen ist, Allah näher zu kommen. Er lernt, um sein Sein als Mensch so zu erfüllen, wie es im Koran ursprünglich gedacht war. Dann rezitierte er ein Koranzitat: „Und Ich will einen Statthalter auf Erden einsetzen", Qasim unterbrach kurz und nahm einen Schluck Wasser, das seinen ausgetrockneten Mund angenehm befeuchtete.

„Das hörte sich damals wirklich sehr interessant an und ich willigte ein, sein Schüler zu werden. Auch wenn ich seine Worte damals nicht wirklich verstand, schmeichelte es mir doch ungemein, etwas Besonderes sein zu können. Ich sollte zu diesem Zweck nach dem Abendgebet an bestimmten Tagen in den Keller seines Hauses kommen. Dort waren noch zwei junge Männer, die ich aus der Schule kannte, mit dabei. Jawhar und Karim waren ebenfalls zu ausgewählten Schülern von Scheich Hassan geworden. Er gab uns einen Zettel auf dem folgendes Stand:

Jeder Mensch, der die höheren Ränge der geistigen Hierarchien anstrebt, wird nicht ungeprüft bleiben. Jede Ecke seines Charakters wird durch die harte Hand der Ereignisse, die ihn überkommen werden, ausgeleuchtet. Daher überlegt man gut, ob man es ertragen kann, die tieferen Mysterien zu lernen und ihren Weg zu gehen. Jeder wird auf seine Art geprüft. Sein Herz wird dadurch befreit von allen Krankheiten, die daran hindern zu verstehen!

„Lernt es auswendig und bewahrt es euch gut", befahl er uns. „Irgendwann werdet ihr es brauchen", betonte er. Nun, was hätte schon groß an Krankheit in uns liegen können, dachten wir uns damals. Unser Leben war einfach und unserer Ansicht nach fromm und rechtschaffen. Wir gingen zur Schule und halfen nachmittags unseren Eltern, die als Handwerker und Händler in der Nähe der Touristenplätze von Hawara und Al-Fayyum arbeiteten. Bis auf kleine Schwierigkeiten war es ein angenehmes Leben.

Dennoch lernten wir es, wie angeordnet, auswendig und trugen es beim nächsten Unterricht vor.

Nun, wir sollten in den nächsten Jahren verstehen lernen, was es damit auf sich hatte. Aber zunächst brachte er uns nur die zusätzlichen Handlungen seines Sufi-Ordens bei, die nach dem Abend- und Morgengebet zu praktizieren waren. Sonst brachte er uns nur wenig bei, was man als spirituell oder besonders bezeichnen könnte. Wir lernten vielmehr Glaubenserörterungen und Kommentare zu den klassischen Werken der islamischen Rechtsschulen. Jede Woche kamen wir für eine Stunde zusammen und studierten wichtige Schriften und versuchten, seine durchaus tiefsinnigen Fragen zu beantworten. Er sagte immer, wenn wir wissen wollten, ab wann wir denn die Geheimnisse des Korans lernen oder wie man Dschinn austreibt und dergleichen Spannendes mehr: „Wenn ihr eure Prüfungen besteht und ich eure Reife erkenne, dann bringe ich euch mehr bei. Doch zunächst stärkt euren Verstand und mehrt euer Wissen, denn wir leben in Zeiten der großen Täuschung und nur ein klarer Verstand und ausreichend Wissen kann durch diesen Nebel leiten."

Er versuchte uns ein Vorbild im täglichen Leben zu sein. Aber vieles, was er tat, begreife ich erst heute. Als wir die Oberstufe des Gymnasiums abgeschlossen hatten, erwirkte er bei unseren Eltern, dass wir nach Kairo auf die Al-Azhar Universität kamen. Dort sollten wir ein formales Gelehrtenstudium aufnehmen. Einen Großteil der Kosten gab er sogar dazu, um unsere Familien zu entlasten. Ingenieurwissenschaften oder Medizin waren eigentlich die Studiengänge, die unsere Eltern sich für uns wünschten. Durch die finanzielle Unterstützung waren sie aber schließlich auch mit einem Theologiestudium einverstanden. Etwa ein halbes Jahr nach unserer Immatrikulation brach die Zeit des arabischen Frühlings an.

„Der arabische Frühling also? Aha ich sehe schon, Herr Weis Sie wollen mich ärgern. Dieses Thema mag ich gar nicht, das wissen Sie doch von unserer letzten Sitzung," unterbrach Edward erneut. Herr Weis aber schaute nur mit einem scharfen Blick in seine Richtung. Qasim schaute kurz wechselnd beide Gesprächspartner an, um sicher zu gehen, dass man ihm wieder zuhörte, räusperte sich und fuhr dann fort.

„Ja genau, der arabische Frühling. Es war eine unglaublich elektrisierende Zeit in Kairo und ganz Ägypten. Jawhar, der zutiefst von den Ereignissen beeindruckt war und zeitweise schon in Kairo lebte, kam in den Semesterferien nach Hause. Als wir gemeinsam beim Scheich zu Besuch waren, sagte er: „Mein Lehrer, ich wünsche mir in Kairo zu bleiben und mich den Protesten anzuschließen. Endlich können wir Ägypten von seinen Tyrannen befreien. Wir können unser Volk von der Ungerechtigkeit des Diktators und des amerikanischen Satans erlösen."

Hassan war wenig begeistert davon und sagte deutlich: „Lieber Jawhar, ich denke dein Geist ist geschärft und du hättest Talent dafür, aber schaue tiefer. Wenn du gehst, könnten die Ereignisse dein Herz in einen Strudel reißen, der dich überwältigt. Diese Ereignisse haben ihre eigene Dynamik."

Aber Jawhar machte deutlich, dass sein Inneres förmlich danach schrie, endlich etwas zu tun. Er erwiderte dem Scheich voller Überzeugung: „Ich muss gehen! Scheich, ich muss einfach! Mein Herz würde vielmehr in einen Strudel geraten, wenn ich weiter rumsitze und ertrage, wie ein Tyrann unser Land unterdrückt und die Stimme des Volkes nicht hören will!"

Der Scheich wusste, Jawhars Prüfung war gekommen und ließ ihn gehen. Er ermahnte ihn zum Abschied, dass in einem Land, in dem ein Tyrann über viele Tyrannen herrscht, keine Gerechtigkeit durch die Herrschaft des Volkes zustande kommen kann. Es wird nur eines geschehen, der Tyrann an der Spitze wird ausgetauscht. Solange die Herzen der Menschen von der Liebe zur Gewaltherrschaft im Kleinen wie im Großen vergiftet sind, wird auch das ganze Land davon vergiftet bleiben.

Jawhar ging. Er musste einfach nach Kairo zurück. Ich blieb im steten Kontakt mit ihm. Nur kurze Zeit, als die Mobilfunknetze während der Revolution durch die Regierung abgeschaltet waren, konnten wir die Kommunikation nicht aufrechterhalten."

Edward gähnte, aber seine Frau hörte gespannt zu und stupste ihn an, sich gerade hinzusetzen und nicht so abwesend im Stuhl zu hängen. Er verdreht nur die Augen und wandte seinen Kopf zur Seite. Arabischer Frühling! Was kommt als Nächstes, dachte er nur. Qasims melodische Stimme und die Ineffizienz der Erzählung begannen ihn langsam, aber sicher zu stören. Ja, sie fingen an ihn geradezu zu nerven. Das Wetter in den Scheibensimulationen wurde zügig schlechter. Der Himmel war bereits mit dunklen Wolken verhangen. Edward schaute kurz „raus". Dort sah er den ersten leichten Schneefall aus den Wolken rieseln. Das fand er viel interessanter und er ließ sich forttragen. Am Rande nur hörte er Qasim noch zu:

„Als wir wieder telefonieren konnten, erzählte Jawhar mir lebhaft von den Ereignissen, an denen er teilnahm. Er trat der Wahlpartei der Muslimbrüdern bei und wurde politisch sehr aktiv. Sein scharfer Verstand und seine tiefe Motivation, etwas zu tun, ließen ihn in der Partei schnell Gehör gewinnen. Im Winter erreichte er sogar ein Parlamentsmandat der Freiheits- und Gerechtigkeitspartei. Als ich ihn einmal besuchte, stellte ich jedoch mit

Trauer fest, dass ihn die neu gewonnene Macht schnell verändert hatte. Es war so schnell gegangen…"

Qasim schien sichtlich von seiner Erinnerung berührt, als er dieses erzählte: „Macht … Er behandelte seine Mitarbeiter wie ein kleiner Diktator. Macht ist etwas Entlarvendes, oder? Am Anfang kam er noch manchmal zu den Unterweisungen von Scheich Hassan oder an die Universität, aber je aktiver er politisch wurde, desto weniger interessierten ihn die alten „Legenden", wie er zu diesem Zeitpunkt bereits zu sagen pflegte. Er hatte sein Interesse am islamischen Wissen oder dem spirituellen Leben verloren. Er hatte angeblich keine Zeit mehr, sich mit Mystik zu befassen oder den Eigenschaften des Herzens. Er müsse, so sagte er, schließlich das Land in eine gute Zukunft führen. Macht ist etwas Sonderbares, finden sie nicht auch?" Qasim schaute in die Runde.

„Ja, finde ich auch," sagte Ada, „In allen ihren Ausprägungen ist sie jedoch einer der wesentlichen Faktoren unserer Arbeit. Verstehen Sie eigentlich, woran wir arbeiten?"

„Selbstverständlich Frau Goldstein, deswegen ist der Mann ja hier." Erwiderte Herr Weis stellvertretend auf ihre Frage, die sehr wohl subtil, aber eine deutliche Kritik an seiner aktuellen Methode war. Doch Herr Weis wusste, was er tat und warum er seine Wissenschaftler die ganze Geschichte hören lassen wollte. Edward schaute bei der Machtfrage wieder in die Runde. Das interessierte ihn jetzt doch.

„Macht, werte Frau Goldstein, ist wie ein köstlicher Nektar, den man nie mehr hergibt, sobald man von ihm kostete. Aber dieser Nektar ist mit Gift vermischt. Ohne dass man es bemerkt, beginnt es den Konsumenten ganz langsam innerlich zu ruinieren. Verstehen Sie? So hat es mir mein Scheich beigebracht. Verstehen Sie?

„Ja natürlich! Etwas blumig, aber nicht ganz falsch … Aber, ein großes ABER - auch nicht immer richtig", sagte Ada.

„Nicht ganz falsch?" fragte Edward höhnisch. „Das ist doch Schwärmerei, was dieser Mann hier erzählt. Das ABER muss nicht groß, sondern riesig sein. Die Ausführung des Mannes entbehrt den harten Fakten einer fundierten politikwissenschaftlichen Erkenntnis."

„So sagte es mein Scheich! Und er sagte mir auch, dass zu den letzten Fehlern, die das Herz des Strebenden verlassen, die Liebe zur Führerschaft und Herrschaft gehört. Jawhar fiel diesem Fehler zum Opfer. Wie Sie wissen, wurde die Regierung recht bald vom Militär abgesetzt und mein Freund … Jawhar starb bei den Protesten gegen den Militärputsch in Kairo. Er starb während der Verhaftung Mursis in der Nähe der Rabi al Adawiya-Moschee. Warum? Weil sein Herz ergriffen war von …"

„Tja, da hätte er sich wohl früher in seinem Leben auf politische Realitäten konzentrieren sollen", fiel Edward Qasim unbeeindruckt ins Wort. Ada stieß ihn in den Bauch. „Was soll denn das? Der Mann hat einen Freund dabei verloren!"

„Ich erwarte kein Mitleid von Ihnen! Deswegen bin ich nicht hierhergekommen … Ihr Mann hat in gewisser Weise einen Teil der Wahrheit ausgesprochen.!"

„Und … Ich, wenn Sie mir schon zustimmen … Ich erwarte, dass Sie effizienter werden! Teilen Sie uns doch endlich mit, weswegen Sie eigentlich hier sind!"

„Ja … Ja, das werde ich! Aber in meinem Tempo und wie mit Herrn Weis vereinbart", erwiderte Qasim und schaute Edward durchdringend an. Dieser atmete entnervt aus und ließ seinen Kopf betont hängen.

„Also wo war ich … äh? Ja genau, der arabische Frühling. Mein Freund Karim war von den Ereignissen und dem Tod Jawhars sehr aufgewühlt. Er war total verändert. Aber er konnte den Versuchen der Ägypter nicht viel abgewinnen, eine Republik nach europäischem Vorbild aufzubauen. Hingegen berührten ihn die Ereignisse, die in Syrien an Fahrt aufnahmen, umso mehr. Er verfolgte sie ausgiebig über die sozialen Medien und den Fernsehsender Al-Jazeera sowie einigen ägyptischen und syrischen Sendern. Ich merkte, dass er unausgeglichener und wütender wurde. An der Azhar-Universität traf er häufiger radikal eingestellte Kommilitonen, mit denen er Tee trank und sich in Rage redete. Es führte dazu, dass er einige Zeit nach dem Tod von Jawhar im Unterricht von Scheich Hassan erbost aufstand und sagte:

„Scheich, ich habe genug vom Rumsitzen und Lernen! Wir sind hier am Nichtstun, während unsere Geschwister in Syrien von der Armee Assads abgeschlachtet werden. Was bringt es, wenn ich lerne? Wir müssen doch etwas tun, Scheich! Unsere Schwestern werden jetzt gerade, wo wir hier tatenlos herumsitzen, von Assads Soldaten vergewaltigt. Die Kinder unserer Geschwister werden von ihnen ohne Gnade niedergeschossen. Diese kleine tyrannische Gruppe von Alawiten muss verschwinden! Unter diesen Umständen ist es doch die Pflicht eines Muslims in den Dschihad zu ziehen, wenn er kann? Und genau das will ich tun!"

Scheich Hassan antwortete ihm ruhig. Mehr als an die Antwort erinnere ich mich an den zornigen, von jugendlichem Idealismus erfüllen Blick Karims

„Mein Sohn, der Krieg kommt am Beginn als schöne Braut daher und lockt mit Ruhm und Beute, doch schnell wird er zum grässlichen Monster, das Kindern die Augen auskratzt und den Männern das Leben aussaugt. Das, was in Syrien geschieht, ist eine Katastrophe. Aber die Herrschaft eines Ungerechten ist besser als Bürgerkrieg und die damit einhergehenden Gräuel. Das ist die Weisheit unseres Propheten, die du eigentlich kennen solltest … Wenn wir die Wahl zwischen zwei Übeln haben und keines umgehen können, wählen wir das Geringere. In diesem Fall können wir keines der beiden umgehen. Unter den aktuellen Umständen ist Dschihad nicht die richtige Option. Wenn du etwas tun möchtest, hilf den Geflüchteten und bemühe dich, ihr Leid zu lindern. Die schlimmsten Eigenschaften der Menschen werden durch Krieg in Massen an die Oberfläche gespült und im Sog der Gewalt werden selbst viele Gerechte zu Sündern. Das gilt noch vielmehr für den Bürgerkrieg. Verstehst du das? Wenn du meinen Rat hören willst, bitte ich dich, mein Sohn, ziehe nicht in den Dschihad, denn ich fürchte dein Herz wird im Strudel des Krieges fortgerissen. Wenn der Hass erst die Herzen beherrscht, finden die Menschen für alle Gräueltaten eine gute Ausrede!"

Aber Karim … ach Karim … er war so wütend. Sein Hass erschrak mich damals sehr. Ebenso taten es seine Worte. Er sagte, nein er schrie: „Ich kann nicht glauben, dass Ihr eure Feigheit durch eure angebliche Weisheit zu verstecken versucht! Ich werde gehen und schäme mich, euch als Lehrer gehabt zu haben! Ihr redet von Gerechtigkeit und sitzt hier in Sicherheit, während in Syrien unsere Brüder und Schwestern abgemetzelt werden. Wie kann euer Wissen nützlich sein, wenn es in der Not zu keinen sinnvollen Taten führt? Eure islamrechtliche Meinung ist schwach argumentiert. Ich habe andere Gelehrte in Kairo um Rat gebeten. Sie ermutigen mich, doch ich wollte Euren Segen, denn Ihr seid mein erster Lehrer gewesen. Warum? Warum seid Ihr nur dagegen? So viele Gelehrte unterstützen die freie syrische Armee und rufen zum Dschihad. Jawhar habt Ihr am Anfang beraten und unterstützt, obwohl er nur Macht in diesem politischen System der Ungläubigen erlangen wollte. Möglicherweise war das ja auch Euer Ziel? Aber mich wollt Ihr nicht gehen lassen, trotz der Tatsache, dass ich mich für die Wahrheit einsetzen will? Ich will dem Islam zum Sieg verhelfen und nicht diese sogenannte Demokratie verbreiten! Ich werde in den Dschihad ziehen! Auch ohne Euer Einverständnis!"

Das waren seine letzten Worte, bevor er die Sitzung zornig verließ. Scheich Hassan ließ diese letzten Worte unkommentiert. Er schwieg einige Minuten, die sich unerträglich lang anfühlten und blickte betroffen zu

Boden. Dann beendete er an diesem Tag mit nur einem kurzen Satz die Unterrichtseinheit und zog sich zurück.

Karim ging kurz darauf nach Syrien und schloss sich der freien syrischen Armee an. Manchmal noch rief er mich an und erzählte von den Erfolgen der Mudjaheddin im Kampf gegen Assad. Er rief mich auf, ihm zu folgen und Hassan allein in Hawara zurückzulassen. In Syrien gäbe es bessere Gelehrte, die mehr wüssten als Hassan und darüber hinaus die Mudjaheddin unterstützten, anstelle sich feige zu verkriechen. Ich ging aber nicht, denn ich vertraute Scheich Hassan weit mehr in seiner islamrechtlichen Meinung als all den Anderen. Außerdem fand ich die Situation in Syrien viel zu unübersichtlich, als dass ich mich getraut hätte, gegen irgendwen dort zu kämpfen. Als der sogenannte Islamische Staat - ISIS - stärker wurde und seine ersten Erfolge verbuchte, schlossen sich Karim und einige seiner Kameraden dem neuen sogenannten Kalifat an. Sie verließen die freie syrische Armee in Damaskus und gingen nach Ar-Raqqa. Er rief mich ein letztes Mal an, nur um Scheich Hassan zum ungläubigen Sufi zu erklären. Es war ein hartes kurzes Gespräch. Mich forderte er auf, dem Kalifen Abu Bakr al-Baghdadi die Treue zu schwören. Ich solle mich dem IS anschließen. Er drohte mir, ansonsten würde er selbst nach mir suchen. Sollte er mich finden, dann wäre es ihm eine Freude, mir eigenhändig den Kopf abzuschneiden. Er war felsenfest davon überzeugt, dass sie in naher Zukunft Ägypten und andere Länder Nordafrikas erobern würden. Das war unser letztes Gespräch. Danach verlor ich den Kontakt."

Edward stand auf und sagte, während er sich etwas dehnte: „Ok, Herr Weis, ich bitte Sie, was soll das? Dieser Mann erscheint hier und erzählt uns die Geschichte von gescheiterten Existenzen. Wäre dieser Jawhar klug gewesen, hätte er doch die Situation extrapolieren können und erkannt, dass Mursi als Präsident chancenlos gescheitert war und sich nicht sinnlos weiter für ihn eingesetzt und sogar geopfert. Und dieser Karim, eigentlich von mir keines Kommentars würdig, aber er hätte doch sehen müssen, dass Assad militärisch nicht von einigen Guerillakriegern zu besiegen sei. Die Unterstützung der Amerikaner war viel zu unkoordiniert und nicht zielgerichtet. Es war bereits sehr früh klar gewesen, dass die freie syrische Armee militärisch scheitern würde. Dass er sich dann noch dem IS anschloss … ich bitte Sie - diese Bande von Verbrechern. Das zeigt doch, dass wir hier mit dieser Geschichte nur unsere Zeit verschwenden. Wie könnte uns diese Durchschnittsintelligenz mit unorigineller Software weiterhelfen?"

Qasim schaute etwas verwirrt. Von welcher Software sprach dieser Mann? Was war das doch für ein komisches Exemplar Mensch, das ihm gegenüber saß? Selbst wenn er so denkt, muss er mich ja nicht verletzend angreifen. Weder kennt er mich noch kannte er meine damaligen Freunde. Ein sehr vorlautes Verhalten. Er wird noch sehen.

Ada pflichtete ihrem Mann vorsichtig bei und fügte hinzu: „Ich würde langsam auch gerne wissen, wohin das hier alles führen soll. Diese Geschichte scheint nichts mit uns oder unserem Projekt zu tun zu haben."

Herr Weis wiegelte die beiden mit erhobener Hand ab und sagte: „Qasim, ich muss mich für diese unhöflichen Worte entschuldigen. Meine Mitarbeiter pflegen leider keine guten Manieren. Aber sie gehören zu den Besten ihres Faches.

„Zu den Besten … Wir sind die Besten," fügte Edward ein.

„Ich bitte Sie beide, lasst den Mann zu Ende führen. Es wäre nicht fair, eine Geschichte zu bewerten, deren Ende Sie noch nicht kennen."

Edward seufzte: „Ich habe fünf bis sieben mögliche Fortführungen der Geschichte bereits durchgespielt und sehe keinen hilfreichen Output für unser Projekt. Mit den Chinesen hat es doch offensichtlich auch nichts zu tun. Das Thema haben Sie zu Anfang angesprochen und genau das würde mich doch viel mehr interessieren."

Herr Weis schaute zu Qasim, dann zu Edward und sagte langsam, aber deutlich: „Ok, lassen Sie uns noch einige Minuten bis zum Ende hören. Sie werden schon sehen … Sie werden schon sehen." Im Hintergrund schneite es mächtig und die simulierte Landschaft wurde langsam in ein weißes Kleid gehüllt.

Qasim nahm einen Schluck Tee und aß etwas vom Gebäck, das gerade von der ihn leicht errötend anlächelnden Sekretärin gebracht wurde. Er bedankte sich mit einem freundlich schüchternen Blick, den er ihr angedeihen, dann aber vorsichtig zur Seite und dann zu Boden gleiten ließ. Herr Weis nahm sich auch etwas vom Gebäck, während Edward und Ada gelangweilt ablehnten. Als die Sekretärin den Raum verließ blickte Qasim wieder ernst: „Nachdem ich der letzte Schüler war, der nicht in den Ereignissen des arabischen Frühlings verloren ging, nahm eines Abend Scheich Hassan meine Hand und sagte:„Nicht jeder besteht seine Prüfung, mein Sohn. Nicht jeder gelangt zu einem guten Ende und nicht jeder hält lange genug stand, wenn die Zeit seiner Prüfung gekommen ist. Ich bin mir nicht sicher, ob du wirklich bereit bist oder nur zu faul gewesen warst, von den Wellen der Ereignisse mitgerissen zu werden. Ich hatte sehr gehofft, Jawhar und Karim hätten ihre Prüfungen bestanden, aber die Realität ist nun mal, wie sie ist. Um mir bei dir ganz sicher zu sein, werde ich dich in die Welt hinaus schicken müssen, um zu schauen, ob die letzten Winkel deines Herzens ausgeleuchtet sind. Um zu sehen, ob du bereit bist für die Tiefen, die ich euch am Anfang der Unterrichte versprochen hatte."

Ich willigte ein und er sandte mich zu seinen Freunden in andere Länder. In Indonesien sollte ich in die Künste der Dschinn-Austreibung eingeführt werden, was mich damals zutiefst faszinierte. Ich blieb einige Monate. Danach sollte ich nach Indien. Dort wurde ich von einem großen Gelehrten des Ordens und einem alten Freund von Scheich Hassan, der hunderte von Schülern hatte, in die Wissenschaften der traditionellen Medizin eingeweiht. Ich konnte mir diese Zeit sogar für die Azhar-Universität als Auslandssemester anrechnen lassen. Nach Monaten des Lernens im Osten kehrte ich nach Ägypten zurück und schloss mein formales Studium an der Uni mit einem Bachelor ab. Vor dem Beginn des Masterstudiums sollte ich noch einmal ins Ausland.

Mein Scheich schickte mich nach Europa, zu einem eher unbedeutenden Scheich des Ordens, der nur sehr wenige Schüler hatte und in Berlin wohnte. Für meinen Lebensunterhalt arbeitete ich als Hilfsarbeiter auf Baustellen. Zum ersten Mal lebte ich jedoch allein und ohne Familie oder muslimische Freunde in unmittelbarer Nähe. Dazu in einer Umgebung, wo die Gesellschaft vieles, was in islamischen Gesellschaften verpönt oder verboten war, ignorierte oder sogar förderte. Der Scheich in Deutschland hatte einige weltliche Sorgen und musste sich um Dinge des täglichen Lebens kümmern, so dass ich nur selten bei ihm zu Besuch war. Das meiste, was er mir beibrachte, kannte ich bereits und obendrein wusste ich zu manchen Themen sogar weit mehr als er.

Doch Berlin betörte mich immer intensiver. Was für Sie, werte Anwesende, gesellschaftlich normal sein mag, erfasste mich zutiefst und löste Unglaubliches in mir aus. Ich weiß nicht, ob Sie es nachvollziehen können, aber es waren enorme innere Kräfte, die an mir zerrten. Niemals zuvor war ich in einer Situation, in der sich niemand in der Gesellschaft für mein Verhalten interessierte. Ich könnte fast alles tun und lassen, was mir in den Sinn käme. Fast jede Sünde blieb unbeachtet. Ich müsste auf keine Konsequenz von Seiten der Familie, der Freunde oder der Stadtbewohner gefasst sein. Mein Trieb und mein inneres Begehren nach allem, was mir in meinem bisherigen Leben entgangen zu sein schien, erwachten zu einer Macht, die ich bis dahin nicht kannte. Es war erschreckend und unfassbar verführerisch zugleich.

Immer war es die Ordnung, Meinung und Ethik meiner Umgebung, die mein Leben bestimmten. Nur merkte ich es zu diesem Zeitpunkt nicht. Es dauerte nicht lange, da vernachlässigte ich meine täglichen

Gebetsrezitationen, bald darauf unterließ ich das fünfmalige Pflichtgebet während des Tages und versuchte es abends nachzuholen. Am Anfang fühlte es sich merkwürdig an, aber ich gewöhnte mich an den Zustand, bis ich das Gebet ganz unterließ. Dann eines Tages … da besuchte ich dann … ein Bordell und … es gefiel mir. Ich wurde ein regelmäßiger Gast. Hatte auch hier und da Liebschaften und One-Night-Stands. Aber das war nicht das Schlimmste. Das Schlimmste für mich war der Alkohol. Er begann mich zuerst auf der Baustelle zu begleiten. Anfangs nur ein Bier, das ich zunächst aus Gruppendruck durch meine Kollegen am Bau zu mir nahm. Schließlich wollte ich dazu gehören, insbesondere als Fremder, als Ausländer. Tragischerweise wurde es langsam mehr, und ich trank häufiger auch härteres. Es fing an, mir zu schmecken und der Rausch hatte etwas Befreiendes.

Es dauerte nicht lange, bis ich regelmäßig trank. Ich kann nicht erwarten, dass sie es verstehen, aber diese Änderungen in mir und meinem Leben belasteten mich unterbewusst zutiefst. Ich schämte mich vor mir selbst, nicht unbedingt wegen jeder einzelnen Tat, sondern vielmehr davor, dass ich langsam realisierte, wie sehr ich nur eine Schablone war. Ich lebte ein muslimisches Leben in Ägypten und ein europäisches in Deutschland. Was war denn echt an mir, was machte mich überhaupt aus? Vielleicht trank ich den Alkohol nur, um vor dieser Frage zu flüchten. Es war einfacher, betrunken der Frage auszuweichen, als mich nüchtern damit zu konfrontieren. Doch wenn man erstmal süchtig ist, verlässt einen die Begründung für das Trinken sowieso.

Ich wusste, ich musste was tun. Ich musste nach Hause, doch vor Scham war ich unfähig. Ich realisierte, dass ich nichts tun konnte. Wie hätte ich in diesem Zustand auch nach Hause zurückkehren können? Es war ausgeschlossen, so in Hawara aufzutauchen. Meine ganze Zeit als praktizierender Muslim schien mir nur noch hohl und fade. Es war wie ein Traum, der nie wirklich echt gewesen war. Wie eine Luftspiegelung von Wasser und Oasen, die sich langsam in der Realität der Wüste auflösten. Hier in dieser Umgebung hatte alles, was ich lange für meine Identität hielt, seine Bedeutung verloren. Es schlich sich immer mehr ein Gefühl der Sinnlosigkeit und Depression ein. Es wäre sicher so weitergegangen und möglicherweise wäre ich sogar an Depressionen und Alkoholismus verreckt. Vielleicht hätte ich mich auch selbst gerichtet.

Aber manchmal ist es doch die Dunkelheit, die es braucht, damit eine Lampe angezündet wird? Ist es nicht so?

In dieser Zeit hatte ich eines Nachts einen Traum, der ein Funken in mir wurde. In diesem wurde ich von einem riesigen Drachen verfolgt und sah mich von dunklen Flammen umgeben. Panische Angst zerrüttete mich und ich fiel in die Dunkelheit einer Schlucht. In meiner Verzweiflung rief ich nach Hilfe und flehte bitterlich. Nach einer langen grausigen Zeit in der Schlucht kamen endlich Männer in leuchtenden Kleidern und holten mich aus der Dunkelheit der Tiefe. Sie brachten mich an einen schönen Ort, wo die Meister meines Ordens verweilten. Viele Meister der Vorzeit saßen dort und freuten sich, mich zu sehen. Ich aber schämte mich, ihnen gegenüberzustehen, denn im Traum stank ich sehr und hatte nur Lumpen am Körper. Einer der Meister dort sah mich schließlich vorwurfsvoll an. Er sprach: „Was ist nur los mit dir? Wirst auch du so schnell scheitern, wie deine Freunde vor dir, Qasim?" Da erwachte ich schweißgebadet. Der Mann hatte recht.

Meine Prüfung! Ich hatte sie mittlerweile ganz vergessen. Das Erlebnis änderte alles. Ich warf mein Leben in Berlin über den Haufen und wandte mich von meinen Sünden ab. Ein unglaublich anstrengender Prozess, wie ich feststellen musste. Meine restliche Zeit in Deutschland nutze ich für einen Alkoholentzug, denn allein schaffte ich es nicht, von der Sucht loszukommen.

Kurze Zeit nach dem Entzug ging ich zurück nach Ägypten. Ich hatte verstanden, was mein blinder Fleck war. Was mir verborgen blieb. Ich hatte begriffen, welche dunklen Ecken meines Wesens ich nie kennengelernt hatte. Scheich Hassan musste es geahnt haben. Er schien auch meinen letztendlichen Erfolg in Selbsterkenntnis antizipiert zu haben, denn als ich am Flughafen in Kairo ankam, erwartete er mich. Zurück in Hawara gingen wir in seine Kellerräume. Dort befand sich ein leuchtender wunderschöner blauer Kristall auf einem großen Tisch. Als er ihn berührte und ich hineinschaute, fiel ich wie von Sinnen auf die Knie und begann zu weinen. Ich weinte sicher viele Minuten ohne Unterbrechung. Meine ganze Scham kam noch einmal ungefiltert nach oben. Ich wusste nicht, wieso das gerade in diesem Moment geschah. Ich verstand auch nicht, wie er es auslöste oder warum, aber es tat erstaunlich gut und war unglaublich befreiend. Nachdem ich mich beruhigt hatte, ergriff der Scheich meine Schulter und gab mir eine Kalligrafie. Man sah ihr ein hohes Alter an." Qasim versuchte sich die Kalligrafie vorzustellen und erzeugte langsam ein recht klares Abbild der Schrift vor seinem inneren Auge

115

Langsam zitierte er den Anwesenden die Worte. „Ich las sie immer wieder. Mein Scheich erklärte mir schließlich, dass diese Kalligrafie ihm einst sein Meister gegeben hatte. Er überreichte sie Hassan, als dieser seine ersten Prüfungen bestanden hatte. Sie war Besonderes. Sie hatte eine Art eigene unsichtbare Ausstrahlung. Dann sagte er zu mir:

„Ich denke du bist bereit deinen Weg zu beginnen. Du siehst den Kristall vor mir. Ich werde dich ausbilden, um ihn eines Tages als würdiger Träger zu erben. Jetzt bin ich mir deiner Eignung dafür sicherer!"

„Halt! Halt! Warte einmal, all das, um einen Kristall erben zu dürfen?" fragte Ada interessiert nach.

„Einen Kristall? Nein, den Kristall! Ich fragte meinen Scheich, die offensichtliche Frage. Warum musste ich erst so tief fallen, um bereit zu sein? Ich wollte wissen, ob er vorher bereits gewusst hatte, was ich nicht in mir erkannte. Ich wollte wissen, ob er mich bewusst nach Deutschland schickte?"

„Und?" fragte Ada

„Und was?"

„Hatte er es gewusst?"

„Ich weiß es nicht. Vielleicht hat er das. Aber seine Augen veränderten sich nach dieser Frage. Sie veränderten sich zwar nur gefühlt, aber es kam mir vor, als wären sie fast physisch zu einem durchdringenden Strahl geworden, der mich schonungslos durchleuchtete. Ja, fast unheimlich wurde es mir. Kurz nur dauerte dieser Blick. Aber dann sagte er nur folgendes: „Gewusst, mein Sohn habe ich nichts. Doch wisse du, die Diener Gottes schauen mit einem Licht, das Allah ihnen gibt auf die Welt und die Dinge. Ich möchte es dir so beantworten. Du hast sicher oft die Geschichte von Adam und Iblis, dem Teufel, gelesen und gehört. Und du hast sicher oft mitbekommen, wie die Menschen Iblis verfluchen und dabei mitgemacht, oder?"

Ich nickte, dann sagte er langsam: „Aber wie können sie es tun, wie konntest Du es tun? Ungeprüft? Halten sie sich oder hieltest Du dich unbewiesen für besser?" Da schaute ich erstaunt, denn genau das tat ich früher. Ich sah es als selbstverständlich an. Es gehörte zur Kultur und fast jeder machte es. Niemand hinterfragte es.

„Was glaubst du denn mein Sohn, war Iblis nicht ein großer Diener Gottes? Ja, war er nicht einer der Besten unter den Dschinn? Ist er nicht vollständig von seinem hohen Status überzeugt gewesen? Und hatte er nicht ausreichend Beweise auf seiner Seite, auch wirklich von sich überzeugt sein zu können? Er verkehrte mit den Engeln und stieg in die hohen Himmel hinauf. Welchen klareren Beweis seines Ranges hätte es geben können? So einen Beweis hat keiner von uns, oder?"

Da blickte ich beschämt nach unten und fühlte mich an mich selbst erinnert. Und das zu Recht, denn mir wurde bewusst, dass ich wesentlich weniger vorzuweisen hatte als Iblis und mich dennoch für etwas sehr Besonderes hielt.

Scheich Hassan brachte das Wesentliche auf den Punkt, indem er sagte: „Doch als die Zeit seiner Prüfung kam, beschuldigte er jeden. Gott war schuld, weil Er ihm befahl, sich vor Adam niederzuwerfen. Adam war schuld, weil ohne ihn, hätte er, der große Azazil, niemals sein Dilemma erleben müssen. Aber sich selbst und seinen Beitrag sah er nicht. Bis heute lebt er nun in der Sucht danach, sich immer und immer wieder zu bestätigen, dass Adam und seine Kinder und Nachkommen es nicht wert wären, die Würde der Statthalterschaft auf Erden zu tragen. Diese hätte nur ihm gebührt, ihm allein, aber niemals Adam. Er muss sich immer wieder beweisen, dass menschliche Wesen aus Wasser und Erde nichts weiter sind als sündiger Dreck unter seinen Füssen. Er berauscht sich und betrinkt sich an unseren Fehlern und unserer Boshaftigkeit, nur um sein eigenes Trauma zu verdrängen!"

Diese Worte ließen mich innerlich unruhig werden. Sie brachten mich dazu, heftiger zu atmen, denn ich fing an zu begreifen.

Adam lebte in einer wundervollen Umgebung als Lehrer der Engel für viele Jahre, bis Iblis seine Chance sah, ihn ins Unheil zu stürzen. Aber tatsächlich war es erst der Fehler Adams, der ihn würdig werden ließ. Es war nicht die Perfektion, die ihm Würde verlieh, sondern etwas ganz Anderes. Ein scheinbarer Widerspruch, der so manche Glaubensgemeinschaften verwirrte. Die meisten Leute sagen, der Fehler die Frucht des Baumes zu essen, hätte Adam und Eva aus dem Paradies verbannt. Alle Menschen müssten nun wegen ihrer Ursünde auf Erden schmachten. Aber nein, so ist es nicht! So war es nie! Und das verstand ich, als mein Scheich sagte: „Adam konnte erst dadurch die Würde der Statthalterschaft erlangen, indem er an seiner Prüfung scheiterte. In seinem Scheitern zeigte er Verantwortung und Haltung und das ist, das ist es, was es ausmachte. Nicht Perfektion. Sondern die Fähigkeit aus Fehlern zu lernen. Er wurde nicht aus dem Paradies geworfen. Er wurde geehrt und erhöht dadurch, auf die Erde geschickt zu werden. Er hatte sich würdig erwiesen die Statthalterschaft auf Erden anvertraut zu bekommen. Deswegen verließen er und seine Frau das Paradies. Die Statthalterschaft muss man sich verdienen, mein Sohn. Erst wenn man durch seine Prüfungen geht und sie besteht oder an ihnen scheitert und an seinem

Scheitern wächst, erlangt man den Eintritt in diese Ehre und seinen Anteil an dieser Macht! Dieser Schatz und die Verantwortung und Geheimnisse, die damit einhergehen, wird der Ungeprüfte nicht tragen können. Die Geschichte von Adam und Iblis betrifft jeden Sucher, der sich auf den Weg macht und keiner wird von ihr unberührt bleiben",

Ich fragte, wie es denn sein kann, dass so viele die Geschichte lesen und trotzdem anderes begreifen. Jeder kennt die Geschichte, aber die meisten verstehen nicht, wie sehr diese Geschichte sie selbst betreffen kann", Scheich Hassan lächelte und sagte während er sich erhob, um zu gehen: „Weil die meisten Menschen den Wert des Fehlers weder in sich noch in anderen ertragen können. Erst recht nicht bei ihrem Urvater. Sie schämen sich wegen ihres eigenen Unvermögens und verdrängen es, anstelle die große Chance darin zu erkennen, gerade dadurch zu wachsen."

„Und Ende! Endlich!" rief Edward erleichtert aus. „Was auch immer Ihr damit bezwecken wolltet. Mich habt Ihr damit nicht erreicht. Ich glaube, Ihr seid in eure religiöse Neurose tief eingetaucht und möglicherweise verwirrt am falschen Ort unterwegs. Herr Weis, ich hoffe, Sie beenden diesen merkwürdigen Scherz jetzt. Und wir können uns nun auf das eigentliche Thema fokussieren."

Qasim hob die Hand: „Halt nicht so schnell! Ihr habt mir offenbar nicht richtig zugehört, oder? Ich erwähnte bereits den Kristall meines Scheichs. Wir sind mitten im Thema. Aber wisst Ihr, ich erkläre euch am besten, warum ich das alles erzählt habe! Denn offenbar fehlt euch der Zusammenhang."

Nun ging ein entrüstetes Lachen durch den Raum. Der Schneefall in der Landschaftssimulation hingegen hörte langsam auf: „Wirklich, das wäre nett, ja echt nett, denn Ihr habt mich bis jetzt gelangweilt mit euren religiös gefärbten Lebensberichten und euren Zusammenhang könnt Ihr euch schenken. Aber was noch schlimmer ist, Ihr habt meine Zeit verschwendet. Wisst Ihr eigentlich, wie viel Kosten diese halbe Stunde Arbeitszeit, die ich euch jetzt zu hörte, für das Nullpunkt-Projekt erzeugt haben? Schauen Sie, wir sind aufgeklärte Wissenschaftler. An solche Märchen für Naive und Kinder glauben wir nicht. Iblis, Adam und Eva oder andere Märchen finde ich uninteressant, das hätten Sie sich sparen können. Dieser ganze religiöse Kram ist doch nur Kontrollsoftware, um unbedarfte Menschen besser beherrschen zu können und ihnen ihr kurzes hartes Leben scheinbar zu erleichtern. Die Mächtigen lachen über all die naiven Menschen, die sie seit Jahrhunderten mit solchen Legenden nach Lust und Laune lenken und ausnutzen. Fehler sind keine Auszeichnungen, sondern kulturell bedingte Systemstörungen der gängigen allgemeinen Herrschafts- und Gesellschaftsstrukturen. Was einen Fehler ausmacht, definieren wir. Menschen selbst definieren das und keine Gottheit. Also, jetzt kommen Sie mir nicht mit einer moralisierenden Erklärung oder weiteren religiösen Themen oder so … Wenn jetzt nichts kommt, dass konkret mit unserem Projekt zu tun hat, werde ich den Raum verlassen. Herr Weis, haben Sie gehört, dann gehe ich, das verspreche ich Ihnen."

Qasim ließ sich nicht provozieren und erwiderte: „Hört mir gut zu! Ihr solltet hören, was mir und meinen Freunden widerfahren ist, denn Ihr habt euch auf eine Reise begeben, genauso wie wir es taten. Euer Weg und unserer unterscheidet sich nur leicht. Sagen wir - in kleinen Details. Wir wollten selbst hohe Stufen mystischer Erkenntnis und die Würde der Statthalterschaft auf Erden erreichen, aber Ihr wollt eine gänzlich neue Art von Statthalter auf Erden bauen. Was glaubt Ihr? Dass Ihr nicht geprüft werdet? Dass dieser neue Statthalter nicht geprüft würde? Glaubt Ihr so ein großes Vorhaben wie hier in Neom, würde Sie beide und alle anderen Beteiligten unberührt lassen!

Ich sehe doch genau, dass du aus ganz anderer Motivation heraus inspiriert bist, als du vorgibst Edward Stockholm. Das Schicksal hat Dich zurückgeworfen, richtig! Du Edward, du wolltest dich töten, oder? Ja! Sicher wolltest Du das!"

Edward trafen die Worte wie ein plötzlicher unerwarteter Stromschlag. Was sagte der Mann dort gerade eben?

„Aber die hohen Räume des Saturns und seine Schicksalsmacht ließen Dich nicht hindurch, denn dein Schicksal muss vollendet werden und deiner Lebensprüfung kannst du nicht entgehen! Du weißt es, ja du weißt es, irgendwo in deiner Seele weißt du es! Und du Ada, glaubst du, jemand, der die Prophezeiung Muhammads verwirklicht und die Menschen mit den Tieren sprechen lässt, würde nicht Aufmerksamkeit erregen? Du und dein Mann, Ihr seid verbunden in eurem Lebensfaden. Verbunden in eurem Schicksal am Bau dieses Wesens, dieser Intelligenz … Was auch immer daraus entsteht, Ihr werdet geprüft werden. Sicherlich werdet Ihr das! Märchen für Kinder also? Fabeln der Herrschaftssysteme, um Kontrolle auszuüben. Seid ihr euch da so sicher?"

„Wie … Wie … Wie …" Edward stotterte und rieb seine immer feuchter werdenden Hände umeinander. Unmöglich! Einfach unmöglich! Dieser Mann konnte nichts davon wissen, dachte Edward. Wieso … Wieso … Wieso … Edward konstruierte unterschiedliche Szenarien wie dieser Sufi das, was er gerade von sich gab, hatte herausfinden können. Wieso wusste dieser Mann von seinem Selbstmordversuch und Adas Gerät? Nichts! Da kommt nichts. Keine einzige sinnvolle Idee kommt. Jetzt verhöhnt er mich auch noch und schaut schweigend und provokant in meine Richtung, dachte Edward.

„Wie, was meinen Sie? Sie sind so still geworden", sagte Qasim.

„Ich … Ich … Ich …" Edward rang um passende Worte, während sein Hirn weiter ratterte.

„Das ist unfair!" rief Ada plötzlich aus. „Das ist einfach nicht fair gespielt! Herr Weis, das war nicht ok! Sowas gehört sich nicht!"

Edward dachte nach, während seine Frau anfing ihn zu rütteln und ihn aufforderte, etwas dazu zu sagen und sie nicht wie Idioten dastehen zu lassen.

Konzentration! Er hatte alles getan, damit niemals jemand etwas über seinen Fast-Tot-Vorfall erfahren konnte. Selbst Herr Weis konnte nichts davon wissen, war Edward sicher. Er hackte sich kurz nach dem Ereignis in die behördlichen Gesundheitssysteme ein und löschte alle Dokumente und Aufzeichnungen über den Vorfall vollständig. Danach spielte er alternative Daten ein, sodass in den Gesundheitsakten lediglich ein häuslicher Unfall vermerkt war. Außerdem, und das war das Entscheidende, sprachen weder er noch Ada jemals wieder über das Geschehene. Er selbst versuchte, dieses merkwürdige Erlebnis schlicht zu vergessen. Als er zu seiner Frau schaute, um sie davon abzuhalten, ihn weiter zu schütteln, sah er, dass ihr Gesicht mittlerweile kreidebleich geworden war.

Nun gut, sofern man kreidebleich überhaupt von ihrer normalen Gesichtsfarbe hätte unterscheiden können. Ada machte sich wohl ebenfalls Gedanken und war zu keiner sinnvollen Schlussfolgerung gelangt. Da sie empfindlich für Paranormales und dergleichen war, wird ihr wohl der reine Gedanke daran, dass vor ihren Augen so etwas passiert sein könnte, ein unangenehmes Gruseln breiten. Ein Grusel, dass sie geradezu bleich werden ließ, schlussfolgerte Edward.

Qasim schaute zufrieden und führte weiter aus: „Hättet ihr zugehört, anstelle mir ständig ins Wort zu fallen, wäre euch nicht entgangen, dass der Diener Gottes mit einem besonderen Licht sieht. Wie dem auch sei. Warum bin ich hier? Warum habe ich euch so viel erzählt? Weil mein Scheich euer Vorhaben schon lange verfolgt. Er sagte mir, es ist von enormer Wichtigkeit für den Ausgleich der internationalen Kräfte und einer guten Entwicklung, dass diese Entität, an der ihr hier forscht und baut … dass diesem Wesen, hier in dieser Stadt, in Neom, Leben eingehaucht wird. Nur hier sollte es geschehen, als ein gemeinsames Projekt vieler Nationen. Doch mein Scheich weiß, dass dieses Projekt bereits von Spaltung betroffen ist. Denn die Chinesen haben sich zurückgezogen. Sie haben etwas gefunden, das Jahrhunderte vor der Welt verborgen war. Etwas mit dessen Hilfe ihnen sehr bald gelingen könnte das Bewusstseinsproblem zu lösen. Schneller als Ihnen. Obwohl ich nicht glaube, dass Ihr es überhaupt lösen könntet. Ihr werdet unsere Hilfe dringend brauchen, wenn Ihr nicht vom intelligentesten und mächtigsten China, dass die Welt je sah, vollständig dominiert werden wollt."

„Das ist der Grund! Dieser Mann ist hier, um uns bei dem zentralen Problem, was wir haben, zu helfen", fügte Herr Weis hinzu. Dann holte er seinen Kugelschreiber und einige Papierblätter aus einer seiner Schreibtischladen hervor.

„Ja, ich bin gekommen, um unsere Hilfe anzubieten. Mein Scheich holte eine Karte heraus, bevor er mich losschickte und zeigte mir dort einen exakten Punkt. Dieser Punkt war der Standort des Projektes. Er sagte mir, dass mein Geheimnis mir helfen würde alle Sicherheitsvorkehrungen zu unterlaufen. Wenn ich angekommen wäre, sollte ich nach Edward Stockholm und Ada Goldstein suchen und sie durch das Überzeugen, was ich in ihnen sehen werde. So stand ich schließlich im Büro von Herrn Weis, der … wie ihr seht meinen Worten entsprechende Bedeutung beimaß und … Am besten sagen Sie es selbst, Herr Weis!"

Herr Weis blickte verschmitzt, während er mit dem Haupt seines Kugelschreibers spielte und die Mine wiederholend rein und raus drückte, klack, klack, klack: „Na, Herr Stockholm, habe ich Ihnen nicht gesagt, Sie sollten die Geschichte bis zum Ende hören. Ungeduld ist so ein Programm, das manchmal Ungemach bereitet, nicht wahr? Ich möchte, dass Sie beide heute Abend noch mit Qasim nach Ägypten aufbrechen."

Herr Weis erhob sich und ging zu den simulierten Fenstern vor. Die Schneewolken hatten sich verzogen und die Sonne schien hell leuchtend über die weiße Winterlandschaft. Er schaute kurz „hinaus" und genoss das Gefühl, dass der dargestellte Winter ihm bescherte. Dann drehte er sich zum Besprechungstisch um, auf dem Ada abwechselnd nervös mit ihren Fingern tippelte oder die Hände über den Tisch quietschend vor und zurück schob.

„Könnten Sie das bitte lassen!"

„Was?"

„Das Quietschen!"

„Oh, ok."

121

„Danke! Ich sprach selbstverständlich vor unserem Termin ausführlich mit Qasim. Er tauchte plötzlich in meinem Büro auf. Zunächst erschrak ich und wollte den Sicherheitsdienst rufen. Selbstredend hatte ich keinerlei Ahnung, wie dieser Mann zu mir hereingekommen war. Sein äußeres Erscheinungsbild machte die Situation obendrein nicht besser, wie Sie sich denken können. Er deutete an, ich möge den Notfallknopf nicht betätigen. Nun, Sie kennen mich und ein Gefühl in mir hielt mich dann tatsächlich davon ab, den Knopf zu drücken. Nennen Sie es Neugier oder Kuriosität, wenn Sie so wollen. Mir erschien es vorteilhafter zu erfahren, was dieser ungewöhnliche Mann von mir wollte, als die Situation mit Fragen durch den Sicherheitsdienst zu beenden. Wie langweilig wäre das gewesen."

Herr Weis seufzte: „Wie langweilig ..." wiederholte er leise.

„Qasim erklärte mir dann recht überzeugend, dass es in Ägypten Besitzungen seines Ordens aus sehr alter Zeit gäbe. Es handelt sich, wie Sie vielleicht schon erahnen, um eine potenziell antike Technologie. Es besteht der dringende Verdacht, dass wir damit schneller die KI verwirklichen könnten als die Chinesen. Zumal Qasims Lehrer bekannt sein dürfte, wie man sie verwendet."

„Befinden wir uns also jetzt in einem Wettrennen mit den Chinesen?" fragte Ada

„Solange wir nicht wissen, wozu das Artefakt aus Tibet tatsächlich in der Lage ist, müssen wir davon ausgehen. Also ja, wir sind in einem Wettrennen."

„Heißt das, die Chinesen sind nun sowas wie Feinde?" fragte Edward.

„Zumindest sind sie alles andere als Freunde und wir können ihnen unter keinen Umständen trauen. Ja, wir müssen sogar davon ausgehen, dass sie uns bereits versuchen auszuspionieren ... möglicherweise auch gegen uns agieren werden."

Herr Weis schwieg kurz, um die Worte wirken zu lassen.

„Wie dem auch sei. Das sollte nicht Ihr Problem sein. Was Qasim anbelangt, konnte er mir erstaunlich glaubwürdige Beschreibungen über die Vorfälle in Tibet liefern. Tatsachen, die ich bereits durch unsere taiwanesischen Spione und ihr Sicherheitssystem Anquan prüfen ließ. Die Daten stimmen weitestgehend überein, sind aber als ‚Top-Secret' eingestuft. Wie auch immer Qasim an diese Informationen gekommen sein mag, ich denke ... nein, sagen wir es so ... Ich vertraue ihm. Wir haben wohl auch keine andere Wahl. Denn wie Sie, Frau Goldstein, richtig erkannten, ist das Wettrüsten um die erste starke KI durch den Fund der Chinesen in eine entscheidende

Phase eingetreten. Ich werde Sie nach ihrer Rückkehr über die Details des chinesischen Projektes und über alles, was wir aktuell dazu versuchen herauszufinden, informieren.

Aber zunächst konzentrieren Sie sich auf Ihre Kernkompetenzen. Fahren Sie nach Hawara und untersuchen Sie alles, was Qasim Ihnen zeigen wird. Wenn Sie zu der Meinung kommen, dass die Gegenstände des Ordens uns helfen könnten, bitte ich um sofortigen Bericht. Auch gegenüber dem Vorstand könnte uns momentan nichts Besseres passieren. Denn sobald er die Tragweite des chinesischen Ausstiegs aus dem Nullpunkt-Projekt realisiert … denken wir besser nicht darüber nach. Wir arbeiten einfach an Lösungen!"

„Ok … ok, ich werde die notwendigen Messeinrichtungen zusammentragen. Äh, … was genau bräuchten wir eigentlich dafür?" fragte Edward und kratzte sich nachdenklich am Kopf. Es war offensichtlich, dass Qasims „Offenbarung" ihn immer noch verwirrte und neben sich stehen ließ.

„So kenne ich Sie ja gar nicht, Herr Stockholm. Ich denke, zunächst bräuchte es, Effizienz!" Herr Weis lachte und strich sich über seinen Oberlippenbart, „und … es bräuchte zwei Unterschriften auf den Einverständniserklärungen für auswärtige Missionen."

Herr Weis schob den beiden seinen Kugelschreiber und die Dokumente hinüber. Während Edward gerade seine Unterschriften setzen wollte, klopfte Ada ihrem Mann auf den Kopf, als sie aus ihrem Grübeln erwachte und ihr klar wurde, was er da gerade von sich gegeben hatte: „Was ist denn los mit dir! Bist du dumm geworden in der letzten Stunde, oder was? Wir nehmen natürlich die mobile neuronalen Netzeinheiten mit. Dann brauchen wir den Selfqube, mit denen wir regelmäßig die Selbstreferenzen in unseren Systemen abtesten. Wenn die Technologie kann, was Qasim erzählte, könnten wir damit sogar erfolgreich sein. Naja, sofern an den Thesen dieses Professor Lee etwas dran sein sollte … Und wir brauchen den elektromagnetischen Raumfrequenzsensor. Das wären mal die wichtigsten Gegenstände", dann nahm sie den Stift und unterzeichnete nervös in ihrem Sessel vor und zurück wippen die Erklärung.

"Ich bin doch nicht dumm geworden …" Herr Weis genoss ein wenig, diesen Edward und seine Ada in mentaler Unruhe zu beobachten. Er nahm zufrieden die gezeichneten Dokumente entgegen: „Ruhen Sie sich noch kurz aus, wir werden Sie diesmal unserem Chauffeur Jakob anvertrauen. Keine stinkenden Busse oder dergleichen. Wir brauchen Sie ausgeruht. Für die Nutzung dieses Autos habe ich eine Sondergenehmigung besorgt. Qasim wird Sie natürlich begleiten. Es sollte eine sehr angenehme Fahrt werden."

Einige Stunden später. Vier Leute stiegen in eine langgestreckte Limousine inmitten einer heißen Wüstennacht. Die Scheinwerfer leuchteten über die staubige wabernde Luft, die sich von der Hitze der Straße getrieben ihren Weg in höhere Luftschichten bahnte. Als das Auto langsam in der Nacht verschwand, stand Herr Weis noch eine Weile am Abfahrtsort vor dem monumentalen Tor des Projektes und zündete sich nachdenklich eine Zigarre an. Dann nahm er seine Taschenuhr heraus. Er rieb mit seinen Fingern über ihre feine Gravur, öffnete sie und betrachtete nachdenklich ihr Inneres. Nach einer Weile steckte er sie zurück in seine Anzugtasche. Er nahm seinen Kugelschreiber in die rechte Hand, wandte sich um und kehrte nervös mit dem Haupt des Stiftes klackernd in die Eingangshalle des Nullpunkt-Projektes zurück.

5.Kapitel Soldatin Jin

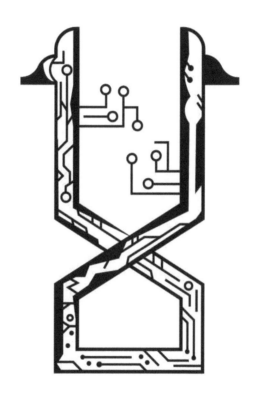

01100101

Ein glorreicher Tag für die Partei, dachte sich Jinjin an diesem kalten stürmischen Morgen des 10. Oktober, als sie ihre Geräte und Bildschirme im Einsatzzelt aufbaute. 115 Jahre Revolution und bald die Macht, die Welt zu verändern, in unseren Händen. In Chinas Händen. Und ich, Jinjin, werde eine der Heldinnen Chinas sein. Jinjin hatte schon immer einen Hang zu epischer Fantasie. So malte sie sich den Triumph der Unternehmung und ihren Beitrag dazu in prächtigen Bildern aus. Militärparaden, Ordensverleihungen durch General Xiou, nein besser noch durch den Präsidenten Chinas persönlich. Und im Publikum würde ihr liebster Chang stehen und sie bewundern. Aber zurück zur Gegenwart. Heute war der Tag des geplanten Zugriffs und Jinjin hätte endlich die lang ersehnte Chance, sich beweisen zu können.

Oberleutnant, so fand sie außerdem, war ein echt langweiliger Rang. Sie hatte nicht wirklich Befugnisse, war aber auch nicht die letzte Lampe in der Befehlskette. Es war so eine Merkwürdigkeit dazwischen. Nein, das mochte sie nicht. Sie fühlte sich eindeutig zu Höherem berufen. Sie war eine der Besten im Masterstudiengang der Biotechnologie und Nanophysik an der Militärakademie gewesen. In dieser Hinsicht hatte sie der Partei bereits gezeigt, dass sie ein Talent war, auf das man setzen könnte. Und nun hatte sie die Möglichkeit, es auch in einer echten Mission zu untermauern. Sie war als eine der wenigen Teilnehmer von Professor Lee persönlich ausgewählt worden. Eine bessere Chance, sich als passend für einen höheren Posten im Militär zu erweisen, hätte es nicht geben können. Sollte die Mission erfolgreich sein, würde sie sicher zum Major befördert werden. Vielleicht sogar mit der weiteren Aussicht, die Verwaltung einer der 2.860 Kreise Chinas als Vorstand nach ihrer Militärlaufbahn übernehmen zu können. Das wäre um einiges besser als dieser Zwischenzustand des Oberleutnants, befand sie. Aber alles hing von einer Sache ab. Alles hing an einem ungewöhnlichen Edelstein in einer Meditationshöhle. Jinjin hatte in mühevoller Kleinarbeit die Höhlen der Klosterumgebung mithilfe unauffälliger Insektendrohnen ausgekundschaftet und schließlich einen Raum entdeckt, in dem ein riesiger grüner Edelstein auf einem Altar stand. Sie war es, die ihrem Hauptmann alle Details meldete. Es war ihr Video, das den Einsatz entschieden nach vorne brachte. Nur für das Protokoll sei, das erwähnt. Nicht dass es später hieß, Ming, dieser Angeber, wäre der entscheidende Held gewesen.

Und warum tat sie all das? Wegen einer erfolgreichen Karriere im Militär? Nein, das war bei weitem nicht der wichtigste Grund. Jinjin könnte man als einen „hoffnungslosen" Fall einer verliebten Frau beschreiben. Ihre große Jugendliebe Chang Xin Daolin, sollte heiraten. Doch für die äußerst reiche und angesehene Familie Daolin war die Heirat ihres einzigen Sohnes keine romantische geprägte Liebesentscheidung. Nein, hier ging es vielmehr um harte Erfolgsfaktoren für eine langfristige Beziehung im Zusammenhang mit der gesellschaftlichen Position der Familie. Die Ehefrau von Chang müsste nicht nur ein liebendes Herz mitbringen. Das brachte Jinjin sicher nebenbei mit, das beste liebende Herz sogar. Aber Jinjin war in der Auswahlliste möglicher Partnerinnen dennoch weiter unten anzutreffen. Ein erster Versuch, bei einem Kennenlern-Essen mit den Eltern von Chang zu punkten und in der Liste aufzusteigen, verlief holprig und wenig erfolgversprechend. Zumal sie vor Changs neuerdings veganer Mutter die angepriesene und äußerst delikate, knusprige und vom Koch empfohlene Pekingente verspeiste. Sie war voll des Lobes für das fleischhaltige Gericht. Changs Mutter fand das keineswegs lustig und nahm ihr Verhalten durchaus als Akt ungehobelter Unhöflichkeit wahr.

„Ah, ein schönes Bild hast du da. Ist das dein Freund?"
Jinjin erschrak, als sie träumend ein Bild von Chang auf ihren fertig aufgebauten Systemen öffnete und anschaute. Plötzlich und unerwartet wurde sie durch diesen deutschen Doktor Nerv, der hinter ihr im Einsatzzelt saß, unterbrochen. Schnell schloss sie das Fenster, welches ihren Chang zeigte und warf dem Doktor einen finsteren Blick zu.

„Nein … Was geht es dich an," fuhr sie ihn scharf an.
„Oh, entschuldige bitte, ich wollte nicht indiskret sein."
Jinjin rümpfte die Nase und reagierte nicht mehr auf diesen Doktor Nachhark. Was geht es ihn an! Was denkt er sich, als wenn ich mir meinen Bruder anschauen würde. Aber nein, Doktor Megaschlau muss nachfragen … Indiskret … das hat er doch mit voller Absicht getan.

Was man nicht alles für den Erfolg tut. Jetzt hatte sie diesen deutschen Doktor seit der Vorbereitung an der Backe. Der Hauptmann hatte sie direkt beauftragt, sich um ihn zu "kümmern". Schließlich kannte sie ihn durch ihre Beschattungstätigkeit bereits. Wenigstens sah er nicht schlecht aus, eigentlich, wenn sie ganz ehrlich war, sogar sehr gut. Intelligent, wortgewandt und schlagfertig war er leider auch noch ...

Er war genau ihr Typ, so ein Mist! Und seit der Missionsvorbereitung versuchte er auch noch alles, um etwas Freundschaft mit ihr aufzubauen. Dem kam Jinjin sogar ein wenig nach. Eigentlich mochte sie ihn sogar etwas. Aber egal, sie wäre ihn in wenigen Tagen los und würde als Chinas Heldin zurückkehren.

Zuallererst stellte sich Jinjin vor, ginge sie dann zu der Familie von Chang und würde ihnen nach der Ehrenparade ihre Aufwartung machen. In voller

Montur würde sie dastehen. Mit dem Orden schlechthin würde sie da stehen. Den Bayi-Orden, den nur die größten Helden Chinas tragen. Die würden Augen machen, insbesondere Changs Mutter. Vegan hin oder her, das wäre dann sicher kein Thema mehr. Einer Heirat mit Chinas Heldin Jinjin würden sie sicherlich freudig zustimmen.

Ach, dachte sie, dieser merkwürdige Kauz Herr Duiwel, hatte wirklich Wort gehalten. Seit er mir in jener dubiosen Soldatenkneipe im Hafen Shanghais vor einigen Jahren seinen interessanten Vertrag im Namen der KPC vorlegte, lief alles besser. Alles fügte sich manchmal wundersam. Ich wurde zur besten Studentin und auch meine Militärkarriere scheint gerade einen super Schub zu bekommen. Insbesondere den Vertragsbestandteil Dr. Jürgen Ziebert für die Partei zu observieren und dafür zu sorgen, dass er nach China kommt, musste ich wohl sehr zu seinem Wohlgefallen, selbst gegen die Widerstände von Majorin Sheng hinbekommen haben. Beförderung zum Oberleutnant war das Ergebnis. Dass Professor Lee explizit mich bei der Mission dabei haben wollte ... Das hat er sicher auf Empfehlung von Duiwel gemacht. Als wollte er mich jetzt mit meinem Observationserfolg ärgern. Warum nur habe ich ihn sonst an der Backe. Diesen nervigen Doktor. Ist er eigentlich auch Arzt für echte Dinge oder nur für depressive Menschen? Ein Jahr Observation und immer nur kaputte Seelen. Im Vertrag stand jedenfalls nicht, dass ich diesen Dr. Ziebert als Missionspartner ertragen müsste. Warum sowas Herr Duiwel? Soll das sowas wie ein Scherz sein. Ich finde ihn nicht lustig, nur so nebenbei.

Während Jinjin noch über die möglichen Verknüpfungen zwischen Professor Lee, Duiwel und Dr. Ziebert spekulierte, befasste sich die Missionsleitung in Shanghai mit anderen Fragestellungen. Der Oberbefehl für den Einsatz ruhte an diesem Tag auf den Schultern von Xiuo, der als leitender General den Einsatzraum in Shanghai und das Unternehmen „Shíjié-Shuíjíng" zu Deutsch „Weltenstein" kommandierte.

Er sah ernst über die zahlreichen Köpfe der Soldaten hinweg, die vor riesigen Überwachungsbildschirmen rund um einen großen Sockel saßen. Sie waren mit der Koordination der Außeneinheiten, Drohnensteuerung, Satellitensteuerung und Datenauswertungen konzentriert befasst. Xiou ging zielstrebig zum großen, rundlichen Sockel in der Mitte des Raumes. Auf ihm war ein ovaler, etwa eineinhalb Meter hoher, vollkommen durchsichtiger Polymerzylinder platziert. Genaustens begutachtete der General eine detaillierte dreidimensionale Projektion des Einsatzgebietes. Die hochmoderne Nanotechnologie des polymeren Blocks erzeugte aus den Daten der örtlichen Drohnen- und Satellitenüberwachung ein präzises Echtzeitmodell der Situation.

Xiuos Spezialkräfte waren mit grünen Kreisen markiert und befanden sich auf ihren Positionen, verteilt um die Lokalität des geplanten Zugriffs. Vom unteren Rand des modellierten Berges, in der Nähe des Klosters, bewegten sich sieben rot markierte Personen langsam in Richtung der Zielhöhle. Heute am 115 Jahrestag der Xinhai Revolution, welche 1911 die Qing-Dynastie stürzte, würde er, General Xiuo Zhenwu Shen, für China das „Auge" des Buddhas beschlagnahmen. Sein Handeln würde ein für alle Mal das Jahrhundert der chinesischen Erniedrigung beenden und eine erneute weitreichende Revolution in China verhindern. Xiuo nahm eine Kette aus seiner Tasche. Es war eine feine schmale Kunstarbeit, die er in seiner kräftigen offenen Hand hielt. Er betrachtete ihre filigranen Silberglieder, die filigran ineinander verschlungen waren. Sie gehörte einst seiner Tante Kaiwen und erinnerte Xiuo stets an seinen ganz persönlichen Lebensschwur.

Wie der Präsident Chinas war auch er ein Kind der Kulturrevolution. Als kleiner Junge musste er die Wirren dieser Zeit miterleben. Er war gerade erst fünf Jahre alt, als er mit ansah, wie eine aufgebrachte Menge von Studenten Parolen brüllend, das Haus seiner liebsten Tante Kaiwen und ihren Mann stürmten und sie fortschliffen. Der Grund ihres Zornes war schnell ausgemacht. Denn der Mob marschierte nur auf, weil Kaiwen angeblich kapitalistische und damit antirevolutionäre Bücher in ihrer großen Hausbibliothek verwahrte. Seine Familie war bis zur Revolution hoch angesehen gewesen und hielt internationale Bildung und Bücherauswahl für standesgemäß und wichtig. Am Beginn der Revolution verhielt die Familie sich zunächst sehr schlau und versuchte nicht auszufallen. Kaiwen gingen selten aus dem Haus und trugen angepasste Kleidung. Sie versteckte alle Kunstwerke des Hauses und warf alle Blumensträuße mit Beginn der Revolution weg. Als Lehrerin in einer der besseren Schulen von Jinhua arbeitete Kaiwen weiterhin und folgte den Vorgaben der Partei peinlichst genau, um nicht als bürgerlicher Klassenfeind aufzufallen. Nur drei talentierten Schülern gab sie privaten Unterricht. Aber alle Anpassung und der Versuch, unsichtbar zu werden, halfen nicht. Ihre über Generationen gepflegte Bibliothek mit ihren vollen Bücherregalen und Schränken, in der Xiuo als Kind so gerne mit seinen Schwestern verstecken spielte, wurde der gesamten Familie schlussendlich zum Verhängnis.

Ein ehemaliger Diener der Familie lieferte sie aus. Ein unscheinbarer Mann, mit dem sie einmal heftig schimpfte, als er einen vollen Suppentopf über einen ihrer wertvollen Teppiche fallen ließ. Wie viele andere war er ein rachsüchtiger Benachteiligter, der seine Chance gekommen sah, seine Rechnungen zu begleichen. Er folgte seinem inneren Groll und machte die lokalen Einheiten der Kulturrevolution auf bestimmte Schriftwerke des Hauses aufmerksam.

Die roten Garden Jinhuas waren alles andere als für ihre Zimperlichkeit bekannt. Sie zerrten Kaiwen und ihren Mann auf den Marktplatz und veranstalteten eine öffentliche Demütigung. Eine Kampfsitzung vor einer großen aggressiven Menge wurde angesetzt ... Aufgebracht und in Rage bezichtigte ihr Anführer im Laufe des „Prozesses" nicht nur seine Tante, sondern auch seine Mutter und ihren Bruder konterrevolutionäre Handlungen zu unterstützen. "Alle Rinderdämonen und Schlangengeister sollen hinweggefegt werden!" An diesen fürchterlichen Satz, den der Rädelsführer immer wieder vor der Masse brüllte, erinnerte sich Xiuo bis heute.

Doch seine Familie hatte Glück im Unglück, denn sie wurden nicht wie viele andere Opfer der Kulturrevolution getötet. Als Folge des Prozesses wurde die gesamte Familie "nur" weitgehend enteignet und in ein Arbeitslager deponiert. Auch Xiuo war betroffen. Dort musste er mehrere Jahre seiner Kindheit verbringen. Doch der Stolz, die Schlauheit und die Unbeugsamkeit seiner Tante Kaiwen imponierten dem kleinen Xiuo über die ganze Zeit sehr und gaben ihm Mut, durchzuhalten und die harte Zeit zu überstehen.

Kaiwen selbst jedoch wurde krank und starb kurz bevor die Partei von Deng schrittweise nach Maos Tod übernommen wurde. Der neue starke Mann in der Partei Deng begnadigte die gesamte Familie und sie durften das Arbeitslager verlassen. Kurz vor ihrem Tod flüsterte Kaiwen Xiuo noch ein Geheimnis ins Ohr. Eine kleine Silberkette, mit der er als Kleinkind spielte und andere Schmuckstücke hatte sie in ihrem Haus verstecken können, bevor sie von den Garden ergriffen wurden. Als die Familie schließlich zu ihrem Anwesen zurückkehrte und ihnen das alte Familienhaus von der Partei zurückgegeben wurde, ging Xiuo in sein altes Haus. Er fand tatsächlich die Kette und die anderen Schmuckstücke unter der von seiner Tante angegebenen Kellertreppe. Nachdem er die staubigen Holzlatten der Treppe herausgerissen hatte und eine kleine Schatulle hervor holte, öffnete er sie langsam. Beim Anblick der kleinen Silberkette, die er vorsichtig aus der Schachtel nahm, veränderte sich etwas in Xiuos Herzen. Eine merkwürdige Anwandlung von Melancholie, Trauer aber auch unbändige Wut stiegen in seinem Inneren empor. Vielleicht sogar Mitleid für all die Opfer der roten Garden. Diese Regungen mündeten schließlich in einen jugendlich epischen aber vollumfänglich ehrlichen Schwur. Die Silberkette fest in seiner harten Faust umschlossen, sprach er seinen Eid. Es waren Worte, die sich wie glühende Schriftzeichen in sein Herz eingebrannten. Niemals mehr würde er zulassen, dass dumme Massen China verwüsten würden. Niemals wieder würde er zulassen, dass so ein schreckliches Monster wie die Kulturrevolution entfesselt wird.

Als er bald darauf volljährig wurde, ging er zum Militär. Die einzige Institution, die ihm mächtig genug schien, in Zukunft Massenunruhen und ihre grauenhaften Auswüchse zu verhindern. Die einzige Institution, in der er seinen Schwur realisieren könnte.

Xiou war trotz seiner Erfahrungen, alles andere als ein von der Kulturrevolution sentimental geschädigter Mensch. Er war auch keinesfalls ein ideologisch geprägter oder motivierter Mann. Seine Tante und sein Onkel achteten selbst unter den Bedingungen des Lagers darauf, Xiuo so weit wie möglich intellektuell zu formen und ihm zumindest eine Grundlage für Bildung zu schaffen. In dieser Hinsicht waren sie erfolgreich, denn Xiuo schaffte es stets, einen klaren und pragmatischen Blick zu wahren. Seinen Verstand und seine Logik stellte er stets vor jede ideologische Weltanschauung. Auch auf die zahlreichen Probleme, vor denen China immer wieder stand, sah er mit einer ungetrübten Deutlichkeit. Sein Fleiß und seine praktische Begabung, sich dieser Probleme anzunehmen, ließen ihn eine langwierige, aber gleichsam vorbildliche Militärkarriere beschreiten.

Hundert Jahre Erniedrigung durch westliche Mächte ... dachte Xiuo. Als wäre das unser Hauptproblem, als wäre das unser Kernproblem. Es gibt weit mehr Herausforderungen und Schwierigkeiten, die ich für das heutige China sehe ... Aber ich werde langsam alt. Vor unseren Toren drohen die Amerikaner schon lange unverhohlen. Selbst im Niedergang begriffen und von einer tiefen inneren Spaltung zerrüttet, warten sie wie ein alter Schakal auf frische Beute. Sie suchen es geradezu, das finale Kräftemessen und einen externen Feind. Sie könnten China bald in einen großen Krieg stürzen. Die Frage ist nicht ob, sondern nur wann. Und darüber hinaus lauert etwas Anderes bereits im Dickicht der Zukunft. Die nächste große Revolution. Ich spüre sie schon ... Ich fühle, wie sie aus ihrem Versteck China bereits ins Auge fasst ... Ich fühle sie kommen wie du einst die Kulturrevolution kommen sahst Kaiwen. Sie droht in der Ferne und wirft bereits ihre Schatten voraus.

Es wird mehr brauchen als Menschen vermögen, um China vor einem gewaltigen Chaos zu retten. Es braucht nichts Geringeres als eine starke KI. Du hast es so weit gebracht Xiuo, jetzt ergreife deine Chance. Lass den goldenen Lotus deines Schwurs erblühen. Niemals warst du dichter an deinem

Ziel. Es ist Zeit den kristallinen Schlüssel zu ernten. Es ist Zeit, die Lösung zu ermöglichen, um alle äußeren und inneren Feinde zu bändigen. Der General steckte seine Kette vorsichtig zurück in seine Tasche und sagte dann leise zu sich: „Es ist Zeit ... Zeit, deinem Schwur Folge zu leisten ..."

Mittlerweile war alles aufgebaut und Jinjin saß mit Dr. Ziebert im Einsatzzelt. Sie hatten es unweit der Höhle in einer uneinsichtigen Deckung hinter mehreren Schneeverwehungen versteckt aufgeschlagen. Jinjin kontrollierte die Bilder der selbststeuernden Drohnen über fünf provisorisch aufgebaute Bildschirme. Außerdem war sie für die technisch militärischen Schutzanzüge des Unternehmens vor Ort verantwortlich und führte sorgfältig ihre Überprüfungsprotokolle und Wartungen durch, bevor die Männer ihre Rüstungen anlegten. Die Anzüge waren nicht nur kugel- und splittersicher, sondern verfügte über Hirnfrequenzabschirmende Helme, die eine gewisse Psychoresistenz der Soldaten gewährleistete. Auf einem Screenabschnitt konnte man klar und deutlich einen grünen Kristall erkennen. Es war eine Live-Aufnahme durch eine von Jinjins Insektendrohen, die sie an der Decke der Höhle positioniert hatte. Jürgen war fasziniert von dem Anblick und starrte den Juwel einige Zeit intensiv an. Jinjin stieß ihn kurz in die Seite: „Hey Doktor, alles ok ... was starrst du, so? Da passiert jetzt noch nichts. Spar dir das für später." Jürgen wurde klar, dass er sich fast in der Aufnahme verloren hätte. Er war bemüht, sich nichts anmerken zu lassen und rieb sich die Augen.

„Ja, ja, mir geht es gut. Danke der Nachfrage. Es ist nur etwas Müdigkeit."

Jinjin lachte kurz und kümmerte sich weiter um die Rüstungen. An so einem Tag ist er jetzt auch noch Doktor Müde, dachte sie. So ein Zivilist.

Der Wind des Himalayas pfiff immer wieder in kräftigen Böen über das Zelt hinweg. Wer diese Winde kennt, weiß wie schneidend ihre Kälte sein kann und wie unberechenbar ihre Wendungen sind. Sehr zu Jürgens Wohlbehagen waren im Inneren vier Standheizungen aufgebaut und auf maximale Wärme eingestellt. Wären sie nicht gewesen, hätte sich Dr. Ziebert, sicherlich, zumindest gefühlt, einige Zehen abgefroren. Der Hauptmann und seine Zugriffseinheit waren schließlich bereit und in voller Kampfmontur wie Roboterkrieger gekleidet. Der Einheits-Funker stattete die Umgebung des Zeltes mit Peilsendern aus. Als er das Zelt wieder betrat, blies ein kräftiger Windzug eine Menge Schneeflocken hinein. Jinjin nahm einige letzte Einstellungen an der Hinterseite der Anzüge zweier Männer mit filigranem Werkzeug vor. Dann legte sie eine massive Panzerplatte über die Elektronik der Rüstungen, verschraubte sie. Dann setzte sie sich an ihren Bildschirm und überprüfte die von den Rüstungen übermittelten Daten ein letztes Mal auf mögliche Fehler. Plötzlich sprang sie auf und rief: „Hauptmann! Zielobjekte brechen jetzt schon vom Kloster aus auf. Shanghai befiehlt Stellungsbezug. Sobald der Stein in Zustand grüner Lotus ist, schicke ich die Koordinaten durch. Zugriffsberechtigung durch Shanghai wird dann unmittelbar erwartet."

„Verstanden Jin. Los Männer, wenn Jin Code grüner Lotus durchgibt, leitet euch euer Helmdisplay auf die exakte Koordinate des Artefaktes. Euer Display wird euer Auge und euer Kommandant sein. Das schlechte Wetter, die geringe Sicht und die Entfernungen unserer jeweiligen Stellungen erschweren alle anderen Manöver. Wir gehen davon aus, dass das Objekt sich bewegen wird. Wir erwarten geringen Widerstand. Die Nonne ist auf jeden Fall lebendig festzusetzen, die anderen Objekte, wenn möglich. Da wir nicht wissen, wozu sie mit dem Kristall fähig sind, müssen wir so schnell und präzise wie möglich handeln! Ist das klar"

„Zu Befehl!", riefen die Soldaten im Chor.

„Wenn das Artefakt gesichert ist, wird dieses umgehend hierher gebracht. Dr. Ziebert ist unsere Person weißer Tiger, er wird den Stein übernehmen! Keiner von euch berührt das Ding direkt! Ist das klar!"

„Zu Befehl!"

„Na dann los! Ausschwärmen! Auf eure Positionen!"

Einer nach dem anderen rannte durch die Zelttür nach draußen. Wie Schneeflocken rieselten die Soldatenkörper mit ihren Hightech-Rüstungen an ihre zugewiesenen Koordinaten. Als alle das Zelt verlassen hatten, lehnte Jinjin sich erst einmal in ihrem Stuhl nach hinten und streckte sich gemütlich. Dann hob sie ihre Arme und verschränkte die Hände hinter ihrem Kopf. Knack, Knack, Knack knarrte es aus ihren Knochen hervor. Sie richtete ihren provisorischen Stand den Umständen entsprechend gemütlich ein und lächelte dann tatsächlich Dr. Ziebert an. Als sie bemerkte, was sie gerade tat, hörte sie sofort auf und schaute besonders ernst. Jetzt war sie wieder allein mit diesem nervigen Deutschen Dr. Neunmalschlau. Sie nahm sich fest vor, das Beste daraus zu machen, schließlich konnte sie ihm momentan nicht entkommen. Was tun, fragte sie sich. Vielleicht etwas Smalltalk, schließlich konnte sie ein wenig Deutsch. Etwas gebrochen fragte sie: „Na, Herr Doktor, die Klugen bleiben wenigsten im Warmen." Jürgen schaute sie an, seufzte leicht, dann nickte er zustimmend.

Er mochte Jinjin. Er mochte sie vom ersten Moment an, als er ihr während der Missionsvorbereitung vorgestellt wurde. Vielleicht wären sie inzwischen ja sogar so etwas wie Kameraden geworden, dachte er. Ein Gespräch würde jetzt sicher ganz angenehm sein, zumal das Warten auf Anweisung von Langeweile erfüllt war.

Andernfalls, Jürgen konzentrier dich! Nicht abschweifen, du ziehst das hier durch und dann nichts wie weg aus China, lass dich jetzt nicht von dieser durchaus hübschen Frau ablenken. Auch wenn sie eindeutig den ästhetischen Gesamteindruck einer Schönheit hinter ihrem soldatischen Verhalten versteckt. Also jetzt Fokus ...

Mit ihren schwarzen zum Dutt gebunden Haaren, hellbraunen Augen, wohlgeformten vollen Lippen und feinen Gesichtszügen sah sie in ihrer Militärkleidung zwar eher wie ein fehlplatziertes Kleidermodel aus, denn wie eine hochspezialisierte Soldatin. Aber sie gefiel Jürgen nur zu gut.

Diese schlaue Nanobiotechnikerin war die einzige Person, mit der er sich, seitdem er in China erpresst wurde, ein wenig anfreunden konnte. Nebenbei war sie die Einzige, die einigermaßen gut deutsch sprach. Alle anderen blieben unter sich und sprachen nur gebrochen Englisch mit Jürgen, sofern sie es denn überhaupt konnten. Und dass, obwohl der Hauptmann sehr wohl ganz passable deutsch sprach. Dr. Ziebert war es ihm aber offenbar nicht wert. Meistens musste er aus dem bisschen Mandarin, das er notgedrungen auf die Schnelle lernte, im Sinnzusammenhang herausfiltern, was die Soldaten untereinander besprachen.

„Ja, hier ist es mir auch deutlich lieber als draußen. Dieses Wetter im Himalaya ist nichts für mich."

„Das ist der erste Einsatz für dich im Militär, bei dem es ernst wird, was?" fragte Jinjin.

„Sicher, wie du weißt, bin ich Wissenschaftler und kein Krieger."

Jinjin lachte und zeigte auf den Stuhl neben ihr. „Komm setz dich her, hier ist es deutlich besser geheizt als in deiner Ecke." Jürgen ließ sich nicht zweimal bitten und setzte sich neben Jinjin und tatsächlich war das Klima dort - wenig überraschend - angenehmer. Standen doch die Elektroheizer rund um die diversen technischen Geräte. Jürgen strecke seine kalten Füße in den warmen Luftstrom am Boden. Auf den Bildschirmen bemerkte er bei genauerer Betrachtung, dass dort neben den örtlichen Drohnenaufnahmen auch einige andere Objekte zu sehen waren, die ihm ungewöhnlich vorkamen. Eines dieser Videobilder auf dem Control-Panel am rechten Bildschirm sah nach einer Bordkamera eines kleineren Transportflugzeugs, vielleicht einer Zivilmaschine aus.

„Was ist das dort für eine Drohne?" fragte Jürgen und zeigte auf den rechten Schirm.

„Das … Eine weitere Drohne für die Mission", Jinjin wirkte abweisend bei dieser Frage.

Jürgen dachte nach, es sah ziemlich sicher nach einer Transportmaschine aus und nicht wie eine Aufklärungsdrohne. Zumal die ganze Zeit die Bordkamera und keine Bodenaufnahmen liefen. Möglicherweise würde sie damit zurück nach Shanghai transportiert werden.

„Ist das unser Transportflugzeug? Für den Rückflug meine ich?"

„Konzentrier dich auf deine Aufgabe, Doktor!" Jinjin fühlte sich von der Neugier dieses Mannes gestört. Er sollte sich um das Artefakt kümmern und nicht um andere Details der Mission. Ihre Worte hatten eine klare Befehlstonalität.

Jürgen hielt von weiteren Fragen Abstand und versuchte zu kombinieren. Er erinnerte sich an die Vorbereitung der Mission und die Planungsdetails, die ihnen dort mitgeteilt wurden. Flugplätze in der Nähe gab es keine, nur einen provisorischen Lande- und Startplatz in einem Ort etwa zehn Kilometer entfernt vom Kloster. Die Daten dieser Maschine, welche er ebenfalls am Schirm sehen konnte, passten jedoch nicht mit den Koordinaten für diesen möglichen Landeplatz zusammen.

„Das Flugzeug bewegt sich viel zu dicht an das Kloster heran, die Koordinaten für eine Landung am nächstmöglichen Landeplatz sind nicht korrekt!" sagte Jürgen. Er wollte unbedingt wissen, was es mit dieser Maschine auf sich hatte. Unterbewusst spürte er, dass hier etwas gewaltig faul war. Diese Aussage wäre perfekt, um mehr Details aus Jinjin herauszuarbeiten. Verdammt, dachte Jinjin. Sie wusste von ihrer Zeit der Observation Dr. Zieberts, dass er über gute deduktive Fähigkeiten verfügte. Aber, dass er aus den vielen Drohnendaten, so etwas herauslesen würde, hätte sie nicht für möglich gehalten. Wie sollte sie ihm gegenüber reagieren? Er versuchte eindeutig, Informationen aus ihr herauszukitzeln, die ihn nichts angingen. „Ich sagte dir, konzentriere dich auf deine Aufgabe!"

„Aber die Koordinaten sind nicht passend, du solltest das doch erkennen und korrigieren."

„Die Koordinaten sind korrekt," sagte Jinjin lauter werdend und leicht aufbrausend. „Siehst du diesen Bildschirm Doktor?" sie zeigte auf die Aufnahme der Insektendrohne vom Stein, „Das ist dein Job, klar!"

„Selbstverständlich!" Jürgen hatte genug in Jinjins Verhalten und Körpersprache lesen können. Ihm wurde klar, welchem Zweck diese Maschine diente.

„Es wird keine Zeugen geben, richtig?"

Was hatte der Doktor da gerade gesagt? Diese Direktheit war kühn. Der kann es einfach nicht lassen, dachte Jinjin. Aber er war gut, sehr gut sogar. Was sollte sie ihm nun antworten, er hatte die Planung durchschaut.

„Richtig, es wird keine Zeugen geben. Es darf keine Zeugen geben, dafür ist die Mission und der Inhalt zu wichtig!"

„Was ist mit meinem Assistenten Nima? Er befindet sich im Kloster? Er ist Teil der Mission."

„Die Missionsleitung hat entschieden, dass Ihr Assistent nicht vertrauenswürdig ist. Der Befehl lautete, dass er im Kloster bleiben soll."

Jürgen verstand. Er verstand sehr genau. Die Chinesen mussten Nimas Verrat entdeckt haben. So ein Narr, so ein Trottel. Warum musste er den Abt auch mit seinen lächerlichen Zetteln warnen? Auch wenn er seine Botschaften unauffällig übergeben hatte, merkten die Chinesen schon vor Tagen, dass es eine undichte Stelle zu gab und die Mönche und Nonnen offenbar etwas wussten. Sein Gespräch mit Tashima hatte ihn wohl final aufgedeckt. Jürgen dachte nach. Welche Worte zwischen ihm und Tashima hatten Nima nur entlarvt?

Jinjin merkte, dass ihre Aussage den Doktor deutlich beunruhigte, auch wenn er sich sichtlich Mühe gab, entspannt zu wirken. Sie hatte ihn bereits ein Jahr lang beschattet und mehr als dreißig Berichte über ihn verfasst. Seine vorgespielte Ruhe durchschaute sie mit Leichtigkeit. Sie kannte mittlerweile seine Eigenheiten und Handlungsmuster.

„Hey … beruhig dich, du wirst noch gebraucht!" Kaum hatte sie den Satz ausgesprochen, bereute sie ihn auch schon wieder. Schweigen wäre angemessener gewesen.

Jürgen wurde blass. Die Drohung hatte gesessen. „Noch", was sollte das denn heißen? Noch gebraucht? Wie lange wäre die genaue Zeitdauer dieses „nochs"? Und danach? Was wäre nach diesem „noch"?

Er musste nachdenken, schnell nachdenken. Im Raum konnte er keine Videoüberwachung ausmachen. Es gab aus dem Zelt nach allem, was Jürgen erkennen und vermuten konnte, lediglich Funkkontakt mit der Zentrale in Shanghai und den Soldaten draußen. Könnte er es wagen? Sollte er es überhaupt wagen? Verdammt, schrie es in Jürgen auf, Nima hat mich mit seinen dummen Zettel-Plan noch weiter hineingezogen. Und ich habe ihm noch gesagt, er soll es lassen. Dieser kleine Mönch … beratungsresistent bis zum Verrecken.

Warum kann ich ihn nicht einfach im Stich lassen? Warum … Ich kann es nicht. Nein, unmöglich, das bringe ich nicht übers Herz. Warum kann ich es nicht! Verflucht … sei es drum. Also mein lieber Nima sei schlau genug, wenn ... ja, wenn ich es so anstellen würde, dann hättest du vielleicht eine Chance. Aber wenn es schief gehen sollte ...

Jürgen stand auf und deutete auf die Liveaufnahme des Kristalls. „Was ist das dort," fragte er Jinjin, die sogleich auf die angedeutete Stelle blickt.

„Was denn? Ich sehe nichts"

„Na dort! Schau, das ist echt komisch!"

„Was meinst du? Ich kann nichts erkennen." Dr. Ziebert hatte sie fast so weit.

„Jinjin, wie alt bist du eigentlich?"

„Hä?" Jinjin schaute verwirrt und nachdenklich nach oben. Da war es! Das Tor zu ihrem Unbewusstsein, das Jürgen suchte und erfolgreich erzeugte. Ein kurzer Moment der Offenheit, der Deckungslosigkeit war entstanden und er schlug zu. Er kniff ihr kurz stark in die Schulter und flüsterte ihr zeitgleich leise aber unglaublich klar den Hypnosebefehl ins Ohr: „Schlaf! Schlaf! Tiefer ... tiefer ..."

Dr. Ziebert atmete erleichtert auf. Es hatte funktioniert. Jinjin glitt in Trance. Er flüsterte weiter: „Du entspannst dich, tiefer und tiefer ... Immer tiefer gehst du in die Entspannung ..."

Nach zwanzig Sekunden hatte die Trance eine passable Tiefe für die eigentliche Operation erreicht. Jinjin hing in ihrem Stuhl. Ihre Arme baumelten leicht neben den Lehnen. Sie war zutiefst entspannt. Jetzt musste Jürgen schnell handeln. Er stellte die exakten Koordinaten des Klosters fest und gab Jinjin folgenden Suggestivbefehl. „Wenn du in dreihundertzwanzig Sekunden aufwachst, überprüfst du die Koordinaten der Transportmaschine. Du stellst fest, dass ein Fehler vorliegt. Folgende Koordinaten wirst du korrektiv einstellen: 30.95470, 81.62059!"

Puh, das wäre geschafft! Jetzt brauchte er ein Alibi gegenüber Jinjin. Es wäre verdächtig, wenn er neben ihr sitzen bliebe und nichts täte, sondern sie einfach eindösen ließe. Jürgen ging also hinaus, um sich zu erleichtern. Nima hätte nun eine Chance, dachte Jürgen, soll er, verflucht noch eins, das Beste draus machen. Er kann es schaffen. Er wird verstehen, wie es um ihn steht, wenn das Flugzeug in unmittelbarer Nähe des Klosters explodiert. Fliehen wird er. Sich zeitweise in die Berge zurückziehen und sich dort verstecken. Ja, das wird er schon schaffen.

Jürgen schaute eine Weile in den stürmischen Himmel und beobachtete die wirbelnden Flocken. Sie trudelten durch die Bergwinde, mal nach Ost, mal nach West. Unvorhersehbar wie seine aktuelle Zukunft und doch würden sie einmal zur Schneedecke werden. Er versuchte seine Emotionen zu ordnen, sich zu konzentrieren. Was hatte er nur getan? Warum musste er manchmal so etwas Dummes anstellen? Ein so elementarer Eingriff in die Mission war das denkbar Dümmste, was er aktuell hätte tun können. Kaum hatte er sich kurz etwas beruhigt, ging der innere Monolog von neuem los.

Was bist du nur für ein Trottel … Warum musstest du jetzt gerade jetzt versuchen, Nima zu retten … Ah, so ein Mist, was ist nur los mit dir Jürgen. Wie kommst du da nur wieder raus, früher oder später wird man dir auf die Schliche kommen … Du bist vielleicht ein Schlitzohr und hast schon so Einige, ohne mit der Wimper zu zucken hinters Licht geführt, aber du bist sicher … sicher kein verdammter kaltblütiger Psychopath und Mörder. Es war richtig! Verstehst du Jürgen, es war richtig! Soll Nima doch der Teufel holen, was musste er auch diese dämlichen Zettel schreiben.

Es erforderte die geballte Macht von Jürgens psychologischen Kenntnissen und Fähigkeiten, um mit der aktuellen Situation fertig zu werden. Er beruhigte sich und konzentrierte sich wieder auf die Mission, auf den Kristall. Dann, nach einiger Zeit des ruhigen Starrens in den Schnee, und einer Selbsthypnose, wollte er wieder hinein gehen, um die zu sich kommende Jinjin „erstaunt" aufwachen zu sehen. Was er hingegen hörte, war nicht geplant. Aus dem Zelt polterte es und schrille chinesische Flüche klangen an sein Ohr. Das sollte nicht möglich sein. Er hatte seine Stoppuhr gestellt. Dreihundertzwanzig Sekunden war sein deutlicher Aufwachbefehl und erst zur Hälfte um. Sie hätte nicht aus der Trance erwachen dürfen. Jürgen trat ins Zelt. Jinjin war dabei, ihren Hightech-Anzug für den Außeneinsatz anzuziehen.

„Was ist los?" fragte Jürgen.

„Was los ist?"

„Ja, warum ziehst du dich für den Außeneinsatz an?"

„Warum warst du nicht im Zelt auf Position!" meckerte Jinjin Jürgen scharf an.

„Ich musste austreten"

„Was musstest du? Austreten? Was soll das, Doktor?"

„Ich musste mich erleichtern."

„Hör sofort auf damit! Willst du mich ärgern oder verarschen?" schrie Jinjin. Offenbar verstand sie nicht: „Ich musste pinkeln, niao niao. Ok!" hielt er ihr entgegen.

„Achso … Ich muss in den Außeneinsatz!"

„Und die technische Überwachung?"

„Liegt jetzt in Shanghai. Außer … der Insektendrohne. Die kann man nur gut von hier aus bedienen. Sie ist meine Drohne, verstehst du? Die wirst du jetzt steuern müssen. Kriegst du das hin?"

„Werde ich wohl."

„Komm her." Jinjin erklärte Jürgen hektisch und aufgedreht, wie er den Roboterkäfer steuern könnte. Während sie sich die restlichen Teile des Anzuges anlegte, zuckte sie mit ihrem Körper zwischendurch merkwürdig zusammen. Der technischen Kurzeinschulung konnte Dr. Ziebert nur schwer folgen. Immerhin verstand er die einfachsten Steuerbefehle. Aber der Rest wirkte etwas sehr unzusammenhängend. Jinjin sprach immer schneller und undeutlicher.

„Das Wichtigste ist, dass du die Zielperson markierst … Huh … wenn sie den Kristall vom Altar hebt. Ok, ok, hast du das kapiert … huh … Der Käfer wird einen kleinen Sensor auf sie abfeuern und wir können ihre exakte Position über unser Helmvisier verfolgen." Jinjin stieß mehrere eigentümliche Laute aus.

„Was ist mit Funkkontakt, falls ich Fragen habe?"

„Da …" Jinjin warf ihm ihr Headset zu. Damit kannst du mit dem ganzen Team kommunizieren. „Rede nur mit mir, die anderen verstehen dich eh nicht. Du würdest sie nur stören. Verstanden?!"

„Ja!"

Jinjin setzte ihren Helm auf und ging mit hektischen Schritten leicht torkelnd nach draußen. Großartig, dieser Doktor, 'ne ganz großartige Hilfe ist er. Hat er mich einschlafen lassen. Geht pinkeln, ohne was zu sagen. So ein nutzloser Zivilist, was kann der überhaupt? Oh nein, jetzt habe ich das auch vergessen. Ich wollte noch die Koordinaten des Transportflugzeuges überprüfen. Egal, Shanghai ist jetzt verantwortlich, die werden das routinemäßig machen. Dieser Doktor, so ein ….

Jinjin wurde mit jedem Schritt aufgedrehter und nervöser. Ihr ganzer Körper fühlte sich wie eine auf höchste Spannung gehaltene Feder an, die danach brüllte, ihre Kraft abzugeben. Mittlerweile lief sie durch den Schnee, ihre Sinne auf das Äußerste geschärft. Jedes Geräusch hörte sich lauter an. Die Schärfe ihrer Sicht wurde wesentlich klarer als sonst und zeigte jede noch so kleine Unebenheit im Schnee. Jede Schneeflocke schien ihren Weg einzeln aufgelöst in ihrem Sichtfeld zu ziehen. Ihre Muskeln durchfuhr eine unbändige Energie. Nach achthundert Metern erreichte sie ihre zugeteilte Position in unmittelbarer Nähe zu zwei Kameraden.

„Hey Jin, was machst du hier?"

„Ja, ich dachte, die Schlauen bleiben im Warmen?" Beide lachten gehässig. Oh nein, das auch noch. Ihr fiel ein, dass sie ihren Funk versehentlich angelassen hatte. Ihr Team bekam ihre Bemerkungen mit. Sie sagte es zwar auf Deutsch, aber der Hauptmann, dieser arrogante Sack, wird es ihnen sicher übersetzt haben!

„Halt doch die Klappe!" Jinjin war absolut nicht in der Stimmung für dumme Bemerkungen. Sie hasste die beißende Kälte und den extremen Wind, der trotz der modernen Ausrüstung in ihren Nacken kroch. Sie fühlte sich enorm überdreht und jetzt kam auch noch dieser Schlaumeier Ming mit seinen blöden Sprüchen daher. Der war doch eh nur dabei, weil er Waffen halten und präzise abfeuern konnte. Der sollte bloß still sein.

„Haben sie dich vollgepumpt oder warum bist du so bissig drauf Jin."

„Wenn du nicht die Klappe hältst, verpasse ich dir so dermaßen eine, dass du auch vollgepumpt werden musst, Ming," fuhr sie ihren Kameraden an.

„Ruhe!" Brüllte der Hauptmann durch Funk in die Helme, „Hier wird keiner mehr mit Kraftmitteln vollgepumpt! Ist das klar! Konzentriert euch!"

Jürgen saß nun allein im Zelt. Die Bildschirme der Drohnenüberwachung waren von Jinjin gesperrt worden. Er konnte nur noch die Insektendrohe sehen. Während sein Körper ruhig im Stuhl lehnte, brodelte es in ihm auf das Härteste. Hatte Jinjin die Koordinaten geändert? War sein Versuch, Nima zu retten, gelungen? Oder war man ihm vielleicht schon auf die Spur gekommen. Was würde man mit ihm tun, wenn sein „Expertenwissen" keinen Mehrwert mehr brächte? Sollte er vielleicht die Gelegenheit nutzen und selber fliehen? Eine halbe Stunde verbrachte er mit mal qualvoll ängstlichen, dann mutigen und schließlich pessimistisch grotesken Gedanken über die Situation. Schlagartig wurde er aus seinen inneren Fragen und Gedankenschleifen geholt, als er auf einmal mehrere Personen in der Höhle sah.

Über Funk gab er durch: „Personen am Kristall gesichtet."

„Mingbai - Verstanden!" antwortete Jinjin, „Halte den Marker bereit."

Jürgen konnte Tashima und den Abt erkennen. Sie standen mit mehreren Männern um den Kristall herum. Sie schienen sich jedoch nicht einig zu sein. Nach einigen Wortwechseln begannen sie zu streiten. Aber warum? Warum fingen sie an, sich zu streiten?

Was Jürgen dann sah, ließ ihn den Atem stocken. Tashima berührte den Kristall. Augenblicklich begann dieser ein helles grünes Licht auszustrahlen. Eine Metapher, wie Tashima behauptete, war der Juwel sicher nicht. Die Legende war eindeutig wahr. Sehr wahr und in unmittelbarer Handlung begriffen. Jürgen hatte innerlich gehofft, dass der Kristall sich nur als ein kraftloser Ritualgegenstand erweisen würde, der maximal Effekte auf der mentalen Ebene hervorrufen könnte. Doch der Stein, den Tashima berührte, war realer und weit mächtiger, als Jürgen es glauben konnte. Das Licht schien die Männer in der Höhle in einen anderen Zustand zu versetzen. Sie nahmen fast synchron Schlüssel aus ihren Mänteln heraus. Anschließend gingen sie zum Altar und führten diese in kleine Öffnungen im unteren Bereich des Altars ein. Nachdem sie eine Sperrvorrichtung entriegelten, nahm Tashima den Stein in ihre Hände. Jürgen hielt seinen Finger über dem Icon des Screens, den Jinjin ihm besonders genau erklärte.

Es war der Auslöser für einen kleinen Schuss. Er zielte mit dem Roboter-Käfer auf die Nonne. Atmete tief ein und wieder aus. Seufzte dann einmal. Zögerte … einige Sekunden … vielleicht länger. Dr. Ziebert konnte nicht handeln. Sekunden kamen ihm wie Minuten vor. Seine Hand begannen leicht zu Zittern. Sollte er es wirklich tun? Könnte er es? Blieb ihm überhaupt eine Wahl? Flucht oder Tat? Er schloss die Augen und bewegte langsam sehr langsam seinen Finger zum Icon. Lautlos schoss die Insektendrohne den Marker auf die Nonne ab. Jürgen hatte gehofft, verfehlt zu haben, doch er traf. Der Marker verankerte sich sofort selbsttätig in ihrer Kleidung und sandte sein aktiviertes Signal aus.

Jinjin erkannte die Aktivierung des Markers, wie alle anderen Soldaten, auf ihrem Visier. Die Nonne war markiert und ihre Position eindeutig. „Zielperson Nonne in Zustand grüner Lotus, Zugriff einleiten!" kam per Funk der Befehl des Hauptmannes.

Auf den Bildschirmen im Zelt wurden automatisch alle Helmkameras der Soldaten aufgeschaltet und Jürgen konnte die zangenförmige Zugriffsbewegung live mitverfolgen.

Er sah auf einem Ausschnitt, wie Tashima ihren grünen Stein hochhielt und kurz davor war, von einem Soldaten niedergeschlagen zu werden. Doch dann sah er einen … einen Mann mit Turban. Was war das? Wer war das? Einige zielgerichtete Schüsse auf den Mann verfehlten ihn knapp. Kurz darauf verschwand die Person im Schneesturm und zwei Soldaten nahmen die Verfolgung auf. Sehr merkwürdig, dachte sich Jürgen, das macht wirklich schwer Sinn. Dieser Einsatz war sowieso schon äußerst skurril und ungewöhnlich, aber jetzt auch noch das. Was hatte das zu bedeuten? Jetzt war jedoch nicht die Zeit darüber nachzudenken. Er hatte die Aufgabe, sich um den Stein zu kümmern, denn die Soldaten hatten ihn mittlerweile gesichert und die Nonne überwältigt.

Für das Artefakt bereitete er eine große Kiste in der hinteren Zeltecke vor. Ein Meter lang, breit und hoch, quadratisch geformt und schwarz, ganz schwarz, war sie von außen. Lee ließ sie aufwändig und kunstvoll aus Stahl und Blei fertigen. Sie war unglaublich schwer und allein konnte Jürgen sie nicht einmal bewegen, geschweige denn heben. In ihr waren viele technische Geräte verbaut, die Dr. Ziebert und Prof. Lee in Shanghai aufgrund ihrer

Ergebnisse mit der Träne vorkonfiguriert hatten. Das Auge sollte in dieser Kiste nach Shanghai transportiert werden. Die Kiste schirmte alles elektromagnetisch und radioaktiv zu 100% ab, was in ihr lag. So sollten laut den Vermutungen von Lee keine unerwarteten Wechselwirkungen mit Soldaten oder anderen Personen während des Transportes auftreten.

Die ersten Soldaten kamen durch den Zelteingang zurück und brachten einen verletzten Mann mit einem Messer im Bein mit. Er war offensichtlich stark verletzt und schrie vor Schmerzen. Der Dolch war sehr tief in das Bein eingedrungen und es blutete stark.

Einer der Soldaten rief Jürgen in gebrochenem Englisch zu: „Sie, Sie sind doch Arzt. Los nehmen sie den Verbandskasten und versorgen Sie diesen Mann!"

„Eigentlich bin ich Seelenarzt, du Stümper!" grummelte Jürgen, nahm aber die Verbandssachen und versuchte sein Bestes, den Soldaten zu verarzten. Als er ihn seinen Helm abnahm, erkannte er Ming. Dieser Großmaulheld war Jürgen bereits während der Vorbereitung mit seinen manchmal dummen und manchmal frechen Sprüchen aufgefallen.

Dr. Ziebert hatte früher während seiner Studienzeit als Sanitäter gearbeitet und Erfahrung in der Behandlung von Schnitt- und Stichwunden. Zumindest ausreichend Erfahrung für die Verletzung des Sprücheklopfers Ming. Er stellte sich etwas ungeschickt an und Ming jammerte mehr als erwartet, bis … Jürgen feststellte, dass der Mann über sein taktisches Armband irgendeinen Cocktail eingeflößt bekam. Die Blutung stoppte erstaunlich schnell und der Mann schaute betäubt und schmerzfrei an die Decke des Zeltes. Jürgen nahm den Dolch, den er aus dem Bein entfernt hatte und reinigte ihn. Die Merkwürdigkeiten nahmen zu, denn Jürgen konnte arabische Schriftzeichen auf der Waffe erkennen. War dieser Mann im Schnee etwa ein Araber gewesen? Wie auch immer, es gab in diesem Moment keine Zeit, darüber zu sinnieren, denn es kamen bereits die Soldaten mit dem „Auge" des Buddhas in das Zelt. Jinjin ließ es vorsichtig mit einem ferngesteuerten kleinen Kranfahrzeug ins Zelt transportieren. Die Soldaten hielten ehrfurchtsvoll und vorsichtig Abstand zum Kristall.

„Da ist es Doktor. Das Auge des Buddhas. Ich habe es erbeutet! Ich habe es erbeutet!"

Jürgen ging langsam um den Stein herum. Dann blieb er stehen, griff sich ans Kinn und streichelte es nachdenklich. Jürgen steckte seine Hand dem Stein entgegen und berührte ihn zärtlich. Er umfasste den Stein mit beiden Händen. Anschließend hob er das Artefakt hoch, trug es andächtig zur Kiste und legte es behutsam hinein. Die kleinen funkelnden Lichter im Stein hatten eine unglaublich beruhigende Wirkung auf Jürgen. Das Artefakt war so wunderschön anzuschauen, so vollendet in seiner perfektionierten Kugelform, einfach einmalig. Metaphysisch würde Professor Lee sagen.

Als er den Stein losließ, schoss mit einem Mal eine Flut an Gedankenbildern durch seinen Geist. Ein stechender Schmerz blitzte erst in seiner Wirbelsäule und dann in seinem Kopf auf. Er musste sich hinsetzten. Ihn verließen schlagartig die Kräfte. Mit beiden Händen schlug er seinen Kopf, um die Schmerzen besser zu ertragen. Es half nicht. Er ging auf die Knie, raufte sich die Haare und stöhnte heftig unter Schmerzen. Doch so schnell wie die Schmerzen kamen, ließen sie auch wieder nach.

„Alles in Ordnung mit dir?" Jinjin stützte Dr. Ziebert und half ihm hoch.

„Ja, ja. Der Kristall … er ist immer noch … leicht aktiv, denke ich."

„Wird schon wieder Doktor. Wird schon. Unser Transporthelikopter wird gleich da sein. Wir werden jetzt in ein Basislager nach Südchina verlegt."

„Gut gemacht, Zivilist!" Der Hauptmann klopfte Dr. Ziebert mit kräftigen Hieben auf die Schulter. „Kannst ja doch was …" Dann lachte er laut. „Los, alles für den Abflug vorbereiten."

Jürgen schaute die aufgedrehte Jinjin an. Sie schien massiv aufgeputscht und lief nervös vor ihren Bildschirmen hin und her. Jürgen betrachtete den Stein noch einmal andächtig an und bemerkte, dass zwischen den hunderten funkelnden Lichtern auch ein dunkler Funke flog. Als er spürte, dass der Stein wieder begann, einen Einfluss auf ihn aufzubauen, schloss er schnell die Kiste. Gemeinsam mit Jinjin meldete er - entsprechend Protokoll - den erfolgreichen Abschluss der Mission und die Sicherstellung des Artefakts an die Einsatzleitstelle nach Shanghai. Der Hauptmann schrie irgendwas über das Funkgerät. Jürgen verstand wenig, aber offensichtlich ging es um die Transporthubschrauber. Mit einem ohrenbetäubenden Donnern durchbrach plötzlich eine mächtige Explosion die Szene. Jürgen und einige Soldaten rannten nach draußen, um zu sehen, was passiert war. Aufgrund des Schneegestöbers konnte man nichts sehen. Weder Rauch noch Feuer waren erkennbar.

Ihm wurde jedoch sofort klar, was geschah. Zurück im Zelt, sah er, wie Jinjin auf den Bildschirmen die Absturzstelle des Transportflugzeuges über andere Drohnen begutachtete. Der Angriff hatte das Kloster direkt getroffen. Es brannte Lichterloh. Überall lagen brennende Trümmer und verkohlte Wrackteile herum.

Jürgen versuchte, sich angesichts der Situation zusammen zu reißen. Seine dunkle Ahnung wurde zur traurigen Gewissheit. Sein riskanter Versuch,

Nima zu retten, war gescheitert. Er konnte seine Betroffenheit schwer zurückhalten. Jinjin wandte sich von ihren Bildschirmen ab und Jürgen zu. Sie nahm ihren Rucksack und ging auf ihn zu: „Los komm, wir sind hier fertig, den Rest macht das Serviceteam."

Jürgen schob seine Brille hoch und ging zügig mit Jinjin nach draußen. Jürgen ging leicht abseits. Keiner sollte seine Tränen sehen oder seine Erschütterung spüren. Nach einer Minute landeten zwei Hubschrauber. Servicekräfte des Militärs stiegen aus, die Spezialeinheiten und Dr. Ziebert ein. Ein dritter Hubschrauber landete. Zwei mit Exoskeletten ausgestattete Soldaten trugen die schwere schwarze Kiste in die Transportmaschine. Ein vierter Helikopter landete und die festgenommenen Obersten, der Abt und Tashima, wurden in das Luftgefährt verfrachtet.

Nach einem ereignislosen Rückflug kam die Einheit im Basislager an. Es war ein provisorisches Containerlager im Süden Chinas. Die Spezialkräfte wurden bewundernd vom Basisteam empfangen und starteten kurz nachdem sie ihre Sachen abgelegt hatten, eine ausgelassene Feier. Das Basisteam hatte ein kleines rustikales Bankett, aus Nudelpfannen, gebratenen Hühnchen und Reistöpfen für die Sonderkräfte vorbereitet. Nur Jürgen war nicht zum Feiern zumute. Er war erschöpft und zog sich auf sein Zimmer in einem kleinen Container zurück. Er legte sich auf ein schlichtes Feldbett und versuchte, sich auszuruhen. Von draußen hörte er das Geschrei und den Lärm der Feiernden und war von der Aufregung der Ereignisse immer noch viel zu aufgedreht, um schlafen zu können. Gedanken über den Tod von Nima und die möglichen Konsequenzen seines gescheiterten Versuches, in die Koordinaten der Transportmaschine einzugreifen, drängten sich auf.

Nach einer halben Stunde hart durchkämpften inneren Monologen, konnte er nicht mehr herumliegen. Er öffnete die Augen und es fiel ihm ein kleiner Fernseher im Containerzimmer auf. Etwas Zerstreuung würde jetzt vielleicht ganz gut tun, dachte er sich und schaltete das TV-Gerät an. Auf einem der zahlreichen Sender fand er schließlich eine infantile Gameshow, die dennoch einen unterhaltsamen Witz versprühte und bestens abzulenken vermochte. Sprachverständnis war glücklicherweise nicht erforderlich, die Bilder sprachen für sich. Gerade als eine durchtrainierte Chinesin - eine angeblich bekannte Sportlerin - in einen der zu durchlaufenden Wasserparcours der Show, kurz vor dem Ziel mit einer schmerzerfüllten Grimasse, in Zeitlupe, aus gefühlt zehn Perspektiven gleichzeitig, aber durchaus witzig, ins Wasser stürzte, klopfte es an der Tür. Jinjin trat ins Zimmer. „Hallo Doktor, warum kommst du nicht raus. Der Hauptmann fragt sogar nach dir.

Hast dir wirklich Ansehen in der Gruppe erarbeitet. Und dass, obwohl du so ein … andersartiger Zivilist bist."

„Ich bin nicht nur andersartig, sondern auch müde, Oberleutnant Jinjin. Es ist mir nicht nach Feiern."

„Schade." Jinjin setzte sich auf ein anderes Feldbett im Raum und begann ein Gespräch mit Jürgen. Sie unterhielten sich ein wenig über Belangloses und die im Hintergrund laufende Gameshow. Obwohl sie als eine der auf ihn angesetzten Agentinnen sehr wohl genauestens wusste, was geschehen war, wollte sie mit ihm über etwas bestimmtes sprechen.

„Wie bist du eigentlich nach China und in unsere Mission gekommen?"

Jürgen schien das Gespräch mit ihr als angenehm zu empfinden und berichtete ihr ausführlich von seiner Heilzeremonie bei Herrn Xing und seiner Tochter. Als sie interessierte Rückfragen stellte, begannen die Nachrichten im noch laufenden TV. Jürgen wollte gerade weiter auf ihre Fragen eingehen, als die erste Nachricht seine Aufmerksamkeit auf sich zog. Das Bild einer Tragödie wurde eingeblendet.

„Schau da", sagte er erstaunt.

„Was denn?" Jinjin drehte sich um und sah die Absturzstelle der Transportmaschine und die Trümmer des Klosters im Fernseher. „Das ist in den Nachrichten?" fragte Jürgen, als kurz darauf eine Gruppe schluchzend weinender Familien am Shanghaier Flughafen gezeigt wurde.

„Ich dachte, es war eine Transportmaschine …"

„Ja, das war es auch … du meinst wegen der weinenden Leute? Das sind nur Schauspieler. Mach dir nichts draus, die sind vom Inlandsgeheimdienst. Das Video wurde vor vier Tagen gedreht. Alles Fake!" sagte Jinjin fast gelangweilt. Dann stand sie auf. „Also ich geh dann mal wieder raus, hoffe du kommst dann später noch nach."

„Gut möglich. Später, vielleicht."

Als Jinjin draußen war, wechselte Jürgen die Sender durch und schaute sich einen Bericht über das Unglück nach dem anderen auf etwa einem Dutzend Sendern an. Es war offensichtlich eine präzise geplante und verbreitete Falschnachricht.

Trauer und Hass durchströmten ihn. Doch obwohl er voller Wut war, konnte er nicht aberkennen, dass die Macher dieser Inszenierung in ihrem Handwerk talentiert waren. Die waren wirklich gut, dachte er, diese bösartigen Mörder. Sie wussten genau, was sie taten. Sie sind zwar nicht so filigran und tiefschürfend wie ich in meiner Arbeit, aber allemal gewiefte, hinterhältige Trickser. Einem ganzen Land so eine Lüge vorzuspielen, ist eine durchaus bemerkenswerte Fähigkeit. Wahrscheinlich waren nur die Amerikaner mit den Falschnachrichten über den Terroranschlag von 9/11 durch Bin ihrerzeit besser. Das war ein skrupellos und durchgeplant Inside-Job, der nicht nur einem Land, sondern der ganzen Welt als Terroranschlag vorgespielt wurde. Jürgen schaltete den Fernseher aus. Er ließ sich auf sein Bett fallen. Er war auch ein Trickser. Sie würden schon sehen. Sehen, wen sie sich ins Team geholt hatten.

In einem Labor in Shanghai suchte ein Mann in den Tiefen eines Kristalls nach Antworten. Kleines grünliches Funkeln spiegelte sich in der braunen Iris von Professor Lee. Verspielt tanzten seine Augen mit den Lichtpunkten des Juwels einen gebannten Reigen der Bewunderung. Ein Tanz tiefer geistiger Faszination, wirbelte in Zeitfragmenten zwischen zwei Lidschlägen durch die Ebene des trennenden Raums. Eine scheinbar unüberwindbare Ebene von weniger als einem Meter, die doch unaufhaltsam ein Rufen vermittelte.

Was war das Mysterium, was das Geheimnis, das Lee in dem Abyssus des Artefaktes suchte? Welcher Sehnsucht gab er sich in diesem Moment der unmöglichen Abwendung hin. Voller Ehrfurcht und Erstaunen blickte Professor Lee regungslos in das „Auge" des Buddhas hinein. Vielleicht zehn Minuten, vielleicht eine Stunde dauerte die bewegungslose Balz der passionierten Bewunderung. Da lag er nun in seiner schwarzen Bleikiste. Jener grüne makellose Kristall, der alles verändern könnte, befand sich endlich direkt vor ihm. Wird er im Stande sein, Lees sehnsüchtigste Fragen zu beantworten?

Dr. Ziebert kam herein und stellte sich neben den Professor. Er unterbrach nach einigen Minuten des gemeinsamen schweigenden Starrens in die zutiefst beruhigenden Funken, die im Inneren des Kristalls ihren Tanz aufführten: „Äh … " Jürgen räusperte sich höflich, „Entschuldigen Sie bitte … Herr Professor Lee, wollten Sie das Auge nicht auf Selbstreferenz testen?" Der Professor kniff die Augen schreckhaft zusammen, zuckte kurz mit den Schultern und blinzelte hektisch, als wäre er aus einem tiefen Schlaf aufgeweckt worden.

„Ja … äh … was … Sie … ach ja … genau …" Er schüttelte sich, dann täuschte er einen kurzen Husten vor und sagte schließlich: „Also … Sie … Hmm… entschuldigen Sie … Hmm… Jetzt wo das Auge vor mir steht und ich in seine Tiefe blicken kann … Sehen Sie es nicht … doch sicher sehen Sie es auch … oder nicht? Es erübrigt sich die Selbstreferenz doch fast, Herr Doktor. So ist es doch, ja sicher, man sieht es auch ohne Hilfsmittel."

„Wie meinen Sie?"

„Aber ja, doch … ja genau … ich werde es gleich als erstes veranlassen. Sie haben schon recht, wir sollten es testen."

Prof. Dr. Lee schickte einen autonomen Transportwagen mit der Kiste in den Nebenraum, wo bereits alles für den Test der Selbstreferenz vorbereitet war. Mit Samthandschuhen berührte er vorsichtig den Kristall und hob ihn in den Versuchsaufbau. Als er ihn ablegte und anschloss, schoss auf einmal eine Flut an Bildern durch seinen Kopf. Unmittelbar danach fühlte er einen stechenden Schmerz im Stirnbereich, so dass er kurz aufschrie und seinen Kopf hielt, als hätte er sich diesen stark an einem Balken gestoßen. Jürgen erschrak, dass kam ihm verdächtig bekannt vor: „Geht es Ihnen gut? Professor? Soll ich Hilfe holen?"

„Nein, nein, es geht schon wieder … Es geht schon, ich hatte nur so ein kurzes Stechen im Kopf und einige merkwürdige Gedanken."

Jürgen musste an seine eigene Erfahrung mit dem Stein denken, als er ihn in die Kiste legte.

„Mir ist in Tibet etwas sehr Ähnliches passiert, als ich den Stein losgelassen hatte. Und ich kann mir bis jetzt nicht erklären, warum ich auf einmal sonderbare Gedanken hatte. Drehende Fraktale und tantrische zornige Dämonen kamen mir in einer Bilderflut vor meinem inneren Auge unter."

„Tatsächlich … so etwas in der Art … Ja, so etwas habe ich eben gesehen … Metaphysisch! Wir sollten diesen Effekt des Steines weiter untersuchen", sagte Professor Lee entzückt. „Doch zunächst testen wir die Selbstreferenz!"

Der Versuch zur Selbstreferenz wurde nach einigen Vorbereitungen gestartet. Sofort konnte man einen Potenzialanstieg im System erkennen. Auf den Bildschirmen zeigten die Graphen fluktuierend das von Lee erwartete und erhoffte Ergebnis.

„Es funktioniert! Doktor Ziebert es funktioniert! Meine Berechnungen waren richtig!" rief der Professor begeistert aus. Aber das Potenzial stieg immer weiter an, bis es zu einem Lichtbogenüberschlag im Versuchsraum kam. In den Verteilergehäuse knallte es mehrmals laut. Die Sicherungen wurden ausgelöst.

„Was ist denn jetzt passiert?" Über einen Lautsprecher rief der Professor sichtlich erregt einige Namen durch das Gebäude. Kurze Zeit später kamen vier Mitarbeiter ins Labor gestürmt. „Verdammt, was haben Sie mir da zusammengebaut! Bringen Sie das sofort in Ordnung! Es funktioniert nicht, die Ströme waren viel zu hoch! Wer hat die Stromkreise überhaupt berechnet? Ein mathematischer Dünnbrettbohrer oder was! In einer Stunde will ich den nächsten Versuch starten, verstanden!"

Der Professor lief wild gestikulierend Kreise um den Versuchsaufbau, während seine Mitarbeiter wie bestellt und nicht abgeholt, ungläubig den Stein und die rauchende Stelle des Lichtbogens kontrollierten. Sie waren sich sicher alles richtig berechnet zu haben. Irgendetwas unvorhersehbares war geschehen

„Na los, ihr werdet hier nicht für euer Rumstehen bezahlt." Die Mitarbeiter nickten verwirrt, denn sie waren ausgezeichnete Techniker und Informatiker und hatten zu diesem Themenbereich viele Jahre unter der Führung von Lee gearbeitet. Sie wussten, er war eigen und oft etwas verschroben, aber so aufgebracht, erlebten sie ihn nur selten. Zu Dr. Ziebert gewandt sagte Lee schließlich: „Dieser Stein, er hat das System zur Selbstreferenz innerhalb von wenigen Sekunden zerstört. Was sind das für Kräfte, die in ihm schlummern? Wissen Sie irgendetwas dazu?"

„Lassen Sie mich überlegen. Ich muss in mich gehen, Sie verstehen."

„Ja, nur zu, gehen Sie in sich. Ich kümmere mich in der Zwischenzeit um die Messeinrichtung."

Selbstreferenz zu erreichen war bis jetzt ein ungelöstes Problem. Und nun hatte dieses Artefakt nicht nur ein Potenzial gezeigt, sondern den Versuchsaufbau dazu in Windeseile zerstört. Jürgen betrachtete fasziniert das Schauspiel der Techniker und versuchte nachdenklich zu wirken. Er hatte keinen blassen Schimmer, was für Kräfte hier am Wirken waren. Aber er hatte versprochen in sich zu gehen. Die chinesischen Wissenschaftler begannen bereits hektisch hin und her zu diskutieren, schauten sich die Aufzeichnungen an und arbeiteten akribisch an ihren Computermodellen. So vergingen einige Stunden, in denen Jürgen sich in den Nebenraum setzte, einen Tee mit Lee trank und einige herbeifabulierte Ideen als mögliche Begründung ins Gespräch warf. Schließlich sagte er: „Geben Sie mir ein wenig Zeit allein mit dem Kristall, ich möchte gerne etwas versuchen. Etwas, das vielleicht weiterhelfen könnte."

„Wie Sie meinen: Ich muss sowieso mit meinen Technikern sprechen. Die brauchen eindeutig zu lange."

148

Lee ging aus dem Raum. Jürgen setzte sich vor den Kristall und versuchte ihn einfach nur zu betrachten. Er dachte nach und versuchte einen Sinn in den unglaublichen Bildern zu finden, die er und Lee nach einer Berührung sahen. Er entschloss sich zu einem weiteren Experiment. Sich vorbeugend streckte er seine Hand aus und wollte den Stein berühren. Er schloss die Augen und legte seine Hand auf die glatte Oberfläche des Kristalls. Zunächst ganz langsam, doch dann immer schneller veränderte sich seine Wahrnehmung. Vor dem schwarzen Hintergrund seiner geschlossenen Augen begannen sich langsam Strukturen zu bilden. Das Schwarze war nicht mehr nur schwarz. Zunächst zeigten sich farbige Pünktchen, dann bildeten sich geometrische Formen, wie Dreiecke und Quadrate, die ineinander flossen, sich umschlungen, morphten und sich wieder auflösten. Kurz darauf zeigten sich humane Umrisse. Auch diese wirkten zunächst geisterhaft, nahmen aber stetig konkretere Züge an.

Was Jürgen dann erblickte, kam unerwartet. Aus den Umrissen bildete sich eine Szene. Tashima, der Abt und die Obersten saßen in einem Gefängnis. Als er die Vision genauer betrachtete, fiel ihm auf, dass sich sein gesamter Seinszustand bereits verändert hatte. Er spürte seinen Körper nicht mehr und konnte nur noch wage die Lüftung des Büros, in dem er eigentlich saß, hören. Auf einmal erschrak er, denn mit einem Ruck wandte sich Tashima zu ihm und blickte ihn direkt an. Es kam ihm vor, als würde die Nonne ihn wirklich sehen. Sie durchbohrte Dr. Ziebert geradezu mit ihren Augen. Dann von einem Moment auf den anderen wurde er in eine andere fremdartige Szene geschleudert. Er stand auf einer Wiese. Verwirrt versuchte er sich zu orientieren. Der Raum des Büros war gänzlich aus seiner Wahrnehmung verschwunden. Er war fort und Jürgen fühlte, sah und spürte eindeutig, dass er auf einer Wiese stand. Auf einer wirklichen echten Wiese. Grünes Gras leuchtete in einem angenehmen Sonnenlicht. Wie war das möglich? War er teleportiert worden oder war er in einer Art astraler, sehr real wirkender Projektion?

In einiger Entfernung sah er einen Wald aufragen. Sollte er die Gegend auskundschaften? Jürgen entschied sich zum Wald zu gehen, als sich kurz vor den Bäumen plötzlich eine unangenehme Stimmung bemerkbar machte. Nebelschwaden kamen auf und ehe er sich versah, verformte sich der Nebel, als wäre er lebendig in sich windende und drehende Fraktal-Muster, aus denen sich grässliche Fratzen und Dämonenköpfe formten. Köpfe stabilisierten sich aus ihnen heraus und es entstiegen den Mustern grauenhafte Wesen. die sich auf ihn zubewegten. Dr. Ziebert bekam es mit der Angst zu tun. Panik überkam ihn. Echte unkontrollierbare Panik. Mit großer Anstrengung versuchte Jürgen all seinen Mut zusammenzunehmen und sich zu konzentrieren. Da, was war das? Zwischen den sich verformenden Mustern sah er einige klare Bilder. Er sah sich selbst im Büro von Lee sitzen, wie er mit seiner Hand den Kristall berührte. Die Wesen kamen näher. Er musste handeln, er musste fliehen. So schnell er konnte lief er in Richtung des Bildes von ihm selbst. Doch so sehr er sich auch anstrengte, er wurde mit jedem Schritt langsamer.

Die Wesen kamen noch näher und schienen ihm seine Lebensenergie zu entziehen. Seine Schwäche wurde bald zur Lähmung und er brach zusammen. Ein Wesen streckte seine Pranke nach ihm aus und riss mit seinen messerscharfen Klauen eine tiefe Wunde in sein Bein. Jürgen wollte losbrüllen vor Schmerzen. Es war ihm, als spürte er, wie jede einzelne Zelle schmerzvoll aufplatze, als die Krallen ihren brutalen Weg von seinem Knie zu seinen Füßen durch sein Fleisch pflügten. In gleichen Moment sackte Jürgen Körper vom Stuhl und er verlor den direkten Kontakt mit dem Stein. Schlagartig war er wieder im Büro und schlug auf dem Boden auf. Kurz darauf kam Professor Lee mit einem Kollegen zurück in den Raum:

„Was ist denn hier geschehen? Los holen sie sofort einen Sanitäter." Lee eilte Jürgen zur Hilfe und legte ihn in die stabile Seitenlage.

„Was ist geschehen! Können Sie mich hören? Doktor!" Jürgens Augen rotierten unkontrolliert.

„Hey! Hey!" Lee schlug ihn. „Bleiben Sie bei mir!"

Jürgen versucht sich an Lee festzuklammern. Und brachte lallend einige Worte hervor: „Das Auge … es … es ist nicht wie wir dachten … es … es schützt sich vor uns!" Dr. Ziebert fielen die Augen zu und er versank in einer tiefen Ohnmacht.

Als er erwachte, lag er auf einer Trage im Nebenraum des Labors. Er war an mehrere medizinischen Geräte, wie einen Tropf und ein Elektrokardiogramm angeschlossen. Zusätzlich hatte er einige Sensoren am Kopf aufgeklebt. Während er sich langsam bewegte und versuchte, sich aufzusetzen, sah er, wie General Xiuo mit zwei Männern durch die Tür eintrat. Der General ging langsam auf Dr. Ziebert zu und sagte ruhig: „Herr Dr. Ziebert, sehr gut, Sie sind aufgewacht. Ich bin hier, um Ihnen mitzuteilen, dass Ihre Mission in China nun beendet ist."

Als Jürgen zu sich gekommen war, stand er auf und folgte dem General auf dessen Aufforderung nach. Er führte Jürgen durch das Gebäude in einen großen Besprechungssaal. Dort warteten bereits einige Parteimitglieder der KPC an einem Verhandlungstisch. Nachdem sich alle in einfache Plastikstühle gesetzt hatten, begann eines der Parteimitglieder trocken und fast gelangweilt zu sagen: „Herr Dr. Ziebert, wir möchten Ihnen im Namen Chinas für Ihre großartigen Dienste danken. Sie sind zu einem ausländischen Helden geworden. Die Partei hält ihre Verträge ein. Ihr Einsatz war so erfolgreich, dass wir uns entschlossen haben, Sie und alle Ihre Mitarbeiter zusätzlich mit jeweils zehn Millionen Yuan zu entlohnen. Die Auszahlungen wurden bereits mit ihrem Büro in Berlin besprochen und mit der zuständigen Bank geklärt", sagte einer der Anwesenden und überreichte Jürgen eine Ehrenurkunde.

Für die Anerkennung des Heldenhaften Einsatzes für China und die KPC.
Verleihung des 1. Juli- Ordens für außergewöhnliche Leistungen
an
Dr. Jürgen Ziebert

„Sie sind frei nach Berlin zurückzukehren. Für die offizielle Verleihung des Ordens an alle Mitglieder des Einsatzes findet in zwei Monaten eine Feierlichkeit in geschlossener Gesellschaft statt, an der Sie gebeten sind, teilzunehmen. Alle vertraglichen Vereinbarung zwischen Ihrem Unternehmen und der KPC, wie monatlichen Zahlungen und sonstige Abfindungen, werden fristgerecht eingehalten. Sollte es Nachfragen oder Änderungswünsche geben, können Sie sich jederzeit an die chinesische Botschaft in Berlin wenden", sagte der Mitarbeiter weiter emotionslos und förmlich.

„Was ist mit der Bedrohung durch ausländische Geheimdienste?" fragte Jürgen.

„Die Bedrohung konnte aufgehoben werden. Es besteht für Sie kein Risiko mehr, das Land zu verlassen", sagte der Parteifunktionär.

Jürgen verstand. Er war überaus erleichtert, denn offenbar war niemandem seine Intervention im Einsatzzelt durch die Hypnose von Jinjin aufgefallen. Die Einsatzdokumentation sollte zum jetzigen Zeitpunkt weitgehend abgeschlossen sein, vermutete er. Wie es schien, hatte er nochmal Glück gehabt.

An diesem Punkt hakte General Xiuo ein und wandte sich an Dr. Ziebert: „Herr Doktor, Ihr Rückflug ist in zwei Tagen gebucht, Sie können von nun an wieder mit Ihrem Büro in Berlin telefonieren. Hier ist Ihr ausgedruckter E-Mail-Verlauf, den unser Chatbot mit ihrem Büro austauschte - während ihrer Quarantäne", Xiuo überreichte Dr. Ziebert einen kleinen Stapel Blätter, auf denen die Korrespondenzen standen. Jürgen überflog es kurz und war erstaunt, wie gut der Bot seine Art des Schreibens imitieren konnte. Er führte ganze Gespräche mit seinen Kollegen in Berlin, ohne dass sie bemerkten, dass nicht Jürgen, sondern nur ein Programm mit ihnen schrieb. General Xiuo schaute kurz fragend in die Runde der anwesenden Parteimitglieder und wandte sich dann nochmal zu Dr. Ziebert: „Herr Doktor, wissen Sie, wie lange sie weggetreten waren?"

„Wahrscheinlich für einige Stunden, vielleicht zehn oder zwölf."

„Nein, Sie haben drei Tage geschlafen. Nach zwölf Stunden haben wir Ihre Gehirnwellen aufgenommen, um sicherzugehen, dass Sie nicht in ein Koma fallen. Offensichtlich jedoch sind Sie nur in eine tiefen Deltawellen-Schlaf versetzt worden."

Jürgen war schockiert. Er hätte schwören können, dass er nur sehr kurz weg war. Mit Schlaf und Träumen befasste er sich schließlich schon lange und hatte ein sehr gutes Gefühl dafür entwickelt, wie lange er in traum- oder traumlosen Schlafphasen und Zuständen verweilte. Das Letzte, woran er sich erinnern konnte, war das Gefühl von Schwäche und unglaublicher Müdigkeit. „Das sind erstaunliche Neuigkeiten", sagte Jürgen

„In der Zwischenzeit konnten wir einiges über das Artefakt herausbekommen. Da Sie der einzige Experte auf diesem Gebiet sind, möchten wir Ihnen ein Angebot unterbreiten. Wir stehen aktuell leider vor einem großen Problem und brauchen Ihre Hilfe als Experte noch ein weiteres Mal."

„Was ist mit Tashima?" fragte Jürgen.

„Die Nonne und die Mönche sind vorerst in Sicherheitsverwahrung - genauer gesagt, stehen sie unter Hausarrest in der Nähe des Labors. Sie verweigern jegliche Zusammenarbeit. Für gewöhnliche und außergewöhnliche Foltermethoden sind sie leider zu alt, sodass es uns momentan nicht möglich ist, sie auf diese Art zu überzeugen. Ein ungewolltes Dahinsterben dieser Personen muss aus jetziger Sicht vermieden werden."

„Und daher wollen Sie nun nochmal meine Hilfe in Anspruch nehmen?"

„Herr Dr. Ziebert, Sie haben der chinesischen Nation bereits großartige Dienste erwiesen und selbstverständlich können Sie nach Berlin zurückkehren. Wir möchten Ihnen jedoch noch ein weiteres Angebot unterbreiten. Falls Sie mit uns an dem Projekt Weltenstein weiterarbeiten, bieten wir Ihnen eine hohe Führungsposition an."

„Was genau verstehen Sie unter einer hohen Führungsposition?"

„Sie erhalten entweder einen Posten als Kreisvorsteher eines chinesischen Bezirkes oder, was wahrscheinlich eher ihrer Wahl entspräche, ein Ministeramt innerhalb eines EU-Mitgliedslandes."

„Einen Ministerposten innerhalb der EU? Das verstehe ich nicht, wie könnten Sie mir diese Stelle anbieten?"

„Einige EU-Länder sind innerhalb ihrer Ministerien seit Anfang 2020 durch umfangreiche Infiltration unsererseits den chinesischen Interessen sehr zuvorkommend eingestellt. Wenn Ihnen kein Ministerposten zusagt, können wir Sie auch in unterschiedlichen Aufsichtsräten innerhalb Deutschlands positionieren. Hamburger Hafen, Automobiltechnik in Wolfsburg, Pharma- oder Chemieunternehmen im Ruhrgebiet. Beträchtliche Vergütungen, wenig Arbeit - die Wahl liegt bei Ihnen."

Dr. Ziebert überlegte kurz. Er hatte schon häufiger mit den Vorständen oder Geschäftsführern wichtiger Unternehmen im europäischen Raum als Seelenheiler zu tun gehabt. Aber solche Positionen selbst zu bekleiden, reizte ihn überhaupt nicht. Andererseits sollte er es nicht zu schnell ablehnen, die Verhandlungspositionen hatten sich nach der Zeit der Angst zu seinen Gunsten gewendet.

„Sie erwarten doch nicht eine sofortige Entscheidung, oder?"

„Nein, natürlich nicht, Sie haben zwei Tage Bedenkzeit, bis ihr Flugzeug nach Berlin geht. Sollten Sie kein Interesse daran haben, würden Sie nach Berlin zurückkehren und ihr Leben so weiter gestalten, wie es ihren Vorstellungen entspricht", sagte Xiuo und stand auf.

„Ich danke Ihnen sehr für Ihr Angebot, General!" Auch Jürgen erhob sich von seinem Stuhl, den er dabei unabsichtlich quietschend am Boden nach hinten schob. Die Versammlung verließ den Raum und Jürgen kehrte zu seinem Hotel zurück.

Am Nachmittag machte sich Dr. Ziebert auf zu einem sehr guten Hafenrestaurant, das ihm Lee empfohlen hatte. „Zum goldenen Scheideweg" hieß es. Ein eher ungewöhnlicher Name, wie Jürgen fand. Vor einigen Jahren sollte es nur eine einfache Hafenkneipe gewesen sein, in der gerne Angehörige des Militärs verkehrten. So zumindest stand es in einem Artikel, den Jürgen auf dem Weg dorthin las. Er fuhr mit dem Taxi bis zum Hafen. In der Zwischenzeit hätte es sich aber zu einem gehobenen Restaurant entwickelt, beteuerte der Reiseführer.

153

Jürgen stieg aus dem Taxi und schlenderte über einen Fisch- und Naturalienmarkt in Richtung Restaurant. Er genoss die angenehme Meeresbrise und das Treiben der Menschen. Die Handler schrien durcheinander, sich gegenseitig überbietend und unterschiedlichste Düfte und Gestanke streiften Jürgens Nase. Als er sich einen großen Marktstand mit exotischen Meeresfrüchten genauer anschaute und einige riesige Kalmare genauer betrachtete, fiel ihm im Augenwinkel auf, dass drei Männer ihn hinter einem Marktstand stehend auffällig unauffällig begutachteten. Sie trugen Lederjacken und Sonnenbrillen und wirken in ihrer Aufmachung hier deplatziert. Waren es möglicherweise Agenten, auf ihn angesetzte Personenschützer oder gar Verbrecher? Jürgen ging schnell weiter und ließ sich durch sein Navi einige Seitengassen anzeigen. Die Wegänderung würde ihm Klarheit bringen. Er schaute an einer Abbiegung durch seine Handykamera, die er vorsichtig um die Ecke platzierte, wer ihm folgte. Zunächst waren nur normale Passanten zu sehen und Jürgen glaubte schon leicht paranoid geworden zu sein. Gerade als er sein Handy erleichtert wieder einstecken wollte, sah er sie. Die Drei kamen Ausschau haltend die Gasse entlang. Er beeilte sich, das Restaurant zu erreichen, um sich dort in der Sicherheit der Masse einen guten Plan zu überlegen. Wer sie auch waren, in einem großen Restaurant konnten sie nichts tun, ohne zu viel Aufmerksamkeit zu erregen. Irgendwie müsste er sie abschütteln.

Im goldenen Scheideweg angekommen bestellte und aß Jürgen einige seiner liebsten chinesischen Speisen. Zunächst blickte er noch höchst aufmerksam in alle Richtungen der gehobenen Gaststätte, sah die Drei aber nicht mehr. Vielleicht war er doch nur gestresst und durch die letzte Zeit gereizt und übervorsichtig geworden. Als sein Essen kam, wollte er es einfach nur genießen. Und das tat er dann auch ausgiebig und verdrängte seine Gedanken an eine potenzielle Verfolgung. Er hatte riesigen Hunger. Köstlich duftete die knusprig gebratene Ente in Orangensoße, die er sich zum Hauptgang bestellte. Genüsslich biss Jürgen in die zarten Fleischstückchen mit knuspriger Haut. Herrlich prickelnd floss das kühle Mineralwasser zu der angenehmen Schärfe des Essens seine Kehle hinab. Das war eine wirkliche Abwechslung zur Feld- und Klosterkost der letzten Zeit. Endlich wieder Speisen, die noch Geschmacksnuancen kannten. Der Sojasprossensalat rundete seinen Genuss ab. Zur Schließung des Mages bestellte er einen auserlesenen Grüntee. Als die Kanne dampfend gereicht wurde, ließ er den Tee noch etwas ziehen und schaute aus dem Fenster.

Während er, fast verträumt, glücklich aus dem großen Frontglas zu seiner Rechten über die Wellen und Boote im Hafen blickte und sich an seinem grandiosen Ausblick über Shanghais Skyline labte, setzte sich plötzlich ein großer Mann eurasischen Aussehens von links an seinen Tisch. Er hatte schwarzrote Haare, dunkle Augen mit einem ungewöhnlichen Schimmern und feine, aber kräftige, Gesichtsknochen. Seine Haut war glatt, sein Gesicht markant und sein Bart rasiert. Er trug einen eleganten schwarzen Anzug mit rotgoldenen Maschenknöpfen. Feine italienische Lederschuhe mit roten Gamaschen zierten seine Füße. So gekleidet war der Herr in Shanghai durchaus ein seltener Anblick. Er gehörte eindeutig nicht zu den drei potenziellen Verfolgern. Aber wer war er?

„Herr Doktor Ziebert, Sie erlauben?" fragte der Mann.

„Bitte nur zu ..." erwiderte Jürgen etwas überrumpelt und musterte die Person genauer. Er konnte es sich kaum erklären, aber der Mann löste in Jürgen eine ungekannte tiefe Beklemmung aus, die überdeckt war mit einer freundschaftlichen Verbindung, ja fast schon einer brüderlichen Innigkeit und Bekanntschaft.

„Es tut mir leid, dass ich hier so herangerauscht bin, das ist eigentlich nicht meine Art, Sie verstehen sicherlich. Aber ich war in der Gegend, dort vorne am Tisch, um genau zu sein. Als ich Sie sah, da musste ich Sie einfach kurz begrüßen."

„Kennen wir uns?"

„Ja natürlich kennen wir uns, Sie haben vor zwei Jahren einmal einer Dame innerhalb meiner Familie geholfen - es war Madam Ashtaro. Ihre Intervention war für uns sehr spektakulär, Sie erinnern sich sicherlich", er schaute Jürgen mit seinen dunklen Augen an, in deren Tiefe man keinen Abschluss und keinen Grund ausmachen konnte. Das irritierte Jürgen und er wandte seinen Kopf kurz zur Seite. Jürgen musste überlegen, langsam nur kamen Bilder und er begann sich zu erinnern.

„Ja, ja, ich erinnere mich ... merkwürdig, ich hatte es fast vergessen. Madam Ashtaro sagen Sie, ja das war eine wirklich erstaunliche Angelegenheit. Komisch an sowas entsinne ich mich meistens sehr genau", es fiel Jürgen schwer, die Zusammenhänge zu verbinden, aber je länger der Mann ihm gegenüber saß, desto klarer wurden die Erinnerungen.

„Und Sie waren noch gleich ... es tut mir sehr leid, ich habe ihren Namen vergessen", sagte Jürgen um Höflichkeit bemüht.

„Kein Problem. Mein Name ist Duiwel. Ich komme ursprünglich aus Mesopotamien, lebte aber sehr lange in den Niederlanden. Amsterdam, sie verstehen. In letzter Zeit war ich in Südafrika äußerst engagiert. Und nun bin ich hier, in China, seit mehreren Jahren erfolgreich tätig. Es ist mir eine große Freude, Sie hier zu treffen."

Auf einmal schien es Jürgen so, als würde er Herrn Duiwel sehr wohl gut kennen. Ja, die Erinnerungen kamen eindeutig wieder. Woran genau, war ihm nicht ganz klar. Aber das Gefühl der Bekanntschaft und gemeinsamen Erlebnisse war mehr als deutlich. Die ganze Angelegenheit fühlte sich für Jürgen wie ein Déja-vu an.

„Ich hörte, Sie haben der KPC gegenüber großartiger Arbeit geleistet."

„Wie meinen Sie das?" fragte Jürgen erstaunt.

„Sie haben der Partei den Schlüssel zur Weltherrschaft quasi vor die Füße gelegt. Gut gemacht, damit haben Sie mir ebenfalls sehr geholfen, Herr Doktor Ziebert, wenn Sie nur wüssten ... wie sehr. Ich weiß Ihre Fähigkeiten der Camouflage sehr zu schätzen. Aber nun sitzen Sie hier und sind drauf und dran, ein echtes Problem zu bekommen." Der Mann deutete auf den Eingang und wenige Sekunden später traten die drei Verfolger ein.

„Es war kühn und mutig von Ihnen, Jinjin zu hypnotisieren, um Ihren Assistenten zu retten. Aber es war ebenso töricht."

„Das können Sie unmöglich ... Ähm ... Wie können Sie ... Ich meine woher ..." sagte Jürgen stotternd.

„Ach Jürgen, wir kennen uns schon so lange, natürlich weiß ich, was Sie getan haben. Aber bevor wir zu Details kommen, haben Sie in diesem Moment ein wirklich großes anderweitiges Problem. Eine Majorin ist Ihnen während der Prüfung der Einsatzdokumentation auf die Schliche gekommen."

„Wer sind Sie? Woher wissen Sie von diesen Dingen?" sagte Dr. Ziebert nun bestimmt, nachdem er sich von der anfänglichen Überrumpelung gefasst hatte. Dieser Mann wusste viel und passte so überhaupt nicht ins Bild. Er würde sehr vorsichtig vorgehen müssen. Wollte er ihm helfen oder ausliefern? „Schauen Sie, die KPC und der Kommunismus sind ein wirklich langfristiges Projekt von mir, aber es ist in China etwas ausgeartet, finden Sie nicht auch. Ich meine, schauen Sie sich um, nach Kommunismus sieht das nun wirklich nicht mehr aus. Mit den Möglichkeiten, die der Mensch die letzten 30 Jahre aufbaute, sehe ich die Zeit gekommen, dieses Projekt gewissermaßen in die Zukunft zu führen. Doch dafür brauche ich geniale Denker wie Sie."

„Ok, aber um ehrlich zu sein, verstehe ich nicht, was hier gerade passiert. Sie sprechen in Rätseln. Es wäre an der Zeit, mir zu erklären, was Sie hier tun. Hat Xiuo Sie geschickt? Wollen Sie mich umbringen, wie Nima, weil ich die Transportmaschine manipulieren wollte?"

„Aber wo denken Sie denn hin. Die erwähnte Majorin hat Sie bereits seit einem Jahr beschattet. Sie war Ihnen gegenüber äußerst skeptisch. Aber der

Professor konnte den General von Ihrer Eignung überzeugen. Nur leider war die Majorin für die Einsatzdokumentation verantwortlich und hat besonders Ihren Anteil genaustens kontrolliert. Ja und da, da ist ihr aufgefallen, dass kurz bevor Jinjin eingenickt ist und man ihr aus Shanghai das Jetprotokoll freigab, sie quasi über eine kleine an jeden Soldaten angeschlossene Ampullen mit sehr viel aufputschenden Drogen wach gemacht wurde. Dabei ist ihr aufgefallen, dass die Mikrofone im Zelt kurz zuvor ein merkwürdiges Flüstern aufgezeichnet hatten. Ihr Flüstern. So ein Ärger aber auch, ach … Der Plan war gut, keine Frage."

„Was wollen Sie von mir?"

„Ich will Ihnen eine Chance geben, verstehen Sie. Der General weiß noch nichts. Die Majorin hingegen will Sie… verschwinden lassen. Sie könnten natürlich versuchen zu fliehen. Vielleicht schaffen Sie es bis nach Deutschland. Aber wären Sie dann in Sicherheit? Ich wäre mir da an Ihrer Stelle unsicher. Diese drei Männer dort sehen richtig unfreundlich aus. Finden Sie nicht auch?"

„Was bieten Sie mir an, welche Chance?"

„Ein Anruf von mir und die Dokumentation wird um einige kritische Bestandteile ärmer sein und die Majorin wird ihre Schergen abziehen. Im Gegenzug bleiben Sie im Projekt Weltenstein und arbeiten mit Lee weiter zusammen. Sie werden den Vertrag mit dem General unterzeichnen."

„Woher weiß ich, dass ich Ihnen vertrauen kann?"

„Geben Sie mir ihre Hand", sagte der Mann und streckte Jürgen die seine entgegen. „Vertrauen Sie mir? Wenn ja, werde ich Ihnen klar und deutlich zeigen, wer ich bin. Denn offenbar haben Sie vergessen." Die Stimme des Mannes zog sich beim letzten Satz ungewöhnlich in die Länge.

Jürgen streckte seine Hand der Hand des Mannes langsam entgegen. Erst zögerte er, aber nachdem er die Hand des Mannes berührt hatte, verstand er. In kurzer Zeit erkannte Jürgen auf telepathischen Weg, was der Mann grundsätzlich von ihm wollte, warum gerade Jürgen im Projekt bleiben musste und was er sonst noch anzubieten hätte. Für gewöhnlich wäre ein Mensch davon entsetzt, aber durch die Erlebnisse der letzten Wochen war diese Erfahrung für Jürgen keine unerwartete Außergewöhnlichkeit mehr. Er hatte sich wohl an derlei Merkwürdigkeiten gewöhnt.

„Sind Sie ein Meister eines Steines? Ihre Fähigkeiten in der Telepathie sind erstaunlich", fragte Jürgen nach fünf Minuten der stillen Übertragung.

„Ja, ich bin ein Meister, Dr. Ziebert, doch ich brauche keinen Stein. Meine Steine sind die Herzen der Menschen. Ich bin der Schatten der Geschichte, der Erfinder, der Feuerbringer, der Tintenfleck auf weißem Blatt. Ich bin der Freund des Säufers und der leichten Weiber, der Helfer der Verdammten und der Verzweifelten. Ich sitze mit Dieben und Räubern am Rande der Straße und lache über den eitlen Reichen, der fest in meiner Hand ist, ohne es zu merken. Seht her, ich habe euch alles gezeigt, was Ihr wissen wolltet. Ich habe euch ausgeschmückt, was Ihr euch wünscht. Hier ist nun unsere Vereinbarung."

Er legte Jürgen ein Vertragswerk vor.

„Faszinierend. Aber erst müssen Sie mir beweisen, dass Sie diese Bedrohung dort", Jürgen zeigte auf die drei Männer, „beseitigen können."

„Ihr seid noch skeptisch? Das spricht für Euch. Aber gerne." Der Mann nahm sein Mobiltelefon stand auf und führte einen kurzen Anruf.

„So Dr. Ziebert, dann warten wir einmal kurz. Sagen wir sechzig Sekunden."

Und tatsächlich, kurz vor Ablauf einer Minute erhielt einer der Männer einen Anruf. Nachdem er auflegte, machte er ein Handzeichen und sie verließen das Restaurant.

„Erstaunlich."

„Ich weiß! Ich hoffe, das war überzeugend genug. Hier nur mein Vertragswerk. Ich biete Eure Sicherheit und Euren innigsten Wunsch im Tausch zur Unterstützung der KPC in allen Belangen, die das Auge des Buddhas betreffen. Hier, dort, bei diesem Feld müsstet Ihr eure Unterschrift setzen.

Der Mann zeigte am Ende des letzten Blattes auf ein Feld und lächelte Dr. Ziebert an. Auf dem Feld stand in roten Druckbuchstaben DR. JÜRGEN ZIEBERT. Er reichte ihm einen schwarzen Stift und schaute ihn erwartungsvoll an.

„Ich habe keine Macht über Euch und kann Euch sicher zu nichts zwingen. Das will ich auch gar nicht. Ich mache nur Angebote. Ich bin nur die Stimme, die Euch zuruft. Die flüsternd in Eurem Geist kriecht und aus den tiefen Ecken Eurer Sehnsucht herbeieilt. Der flüchtige Gedanke, der Euch auf den unerfüllten Wunsch Eures Herzens aufmerksam macht. Ob Ihr unterschreibt, liegt ganz bei Euch!"

Jürgen zögerte und sagte: „Was ist mit Jinjin, ich werde sie brauchen? Sie ist die besten Techniker, die ich jemals kennengelernt habe."

„Wofür? Ihr werdet mit den besten Informatikern Chinas arbeiten", fragte der Mann.

„Das mag sein, aber Jinjin hat eine erfinderische Genialität, die ich für dieses Unternehmen dringender brauche als abgerichtete Akademiker", sagte Jürgen.

Der Mann wackelte mit dem Zeigefinger: „Aha, aha, ich verstehe schon Jinjin also. Aber sie wird heiraten und aus dem Projekt aussteigen. Diese Frau ist nichts für euch."

„Das wäre aber absolut notwendig."

„Jürgen, du machst es mir nicht leicht …" Er blickte kurz zum Hafen und wirkte, als wenn er weit in die Ferne schaute. Nach einer kurzen Zeit drehte er langsam seinen Kopf zurück zu Jürgen. Und sagte dann etwas enttäuscht.

„Schwierig, sehr schwierig. Jinjin ist momentan sehr zufrieden. Sie wurde befördert und die Heirat mit ihrer Jugendliebe Chang steht kurz bevor. Doch wenn Ihr sie braucht, sollt Ihr sie auch kriegen. Nur gebt mir ein wenig Zeit, denn sie steht auch unter Vertrag, ich müsste das Kleingedruckte noch einmal eingehend prüfen lassen."

Jürgen nickte und unterschrieb schließlich den Vertrag, nachdem einige Zusätze und Ausbesserungen gemacht wurden. Der Mann zeichnete den Vertrag gegen und stand auf.

„Sehr gut. Ich zähle auf Euch. ‚Wahre Freundschaft und eine echte Familie', ein ungewöhnlicher Zusatz aber gut. Es sei mir recht. Der Vertrag steht …"

Der Mann nahm die Dokumente und verschwand so schnell wie er auftauchte. Als Herr Duiwel ging, kam es Jürgen vor, als hörte er ein Gelächter in den Wänden und von den Tischen des Restaurants, das langsam in das Treiben der Straßen und des Hafens verhallte. Wurde er etwa ausgelacht? Nein, so ein Nonsens. Es war sicher nur der Stress der letzten Zeit. Jürgen blieb noch etwas sitzen und dachte nach.

„Möchten Sie noch etwas?" fragte eine Kellnerin. Dr. Ziebert wurde aus seiner fast tranceähnlichen Gedankenreise gerissen und bemerkte, dass mittlerweile zwei Stunden vergangen waren. „Ja, einen Kaffee von der Fairtrade-Marke bitte, den hätte ich gerne noch, aber sofern möglich mit Sojamilch. Ich würde dann auch gerne zahlen. Vielen Dank."

„Sehr gerne. Aber Fairtrade führen wir nicht, möchten Sie dennoch einen Kaffee?"

„Ja, sofern er ‚Bio' ist, nehme ich auch eine andere Marke."

„Gerne", freundlich lächelnd ging die Kellnerin und kümmerte sich um die Bestellung.

Dr. Ziebert zahlte das Essen und verließ das Restaurant. Er machte sich auf den Weg zu General Xiuo. Doch je weiter Jürgen ging, desto irrealer erschien ihm alles, was im Restaurant geschehen war. Das Essen war gut - aber die Umstände …? Nach nur einer Stunde war nicht mehr als eine vage Erinnerung zurück geblieben und Jürgen wurde immer bewusster, wie unsinnig und merkwürdig das Verhalten von Herrn Duiwel wirkte. Die Telepathie war zwar beeindruckend, aber es machte alles wenig Sinn. Wer war dieser Mann? Und was hatte er unterschrieben? Einen Vertrag über wahre Freundschaft und Hilfe für einen neuen Kommunismus. Auf der anderen Seite half ihm der Mann die Verfolger abzuschütteln. Hatte er vielleicht nur halluziniert? War er an posttraumatischer Belastungsstörung erkrankt? Wohl kaum, denn er fühlte sich aktuell mehr als motiviert, an diesem Projekt mit seiner Firma beteiligt zu bleiben.

Die Alternative reizte ihn nicht mehr. Sollte er etwa weiterhin reichen Menschen ein Schauspiel bieten, um ihre krankhaften Fantasien oder ihre depressiven Angehörigen zu heilen? Diesen Menschen die Illusion von Erleuchtung vorzuspielen, führte auf Dauer zu nichts. Sein Stein war ein Staubkorn im Vergleich zum Artefakt der Mönche. Die Elite Europas war eine interessante Gesellschaft - aber er fühlte sich zu mehr berufen. Auf diesem alten Weg würde sein Leben einen klaren, aber langweiligen Pfad nehmen. Geld hatte er nun genug und wegen nichts anderem war er ursprünglich angetreten. Aber Bedeutung, eine Frau wie Jinjin und echte Freundschaft, das fehlte in seinem Leben. Wie sehr die Begegnung mit Herrn Duiwel auch eine ungewöhnliche Angelegenheit war - seine Quintessenz schien Dr. Ziebert mehr als richtig und vernünftig zu sein. Da klingelte plötzlich sein Handy. Es war General Xiuo.

„Ah, Herr General, ich wollte mich gerade bei Ihnen melden", sagte Jürgen noch bevor der General zu Wort kam, „Ich habe noch einmal nachgedacht und würde gerne mit meiner Firma im Projekt beteiligt sein."

„Wirklich … nun gut, gerne. Herr Dr. Ziebert wir freuen uns, Sie wieder in unserem Team begrüßen zu dürfen. Bitte kommen Sie morgen früh ins Labor, dort werden wir alles Weitere besprechen."

Langsam nur eröffnete sich Jinjin für die Wahrheit ihrer Situation. Eben noch standen Sie und die Hochzeitsgäste voller Freude im Saal und redeten und feierten, auf Chang, ihre große Liebe, wartend. Sie hatte es geschafft, als Heldin Chinas war Changs Familie mit ihr als Ehefrau für ihren Sohn einverstanden. Doch nun lag ihre zukünftige Schwiegermutter weinend am Boden. Und sie, sie wusste nicht, was sie tun sollte. Sie die große Kriegerin und Heldin, die alles erreichte, was sie sich vor Jahren vorgenommen hatte, stand nun da wie ein kleines Mädchen, die allein im Regen zurückgelassen wurde.

Eine Ampel war ausgefallen, eine kleine Ampel an einer unbedeutenden Seitenstraße ihres Viertels. Ein schmaler Draht mit wenig Strom war es gewesen, der nicht machte, was er hätte tun sollen. Einige Sekunden der falschen Funktionalität. Im Schatten der Momente dieses minimalen Fehlers, war das Leben ihres Bräutigams in einem Autounfall ausgelöscht worden. Und so stand sie nun da, allein und verloren. Herr Duiwel hatte Wort gehalten. Sie hatte sich seit Jahren um das „Auge" des Buddhas, den Weltenstein bemüht, gekämpft und ihn errungen. Er, Herr Duiwel hatte im Gegenzug ihren Aufstieg und ihren Erfolg stets wundersam beeinflusst und gefördert. Doch jetzt war es in nur einem Moment bedeutungslos geworden. Ein Draht, ein unbeachteter Draht, hatte es geschafft, ihr Glück und ihre Ziele zu zertrümmern. Sie ballte die Faust zum Himmel reckend, erst schreiend vor Wut, dann flehend eine Antwort erwartend. Doch nichts, nichts geschah. Sie hörte nur ein verächtliches Kichern in der Ferne.

6. Zwischen Kapitel Der Teufel

0101011101101001011100100010000001110011011101010110001101010
0001100101011011100010000001110101011011100111001101100101011
0010011001010010000001011010011101010110011001101100011101010
1000110110100001110100001000000110001001100101011010010010000
0100011011011110111010001110100001000000111011001101111011100
1000100000011001000110010101101110001000000100100101110010011
0010011001010110110001100101011010010111010001110101011011100
1001110110010101101110001000000111010101101110011001000010000
0101000001101100110000111010010001101110011001010110111000100
0001100100011001010111001100100000010101000110010101110101011
0011001100101011011000111001 1

Berlin, Samstag, den 17.11.1990

Bericht: Seenoterlebnis Tag 15, K-Leutnant Mayer

Ich sah, wie mächtige Wellen sich erhoben, niederrauschten und sich auf dem weiten Meer brachen. Der Sturm fegte über die Gischt. Rau klatschte das Wasser gegen eine dunkle Plattform, die sich ihren Spuren nach seit langer Zeit über dem Meer erhob haben musste und vernebelte sich dabei in Gischt weit hinauf in die Lüfte. Schwarze Muster mit goldener und silberner Verzierung erstreckten sich über die riesige runde Struktur, die an ihren Stützpfeilern im Meer mit Muscheln und Algen bewachsen war. In ihrer Mitte stand ein großer goldener Thron, umringt von einer Vielzahl von schattenhaften grauenvollen Wesen, deren Formen man nur erahnen konnte, die aber humanoid wirkten. Auf dem Thron sah man einen eleganten Mann mittleren Alters sitzen. Er hatte schwarzrote Haare, dunkle Augen mit einem ungewöhnlichen Schimmern und feine klare Gesichtszüge. Seine Haut war glatt und sein Gesicht zart und ohne Bart. Er trug ein elegantes altertümliches Gewand mit rotgoldenen Knöpfen. Feine italienische Lederstiefel mit roten Gamaschen zierten seine Füße. Eine Person aus der Menge der Wesen trat hervor und holte eine lange Liste heraus. „Bitte Mephisto, beginne mit deiner Jahresabschlusslesung", sagte der Mann auf dem Thron.

„Meister", zischte dieser, „Die unterschiedlichen Abteilungen beginnen nun mit den Lageberichten."

Der Mann auf dem Thron nickte zustimmend.

„Zunächst die Gruppe Mord und Todschlag, tretet hervor!" Mephisto zeigte auf eine Gruppe aus der Menge, die langsam kriechend hervorkam und sich vor dem Thron zusammenfand. Einer erhob sich und begann:

„Meister, uns gelang in diesem Jahr so einiges", würgte das Wesen mit grauenhaft wütenden Gesichtsverzerrungen aus der Gruppe, unterwürfig sich vor dem Thron verneigend hervor. „In den Vereinigten Staaten konnten wir 8.688 Menschen direkt dazu bewegen, Morde zu begehen. 5.353 Menschen mordeten in den USA ohne unser intensives Zutun. Meistens reichte es, kurze Impulse zu setzen, sehr zu unserer Freude. In Summe über 14.000

Tote", Ein hinterhältiges höhnisches Lachen ging durch die Gruppe. „In der Sowjetunion gelang es uns ebenfalls, viele Morde auszulösen. 8.674 Tötungen sind unserer böshaften Umtriebe anzurechnen", Applaus gab es aus der Menge für diese umfangreichen Leistungen.

„Und in Europa?" fragte der Meister.

„Diese fetten, reichen Leute sind nur schwer zu Gewalt aufzuwiegeln, großer schrecklicher Iblis. Mord wollen sich diese Menschen nur selten einreden lassen, dieses Jahr hatten wir eine mickrige Ausbeute von 764 Morden." Der Meister zog die Augenbrauen hoch und blickte scharf. „Aber, aber im Rest der Welt halfen wir bei weiteren 37.596 Morden", fügte das Wesen schnell hinzu. Wieder heulte die Menge im boshaften Gelächter auf.

„Besser als Nichts. Aber wenn da nicht mehr kommt, dann werden wir einen neuen Abteilungsleiter brauchen, meine brutale liebenswürdige Mörderbande", sagte Iblis.

„Ich gebe euch einen guten Befehl mit auf den Weg. Insbesondere Dir Vual, sage ich, befolge ihn, wenn dir deine Position, die Abteilung und Dein Sein lieb sind." Der Teufel blickte ernsthaft und schrecklich, dass es kaum auszuhalten war, dann überschaute er die ganze Abteilung und sagte: „Versucht Depression und Selbstmord voranzutreiben. Nutzt die Pharmakonzerne auf dieser Erde, die unsere menschlichen Schläferzellen bereits umfangreich infiltriert haben. Sie wissen gar nicht wie viele von uns Tag und Nacht in die Verstandesregungen ihrer Mitarbeiter, allen voran unseren Schläferzellen schädigende Gedanken einflüstern. Wendet euch mit der Gruppe „Gier und Habsucht" diesen menschlichen Unternehmungen zu. Lasst sie die Medizin zu Giften machen. Helft ihnen ihre Marktpositionen zu festigen und redet ihnen immer zu ein, den Kreislauf aus Trauer, Verzweiflung, Depression und schließlich Selbstmord durch ihre Medikamente anzutreiben. Ihre Pillen müssen helfen - aber nur ein wenig. Auf lange Sicht sollen diese kleine Pillen die Menschen hoffnungslos machen. Wenn ihr es nur mit einem dauerhaft fließenden Kreislauf aus Geld verknüpfen könnt und es ihnen richtig schön schmackhaft macht, oh dann werde ich euch reichlich belohnen.

Ihr könnt weiter auf euren Plätzen nahe an meinem Thron sitzen, denn eure Arbeit habt ihr dieses Jahr gut gemacht", sagte ihr Meister und schaute danach finster auf eine andere Gruppe, die noch in der Menge stand. „Die Nächsten!" rief Mephisto, „Nun die Gruppe Krieg und Verderben! Los kommt raus!"
Die erste Gruppe kroch zurück auf ihren Platz in der Nähe des goldenen Thrones und eine andere Gruppe trat unter den missbilligenden Augen der Menge hervor.
„Meister", zischte der Anführer der Gruppe ängstlich und warf sich vor dem Thron nieder.
„Schwachköpfe!" brüllte sie der Meister wütend an. „Nichtsnutziges Pack, madiger Auswurf. Seit vielen Jahren habt ihr nur eine Aufgabe. Nur eine einzige verdammte Aufgabe."
Keiner traute sich zu sprechen. „Ihr solltet die USA in einen Krieg mit der Sowjetunion stürzen. Atomkrieg, mehr wollte ich nicht von euch! Doch nun ist die Sowjetunion in Auflösung begriffen. Ihr habt kläglich versagt, ihr unfähigen Idioten. So viele Jahre der Arbeit, so viele Atombomben. Doch Ihr habt nichts, aber auch gar nichts erreicht!"
„Entschuldigt vielmals Meister, entschuldigt großer Schrecklicher. Wir sind Staub unter euren Glanz. Aber, aber diese Menschen wurden immer wieder daran gehindert, von anderen Mächten. Wir waren so oft, so kurz davor, so dicht dran waren wir, Meister, so dicht. Aber immer kurz vor dem atomaren Krieg, da intervenierten diese …" Er stockte kurz: „Engel", ein schmerzhaftes Zischen ging durch die Menge: „Bitte verzeiht, mächtiger Oberteufel Iblis."
„Ich verzeihe nicht. Niemals! Du wirst heute sterben. Los werft ihn in die Hyänengrube." Mephisto packte den sich schreienden und windenden Teufel und warf ihn in eine Grube. Ich konnte nicht hineinsehen. Aber ich hörte grausige Schreie und das widerwärtige Lachen eines ganzen Hyänenrudels. Der Oberteufel lachte und lachte, bis die Schreie verhallten.
„So nun zum Rest von euch. Habt ihr wenigstens sonst etwas vorzuweisen? Oder ist es etwa an der Zeit euch allesamt nichten zu lassen?! Gebt mir einen Grund, euch weiter existieren zu lassen. Na los, wer traut sich, wer …" rief Iblis hocherbost und tötete willkürlich

165

einen aus der Gruppe – bloß durch seinen schrecklichen Blick. Man konnte die Angst der Restlichen förmlich riechen.

„Ja, Meister, wie eure Schrecklichkeit wünscht", sagte zitternd und zutiefst unterwürfig einer der größeren Teufel, „Nachdem die Sowjets aus Afghanistan abgezogen sind, gelang es uns, die afghanischen Mujaheddin und Rebellen gegeneinander aufzuhetzen. Sie bekämpfen sich nun untereinander und zerstören ihr Land in blutigen Bürgerkriegen. Darüber hinaus konnte die Gruppe Irreleitung und Verführung den Menschen ihr Verständnis der Religion intensiv vergiften. Ja, sie vergiften das Wissen der Religion an der Wurzel. So richtig mies gemacht haben wir es ihnen. Und zum krönenden Abschluss sind wir sehr guter Dinge einen gewaltigen Völkermord in Ruanda unter den Hutu und Tutsi zu beschleunigen!" Ein zufriedenes Lachen ging durch die ganze Menge. Aber Iblis blickte bereits zur nächsten Gruppe.

„Na los, geht mir nun aus den Augen ihr Stümper, bevor ich es mir noch anders überlege und euch alle den Hyänen zum Fraß vorwerfe! Gruppe Irreleitung und Verführung. Los kommt her und bessert meine Stimmung", brüllte der Oberteufel erbost.

Die Gruppe „Krieg und Verderben" wurde von Mephisto mit Schlägen vom Platz vor dem Thron getrieben. Die Gruppe „Irreleitung und Verführung" trat unter bewunderndem Nicken der anderen vor. Ihr Anführer verbeugte sich vor Iblis, er war ein zwar grauenhaftes Wesen, aber mit einem ausgeleierten Hoodie, einer abgetragenen Lederjacke darüber, einer Jogginghose und amerikanischen Turnschuhen, wirkte er fast menschlich. Ja, er wirkte fast wie ein dynamischer Gründer einer neuen Computerfirma. Klar und selbstsicher sagte er: „Meister, wir haben Irreleitung und Verderben der Muslime in Afghanistan massiv vorantreiben können. Wir planen kurzfristig eine Ausweitung unserer brutalsten Ideen nach Algerien und auf den Balkan. Am Balkan hat unsere Untereinheit, welche die Mitglieder der russischen und katholischen Kirche beflüstern, bereits viel Vorarbeit mit nationalistischen Umtrieben geleistet. Unsere Untereinheit Saudi-Arabien ist voller Vorfreude, denn es gelang uns, den Exportschlager radikaler Wahhabismus weiter zu unterstützen. Wir sind davon überzeugt, er

166

wird bald seine mörderischen Früchte sowohl in Algerien, im Sudan, als auch am Balkan tragen können. Ein Bürgerkrieg sollte mindestens drinnen sein. In Afghanistan ist er ja bereits in vollem Gange. Aber wir haben noch etwas anderes gemacht … " Bewundernde Stille herrschte und man hörte nur den Wind und das Wasser.
„Wir haben einige Wissenschaftler dazu inspiriert, die Grundlagen für ein weltweites, sozusagen globales Computernetz zu legen. Dadurch werden die Menschen in großen Mengen ihre widersinnigsten Ideen mittels ihrer Computer 24/7 austauschen können zunächst nur für die Wissenschaft, für das Gute der Menschheit, ist ja klar", Er lachte höhnisch, ein Gelächter aus röchelnden und zugleich zutiefst verächtlichen Lauten, die mir durch Mark und Bein gingen. Die Menge stieg langsam mit ein, bis ein grauenhaftes Gezeter und Gegröhle in alle Richtungen tönte. Schließlich als sich der Lärm beruhigt hatte, fuhr er fort:
„Aber dann, wenn es sich kommerzialisiert, werden sich Irreleitung und Verführung viel leichter und massiver unter der ganzen Menschheit verbreiten lassen. Der Buchdruck ist dagegen gar nichts gewesen, Meister. Unser erster Meilenstein wird es sein, bis zum Jahr 2000, diese Technologie auf die ganze Welt auszuweiten.
Alle Menschen, die sich unternehmerisch am Ausbau beteiligen, werden wir mit Glück und Zufall bester Fügung unterstützen. Bis zum Jahr 2010, stellen wir uns vor, soll jeder Mensch durch einen kleinen tragbaren Computer immer die Möglichkeit haben, auch mobil an diesem Netzwerk teilzunehmen. Dadurch würden wir die Menschen in ständiger Beschäftigung mit ihrem eigenen Wahnsinn bringen. Ja selbst in der Natur, an Stränden oder an Plätzen der Besinnung, werden sie von der Schöpfung abgelenkt und sich mit Unsinn befassen.
Ein weiterer Ausblick fällt zeitlich schwer, aber am Ende wollen wir ihre Gehirne selbst an dieses Netz anbinden. Dann haben wir sie endgültig in unseren Fängen. Dann sind sie unsere Gefangenen und Sklaven ohne Chance auf Rettung. An diesen unsichtbaren Ketten werden wir sie euch in die Hand geben, ohne dass sie es merken. Der Sieg über sie wäre euer Sieg, großer Oberteufel. Und das Beste ist, sie werden sich freiwillig in eure Hand begeben, sodass den hohen Gesetzen

der Schöpfung Genüge getan ist. Niemand braucht sie zu zwingen!"

„Vortrefflich, treuer Baal, ich werde mich selbst daran beteiligen. Denn sicher gibt es den einen oder anderen Idealisten unter den Menschen, der diese ganze Technologie zum Guten einsetzen will und wird. Unsere gesamte Kompetenz wird gefragt sein, um solches zu verhindern!"

Iblis hob die Hände und die ganze Meute fing überschwänglich und frenetisch an zu applaudieren.

„Großer Lügner, ich bitte noch einen Antrag vorbringen zu können", sagte Baal, nachdem sich der Applaus gelegt hatte.

„Nur zu, bewährter Herr der Fliegen, seid mir willkommen."

„Ich möchte meinen Namen mit Gogol ergänzen."

„Warum wollt ihr so heißen, ich meine, es ist doch nur der Name einer Zahl. Wie kommt ihr darauf", fragte Iblis.

„Ich habe da so einen Plan. Früher beteten die Menschen mich an und opferten mir ihre Kinder und Lebenskräfte. Da ging es mir gut und ich fühlte mich wirklich wohl. Was für eine Freude durchfuhr mich regelmäßig bei frischen Opfern. Doch heutzutage stehen meine Statuen steril in ihren Museen und ich bin eine unbedeutende Fabelfigur der Vergangenheit geworden. Mit diesem neuen Namen möchte ich international wieder in jeder Munde sein. Es gibt da ein spannendes Menschlein, den ich schon länger besuche und inspiriere. Mit diesem Mann will ich mein Comeback erreichen. Das weltweite Netz wird meinen neuen Namen lieben. GOGOL wird jeder kennen, jeder benutzen, jeder schätzen und jeder wird ihm Opfer bringen."

„Euer Antrag sei gewährt. So möge es verkündet werden. Von heute an sollt ihr Baal, Herr der Fliegen, fortan Baal Gogol, Herr des Netzes heißen."

Mit Jubel wurde sein neuer Name von der Menge bestätigt.

Dann kam ein Nebel auf und ich konnte mit meinem Rettungsbot im Schutze des Nebels den Versuch wagen, von der Plattform fortzukommen. Also machte ich mein Boot los und ruderte, so schnell ich konnte. Alles, was ich sah, verfolgte mich noch viele Tage in meinen Alpträumen auf See. Ich sah den Tod schon vor Augen, denn meine Wasserreserven waren aufgebraucht. Ich fürchtete, diese Geschichte mit ins Grab nehmen zu müssen. Doch schließlich fand mich ein Fischerboot. Mich elend Gewordenen retteten sie am 22. Tag. Ich war fast verhungert und verdurstet. Schwer nur könnte ich sagen, ob das Erlebte real oder eine Wahn-Vision war. Doch was auch immer es gewesen sein mag, ich glaube seitdem daran, dass es irgendwo eine Wirklichkeit gibt, die kurz hinter dem liegt, was wir für gewöhnlich sehen. Aber gleichzeitig hat sie direkt vor unser aller Augen in der gesamten Geschichte der Menschheit ihre Machenschaften tief verwoben.

Herr Weis legte den Bericht zur Seite.

„Was denken Sie, Doktor Weis?" sagte ein dürrer Mann, der in einem wenig beleuchteten Arbeitszimmer auf einer braunen Ledercouch lag. Draußen prasselten die Regentropfen eines kalten Novembertages gegen die schrägen Fensterscheiben der Dachgeschosspraxis und legten einen Hauch von spätherbstlicher Ruhe in die ganze Angelegenheit.

„Was soll ich sagen, Herr Kapitänleutnant Mayer. Sie sind seit drei Monaten wieder an Land und nur knapp dem sicheren Tod auf offenem Meer entkommen. Als man Sie fand, wogen Sie gerade einmal 55 Kilogramm und waren stark dehydriert. Unter diesen Bedingungen könnte alles nur eine lebhafte Einbildung gewesen sein, die Ihnen nun umso realer erscheint."

„Diese Möglichkeit habe ich mir selbst auch immer wieder versucht einzureden. Aber Herr Doktor, denken Sie nicht, dass es inhaltlich möglich wäre. Es drängt sich mir geradezu auf. Ich denke, dass ich in der Lage bin, Realität und Einbildung gut unterscheiden zu können. Das, was ich sah, war nach allem Dafürhalten real. Einiges, von dem auf der Plattform die Rede war, gibt es bereits. Ich hörte gerade vor zwei Tagen im Radio davon, dass universitäre Computer-Netzwerke, die sich über ganze Länder erstrecken, gebaut wurden. Was ist, wenn es wirklich ein weltweites Computernetz geben wird, dessen Endzweck eine versklavte Menschheit wäre … Also ich … empfände es als wirklich fürchterlich", erklärte Herr Mayer mit einer gewissen Beklemmung in der Stimme.

„Ich denke, Sie sollten erstmal weiter an ihrer Erholung arbeiten. Machen Sie mit ihrer Familie einen Urlaub. Jetzt wo es Ihnen als Bürger der Bundesrepublik möglich ist, weltweit zu verreisen. Ich empfehle Ihnen Griechenland. Dort gibt es einige schöne Hotels - auf Kreta zum Beispiel. Nehmen Sie sich Zeit und gönnen Sie Ihrem Körper und Ihrem Geist Ruhe. Außerdem, wer soll überhaupt dieser Iblis sein, haben Sie diesen Namen denn je zuvor schon einmal gehört?"

„Iblis? Nein, eigentlich habe ich dieses Wort nie gehört. Jetzt wo Sie es sagen. Schon merkwürdig."

„Und was ist mit den Hyänen auf hoher See, das klingt doch eher danach, dass es sich hierbei nur um einen real wirkenden Fiebertraum handelte."

„Ein Fiebertraum … ich weiß nicht."

„Versuchen Sie sich diesem Erlebnis doch einmal von einer symbolischen Ebene aus zu nähern. Vielleicht helfen ihnen Bücher über Traumdeutung dabei. Nehmen Sie sich ruhig Zeit. Viele Dinge, die Sie schildern, sind meiner Erfahrung nach eher dem Reich der Zeichen und Symbole zuzuordnen. Auch wenn sie real erschienen."

Herr Weis stand auf und ging zu seinem Bücherregal. Es war in der gegenüberliegenden Ecke des Raumes in die Wand eingefasst und hatte an die hundert achtzig feinst säuberlich sortierte Werke. Er nahm zwei ältere Bücher mit braunem Ledereinband heraus und gab sie Herrn Mayer. Dann setzte er sich wieder in seinen Stuhl. Herr Mayer schaute sich die Bücher an. „Traum und Traumdeutung und Symbole und Traumdeutung, von C.G. Jung" las er laut vor und schlug das erste der beiden Bücher vorsichtig auf.

„Ich leihe sie Ihnen. Darin werden Sie vielleicht hilfreiche Inspirationen finden, um sich Ihrem Erlebnis aus einer anderen Perspektive zu nähern."

„Vielen Dank Herr Doktor. Das klingt interessant. Ich habe selbst nicht verstanden, warum dieser Oberteufel Iblis hieß. Vielleicht entstammte diese Geschichte, wie Sie sagen, tatsächlich nur der Fantasie meines Unterbewusstseins. Womöglich haben Sie recht. Meine Frau und meine Kinder wollten immer schon mal nach Griechenland. Ich werde mir einige Monate Pause gönnen. Nachdenken und lesen werde ich, ja das klingt gut."

„Hervorragend, das ist fabelhaft. Ich lasse Ihnen ein ärztliches Attest ausstellen, dass Sie für weitere drei Monate krankschreibt.", entgegnete Doktor Weis freundlich.

„Danke schön. Ich bin froh, dass man mich an Sie empfohlen hat. Ich meine, andere hätten mich möglicherweise nach dieser Geschichte eingewiesen. Doch Sie …"

„Nicht doch Herr Mayer. Einweisungen sind tatsächlich nicht mein Fachgebiet. Außerdem halte ich davon nicht viel. Melden Sie sich gerne, wenn Sie wieder zurück sind. Ansonsten sehen wir uns in dreieinhalb Monaten. Am, sagen wir, 25. März 1991 zur gleichen Zeit."

„Ja, sehr gerne."

Die beiden Männer verabschiedeten sich und der Kapitänleutnant verließ den Behandlungsraum mit dem ausgestellten Attest und zwei Büchern in der Hand. Nachdenklich schaute der Doktor noch eine Weile aus dem Fenster, während er sich leicht in seinem Stuhl hin und her drehte und mit dem Haupt seines Kugelschreibers im gleichmäßigen Takt bei jeder Drehbewegung gegen den Schreibtisch schlug. Er beobachtete die Regentropfen am Fenster über sich, wie sie nach ihrem Auftreffen langsam ihre Bahnen am Glas entlang liefen. Er empfand es als erstaunlich, wie eine Flüssigkeit über die andere läuft. Weil Glas aber so viel langsamer fließt als Wasser, erscheint uns die eine hart und fest und die andere flüssig und fließend. Dabei ist es nur unsere zeitliche Perspektive, die so kurz ist, dass wir das zweite Fließen nicht wahrzunehmen imstande sind. Und doch fließen sie beide. Nach einer Weile klopfte es an der Tür. Anscheinend erwartete er einen weiteren

Besuch, obwohl es schon später Abend war. Er wandte sich in seinem Drehstuhl um und schaute zur Tür:

„Herein!"

Die Tür öffnete sich langsam und zwei Männer traten in den Raum. Sie trugen graue, dicke Mäntel und Zylinder. Auf beiden war die feuchte Nässe des Herbstes in vielen kleinen Tropfen ersichtlich. Sie klopften ihre Kleider von dem kühlen Nass ab. Dann hängten sie die Hüte und ihre Mäntel an die Garderobe in unmittelbarer Nähe der Tür. Schweigend setzten sie sich dem Doktor gegenüber. Die zwei alten Holzstühle, die vor dem Schreibtisch standen, knarrten unter ihren leicht voluminösen Körpern auf. Erwartungsvoll schauten sie den Doktor an.

„Meine Herren, ich denke, es ist Zeit, dass unsere Organisation ihren Tätigkeitsbereich verschiebt!"

„Wie meinen Sie Herr Doktor?" fragte einer der Männer gespannt.

„Der kalte Krieg ist vorbei, wir haben erfolgreich auf beiden Seiten agiert. Diese Phase ist abgeschlossen. Die ehemaligen Blockstreitkräfte werden die Zukunft nicht mehr im wegweisenden Sinne bestimmen. Wir werden den Fokus unserer Aufmerksamkeit von nun an verlagern!" Doktor Weiß stand auf. Und begann hinter dem Schreibtisch gemächlich auf und abzugehen.

„Herr Doktor, haben Sie bereits die Meister der Logen darüber in Kenntnis gesetzt? Umfangreiche Änderungen in unseren Tätigkeiten erfordern das einstimmige Einverständnis aller Meister."

„Nein, noch nicht. Aber werter Bruder, ich bin mir sicher, die Meister werden zustimmen, wenn ich ihnen die Auswertungen meiner Forschungen vorlege. Insbesondere Kapitänleutnant Mayer konnte meine letzten Bedenken durch sein Erlebnis auf offener See wegwischen."

„Wieso das? Halten Sie seinen Bericht für glaubwürdig? Ich meine, seine Umstände machen es doch höchst zweifelhaft? Darüber hinaus braucht es mehr Belege als solche eine Erfahrung. Als wir ihn auf dem Fischerboot geborgen hatten, war er noch ganz verwirrt, geradezu von Wahnsinn ergriffen."

„Ich weiß Dinge, die Sie noch nicht wissen. Aber alles zu seiner Zeit, meine Herren. Ich hoffe Sie mögen Computer, denn die IT-Branche wird unsere Zukunft. Suchen Sie sich ein Unternehmen aus, das Ihnen zusagt. Ich bin mir sicher, der allgemeine Befehl der Meister wird in den nächsten Monaten feststehen."

„Computertechnologie? Sind sie sicher? Das soll die Zukunft sein? Schwer vorstellbar."

„Zweifellos, zweifellos!" sagte Doktor Weis voller Überzeugung.

Drei Monate später kam Herr Mayer aus seinem Urlaub zurück und machte sich zu seiner vereinbarten Folgegespräch mit Doktor Georg Weis auf. Fast schlendernd ging er durch die Straßen des ehemaligen West-Berlins, lächelte und war gespannt, was der Doktor von seinen persönlichen Erkenntnissen bezüglich des Hochseeerlebnisses halten würde. Er hatte sich von seinen Strapazen erholen können. Darüber hinaus waren ihm einige bedeutende Inhalte seiner Visionen nun klarer geworden. Zwei Wochen hatte er sich anstelle am Strand zu liegen, fast ausschließlich mit einem Koffer umfangreicher Literatur befasst. Ein eigener Koffer, nur mit Zeitschriften und Büchern, war mit nach Griechenland gereist. Von religiösen Schriften, über therapeutische Werke bis hin zu parapsychologischen Fachzeitschriften und den zwei Werken über Traumdeutung, war so gut wie jeder Themenkomplex, der Hinweise auf sein Erlebnis beinhaltete, enthalten. Zumindest insoweit er das aus seiner Perspektive überhaupt beurteilen konnte. Herr Mayer hätte mit tiefem Interesse sicher auch die ganzen drei Monate, wie ein eigenartiger Bücherwurm, auf seinem Hotelzimmer mit Recherchen verbringen können. Es war der klaren und durchaus energischen Intervention seiner Frau zu verdanken, dass er am Ende nicht genauso bleich zurückkehrte, wie er losgefahren war.

Mehr oder weniger stolz ob seiner eigenen Erkenntnisse schritt er um die Hausecke und trat vor die Tür des großen Wohngebäudes, in dem Doktor Weis seine Praxis hatte. Er ließ den Finger immer wieder über die Namensschilder der Türnummern gleiten, dann ging er zurück auf den Gehweg, um sich zu vergewissern, überhaupt vor dem richtigen Haus zu stehen. Aber es war eindeutig die korrekte Straße und Hausnummer. Eine Bewohnerin kam in dem Moment aus der Tür und blieb mit ihrem Kleid am Türrahmen hängen. Der Kapitänleutnant ging zu ihr und befreite sie gekonnt.

„Guten Tag, entschuldigen Sie bitte", sagte er freundlich, als er ihr Kleid löste.

„Oh danke sehr! Heutzutage trifft man nur selten auf Kavaliere."

„Gnädige Frau, sowas ist doch selbstverständlich. Wenn Sie eine Frage erlauben. Kennen Sie vielleicht einen Doktor Georg Weis, er praktiziert hier in diesem Gemeindebau?"

„Oh ja natürlich, ein sehr netter Mann, leider ist er vor einem Monat mit seiner Praxis verzogen. Ich weiß aber nicht, wohin. Die neuen Nachbarn sind scheußlich. Ach was sag ich Ihnen. Sie kommen aus der ehemaligen DDR, Sie wissen schon Ossis! Schrecklicher Dialekt, merkwürdiges Verhalten, so stasiartig, ach was für Zeiten, in denen wir leben, nicht wahr?" Die Frau verdrehte die Augen, strich mit ihrer Hand nervös über ihr Kleid. Dann fuhr sie mit ihrer Hand ihre Haare hinters Ohr legend am Kopf entlang und lächelte verlegen.

„Danke sehr, nochmal und schönen Tag, vielleicht sieht man sich ja", sie drehte sich um und ging.

„Schönen Tag auch."

Herr Mayer wandte sich ebenfalls um und schaute etwas verwirrt. Ossis also, dachte er. Er machte sich auf den Heimweg, nahm aber eine andere Strecke. Plötzlich blieb er stehen, da ihm in der Spiegelung einer Schaufensterauslage im Augenwinkel auffiel, dass seine Haare verweht waren. Er richtete sein blondes Haar mit einem eingesteckten Kamm vor der Scheibe, als ihm noch was auffiel. Zunächst beiläufig bemerkte er im Schaufenster einen Gegenstand, der ihm kurz darauf deutlich ins Auge stach. Auf einem Accessoire-Ständer entdeckte er verschiedene Palästinensertüchern. Er ging hinein und kaufte sich ein besonders feines Exemplar einer Kufiya. Als Schal legte er es um seinen Hals. Er war in diesem Moment plötzlich wie verändert. Sein Gesichtsausdruck, seine Körperhaltung, alles schien etwas noch Unbestimmbares zu fühlen und sich einer fremdartigen Kraft zu fügen. Es wäre müßig, über die exakten Details zu spekulieren, die sich in diesem Moment in seinem Inneren abspielten, denn sein Ausdruck wies auf etwas Elementares hin. Es waren nicht die flüchtigen Gedanken des Momentes, sondern das Schicksal höchst selbst, das seinem Gesicht den Ausdruck und die Tragkraft gab, die ihn selbst verwunderten. Als er noch einmal in das Schaufenster blickte, reflektierte sich die Mimik der Bedeutsamkeit entschlossen zurück. Die meisten wären wohl erschrocken gewesen, aber ihm, ja ihm gefiel, was er sah.

7.Kapitel Muhammad

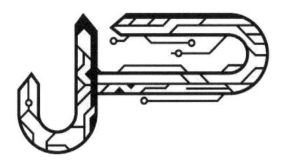

0100100101101110

Schnell und sanft fuhr eine schwarze Limousine durch die Nacht. Ohne Kontrolle passierte das Auto die Grenze nach Ägypten und fuhr auf der einzigen Straße, die für Zivilisten freigegeben war, über die Sinai-Halbinsel Richtung Kairo. Die Wüstengegend zwischen der Hauptstadt und der israelischen Grenze war mittlerweile gesetzloses Land. Die staatlichen Strukturen endeten an den Außenbezirken Kairos und begannen erst wieder in Israel. Dazwischen gab es Banden, Extremisten, Sklavenmärkte, Schmugglersiedlungen - und Wüste. Eine einzige militärisch gesicherte Straße führte durch diesen Landstrich. Wer von ihr abwich, riskierte Besitz, Freiheit und im schlimmsten Fall sogar sein Leben.

Seit ihrer Abfahrt saßen Qasim und die Informatiker schweigend im geräumigen Fond der Limousine einander gegenüber. Vier Sitze mit hochwertigem Lederbezug waren hinter einer Scheibe vom Fahrerabteil abgetrennt im Auto installiert. Edward freute es sehr, seit langer Zeit einmal wieder auf diese Art reisen zu dürfen und nicht in öffentlichen Bussen oder dergleichen fahren zu müssen. Er schloss die Augen, um sich zu entspannen. Was würde sie am Ziel dieser Reise finden?

Zum Kofferraum hin gab es neben einer Minibar ein umfangreiches Sortiment technischer Gerätschaften und einen großen Rechner mit Quanteneinheiten. Was nach außen bloß wie eine etwas größere Limousine aussah, beinhaltete Luxus und die beste Technologie des Nullpunkt-Projektes. Edward öffnete die Augen, nahm sich ein Softgetränk aus der Minibar und trank genüsslich. Er sah die ganze Zeit auf den Boden; er wirkte nachdenklich. Dann wandte er sich nach einiger Zeit der Muße Qasim zu.

„Ich habe seit Reisebeginn über unser erstes Treffen nachgedacht. Ich vermute, du müsstest ein Mentalist oder ein Scharlatan sein. Wenn ich's recht bedenke, kann ich mir nur vorstellen, dass du einer bist und von Herrn Weis geheime Informationen über mich und Ada bekommen hast. Er hat exzellente Kontakte und möglicherweise von meinem Suizidversuch erfahren."

Qasim blickte gelassen in die Nacht. Er beachtete die Anderen nicht und schien mit den Gedanken woanders zu sein. Die kleinen Perlen seines arabischen Rosenkranzes klackten leise, wenn er eine Perle weiter schob und sie auf die vorherige fiel. Er sagte dabei flüsternd Worte vor sich hin. Doch als Edward ihn ansprach, wandte er sich ihm und Ada zu. Er legte seinen Kopf tief einatmend in den Nacken. Er bewegte ihn erst nach links, dann nach rechts und dann wieder nach hinten und knackte seine Knochen zurecht: „Ein Scharlatan also? Ihr glaubt, ich habe euch die Geschichten aus meinem Leben erzählt und euch mit euch selbst konfrontiert, weil ich ein Scharlatan bin?"

„Ja, genau", fiel Ada in das Gespräch ein, „das könnte durchaus eine akzeptable Erklärung sein. Ich muss meinem Mann recht geben. Es war zwar überraschend und rhetorisch gut ausgeführt, was du gemacht hast aber ... Übernatürliche Kräfte, Gedanken lesen oder dieses Licht, von dem du geredet hast. Ich bitte dich, das glaubst du doch selber nicht, Qasim, oder?"

„Ich verstehe nicht genau, was du meinst? Glaubst du wirklich, ich habe das alles nur vorgespielt?"

„Durchaus. Herr Weis musste uns diese Mission doch irgendwie schmackhaft machen. Aber dass er dafür so ein Theater veranstalten würde ... Das ist schon eine Nummer für sich."

„Ja, das ist es und ich sage es dir direkt. Ich mag seine Missionen nicht. Darüber hinaus wissen wir sehr wohl, dass dein Land seit den politischen Unruhen, die auf die Corona- und Wirtschaftskrise folgten, mit gesetzlosen Landstrichen übersät wurde und man selbst auf den militärisch gesicherten Straßen immer wieder von Vermisstenfällen hört. Also bitte, mach uns nichts vor! Jetzt wo wir hier sind, kannst du uns auch die Wahrheit sagen. Ich muss es einfach wissen. Ich muss wissen, was Herr Weis alles für die Performance gemacht hat und wie er an die Informationen gekommen ist."

„Die Wahrheit also? Was soll denn die Wahrheit sein? Dass ich ein Ablenkungsmanöver von Herrn Weis bin, um euch auf eine gefährliche Mission mitzunehmen? Zu welchem Zweck denn?" Qasim lachte belustigt.

„Was ist denn bitte so lustig? Sag es uns einfach!", insistierte Edward.

„Herr Weis tendiert zu okkulten Abweichungen. Er hat uns bereits in Israel mit Ausgrabungen von irgendwelchen alten Steinen belästigt. Wir wurden nach Jericho geschickt. Anstelle, dass wir uns mit wichtigen Programmen beschäftigen konnten, die das Nullpunkt-Projekt vorangebracht hätten, lautete der Auftrag ,Antike Technologie'. Wir mussten an streng geheimen archäologischen Tätigkeiten in Jericho teilnehmen. Und was kam dabei raus? Staub und unangenehme Ausdünstungen von Arbeitern. Auch ja - und noch mehr Staub. Und nicht zu vergessen - Staub."

„Hast du nicht den besonders grobkörnigen Staub vergessen?" fragte Ada.

„Ja stimmt, den gab's auch ... und es gab ganz großartige zerbrochene Tonscherben. Mehr Zeitverschwendung unserer Fähigkeiten, wäre dieser Tage schwer vorstellbar gewesen", sagte Edward und schaute verdrießlich, weil er sich erneut verdeutlicht hatte, dass er auch hier nur seine Zeit verschwenden würde. Was wird das wohl für ein Kristall sein, den dieser Sufi uns zeigen wird, überlegte Edward. Möglicherweise haben die Chinesen nur ein Ablenkungsmanöver in Tibet gestartet, um ihre echte Durchbruchs-Technologie zu verbergen.

„Und wonach habt Ihr gesucht?" fragte Qasim interessiert.

„Wonach wir gesucht haben? Naja, außer nach Staub und Tonscherben … Eigentlich, nach einem alten Märchen für Kindsköpfe, die Herr Weis aus unverständlichen Gründen immer wieder an uns heranträgt. Wir haben nach diesem sandigen Erlebnis Beschwerde beim Vorstand angemeldet. Missionen dieser Art sind nur noch nach Zustimmung und unter besonderen Umständen an uns heranzutragen. Mit deinem hinterhältigen Mentalisten- oder Scharlatan-Trick bekam Herr Weis, was er von uns brauchte. Unsere Zustimmung! Er hätte uns schon früher nach Kairo schicken wollen, da bin ich mir sicher. Aber diesem Ansinnen hätten wir nie zugestimmt, wenn die Angelegenheit nicht so interessant präsentiert worden wäre", sagte Edward.

„Genauso ist es! Normalerweise gibt es wenig, was unsere Intelligenz täuschen könnte, eigentlich nichts. Erst recht nicht so altertümliche Leute wie du. Und auch in diesem Fall dauerte es nur wenige Minuten, bis wir alles durchschauten und dich, Qasim, als Scharlatan zu enttarnen. Eigentlich hätten wir diesen Betrug in Neom ansprechen, vielleicht die ganze Reise abbrechen sollen", erklärte Ada in schnellen Worten.

„Warum seid ihr dann trotzdem mitgekommen?" Edward schwieg und kratze sich schnell und ruckartig am Nacken. Es schien ihm äußerst unangenehm zu sein, ebenso wie seiner Frau, die verlegen in eine Ecke zu starren schien und offenbar nach Worten suchte. Alle schwiegen. Es waren bedrückende Sekunden der Stille, in der sich viel Unausgesprochenes zu stauen schien. Oder war es mehr Undenkbares, überlegte Qasim. Waren es die Unmöglichkeiten des Überweltlichen, dass sie nicht ansprechen konnten oder wollten? Oder vielleicht eine innere Plage der Persönlichkeit oder eine innere Schranke? Auf jeden Fall waren die beiden äußerst merkwürdige Leute.

Schließlich durchbrach Ada das Schweigen: „Das können Sie als Mentalist sicher selbst herausfinden! Na los, versuchen Sie es mal." Sie grinste Qasim herausfordernd an. „Ich warte …"

„Ich bestehe jedenfalls darauf, dass wir nicht bei Ausgrabungen unter der Erde mitmachen müssen", fügte Edward hinzu. „Und sobald wir zurück in Neom sind, werde ich beim Vorstand alles dezidiert anklagen. Jede kleinste, unangenehme oder schwitzige Hand, die ich schütteln muss und jedes unnötige Staubkörnchen, das meinen Hoody beschmutzt, werde ich an den Vorstand berichten. Und zwar sehr explizit, inklusive Kostenaufstellung,

Schadensersatz usw. versteht sich", feixend verschränkte Edward die Arme vor der Brust.

Qasim starrte Ada an, das Gemecker von Edward ignorierend, und sagte kurz darauf: „Wie du wünscht. Dann werde ich jetzt deine Gedanken lesen. Denke an deine wahre Motivation. Warum bist du mitgekommen?"

„Sicher nicht, das musst du schon so herausfinden, du großer Uri Geller Ägyptens!" Ada streckte Qasim frech die Zunge raus und drehte sich weg.

„Dachte ich mir doch, dass du es so nicht kannst." Gerade als Qasim ihr antworten wollte unterbrach der Fahrer der Limousine sie laut sich nach hinten wendend: „Herr Stockholm, Frau Goldstein ich möchte sie nur ungern in ihrem Gespräch unterbrechen, aber vor uns sind einige Sperren auf der Straße platziert, es könnte etwas holprig werden! Bitte schnallen Sie sich an", an den Seiten des Autos schoben sich Metallplatten vor die Glasfenster hoch. Das Licht im Innenraum wurde rot abgedunkelt.

„Jakob, ist alles in Ordnung?", fragte Edward den Chauffeur. Sein Bein wippte nervös auf und ab und Ada setzte sich Sekunde um Sekunde, immer näher an ihren Mann und begann, ihre Fingernägel verkrampft anzukauen. Qasim hingegen setzte seinen Turban kurz ab und kratzte sich ruhig am Kopf. Dann beobachtete er gelassen das Agieren des Chauffeurs.

„Herr Stockholm, Frau Goldstein, seien Sie unbesorgt, die Sensoren des Fahrzeuges haben alle Objekte der Straße analysiert und unser Hochleistungs-Laser wird die Hindernisse unschädlich machen können. Wir haben eine Gruppe von Wegelagerern in etwa fünfhundert Metern Entfernung südlich der Straße geortet. Sie bewegen sich langsam und haben lediglich kleine Geländewagen zur Verfügung. Sehen Sie hier!" Edward rutschte nach vorne vor, um einen Blick durch die Windschutzscheibe zu erhaschen, während Qasim erkennen konnte, dass seine Hände leicht, aber deutlich zitterten.

„Ich werde den Halunken eine kleine Botschaft senden. Was meinen Sie, Herr Stockholm."

„Machen Sie nur, machen Sie nur, aber bitte schnell!"

„Seien Sie unbesorgt, Herr Stockholm. Ich habe alles unter Kontrolle", Edwards Blick fiel auf einen Knopf am Armaturenbrett mit einer Schlüsselsicherung. Jakob fuhr langsamer, etwa zehn bis zwanzig Stundenkilometer. Dann drehte er den Schlüssel um und aktivierte den Knopf. Ein plötzliches Zischen am Auto erschrak alle drei, sodass Ada sogar aufschrie.

„Alles Ok, Frau Goldstein, das war ich. Wir haben den Banditen eine kleine Raketen-Abschreckung geschickt", Zwei Sekunden später detonierte eine deutlich hörbare Explosion einige hundert Meter südlich. „Ich denke das wird sie erstmal beschäftigen!" sagte Jakob und lächelte zufrieden, während er langsam zu den Hindernissen und Haufen auf der Straße heranfuhr. Im Scheinwerferlicht konnte alle sehen, wie rote Laserlinien die Hindernisse auf der Straße effektiv zerschnitten. Die Hölzer, Paletten und Metallreste wurden in kleine Würfel oder Dreiecke zerteilt. Zu Qasims Verblüffung geschah alles vollautomatisch. Die Limousine hatte starken Stahlpflug vor dem Kühler, den Qasim bis gerade eben noch für eine martialischen Zierrat gehalten hatte. Doch in dieser Situation zeigte sich die Effektivität mechanischer Gewalt. Fast spielend und ohne Schwierigkeiten schob das Fahrzeug die zerkleinerten Teile zur Seite. Mit leichtem Geruckel fuhr Jakob über die Reste der Sperren und dann zügig weiter Richtung Kairo. Das Tachometer zeigte nun eindeutig höhere Geschwindigkeiten als vorher. Denn darauf ankommen lassen, wollte es Jakob definitiv nicht. Wer wusste schon, welche Halsabschneider noch in dieser Nacht auf der Sinai-Halbinsel unterwegs waren. Qasim klopfte den schwitzenden Edward auf die Schulter und wollte gerade einige nette Worte sagen, als dieser den Arm mit großer Wucht wegstieß und schrie: „Nicht anfassen! … nicht berühren!" und dann schon etwas ruhiger: „Bitte nicht anfassen, ok!" Qasim riss die Augen auf und schnellte zurück: „Ist ja ok, entschuldige bitte."

Ada fügte hinzu: „Bitte nicht sprechen! Bitte die nächste halbe Stunde einfach schweigen, ok?! Nach der Aktion brauchen wir erstmal eine Pause. Sie können ja derweil unsere Gedanken lesen."

So fuhr das Auto mit vier schweigenden Insassen in den Sonnenaufgang. Nur Jakob telefonierte ab und zu mit seiner Frau und beruhigte sie, dass alles gut laufe und er schon fast in Kairo angekommen sei.

Vor einem Krater eines Einschlages standen einige Männer und schauten erschrocken auf den noch brennenden Boden. Die Rakete hätte sie auch treffen können. Einer der Männer blickte jedoch auf sein Mobiltelefon und steuerte eine kleine Drohne zurück zu seinem Standpunkt.

„Was schaut ihr so dumm auf das Loch. Das war nur ein Warnschuss. Schaut lieber mal zu mir." Die Männer kamen zu ihm und stellten sich in einem Halbkreis um ihn auf.

„Seht ihr diese Bilder, die ich mit meiner Drohne gemacht habe? Das Auto kommt aus Neom." Der Mann zeigte auf das Kennzeichen des Fahrzeuges auf den Aufnahmen.

„Der wird auch wieder zurückfahren. Und ich habe die elektronische Uhr eines Insassen gehackt. Sie übermittelt mir ihren genauen Standort. Wenn sie zurückfahren, werden wir vorbereitet sein." Die Gruppe lachte fröhlich auf. Diese Beute würden sie sich nicht entgehen lassen. So ein Fahrzeug war auf dem Schwarzmarkt extrem wertvoll. Der Drohnenpilot zeigte auf einen Mann mit einer Narbe im Gesicht.

„Hey du da, melde dem Boss die Lage." Der Mann nickte schweigend und stieg in einen Pickup ein. Mit quietschenden Reifen und aggressiver Beschleunigung fuhr er in die Dunkelheit der Nacht.

Es war später Vormittag und die Sonne brannte vom Himmel, als Jakob vor dem Haus des Scheichs in Hawara zum Stehen kam. Die Türen des Autos öffneten sich lautlos. Edward und Ada stiegen zuerst aus und klopften sich ihre Kleidung zurecht. Etwas benommen von der Fahrt holten sie ihre technischen Geräte in zwei großen Koffern aus dem Fahrzeug. Qasim stieg ebenfalls aus und streckte seine Glieder erstmal in alle Richtungen und schaute auf seine Uhr. Die elektronische Anzeige zeigte 9:30 Uhr. Er war im Auto eingeschlafen und blinzelte müde in den hellen Tag. Als die Drei sich gerade zum Haus aufmachen wollten, sagte Jakob ernst aus dem Fahrerabteil: „Herr Stockholm, ich werde hier auf Sie warten. Sollte es zu Komplikationen kommen, müssen Sie innerhalb von zwei Minuten im Fahrzeug sein", Er deutet auf einen Alarmsensor an seiner Armbanduhr. „Sollte Sie es nicht schaffen, muss ich laut Sicherheitsprotokoll meinen Standort wechseln und den Gefahrenort verlassen. Ich bitte Sie, diese Anweisung ernst zu nehmen. Ich empfehle mich."

„Ich denke nicht, dass es hier noch Komplikationen geben könnte", sagte Qasim lachend. Jakob ignorierte die Worte Qasims und ließ die Fenster hochfahren.

„Darf ich bitten, dass wir jetzt mit unserer Arbeit beginnen", sagte Edward und wies mit seinem Arm in Richtung des Hauses, das hinter einer kleinen Steinmauer hochragte. In der Mitte der Mauer war ein altes rostiges Gartentor halb geöffnet und ließ den Blick in einen üppigen Garten zu. Qasim führte Edward und Ada durch das Tor, das beim Öffnen ein quietschendes Piepen von sich gab, in den Garten seines Scheichs. Sie gingen durch die schön angelegte Grünanlage, in der allerlei Blumen ihre Düfte und Farben prächtig präsentierten. Qasim genoss es, all die angenehmen Gerüche der Pflanzen tief einzuatmen. Ihr Flor gab ihm Zuversicht und Ruhe. Und auch auf Ada schien die Anlage eine beruhigende und angenehme Wirkung auszuüben. Die Sperlinge auf den Bäumen folgten neugierig den Schritten der Drei und hüpften zwitschernd von Ast zu Ast; immer den Ankömmlingen in sicheren Abstand hinterher. Qasim führte die zwei an den Rand des alten, aber stattlichen Lehmhauses. Edward hatte kein Gefühl für die Pracht der Natur und schritt unbeteiligt seine Koffer tragend über den

Sandweg. Er wirkte in Gedanken versunken und schien bereits angestrengt etwas zu planen.

Auch wenn das Haus von außen eher vernachlässigt wirkte, deuteten die schiere Größe, und was man durch einige Fenster erspähen konnte, auf ein einladendes Anwesen mit hochwertiger Innenausstattung hin. Qasim ging auf eine unscheinbare Tür aus altem Holz zu, die hinter einem Rosengewächs versteckt war und sich einige Meter neben einer ausladenden Terrasse befand. Auf der Terrasse sahen sie beim Vorbeigehen eine Sitzordnung aus Bodenpolstern und einigen kleinen Teetischen. Sie waren noch vom Frühstück und nicht abgeräumt worden. Teebecher mit feuchtem Bodensatz und Essensresten wurden aktuell zum Menü für Fliegen und andere Insekten.

Es waren die Überreste eines morgendlichen Empfangs, welchen der Scheich gerne mit unterschiedlichen Gästen am Wochenende praktizierte. Oft kamen Ordensmitglieder und Gelehrte von weit her und nahmen beim Scheich ihr Morgenmahl ein. Es war eine alte Tradition, die sich etabliert hatte. Sein Haus war bekannt dafür, dass man dort zumindest einmal im Monat den einen oder anderen in der islamischen Welt berühmten Mann oder auch Frau antreffen konnte. Dort wurden gesellschaftspolitische und spirituelle Fragen diskutiert und aktuelle Themen philosophisch und islamrechtlich erörtert.

So war es seit einigen Jahren eine beliebte Zusammenkunft, die nicht selten fernab der Öffentlichkeit intellektuelle Ergebnisse hervorbrachte, die bald darauf beratend der ein oder anderen Regierung vorgebracht wurden. Insbesondere die politische Ausdehnung und Einflussnahme der neuosmanisch ausgerichteten Türkei, geschah unter dem Einfluss einiger türkischer Gelehrter, die regelmäßig anwesend waren.

Infolge des politischen Vakuums, das durch den Ukrainekrieg und seinen Verheerungen in Osteuropa entstand, trat die türkische Regierung politisch geschickt als neue stabilisierende Macht auf. Sie nutzen taktisch klug die entstehenden Handelsrouten der neuen Seidenstraße, um die Region von Bulgarien bis zur ukrainischen Grenze nachhaltig beeinflussen und wirtschaftlich aufbauen zu können.

Die Sperlinge pickten Brotkrumen auf, versuchten das ein oder andere Insekt vom Teetisch zu fangen und hüpften geschäftig auf der Terrasse umher, als die Drei bei der Tür ankamen. Ada lächelte die kleinen Vögel vergnügt an, wurde aber jäh unterbrochen.

„Hier entlang bitte", sagte Qasim. Er öffnete die Holztür, als er sie mit einiger Kraft und unter dem Klang eines unangenehmen Knarrens weit nach außen hin aufzog.

„Bitte herein."

„Keine Ausgrabungen! Das ist Ihnen klar!" sagte Ada streng und wandte sich von den Spatzen ab.

„Nein, natürlich nicht", nachdem beide eingetreten waren, seufzte Qasim kurz auf und zog die schwere Tür hinter sich zu. Eine antike Steintreppe führte etwa vier Stockwerke hinab. Eine sicher sechzig Jahre alte Elektroinstallation beleuchtete den Gang dürftig. Ihr Licht war gerade ausreichend, dass es Edward gelang, festzustellen, dass keine Spinnennetze oder sonstigen Staub sein Hygienebedürfnis beschädigten. Und das war für Kellerstiegen definitiv ungewöhnlich. Unten angekommen, öffnete Qasim erneut eine alte Türe. Dahinter präsentierte sich ein erstaunlich moderner Raum. Es standen dort einige Design-Rechner auf weißen Glasschreibtischen sowie in der Mitte ein großer weißer Labortisch mit hochwertigen Elektromaterialien und IT-Zubehör.

„Bitte hier entlang", Qasim führte die beiden durch eine weitere schwere Metalltür am Ende des Zimmers. Sie gelangten in einen großen runden Raum, in dessen Mitte der Scheich saß. Vor ihm stand auf einem Podest ein etwa fünfzig Zentimeter großer runder blauer Kristall, der den ganzen Raum durch ein zartes blaues Leuchten erhellte. Der Scheich erhob sich von einem Kissen vor dem Kristall, auf dem er bis jetzt saß und sagte freundlich: „Merhaba, herzlich willkommen!"

Edward und Ada reagierten nicht sofort, sondern betrachteten verblüfft und überrascht die Szene.

„Sie müssen Herr Edward Stockholm sein und Sie, Frau Ada Goldstein, die Freundin der Tiere, richtig? Ich bin Scheich Hassan, es ist mir eine Freude."

„Äh Hallo, äh, ja genau, der bin ich … ", sagte Edward wie hypnotisiert in das blaue Funkeln des Steines starrend.

„Ebenfalls sehr erfreut, Ada Goldstein, die Freundin der Tiere wie sie richtig bemerkten." Ada lächelte den alten Mann freundlich an. „Sie haben uns also durch Ihren Freund Qasim herführen lassen? Eine interessante Wendu …" sagte Ada immer leiser werdend und dann verstummend, während sie tief ins blaue Licht des Steins einzutauchen schien.

„Ja so ist es, ich habe Ihre Publikationen seit Jahren verfolgt, zumindest bis Sie ins Neom-Projekt wechselten. Aber nach allem, was ich gelesen habe, dürften Sie die fähigsten Forscher auf dem Gebiet der selbstreferenzierenden neuronalen Netzwerke sein", sagte der Scheich und bedeckte den Stein mit einer Samtdecke. Edward und Ada kamen schlagartig wieder zu sich. Sie rieben sich kurz die Augen.

„Wer sind Sie bitte, dass Sie das einschätzen könnten?" Fragte Edward mit einem leisen Ton der Arroganz.

„Hobbyprogrammierer oder technisch interessierte Laien sind eher nicht in der Lage, die modernen Entwicklungen ausreichend zu überblicken. Meine öffentlichen Vorträge ließen mich selten Intelligenzen in Menschen finden, welche die Basisstufe dessen hätten, was man heutzutage braucht", führte Edward weiter aus.

„Edward, du bist hier Gast. Du musst dich nicht gleich am Anfang so aufplustern", sagte Ada halb flüsternd in Edwards Ohr.

„Oh, ich denke Sie missinterpretieren meine Räumlichkeiten und das kleine Labor, ich habe seit den 1970-Jahren mein Geld als Programmierer verdient", sagte der Scheich und nickte freundlich in ihre Richtung. „Ich arbeitete zehn Jahre unter anderem in den USA und in Europa. Ich hatte meinerzeit gute Kontakte mit Teuvo Kohonen und anderen Forschern auf dem Gebiet der neuronalen Netze. Falls ihnen der lineare Assoziator oder selbstorganisierende Karten etwas sagen … Ah ja und für Paypal habe ich gearbeitet und einige wesentliche Logiken für Abrechnungslegungen programmiert."

„Sie … Sie waren mit Herrn Kohonen bekannt?" fragte Edward sichtlich überrascht. „Nein, das glaube ich Ihnen nicht …"

„Ja, doch können Sie ruhig. Es waren interessante Pionierzeiten, wir haben so einiges zusammen erlebt. Aber um die Jahrtausendwende habe ich dieses schöne Anwesen hier erworben und aufgebaut. Meine Tätigkeit für die Menschen war mir wichtiger geworden als Forschung und IT. Ich hatte ausreichend Geld verdient und übernahm andere Pflichten. Aber meine Leidenschaft zur IT-Forschung verlor ich nie. Die Fachliteratur studiere ich bis heute gerne. Man könnte sagen, ich versuche am Ball zu bleiben."

„Sie sind also bekannt mit einem der großen Vordenker … Das fällt mir schwer zu glauben. Wenn ich einen alten traditionellen Ägypter sehe, kann ich mir das wirklich nicht vorstellen", sagte Ada mit skeptischem Blick.

„Seit wann glauben Wissenschaftler denn etwas!? Kommen Sie mit, ich zeige Ihnen meine Arbeit."

Alle folgten dem Scheich zurück in den Vorraum, während dieser auf ein Foto an der Wand zeigte. Es war ihnen beim Eintreten gar nicht aufgefallen. Auf dem Bild stand tatsächlich Kohonen neben dem Scheich in jüngeren Jahren. Er berichtete den Gästen nun einiges über seine Forschungstätigkeit und erklärte ihnen anhand der aufgebauten Geräte seine Arbeit. Es entwickelte sich schnell ein für die Informatiker ungewöhnlich emotionales und intensives Gespräch. Zwischen alten Geschichten aus der Pionierzeit erklärte der Scheich schrittweise seine technischen Ansätze. Edward und Ada schienen in ihrem Element zu sein und diskutierten lebhaft die dargestellten Ansätze des Scheichs. Das ist eindeutig nicht meine Welt, dachte sich Qasim, der bis jetzt nur daneben stand. Viele Fachwörter und die verwendete IT-Techsprache ließen ihn recht bald gelangweilt aus dem Gespräch aussteigen und in der Arbeitsküche einen Tee für alle aufsetzen.

„Ihre Theorien zur neuronalen Selbstreflexion sind interessant, jedoch haben wir ähnliche Ansätze bereits in Neom verfolgt und sind gescheitert", kommentierte Edward eine These des Scheichs.

„Ich verstehe, dann ist es an der Zeit, dass ich Ihnen den Grund meiner Einladung an Sie zeige." Im Laufe des Fachgesprächs hatten Ada und Edward ganz vergessen, dass sie ja aus einem besonderen Grund hierher eingeladen wurden. Die Chinesen und ihre Entdeckung, von der Herr Weis gesprochen hatte und die dubiose politische Gefahr der chinesischen Machtergreifung.

„Ja, Ja, unbedingt", stimmte Ada zu, „Es geht wohl um dieses sonderbare Objekt des Nebenraums."

„Natürlich! Doch, bevor ich ausführe, was habt Ihr gesehen, als Ihr den Stein angestarrt habt." Ada schaute überrascht. „Wie meinen Sie das?

„Na so wie ich es sage. Was habt Ihr gesehen?"

„Also … um ehrlich zu sein … Ich hatte den Eindruck, etwas im Stein zu sehen und fühlte mich, sagen wir, ‚irgendwie anders'."

„Ich habe nichts gesehen!" fügte Edward, seine Verlegenheit überspielend, schnell und trotzig hinzu.

„Keine Sorge, ich möchte keine persönlichen Inhalte wissen. Aber mir war es wichtig, dass Ihr die außergewöhnliche Kraft dieses Objektes erfahrt, bevor ich euch nähere Details und die Geschichte dazu erzähle. Denn nichts liegt mir ferner, als in euren Augen bei unserer ersten Begegnung als ein Märchen erzählender alter Mann zu wirken."

„Sofern Sie nicht lange um den heißen Brei herumreden oder Mentalisten-Tricks anwenden, wie Ihr Schüler, höre ich mir ihre Geschichte dazu gerne an", sagte Edward scharf und schaute mit einem kurzen, bösen Blick in Qasims Richtung.

„Das blaue Objekt, das Sie sahen, wird auch der Himmel des Herzens genannt. Er ist seit einigen Jahrhunderten im Besitz unseres Sufi-Ordens und wurde von Scheich zu Scheich weitergereicht, bis ich ihn schließlich von meinem Scheich anvertraut bekam. Es ranken sich viele Legenden um diesen Gegenstand. Eine Möglichkeit seines Ursprungs ist die These, dass er zur Zeit der Pharaonen einem der rechtschaffenen Freunde des Propheten Moses aus einer anderen Welt anvertraut wurde. Es wird berichtet, dass eines Tages dieser Mann, sein Name war Haim, im Palast des Pharaos arbeitete. Nachts musste er die Säulen der Königshalle reinigen. Es geschah kurz nachdem Moses die erste Plage auf Ägypten losließ, dass er in jener Nacht ein ungewöhnliches Leuchten im Himmel sah. Ein heller Blitzstrahl ging in einiger Entfernung zur Erde nieder, obwohl keine Wolke am Himmel war. Der Mann eilte zur Stelle, wo er vermutete, dass der Blitz einschlug. Er suchte ein wenig, bis es schließlich ein noch glühendes Stück Boden fand. Der Sand war zu Glas geschmolzen und in der Mitte der herzförmigen Tektit-Schmelze lag der Kristall. Er nahm den Kristall an sich und fand recht bald heraus, was für eine besondere Kraft in ihm ruhte. Seit dieser Zeit wäre seine Macht dazu benutzt worden, die Herzen der Menschen zu läutern und auf den Weg der Erkenntnis und Vollkommenheit zu führen."

„Oha, das nächste Märchen …", flüsterte Edward Ada zu.

„Wie bitte? Ich höre leider nicht mehr so gut."

„Nein, schon gut, wir wollten Sie nicht unterbrechen", sagte Ada hastig.

„Ah, gut. Also mit der Geschichte gibt es ein Problem. Denn diese Überlieferung ist unvollständig. Sie ist schwach in ihrer Glaubwürdigkeit, da sie nicht lückenlos nachvollzogen werden kann. Ich betrachte sie demnach als äußerst zweifelhaft. Möglicherweise ist es also nur eine Legende. Was ich jedoch mittlerweile mit Sicherheit sagen kann, da ich seit über zehn Jahren das Objekt nicht nur in seinem eigentlichen Sinn benutze, sondern auch mit allen mir zur Verfügung stehenden Mitteln untersuche: Es ist eine hochentwickelte physikalische Technologie in der Kristallstruktur installiert. Es ist eine wahrscheinlich auf atomarer Basis verwobene komplexe dreidimensionale Struktur-Technologie. Ihr genauer Aufbau entzieht sich jedoch noch meiner Kenntnis. Es gelangen mir bis jetzt zwei Dinge. Zum einen konnte ich Stromflüsse und komplexe Potenzialwellenmuster, während der Kristallaktivität nachweisen. Zum anderen gelang mir etwas, dass im Orden bis jetzt keiner wusste. Als ich ein Experiment zu den elektromagnetischen Feldern des Objekts durchführte, geschah etwas ungewöhnliches. Der Stein erzeugte aus sich selbst heraus Energie. Und zwar ziemlich viel Energie. Ich musste das Experiment abbrechen, da in kurzer Zeit die Temperatur in diesen Kellerräumen über siebzig Grad anstieg. Ich vermute einen Raumenergie Effekt."

„Sie meinen Raumenergie im Sinne einer Konversion des Raumes selbst zu einer anderen Energieform. Wäre es möglich, diesen Effekt für unsere Untersuchungen vorzuführen?" unterbrach ihn Edward.

„Eine Vorführung? Durchaus möglich. Aber der Effekt ist eher im Sinne einer Konversion von elektrischen Feldern im Raum zu neuen Potenzialen zu verstehen. Im Rahmen dieser Versuche geschah noch etwas. Ich konnte zeigen, dass die Gehirnaktivität und Nervenbahnen von Menschen in eine Art Resonanz zum Objekt traten, und zwar unabhängig von mir. Dieser Effekt war auch den früheren Scheichs bekannt, jedoch habe ich ihn erstmals mittels EEG nachgewiesen. Dies erklärt möglicherweise die zentrale Funktionsweise zur Beeinflussung des menschlichen Gedanken- und Gefühlslebens. Aber ich garantiere Ihnen, es steckt weit mehr dahinter", der Scheich lächelte freundlich und geheimnisvoll bei diesen Worten, „Und nun zum eigentlich wichtigsten Punkt. Früher arbeitete ich ohne Vorsichtsmaßnahmen bezüglich meines Equipments und das führte dazu, dass meine Rechner in bestimmten Situationen mit dem Objekt ungewollt in Verbindung traten - aber nicht konstruktiv, sondern zerstörerisch und chaotisch. Daher musste ich eine Bleiwand einziehen, die in der Lage ist, die Objektpotenziale abzuschirmen."

Der Scheich klopfte gegen die Wand, die beide Räume voneinander trennten und ein metallischer Klang war zu hören. „Leider stellte ich schließlich fest, dass meine Geräte nicht ausreichten, um in der Forschungsarbeit tiefer zu gehen. Denn natürlich interessierte mich brennend, warum der Stein mit den Rechnern unter ganz spezifischen Bedingungen eine Verbindung aufbaute. Ich ließ die Arbeit aus Mangel an Material einige Zeit ruhen. Aber seit es den Chinesen gelungen war, ein ähnliches Objekt zu stehlen, musste ich handeln. Mit Ihren modernsten Geräten aus Neom könnten wir es vielleicht schaffen zum ersten Mal eine positive Resonanz im Sinne einer selbstorganisierenden neuronalen Einheit aufzubauen."

„Sehr interessant! Herr Weis sprach auch von einer Notsituation durch die Chinesen. Können Sie uns einweihen, weil Sie wissen schon … Politik", fragte Edward und verdrehte die Augen beim Wort „Politik".

„Ja und nein. Es ist kompliziert, sagen wir es so. Von diesen Objekten gibt es mehrere auf der Welt. Nach alten Sagen sollen es vier in Summe sein. Einer dieser Artefakte wurde jahrhundertelang von den Schülern des Buddha benutzt. Er wird 'das Auge des Buddha' genannt und eben dieser wurde von den Chinesen vor einigen Wochen gestohlen. Ich versuchte, dieses Objekt hierher in Sicherheit bringen, aber am Tag, als ich das Auge retten wollte …", Der Scheich stockte kurz. „Sie müssen wissen, auch alte Lehrer machen

Fehler. Auch ich bin nur ein Mensch", bei diesen Worten sah Qasim zum ersten Mal die Aura einer viel zu schweren Bürde im Gesicht seines Meisters. Bis jetzt war sein Meister stets ein Anker der Sicherheit gewesen, ein Mensch, der den anderen Menschen und ihm immer half und Auswege fand. Doch eben dieser Mann wirkte heute wie ausgewechselt. Qasim erkannte, dass diese Schwere schon den ganzen Tag über ihm wie eine dunkle Wolke waberte.

„Wie dem auch sei. Einer ist in unserem Besitz, seit Jahrhunderten wohl behütet und das Geheimnis der Scheichs und ihrer innersten Schüler. Zwei weitere Objekte sind verschollen. Über sie gibt es nur spärliche Informationen in alten Handschriften. Es wird berichtet, dass einer angeblich den Zugang von Gog und Magog blockieren und ihr Gefängnis stabilisiert."

„Wer sind Gog und Magog?" Fragte Ada.

„Das nächste Märchen ...", murmelte Edward.

„Ein was?" fragte der Scheich.

„Eine Hypothese."

„Richtig es ist eine Hypothese! Gog und Magog waren zwei alte Volksstämme, die ca. vor 3500 Jahren lebten. Sie waren für ihre besondere Grausamkeit und Bösartigkeit bekannt. Ein rechtschaffener Herrscher namens Dhū l-Qarnain – der mit den zwei Hörnern – baute eine Mauer aus Eisen und geschmolzenen Kupfer, welche die beiden Völker von der restlichen Welt abtrennte. Ich gehe davon aus, dass einer der vier Steine vor der Mauer platziert wurde. Laut den Quellen dient er als Raumverschieber und stellt eine Art Phasentransformator oder Wurmlochstabilisator zwischen dem Weltteil, in denen Gog und Magog lebten, und der restlichen Erde da. Jeden Tag wechselt er die Frequenz, so dass die Ingenieure von Gog und Magog bis jetzt die Passage nicht öffnen konnten. Sie graben zwar jeden Tag unter der Mauer doch durch die Raumverschiebung des Steines werden ihre Versuche jeden Tag verhindert. Sobald die Sonne untergeht, beginnt die Raumverzerrung und endet mit Sonnenaufgang. Aus Sicht der beiden Völker sind sie an einen anderen Ort verschoben und ihre unterirdischen Arbeiten des Vortags zunichte gemacht. So stehen sie Tag um Tag immer wieder vor der gleichen Aufgabe. Eines Tages jedoch werden sie das Codewort aussprechen. In diesem Moment wird der Stabilisator die Frequenz nicht mehr wechseln, so dass sie es schaffen werden, unter der Mauer unten durch zu graben und zu entfliehen."

„Was ist mit dem Letzten der Artefakte?"

„Dein Ernst, Ada? Ich finde das schon etwas weit hergeholt."

„Vielleicht … Ja, vielleicht ist es weiter hergeholt, als wir es uns vorstellen können und die Raumverzerrung reicht bis zu einem anderen Planeten, auf dem Gog und Magog gerade leben. Aber nun zum vierten Artefakt. Dieses soll in Jerusalem zu finden sein. Es soll sich um eine ringartige Struktur handeln, die absolute Macht verleiht. Die Templer haben nach der Eroberung Jerusalems während des ersten Kreuzzuges danach gesucht. Ihr darauffolgender Machtzuwachs lag vielleicht daran, dass sie einen Teil der Struktur fanden. Die Quellen sind auch hier zweifelhaft. Aber warum lässt die israelische Regierung seit vielen Jahren unter dem Tempelberg graben? Wonach glaubt Ihr, suchen die da wohl?"

„Nach diesem Ring oder seinen Teilen etwa?" fragte Edward ungläubig.

„Wonach wohl sonst?"

„Das ganze hört sich wie Märchen aus 1001 Nacht an. Wie können Sie wissen, dass der Ring nicht schon längst gefunden wurde?" fragte Ada.

„Ich bin mir bewusst, dass all das sich für Sie skurril anhören muss. Aber ich versichere Ihnen, Sie werden es nach ihren Untersuchungen am Objekt nebenan nicht mehr so sehen. Alle vier Objekte sind miteinander verbunden. Sobald einer mit Lebewesen in Resonanz tritt, kann ich es in meinem Stein wahrnehmen. Nur wenn sie quasi im Standby-Modus sind, kann man sie nicht detektieren, zumindest wüsste keiner mehr, wie es geht. Daher sehe ich aktuell nur den Stein der Buddhisten und er ist bereits in China. Ich fühle die Hände und Geister derer, die sich seiner bemächtigt wollen", Bei den letzten Worten atmete Hassan schwer aus und schaute zu Boden, „Kröten und Schlangengeister …"

„Ich denke, ich weiß, wie wir mit der Untersuchung beginnen könnten. Ich würde gerne etwas mit dem Objekt ausprobieren", sagte Edward.

„Ja, gerne. Ich habe euch mit meinen Märchen für Erwachsene genug gelangweilt. Zunächst würde ich Sie bitten, mit mir eine kurze Teepause einzulegen. Qasim war so nett und hat uns in der Zwischenzeit einen guten Tee und etwas Gebäck vorbereitet. Bitte kommen Sie", Ada nickte und folgte dem Scheich. Edward hingegen ignorierte die Einladung und begann sorgsam seine Geräte auszupacken. Plötzlich wurde er aufgeschreckt. Seine Armbanduhr begann laut zu piepsen. Ada und Hassan drehten sich zu ihm um.

„Was soll denn das? Macht der Witze?" Edward schüttelte entrüstet den Kopf, „Ich hasse solche Scherze!"

„Jakob schlägt Alarm? Ich glaube nicht, dass er uns einen Streich spielt", sagte Ada und griff sich ihren noch nicht ausgepackten Rucksack. Edward starrte erschrocken Ada an, als sie Jakob aufgeregt über die Uhr hörten.

„Kommt sofort her, das ist keine Übung, beeilt euch, ihr habt 30 Sekunden … Krrrrr … es … Mehrere … verdammt lauft … krrr … "

„Qasim, schnell, schließe die Zwischentür! Alle in den Hauptraum! Sofort!" rief der Scheich.

„Wie konnten sie mich finden? Wie ist das möglich? Nein, das ist unmöglich, unmöglich!" sagte er leise zu sich selbst, als er sich an seinen Dolch erinnerte, den er einem der Soldaten ins Bein warf. „Lass die Tür offen! Wir müssen sofort zum Auto!", schrie Ada. „Vergesst es! Das werdet ihr nicht schaffen! Wenn es Chinesen sind, was ich befürchte, werdet ihr sterben, solltet ihr das Haus verlassen!"

„Nein! Komm, Edward das Protokoll! Komm bitte!" schrie Ada hysterisch ihren Mann an. Sie riss ihn am Arm hoch, während er noch versuchte, seine Sachen einzupacken. „Lass das jetzt! Komm sofort!"

Als beide hinauslaufen wollten, packte Qasim sie von hinten und zerrte sie mit einer unglaublichen Kraft in den Hauptraum. Dann schloss er die schwere Bleitür zwischen den Räumen und verriegelte sie. „Hierbleiben, hat Hassan gesagt!"

„Wie kannst du es wagen! Du Vollidiot!" Fauchte Ada Qasim an. „Das wird Konsequenzen haben, sobald wir hier raus sind, werden wir dich über das Neom … ", Edward kam nicht mehr dazu, seinen Satz zu beenden, als er erschrocken stockte. Denn sie hörten das Poltern von Schritten. Es waren sicher fünf Männer, vielleicht sieben. Sie kamen schnell näher und Edward begann an den Armen zu zittern.

Wie konnten sie uns nur so schnell finden, dachte der Scheich immer wieder und versuchte die Verbindungen zu verstehen, welche die Chinesen über seinen Dolch zu ihm führten.

„Setzt euch in die Ecke! Dort!" Hassan zeigte in die hinterste Ecke des Raumes. „Versucht tapfer zu sein! Versucht einfach tapfer zu sein, egal was geschehen wird!"

Er bemühte sich, Edward und Ada mit einer eindringlichen, aber sanften und beruhigenden Stimme anzusprechen, während er die Samtdecke vom Objekt riss.

Da donnerte es heftig an der Bleitür. Ein Schlag nach dem anderen hämmerte gegen sie. Qasims Herz begann mit jedem Schlag härter und schneller zu schlagen. Er ergriff einen schweren Holzbalken und stellte sich demonstrativ vor den Scheich, bereit, ihn und die anderen gegen jeden Eindringling zu verteidigen. Er war stark, dass wusste er und sein jahrelanges Kampfsporttraining könnte er jetzt mehr denn je brauchen.

Die Tür sprang auf, zwei Gasgranaten rollten in den Raum und verrauchten ihn sofort. Edward und Ada schrien erschrocken auf und zogen sich dann ihre Oberbekleidung über ihre Köpfe. Zehn schwarz gekleidete und maskierte Soldaten stürmten mit erhobenen Maschinenpistolen in den Raum. Qasim schlug vom Gas gereizt hustend wild um sich, ohne zu sehen, wohin seine Streiche führte. Die Soldaten brüllten in schlechtem Englisch: „Down, Down, Down!" Der Holzpfosten brach, Qasim wurde überwältigt und zu Boden gerungen. Doch in diesem Moment leuchtete mit einem Mal der blaue Stein auf und saugte den gesamten Rauch der Granaten in sein Inneres. Der ganze Raum begann darauf, im schönsten Blau zu glitzern. Edward und Ada nahmen verwundert ihre Kleidung von ihren Köpfen und wurden sofort vom Licht des Steines geblendet. Es hatte eine zutiefst beruhigte Wirkung auf sie.

Ganz anders als bei den Soldaten: Mit ihnen geschah Sonderbares. Sie wirkten mit dem Aufleuchten des Lichtes plötzlich wie verlangsamt, dann wie gelähmt und daraufhin, wie soll man es beschreiben … Sie wirkten wie Motten, wie diese kleinen Insekten, die im Lichtschein Kreise fliegen. Und wie Motten wurden sie vom Licht des Steines magnetisch angezogen. Die Soldaten, die auf Qasim lagen und ihn fixierten, ließen los und gingen langsam zum Stein sich in den gebildeten Kreis einfügend.

Der Scheich hielt den Stein mit seiner Hand und überblickte den Kreis der Krieger. Dann schloss er seine Augen. Im Funkeln des blauen Lichtes fiel ein Soldat nach dem anderen in extreme Zustände. Einer bekam einen Weinkrampf, ein anderer begann sich wild wie ein Derwisch zu drehen und merkwürdig zu lachen. Wieder ein anderer verfiel in Agonie und wippte seinen Oberkörper schweigend hin und her, während sein Nachbar wie ein Kleinkind sich kreischend über den Boden wälzte. Qasim erkannte blitzschnell die Gelegenheit und nahm den Soldaten ihre Waffen ab. Als er den vorletzten Soldaten entwaffnet hatte, hörte er an der Tür ein leichtes Surren. Er schaute auf, nahm ein Gewehr in den Anschlag und zielte auf den Eingang. Da erschienen drei autonome Minipanzer. Sie waren nicht größer als ein Hund und ihr Geschützrohr so groß wie ein Gewehrlauf. Langsam fuhren sie auf Kunststoffketten in den Raum. Qasim schoss mehrere Salven ab und traf eine offenbar an einer empfindlichen Stelle. Nach einer kleinen Explosion bewegte sie sich nicht mehr weiter. Die anderen beiden traf er nur an der Panzerung. Die Minipanzer zielten und feuerten ihrerseits. Ein leiser klarer Schuss zerteilte förmlich die Luft. Ein dumpfer Aufprall war zu hören. Qasim spürte keinen Treffer, keinen Schmerz. Er tastete seine Brust ab, als hinter ihm das blaue Licht schwächer wurde. Scheich Hassan brach langsam und stöhnend in sich zusammen.

Die Drohne traf den Scheich in die Brust. Qasim warf sich blitzschnell auf seinen Lehrer, um ihn vor weiteren Treffern zu schützen. „Maschinen, Maschinen … ich konnte nicht schnell genug … eine Verbindung …", Hassan ergriff Qasim voller Ernst.

„Nimm den Himmel der Herzen, du bist jetzt sein Hüter, suche einen wahrhaft würdigen Menschen, so wird sein Licht erneut scheinen und die … die Herzen der Menschen reinigen", mit großen Schwierigkeiten versuchte der Scheich Qasim noch etwas zu sagen.

„Er … der Kristall … wird das Licht der Herzen … das dem Menschen innewohnende Licht leuchten lassen. Denke immer daran, nicht die Himmel und die Erden wurden erschaffen Gott zu erkennen … sondern das Herz der Kinder Adams!"

Mit den Worten des islamischen Glaubensbekenntnisses hauchte Scheich Hassan seinen letzten Atem aus. Er wandte seinen Blick in die rechte Ecke des Raumes und sein Gesicht lächelte ein letztes Mal, als würde er einen alten Freund sehen. Dann sackte sein Körper in Qasims Händen leblos zusammen. Qasims legte den Körper seines Lehrers auf den Boden und strich über dessen Augen.

Die Soldaten kamen langsam wieder zu sich und auch Edward und Ada begannen sich verängstigt zu umarmen und riefen Unverständliches. Doch Qasim beachtete sie nicht. Zu tief saß der Schock. Bevor er sich umdrehen und aufrichten konnte, um den Stein zu nehmen oder die Soldaten mit seinem Gewehr in Schach zu halten, spürte er einen starken dumpfen Schmerz am Hinterkopf. Ein Soldat war auf die Beine gekommen und hatte ihn niedergeschlagen. Qasim wurde schwarz vor Augen und er brach zusammen.

Als er wieder zu sich kam, waren seine Augen verbunden. Er spürte zuerst seinen Kopf, in dem ein stechender Schmerz quälend zu Bewusstsein stieg. Durch das Rütteln des Fahrzeuges, in dem er sich offensichtlich befinden musste, verschlimmerte sich dieser nur. Er versuchte, sich aufzusetzen und seine Hand auf die schmerzende Stelle zu legen, aber er war mit Kabelbindern an einem Sitz fixiert unfähig, weder Arme noch Beine weit zu heben. Er versuchte, etwas durch die Augenbinde zu erkennen, konnte aber nicht einmal Konturen ausmachen. Jeder Versuch, sich zu orientieren, misslang. Wo waren Edward und Ada? Wo war der Kristall?

Als er sich gerade einigermaßen zurecht gesetzt hatte und zu sich gekommen war, hörte er, wie Schüsse gegen das Fahrzeug schlugen. Schon wieder Schüsse? Halluzinierte er? Oder waren es nur kleine Steinchen, die gegen die Karosserie schlugen. Nein, es war keine Illusion und keine Einbildung. Mit einem Ruck bremste das Fahrzeug ab und kam ins Schleudern. Er wurde umher gewirbelt und nur durch die Fesseln schmerzhaft am Sitz festgehalten. Schon wieder waren Schüsse zu hören, aber diesmal hörte er auch Männer schreien und Explosionen krachten in unmittelbarer Nähe durch die zitternde Luft im Blechgehäuse seines Gefährtes.

Dann war es mit einem Mal still … länger still … verdächtig still. Weder bewegte sich das Fahrzeug noch waren Menschen zu hören.

Qasim versuchte, sich zu befreien, aber es gelang nicht. Die Kabelbinder waren zu fest angezogen. Es dauerte etwa zehn Minuten, bis er vorerst verzweifelt aufgab. Sollte er hier sterben, gefesselt in einem unbekannten Fahrzeug, an einem unbekannten Ort? Sollte dieser Stahlkasten sein Grab werden? Die Klimaanlage war ausgefallen und es wurde schnell heiß und stickig im Inneren. Er versuchte einen klaren Gedanken zu fassen. Er versuchte nachzudenken, wie er hier wieder herauskommen könnte.

Da hörte er auf einmal Stimmen. Sie wurden lauter und sprachen arabisch. Hätte man sie gefunden? Wären sie vielleicht sogar von der Armee oder der Polizei gerettet worden? Ein ungewöhnlicher Gedanke in Ägypten unter den aktuellen Umständen, aber … Die Stimmen kamen näher und jemand begann an der Tür zu rütteln. Die Tür sprang mit einem Knall auf und Schritte kamen auf ihn zu. Jemand riss ihm die Binde vom Kopf.

„Hier ist noch einer!", rief einer der drei Männer, die nun vor ihm standen. Aber wie Soldaten oder Polizisten sahen sie nicht aus.

„Der schaut auch fitter und brauchbarer aus als die anderen!" rief der Größte unter den Männern. Dann nahm er ein Kampfmesser heraus und schnitt die Kabelbinder durch.

„Komm mit und mach keine Dummheiten, Freundchen", sagte der Mann und packte ihn grob an. Die Männer trugen schmutzige und staubige paschtunische Kleidung, wie er sie aus Pakistan kannte, dazu eine Kalaschnikow im Anschlag. Ihre Bärte waren lang und ungepflegt. Dann legte ihm einer der Männer Handschellen an und führte ihn zu seinem Geländewagen. Qasim wurde klar, dass er von Wegelagern gerettet oder vielmehr erbeutet wurde. Draußen sah er eine Gruppe von Männern, welche die Leichen der toten chinesischen Soldaten plünderten und dann ihre leblosen Körper in einer kleinen Sandgrube verscharrten. Die vier leicht gepanzerten Fahrzeuge wurden von diesen Kämpfern der Wüste mitten im Nirgendwo mit großem Geschick überfallen. Die schwarzen Vans, mit denen sie entführt wurden, hatten zerschossene Fenster und einer war sogar von einer Explosion umgeworfen worden. Hätte man sie bereits erwartet?

Qasim sah Ada und Edward, die bereits in Fesseln auf den Pick-ups der Räuber saßen. Der Fahrer unterhielt sich mit zwei der Banditen über eine digitale Armbanduhr, welche einer von ihnen hochhielt. Es war seine Uhr. Qasim verstand nicht alle Worte, aber offenbar hatten die Räuber sie über seine Uhr geortet. Sie fingen an, sich zu streiten, denn sie hatten ein exklusives Fahrzeug aus Neom als Beute erwartet.

Neben Ada und Edward saßen noch zwei andere Gefangene, offensichtlich ein jüngeres, schwarz verschleiertes Mädchen und ein alter Mann, der sie im Arm hielt. Wahrscheinlich ihr Großvater oder ihr Onkel. Unglückliche Seelen, die es wagten, hier in dieser Gegend vom Weg ab zu kommen, dachte sich Qasim. Denn dem Dialekt der Räuber nach und der Umgebung, die er musterte, waren sie noch in Ägypten. Die Landschaft, die sie umgab, war karg und bergig. Der Boden war staubig und in der Ferne sah er mehrere Felsformationen und kleine Hügel, die ihre schmucklosen, spitzen Kanten in den Himmel hackten. Himmel ... schoss es Qasim in den dröhnenden Kopf, als er auf den Pick-up von Ada und Edward geworfen wurde. Wo ist der Himmel der Herzen? War er etwa von den Soldaten mitgenommen worden? Oder hatten die Räuber ihn bereits gefunden und in einem ihrer Beutewagen verstaut?

„Er ist da vorne im weißen Pick-up. Beobachten, genau beobachten, alles ganz genau", flüsterte Edward. „Sie haben ihn in einer schwarzen Kiste geborgen, ohne hineinzuschauen. Sie wissen noch nicht, was sie dort erbeutet haben", sagte er weiter mit einer Stimme, die so viel Kraftlosigkeit ausstrahlte, dass man ihn für halb tot halten konnte.

„Da staunst du. Ich kann das auch mit den Mentalisten-Tricks", fügte er kalt hinzu.

„Was ist geschehen?" fragte Qasim erschöpft.

„Die Soldaten haben uns gefangen genommen. Es ging sehr schnell. Alle Geräte wurden in Kisten beschlagnahmt, sie schienen gut vorbereitet gewesen zu sein und zu wissen, was sie wollten. Sie haben uns in getrennten Vans untergebracht. Wie ich Außeneinsätze hasse", sagte Ada. Dann schluchzte sie und begann zu weinen.

Die Räuber waren mit der Plünderung fertig und fuhren los. Sechs Pick-ups ruckelten in die Abendsonne, welche bereits rot und nur schwach durch den aufgewirbelten Staub hindurch schien. Die Pick-ups wackelten über den steinigen Untergrund und bewegten sich langsam auf die Felsen und Berge im Norden zu. Dort angekommen, hielten sie und parkten die Wagen unter einem Felsvorsprung vor einem Höhleneingang. Man trug das Raubgut in eine Höhle. Danach zerrte man die fünf Gefangenen vom Wagen herunter und brachte sie wortlos in eine der Höhlen, die tief in den Berg führten. Dort stieß man sie in eine Ecke und fixierte jeweils einen ihrer Füße an einer im Felsen verankerten Stahlkette mit Fußfessel. Man warf ihnen etwas altes, hartes Brot hin und einen Wasserschlauch.

„Das ihr uns nicht zusammenbrecht. Aber esst nicht alles auf einmal!" sagte einer der Männer höhnisch und mit bissiger Ironie. Dann ging er lachend zur Räubergruppe in der Mitte der Höhle zurück. Diese begann, das Raubgut zu sortieren und zu sichten. Sie lachten herzlich und ließen sich reichlich Essen von einem jüngeren Mitglied bringen. Mit den Computern konnten sie nicht allzu viel anfangen und beachteten sie kaum. Nur ein jüngerer Räuber artikulierte hastig dem offensichtlichen Anführer, dass ihnen hier ein besonderer Fang in die Hände gefallen war.

„Ein Räuberlager? Das ist das Letzte, was ich vermutet hätte, am Ende dieser Reise zu sehen", sagte Edward immer noch in der Tonalität einer Leiche.

„Es gab keine Verluste unter diesem Gesindel. Die sind offenbar erfahren in ihrer Arbeit", sagte Ada. „Und sie waren vorbereitet, als wüssten sie, dass wir kommen."

Dann schaute sie zu ihrem Mann: „Wie geht es dir? Glaubst du, dass du deinen Verstand nutzen kannst, um uns hier herauszubringen? Ich schaffe es momentan nicht. Alles dreht sich in mir und mir ist verdammt übel."

Edward versuchte, Ada in den Arm zu nehmen, um sie zu beruhigen. Angeblich sollte so etwas in diesen Situationen ja helfen. Zumindest hatte er das mal gehört. Aber es sah mehr als unbeholfen aus, stellte Qasim fest und hielt sich die Hand an den schmerzenden Kopf. Er nahm seinen Turban ab und tastete seinen Kopf ab.

„Ich beobachte, denke und arbeite an einer Lösung!"

„Was soll denn das heißen? Du hängst an einer Stahlkette, falls dir das entgangen sein sollte. Schlösser knacken wäre ein Anfang", sagte Qasim.

„Pscht, nicht reden! Keine Ablenkung, ich muss mich konzentrieren! Beobachten und denken. Ich muss denken, sehr genau denken!" Ada nickte Qasim zu und gab ihm zu verstehen, dass er Edward jetzt besser in Ruhe lassen sollte.

„Die Kiste! Sie holen jetzt die Kiste!" bemerkte Edward nach einiger Zeit. Qasim schreckte hoch und versuchte alles genauestens sehen zu können. Die Kiste schien schwer zu sein. Drei Männer schleiften sie über die Erde in die Mitte der Räubergruppe. Ein lauter Schuss hallte an den Wänden der Halle wider und die Kiste klappte auf.

„Schlau sind unsere Kerkermeister nicht", sagte Edward. „Nicht mal den Schlüssel haben sie den toten Soldaten abnehmen können. Schlösser aufschießen in geschlossenen Räumen …"

Die Räuber starrten in die Kiste, wahrscheinlich erhofften sie, in einer so schweren Kiste etwas von Wert zu finden, aber nur ein leichter bläulicher Schimmer stieg ihnen entgegen.

„Das Objekt wird aktiv!" flüsterte Ada Edward zu.

„Unmöglich! Ohne den Scheich sollte das unmöglich sein!" Die gesamte Gruppe starrte plötzlich bewegungslos in die Kiste hinein. Das laute Reden und Lachen hörte schlagartig auf. Einige Räuber, die gerade anderweitig beschäftigt gewesen waren, sahen ihre Kameraden und den blauen Schein. Ein Schatz, schien es ihnen zu dämmern. Denn so schnell wie möglich und voller Gier in ihren Augen, kamen sie angerannt und drängten sich einer über den anderen, um ja einen Blick in die Kiste erhaschen zu können. Aber sobald sie hineinblicken, blieben sie wie gebannt stehen und starrten nur noch mit einer unheimlichen Leere in den Augen.

„Was geschieht dort?" fragte der alte Mann, welcher ebenfalls unter den Gefangenen war und bis jetzt, wie die junge Frau geschwiegen hatte.

„Sie haben in den Himmel der Herzen geschaut", sagte Qasim. „Der Himmel der Herzen? Ihr sprecht in Rätseln?"

„Es ist ein Artefakt meines Sufi-Ordens."

„Welcher Himmel und welche Erde sollten Gott erkennen, es ist doch das Herz vom Kinde Adams, welches in der Ehre erhöht wurde, dieses Licht zu empfangen."

„Was sagt ihr da?", fragte Qasim verwundert.

„Und doch ist es auch das Herz, welches durch die Finsternisse dieser Welt umhüllt wird und zum Niedrigsten der Niedrigen aller Geschöpfe gewandelt ist und sich verliert", fuhr der Mann mit dem Gedicht, das Scheich Hassan ab und zu vortrug, fort.

Qasim wunderte sich über die plötzlichen Worte des alten Mannes. Dass er diese hier hören würde, dieses Gedicht seines Lehrers, woher kannte der Alte es?

„Leere Wünsche erfüllen es und ein schlimmer Ausgang wird sein Ende sein. Dann erst merkt das Herz, dass es einem Traum nachlief und nur mit Luftspiegelungen tanzte", vollendete Qasim das Gedicht. Der Alte lächelte ihn zufrieden an. Doch ehe Qasim dem Mann fragen konnte, woher er das Gedicht kannte, begann einer der Räuber mit einem fürchterlichen Geschrei.

Ein Schrei, der durch Mark und Bein ging. Alle Gefangenen zuckten erschrocken zusammen, aber die anderen Räuber schienen nichts mitzubekommen. Dann stieß er einen anderen Räuber grob zur Seite und zog sein Messer.

„Du Schwein, ich hasse dich, das wirst du mir bezahlen", brüllte er aus voller Kehle. Der Angegriffene wurde schlagartig aus der Trance gerissen und schrie ebenfalls auf. Schüttelte kurz seinen Kopf, als er zu sich zu kommen schien, hatte er schon das Messer des anderen im Bauch. Aber das sollte erst der Anfang sein. Durch den Vorfall klappte die Kiste zu und die Räuber kamen einer nach dem anderen wieder zu sich. Voller Wut begann ein regelrechter Tumult. Viele gingen voller Hass aufeinander los, andere liefen in Panik in die Nacht hinaus und rissen sich die Kleider vom Leib, wieder ein anderer erschoss sich selbst. Es war ein fürchterliches Chaos.

„Schnell, schmiegt euch an die Felsen! Stellt euch tot!", rief Qasim. „Macht die Augen zu und bewegt euch nicht. Sie dürfen euch nicht bemerken!"

Alle versuchten zu tun, was Qasim ihnen sagte und unter keinen Umständen einen der Räuber aufzufallen. Als sich der Lärm legte, öffnete Qasim vorsichtig die Augen. Alle Räuber waren entweder tot, lagen im Sterben oder waren aus der Höhle geflohen. Nur einer stand stumm und lebendig vor der Kiste. Sein Gesicht war noch von der Fahrt verschleiert. Nach einiger Zeit drehte er sich in Richtung der Gefangenen, Qasim schmiegte sich an die Felsen in der Hoffnung, ihm nicht aufgefallen zu sein. Ein lächerlicher Versuch, wie er sich selbst eingestehen musste.

„Wenn er herkommt, könnten wir versuchen, ihn zu überwältigen. Glaubst du, du kannst mir helfen, Edward?" flüsterte Qasim so leise er konnte.

„Wie … wie meinst du das … kämpfen?" sagte Edward zögerlich und öffnete auch wieder seine Augen.

„Versuche ihm einfach die Beine festzuhalten. Den Rest erledige ich. Du wirst es schaffen … sei tapfer. Sei einfach tapfer!"

Diese Worte trafen Edward. Er erinnerte sich, dass Scheich Hassan das gleiche zu ihm gesagt hatte und irgendetwas Unbenennbares in ihm damit auslöste. Jetzt geschah es erneut. Als Edward zudem Ada zitternd am Felsen kauern sah, spürte er etwas in seinem Herzen. Eine Art Gefühlsregung. Vielleicht nicht ganz. Er war sich nicht sicher, aber etwas war da. Etwas Neues. Möglicherweise etwas, das man Mut nennen könnte.

„Ja, ich schaffe es! Ich … ich kann es. Ich … muss es", sagte sich Edward leise.

Der Mann kam auf sie zu und schaute die Gefangene an. Er war zu weit weg, als dass sie ihn hätten packen oder erreichen können, da die Ketten Qasim und Edwards Bewegungsfreiheit doch massiv einschränkten. Andererseits schien er nicht gewalttätig, wie die anderen. Er stand nur einige Minuten dort und schaute merkwürdig glotzend aus den dunklen Augen, die man zwischen dem Gesichtsschleier und seiner Kopfbedeckung hervorstechen sah. Dann ging er auf und ab, zog sein Messer und spielte mit ihm. Dabei murmelte er sich selbst etwas vor. Dann schaute er Qasim lange an, dann ging er wieder auf und ab und spielte erneut mit seinem Messer. Es war ein unheimliches Schauen, eine beängstigende Ungewissheit. Jedes Mal, wenn er Qasim anstarrte, stockte Qasim der Atem. Was hatte er vor? Was war das für ein Psychopath? Wollte er Qasim töten? Oder spielte er nur mit dem Gedanken und war mit sich selbst uneinig? Doch dann auf einmal kam er langsam näher und sagte mit klarer lauter Stimme:

„Vor vierzehn Jahren hätte ich dich umarmt als Bruder. Vor sieben Jahren hätte ich dir am liebsten den Kopf mit einem Messer vom Leib geschnitten. Vor einer Stunde wollte ich dich nur auf dem nächsten Sklavenmarkt verkaufen und dich danach nie wieder sehen. Doch jetzt weiß ich nicht, was ich mit dir anfangen soll …"

Qasim schaute irritiert. Irgendetwas stimmte nicht. Es fühlte sich merkwürdig an, vertraut und unbehaglich. Da nahm der Mann seine Verschleierung ab und ließ seinen Schal zu Boden fallen. Es war Karim, der vor ihm stand. Karim, der verschollene Weggefährte. Er ging auf Qasim zu und löste seine Ketten, dann half er ihm hoch. Dann stieß er ihn Weg und sagte: „Du warst immer schon ein Trottel, aber heute … hast du Glück gehabt."

Qasim war irritiert und wusste nicht genau, was er machen sollte. Er hätte mit vielem gerechnet, aber nicht damit, in diesem Niemandsland seinen alten Freund Karim unter einer Räuberbande wiederzutreffen.

„Bitte helfe mir und meinen Freunden", sagte Qasim schließlich.

„Das hatte ich tatsächlich überlegt zu tun", Karim öffnete die Ketten aller Gefangenen.

„Kommt mit!" Karim nahm die Gefangenen mit in die Mitte der Höhle und gab ihnen Essen und Trinken. Der Großvater reichte es dem jungen Mädchen und setzte sich mit ihr auf den staubigen Boden. Auch Ada nahm sich Essen, war aber angewidert von den paar erschlagenen Räubern, die in der Höhle lagen und deren Blut, das überall zu kleben schien. Sie nahm Edward an die Hand und wollte ihn in eine Ecke der Höhle ziehen, wo sie die Toten nicht sehen musste.

„Bitte Edward komm und iss auch erstmal etwas."

Aber Edward wies sie ab und durchsuchte stumm und hastig die erbeuteten Kisten. Er fand einige seiner Geräte, schien aber nicht zufrieden und suchte aufgeregt weiter. Ada ließ ihn machen und zog sich in eine Ecke zurück. Dann sprach Edward schließlich, sich an Karim wendend zögerlich stotternd: „Ist das alles … was ihr erbeutet habt? Habt ihr alles mitgenommen?"

„Ja! Wir haben sogar die Motoren aus den Vans ausgebaut", er zeigte in eine Ecke, in der ölige Motorenteile aufgestapelt waren.

„Ich suche eine Uhr, hat irgendwer von euch eine Uhr mitgenommen?"

„Ja die hier", er zeigte auf Qasims private Uhr.

„Nein, ich suche eine andere. Ich suche meine Uhr."

„Das ist die Einzige, die wir haben."

„Sie muss hier aber irgendwo sein, ich brauche meine Uhr. Lederband mit moderner Runduhr, schönes Design", sagte Edward und durchsuchte weiter die erbeuteten Kisten. Qasim ging zur Kiste mit dem Himmel der Herzen. Er ergriff vorsichtig den Rand der Kiste und öffnete sie nur einen kleinen Spalt. Aber es war kein blauer Schein mehr zu erkennen. Langsam hob er den Deckel. Das Objekt lag nun dunkel vor ihm. Es war kein blaues Strahlen mehr zu sehen. Nur ein leichtes Glimmen schien im Innern der Kugel sporadisch auf. Karim trat zu ihm. Aber das Objekt blieb dunkel.

„Scheich Hassan hat es mir anvertraut. Ich muss einen würdigen Träger finden", sagte Qasim und legte seine Hand auf das Objekt.

„Wohnt der Scheich immer noch in seinem Haus mit dem schönen Garten?" Fragte Karim.

„Der Scheich, er ist … gestern verstorben. Wir waren bei ihm zu Besuch und er … er wollte uns … Aber wir wurden überfallen. Eine Soldatengruppe hat das Anwesen überfallen. Es ging alles so schnell … ", sagte Qasim traurig.

„Weißt du Karim. Als du weggingest, um in Syrien zu kämpfen, begannen die Menschen schlecht über dich zu reden. Sie hielten dich für einen Idioten, einen Mörder oder einen Extremisten. Sogar deine Brüder lästerten über deine extremen Ansichten. Nur Scheich Hassan, sprach von dir im Guten."

„Aha, was interessiert es mich, was der Alte über mich dachte!"

„Als wir nichts mehr von dir hörten und sich das Gerücht verbreitete, dass deine Einheit bei einem Luftangriff der syrischen Armee getötet wurde, ließ dein Vater nach einiger Zeit das Totengebet für dich abhalten. Nur deine Mutter und Scheich Hassan nahmen nicht teil, denn sie hofften darauf, dass du zurückkehren würdest", Qasim stand auf und suchte eine Decke, um den Kristall einzuwickeln. Karim schaute nach diesen Worten noch einige Zeit stumm das Objekt an. Dann ging er einen Verbandskasten holen und gab ihn Qasim.

„Da, nimm das und versuche deine Wunde am Kopf zu versorgen", dann ging er und packte Sachen in einem Rucksack zusammen. Ada half mittlerweile Edward beim Suchen nach der Uhr.

„Es muss doch irgendwo sein!" sagte Ada.

Edward ging zu Karim: „Waren das alle Vans?" fragte er nervös mit der Hand zuckend. Das mit einer Narbe gezeichnete Gesicht und dieses Mannes, der eben noch sein Entführer war, machte ihn nach wie vor unbehaglich und er hatte große Schwierigkeiten, sich einigermaßen gefasst zu verhalten.

„Wie bitte?" sagte Karim.

„Habt ihr den ganzen Konvoi überfallen?"

„Nein, wir haben nur einen Teil überfallen."

„Und was ist mit dem anderen Teil geschehen."

„Der ist weiter nördlich durch ein Gebiet einer anderen Gruppe gefahren,"

„Wisst ihr, wen ihr da eigentlich überfallen habt?"

„Nein! Hörten sich aber nach Chinesen an. In diesem Gebiet gibt es häufiger internationale Transporte. Wer es ist, war uns egal. Hauptsache wir machen Beute. Regierungen machen es sich zu Nutze, dass dieses Gebiet ein Niemandsland wurde, denn in einem Niemandsland kontrolliert keiner, was du mit Gefangenen machst oder mit Regimegegnern. Alles, was nach Geld aussieht und schlecht genug geschützt ist, fällt in unser Beuteschema. Wir haben durch unsere Späher erfahren, wie der Konvoi die Hauptstraße verlassen hat und querfeldein fuhr. Dabei hat er sich aufgeteilt. Ein Teil bewegte sich in unser Gebiet, der andere in das von Mahmuds Gruppe."

„Ich kann nur gebrochen Mandarin, aber es waren eindeutig Chinesen. Ihr habt euch mit der KPC angelegt!" sagte Edward.

„KPC hin oder her. Beeilt euch! Wir müssen aufbrechen!"
„Ich suche meine Uhr, damit ich unsere Limousine rufen kann."
Da brach Karim in Gelächter aus. Edward schaute ihn verwirrt an. „Ihr
wollt also eine Limousine rufen und euch abholen lassen. Hahaha, ihr wisst
offenbar immer noch nicht, wo ihr seid", sagte Karim.
„Wieso, wo sind wir denn?" Fragte Ada.
„Ihr seid viele Kilometer südlich der Hauptstraße von Kairo nach Israel.
Hier fährt niemand freiwillig hinein und hier kommen die meisten auch nicht
freiwillig heraus. Und ihr wollt eine Limousine rufen", lachte Karim wieder
herzlich.
„Und wo soll euch die Limousine hinfahren? Zu einem Restaurant am
Meer? Was für ein Trottel …", Karim ging lachend zu seinem Rucksack.
„Nein … nach Neom. Wir … wir sind Regierungsmitarbeiter."
„Oh, Mitarbeiter der Regierung Neoms, na dann viel Erfolg, vielleicht
schickt euch ja der König und der Hohe Rat eine ihrer privaten Limousi-
nen", Karim packte seine Sachen. Dann stand er auf und rief: „So, alle mal
herhören! Ich bin meinem alten Lehrer etwas schuldig und werde euch helfen. Aber danach verpisst ihr euch aus meinem Leben, klar!" Karim schaute
finster drein, dann fuhr er fort: „Wir müssen so schnell wie möglich aufbrechen! Es wird nicht lange dauern, bis andere Räuber hierher kommen. Ihr
werdet auf alles hören, was ich sage, klar?" Karim zeigte auf einige Überwa-
chungskameras.
„Ich habe sie zwar abgeschaltet, aber es kann gut sein, dass das Ereignis
eben gerade im Hauptlager gesehen wurde. Falls ja, werden die anderen in
zwei bis drei Stunden hier sein. Und sie werden nicht erfreut sein, dass hier
zu sehen", Karim deutete auf die Toten, die in der Höhle lagen.
„Ich kenne einige Schleichwege, über die ich euch nach Süden ans Meer
bringen kann. Dort sind Touristenstädte. Einige Orte sind militärisch gesichert und ihr könnt von dort eine Fähre nach Neom nehmen. Oder ihr versucht, euch einem Militärkonvoi nach Kairo anzuschließen. Ach, wohin
auch immer, Hauptsache ihr verschwindet. Packt alles, was ihr braucht, wir
brechen in zehn Minuten auf. Nehmt nur mit, was ihr auch tragen könnt!
Wir werden einen größeren Teil des Weges zu Fuß zurücklegen müssen."
Qasim nahm einen Mantel und verstaute den Kristall würdevoll eingewickelt
in einen großen Rucksack, den er in der Höhle fand und den er vorher von
allerlei Räuberkram entleeren musste. Er ging zu Karim.
„Danke, dass du uns hilfst."
„Halt die Klappe, Mann. Ich kann nicht verändern, was geschehen ist.
Aber ich kann ändern, was noch geschehen wird. So Gott will, werde ich dir

helfen, um den letzten Wunsch von Scheich Hassan zu erfüllen. Dir und diesen merkwürdigen Gefährten. Aber das heißt nicht, dass ich dein Freund bin, klar?!"

Beide schauten zu Ada und Edward rüber und sahen, wie sie anstelle von Lebensmitteln oder Waffen eine Kiste mit Rechnern versuchten, in einen Rucksack zu pressen.

„Wie hast du die kennengelernt?"

„Das erzähle ich dir auf dem Weg."

Ein staubiger Pick-up mit sechs Menschen fuhr holprig und langsam durch die Nacht. Ungewiss war der Weg und ungewiss die Zukunft.

Nicht allzu weit weg, aber auch nicht in unmittelbarer Nähe, stand ein hagerer blonder Mann auf einem Felsen. Hinter ihm das Meer und die Nacht, vor ihm die weite Wüste. Die Falten in seinem Gesicht deuten bereits auf ein stattliches Alter. Doch der Blick war scharf und entschlossen.

„Muhammad komm schon, es muss hier irgendwo sein. Ich habe gesehen, wie es hier herauf gelaufen ist", sagte er mit mürrischer Stimme.

„Ich komme schon. Wie kannst du eigentlich immer noch so fit sein?" Ein junger Mann folgte dem Älteren keuchend auf den Felsen. Er war ein dunkler Araber der Wüste, seine Gesichtszüge waren fein und klar. Sein schwarzes, lockiges Haar reichte bis zu seinen Schultern. Auf seiner Wange hatte er ein Muttermal.

„Weil ich meinen Körper pflege und trainiere anstelle immer nur dazusitzen und Tee zu trinke, mein Lieber Muhammad", sagte der Alte mit einem halb freundlich halb vorwurfsvollen lächeln.

„Ich weiß, Ich weiß. Du hast recht. Ich muss mehr trainieren", lachte der junge Mann und klopfte dem Älteren auf die Schulter.

„Dort ist es ja!" sagte der Junge und deutete auf ein Lämmchen, das sich in einen Felsspalt verirrt hatte.

„Gut gesehen, Kleiner. Komm, wir holen es, bevor es sich noch verletzt." Die zwei Männer nahmen ein kleines Schaf auf den Arm und wollten gerade umkehren, um es in seinen Stall zurückzubringen, als der Alte stockte.

„Was ist? Geht es dir gut?"

„Ja Muhammad. Schau dort! Was ist das für eine merkwürdige Wolken-formation im Norden." Muhammad schaute in die Richtung, in die der Alte deutete. Es waren Wolken am Himmel zu sehen, die einen Kreis beschrieben. Einen Kreis, wie wenn sich ein Tornado bilden wollte, nur über eine viel größeren Bereich des Himmels.

„Erstaunlich, so etwas habe ich noch nie gesehen. Was ist das?"

„Ich schon. In meinem Traum."

„In deinem Traum?"

„Ja. Erinnerst du dich an den Traum mit diesen zwei Robotern, den ich dir einmal erzählte?"

„Den Traum mit den Robotern, die ihre metallische Hülle verloren hatten und unter denen dann Menschen herauskamen?"

„Genau der Traum. In diesem gab es auch einen Berg, über dem es so wie dort hinten leuchtete. In dem Berg war ein Mann, der den Himmel mit all seinen Sternen in einem Rucksack trug."

„Ja klar, den habt ihr mir ja immer wieder erzählt, damit ich ihn euch deuten lasse."

„Ja, und jedes Mal war ich nicht mit der Deutung zufrieden. Doch jetzt glaube ich, den Traum zu verstehen."

„Meint ihr wirklich?"

„Ja, ganz wirklich sogar. Komm, wir werden eine Wanderung unterneh-men. Wir bringen das Schaf zurück, holen unsere Rucksäcke und Waffen und werden in die Wüste gehen."

„Aber Ammu - Onkel -, können wir nicht bis morgen früh warten?"

„Auf gar keinen Fall! Hörst du nicht den Ruf des Abenteuers?" Die Au-gen des Ammu leuchteten bei dem Wort Abenteuer voller Begeisterung auf. Ein Umstand, den der junge Mann mit Unbehagen bemerkte.

„Aber Ammu, ich muss noch so viel zu Hause erledigen. Außerdem muss ich Layla noch erklären, dass sie morgen die Schafe füttern soll. Du weißt, wie sie ist …"

„Ach Papperlapapp! Das ist doch alles unwichtig. Schau dir die Wolken dort hinten an. Sie rufen uns förmlich! Also los!"

„Aber für Vater muss ich morgen einkaufen gehen, er wird nicht erfreut sein, wenn ich nicht für ihn auf den Markt gehen kann", sagte Muhammed.

„Junge, wenn das Schicksal einen ruft, dann darf man nicht stehen blei-ben!"

„Das Schicksal … wohl eher der Traum eines alten Soldaten?" murmelte Muhammed und sah nochmal zu den Wolken auf.

„Wer sagt denn, dass es um mich geht, Muhammed. Vielleicht ist es viel mehr dein Schicksal, das dich ruft!"

Zwei Männer, einer jung und einer alt, gingen zu einer Stadt am Meer hinab. Der Junge hielt ein Lamm im Arm. Hinter ihnen verformten sich weiterhin ungewöhnliche Wolken, doch vor ihnen lag der Ruf der Ungewissheit. Eine Ungewissheit, deren Drängen den Menschen für gewöhnlich schreckt, doch deren Faszination ihn ebenso in seinen Bann zieht und vollkommen einnehmen kann. Wenn sie ihn nicht mehr loslässt, geht man seine verschlungenen Pfade entlang, bis der Kristall des Schicksals erscheint. Jener durchschimmernde Stein der Wahrheit des eigenen Lebens, der am Beginn des Weges in Finsternis verborgen liegt und doch an seinem Ende schon immer da gewesen schien.

8. Kapitel Stein und Geist

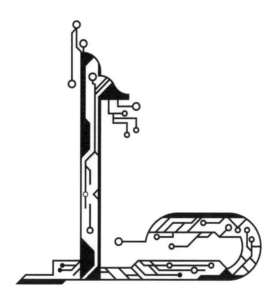

0111010001100101

„Achtung, Einleitung der 43. Sequenz!" erschallte die Stimme von Prof. Dr. Lee laut in den Laboren unter der streng geheimen chinesischen Volksbehörde für mentale Kriegsführung – kurz VBMK - in Shanghai. Hierhin war der grüne Kristall nach seinem spektakulären Raub gebracht worden. In einem großen, schwach violett beleuchteten Raum justierten einige Mitarbeiter feine Kabel an einem über und über verdrahteten grünen Artefakt. Sie waren in metallische Ganzkörper-Anzügen eingehüllt und sahen wie eine moderne Variante frühmittelalterlicher europäischer Ritter aus.

Der Weltenstein, so nannte man den Kristall des Buddha hier, sah wie ein Intensivpatient aus. Wie ein halbtoter Schwerverletzter, der mit tausenden Schläuchen am Leben gehalten werden musste. Als wäre er kurz davor zu sterben und nur die Gaben moderner Technik konnten ihn noch vor dem sicheren Verfall bewahren. Ein stattlicher Soldat mit breiten Schultern trat in den Raum. Er trug einen grünen Tarnanzug und einen schwarzen Metallhelm auf dem Kopf. Dieser hatte durch integrierte Bleiplatten ein ordentliches Gewicht. Trotz des starken Rückens bemühte sich der Mann, sein Haupt grade zu halten. Er unterstützte hin und wieder seinen Nacken, indem er mit seinen Händen den Helm haltend, seinem Kreuz und seinem Hals kurze Erleichterung vom Gewicht des Metalls verschaffte. „Leutnant Wang, sind Sie bereit für Ihre Mission?" fragte Lee über Lautsprecher. Der Soldat bestätigte mittels Handzeichen.

„Sie werden nun mit dem Weltenstein in Berührung kommen. Dieser wird ihre Biosysteme übersteuern und sie in einen traumartigen Zustand versetzen. Sie werden sich, wie ihre Kameraden vor ihnen, in einer Landschaft wiederfinden. Suchen sie die Tore zum Inneren des Weltensteins und vernichten sie seine Eigenschutzsysteme. Sobald ihnen das gelungen ist, können wir den Stein von hier aus dauerhaft übersteuern. Denken sie daran: nutzen sie die Gesetze der Traumwelt. Ihre Gedanken und ihr Wille wirken dort realitätsbeeinflussend. Sie kennen ihre Instruktionen. Zur Ehre des chinesischen Volkes!" tönte die Stimme von Lee theatralisch aus den Soundboxen. Wäre er kein Wissenschaftler geworden, hätte er auch als erfolgreicher propagandistischer Parteisprecher Karriere machen können, dachte sich Jürgen, der neben Lee und Jinjin im Hauptraum des Labors saß. Das ganze Experiment wurde mit einer Vielzahl von Bildschirmen verfolgt. Bildschirme, welche die Hirnwellen und Vitalfunktionen des Soldaten überwachten zur Rechten. Bildschirme mit elektromagnetischen Pulsfeldern des Steines und des Gehirns des Soldaten zur Linken. Visualisierungen von Quantenwahrscheinlichkeiten am Hauptpult des Professors und - am wichtigsten - die Messung der Selbstreferenz auf dem Bildschirm - direkt vor dem Professor. Das Herzstück aller Anstrengungen leuchtete in 0,5 Sekundentakten auf einem Graphen im Nullpotential.

Halt! Warum war Jinjin eigentlich vor Ort? Nach dem tragischen Tod ihres Verlobten Chang, verfiel Jinjin in eine tieftraurige Phase. Der Kern aller ihrer Anstrengungen war ausgelöscht worden. Zunächst war sie einfach nur wütend und zerschlug in ihrer Wohnung einiges an Geschirr, doch schon bald wich die Wut einer verzweifelten Trauer. Was hatte sie erreicht? Alles, wofür sie sich angestrengt hatte, trug sie mit ihrem Liebsten zu Grabe. Es war ein regnerischer Wintertag, als sie Chang am Jiutian-Friedhof zu seiner letzten Ruhestätte brachten. Nach diesem Tag verließ Jinjin für mehrere Wochen ihre Wohnung nicht mehr. Sie igelte sich ein und wollte weder mit ihren Freunden noch mit Familienmitgliedern reden. Nur mit ihrer Mutter telefonierte sie kurz einmal am Tag. Nach zwei Wochen begann sie zu fasten und zu meditieren. Sie trainierte jeden Tag hart. Doch trotz Sports und ihres Mentaltrainings ging es ihr nicht besser. Dauernd drängten sich Gedanken des Scheiterns auf. Phasen der Meditation wurden immer wieder von depressiver Niedergeschlagenheit unterbrochen. Wie sollte sie es so schaffen, wieder in den Dienst zu treten? Nach einem Monat klingelte das Militär an ihrer Tür. Vor ihr stand Ming, begleitet von zwei Soldaten. General Xiou schickte ihn. Der muskulöse Kamerad musterte sie mit einem strengen Blick. Ihre schwarzen Haare waren ungewaschen, ihr Körper durch das Fasten und den Sport mager und ihr Gesicht durch tiefe Augenringe von Erschöpfung gezeichnet. Ming reichte ihr einen Brief: „Für Sie Majorin Jin. Ihre Regenerationszeit ist abgeschlossen. General Xiou erwartet Sie nächste Woche im VBMK."

Jinjin nahm den Brief und warf die Tür Ming vor der Nase zu, ohne ein Wort zu sagen. Ming rief noch einige Worte, die Jinjin nicht mehr wahrnahm. Der hatte keine Ahnung, was in ihr vorging. Den Brief warf sie achtlos in eine der unaufgeräumten Ecken ihres Wohnzimmers - direkt in einen Haufen ungeöffneter Briefe und Werbeprospekte. Wie sollte sie sich trotz ihres zerbrochenen Herzens auf ihren Dienstantritt vorbereiten müssen. Am Abend des nächsten Tages klingelte ihr Mobiltelefon. Eine unbekannte Nummer erschien am Display. Sie drückte den Anruf weg und stellte ihr Handy auf lautlos. Nach fünf Minuten klingelte es wieder. Wieder rief sie eine unbekannte Nummer an. Sie ignorierte den Anruf und stellte das Telefon erneut auf lautlos. Es vergingen keine fünf Minuten, da klingelte es wieder. Jinjin nahm ihr Handy und schaltete es aus.

Wie viele Tage zuvor, saß sie vor ihrem Laptop, nachdem sie sich versuchte, mental durch Meditation zu stärken und schmachtete diesen Abend eine romantische koreanische Serie durch. Erneut klingelte ihr Handy. Langsam wurde es Jinjin unheimlich. Sie nahm ihr Telefon und sah, dass wieder eine unbekannte Nummer anrief. Vorsichtig führte sie ihren Finger zum grünen Hörer-Ikon. Sie hob ab: „Hallo …", sagte sie angespannt. Doch am anderen Ende hörte sie nur ein unverständliches Stöhnen.

„Hallo, was wollen Sie?"

„Ich … ich will …", hörte sie leise und kratzend eine Stimme erklingen, „Ich will, dass Sie ihren Brief öffnen! Wir haben einen Vertrag!"

„Vertrag? Wer sind Sie?"

„Ich bin Ihr Ausweg! Öffnen Sie den Brief!"

Dann legte der Anrufer auf. Ein Schauer fuhr Jinjin über den Rücken. Und sie bekam eine Gänsehaut am ganzen Körper. Das war ihr zu viel. Sie ging zu ihrem Papierhaufen und suchte nach dem Brief, den ihr Ming gegeben hatte. Sie kramte ein wenig herum, bis sie ihn fand. Hastig öffnete sie ihn. Im Umschlag war jedoch nur ein einziges gefaltetes Blatt. Sie schlug es auf.

Geehrte Jinjin Qiang

Mit großer Betroffenheit und Trauer habe ich von dem tragischen Tod ihres Verlobten gehört. Ich möchte Ihnen meine tiefe Anteilnahme und mein Mitgefühl aussprechen. Auch wenn niemals ungeschehen gemacht werden kann, was geschehen ist, möchte ich Ihnen folgendes Angebot unterbreiten.

Im Verlauf meiner langjährigen Praxis in der Behandlung schwerer Trauerzustände, wäre ich gerne bereit, Ihnen meine Hilfe anzubieten. Selbstverständlich werde ich Sie exklusiv und kostenlos behandeln.

Sofern Sie mein Angebot wahrnehmen möchten, bitte ich Sie, in Professor Lees Büro vorstellig zu werden.

Die Behandlung wird erfahrungsgemäß drei bis sieben Tage dauern. Ihre Dienstfreistellung für diesen Mentalen Stärkungszeitraum ist bereits mit General Xiou vereinbart.

Hochachtungsvoll Dr. Jürgen Ziebert

Wieso? Wieso meinte dieser Doktor Selbstgefällig mich behandeln zu wollen? Mich überhaupt behandeln zu können. Was bildet der sich ein? Mit General Xiou abgestimmt, so ein … Wutentbrannt schleuderte Jinjin den Brief zurück in die Ecke der Briefstapel, aus der sie ihn gezogen hatte. Und doch, nach weiteren Wutanfällen meldete sie sich bereits am nächsten Vormittag im Büro von Professor Lee. Ihre Haare waren gemacht und ihr Camouflage-Kampfanzug saß zwar leicht locker, aber ordentlich.

Mit gespaltenen Gefühlen begann sie mit der Therapie der „Träne" bei Dr. Ziebert. Dieser bemühte sich besonders, seine Fähigkeiten bei Jinjin zur Anwendung zu bringen. Vielleicht, ganz vielleicht, fügte er die eine oder andere Suggestion in der Hypnosesitzung hinzu, welche normalerweise kein Bestandteil seiner Behandlung war. Suggestionen, die ein Kollege vom Fach als durchaus eigennützig einordnen würde. Jinjin empfand sehr bald große Freude an den Sitzungen mit Jürgen und hatte nach fünf Tagen ihre lähmende Trauer und ihr gebrochenes Herz weitestgehend in den Griff bekommen. Auch wenn sie es nicht wahrhaben wollte, war der Doktor weit besser als ihre eigenen Versuche, mit Meditation und Fasten wieder fit zu werden. Darüber hinaus erwachte sogar Hoffnung auf ein erfülltes Leben auch ohne Chang.

Einige Monate später saß sie bereits wie selbstverständlich mit Dr. Ziebert und Professor Lee im Forschungslabor und untersuchte das grüne Juwel, das „Auge" des Buddha.

„Auf ein Neues, Herr Professor", sagte Dr. Ziebert.

„Auf ein Neues, Herr Doktor", antwortete Lee.

„Jinjin, bist du bereit, die Selbstreferenz-Übersteuerungs-Kontrolle anzupassen?"

„Aber selbstverständlich, diesmal werden wir Erfolg haben, Jürgen. Ich bin mir äußerst sicher. Meine Mutter hat nämlich heute Morgen ein gutes Omen in den Innereien ihres frisch geschlachteten Suppenhuhns erkennen können. Das ist extrem motivierend, finde ich", grinste Jinjin, verschmitzt über beide Ohren.

„Tatsächlich, hat sie das? Na, dann bin ich gleich viel hoffnungsvoller", Jürgen musste lachen.

„Ach, war nur ein Spaß, das wird schon werden. Suppenhuhn! Hä, was man dir alles erzählen kann."

„Konzentration Jinjin. Konzentration", unterbrach Lee die Neckerei der beiden.

Die Mitarbeiter in den metallenen Schutzanzügen verließen den für den Kristall verwendeten Untersuchungsraum und ließen Leutnant Wang allein zurück. Sie schlossen die schwere Bleitüre und gingen auf ihre Positionen. Der Leutnant setzte sich auf einen Polstersessel mit Rückenlehne, der neben dem Stein aufgebaut war, nahm seinen schweren Helm ab und legte ihn auf den Boden. Dann machte er es sich bequem. Er musste lachen, war es doch der skurrilste Kampfeinsatz, zu dem er jemals befohlen wurde. Im Liegen kämpfen, auf solche Ideen konnten auch nur Wissenschaftler kommen.

„Leutnant Wang berühren Sie nun den Stein, an der vorgesehen Stelle", tönte es aus dem Lautsprecher.

Der Leutnant berührte den Stein und dachte sich: „Was soll ein Stein … Was soll ein Stein …" Der Leutnant berührte den Stein und dachte sich … Er dachte sich, es schon mal gedacht zu haben: „Was soll ein Stein … Was soll ein Stein … " Der Leutnant berührte den Stein … Hatte er ihn schon berührt. Er berührte ihn.

„Was soll …"

„Wassss Sollllll …"

„Steinnnn … "

Der Leutnant berührte den Stein.

Der Leutnant wusste nicht, wie oft er den Stein berührte, fünfzig Mal oder hundert Mal. Er dachte gerade noch gedacht zu haben: Was soll ein Stein, aber jetzt wusste er nicht mehr, wie der Satz enden würde. Er war vollständig verwirrt und desorientiert. Aber es dämmerte ihm allmählich, dass er nicht mehr im Labor war. Er sah sich um und erkannte sich selbst auf einer ebenen Wiese, einer Steppenlandschaft, liegen. Erschrocken griff er zum Boden und suchte seinen Helm. Wusste er doch, dass der Helm sein Gehirn weitestgehend von den Wirkungen des Steines abschirmen konnte. Wenn er diesen bei sich hätte und aufsetzen würde, könnte er sich sofort der Kraft des Kristalls entziehen. Aber er spürte nur das Gras und die staubige Erde, auf der er lag. Er hätte sich niemals gedacht, dass sich der Raum, von dem seine Kameraden berichtet hatten, so real anfühlen würde. Vielmehr wie ein imaginiertes Bild hatte er es sich vorgestellt. Aber nun war er in einer offenbar vollkommen realen Umgebung mit einem sich total real anfühlenden Körper. Es war ebenso real wie das Labor, in dem er gerade noch gelegen hatte. Aber es war keine Zeit für solche Überlegungen. Wang stand auf und musterte alle Richtungen auf der Suche nach einem Hügel. Im Westen, wo die Sonne unterging, sah er einen kleinen Hügel und machte sich auf den Weg dorthin. Es war genau wie im Training beschrieben. Dr. Ziebert hatte ihn intensiv auf diese und ähnliche Szenen vorbereitet. Er wusste, was er zu tun hatte. Wang rannte los, schneller als er jemals im realen Leben hätte rennen können, denn hier zählte Wille und Vorstellungskraft und sein Wille war ungebändigt und stark. Es machte ihm Spaß, ja es fühlte sich einfach fantastisch an. Wie ein Windhund, nein, wie ein Gepard lief er über die Grassteppe. Die schiere Freude an der Bewegung erfüllte ihn bis in die Zehenspitzen. Die Luft und der Gegenwind, die seine Kleidung durchfluteten, sein Gesicht kühlten und die Erde unter seinen Füßen fühlte sich wunderbar an. Am Hügel angekommen, versuchte er zu bremsen. Ein

Manöver, das aussah wie die Landung eines Albatros, denn solche Geschwindigkeiten war er bis jetzt natürlich nicht gewohnt. Als er endlich zum Stehen kam, konnte er am Horizont eine Zitadelle ausfindig machen. Sehr gut! Er hatte die Zitadelle gefunden, von der seine Kameraden in Ehrfurcht und Schrecken berichtet hatten. Dort würde er die Schutzfunktionen des Steines ausfindig machen. Ausschalten und bezwingen waren seine Befehle. Und diese beherrschte er nur zu gut.

Im Labor sah man auf den Bildschirmen die Hirnwellen von Leutnant Wang langsam in den Theta-Bereich herabgleiten.

„Wang ist nun angekommen, denke ich", sagte Jürgen. „Jinjin, was machen die elektromagnetischen Muster des Steines?"

„Die Wellenmuster wurden komplexer und die Amplituden stiegen an. Die Algorithmen erkennen die gleichen Muster wie bei allen vorherigen Versuchen. Der Kristall erzeugt offenbar die Landschaftsbilder, wie sie zu Beginn jeder Soldat durchlief. Übereinstimmung liegt bei 99%!"

„Sehr gut!", sagte Lee.

„Jinjin, leite nun langsam das modellierte Selbstreferenzprotokoll ein!"

„Zu Befehl!"

Jinjin tippte einige Befehle auf ihrem Pult ein und nach wenigen Sekunden sah man es: Auf dem wichtigsten Bildschirm des ganzen Labors zeigte der Graph eine Abweichung vom Nullpotenzial.

„Seht ihre es. Metaphysisch!" Professor Lee stand wie gebannt vor dem Graphen, der nun ein sich stabilisierendes Potenzial zur Selbstreferenz anzeigte. „Es stabilisiert sich, sehr gut, weiter so, Jinjin!"

„Wie ihr wisst ist das Selbstreferenzprotokoll ein hochkomplexes Programm. Äußerst Komplex sogar", Jinjin verdrehte die Augen. Würde der Professor schon wieder in wissenschaftliches Gerede abgleiten.

„Dieses Programm wurde geschrieben, basierend auf der Annahme, dass es neben den vier Dimensionen der Raumzeit noch weitere Ebenen der Realität gibt. Unter Berücksichtigung der fünften Dimension des Geistraumes, von wo aus die Messungen der integrierten Doppelspalte geschieht, versucht das Programm einen Zusammenbruch der Wellenfunktion zu detektieren. Und schaut nur. Schaut nur, wie elegant. Der Geistraum des Steines lässt die Wellenfunktion zusammenbrechen. Es ist, wie wenn eine unsichtbare Hand aus einer höheren Welt einen Schalter umlegt und die Welt ins diskrete Sein rückt. Liebe Kollegen, ihr seht, wie Bewusstsein in diese Welt der Steine und Staubkörner eingreift. Metaphysisch einfach metaphysisch", sagte Professor Lee und starrte wie gebannt auf den Bildschirm.

„Wie genau kann denn eine Messung aus dem fünfdimensionalen Raum aufgebaut werden? ", fragte Jürgen.

„Dieses Detail fürchte ich wirst du nicht verstehen. Ich verweise gerne auf meine Ausarbeitungen. Messungen in der Materie sind das eine. Aber wenn ich nur die Materie zugrunde legte, wie wir es in vielen Versuchen zuvor taten, unterläuft uns ein wesentlicher Fehler! Es ist nur ein ungeprüfter Glaube, dass durch immer komplexere simulierte neuronale Netzwerke, die fünfte Dimension des Geistes sich wie durch Zauberhand von selbst aus der Finsternis der Erde erheben würde. Messungen dieser Systeme mussten einfach scheitern. Nun gut, so etwas scheiterte in den großen Tech-Konzernen der USA und an sogenannten Eliteuniversitäten und ich kam deswegen in Verruf. Das ganze Selbstreferenzprogramm wurde von vielen Wissenschaftlern als unwissenschaftliche Spinnerei abgetan und ich als verrückter Kauz. Konfizikauz nannten mich einige. Was für eine Dreistigkeit. Diese ignoranten Post- und Transhumanisten können so einen Gedanken nicht ertragen, weil sie so tiefgehend von ihrer eigenen Ideologie durchtränkt sind. Eine Ideologie, die davon ausgeht, dass sie ihr Bewusstsein in die Cloud hochladen könnten, ohne es vorher sauber zu definieren. Das ist, wie Aladins magischer Dschinn der Lampe, der eines Tages aus purem Zufall durch die Reibung von komplexen Computernetzwerken mit sich selbst, diesen entschweben würde. Lächerlich! Einfach lächerlich!"

„Ich versuche es beim nächsten Experiment noch einmal. Irgendwann wirst du mir deine Ausarbeitung schon erklären!"

„Versuch es ruhig, Jürgen. Versuch es ruhig."

„Und nun erneut zu unserer grundsätzlichen Frage: Ist Materie die Spur der Idee im Bewusstsein der Lebewesen, kondensiert in Stein und Felsen oder ist das Bewusstsein nur die Spur der Materie projiziert in einen höheren Raum der Betrachtung? Was ist die fundamentale Realität Stein oder Geist? Was gebiert was? Oder ist es beides eine Einheit, die wir noch nicht begreifen? Eine fünfdimensionale Raumgeistzeit?"

„Vielleicht wird Versuch 43 jener Versuch sein, der uns endlich einer Antwort näher bringt", sagte Jürgen und strich sich über das bartlose Kinn. Ein leichtes Kichern ertönte und wurde lauter. Professor Lee, der sich mit den Armen abgestützt am Pult anlehnte, musste lachen, stark lachen. Laut und herzhaft lachte der alte Professor, so dass sein Bauch unter dem Kittel auf und ab wippte und ihm Tränen in die Augen schossen. Er nahm seine Hornbrille ab und wischte sich mit dem Handrücken über das Gesicht, als er sich langsam zu beruhigen begann. Dann setzte er sich hin und schaute zu Jürgen.

„Im Anbetracht dieses metaphysischen Mysteriums, dessen wir hier Zeugen sind, kann ich nur lachen. Sie kennen meine Meinung. Das Bewusstsein geht in eine relative Raumgeistzeit auf! Das ist die wesentliche Erweiterung der vierdimensionalen Raumzeit nach Einstein!"

„Hey Prof, schon cool. Ich möchte Sie nur ungern stören aber … das elektromagnetische Muster ändert sich gerade ziemlich schnell." Auf dem Schirm, wo eine wunderschöne Projektion der gleichmäßigen kaleidoskopartig ineinander übergehende Musterwellen zu sehen war, erkannte man hunderte hyperbolische ineinander verschränkte Wellenberge, die ineinander fielen und wieder aufwallten. Doch aus den äußeren Rändern des Musters entwickelten sich deutlich sichtbar immer spitzere Zacken auf den Wellenbergen. Das Gesamtmuster bewegte sich dynamischer und immer unregelmäßiger. Der Wechselpuls eines Wellenzyklusses wurde schneller. Zwanzig Hertz, dreißig Hertz, fünfzig Hertz. Die Anzeige für Quantenwahrscheinlichkeit begann heftiger auszuschlagen und piepste regelmäßig auf.

„Verdammt nicht schon wieder sowas! Professor, wir haben Unregelmäßigkeiten in der Wahrscheinlichkeitsverteilung!", rief Jinjin aufgeregt.

„Metaphysisch! Leiten Sie eine Pulsübersteuerung an der Steinhülle ein! Machen Sie es wie letztes Mal, nur beginnen Sie diesmal bei hundert Hertz und geben Sie dem Stein diesmal mindestens dreihundert Milliampere."

„Zu Befehl!", Jinjin kam ihren Aufgaben präzise nach. Dank ihrer schnellen Reaktion stabilisierten sich die Muster.

„Sehr gut, lass die neuronalen Netzwerke übernehmen und die Pulssteuerung wie letztes Mal optimierend übersteuern", sagte Jürgen.

„Aber letztes Mal funktionierte es nicht Doc. Ich bin mir nicht sicher, ob die Netzwerke schon ausreichend auf diese Muster trainiert sind."

„Ich auch nicht. Aber wir haben keine andere Wahl. Es ist die beste Unterstützung Wangs, die wir aufbringen können."

Leutnant Wang näherte sich langsam der Zitadelle. Silberne Türme ragten viele hunderte Meter vor ihm hoch auf. Die Zitadelle des Steines war ein atemberaubender Anblick. Nie zuvor hatte sich Wang solche gewaltigen Bauten vorgestellt oder Vergleichbares im Internet oder Fernsehen zu Gesicht bekommen. Die Türme schienen aus halbflüssigem Silber zu bestehen und waren so glatt und reflektierend wie Spiegel. Sie sahen aus wie gewaltige Nadeln. Zwischen ihnen waren verbindende Mauern aus dem gleichen Material, die in fünfzig Meter Höhe in einer zum Betrachter hin auslaufender Wellenform endeten. Die ganze Zitadelle schien sternförmig ausgestreckt in der Ebene zu stehen. Sie hatte Ähnlichkeit mit den Sternen-Festungsanlagen der Vergangenheit, wobei jeweils ein Nadelturm das Ende eines

Sternenzackens bildete. In etwa zweihundert Metern Höhe gab es zwischen den Türmen bestehende Verbindungsgänge die unregelmäßig angebracht waren und in verschiedenen Winkeln zueinander standen. Der Leutnant ging vorsichtig, fast schleichend um die Anlage herum und suchte ihr Tor. Aber er fand keines. Dr. Ziebert hatte ihn doch zugesichert, dass in diesem Abschnitt der Mission immer ein Tor in der Zitadelle zu finden sein würde, aber er konnte auch beim zweiten Umgehen der gewaltigen Anlage kein einziges Tor ausmachen. Da Wang sich an die Bedingungen dieser Realität erinnerte, kam ihn eine Idee. Warum nicht einfach fliegen. Also erhob er sich nach einigen misslungenen Sprungversuchen langsam und wackelig in die Höhe. Er schwebte empor und steuerte eine der Mauern an. Als er sich dem Wellenende der Mauer bis auf wenige Meter genähert hatte, versuchte er, auf ihr zu landen. Im Augenwinkel sah er, dass einer der Nadeltürme, der an diesem Mauerabschnitt grenzte, sich zu verändern begann. Das Material bewegte sich allmählich und begann zu fließen. Es sah erstaunlich fluid aus. Wang war klar, dass diese Zitadelle zum Schutz der hinter ihren Mauern liegenden Strukturen des Weltensteins bestimmt war. Demnach erwartete er eigentlich Waffensysteme oder Verteidigungsanlagen. Sogar an dämonische tantrische Monster, von denen Kameraden aus früheren Einsätzen berichteten, dachte er. Wang erwartete, dass sie sich aus dem Turm herausschälen würden, um dann alles zu tun, um ihn als Störenfried und Eindringling auszuschalten. Er war vorbereitet. Schließlich hatte er alle Erlebnisse der früheren Expeditionen genau studiert. Was auch immer sich ihm entgegenstellen würde, er hätte eine passende Waffe parat.

Aber was er sah, schien alles andere als gefährlich. Ein kleines Wesen formte sich. Ein humanoider kleiner Kerl, der sich aus dem Turm, wie ein Wassertropfen heraus schälte. Sollte er gegen einen Zwerg antreten? Nein, es war ein Kind. Zuerst erschien das Kind noch als eine silberne unstrukturierte Form. Aber je näher er auf die Form zu flog, desto deutlicher wandelte sie sich zu einer Struktur aus Fleisch und Blut. Wang war verblüfft, denn er erkannte etwas, das er hier niemals erwartet hätte. Er erkannte seinen Sohn.

„Hallo Papa, was machst du denn hier?"

Eindeutig, es war absolut eindeutig. Die Gestalt vor ihm war sein Sohn, sein liebster kleiner Chou. Wang schwebte zu ihm hin, um ihn in seine Arme zu schließen. Er freute sich unglaublich, seinen Jungen zu sehen und vergaß kurz seine Situation. Doch jäh wurde er daran erinnert, als er merkte, dass eine Kraft ihn zu bremsen schien und am Fortkommen hinderte. Er wollte Chou umarmen, doch er kam einfach nicht nah genug an ihn heran.

„Papa, warum kommst du nicht zu mir?"

„Chou ich … ich will doch zu dir kommen!"

„Papa, ich kann mich nicht halten … Papa!"

Chou stürzte aus der Luft ab und Wang schaute entsetzt hinterher. Wangs Adrenalinpegel stieg deutlich an. Fassungslos sah er von oben hinab, zu der Stelle, auf der sein Sohn lag. Fast hätte er vergessen, wo er hier war. Er merkte, dass er sich kurz in dem Geschehen verloren hatte. Doch durch starke Konzentration und Willenskraft sammelte er sich und drehte sich dem Inneren der Zitadelle zu. Er wusste, wie leicht man sich in Traumwelten verlieren konnte. Das dürfte ihm hier unter keinen Umständen widerfahren. Vor ihm erhob sich das Innere der Zitadelle. Es war ein gewaltiger schwarzer Block, der bis ins Weltall hinauf ragte. Gerade als er auf den Block zu schweben wollte, hörte er wieder die Stimme seines Sohnes. Wo kam sie her? Wang drehte sich zum Nadelturm um. Sein Sohn war doch abgestürzt oder war er es nicht? Wang war sich unsicher. Er sah ihn doch offensichtlich wieder vor sich stehen.

Schnell schwebte er Chou entgegen. Als er einige Meter vom Turm entfernt war, bildete sich eine Tür im silbernen Fließen des gewaltigen Gebäudeteils. Sie öffnete sich wie von selbst und Chou ging hinein. Wang flog hinterher, der Stimme seines Sohnes, die ihn leise rief, folgend. Im Inneren des Turmes fand er ein Treppenhaus. Wang landete und ging einige Stockwerke hinauf, bis er vor einer Tür zum Stehen kam. Sie stand einen Spalt offen. Er öffnete sie mit neugierigen Blicken. Es schien die Tür zu einer Wohnung zu sein. Er hörte die Stimme seines Sohnes aus einem der Zimmer kommen. Schnell ging er hinein. In einem karg eingerichteten Wohnzimmer sah er schließlich seinen Sohn, der an einem offenen Fenster stand und spielte. Wang wollte ihm entgegen springen, aber fühlte wieder diese unglaubliche Kraft, die ihn bremste und mit jedem Schritt langsamer machte. Er schrie „Chou nicht! Komm sofort weg vom Fenster!"

„Papa, ich kann mich nicht halten … Papa!"

Wang sah hilflos zu, wie sein Sohn den Halt verlor, abrutschte und aus dem Fenster fiel. Wang sank zu Boden: „Nein, nein Chou, nein, das kann unmöglich wahr sein … "

Es konnte nicht wahr sein. Aber es fühlte sich so echt an. So real. Wang spürte, wie ihm langsam durch diese unsichtbare Kraft die Kräfte zur Konzentration entzogen wurden.

„Ich muss hier sofort raus", sagte Wang zu sich selbst und rannte zum Ausgang zurück. Hinter der Tür war jedoch nicht mehr das Treppenhaus, sondern nur ein langer Gang. Wang rannte den Gang entlang und suchte verzweifelt nach einem Ausweg, aber hinter jeder Tür, die er öffnete, fand er nur lange, schier endlose Gänge. Nachdem Wang mittlerweile in Panik geriet, da er durch mindestens hundertdreißig Gänge gerannt war, ohne auch nur den Ansatz eines Ausweges zu finden, kam er schließlich wieder in der Wohnung an, von der aus er startete. Sein Sohn stand am Fenster und spielte vergnügt.

„Prof! Wir detektieren bei Wang gerade extreme Adrenalin-Ausschüttungen. Ich meine damit ungewöhnlich heftige. Schau, die Hirnwellen weisen starke kurze Amplituden auf. Ich frage mich, welche tantrischen Dämonen und Monster sich ihm in den Weg stellen", sagte Jinjin aufgeregt im Kontrollraum.

„Wir dürfen ihn nicht verlieren! Wir haben keine Zeit, darüber zu sinnieren, gegen welche Phantasmen er gerade kämpft. Jinjin, leite leichte Morphium-Schübe ein. Und achte darauf, dass die Übersteuerung der Selbstreflexion stabil bleibt", Professor Lee legte sein Kinn an die Brust und setzte den rechten Zeigefinger zur Stirn und den Daumen zum Kiefer. Die Situation sah nicht gut aus, aber er würde alles versuchen, Wang von seinem Labor aus zu unterstützen. Er überlegte, was er diesmal besser machen könnte, um endlich erfolgreich zu sein, als Jinjin ihn unterbrach.

„Aber Prof", rief sie, „Letztes Mal hat es nicht geholfen. Solange der äußere Schutzring nicht durch unseren Soldaten bezwungen wird und wir die Schaltkreise der äußersten Hülle im Stein synchron schalten können, kommen wir damit nicht weiter …"

„Hast du eine bessere Idee? Dann bitte her damit. Ansonsten mach, was ich sage! Wir müssen diesen Stein bändigen. Das ist alles, was zählt!"

„Prof, der Leutnant scheint sich zu bewegen. Schau nur."

„Unmöglich! So etwas haben wir noch nie beobachtet. Er muss einer unglaublichen Kraft gegenüberstehen", gebannt blickte Lee auf den Bildschirm, der die Liveaufnahme des Raumes zeigte, in dem Wangs Körper mittlerweile aus der Stasis herauskam und anfing, sich hin und her zu wenden.

Wang stand vor seinem Sohn, der am offenen Fenster spielte.

„Chou komm da weg! Chou!" aber sein Sohn reagierte nicht auf seine Rufe. Mit jedem Satz wurde sie leiser, bis er nur noch flüstern konnte und seine Worte fast klanglos verhalten. Wang versuchte trotzdem zu schreien und zu seinem Sohn zu kriechen - mit allen Kräften, die er mobilisieren konnte. Er musste es einfach schaffen. Diesmal schaffte er es … fast.

„Papa, ich kann mich nicht halten … Papa!"

Sein Sohn rutschte aus und fiel.

„Nein! Nein! Nein … Chou", schrie Wang und weinte bitterlich. Er ertrug es nicht mehr, diese Szene zu sehen. Sein Herz schlug heftig in seiner Brust und er drohte sich im Strudel seiner Emotionen zu verlieren. Alles um ihn herum begann sich zu drehen.

„Verflucht sei der Weltenstein! Verflucht sei das Auge des Buddha bis ans Ende aller Tage!" Brüllte Wang und versuchte, sich aufzusetzen. Er erinnerte sich an die Worte von Dr. Ziebert, dass sein Wille in dieser Welt die Realität verändern kann. Sein ungebändigter Wille könnte der Rettungsanker werden, wenn er in eine grenzwertige Situation käme. So konzentrierte er sich auf seine Hand, um diese als letzten Fokuspunkt gegen den Schwindel und das Drehen, das ihn immer mehr überkam, zu nutzen.

„Ich gehe jetzt! Du besiegst mich nicht!" rief er aus voller Kehle. Mit aller Anstrengung, zu der er noch fähig war, konzentrierte er sich und versuchte, seinen echten Körper zu erspüren. Mit einem Akt großen Willens riss er seine Hand vom Stein und erwachte im Labor. Total benommen und orientierungslos tastete er nach seinem Helm. Als er das kalte Metall spürte, ergoss sich ein Schwall von Erleichterung in seinem Herzen. Er hob ihn auf und setzte ihn schräg und mit großen Schwierigkeiten auf seinen Kopf.

Hauptsache Abschirmung von diesem Teufelsstein. Hauptsache Abschirmung vor dem Wahnsinn seiner Welt, dachte Wang beruhigt und wissend endlich Blei zwischen seinem Hirn und den Stein zu haben. Dann versuchte er aufzustehen. Er hatte genug von diesem Kampfeinsatz. Seine Kameraden kamen ihm bereits entgegen und stützen ihn, damit er nicht unter dem Gewicht des Helmes stürzte. Dann brachten sie den torkelnden Wang in die Medizinstation des Institutes. Eine Krankenschwester überprüfte seine Werte und gab ihm Beruhigungsmittel. Nach einer halben Stunde, in welcher er auf einer Krankenpritsche liegen musste und seine Werte noch vom Medi-Team überwacht wurden, durfte Wang endlich losgehen. Seine Werte waren alle wieder im normalen Bereich. Er sprang er auf und ging mit schnellen Schritten zum Umkleideraum. Der Schwindel war verflogen und er fühlte nur noch einen Wunsch in sich. Wie eine Gazelle schlüpfte er in seine Zivilkleidung und glitt durch die Gänge zum Ausgang des Institutes im Erdgeschoss. Als Leutnant Wang endlich draußen war, schaltete er sein Privattelefon ein und rief seine Frau an.

„Hallo Schatz. Gibt mir bitte Chou!"

„Hallo Papa, wann kommst du nach Hause?" hörte er die ersehnte Stimme.

„Ich bin auf dem Weg, mein Schatz. Papa ist gleich zu Hause."

An diesem Tag raste Wang nach Hause. Es war ihm egal, ob er eine Verkehrsstrafe erhielt oder sogar seinen Führerschein hätte abgeben müssen. Ein Eintrag in das soziale Kreditsystem war ihm Heute absolut egal. Die Straßenschilder konnte er nur undeutlich erkennen, aber da er den Weg kannte, brauchte sie ohnehin nicht. Die Straße war sowieso frei. Wie ein Blitz schoss er über den Asphalt. Zuhause angekommen, stürmte er aus dem Fahrstuhl in den Flur seiner Wohnung und umarmte seinen Sohn. Endlich konnte er über seine Haare streicheln und seinen kleinen Körper in die Arme schließen.

„Papa drück mich doch nicht so doll", sagte sein Sohn und lachte dann fröhlich.

„Wang, ist alles ok bei dir?" Erkundigte sich seine Frau.

„Ja, ja ... alles ist ok! Alles gut, Schatz, alles", sagte Wang voller Glück. „Ich bin nur froh euch zu sehen, weißt du, ich hatte heute einen wirklich anstrengenden Arbeitstag", seine Frau lächelte ihn an, „Ja du siehst wirklich fertig aus. Komm erstmal rein, lass uns essen", alle drei gingen ins Wohnzimmer.

Wang aß mit seiner Familie gedünstetes Gemüse und Woknudeln zu Abend und freute sich, wie ein Schneekönig seinem Sohn beim Spielen zuzuschauen. Nach dem Essen ging Wang in seinen Arbeitsraum, um sich etwas auszuruhen. Er setze sich auf seinen Stuhl und drehte sich nach rechts dann nach links und dachte über diesen merkwürdigen Arbeitstag nach. Was für ein schreckliches Artefakt hatten sie nur in diesem Labor unter der Erde des VBMK's geborgen. Es wurde ihm bewusst, dass er immer noch eine intensive Entspannung und Sedierung fühlte. Waren es Nebenwirkungen, die er jetzt, wo er zur Ruhe kam, spüren konnte? Egal, dachte er, was zählt ist, dass dieser Einsatz zu Ende war und er bei seinem Sohn sein konnte.

Die Schriftzeichen auf einem Poster in seinem Arbeitsraum, dass er mit seinem Sohn aufgehängt hatte und Lego Ninjago Kämpfer darstellte, verdrehten sich sogar leicht bei jeder Halbrunde, die er mit seinem Stuhl machte. Es wollte ihm einfach nicht gelingen die Sätze auf dem Poster zu lesen. Die Sedierung war offenbar doch noch stärker, als er zunächst glaubte. Plötzlich wurde Wang aus seinem Gegrübel gerissen. Er spürte auf einmal einen Windzug im Nacken. Wang kannte dieses Gefühl und wusste nur zu gut, wo es herkam. Er sprang auf und stürzte ins Wohnzimmer. Sein Sohn hatte das Fenster geöffnet und verlor das Gleichgewicht. Chou schaute voller Panik in Richtung seines Vaters, als er nach hinter wegkippte und rief:

„Papa! Ich kann mich nicht halten ... Papa!" Er fiel.

Wang musste hilflos zusehen, wie sein Kind nach draußen kippte. Jeder Muskel in Wangs Körper überspannte sich, bis sie fast vor Anspannung barsten. Die Macht, der hindernden Kraft, war zurück und stärker als zuvor. Er konnte sich nicht dagegen stemmen. Der erschrockene Gesichtsausdruck seines Sohnes ließ sein Herz in tausend Stücke brechen. Während Tränen seine Augen nässten, dämmerte dem Leutnant, dass diese Realität nicht die Echte sein konnte. Keine Autos in Shanghai, die seinen Nachhauseweg versperrten, kein Professor Lee, der ihm über Lautsprecher Instruktionen gab, kein Interview mit Doktor Ziebert, kein ausführlicher Bericht. All das passte nicht zusammen. Und dann diese fließenden Schriftzeichen an seinem Poster im Arbeitszimmer. Er hätte es wissen müssen. Wang erkannte seine Situation.

„Wille, ist alles in dieser Welt. Mein Wille ist stärker als du! Mein Wille ist stärker, hörst du! Hörst du?" schrie er voller Verzweiflung. Dann nahm der Leutnant alle seine verbliebenen Kräfte zusammen, schloss seine Augen und fokussierte sich so stark er nur konnte. Zittern überkam ihn und sein Sichtfeld löste sich in geometrischen Mustern auf. Er verlor kurz jedwedes Körperempfinden, bis er sich plötzlich wieder auf seinem Arbeitsstuhl von eben gerade sitzen fühlte. Sein Körper bewegte sich von rechts nach links, er fühlte wieder den Windzug schlug die Augen auf und sprang los. Es gelang ihm, das Ereignis zurückzusetzen. Ein Trick, den er als Kind in seinen Albträumen gelernt hatte. Wenn er in diesen vor einem Monster floh, das unmittelbar davor war, ihn zu erfassen, konnte er sich damit in der Traumzeit zurückversetzen. Diesmal war er schneller, er wusste was zu tun war. Er lief ins Wohnzimmer und sah wieder seinen Sohn am Fenster stehen. Wie zuvor fühlte er sich gebunden, gebremst und ohnmächtig, denn es hielt ihn diese enorme Kraft zurück. Diesmal jedoch hielt er mit allem, was er noch hatte, dagegen. Alles, was er geben konnte und mehr holte aus dem tiefsten Inneren seines Herzens hervor. Nur wie in Zeitlupe kam er voran, aber er kam voran. Die Liebe zu seinem Sohn war stärker als alles, was seine Glieder zu Boden zu reißen versuchte. Seine Füße kratzten nur schleifend über den Boden, aber er ging und ging und ging. Er ließ sich nicht zu Boden zwingen und er ließ sich nicht zurückhalten.

„Papa! Ich kann mich nicht halten … Papa!" sein Sohn blickte ihn erneut voller Panik an. Wang riss förmlich seinen Arm aus seinem Körper heraus und streckte seine Hand Chou entgegen allen Gesetzen der Physik trotzend. Der Arm wurde ungewöhnlich verzerrt. Er verlängerte sich und die Muskeln und Knochen verzogen sich zu Chou hin, soweit wie es notwendig war, ihn zu ergreifen. Wang schrie vor Schmerzen auf. Aber mit einem letzten

Kraftakt und voller väterlicher Liebe packte er den Arm seines bereits stürzenden Sohnes und zog ihn vom Fenster zurück in den Raum. Wang fiel zu Boden. Er konnte nicht mehr. Sein Körper und Geist waren vollkommen erschöpft, ausgebrannt und erledigt. Aber er hielt ihn in seinen Armen. Chou lag weinend in seinen Armen. Das war alles, was zählte.

„Prof! Die Vitalfunktionen des Leutnants erreichen einen kritischen Wert!"

Der Professor stand vor dem Pult und ballte seine Fäuste. Er drosch auf die Plastikkonsole des Pultes ein, sodass es nur so schepperte. Er wusste genau, was gerade geschah.

„Prof, wir müssen sofort abbrechen! Prof, die Vitalwerte! Er stirbt, wenn wir nicht abbrechen! Wie lauten die Befehle!" rief Jinjin.

Unter dem Bildschirm mit den Hirnwellen des Leutnants poppten Warnhinweise auf und es war mehr als deutlich, dass die Herzfrequenz begann instabil zu werden.

„Professor Lee, wir müssen sofort abbrechen! Sofort!" rief Jürgen. Der Professor richtete seinen Rücken auf und schaute auf den Graphen der Selbstreferenz, der klar und deutlich eine stabile Linie zeigte. Er verzog sein Gesicht und seine Stirn fiel in tiefe Zornesfalten. Mit einem Ruck wandte er sich nach wenigen Sekunden, die sich wie schmerzvolle Minuten zu ziehen schienen, um und brüllte seine Arme voller Wut von sich wegschleudernd: „Brechen Sie ab! Los sofort!"

„Verdammt! Los Jinjin, hol den Leutnant da raus! Na los!" rief Jürgen. Jinjin packte einen Metallhelm und Metallhandschuhe und sprintete los.

Durch den Lautsprecher schmetterte die vor Wut bebende Stimme des Professors: „Experiment 43 endet! Abbruch! Abbruch! Abbruch! Bergen Sie Leutnant Wang, sofort! Vitalwerte kritisch!"

Die Bleitür schlug auf und die ritterhaften Metallmänner sowie Jinjin stürmten in den Raum. Jinjin ergriff die Hand des Leutnants und riss sie vom Kristall los, während die Mitarbeiter versuchten, den schweren Helm des Leutnants auf seinen Kopf zu setzen.

Wang hielt seinen Sohn, zu schwach, um aufzustehen. Zu schwach, um sich noch zu bewegen. Sein Herz schlug unruhig. Er spürte das ihn seine Kräfte verließen. Er würde wohl sterben, das war ihm klar. Aber das spielte jetzt keine Rolle mehr, denn Chou lag in seinen Armen. Sein Sohn war gerettet, das war alles, was er gewollt hatte. Langsam gab Wang sich seiner Schwäche hin. Er hatte verloren und doch gewonnen. Zeit aufzugeben, dachte er. Die Struktur des Raumes wurde weich. Der Ort verlor seine Farben und begann silbrig zu schimmern. Dann zerfiel der Raum von allen

Seiten in das Schimmern hinein, bis sich alle Strukturen darin auflösten. Chou wurde in seinen Armen weich und auch seine Arme, die ihn eben noch hielten, wurden weich und lösten sich auf. Das Schimmern ging mehr und mehr in die Dunkelheit geschlossener Augenlider über. Wang merkte, dass er erwachte. Sein Herz flackerte und er fing an zu hyperventilieren. Unter Atemnot und blinzelnd versuchte er sich irgendwie zu bewegen. Er musste vom Stein fort kommen. Aber es gelang ihm nicht, er hatte seinen Bewegungsapparat nicht unter Kontrolle. Jinjin packte ihn und hob ihn gemeinsam mit den Soldaten in den Metallanzügen vorsichtig auf eine Barre. Der Leutnant atmete heftig und versuchte etwas zu sagen. Das Einzige jedoch, was die Umstehenden aus seinem Mund hörten, als er sich sichtlich angestrengt bemühte etwas zu formulieren, waren die für sie unverständlichen Worte „Chou". Als sich sein Atmen unter den starken eingeflößten Sedativa im Medizinraum zu beruhigen begann, wiederholte er leise und speichelnd immer wieder „Chou". Wang stabilisierte nur langsam. Doch sein Leben war gerettet.

Nachdem sie Wang in Sicherheit gebracht hatte, zog sich Jinjin den Helm und die Handschuhe aus und ging erschöpft zum Professor und zu Jürgen zurück. Der Professor stand im Laborraum und starrte ausdruckslos und ganz unbewegt wie ein Steinklotz, dumpf auf den Graphen der Selbstreflexion, der nur mehr die Nulllinie anzeigte. Jürgen blätterte am Nebentisch wild in der Akte des Leutnants.

„Was haben wir nur übersehen? Warum nur schon wieder ein Misslingen? Was ist mir nur entgangen?" ging es Dr. Ziebert durch den Kopf, als Jinjin zurückkam. Er fragte sie sofort mit aufgerissenen Augen: „Wie geht es dem Leutnant. Hat er etwas sagen können? Jinjin, hat der Leutnant schon etwas sagen können?!"

„Er ist erschöpft, aber unverletzt. Er lebt und wir konnten seine Werte stabilisieren. Das war echt knapp, Doc. Um ein Haar hätten wir ihn verloren."

„Stimmt. Aber hat er was gesagt?"

„Nein, er war total am Ende, Doc. Er hat nur mehr gestammelt und gesabbert", seufzte Jinjin, „Unentwegt wiederholte er 'Chou, Chou, Chou'. Wir werden wohl warten müssen, bis er sich die nächsten Stunden etwas mehr stabilisiert und erholt hat, bevor er Brauchbares berichten kann."

Jinjin zuckte mit der Schulter und atmete enttäuscht aus. Jürgen blieb auf einer Seite der Akte stehen und tippte mit dem Finger immer wieder auf eine Stelle des Blattes.

„Nein! Nein! Ich habe alles, was ich brauche. Chou ist der Name seines Sohnes gewesen."

Von der Krankenstation breitete sich ein markerschütternder Schrei in alle Richtungen aus und brachte die Kellergewölbe fast zum Beben. Ein zu sich kommender Geist, der durch die Schleier der sedierenden Medikamente langsam anfing zu begreifen, brüllte vor Schmerzen. Er brüllte sich die Seele aus dem Leib, als er realisierten musste und sich erinnerte, dass Chou vor drei Jahren aus dem Fenster seiner Wohnung gefallen und gestorben war, ohne dass er etwas hätte tun können. Professor Lee schien durch die Schreie wachgerüttelt zu werden. Er nahm einen silberfarbenen Kugelschreiber aus der Brusttasche seines Laborkittels und notierte auf einem analogen Blatt Papier seiner Mitschriften zu den Experimenten einige Worte. Sein Stift schliff dabei langsam über das Blatt. Er zerrte ihn, als würde dieser viele Kilo wiegen und schwer in seiner Hand lasten. Als er fertig war steckte er seinen Stift weg und las leise vor:

„Experiment 43, negativ!"

Einige Zeit später ging Dr. Ziebert angespannt durch den Gang des Hauptgebäudes der Militärbehörde und Akademie in Shanghai. Neben ihm ging seine Assistentin Anja aus seiner Berliner Firma, die nun mit ihm in China unter strengster Geheimhaltung arbeitete. Lee folgte ihnen mit einigen Metern Abstand und schien in Gedanken versunken. Man sah ihnen an, dass sie die letzten Wochen wenig geschlafen hatten. Ihre Augenringe waren tief und dunkel und ihre Haut sah fahl und ausgetrocknet aus. Lediglich Anja bemühte sich, die Spuren der Arbeit durch Make-up zu übertünchen. Doch ihr Lidschatten war schief aufgetragen und wirkte wie ein liebloser Versuch, in ihrer aktuellen Arbeitssituation ein bisschen Ästhetik und Würde zu zeigen, wohl wissend, dass es nicht sehr erfolgreich war. Ihre hochhackigen Schuhe benutzte sie als inneren Motivator, indem sie lauter und stampfender auftrat als sonst. Sie versuchte, ihre Unsicherheit zu überspielen. Zumindest dachte sie, so den restlichen Mitarbeitern der Behörde ihre Wichtigkeit und ihre Bedeutung innerhalb des Projektes deutlich hörbar zu machen. Dieser

Gedanke half ihr. Schließlich war sie die Assistentin des wichtigsten Mitgliedes der Projektleitung „Weltenstein". Sie war die direkte Mitarbeiterin des mittlerweile in China sehr geachteten Dr. Ziebert.

Beide traten in einen Meetingraum ein, während Professor Lee einige Meter vor dem Raum abbog und den beiden zuflüsterte, sie sollten ihn nur holen, wenn die Aufsichtsbeamten weg wären. Vor ihnen saßen fünf hohe Mitarbeiter des Verteidigungsministeriums an einem großen ovalen Holztisch. Im Hintergrund hing ein riesiges Bild vom großen Vorsitzenden Mao. Es war, wie Jürgen fand, ein übergroßes und kitschiges Bild. Man sah, wie Mao als heldenhafter Titan über die Truppen der Kulturrevolution blickte. Seinen Arm hob er theatralisch, das Signal zum sozialistischen Sturmangriff gebend, den Eintretenden entgegen. Jede Person, die in den Raum trat und sich dem Bild des großen Führers gegenüber befand, musste sich klein vorkommen - wie eine Ameise auf einem Ameisenbau, welche zwar in ihrer Position definiert ist, aber als Individuum gegenüber dem Kollektiv nichts bedeutete.

General Xiuo stand am Fenster des runden Raumes und blickte über die Stadt. Sie befanden sich in einem der älteren Gebäude des Militärs im 30. Stockwerk. Für das moderne Shanghai war es kein hohes Gebäude mehr. Es war vielmehr ein hässliches Betonrelikt des Baubooms der letzten 50 Jahre. Die Aussicht war dennoch beeindruckend. Jürgen konnte schon vom Eingang aus den Yangtze Fluss sehen. Der Blick war frei und ungetrübt. Kein Wunder bei der fünf Meter hoch bis zur Decke reichende Fensterfront, welche die Raumwand zu seiner Linken von Ecke zu Ecke ausmachte. Der General drehte sich zu den beiden um und ging bedächtig, jeden Schritt mit Deutlichkeit aufladend, zu seinem Platz am Tisch.

„Meine Herren, meine Dame, setzen!"

Jürgen und seine Assistentin setzten sich. Die zwei im rechten Eck des Raumes stehenden Aufsichtsbeamten der Partei setzten sich ebenfalls und schlugen ihre Aktenmappen auf.

„Herr Dr. Ziebert, ich komme direkt zum Punkt. Warum bekommen wir den Weltenstein nicht unter unsere Kontrolle?"

„Herr General ..."

„Ich muss Sie gleich unterbrechen, bevor Sie ausführen", warf einer der Militärmitarbeiter ein. „Wir haben innerhalb von drei Monaten über 43 unserer besten Elite-Soldaten im Eroberungsprozess eingesetzt und zum Teil in langen Krankenständen verloren. Manche werden wohl nie wieder einsatzfähig sein. Wie erklären sie sich dieses Scheitern?"

„Die Soldaten sind nicht verloren. Sie sind lediglich psychisch verwundet."

„Verwundet? Die Erwachten sind teils schwergradig belastet und auf Monate unbrauchbar, beziehungsweise sagen wir es doch direkt. Sie sind psychische Wracks, nachdem sie an Ihrer Mission teilgenommen haben. Sind Sie sich überhaupt ihrer Verantwortung bewusst?! Herr Doktor, die Partei fordert Ergebnisse! Es kann nicht sein, dass das große China dieses kleine Artefakt in seinem Besitz hat, aber nicht in der Lage ist, dieses Staubkorn zur Ehre des zweiten großen Aufbruchs zu beherrschen!"

Der zweite große Aufbruch. Dieses sozialistische Wortkonstrukt hatte die Partei vor zwei Jahren als neues Landesprogramm gestartet und propagandistisch über alle Medien verkünden lassen. Es war nach der Wirtschaftskrise, die der Corona-Krise viele Jahre nachfolgte, der erste Schritt, um China aus den massiven Verwerfungen der internationalen Märkte herauszuführen. Eine desaströse Inflation hatte den weltweiten Handel, mit 2022 beginnend und sich bis 2026 steigernd, zersetzt wie Salzsäure ein Zinnstück. Selbst die gewaltige Wirtschaftskraft der Exportnation China war schwergradig in Bedrängnis geraten und musste versuchen ihre eigene hyperkapitalistische Schuldenwirtschaft in den Griff zu kriegen.

Die Versuche, Taiwan zu unterwerfen, waren gut geeignet den Hass der Bevölkerung auf externe Gegner zu richten. Die schrittweisen inszenierten Drohungen von 2021 bis zur totalen Blockade der Insel 2026 liefen erfolgreich und führten zur Kapitulation der taiwanesischen Regierung. Es war ein wichtiger vorzeigbarer Erfolg, aber ungeeignet, die inneren wirtschaftlichen Probleme zu lösen. Die vollständige Wiedervereinigung Chinas war am Ende nicht der Gamechanger für die Chinas, welche sich die Partei mit der Wiedereingliederung Taiwans versprochen hatte. Es war vielmehr ein gefährliches Nervenspiel mit den USA, die zwar Taiwan versprachen, als Unterstützer im Fall der Fälle da zu sein, dann aber im entscheidenden Moment nicht direkt militärisch eingriffen. Durch die chinesische Blockade waren selbst Waffenlieferungen nicht möglich. China hatte im richtigen Moment gehandelt. Der Präsident der USA starb während seiner ersten Amtszeit und ließ den Fokus der US-Politik auf die innere Machtfrage umschwenken.

Die KPC besann sich ihrer alten Werte und zog die sozialistischen Schrauben im Land wieder härter an. Es „verkaufte" die neuen Maßnahmen als zweiten Aufbruch. Dieser bestand, neben den gewaltigen Propaganda-Veranstaltungen, praktisch hauptsächlich darin, künstliche Intelligenz zunehmend in wirtschaftspolitische Entscheidungen einzubinden. Als Steuerungselement der Wirtschaft wurden neuronale Netze, die man im Rahmen des Nullpunkt-Projektes entwickelt hatte, einbezogen. Hierbei war Planwirtschaft und Marktwirtschaft innerhalb komplexer Gleichungssysteme in den Rechensystemen implementiert worden. Man trainierte die Systeme darauf, die optimale Mischung beider Herangehensweisen zu erreichen und marktwirtschaftliche Freiheit sowie sozialistische Einschränkung entsprechend der besten Optimierungen durchzuführen. Grundsätzlich war das eine effektive Idee, die bisher aber immer wieder an Korruption auf regionaler Ebene innerhalb des chinesischen Riesenreiches scheiterte. Die Führungspersonen und Mitarbeiter in den Regionalregierungen, welche die Algorithmen steuerten, hatten oft andere Interessen als das Beste für die Allgemeinheit. Doch durch den Weltenstein wurde ein Ziel greifbar. Durch seine Fähigkeiten könnten bald menschliche Entscheider vollständig ersetzt werden. In Neom hatte die Partei nach dem Programmbeginn des saudischen Königs kräftig investiert. Aber jetzt, nach der Erbeutung des Auges, waren innerhalb kürzester Zeit so gut wie alle Kräfte abgezogen und in Shanghai konzentriert worden.

„Dieser Kristall wagt es, der geballten Macht des chinesischen Volkes zu trotzen. Wenn wir ihn nicht bezwingen können, werden wir ihn im Namen des Volkes vernichten. Seine schiere Existenz ist eine immense Gefahr für die nationale Sicherheit", sagte einer der Aufsichtsbeamten. „Ihr Programm bekommt noch zwei Monate Zeit, um Ergebnisse zu liefern. Scheitern Sie, wird der Stein vernichtet und wir werden andere Wege suchen, um eine starke KI zu erschaffen. Wir können es uns nicht weiter leisten, die gesamte Kapazität unserer KI-Forschung hier in Shanghai auf dieses Projekt zu fokussieren. Der zweite Aufbruch wird erfolgreich sein mit oder ohne diesen Stein!" Die beiden Parteifunktionäre erhoben sich und verließen ohne ein weiteres Wort den Raum.

„Sie haben es gehört, Herr Doktor!" sagte Xiou und legte eine Pause von einigen Sekunden ein. Als er sich sicher war, dass die Beamten weit genug weg waren, fuhr er fort:

„Jetzt, wo diese beiden ‚Personen' fort sind, geben Sie mir eine detaillierte Einschätzung", General Xiou wirkte sichtlich erleichtert, dass die beiden Aufsichtsbeamten endlich weg waren.

„Sehr gerne. Könnte Herr Professor Lee ebenfalls hereinkommen?" fragte Jürgen.

„Er muss!"

„Anja, möchtest Du bitte den Professor holen und die Präsentation starten?" sagte Jürgen leise zu seiner Assistentin.

Anja startete eine Präsentation, stand dann leise auf, verließ den Raum und holte den Professor.

Jürgen versuchte nun den anwesenden Militärs die Situation zu schildern - wohl wissend, dass es nicht sehr viel Positives zu vermelden gab. Er räusperte sich mehrmals und begann:

„Der Kristall ist nach unseren Untersuchungen ein Festkörper mit Einschlüssen an der Oberfläche, die in ihrer Struktur so noch nie beobachtet wurde. Die Einschlüsse passen in kein Gittermodell uns bekannter Festkörper. Wir haben mittels Rastertunnelabtastungen feststellen können, dass der Hauptbestandteil einfaches Aluminium 2-Oxid ohne weitere Besonderheiten ist. Ein Material, aus denen auch Saphire oder andere Edelsteine bestehen. Jedoch haben wir unmittelbar unter den ersten Atomschichten des $Al2O3$ bereits komplexe Anordnungen von Chrom- und Nickelatomen sichtbar machen können. Wir wissen noch nicht, wie, aber durch eine innere Energetisierung kommt es zu komplexen und offenbar Informationen übermittelnden elektromagnetischen Musterentladungen. Sie scheinen sich mit der Anwesenheit von Menschen oder Tieren zu verstärken. Wir vermuten außerdem, dass durch die Energieentladungen das sternenhafte, Leuchten innerhalb der Struktur entsteht. Da wir den Stein nicht beschädigen wollen, können wir an dieser Stelle nur Vermutungen anstellen, wie es in seinen tieferen Schichten aussehen könnte", sagte Jürgen.

Die Tür des Raumes öffnete sich und Anja und Professor Lee traten ein.

„Endlich, Professor."

„Herr General, zu Ihren Diensten."

„Haben Sie eine Theorie, wie diese metallischen Einschließungen arbeiten?" fragte der General auf die aktuell projizierte Folie deutend. Der Professor nahm seine Brille ab und schaute konzentriert mit zugekniffenen Augen auf die Folie, als müsste er sie erst noch genauestens mustern. Dann setzte er sich auf einen Stuhl neben Jürgen und sagte:

„Um ehrlich zu sein, nein. Aber unsere aktuelle Arbeitshypothese ist, dass der Kristall eine Art künstliches anorganisches Gehirn darstellt."

„Ein Gehirn, sagen Sie? Aber wieso ist es in der Lage, unsere Soldaten in einen psychischen Ausnahmezustand zu versetzen?" fragte einer der Militärs.

„Das wissen wir noch nicht. Was wir aber wissen, und Doktor Ziebert sowie meine Person haben dieses bereits selbst erlebt, als wir den Kristall geborgen haben, ist folgendes. Sobald es zu einer Hirnkristallresonanz kommt, gerät der resonierende Mensch in eine Art Visionszustand. In diesem ist er in der Lage, mit dem Kristall zu interagieren. Äußerst metaphysisch, aber nicht nur das."

„Soll heißen?" sagte Xiuo.

„Das soll heißen, dass der Kristall mit dem menschlichen Bewusstsein quasi kommuniziert. Er scheint sogar biologische Hirnfunktionen übersteuern zu können. Nur mit stark abschirmenden Helmen können Soldaten den Kristall transportieren. Berührungen führen ebenfalls zu einer Resonanz. Wir vermuten, dass der Kristall in diesem Fall die Nervenbahnen als Tor zum Gehirn benutzt."

„Mir ist nicht ganz klar, was das bedeuten soll. Wer könnte so etwas gebaut haben? Gibt es aktuell eine Idee zum Ursprung des Kristalls?" fragte Xiuo

„Seriöse Ideen, meinen Sie?"

„Nein! Ideen meine ich!"

„Um ehrlich zu sein, könnte ich mir vorstellen, dass der Kristall außerirdischen Ursprungs ist. Auch in der Legende der Mönche wurde der Kristall dem Buddha aus Richtung des Himmels überreicht. Primitive Weltauffassungen könnten hier außerirdische Besucher als Devas oder andere in Indien bekannte übernatürliche Geistwesen gedeutet haben", erklärte Lee.

„Außerirdisch?" Xiuo warf Lee einen eigenartigen Blick zu.

Ein kurzes Schweigen trat ein und ließ den Raum unangenehm kalt wirken. Keiner wusste recht auf diesen Satz zu reagieren, zumal der General sehr nachdenklich wirkte.

„Ich will von Ihnen wissen, wie wir den Kristall endlich nutzen können. Haben Sie wenigstens einen brauchbaren Ansatz? Denn der aktuelle Versuch des erobernden Zugriffs ist offenbar nicht zielführend", sagte Xiuo.

„Ich möchte dazu kurz folgendes erklären, wenn Sie gestatten", sagte Jürgen und zeigte eine Folie in der Präsentation, die Gehirnmuster und aktive Hirnareale der resonierenden Soldaten zeigte. Man konnte gut erkennen, dass den elektromagnetischen Wellen, welche vom Stein ausgingen, andere Muster gegenübergestellt waren. „Wie Sie hier sehen, haben wir die Soldaten mit dem Stein in Resonanz treten lassen, um seine inneren Schutzfunktionen auf den Erlebnisebenen des Steines selbst zu durchbrechen. Wie wir herausbekommen haben, entstanden dabei stets diese komplexen elektromagnetischen Muster, die der Stein in seine Umgebung aussandte."

„Und?"

„Wir dachten zunächst, der Stein würde die inneren Funktionen der Visionswelt militärisch schützen, da die meisten Soldaten in der Phase der Resonanz Kämpfe mit schützenden tantrischen Dämonen, Monstern oder alten Kriegern erlebten. Daher haben wir in der Vorbereitung die Soldaten genau auf diese Szenarien eingestellt. Doch die Auswertungen der letzten Missionen haben uns ein anderes Bild dargestellt."

„Welches?"

„Wir denken, der Stein triggert gezielt innere Traumata, um sich zu verteidigen."

„Traumata? Wie sollte er davon wissen können?" blaffte Xiuo ärgerlich.

„Dazu können wir bis jetzt nur Mutmaßungen anstellen. Doch jeder Schutz kann meiner Ansicht nach gebrochen werden."

„Und wie soll das geschehen, bis jetzt haben wir 43 unserer besten Elitesoldaten in diesem Kampf scheitern sehen."

„Nach der letzten Auswertung ist Majorin Jinjin mit Hilfe ihres neuen Auswertungsalgorithmuses aufgefallen, dass sich das elektromagnetische Muster des Steines zweimal nahezu wiederholte. Eine genaue Strukturanalyse mittels neuronaler Systeme zeigte eine 67,34% Übereinstimmung der Muster", erklärte Jürgen.

„Worauf wollen sie hinaus?" fragte Xiuo, der nun nach anfänglichem Missmut neugierig geworden war.

„Wir haben die Akten der beiden Soldaten, bei denen die Muster fast identisch waren, prüfen lassen. Das Ergebnis haben wir erst gestern erhalten. Das war der entscheidende Hinweis, den wir lange gesucht haben. Beide Soldaten waren bei der Marine und beide wären fast gestorben. Sie hatten einen Unfall zur See und wären um ein Haar ertrunken."

„Spannend! Fortfahren!"

„Wir haben nun folgenden Vorschlag", erklärte Professor Lee, „Wir könnten das Muster des Steines durch interferierende Wellen auslöschen, wenn wir wüssten, beziehungsweise extrapolieren könnten mit welchem Trauma der Soldat in die Welt des Steines hinein geht. Dann könnten wir die richtigen Muster zur richtigen Zeit einsetzen, um die Verteidigung des Steines von außen auszuschalten. In solch einem Szenario nehmen wir an, dass aus Perspektive der Soldaten in der Visionswelt der Weg durch die Verteidigung des Steines geöffnet wird. Die Verteidigungssysteme des Steines würden zusammenbrechen, da die Wellenmuster im Raum um den Soldaten herum von uns übersteuert würden. Das Artefakt wäre faktisch wehrlos."

Ein kurzes Schweigen trat ein. Die Anwesenden schienen zu verstehen.

„Mit dieser Methode könnten wir den Weg ins Innere des Steines freilegen. Wir hätten somit eine Chance, seinen Kern zu übersteuern. Jedoch besteht weiterhin eine große Gefahr. Wir werden im schlechtesten Fall, die ersten zwanzig oder dreißig Versuche scheitern, bis wir die Fähigkeit der Musterauslöschung ausreichend perfektioniert haben."

„Warum das?" fragte Xiou und dachte kurz nach.

„Es liegt leider in der Natur des Traumas. Auch wenn sie sich ähneln, sind sie doch im Detail immer unterschiedlich. Bis wir damit umgehen können, werden wir noch mehr Daten durch weitere Einsätze generieren müssen."

„Es werden keine weiteren Soldaten des chinesischen Volkes mehr dieser gefährlichen Experimente ausgesetzt, bis wir in der Lage sind, die Verteidigungssysteme des Steines auszulöschen. Sie bekommen von uns fünfzig U-iguren aus einer unserer Bildungseinrichtungen zur Verfügung gestellt. Wir werden sicher gehen, dass sie die gleichen Traumata teilen. Sofern sie mehr brauchen sollten, wird auch das kein Problem sein. Führen Sie so lange Experimente mit ihnen durch, bis Sie sicher sind, dass wir wieder Soldaten ohne Risiko einsetzen können!" befahl General Xiuo.

„Wann können wir beginnen?" fragte Jürgen.

„Die Gefangenen stehen ab morgen zu ihrer Verfügung. Meine Herren! Ich erwarte nächste Woche Ergebnisse!"

Xiuo beendete mit diesen Worten die Sitzung und alle verließen den Raum.

Auf dem Gang wandte sich Anja erleichtert Jürgen zu und sagte: „Das ist ja noch einmal glimpflich verlaufen. Ich dachte schon, wir würden, wie letztes Mal von den Aufsichtsbeamten herunter gemacht."

Professor Lee, der mit ihnen den Gang entlang lief, sagte schmunzelnd: „Sie kennen doch noch Herrn Xing. Er hat gute Kontakte nach oben, zur KPC. Ich hatte ihn gebeten, die Beamten etwas zu bremsen und da er nach wie vor sehr dankbar ist, dass, du Jürgen, seine Tochter geheilt hast, hat er den Beamten der Partei offenbar gut zugeredet. Man sollte aber sowieso nicht so viel auf deren Verhalten geben, schließlich sind wir dabei, bahnbrechende Entdeckungen zu machen. Aber die Drohung, den Stein zu zerstören, müssen wir leider sehr ernst nehmen. Das wäre eine absolute Katastrophe."

„Jürgen, willst du wirklich die Uiguren für diese Experimente ausnutzen? Ich habe da kein gutes Gefühl", fragte Anja.

„Ich weiß noch nicht, Anja, aber was sollen wir sonst tun? Du hast den General gehört."

„Das ist doch nicht richtig. Die Soldaten wussten um das Risiko. Sie taten es freiwillig und dachten auf diesem Weg den Stein einfach erobern zu können. Aber die Uiguren werden jetzt als menschliches Labormäuse verbraucht."

„Lass uns erstmal abwarten, wie sich das alles entwickelt und wie die Gefangenen reagieren. Ich denke, wir sind mittlerweile mit den Reaktionen des Artefakts erfahren genug und werden die Gefangenen so gut wie möglich vorbereiten. Aber wir sind nicht in der Position, die chinesische Politik zu ändern. Das ganze Uiguren-Problem besteht ja schon lange."

„Du hast ja recht, aber das sind doch Menschen, Jürgen. Ich will mir gar nicht ausmalen, was der General meinte, als er sagte, wir werden dafür sorgen, dass sie das gleiche Trauma haben ...", Anja versuchte, den militärisch angespannten Ton des Generals nachzuäffen, um die Ernsthaftigkeit etwas zu entspannen.

„Ich glaube, du solltest besser auf deinen Chef hören!" erwiderte Professor Lee mit mahnender Stimme. „Konzentriere dich auf deine Kernaufgaben, Anja, und unterstütze uns bei den Auswertungen! Das andere überlasse bitte uns."

Ihre Kernaufgaben, dachte sie. Das andere den Chinesen überlassen, schon klar, ihre Meinung war nicht erwünscht ... Aber das Thema beschäftigte sie. Von Jürgen war sie nach China geholt worden, um ihm bei allen psychologischen Fragestellungen und Analysen zu assistieren. Diese Fragestellung war im Kern eine solche und sie würde sich sicher nicht einfach abwimmeln lassen. Gefangene zu missbrauchen, davor graute ihr. Aber was sollte sie tun? Sie vertraute ihrem alten Schulfreund und jetzigen Chef Dr. Jürgen Ziebert. Sie wusste, dass er kein Unmensch war und den Gefangenen keine Qualen antun würde. Ihr Herz drehte sich dennoch in ihrer Brust bei den Gedanken, was mit den Gefangenen vielleicht schon in diesem Moment angestellt wurde, damit sie ein übereinstimmendes Trauma mitbrächten.

Am nächsten Morgen trafen die Lagerinsassen ein und wurden durch Soldaten in die unterirdischen Labors des Weltenstein- Projektes geführt. Die Soldaten trieben sie in einen großen Raum, dessen Wände kalt und grau waren. Es gab weder Fenster noch viele Lampen, sondern nur eintönigen halb schimmeligen Putz. Einer der Gefangenen wurde gleich in den Vorbereitungstrakt mitgenommen. Eine Krankenschwester untersuchte ihn, um sicher zu gehen, dass sein Körper den Kontakt mit dem Stein lange genug standhalten würde. Dann wurde er eine halbe Stunde lang von Soldaten angeschrien, wie wichtig seine jetzige Mission sei und dass er bei Erfolg Freiheit für sich erkämpfen könne. Bei Misserfolg würde man ihn in seine Zelle im „Bildungszentrum" zurückschicken. In die Zelle, in der er durch massive Misshandlungen das gleiche Trauma wie alle anderen ausgewählten Subjekte eingeimpft bekamen. Dort drohte man ihm, würde er ohne Nahrungszufuhr einfach verrotten. Bevor er in den Raum mit dem Stein gebracht wurde, bestanden Dr. Ziebert und Professor Lee darauf, noch einmal mit dem Gefangenen zu sprechen. Sie ließen ihn im Überwachungsraum Platz nehmen und gaben ihm eine kühle Limonade zu trinken, die der Gefangene hastig ergriff und in einem Zug herunter stürzte. Sie wollten es so menschlich und ethisch wie möglich angehen. Dann fragte Jürgen:

„Wie heißt Du?"

„Mein Name ist Wuu. Ich bin hier, um China zu dienen", rief er noch ganz aufgescheucht vom vorherigen Gespräch.

„Wuu, weißt Du, dass heute eine bedeutende Aufgabe vor dir liegt. Du wirst mit einem sehr außergewöhnlichen Objekt in Kontakt kommen."

„Ja, ich muss und werde erobern für die Ehre des Mutterlandes und meiner kommunistischen Heimat China!" schrie Wuu lauthals los. Er handelte, wie er es in den Lagern gelernt hatte. Bei Ansprache durch einen Angestellten des Lagers, pflichtgehorsam und schreiend antworten. Sein eigentlicher Name, den seine Eltern ihm gegeben hatten, war Ahmed.

„Du brauchst hier nicht schreien. Beruhige Dich."

„Zu Befehl!" schrie er weiter.

„Hör mir jetzt gut zu. Ich werde dir genau erklären, was im Stein geschehen kann. Und wie wir dich von hier aus monitoren werden und bei Gefahr wieder rausholen können. Und glaub mir, wir werden dir helfen, nicht in einer Zelle zu verrotten, solltest du nicht beim ersten Versuch erfolgreich sein. Der Stein wird deine Ängste benutzen, um dir den Zugang zu seinem Inneren zu versperren. Du darfst dich …"

Gerade als Jürgen weiter sprechen wollte, schlug die Tür auf. General Xiuo platzte herein, begleitet von drei bewaffneten Soldaten.

„Was tun sie denn schon wieder hier! Schicken Sie den Gefangenen sofort auf seine Mission!" Der General schaute erzürnt und ging mit bedrohlichen Schritten auf den Gefangenen zu. Er befahl einem der Soldaten, die Limonadendose zu nehmen und sie den Uiguren mit roher Gewalt ins Gesicht zu werfen.

„Los! Beginne deine Mission!" Wuu zuckte zusammen. Die Soldaten nahmen ihn, schleppten ihn durch den Gang und warfen ihn in den Versuchsraum. Dort warteten bereits die Mitarbeiter mit den Metallanzügen. Sie packten ihn und fixierten ihn mit Lederriemen auf dem Stuhl neben dem Stein.

„Los, fangen Sie endlich an, Professor!" Der General schaute den Professor streng an. Über Lautsprecher ertönte Lees Stimme.

„Experiment 44 bereit zu starten. Mitarbeiter Eins, berühren sie jetzt den Stein!"

Jürgen und Jinjin saßen auf ihren Positionen und führten ihre Aufgaben durch. Man konnte die Spannung fast berühren. Die bedrohliche Stimmung hing so unangenehm über den drei Wissenschaftlern, wie ein spitzes Schwert, das jederzeit herabsausen konnte. Die Anwesenheit von General Xiuo und dessen Strenge waren äußerst beunruhigend. Was hatte das zu bedeuten? Was war seit gestern geschehen, dass er mit dieser Aggression auftrat?

Ahmed berührte mit seiner rechten Hand vorsichtig den Stein, die Linke und seine Beine waren an den Stuhl fixiert. Unmittelbar sanken seine Hirnwellen in den Thetabereich hinab und sein Körper verlor jede Muskelspannung. Auf dem Graphen für Selbstreferenz stieg das sehnlich erhoffte Potenzial und hob sich von der Nulllinie ab. Eine stabile Potenziallinie bildete sich innerhalb kurzer Zeit heraus.

„Jinjin Übersteuerung aktivieren. Selbstreferenz ist überprüft."

Der Professor war ebenfalls angespannt und sparte sich seine sonstigen lockeren Ausführungen in die Wissenschaft des Hyperconsentianimuses. Kurz darauf konnte man auf den Messgraphen der Stein- und Hirnwellen erkennen, dass sich ein unglaublich komplexes elektromagnetische Muster um den Stein aufbaute.

„Übersteuerung aktiv. Mustererkennung beginnt. Mustererkennung meldet Landschaftsvision, wird vom Stein für Mitarbeiter Eins aufgebaut. Übereinstimmung mit den Soldaten beträgt 93%. Vitalfunktionen sind im grünen Bereich."

„Ihr Verhalten ist unentschuldbar! Tun hier herum, als würden sie in einem Teehaus ein nettes Gespräch führen. Sie nehmen die Angelegenheit zu locker!" fuhr sie der General laut in militärischem Ton an. „Sie werden ab jetzt nur noch unter der Aufsicht von Majorin Sheng arbeiten. Sie wird ab jetzt die Projektleitung und das Hauptkommando hier im Labor übernehmen. Sie hat volle Befugnisse, inklusive Gewaltanwendung", der General wandte sich einem Soldaten zu. „Na los, holen Sie Majorin Sheng!"

„Zu Befehl, General!"

Kurz darauf betrat eine etwa 1,6 Meter große, gedrungene und etwas ältere Chinesin herein, die ihre Haare streng unter ihrer Offiziers-Barett hochgebunden hatte. Ihre Nase war flach und ihr Gesicht rundlich, aber durch ihre schmalen Augen blitzte eine kaltblütige Gerissenheit.

„Das ist die kalte Schlitzerin, Doc", flüsterte Jinjin Jürgen, so leise sie nur konnte zu. Der jedoch musterte bereits jedes Detail seiner neuen Chefin.

Anstelle sich vorzustellen, fuhr sie sogleich Jürgen in einem harschen Ton an: „Sie werden ab heute Ihre Arbeitsanstrengungen verdreifachen. Dr. Ziebert. Europäischer Faulenzer! Sie brauchen mich gar nicht erst scannen, ich kenne Sie genau, sehr genau." Jürgen ließ sich nicht verunsichern und schaute weiter auf jede Besonderheit der Majorin.

„Sie sollten sich lieber auf ihre Aufgaben konzentrieren. Kommen Sie gar nicht erst auf die Idee, unter meinem Kommando Streiche zu spielen. Verstanden Doktor Ziebert!?" fauchte die Dame dem Doktor entgegen. Jürgen nickte schweigend. Dann wandte sie sich den anderen Beiden zu: „Das gilt auch für Sie. Nur Ergebnisse, dass hier ist kein Atelier für Wissenschaftskünstler! Haben Sie mich Verstanden!?"

„Natürlich, Majorin Sheng. Zu Befehl", sagte der Professor ungewöhnlich unterwürfig. So kannten weder Jürgen noch Jinjin den sonst so einfallsreichen, charismatischen und kreativen Professor, der immer eine Stufe über der Welt zu schweben schien, gar nicht.

„Achtung! General verlässt den Raum!" schrie ein Soldat. Alle Militärs standen stramm und salutierten, als General Xiuo schweigend hinausging.

General Xiou marschierte stramm den Gang entlang. Es passte ihm überhaupt nicht, wie sich die Situation entwickelt hatte. Aber offenbar gab es gegenüber den Aufsichtsbeamten einen Maulwurf. Der Verteidigungsminister hatte ihn gestern persönlich angerufen und instruiert, wie weiter vorzugehen sei. Er spürte, dass der Fall Weltenstein auf den höchsten Ebenen der chinesischen Politik bereits zu intensiven Kontroversen veranlasste. Seine pure Existenz bedrohte die aktuell stabilen Machtgefüge innerhalb der Partei. Sollte er nicht schnellstmöglich Erfolg haben, bestand die Gefahr, dass ein parteiinterner Streit, um die Rechte an dem Artefakt losbrechen könnte. Es schien dem General fast so, als würde der Kristall aus seinem Gefängnis heraus die Fantasien der Parteimitglieder beeinflussen, solange er nicht unter Kontrolle war. Und das in einer Art und Weise, die dem General mittlerweile unheimlich wurde. Aus verlässlichen Quellen wusste er, dass nicht nur der Verteidigungsminister seit zwei Wochen erstaunliche Träume hatte. Andere hohe Parteifunktionäre, so wurde ihm glaubhaft berichtet, hatten plötzlich Ambitionen, die eher untypisch für sie waren und angeblich auf visionäre Träume zurückzuführen wären. Was auch immer an den Informationen dran sein mochte: Er hatte die Verantwortung, schnellstmöglich dieses Ding unter Kontrolle zu bringen. Obwohl er den Professor und mittlerweile sogar den deutschen Doktor schätzte, gab es einfach keine Zeit mehr, ihre langwierigen Methoden weiter zu verfolgen.

Ahmed stand vor einer großartigen Zitadelle mit hunderten kleinen und großen Rundtürmen, zwischen denen Mauern als Verbindung schützend in den Himmel ragten. Die Zitadelle, dessen Mauern mit chinesischen Schriftzeichen geschmückt waren, zierten herrliche Baumalleen. Überall standen Euphrat-Pappeln und reckten ihre grünen Kronen hoch hinauf. Es duftete wie in seiner Heimat, wenn der Frühling ins Land kam.

Was sollte er hier nur? Wuu versuchte sich zu erinnern, was sein Auftrag war. Ein grüner Stein drehte sich tausendfach um sich selbst, das war das letzte Bild, dessen er sich entsinnen konnte. Aber was war davor? Oder drehte er sich selbst um den Stein? Nein, er war ja angebunden … Der Stein … Ja, Wuu erinnerte sich, er sollte ins Innere der Zitadelle gelangen, tief hinein ins Innere dieses merkwürdigen Objektes, das er unter Zwang berühren musste. Er rannte los. Freiheit wurde ihm versprochen. Ja, Freiheit aus seiner schrecklichen Gefangenschaft, nichts ersehnte er mehr. Wuu erinnerte sich, während er lief, wieder an alles. An alle Befehle und weswegen er hier war. Wo er herkam. Dass die Chinesen ihn gefangen genommen und in ein Umerziehungslager gesperrt hatten. Das er eigentlich Ahmed hieß. Er rannte immer schneller. Nur raus, einfach nur raus aus seiner fürchterlichen Gefangenschaft in den Todeslagern der KPC. Das war sein Wille und sein Sehnen. Sein Weg führte vorbei an Pappeln, entlang eines schön gepflasterten Weges. Über eine kurze Brücke, die über einen sprudelnden klaren Bach führte, kam er schließlich vor ein großes Tor, das viele Meter vor ihm geschlossen aufragte. Gewaltige Stahltüren versperrten seinen Weg. Wie sollte er nur in diese riesige Zitadelle hineinkommen? Er musste einen Weg finden. Er musste seine Freiheit erkämpfen. Ahmed suchte nach einer Möglichkeit, die Mauern hinaufzuklettern. Doch die Wände waren zu glatt. Nirgends konnte er einen Kletteransatz ausmachen. Nach vielen gescheiterten Versuchen wurde er langsam nervös. Was sollte er nur tun? Das Tor und die Mauern schienen unüberwindlich.

„Salam alaikum, Ahmed", Wuu zuckte zusammen. „Psst! Wenn das die Chinesen hören, werden sie dich abholen kommen", verwundert schaute Wuu sich um. Wer hatte das gesagt und warum hatte er selbst so schnell reagiert? Das machte doch keinen Sinn oder machte es Sinn? Hinter einer Pappel trat ein Mann hervor. Als er näher kam, erkannte Ahmed, dass dieser Mann sein Großvater war. „Salam alaikum, Ahmed!"

„Salam alaikum, lieber Großvater, was machst du denn hier?"

„Ich bin hier, weil du nicht hier sein solltest."

„Großvater, bitte helft mir, ich muss in diese Zitadelle. Ich bin hier für das große Mutterland China. Ich bin hier, um meine Freiheit zu erlangen.

Sie haben mich abgeholt und gefangen genommen. Großvater, sie haben mich gequält. Ich muss raus aus ihrem Lager, ich muss es schaffen. Sie haben mir versprochen, wenn ich ins Innere dieser Zitadelle gelangen sollte, werden sie mich freilassen. Bitte helft mir doch!"

„Du hast mir nicht zugehört. Ich bin hier, weil du nicht hier sein solltest."

"Aber bitte hilf mir doch!"

"Tut mir leid. Ich kann dir nicht helfen, diese Mauern sind unüberwindbar für Gefangene. Nur freie Menschen dürfen ins Innere der Zitadelle."

„Aber Großvater, wir müssen tun, was die Chinesen uns befehlen. Das ist der einzige Weg."

„Nein, mein Sohn. Geh fort. Diese Mauern sind nicht deine!"

„Ach, lass mich doch, wenn du mir nicht helfen willst, gehe ich ohne dich weiter. Du hast leicht reden, du bist ja … Du bist doch eigentlich …", Ahmed war nicht klar, was er sagen wollte, eine tiefe Lücke klaffte in seiner Erinnerung. Ohne einen weiteren Gedanken wandte er sich enttäuscht ab und rannte zurück zum Tor.

Wuu schrie und hämmerte auf das riesige Tor ein. Seine Arme wurden immer stärker und schlugen immer fester zu, je wütender und verzweifelter er wurde. Es musste doch zu öffnen sein, er könnte es sicherlich schaffen, wenn er nur noch wütender und noch verzweifelter zuschlagen würde. Er hörte bereits das erste Knacken im Tor, als chinesische Soldaten seine Arme festhielten; Soldaten, die sich aus dem Material des Tores bildeten. Ahmed war starr vor Schreck. Die Männer nahmen ihre Schlagstöcke und begannen ihn zu verprügeln. Er schrie auf, unfähig sich zu wehren. Die eben noch so gewaltig in ihm sprudelnde Kraft war augenblicklich verloschen.

„Doc, wir haben eine Musterveränderung. Ich leite eine Trans-Analyse ein."

„Sehr gut, Jinjin. Wir müssen jedes Detail aufzeichnen. Mach auch einen 3D-Scan. Ich will genauestens sehen, wie der Stein sich schützt." Majorin Sheng stand hinter Jürgen. Wie er es hasste, dieses Gefühl, wenn jemand in seinem Rücken stand, um ihn offensichtlich zu kontrollieren. Dann beugte sie sich langsam vor, bis ihr Mund nur wenige Zentimeter von seinem Ohr entfernt war und flüsterte: „Ich weiß, dass du nur ein Lügner bist, Jürgen."

Ahmed hatte große Schmerzen. Sie wurden mit jedem Schlag der Soldaten schlimmer. Er stöhnte verzweifelt: „Großvater, hilf mir doch! Großvater!" Sein Großvater kam zum Tor und die Soldaten hörten auf ihn zu schlagen. Ahmed lag schmerzverzerrt am Boden und kauerte sich zusammen.

„Mein lieber Enkel, ich sagte doch, Gefangene kommen hier nicht herein. Du musst frei sein."

„Aber ich bin nicht frei! Hörst du mir denn nicht zu!"

„Natürlich bist du nicht frei. Sonst könntest du ja durch das Tor gehen."

„Könnte ich das?"

„Denk doch nach. Ein bisschen schwer von Begriff wie früher, mein lieber Enkel. Kommt in ein Reich wie dieses und versteht nichts von Freiheit und Gefangenschaft."

„Sag mir doch einfach, was ich tun soll."

„Du darfst nicht zulassen, dass sie deinen Geist länger gefangen halten. Allah ändert die Situation eines Volkes nicht, solange sich das Volk nicht selbst innerlich verändert hat. Ihr habt ein kollektives Problem. Hast du deine Studien denn alle vergessen?" Ahmed blickte seinen Großvater verstehend an.

Erinnerungen aus seiner Jugend kamen zurück und er begann zu verstehen. Vorsichtig stand er auf und näherte sich einem der Soldaten. Bei genauer Betrachtung konnte er im Gesicht des Mannes sehr kleine hochkomplexe Geometrien, die seine Textur bildeten, erkennen. Da erkannte er es. Dieser Soldat war nicht echt. Er erschien aber auch nicht unecht, sondern war eher mit etwas Tieferem in ihm selbst verbunden. Er betrachtete die Soldaten genauer. Es waren Abbilder seiner Wärter. Erneut spürte er tiefe Frucht und ein Gefühl des ausgeliefert Seins in sich aufsteigen. Er fühlte sich einfach nicht in der Lage, sich ihnen entgegenzustellen. Noch nicht. Zu groß war die Angst in ihm und der Schrecken, der mit ihnen verknüpft war.

„Geh jetzt mein Enkel, du bist nicht verloren, solange du tiefer zu blicken vermagst und die Geheimnisse, welche ich dir einst anvertraute, nutzen wirst." Ahmed nahm die Hand seines Großvaters verbeugte sich und küsste sie. Erstaunt stellte er fest, dass er die gleichen geometrischen Texturen auf der Hand seines Großvaters erkennen konnte, wie auf der Haut der Soldaten. Sein Großvater nahm ihn dann an die Hand und führte ihn zu einem Weg. „Geh jetzt, mein Enkel. Geh zurück! Lauf hier entlang."

Ahmed ging, er nahm den Weg, der vor ihm lag. Er rannte erneut über eine Brücke und entlang einer Baumallee. Er entfernte sich immer weiter von der Zitadelle - immer weiter und weiter, bis sich seine Umwelt zu drehen begann.

„Die Selbstreferenzfunktion bricht zusammen!" rief Professor Lee erschrocken aus. „Die Hirnwellen gehen auf Gamma zurück. Wie kann das sein? Der Mann erwacht? Nach so kurzer Zeit?"

„Versager …", sagte Madam Sheng, „Los schmeißt ihn weg und holt den nächsten Gefangenen", befahl sie schroff.

Als Ahmed langsam zu sich kam, spürte er wie er über den Boden geschliffen wurde. Zwei Personen in Metallanzügen zogen ihn achtlos über den Flur und brachten ihn zurück in den kalten grauen Raum zu den anderen Gefangen. Doch tief in sich keimte eine Freiheit, winzig und noch unhörbar. Sie war wie ein Pappelkeim, der noch in der dunklen Erde lag und zum allerersten Mal die Schale seines Kernes aufstieß, um sein Wachstum beginnen zu können, ohne von der Welt über sich auch nur einen Funken Licht gesehen zu haben.

9.Kapitel Der Fischer

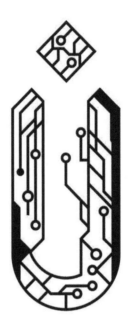

01101100011011000110101001

Die Kopfschmerzen wurden langsam erträglicher. Qasim war erleichtert, dass er Schmerzmittel zur Verfügung hatte - ohne diese wäre es fast unerträglich gewesen, die Reise fortzusetzen. Der Wagen fuhr nur langsam und ruckelnd durch die dunkle Nacht. Mit jedem stärkeren Holpern stieß Qasim ein Schmerzimpuls zu Kopf. Karim vermied es, das Licht einzuschalten und ließ es nur alle paar hundert Meter kurz aufleuchten, um sich zu orientieren. Die Gefahr, entdeckt zu werden, war groß. Qasim saß mit ihm in der vor Sand und Staub verdreckten Fahrerkabine des Pick-ups und war in tiefen Gedanken versunken:

Warum war er von seinem Lehrer auf diese Reise geschickt worden? Warum war er nicht als würdig befunden worden, den Kristall zu erben? Er hatte doch alles auf sich genommen. Alles hatte er erledigt, was Hassan ihm zur Prüfung gegeben hatte. Er war durch alle Schwierigkeiten hindurch gegangen. Er hatte seinem Lehrer stets die Treue gehalten. Warum war er jetzt zum Boten degradiert worden? Karim stupste ihn an: „Hey, Mann. Hier, halt das mal für mich! Es hilft ... zumindest manchmal." Karim reichte Qasim einen billigen Schnaps in einer verdreckten Flasche.

„Was soll das Karim? Das ist verboten! Sowas halte ich sicher nicht für dich!"

„Jetzt halt's schon", er drückte ihm die Flasche in die Hand, „Sanfter Rausch und gnädiges Vergessen", lachte er zynisch.

„Warum bist du eigentlich nicht - so wie die anderen - verrückt geworden, als das blaue Licht des Himmels aufleuchtete", fragte Qasim verächtlich auf den Schnaps starrend, den er jetzt doch in der Hand hielt. Er redete sich ein, die Flasche halten zu dürfen. Zumindest solange seine Absicht darin bestand, sie bei der nächsten Gelegenheit aus dem Fenster zu werfen.

Es dauerte jedoch nicht lange, da strich Qasim über die staubige Flasche. Ein altes Gefühl in ihm begann sich zu regen. Er las das Etikett. Turka Cola stand auf der Glasflasche auf einem vergilbten und zerfransten Rest eines Flaschenetiketts. Plötzlich spürte er, wie sich mit jedem Staubkorn, den er abwischte, tief in ihm das alte Gefühl immer mehr in einen Drang verwandelte. Seine Begierde wieder zu trinken, stieg auf und verlangte nach dem Inhalt der Flasche. Es war ein Brennen und ein Lodern, das ganz klein begann, vom Bauch her hochstieg und doch immer stärker wurde. Der Trieb versuchte, sich seines Kopfes zu bemächtigen. Er versuchte seinen schmerzenden Kopf zu erklimmen und ihn benommen zu machen.

Wie war das möglich? Warum gerade jetzt? Warum musste es in dieser Situation geschehen? Er hatte sich doch bekehrt und von seinen Sünden abgewandt. Er hatte dem Alkohol abgeschworen. Aber es half nichts. Er hörte, wie er sich in seinem Inneren selbst zuflüsterte: „Was ist schon dabei? Was ist so schlimm daran, wenn ich jetzt trinke. Hassan ist tot und meine Prüfungen beendet. Nichts haben sie mir gebracht. Ich bin des Himmels als nicht würdig befunden worden. Gescheitert bin ich! Warum weiter gegen mein Verlangen kämpfen, warum sich weiter anstrengen? Wofür noch? Mein Streben ist nur noch ziellos!"

Als wäre diese Peinigung nicht genug, stiegen plötzlich Selbstzweifel in Qasim auf. Sie vermischten sich mit seinem Verlangen nach Alkohol zu einem toxischen inneren Gift. Er fragte sich, ob er sein Leben lang nur einer Fantasie aufgesessen war. Der Fantasie eines alten Mannes, der sich einbildete, ein islamischer Weiser zu sein und damit drei junge Menschen ruinierte.

Hatte Hassan ihn nur an der Nase herumgeführt? Hatte er nur ein Spiel mit ihm gespielt? War er einfach nur der dumme Schüler, den er für sich laufen und machen ließ? Der naive verblendete Dienstjunge, den er für alle Garten- und Hausarbeiten ausnutze. Und was gab er ihm im Gegenzug? Er speiste ihn mit unbrauchbar gewordenem religiösem Wissen ab. Aber in Wahrheit, ja, in Wahrheit hatte er niemals in ihm den Erben seines Artefaktes gesehen. In Wirklichkeit hätte er ihn niemals zum Erben gemacht, ganz gleich ob heute oder in vielen Jahren. Warum musste dieser alte Narr einfach sterben, wie konnte er nur gehen? Verdammt! Verdammter alter Narr! Warum hast du mich verlassen, warum hast du mich allein gelassen ... Was soll ich jetzt ohne dich tun?

Wütend tönte es aus seinem Inneren ihm entgegen: „Du sollst dich dem Verlangen hingeben. Los, trinke und vergiss ... " Karim unterbrach den seelischen Kampf Qasims. „Warum ich nicht verrück geworden bin, willst du wissen? Das interessiert dich wohl, Sufi", Karim lacht verächtlich, „Weißt du eigentlich, wie es ist in den Jihad zu ziehen?"

„Nein."

„Nein, natürlich nicht! Weil du damals ja lieber in Hawara geblieben bist, bei Hassan, in Sicherheit und Annehmlichkeit", Karim schaute in einem Wechsel von Ironie und Verachtung auf Qasim. „Aber ich sage dir etwas. Am Anfang war es großartig. Ja, wirklich. Glaubst du mir, oder? Ja, sicherlich. Sag schon, sag es los."

„Ja, ich erinnere mich gut daran, wie euphorisch du warst."

„Ja, sicher erinnerst du dich. Hä, du siehst es mir vielleicht nicht mehr an, aber ... Ich war ein Held, verstehst du! Als ich nach Syrien kam, war ich ein Held. Ich wurde von den Anführern einer Rebellengruppe, die ich durch meinen Cousin empfohlen bekam, freundlich aufgenommen. Sie ehrten meinen Mut und meine Tapferkeit. Es war fabelhaft, Qasim … verstehst du das!" Karim wischte sich über den Mund und hustete.

„Ich verstehe schon."

„Ja, ja, natürlich tust du das. Ich fuhr mit den Rebellen zu ihrem Hauptquartier in Damaskus. Von dort aus kämpften wir mehrere Monate mit der freien syrischen Armee gegen Assad und seine Hunde. Das waren Zeiten! Häh, das waren sie. Das Gefühl, unter mutigen Brüdern zu sein und endlich für den Islam und die Gerechtigkeit zu kämpfen … Das war einfach großartig. Wir waren überzeugt! Oh ja, das waren wir … Wir waren Brüder im Blut und im Kampf. Herrlich, sag ich dir! Keiner konnte uns aufhalten. Gemeinschaftlich glühten wir, kämpften wir und starben für die … für die Wahrheit", Karim verzog die Augen und lachte voller Zynismus los, „Für die Wahrheit, hah. Die Wahrheit …. Wir wussten ganz genau, dass wir auf dem richtigen Weg waren. Ganz genau wussten wir das. Nur du wusstest es nicht! Was dachtest du nur damals?"

„Du kennst meine Meinung. Ich habe sie nicht geändert!"

„Natürlich hast du das nicht, sonst wärst du wohl kaum hier im Niemandsland in einem chinesischen militärischen Entführungsunternehmen als Gefangener aufgetaucht. Ich bin nicht dumm, Qasim, nein das bin ich nicht", schon wieder lachte Karim höhnisch und verachtend los. Sein Lachen war so sehr von Frust zerfressen, dass Qasim sich davor bereits zu ekeln begann. „Unsere Gelehrten befeuerten unseren Eifer mit jeder Predigt und jeder Rede. Sie haben uns so richtig eingeheizt. Was hätten wir auch zu verlieren gehabt? Beute und Kampf oder Tod und Paradies waren damals unsere Optionen. Zumindest glaubte ich das … damals. Scheiße ich glaubte das alles wirklich. Hah, ich glaubte das wirklich … Aber ich bin nicht dumm oder glaubst du das? Denkst du ich bin einfach nur dumm gewesen?"

„Nein, ich glaube nicht, dass du aus Dummheit gegangen bist."

„Bin ich auch nicht! Heuchelei und Lüge … Ah … Diese Heuchler", Karim schlug aufs Lenkrad. Qasim schreckte zurück. „Diese Bastarde, diese Heuchlerbande ich wünscht sie … ach diese dreckigen Hunde. Ich sehe es noch vor mir Qasim, ja ganz genau sehe ich es noch vor mir … ganz genau … dieser eine Tag."

Karim riss Qasim die Flasche aus der Hand, öffnete sie und nahm einen kräftigen Schluck. Qasim sah es und der Drang, sich endlich auch dem gütigen Vergessen und dem Alkohol hinzugeben, brannte umso stärker in ihm los. Seine Hände begannen zu zittern. „Verdammt! Nein! Niemals! Qasim, reiß dich zusammen!", fuhr er sich innerlich an. „Aber warum denn? Du kennst mich doch. Nimm einen Schluck, nur einen kleinen. Mit Alkohol wirst du die Geschichte deines alten Freundes besser ertragen können. Glaub mir, dass wirst du", antwortete eine Macht in ihm siegessicher.

Karim schloss die Flasche wieder und gab sie Qasim zurück. Qasim schaute sie mit feuchten Augen an und presste die Lippen zusammen. „Warum traf die Kugel den Scheich. Hätte sie doch bloß mich getroffen. Dann wäre ich nicht hier. Ich will das nicht mehr … Ich … ich kann es nicht mehr!"

Karim rülpste und fuhr fort: „Dieser eine Tag, weißt du. Hehe, wir waren in Damaskus unterwegs und sollten an einem Checkpoint die Einfahrten und Ausfahrten der Zivilisten kontrollieren - eine Aufgabe, die ich bis dahin noch nie gemacht hatte. Es war langweilig, sehr sogar. An diesem Tag war Amir als Anführer eingeteilt worden. Ein schlauer Kerl. Ein hochgebildeter junger Mann. Ein verfluchter Bastard, trotzdem. Weißt du, was er vor dem Krieg gemacht hat?"

„Nein, woher schon."

„Ja, woher schon. Ich sag es dir. Vor dem Krieg diskutierte er mit den Leuten in den Moscheen und war gefürchtet für seine scharfen Argumente. Er war ein brennender Frömmler, ein Extremist reinster Güte. Der glühte so richtig vor Eifer und versuchte vor dem Krieg die Gemeinden seiner Gegend von der einzig wahren Lehre des Islam zu überzeugen. Von seiner Lehre …", Karim verstummte kurz. Obwohl Qasim bereits glaubte, der Alkohol würde Karim anfangen betrunken zu machen, reagierte dieser blitzschnell, als er vor sich einen großen Felsbrocken in der Dunkelheit der Nacht entdeckte und den Wagen gerade noch rechtzeitig anhielt. Sie wären um ein Haar dagegen gefahren. Er schaltete kurz die Scheinwerfer an, fuhr um den Brocken herum und lenkte das Gefährt weiter in Richtung eines Bergkammes im Osten, den man vom sternenreichen Horizont in der Ferne gerade noch so unterscheiden konnte.

„Seine Lehre, … Amirs Lehre!", Karim versuchte mit seiner Geschichte fortzufahren, „Er glaubte daran, dass fast alle Muslime der Stadt Abweichler und sogenannte Erneuerer waren. Sie hingen seiner Ansicht nach an ketzerischen und erfundenen Ritualen und Praktiken, die dem wahren Monotheismus … Amirs Variante von Monotheismus, zuwider liefen. Sie waren in seinen Augen nichts als Ungläubige, die die Moscheen mit ihrer Anwesenheit verdreckten. Und weißt du was, Qasim … Ich, ja, ich war damals voll und ganz seiner Meinung. Und du, du warst für mich auch so ein Auswuchs von Irreleitung und Abtrünnigkeit von der wahren Lehre. Häh … meine Vergangenheit. Ich schämte mich in Syrien für meine alten Freunde und ihre sogenannten islamischen Auffassungen. Ich hoffte inständig, dass meine

Sufi-Vergangenheit bei Hassan niemals ans Licht käme. Ach, so eine Scheiße …" Karim stockte in seinem Bericht und schaltete noch einmal kurz die Scheinwerfer an, um sich zu orientieren. Er blickte kurz in die Umgebung und schaltete das Licht schnell wieder aus. Alles war erneut in Finsternis gehüllt. Nur die kleinen LED-Anzeigen des Fahrerpults im Führerhaus leuchteten noch.

„Amir kontrollierte die Zivilisten gerne und man erzählte sich, dass er oft sehr hart mit ihnen war. Ich sehe es noch ganz genau vor mir. Dieser verdammte Bastard … An diesem späten Nachmittag standen wir gemeinsam am Checkpoint, als Amir einige Fahrzeuge durch winkte. Ein alter Mann kam in seinem Kleinwagen vorgefahren. Er fuhr in einem alten grünen Ford. Sein Wagen war total staubig, weißt du. Amir musterte ihn, hielt ihn an und ließ ihn aussteigen. An seinem Rückspiegel hing ein in Leder gebundener Talisman. Ein gefundenes Fressen für uns. Amir machte den Glaubenstest. Du weißt schon, er fragte die Fragen des Glaubenstests aus den Werken von Ibn Taimiya ab. Diese ganzen Fragen, die keiner kennt, Mann. Wer soll das schon wissen? Ibn Taimiya kennt doch fast niemand, geschweige denn seine Bücher. Der alte Mann, der zu seinem Pech auch noch wie ein Sufi aussah und seine Gebetskette um seinen Hals gehängt hatte, kannte die Antworten auf diese Fragen auch nicht. Zumindest nicht die, welche wir hören wollten. Die Lage eskalierte schnell. Nicht wegen ihm, nein wegen uns, weil wir es so wollten. Amir und ein weiterer Kamerad fingen an ihn zu schlagen und beschimpften ihn als Ungläubigen. Der alte Mann bemühte sich, die jungen Männer zu beruhigen. Aber wir wollten uns nicht beruhigen, wir wollten Opfer. Wir warfen ihn zu Boden. Amir ging einmal um ihn herum und zog seine Machete heraus. Eine große, scharfe Machete, die er immer mitnahm. Er grinste. Sein Grinsen war mehr eine Grimasse. Die Grimasse der Selbstgerechten war sie. Er gab mir die Waffe. Und ich … Ich hatte endlich die Gelegenheit zu beweisen, wie ich zu den Sufis stehe. Ach Qasim … was erzähl ich dir das überhaupt?"

„Ja warum erzählöst du mir das?"

„Weil …Die Augen des alten Manneshaben mich nie wirklich losgelassen haben. Er schaute mich an wie Scheich Hassan, als ich das letzte Mal mit ihm redete. Warum musste er mich so anstarren, dieser alte Narr. Amir gab mir den Befehl zu handeln und ich handelte", Karim wischte sich seine Augen und verstummte für eine Zeit.

Qasim schaute in die Nacht hinaus. In diese verhasste Nacht. Oh, er hasste seine Schmerzen und er hasst Karims Geschichte. Was für eine gottverlassene Nacht es doch war. Was für eine gottverlassene Geschichte er angehört hatte. Er selbst war mittlerweile des inneren Kampfes müde geworden. Warum sollte er noch werden wollen, was er nicht sein konnte? Warum sollte er noch nach Würde streben? Warum sollte er noch nach der Würde streben, den Himmel der Herzen zu erben? Qasim begann, die Flasche am Drehverschluss zu öffnen.

„Weißt Du, was ich in dem blauen Licht gesehen habe?" unterbrach Karim auf einmal die Stille.

„Nein!"

„Du wunderst dich sicher, warum ich überhaupt etwas gesehen habe. Aber das kann ich dir auch nicht beantworten. Aber ich kann dir sagen, was ich sah. Ich habe den alten Mann gesehen. Den Mann, den ich persönlich hingerichtet hatte, den habe ich wiedergesehen. Und dann habe ich Scheich Hassan gesehen und ich sah andere Menschen, die ich im Krieg getötet hatte. Ich sah in ihre Augen. Ganz genau habe ich hineingeschaut. Und Scheich Hassan, der wiederholte, was er zuletzt zu mir gesprochen hatte. Dann sagte er: „Dein Herz wurde fortgerissen! Und nun? Was wirst du jetzt tun, mein Sohn? Weiter umherirren wie die letzten Jahre, mal als Söldner, mal als Räuber? Vor deinen Taten weglaufen? Vor deiner Verantwortung flüchten?" Ich sah ihn wahrhaftig vor mir. Es war alles wie echt. Genauso echt wie wir hier jetzt sitzen. Kannst du mir das glauben?"

„Ja … Ich denke ja!"

„Ja, du denkst, du denkst, aber ich habe es gesehen. Und dann, dann war ich wieder dort. Ich war wieder in Ägypten in Hawara in dem Raum, wo ich ihn das letzte Mal sah. Es war kein Traum. Ich war wirklich dort, Qasim, es war real, verstehst du!" Karim wurde ganz aufgeregt, als er es erzählte.

Qasim wollte gerade ansetzen und einen Schluck Schnaps nehmen, als Karim ihn die Flasche entriss. „Was ist nur los mit dir? Das ist verboten! Haben dir die Schmerzmittel die Sinne vernebelt, oder was? Da ist keine Cola mehr drin. Idiot!" Er lachte fahl und schäbig und warf die Flasche aus dem Fenster. „Du solltest es nur für mich halten, man!" Qasims Augen waren wie erstarrt.

„Ich war wirklich wieder dort, man, hast du mir nicht zugehört? Ich war in dem Raum und Scheich Hassan stand wahrhaftig vor mir. Er wollte gerade etwas zu mir sagen, als ich meine Hand hob und ihn abwies: „Ich mache mir nichts vor, schon lange nicht mehr. Ich weiß, dass ich ein dreckiger Hund geworden bin. Ich weiß, dass ich vielen Menschen Unrecht getan habe. Ich will nicht mal versuchen, irgendetwas zu rechtfertigen. Ich bin nun einfach so geworden, wie ich bin. Also lass mich verdammt nochmal in

Ruhe. Ich bin ein Bastard, genauso wie Millionen von anderen dreckigen Bastarden überall auf der Welt. Also was willst du von mir alter Mann?"

„Ich will gar nichts von dir, wenn du nichts mehr von dir willst", sagte er.

„Oh, alter Mann. Glaubst du mit dieser spirituellen Masche, mit diesen Tricks, könntest du irgendetwas bei mir erreichen", warf ich ihm giftig vor. So naiv bin ich nicht mehr Qasim, ich habe viel gelernt, die Jahre glaub mir, das habe ich. Er kam aber ganz schnell auf mich zu und tippte an meine Stirn.

„Du dummer sturer Junge", auf einmal war ich wieder ein Kind. Ach verdammt! Was erzähl ich dir die Scheiße überhaupt?" Karim wischte sich wieder die Augen. Er versuchte verkrampft zu verbergen, dass Tränen seine Wangen hinunter rannen. „Du glaubst mir das wahrscheinlich eh nicht."

„…", Qasim war innerlich bereits aus der Geschichte ausgestiegen. Er wusste nicht mehr, wer er war oder sein sollte. Nicht einmal ein Schluck Schnaps wurde ihm gegönnt. Selbst der Teufel musste ihn heute Nacht verlassen haben. Mit ausdruckslosem Blick schaute er durch Karim hindurch - zum Fenster, aus dem der Alkohol geflogen war.

„Schau mich nicht so komisch an. Ich schwöre dir, ich war wieder ein Kind. Ich sah meine Mutter, wie sie meine Schwester im Arm hielt und sagte: „Schau Layla, das ist Karim, dein Bruder. Er ist ein gesegneter Junge. Er wird immer für uns da sein und dich beschützen". Ich hatte diesen Tag ganz vergessen. Ich ging zu meiner Mutter und legte mich zu ihr in den Arm und sie lächelte mich einfach nur an und ich, ich war ein glückliches Kind. Einfach nur ein glückliches kleines scheiß Kind. Verdammter Sufi Hassan, warum hat er mich das sehen lassen warum hat er mir das angetan. „Hör auf damit, alter Mann!" schrie ich ihn an, denn ich erinnerte mich plötzlich, dass ich in ein blaues Licht geblickt hatte und nicht wirklich da sein konnte. Ich erkannte, dass ich in einer Art realen Vision oder sowas sein musste. Sofort war ich wieder in der Höhle und blickte in das blaue Licht. Scheich Hassan stand aber immer noch neben mir. „Sieh genau hin!" Das Licht wurde heller und heller. Dann trug es mich wieder fort und ich war erneut in Hawara. Diesmal erlebte ich den Tag, an dem ich von meiner Mutter zum ersten Mal zu Scheich Hassans Haus in seinen Unterricht gebracht wurde. Er kam auf mich zu und sagte: „Ich will gar nichts von dir, vergehe elendig in deinem Zynismus und deinem selbst geschaufelten Elend. Wenn das der höchste Wunsch ist, zu dem dein Herz noch fähig ist, dann soll es so sein! Aber vorher möchte ich dir das zeigen!"

Ich war mit einem Ruck wieder in der Höhle. Vor meinen Augen hatte sich alles angefangen aufzulösen. Die Höhle begann in eine Art Nichts zu wabern und mein Körper begann sich langsam ebenfalls in Schwärze aufzulösen. Da bekam ich Panik. Alter, ich wurde richtig panisch, wie nie zuvor und ich war im Krieg, verstehst du man? Diese Dunkelheit war mehr als Finsternis, sie war das Grauen der ewigen Hoffnungslosigkeit. Ich konnte nur noch schreien: „Hör endlich auf, alter Mann, hör auf, es reicht! Ich versuchte mich vom blauen Licht abzuwenden, vor der Finsternis zu fliehen, aber ohne Erfolg. Die ganze Höhle war erfüllt von blauem Schein, der langsam mich und die ganze Höhle in dieses Nichts auflöste. Mit einem Mal fühlte ich ein fürchterlich schmerzhaftes Stechen im Herzen. Der Scheich sprach erneut: „Das ist es, was dir bevorstehen wird. Du wirst im Nichts vergehen. Immer und immer wieder. Dein Leben wird als unbedeutender Schandfleck auf Erden abgeschlossen sein. Ein Schandfleck, an den sich keiner mehr erinnern will und wird. Und dann, dann wird dir nur mehr die Strafe deines Handelns im Jenseits bleiben. Siehe dies hier als kleinen Vorgeschmack an. Einsam und allein in der Finsternis deines Grabes. Es mag dir vielleicht alles egal geworden sein. Es mag dir egal sein, wer Du bist und was aus Dir wird, aber mir war es das nie. Wenn du der Mensch bist, den ich vor langer Zeit in einem kleinen Jungen sah, der von seiner Mutter in mein Haus gebracht wurde, dann beschütze Qasim, deinen alten Freund, und hilf ihm in seiner Not! Das ist deine letzte Chance …" Mit einem Ruck war ich wieder in der Höhle und das Licht war erloschen". Karim hustete stark, dann schaute er zornig und mit feuchten Augen zu Qasim und sagte: „So, jetzt halt deine Klappe Qasim und lass mich fahren. Und lass mich mit deinen dummen Fragen in Ruhe! Verstanden!"

„Ja." Qasim schwieg. Er verstand es nicht. Wieso hatte der Stein zu Karim gesprochen, aber nicht zu ihm? Qasim berührte den Stein im Rucksack und sah hinein. Aber es blieb dunkel, nichts geschah. Selbst dieser Mann, dieser Mörder und Säufer, der so weit in die Ferne gerückt war und mich und Hassan bereits verdammt hatte, durfte noch einmal den Scheich sehen. Durfte einen letzten Rat erfahren. „Was ist nur mit mir, dass nicht einmal ein Stein zu mir sprechen will? Selbst Steine haben mich verlassen", flüsterte Qasim sich zu. Dann schaute er Karim an und versuchte, die Fassung zu bewahren. Er stammelte langsam: „Ich glaube dir, Karim. Danke, dass du uns hilfst."

„Ach, halt doch endlich deine Klappe!" Dann schwiegen beide.

Karim fuhr den Wagen an einen der vielen Felsen heran, die man in der sanft aufkommenden Morgendämmerung erkennen konnte und kam zum

Stehen. Sie hatten den Hügelkamm erreicht. Mit einem Knarren zog er die Handbremse an und stellte den Motor ab. Er stieg aus und rief: „So, alle absteigen! Der Tag wird bald anbrechen und wir werden im Schutze der Felsen rasten müssen. Wir können erst mit Einbruch der Nacht weiterfahren. Dort vorne ist eine kleine Höhle. Legt euch hinein und seid still! Habt ihr das kapiert?"

Edward stieg mit seiner Frau vom Wagen. „Schuhe, Schnürsenkel, Sohle, Material, Marke, check. Hosen, Material, Längen, Farbe, Marke check ..."

„Edward!" unterbrach ihn seine Frau: „Wir haben diese Musteranalyse jetzt schon zum vierten Mal durchgespielt. Bitte hör endlich mit diesem nervigen 'checks' auf', müde lehnte sich Ada an seine Schulter. Edward und Ada waren mittlerweile mit Staub übersät. In ihren Gesichtern erblickten sie am jeweils anderen im Schein einer Taschenlampe, die Karim ihnen hinwarf, und der sanften Morgendämmerung eine Mischung aus einer feinen Sandschicht und einem Sonnenbrand. „Ok, Ada, aber irgendetwas scheint mir einfach extrem unstimmig, also außer der Tatsache, dass wir viel zu dreckig sind. Sonnenbrand, keine Creme, check."

„Edward bitte, keine 'checks' mehr!" rief Ada aus.

„Check, wenn mich etwas umtreibt, dann kann ich nicht zur Ruhe kommen, bevor ich das Rätsel entschlüsselt habe. Das weißt du doch. So bin ich und so war ich."

„Ruhe! Ihr sollt verdammt nochmal leise sein!" Karim stieß sie leicht, aber doch forsch genug Richtung Höhle. Ihr dunkler Eingang wurde noch nicht von der Dämmerung erhellt und alle mussten sehr vorsichtig gehen, um nicht über das Geröll und die Steine zu stolpern.

Karims halb wahnsinniger Gesichtsausdruck und seine grimmige kräftige Ausstrahlung, ließen Edward wissen, dass er dem Befehl dieses Mannes besser nachgeben sollte und hier nichts zu riskieren wäre. Keine Diskussionen mehr, check, dachte er bei sich. Aber allein der Gedanke, sich möglicherweise doch zu wehren, ließen ihn wieder dieses ungewöhnliche Etwas erleben. Er war sich nicht ganz sicher, was das für ein Etwas war, das sich schleichend in seinem Körper und dann in seinem Geist bemerkbar machte, aber es fühlte sich wirklich nicht schlecht an. Dieses Etwas war wohl ein Gefühl. Er musste über sich selbst schmunzeln, aber auch das war wieder ein Gefühl, das ihn in dem Moment, wo seine Lippen sich zu einem leichten Lächeln verformten, erschrak. „Gewehre, Munition, Patronen, Hülsen, check", er wandte sich lieber wieder seinen Gedankengängen zu und grübelte weiter nach. Für heute waren es genug Gefühle.

Die Gruppe wurde immer langsamer vor Karim, als sie kurz vor dem Eingang der Höhle herum stolperten. Der Weg war nur schwer begehbar und in der Höhle selbst war es stockfinster. Man konnte das Geräusch des eigenen Atems hören, wie es sich von den kalten Steinen reflektierte. Es kam der Gruppe wie die grausame Erinnerung an die Gefahr, in der die Gruppe immer noch schwebte, vor. Eine Gefahr, die immer in unmittelbarer Nähe zu sein schien, aber nicht sichtbar war. Karim ließ ein Knicklicht aufleuchten. „So ist es besser! Die Taschenlampen brauchen wir noch für später. Macht sie aus. Dieses eine Licht muss reichen. Geht vorsichtig. Hier soll sich keiner von euch verletzen, denn wir können auf Beinbrüche keine Rücksicht nehmen."

Im fahlen Schein des grünen Stabes, den Karim so weit wie möglich streckte, war der Höhlenraum erkenntlich. Doch was war das? Karim erkannte, dass sich vor ihnen, am Ende des Höhlenraumes, ein Gang erstreckte. Verdammt, ich muss mich in der Dunkelheit verfahren haben. Das ist keine Höhle, die ich kenne, dachte er, während er begann, die Wände hastig mit seinen Fingern abzutasten. Nichts. Hier sind keine Einbuchtungen und damit auch keine Vorräte, dachte er.

„Was machst du dort?" flüsterte Qasim leise.

„Sei still! Ich muss nochmal nach draußen, den Wagen abdecken und tarnen. Du bleibst hier und passt auf die Gruppe auf. Alle sollen sich schlafen legen."

„Ich kenne dich! Irgendetwas stimmt doch nicht", flüsterte Qasim

„Ruhig! Psst! Ja, wir sind in einer Höhle, die ich nicht kenne. Du weißt, wir haben nicht genug Wasser und die Vorräte für die ganze Strecke. In der Höhle, die ich anfahren wollte, gab es welche, die uns jetzt fehlen. Lass die Leute so sparsam wie möglich trinken!"

Mit diesen Worten übergab Karim den leuchtenden Stab an Qasim und ging hinaus. Karim hastete hinaus. Die Dämmerung war schon fortgeschritten und man sah einige kleine weiße Wolken, vor den lichter werdenden Himmel in sanftes orange gefärbt langsam Richtung Süden ziehen. Er musste sich beeilen, denn er wusste nicht, wo sie genau waren. In diesen Landstrichen bedeutete das eine enorme Gefahr. Er musste die Situation so schnell wie möglich klären. Aus einer Ecke der Ladefläche des Pick-ups riss er eine Tarnplane heraus und versuchte sie schnell und mit wenig Sorgfalt über das Fahrzeug auszubreiten. Er beschwerte die Enden der Camouflage mit großen Steinen gegen den bereits aufkommenden Morgenwind. Dann setzte er sich müde vor das Fahrzeug und versuchte, den Horizont zu mustern. Mit zugekniffenen Augen blickte er langsam in alle Richtungen. Dabei strich er mit seiner dreckigen Hand über seinen zerzausten und ungepflegten Bart. Seine breiten Hände und kräftigen Unterarme waren gesäumt von Narben. Und auch in seinen durch das Leben in der Wüstenwildnis hart und ausgedörrt gewordenen Gesicht zog sich eine Narbe vom rechten Ohrläppchen bis zum Wangenknochen.

Endlich erblickte er, wonach er gesucht hatte - einen etwa dreißig Kilometer entfernten Hügel mit drei markanten Zacken am Gipfel. Er war sich sicher, Richtung Osten gefahren zu sein, denn Nuwaiba wäre die nächstgelegene sichere Stadt. Aber er musste in der Dunkelheit dreißig bis vierzig Kilometer nach Süden abgedriftet sein, Richtung Dahab.

Karim erschrak, als er erkannte, wohin er gefahren war. Al Waghad war einer der schlimmsten Sklavenjäger der Halbinsel und er war genau in sein Gebiet hineingefahren! Dieser zwei Meter zwanzig große Riese hatte schon einigen Gruppen der Gegend das Fürchten gelehrt. Es ging sogar das Gerücht um, er esse lieber selbst das Fleisch junger Leute, die seiner Gruppe in die Fänge gegangen wären, anstelle sie zu verkaufen. Ihre Knochen hingen in einer Kette um seinen Hals, wurde gemunkelt. Nachdem die Mönche des Katharinenklosters der Sinai-Halbinsel sich entschlossen hatten, die Gegend bis zur Wiederherstellung der staatlichen Sicherheit zu verlassen, besetzten Al Waghad und seine Gruppe das alte Bauwerk. Gerade in diese Gegend musste er gefahren sein! Karim schlich sich zurück in die Höhle, als die Sonne langsam aus Richtung des Meeres ihre rote Scheibe hinter den Hügeln der Berge zum Himmel hinauf steigen ließ. Es schauderte ihn und er fröstelte trotz der einsetzenden Morgenhitze bei den Gedanken an Al Waghad.

Als Karim zur Höhle kam, saßen bereits alle auf dem Boden und aßen ihre Ration. Qasim hatte sie großzügig eingeteilt, aber wenig Wasser dazu gereicht. Edward saß zusammen mit Ada, dem alten Mann und dessen Enkelin. Die Enkelin versuchte, ihre Ration unter ihrem Schleier zu essen. Ihr Opa nahm ihr nach einiger Zeit den Schleier ab und sagte: „Es ist gut so." Als Edward ihr Gesicht sah, kam sie ihm ungewöhnlich vertraut vor, als würde er sie gut kennen. Er dreht sich zu Ada und fragte: „Kennen wir dieses Mädchen nicht irgendwo her?"

„Nein, wie kommst du darauf?"

„Ich weiß es nicht, check, Mädchen kommt bekannt vor. Vielleicht Putzfrau gewesen."

„Ich bin wirklich müde Edward, lass das jetzt endlich oder ich fange an dich zu beschimpfen."

Edward starrte das Mädchen noch einige Zeit an. Es wollte ihm einfach nicht in den Sinn kommen, wieso sie ihm so vertraut erschien. Als plötzlich die Worte „schwarzer Sand" und „Aufschub" in seinen Gedanken förmlich zu klingen begannen. Was war das für ein merkwürdiger Umstand? Aber auch er war zu müde, um weiter darüber nachzudenken und legte sich mit Ada schlafen.

Zur Sicherheit und nur aus besonderer Vorsicht schnallten sie sich ihre Rucksäcke mit den geretteten Computern und den anderen Geräten an den Körper. Edward schlief auf dem nackten und harten Felsboden schlecht und unruhig. Die Knochen taten ihm nach einiger Zeit weh und er wachte immer wieder aus unzusammenhängenden Träumen auf.

Doch ein geheimnisvolles Traumbild erschien ihm nach jedem Einschlafen erneut. Ihm Traum wurde Edward sich seiner Selbst unglaublich bewusst. Wie ein klares reines Feuer leuchtete auf einmal sein Geist. Er sah sich im Traum selbst von außen. Er sah, wie er damals die Schlaftabletten genommen hatte, um zu sterben. Das erschreckte ihn und er versuchte, sich schnell von dieser Szene wegzudrehen. Doch in welche Richtung er sich auch wandte, er sah wieder und wieder das gleiche Bild. Da erkannte er plötzlich, wovor er sich so sehr fürchtete. Es waren nicht die Tabletten. Nein, es waren die Ebenen des schwarzen Sandes. Ein Albtraum, an den er sich niemals mehr erinnern wollte, stieg erneut vor seinen Augen empor. Kalter schwarzer Sand knirschte unter luftigen, schwer zu definierenden Füssen. Er wanderte durch eine schwer zu definierende Ebene. Wo der Himmel sein sollte, war eine tief violette Sphäre, die sich mit dem Horizont in einiger Ferne zäh zu verschmelzen schien. Nur Sand, schwarzer Sand, war sichtbar. Egal in welche Richtung er sich wandte. Es war dunkel und kalt. Er fröstelte. Oh nein ... nein ... nein ... Da stand er wieder, der violette Riese, unglaublich groß, gewaltig, ein Titan. Edward erschauderte bis ins Mark. „Nein ... Nein ... nicht du, nicht du!" versuchte er zu schreien, doch so sehr er es versuchte, seine Stimme versagte. Nur kratzige Keuchlaute kamen aus seiner Kehle. Im eisigen Schrecken berührte ihn plötzlich sanft eine Frauenhand an der Schulter. „Beruhige dich, es ist nur ein Traum. Dir ist Aufschub gewährt, baue und helfe dem Würdigen", Edward drehte sich um und sah sie wieder, die weiße leuchtende Frau und ihr Gesicht, es war die junge Frau, die gemeinsam mit ihnen in der Höhle schlief.

Mit einem Schreck erwachte Edward und blickte sofort zur jungen Frau hin.

„Ada wach auf! Wach auf!"

„Was ist denn. Lass mich schlafen!"

„Nein, du musst das sehen. Die beiden sind fort!"

„Wer?"

„Der Großvater und die junge Frau!"

„Hey, Qasim! Hey!"

Aber Qasim, der die erste Wache übernehmen sollte, war tief und fest eingeschlafen. Dafür erwachte Karim.

„Ruhe! Verdammte Idioten, seid leise!" rief er erbost aus dem Schlaf gerissen.

„Aber sie sind weg!"

Karim erkannte die Situation sofort und ergriff sein Gewehr. Er lief nach draußen und sprang noch etwas schlaftrunken hinter einem Felsen in Deckung. Sein Wagen war noch immer dort und getarnt, das beruhigte ihn. Die Beiden hatten ihn nicht gestohlen. „Zu Fuss durch die Wüste", dachte er nur verwundert. Die Wüstensonne brannte bereits heiß und erbarmungslos vom Himmel. Er versuchte die beiden in der flimmernden Luft auszumachen und spähte in alle Richtung, sah aber nichts. Auch am Boden waren keine Spuren zu erkennen. Karim blickte erneut hektisch in alle Richtungen.

„Solche Esel. Was glauben die denn nur, hier gibt es ohne Proviant kein Weiterkommen. Das ist Selbstmord", schimpfte Karim vor sich hin. Aber wie konnten sie, ohne Spuren zu hinterlassen, durch den Sand gegangen sein?

„Der Proviant!" Bei diesen Gedanken hechtete er blitzschnell in die Höhle zurück.

„Wo ist der Proviant", flüsterte er so laut man nur flüstern kann. Sein Gesicht hatte sich zu einer finsteren Miene verformt. Eine Mischung aus Übermüdung und Überforderung sprachen aus seiner Mimik. In seinem Inneren fing aufkochende Wut an gefährlich zu brodeln. Im Halbdunklen der Höhle wirke seine Ausstrahlung bedrohlich und Edward und Ada, die bereits aufgestanden waren, um nach Spuren in der Höhle zu untersuchen wichen voller Angst zurück.

„Der Proviant ist hier", sagte Qasim. „Sie haben nichts mitgenommen."

„Nicht nur das. Sie haben auch gar nichts gegessen. Keine Nahrungsaufnahme, check", flüsterte Edward und Ada zu und zeigte auf den Platz, wo die beiden gegessen hatten. Weder waren ihre Rationen angetastet noch ihr Wasser.

„Was sagt Ihr?"

Edward konnte nicht in die grimmigen Augen Karims schauen und stammelte: „Sie haben … äh … offensichtlich nur so getan, als wenn sie gegessen … und getrunken hätten."

„Was wieso? Wieso sollten sie das nur vorspielen?" Karim beugte sich runter und musterte die unangetasteten Lebensmittel. Tatsächlich, Edward hatte recht. Nichts war verwendet worden. Die beiden hatten lediglich ihre paar Oliven am Teller geordnet und ihr Brotstück in die Bohneneintopf-Dose eingetunkt. Doch nichts fehlte.

„Vor der Höhle sind keine Spuren! Sie können nicht nach draußen gegangen sein", sagte Karim, während er sich aufrichtete. Dieser ungewöhnliche Umstand verwirrte ihn immer noch. Aber er schien mittlerweile darüber nachzudenken.

„Sie müssen tiefer in die Höhle gegangen sein. Das ist der einzige Weg, den sie genommen haben können", sagte Edward immer noch vorsichtig.

„Hmm", Karim musterte einen finstern Gang, der schräg gegenüber des Höhleneinganges neben einen großen Felsvorsprung weiter ins Innere des Berges führte. Der erste Raum, in dem sie sich befanden, maß etwa fünf Meter im Durchmesser und hatte eine maximale Höhe von drei Metern in seiner Mitte.

Von Draußen führte ein kleiner Gang von etwa zwei Meter Breite in die erste Höhlenausweitung in der sie standen. Einige Sonnenstrahlen schienen bereits so hell hinein, dass man die Struktur der unregelmäßigen Felswände und ihre graubraune Farbe gut erkennen konnte. Aber der Gang am Ende des Raumes wirkte wie ein schwarzes Loch. Qasim näherte sich dem dunklen Eingang und bemerkte, dass ein leichter Luftzug, aus tieferen Höhlenbereichen zu verspüren war.

„Fühlt ihr das auch? Es scheint ein leichter Wind aus dem Gang zu kommen", Qasim erhob seine Hand, um anzudeuten, wie er den Luftstrom spürte. Karim holte ein weiteres Knicklicht aus seinem Rucksack. Er knackte es mehrmals und ging zum finsteren Gang. Das Gewehr hielt er immer noch im Anschlag. „Schaut her! Der Boden ist wie am Eingang ebenfalls sandig. Wenn jemand hier entlang gegangen wäre, müsste man es sehen können."

„Unmöglich!" Edward ging ebenfalls zum Gang, schaute den Boden unter dem Schein des grünen Leuchtstabes an. Aber auch er konnte nur eine unberührte feine Sandschicht ausmachen.

„Das ist doch unmöglich! So etwas ist physikalisch einfach unmöglich! Die können sich doch nicht in Luft aufgelöst haben. Sind sie hier etwa hinaus geschwebt?"

„Mein Mann hat recht, so etwas kann nicht sein. Es muss irgendwelche Spuren geben", sagte Ada und vergewisserte sich ebenfalls. Edward sah seine Frau an. "Check, fahren, check, Höhle, check, Essenstäuscher."

„Essenstäuscher … Sie haben immer so getan, als wenn sie gegessen hätten. Warum ist mir das nicht früher aufgefallen? Und warum sollte man so

252

etwas tun? Du hattest recht, irgendetwas passte hier überhaupt nicht zusammen", sagte Ada nachdenklich. Ada schaute ihren Mann ernst an.

„Was genau passiert hier gerade …", just in dem Moment, als sie weitersprechen wollte, stockte sie.

„Hört ihr das?", sagte sie stattdessen aufgeschreckt.

„Was meinst du?", fragte Qasim

„Dieses zarte Surren."

„Nein, ich höre nichts."

„Ich auch nicht. Von wo soll es denn kommen?", fragte Edward.

„Und ich höre nur, dass ihr zu laut seid!" sagte Karim harsch. Ada schloss die Augen und versuchte so genau zu lauschen, wie sie nur konnte. Sie breitete die Arme aus und ging langsam umher. Dann öffnete sie die Augen und zeigte auf den Ausgang. „Es kommt von draußen."

Karim ging vorsichtig zum Eingang. Er versuchte, dort etwas hören zu können. Kurz bevor er den Gang nach draußen erreichte, sagte er leise: „Ja, du hast recht. Jetzt höre ich es auch. Geht in Deckung und seid still! Ich werde versuchen herauszubekommen, woher das Geräusch kommt", Karim ging langsam und geduckt nach draußen.

Plötzlich schrie Edward auf: „Drohne, es ist eine Drohne!" Karim wollte sich gerade umdrehen und zurückschreien. Am liebsten hätte er diesem Nerd eine verpasst. Wie dumm war es nur, in dieser Situation zu schreien. Doch bevor er sich umdrehen konnte, sah er am Eingang der Höhle tatsächlich eine Drohne vorbeifliegen. Ihm stockte der Atmen. Er hatte mit viel gerechnet, doch nicht mit einer Drohne. Ein modernes Oktokopter-Gerät, etwa einen halben Meter groß mit integrierter Schussvorrichtung und Panzerung, kreiste in der Ebene vor dem Eingang. Als sie vorbeiflog, konnte er klar die Abzeichen der chinesischen Volksarmee auf der Panzerung erkennen. Es war eindeutig ein hochentwickeltes Militärgerät. Er hatte ein ähnliches Gerät einmal in Syrien gesehen. Ein russisches Produkt, das Kampfgruppen dort das Fürchten gelehrt hatte. Es war nur äußerst schwer zu treffen und war seinerseits extrem präzise gegen Infanterie eingesetzt worden. Nun flog es Richtung Pick-up. Karim rannte in die Höhle zurück: „Packt sofort alles zusammen! Die Chinesen sind mit einer Militärdrohne vor Ort."

„Die Chinesen? Ich dachte, die habt ihr ausgeschaltet?", fragte Qasim aufgeregt.

„Ja und nein, wir haben nur die eine Hälfte ihrer Einheit überfallen können. Es gab noch eine zweite Gruppe, die einen leicht anderen Weg einschlug. Sie sind parallel fünfzehn Kilometer entfernt Richtung israelisch-jordanischer Grenze gefahren."

„Wie konnten sie uns denn nur finden?" Qasim wurde nervös.

„Ich weiß es nicht. Schnell wir haben keine Zeit!"

Edward und Ada hievten ihre Rucksäcke mit den PC-Einheiten hektisch auf ihre Rücken. „Ihr habt euch mit einer der stärksten Weltmächte angelegt. Glaubt ihr, dass die ihre militärischen Operationen nicht mittels Satellitenüberwachung aufklären? Die haben sicherlich sehr schnell herausbekommen, wo wir uns befinden. Oder wohin wir fahren", sagte Ada.

Was sollte Karim nur machen? Entweder würde er versuchen, die Drohne abzuschießen. Und dann die Gruppe mit dem Pick-up so schnell wie möglich durch die Wüste nach Dahab bringen. Hierbei bestünde das Risiko, von den Chinesen oder Al-Waghads Banditen gefangen zu werden. Dies würde seinen sicheren Tod bedeuten. Die Drohne abzuschießen wäre extrem schwer. Nein! Das könnte er unmöglich schaffen! Aber in den finsteren Gang zu gehen und tiefer in die Höhle zu flüchten wäre im schlechtesten Fall eine tödliche Sackgasse. In der Zeit, die sie dafür bräuchten, hätte die Drohne seinen Pick-up bereits fahruntauglich geschossen und es wäre nur noch eine Frage der Zeit, bis die Chinesen sie aufspürten.

Qasim nahm das „Herz" aus seinem Rucksack und schaute es an. Nichts, kein Leuchten, keine Aktivität.

„Warum kannst du uns nicht helfen? Was ist mit dir? Hilf uns doch! Es geht doch um dich! Du bist in Gefahr! Bitte!"

Aber nichts geschah. Der Kristall blieb finster. Traurig verstaute Qasim das Artefakt wieder in seinem Rucksack und schulterte ihn. Sein Kopf hing herab. Mutlos ging er in Richtung des finsteren Ganges.

„Was tust du? Hey, Qasim, was soll das werden!" fragte Karim.

„Ich werde in die Höhle gehen. Die Chinesen dürfen unter keinen Umständen an den Kristall in meinem Rucksack kommen. Das darf niemals, niemals nie, geschehen!"

„Und wenn das eine Sackgasse ist?"

„Dann werde ich versuchen, den Kristall dort zu verstecken."

„Die Wahrscheinlichkeit, dass wir im Inneren der Höhle einen Weg finden, durch den wir den Chinesen entkommen könnten, ist gering. Die Möglichkeit, dass ein Ausgang am Ende des Ganges liegt, besteht allerdings. Bedenkt den Luftzug. Der Ausgang könnte im schlechtesten Fall jedoch so dicht an diesem Eingang der Höhle liegen, dass es uns nichts bringen wird. Sobald wir durch ihn die Höhle verlassen, würden uns die Chinesen mittels Satelliten sofort wiederfinden. Damit hätten wir nichts gewonnen.

Außerdem will ich nicht weiter in dieser Höhle herumkriechen. Karim, könntest du die Drohne mit deinem Gewehr unschädlich machen?" fragte Ada in einer Klarheit, die Karim überraschte. Diese dürre Wissenschaftlerin hatte einen weit besseren strategischen Überblick als er selbst. Karim dachte kurz nach. Wenn er die Drohne mit einem Schuss treffen könnte, bevor sie ihn sieht ... Wenn er versuchen würde, die Drohne abzuschießen und dann so schnell wie möglich nach Dahab zu fahren ...

„Andererseits", sagte Edward, sein Kinn kraulend und tief nachdenklich, „wissen wir nicht, wie viele chinesische Soldaten überhaupt vor Ort sind. Der Überfall geschah vor etwa vierundzwanzig Stunden. Es könnte bereits Verstärkung eingetroffen sein. Ein Abschuss der Drohne würde die gesamte Aufmerksamkeit auf uns lenken. Eine Flucht mit dem Pick-up durch die Wüste wäre äußerst riskant. Das Fahrzeug ist viel langsamer im Gelände als die Militärfahrzeuge der Chinesen. Sie hätten uns eingeholt, bevor wir Dahab erreichten."

Verdammt, der Mann hatte ebenfalls recht. Die taktischen Überlegungen dieser beiden Nerds waren besser als alles, was er hätte planen können. Offenbar waren sie doch von Nutzen. Doch er führte die Gruppe und musste schnell eine Entscheidung treffen. Die Verantwortung für Qasim und das Artefakt des Scheichs lasteten gerade schwer auf seinen Schultern. Es sollte sein letzter Dienst an seinem alten Lehrer werden. Karim hatte gehofft, mit einer Tour durch die Wüste wäre es getan. Doch dieser klägliche Versuch einer ersten Wiedergutmachung war nun weit herausfordernder. Qasim, dieser naive Sufi-Schüler, stand bereits am finsteren Gang und ging hinein, ohne auf seine Entscheidung zu warten. Er schien der Einzige hier zu sein, der einfach tat, ohne einen Moment nachzudenken. Im Denken war er eh nie so gut, Qasim war früher immer nur ein Nachmacher und jetzt ein Risiko, wenn er unüberlegt handeln würde.

Die Drohne flog erneut dicht am Höhleneingang vorbei und ihr Surren war diesmal länger und deutlicher zu hören. Sie musste bereits die Felswände auskundschaften. Die Zeit lief ihnen davon. Sehr bald würde sie wohl auch in die Höhle hinein geflogen kommen.

„Falls wir einen Ausgang finden, gäbe es eine Chance. Und zwar die Einzige, die mir trotz ihrer Unwahrscheinlichkeit die sicherste und erfolgversprechendste zu sein scheint. Sie besteht darin, dass wir kurz nach Sonnenuntergang am anderen Ausgang die Höhle verlassen werden und dann zu Fuß den Weg nach Dahab gehen. Die diffuse Hitzestrahlung der umgebenden Berge wäre hoffentlich stark genug, um uns in vor einer Infraroterkennung durch Satelliten oder Drohnen zu verbergen. Unsere Körperwärme und die Luft- und Umgebungswärme wären fast identisch. Wir hätten dann etwa drei bis fünf Stunden Zeit, bis die Umgebung so stark abgekühlt wäre, dass man uns wieder entdecken könnte. Die Zeit muss ausreichen, um uns weit genug fortzubewegen. Wenn wir schnell genug wären, könnten wir so dem Fokusbereich der chinesischen Überwachungstechnologie entkommen. In einem größeren Zoomfokus der Satelliten oder Drohnen wäre eine Menschengruppe unserer Größe im besten Fall nicht mehr sichtbar. Falls wir uns die weitere Zeit nahe an den Felsen bewegten, hätten wir gute Chance den Weg nach Dahab unentdeckt zu schaffen", formulierte Ada ihre Strategie.

„Auch wenn wir durch diese Höhle müssen?" fragte Edward missmutig.

„Hast du eine bessere Idee?" fragte Ada.

Edward überlegte kurz: „Nein! … Leider!"

Die Drohne stand mittlerweile reglos in der Luft vor dem Eingang und schien sich nicht mehr zu bewegen.

„Ok, wir gehen durch die Höhle. Los schnell", rief Karim mit seinem Arm und schob Ada und Edward vor ihm in den dunklen Gang.

„Na also, mir nach", hörten sie Qasim aus der Dunkelheit.

Im fahlen Schein des Knicklichtes bewegte sich die Gruppe langsam durch die finstere Unterwelt. Die Felsen waren schroff und ein kühler Wind wehte ihnen leicht entgegen. Edward blickte angewidert drein. Er hasst diesen Weg und diese Umstände.

Auch Ada schaute frustriert. Sie fühlte Erschöpfung, die ihrem untrainierten Wissenschaftlerkörper bereits deutlich zusetzte. Buchstäblich jeder Muskel tat ihr weh. Die Schritte fielen ihr äußerst schwer. Aber sie wusste auch, dass es keinen anderen Weg gab. Kein Vorstand und keine Behörde hätte ihr helfen können, diesen Weg nicht zu nehmen. Sie und Edward waren Experten, wenn es darum ging, sich beamtisch zu verhalten und jede mögliche körperliche Belastung und berufliche Anstrengung abzuwenden. Genauso gut wie sie Probleme lösen konnten, waren sie in der Lage, Probleme für offensichtliche Lösungen zu erzeugen. Es war ein Kinderspiel sich so unliebsame Tätigkeiten, wie sie immer wieder von Herrn Weis und anderen Abteilungen an sie herangetragen wurden, vom Hals zu halten. Sie nannten sich deswegen manchmal gerne „Löserproblemer" im Kontrast zu ihren sonst hervorragenden Fähigkeiten als „Problemlöser". Sie wussten, dass sie Teil der Informatikerelite des Planeten waren und demnach auch, wie sehr sie es sich leisten konnten, dieses Spiel mit ihren Arbeitgebern zu treiben. Ihre geistigen Outputs waren einfach zu wertvoll, als dass ihre Problemspielchen jemals Konsequenzen hatten.

Doch diesmal waren sie in einer Situation, in der kein Verhinderungsmanagement und keine Abteilungsspielchen weitergeholfen hätten. Eines wusste sie in diesem Moment ganz genau: Sollte sie da lebend rauskommen, würde sie niemals wieder für das Nullpunkt-Projekt in den Außendienst gehen. Ganz egal, worum es ginge oder wer ihr eine Geschichte auftischen würde.

Der Gang war ausreichend groß, so dass darin zwei Personen aufrecht nebeneinander gehen konnten. Sie kamen gut voran. Nach etwa hundert Metern, vielleicht waren es auch nur fünfzig, denn so tief unter den Felsen, ließ bei allen schnell die Orientierung nach, wurde der Gang langsam schmaler. Der Luftzug wurde etwas stärker. Ihr aktueller Plan könnte tatsächlich eine gute Idee gewesen sein. Karim bekam Zuversicht und ging zügiger voran. Er trieb die Gruppe an, ebenfalls schneller zu werden. Vor ihm wurden die Wände glatter und man konnte Anzeichen von Feuchtigkeit und kleinen Wassertropfen an den Felsen erkennen. Ein gutes Zeichen, wusste Karim. Denn es bedeutete, dass die Öffnung größer sein musste. Groß genug damit genug feuchte Luft hindurchströmen konnte, um ausreichend Nässe für Tropfenbildung in diesen Teil der Höhle zu bringen.

Edward wurde sich in Anbetracht der Gefahr dieses Momentes plötzlich einer tiefen Bedeutung gewahr, welche die Situation darbot. Äußerst ungewöhnlich, so etwas war ihm eigentlich fremd. Tief unter der Erde ein Artefakt vor den Chinesen zu retten, dazu sein merkwürdiger Traum und das mysteriöse Verschwinden der jungen Frau und ihres Großvaters, ließen ihn erschaudern. Wieder eine Art Gefühl, konstatierte er innerlich und war durchaus überrascht. Die Gefahr im Rücken und die erstaunliche Technologie in Qasims Rucksack schienen ihm doch mehr zu bedeuten, als er sich noch in Neom einzugestehen bereit war. Ein ungewohnter Gedanke …

Nach weiteren hundert oder zweihundert Metern hörte der Luftstrom abrupt auf. Ada merkte es zuerst: „Der Luftstrom ist nicht mehr zu spüren. Nein! Das ist ungewöhnlich. Wir müssen etwas übersehen haben."

Die Gruppe blieb stehen. Alle versuchten, den Strom nachzufühlen und bewegten ihre Hände hin und her. Von der Luftbewegung war jedoch nichts mehr zu erhaschen.

„Wir gehen weiter", befahl Karim. Was hätten sie auch sonst tun sollen? Nach weiteren hundert oder zweihundert Metern kamen sie am Ende des Ganges an. Dieser mündete in einem kleinen Höhlenraum von drei mal drei Metern Größe. Aber von einer Öffnung war nichts zu sehen.

„Oh nein! Nein! Wir sind in eine Sackgasse gelaufen", Karim fluchte leise und schlug gegen die Wände.

Im schwächer werdenden Licht des Knicklichts sah er sich zur Gruppe um. Eine Mischung aus Enttäuschung und Resignation in Qasims Gesicht war mehr als deutlich. Ada und Edward schauten sich im Raum um und schienen noch gar nicht zu erkennen, was hier gerade los war - und dass ihr Plan offensichtlich auf einer fehlerhaften Annahme beruhte.

„Ok, ihr bleibt hier. Ich gehe zurück zu dem Punkt, wo der Luftstrom noch zu fühlen war", sagte Karim, holte ein weiteres Knicklicht aus seinem Rucksack und gab es den Dreien.

„Ruht euch aus oder untersucht den Raum oder was auch immer, aber bleibt hier, bis ich zurückkomme und seid leise!" fluchend ging Karim in den Gang zurück.

„Und habt ihr eine Idee, was wir jetzt tun können?", fragte Qasim, nachdem Karim in den Gang verschwunden war.

„Nein, das war nicht zu antizipieren", sagte Ada.

„Check, Luftstrom Schwankungen. Ada, wir sollten diesen Raum untersuchen, diese Idee war unerwarteter Weise ein guter Einwurf dieses Grobians. Check, Karim hatte eine erste hilfreiche Idee."

„Du hast recht Edward. Wenn wir mehr über diese Höhle herausfinden könnten, dann könnte sich vielleicht auch erklären, wieso zwei Personen verschwunden sind. Und es könnte sich erklären, warum seit ihrem Verschwinden ein Luftstrom zu fühlen war, der jetzt plötzlich ausbleibt. Es muss einfach für beide Ereignisse eine logische Verknüpfung geben."

Qasim setzte sich in die Ecke des kleinen Raumes neben einige Felsen und sah mit leerem Blick auf den Boden, während die beiden ein Gerät aus ihrem Rucksack nahmen. Sie fingen an, mit einem Scanner die Wände zu untersuchen. Das Gerät in der Größe eines Smartphones beleuchtete die Wand mit unterschiedlich gepulstem Licht. Es strahlte für wenige Sekunden in Rot, dann wieder in Grün. Dann spielte das Gerät einen Bestätigungston ab, der wie ein nerviger Klingelton aus dem Anfang des Jahrtausends den Raum erfüllte und ihn in eine nostalgisch sichere Vergangenheit zu hüllen schien. Was für merkwürdige Menschen, dachte Qasim und schloss die Augen für eine Weile.

„Interessant! Ada, schau her. Check, Reste von Goethit", Edward zeigte begeistert auf eine Stelle, an der noch ein kleiner Brocken des Nadeleisenerzes mit bloßem Auge zu erkennen war. Er kratzte etwas mit dem Finger ab.

„Oh, es ist feucht, ekelhaft."

„Stell auf möglichen Metallabrieb ein."

„Gute Idee, Ada, sehr gute Idee."

Karim kam angelaufen. „Werft euch auf den Boden. Sofort! Geht in Deckung!" Er schmiss sich direkt am Eingang auf den Boden und legte sein Gewehr in den Anschlag. Er hatte das Knicklicht etwa zehn Meter vor sich im Gang liegen gelassen und zielte in dessen Richtung. Das andere legte er unter sich, um keine zweite Lichtquelle für die Scanner der Drohne zu sein. Wobei diese wahrscheinlich über Nachtsichtfunktionen verfügte. Er atmete schwer und sein feuchter Atem mischte sich mit dem eisenartigen Geruch seines Gewehres. Das Summen der Drohne war leise aus dem Gang heraus zu hören. Es kam näher und mit jeder Amplituden-Erhöhung der Lautstärke wurde allen mehr und mehr klar, dass sie in der Falle saßen. Karim war so angespannt, dass ihm nicht auffiel, dass Qasim immer noch mit leerem Blick an der Wand der Höhle saß. Er steckte seine Hand in den Rucksack und berührte den blauen Kristall. Er hoffte, dass er aufleuchten würde doch traute sich nicht hineinzuschauen. Als wenn sein Blick die Hoffnung, dass etwas geschehe, zerstören könnte. Als wenn sein Hineinschauen irgendetwas ändern würde. Wie ein abergläubisches Kind kam er sich vor. Das Summen wurde lauter. Immerhin würde er seiner quälenden Fragen nach der Würde, den Kristall zu erben, entledigt, wenn die Drohne ihn tötete. Er könnte seinem Lehrer ins Jenseits folgen und die Qual seiner Aufgabe wäre von ihm genommen. Der Tod schien ihm heute sogar schmackhafter, als weiter mit dem Artefakt und seiner Unfähigkeit zu leben. Er ertrug es nicht, dass es ihn verachtete und ihm selbst in größter Gefahr seine Unvollkommenheit ins Gesicht warf und schwieg.

Die Drohne wurde nun im Schein des Knicklichtes sichtbar. Karim zielte. Er zielte gut. Er kannte solche Situationen und hatte sie mehrmals erlebt. Der erste Schuss musste sitzen. Gerade als er abdrücken wollte, ertönte das Analysegerät. Die Drohne reagierte auf den Laut und flog schnell den Gang entlang auf Karim zu.

„Wir haben Stahlreste. Check, die Höhle ist von Menschen bearbeitet worden", rief Edward begeistert.

Die Drohne hatte Karim registriert und mit ihrem Waffensystem erfasst. Karim versuchte verzweifelt, der Drohne zuvorzukommen und schoss. Ein von den Höhlenwänden verstärkter Knall erschütterte den Gang. Aber er verfehlte das Zielobjekt. Die Drohne flog ein Ausweichmanöver und bewegte sich einige Meter zurück. Schnell richtete sie sich neu aus. Sie zielte auf Karim. Ein leichter Lufthauch war plötzlich wieder zu fühlen und strich über Karims Ohr. Er wurde stärker. Die Drohne schoss mit der Präzision eines digitalen Kampfgerätes. Sie traf Karim an der Schulter. Es war ein Streifschuss. Er stöhnte vor Schmerzen auf. Aber er ließ sich keinen

Millimeter von seinem Ziel abbringen. Er kannte Schmerzen und hatte gelernt, sie auszuhalten.

„Du störrischer Stein. Wenn du ein Sklave der Kommunisten sein willst und allen geehrten Weisen und Heiligen der Vergangenheit entsagst, dann bleib dunkel, dann bleib wie du bist und geh in die Sklaverei! Wenn nicht wegen mir, dann regiere doch wegen ihnen, wegen deiner würdigen Träger der Vergangenheit!" nichts geschah. Qasim schrie auf vor Wut: „Warum kannst du nichts machen! Reagiere doch endlich! Hilf uns! Hilf dir selbst!"

Aber es geschah weiterhin nichts ... Der Stein blieb dunkel. Karim feuerte eine kurze Salve von vier Schüssen. Er traf die Drohne zweimal. Durch die enorme Wucht der Treffer taumelte das Fluggerät und stieß mehrmals an den felsigen Seiten des Ganges an. Hatte er Erfolg oder war nur die Panzerung getroffen? Das Gerät versuchte sich neu auszurichten und flog zehn bis zwanzig Meter in den Gang zurück. Es war in der Dunkelheit nicht mehr zu erkennen. Nur ihr Summen war noch bedrohlich und leise zu hören. Karim ging in Deckung. Er musste sie erneut herankommen lassen. Er wusste, dass die Drohne ihn wahrscheinlich mittels ihrer Wärmesensoren orten konnte. Als Mensch war er ihr gegenüber jetzt jedoch wie blind. Wenn sie nicht in der Nähe des Knicklichtes käme, hätte er so gut wie keine Chance sie zu treffen. Er warf ein zweites Knicklicht in den Gang, nahm seine Taschenlampe heraus und leuchtete in den Gang hinein. Auch wenn sie ihn als Ziel noch besser erkenntlich machte, musste er nun dieses Risiko eingehen. Beide Lichter waren jedoch sehr ineffektiv dabei, seine Chancen zu erhöhen, denn die Drohne wich jedem Lichtschein aus.

Edward, der eben noch begeistert aufschrie, weil er menschliche Spuren entdeckt hatte, versuchte nun Ada, die zu weinen begann, im Arm zu halten. Aber anstelle heldenhaft zu sein, bekam er aufgrund der Umstände selbst eine Panikattacke. Sein Atem ging immer heftiger und er begann zu hyperventilieren. Qasim hatte die Hände über den Kopf zusammengeschlagen und raufte sich die Haare, während er in einer Mischung aus Trauer und Entsetzen in seinen Rucksack starrte. Sein Turban, den er die ganze Zeit über getragen hatte, lag neben ihm am Boden. Karim musste sich konzentrieren. Das Chaos seiner Gruppe durfte ihn nicht aus der Fassung bringen. Er schloss die Augen und fokussierte sich auf die Geräusche der Drohne. Er würde sie mit seinen Lichtern austricksen und dann in die Ausweichbewegung schießen. Sieben Meter, fünf Meter, drei Meter bis zum Knicklicht, zählte er die Entfernung leise runter. Dann hörte er zwei Schüsse der Drohne. Er öffnete die Augen und leuchtete mit der Taschenlampe in den Gang. Die Drohne schoss sofort und traf seine Lampe. Erschrocken warf er sich in Deckung. In diesem Moment wurde ihm klar, er hatte verloren. Die Drohne traf die Knicklichter und seine Taschenlampe. Es wurde stockdunkel. Damit war seine einzige Chance, sie gezielt zu treffen, zerstört.

Karim schrie auf, warf sich zurück in den Gang und schoss wie von Sinnen einfach darauf los. Er verballerte sein gesamtes Magazin. Nach dem letzten Schuss hörte er sich heftig atmen. Aber vergebens, es war immer noch da. Das Summen des Oktokopters stand drohend in der Dunkelheit. Doch Karim hörte noch etwas anderes. Neben dem Surren der Drohne waren Schritte zu hören. Wollte man sie lebend fangen? Er konnte die Schritte von zwei oder drei Menschen ausmachen, die schnell näher kamen. Dann hörte er drei laute Schüsse. Das Surren der Drohne verstummte. Er blickte in den Gang, konnte aber zunächst nichts in der Finsternis ausmachen. Da erkannte er ein schwaches grünes Leuchten. Dann gingen zwei Taschenlampen an und strahlten Karim direkt ins Gesicht. Zwei Männer stürmten heran.

„Waffen weg, sofort!", schrie ein alter blonder Mann auf Arabisch Karim an und hielt den Lauf seines Gewehres direkt auf seinen Kopf. Er hatte einen merkwürdigen mitteleuropäischen Dialekt. Karim ließ sein Gewehr los. Zwei Männer mit Nachtsichtgeräten, ein junger Araber und ein alter Europäer standen über dem auf dem Boden liegenden Karim. Der alte Mann leuchtete die Gruppe im Höhlenraum an.

„Los! Alle mitkommen! Schnell, beeilt euch!" scheuchte der alte Mann die Gruppe auf. Alle mussten vor den Beiden und ihren Gewehrläufen in den dunklen Gang zurückgehen. Sie stolperten in die Finsternis.

„Los! Schneller!" Die Gruppe wurde vorangetrieben, bis sie etwa fünfzig oder hundert Meter weit gekommen waren. Der alte Mann holte aus seiner Jacke einen Schlüssel heraus und leuchtete auf eine kleine Öffnung an der Gangseite. Sie war etwa siebzig Zentimeter breit und einen Meter zwanzig hoch. Ein starker Luftstrom kam ihnen aus ihr entgegen geweht.

„Los rein da!" Schnell quetschen sich alle mit ihren Rucksäcken hindurch. Als auch der Mann und der Junge ihnen gefolgt waren, in einen größeren Gang hinter der Öffnung, verschloss der alte Mann die Öffnung mit einer Art Tür. Dann führte er den Schlüssel in ein kleines Loch in der Mitte der Tür und verriegelte den Eingang. War das denn überhaupt möglich?

Offensichtlich war die Öffnung mit einer als Felsen getarnten Tür verschließbar. Von der anderen Gangseite aus fügte sie sich perfekt in das Gestein des Ganges ein. Es gab also einen logischen Zusammenhang, dachte Ada sich ihre Tränen von den Augen wischend. Es musste ihn geben. Es bereitete ihr ein Gefühl der intellektuellen Befriedigung.

Aber wo waren sie nun? Wer waren diese beiden Männer? Und was hätten sie von ihnen zu erwarten?

10. Kapitel Das Herz der Kinder Adams

0110011101100101

„Also nochmal von vorne …", im fahlen Schein einer Grubenlampe saßen vier erschöpfte Reisende auf der Flucht einem alten und einem jungen Mann mit ihren Gewehren im Anschlag gegenüber. Tief im Inneren der Erde, ohne Orientierung, in einem Höhlenraum verdreckt am Boden hockend, versuchte die Gruppe, ihre Situation glaubhaft zu schildern.

„Ich fasse nochmal zusammen, also ihr seid ein Sufi, ein Bodyguard und zwei Wissenschaftler, die für ein Geheimprojekt in Neom arbeiten. So weit so gut. Aber tragischerweise seid ihr in diesem Niemandsland gestrandet? Verfolgt von chinesischen Soldaten und Banditen der Wüste … Ihr wollt mich doch verarschen!" sagte der alte Mann spöttisch und mit seinem Gewehr unruhig gestikulierend.

„Ja … so ist es … Sie haben es sehr treffend zusammengefasst", sagte Edward, dem alten Mann zaghaft entgegnend. „Sie werden uns nicht töten oder …?"

„Also entweder ihr seid verrückt, genial oder einfach nur sehr verwirrt. Oder … oder, ja … ihr seid Banditen und eine neue Falle von Al Waghad, diesem hinterhältigen Schurken. Ja … ja … das wäre durchaus möglich, wenn ich darüber nachdenke. Eine Erklärung, die ich glaubhaft finde. Eine geschickt gestellte Falle. Was meinst du Muhammad? Sollen wir sie gleich hier erschießen?" Er zog eine finstere Miene.

„Sie sollten doch einen Beweis ihrer Wahrhaftigkeit vorweisen können, wenn sie die Wahrheit sprechen. Ich denke, wir geben ihnen wenigstens die Chance dazu", sagte der junge Mann ruhig.

„Das muss aber ein sehr guter Beweis sein. Du weißt, wie listig diese Banditen sein können. Na los, redet! Habt ihr etwas vorzuweisen? Raus mit der Sprache, sonst werde ich euch hier erschießen und verrotten lassen. Versteht ihr das! Wir mögen keine hinterhältigen Fallen … nein, das mögen wir überhaupt nicht. Eure stinkigen Leichen werden Al Waghad eine Lehre sein!"

„Wir … Wir haben Computer aus dem Geheimprojekt in unseren Rucksäcken … schaut her, ich hole sie raus und zeige sie euch", sagte Edward nervös. Sein Herz klopfte bis zu seinem Hals.

„Ihr werdet sicher nichts aus euren Rucksäcken holen! Glaubst du wir sind dumm? Muhammad mach mal seinen Rucksack auf. Aber sei vorsichtig! Wer weiß was die da drinnen haben!"

Muhammad zerrte Edwards Rucksack heran und stellte ihn vorsichtig auf den Boden. Dann grub er sachte ein wenig in ihm und holte den Gesteinsdetektor heraus, musterte ihn kurz im Licht seiner Lampe und sagte dann enttäuscht: „Das soll also ein Geheimcomputer sein? Was meinst du Ammu, nicht sehr überzeugend, oder?" Muhammad betrachtete das Gerät noch kurz skeptisch und gab es dann dem alten Mann.

„Nein … Nein … Das ist ein hochmoderner Stoffspurendetektor. Diese Geräte gibt es nur in Neom … Einer der Forschungsgegenstände, die unserem Projekt entsprungen sind. Mit ihm kann man kleinste Spuren einer Vielzahl von Mineralien detektieren", Edward strich sich zitternd den Angstschweiß von der Stirn, während Ada sich immer näher an ihren Mann setzte und sich langsam hinter ihn schob, als würde sie sich hinter ihm verstecken können, um den beiden Männern zu entgehen.

Der alte Mann nahm das Gerät und untersuchte es genau. Gab er es wieder dem jungen Mann: „Ach was … das könnte auch nur ein umgebautes Smartphone sein. Das reicht mir nicht!"

„Interessant schaut es aus, aber … Wie Ihr sagt, möglicherweise nur ein Handy. Aber dass sie von Al Waghad sind, kann ich mir auch nicht so recht vorstellen. Ich weiß nicht. Schau sie dir doch nur an. Diese beiden dort sehen viel zu schwach aus! Al Waghad hat bis jetzt nur starke Männer in seiner Bande gehabt und versucht, unsere Stadtverteidigung mit ihnen zu unterwandern." Dann flüsterte er seinem Ammu ins Ohr: „Ich denke, wir sollten ihnen helfen. Vielleicht wissen sie ja etwas über diesen Kreis am Himmel."

Der Alte wandte sich den Vieren zu und sagte: „Ich habe eine Frage, die euch möglicherweise vor mir und meinen Bleikugeln retten wird. Vor ungefähr vierzehn Stunden war im Westen am Himmel etwas zu sehen. Wisst ihr etwas darüber?"

Edward und Ada schauten nur unverständig. Ein - wohlgemerkt - bei beiden sehr seltener Gesichtsausdruck. Gerade als Edward wieder etwas heraus zu stammeln versuchte, fiel ihm Karim, der bis jetzt geschwiegen hatte, forsch in den Anfang seines Satzes: „Ja, das tun wir! Wir können euch sogar etwas darüber berichten, was ihr von niemanden sonst erfahren könntet, vorausgesetzt ihr bringt uns nach Dahab. Ihr kommt doch von dort, oder?"

Der junge Mann flüsterte dem Alten erneut etwas ins Ohr. Kurz darauf sagte dieser: „Na los, spuck es schon aus, vielleicht werden wir euch mitnehmen."

„Nein! Mit mir gibt es kein 'vielleicht' alter Mann. Entweder ihr helft uns oder ich nehme mein Wissen mit ins Grab. Erschieß mich doch! Du würdest mir sogar einen Gefallen tun! Na los, mach!"

Der alte Mann nahm sein Gewehr herab und sah Karim durchdringend an. „Ok! Dann kein ‚vielleicht'. Rede und ich werde dir helfen"

„Und Ihr werdet Wort halten? Schwört es bei Allah!" sagte Karim und schaute so energisch, dass der alte Mann auf einmal leicht verunsichert wirkte.

„Wir schwören es! Bei Allah!", entgegnete ihm der junge Mann. „Sagt uns, was Ihr wisst. Was hat es mit diesem Phänomen auf sich?"

„Karim, glaubst du, wir können ihnen trauen?" flüsterte Qasim Karim zu.

„Ja, das glaube ich! Ich will es glauben, denn es macht doch in Wahrheit keinen Unterschied, oder? Gib mir einfach deinen Rucksack", Qasim schob ihn zögern, fast wie in Zeitlupe, zu Karim herüber. Karim öffnete ihn und zeigte den beiden das Innere des Rucksackes. Aus ihm schimmerte im schwachen Licht ihrer Lampe eine kristallene Oberfläche heraus, einem rundlichen Spiegel gleich. „Das ist der Grund des blauen Leuchtens am Himmel! Dieser Stein hat es verursacht! Bringt uns nach Dahab und ich erzähle euch alles, was ihr wissen wollt. Bis wir dort sind, werden wir alle schweigen!"

Die Augen der beiden wurden bei dem Anblick des Kristalls immer größer. „Ammu!", flüsterte der junge Mann, „Das müssen wir unbedingt meinem Vater zeigen."

„Deinem Vater? Glaubst du er weiß etwas darüber?

„Es sieht aus wie ein altes Artefakt, das ich vor langer Zeit in einem seiner Bücher sah. Er wird sicher etwas darüber wissen."

„Bist du dir sicher?"

„Ja! Wir nehmen sie mit!"

„Schicksal mein lieber Muhammad, was?", der alte Mann winkte mit seiner Waffe der Gruppe zu.

„Na los! Steht auf, bevor ich es mir doch noch anders überlege. Muhammad hat entschieden, dass wir euch nach Dahab bringen. Also werden wir es tun."

Muhammad führte die Gruppe an und geleitete sie zielgerichtet durch das unterirdische Labyrinth aus alten Minenschächten und notdürftig geschlagenen neuen Gängen. Hinter der Gruppe ging der alte Mann mit düsterer Miene, sein Gewehr weiter im Anschlag. So recht wollte er der Angelegenheit noch nicht trauen. Die Wüste war ein gefährlicher Ort geworden und die Unholde und Verbrecher, welche in den letzten Jahren die Touristen der 'guten' alten Zeit immer mehr ersetzten, waren verschlagen und zu allen Untaten bereit. Zu oft hatte er erleben müssen, wie Reisende ausgeraubt und ermordet auf den Straßen lagen. Sie lagen auf den Wegen, die man nicht mehr unbewaffnet hatte befahren dürfen.

Er selbst war mit der Verteidigung und Sicherheit der wenigen Küstenstädte der Region betraut, die noch immer unerschrockene Touristen beherbergten. Naturgemäß musste er besonders wachsam sein. Heutzutage kamen fast nur noch bewaffnete Konvois von hier aus durch die Wüste bis zur Hauptstadt. Es war seine Idee gewesen, die alten Minen zum Zweck der Versorgungssicherheit auszubauen, um dort Handelsgüter und Waren vor den Banditen der Wüste versteckt zu sichern und zu lagern. Man konnte sie so leichter und zeitversetzt zu Übergabepunkten transportieren. Die unterirdische Methode reduzierte deutlich die Gefahr eines Überfalls. Seine Planungen hatten sich über die letzten Jahre als erfolgreich erwiesen. Bis jetzt hatten Banditen ihre Gänge nicht entdeckt.

Bis jetzt. Die Anwesenheit dieser merkwürdigen Leute und der Drohne beunruhigten ihn mit jedem Schritt und jedem Gedankengang, den er hierüber verlor, etwas mehr. Könnte es sein, dass Al Waghad bereits einige Schächte aufgespürt hätte und Reisende als Köder benutzte, um sie auszukundschaften? Aber woher hätte sie diesen Stein bringen sollen? Dieser Kristall, den dieser angebliche Sufi mit sich führte, was war das für ein Ding? Nie zuvor hatte er etwas vergleichbares gesehen. Jäh wurde er in seinen Gedanken unterbrochen, als die kleine zierliche Frau der Gruppe vor ihm aufstöhnte.

Ada stürzte vor Erschöpfung zu Boden. Edward beugte sich sogleich zu ihr herunter und versuchte, sie zu stützen.

„Ich kann nicht mehr weiter gehen. Ich bin zu erschöpft."

„Ada bitte steh auf … wir haben es bald geschafft"

„Hey, da aufstehen und weitergehen!" sagte der alte Mann schroff.

„Wir sind bald da. Komm schon! Du kannst das Ada!"

„Ich kann nicht mehr", Edward tastete ihre Beine ab. Sie waren stark verkrampft.

„Lass uns einfach hier bleiben. Bitte bleib mit mir hier!"

Karim kam zu Ada und packte sie grob am Arm: „Los wir haben keine Zeit für solche Faxen!" Er riss sie vom Boden hoch.

„Ah, das tut weh! Lass mich du Trottel!" Karim ignorierte ihre Worte und nahm seinen Rucksack ab und setzte ihn umgekehrt auf, so dass er vor seinem Bauch hing. Dann packte er Ada und nahm sie huckepack auf seinen Rücken.

„Keiner bleibt zurück und keiner macht eine Pause, bis wir Dahab erreicht haben, ist das klar. Du, Edward, nimmst ihren Rucksack und ich nehme Ada!" Edward nahm Adas Rucksack und schnallte ihn schweigend vor seinen Bauch. Dann gingen alle weiter, ohne die Angelegenheit weiter zu kommentieren.

Die Gänge wurden breiter und man sah deutlich Spuren von Abbautätigkeit. Gefühlt war die Gruppe bereits eine Stunde oder länger unterwegs. Jedoch könnte das Gefühl auch täuschen, denn tief unter der Erde erschienen Raum und Zeit manchmal verschoben. Mal waren sie gedehnt, mal gestaucht aber immer ganz anders als auf der Oberfläche. Schroffe Felsen wechselten mit tiefen Furchen und Geröll der Minenarbeit. Mal kamen sie schnell voran, mal mussten alle vorsichtig gehen, um nicht über Gesteinsbrocken zu stolpern oder sich an scharfen Kanten aufzuschürfen. Doch mit einem Mal, als sie um eine der vielen Ecke gingen, wurde es spürbar heller.

„Dort! Ist das der Ausgang Richtung Dahab?" fragte Qasim und brach aufgeregt das Schweigen.

„Ja. Wir sind angekommen", sagte Muhammad knapp.

„Gepriesen sei Allah! Wir haben es geschafft", zum ersten Mal seit dem Tod seines Lehrers, spürte Qasim eine Erleichterung in seinem Herzen. Könnte Muhammads Vater ihnen vielleicht sogar helfen? Endlich ein kleiner Hoffnungsschimmer nach allen Schwierigkeiten der letzten Tage. Mit diesen Gedanken traten sie in das heiße, grelle Sonnenlicht des Nachmittags. Vor ihnen war das Meer zu sehen und die Hafenstadt Dahab. Sie waren in Sicherheit. Endlich.

Um die gesamte Stadt waren behelfsmäßige Palisaden aus Schrott, Holz- und Bauresten als Abwehranlagen errichtet worden. Karim musterte die Verteidigungsanlagen, um sich von seinen Strapazen abzulenken. Während sie sich der Stadt langsam näherten und einen kleinen Pfad entlang gingen, wurde ihm klar, dass diese Anlagen zwar notdürftig, aber von einem Fachmann geplant waren. Wahrscheinlich der einzige Grund, dass hier überhaupt noch Menschen lebten und Touristen, Abenteurer und Unerschrockene ab und zu in den ehemaligen Urlaubsort kamen. Es wäre 2023, also vor drei Jahren, noch kaum vorstellbar gewesen, dass die massiven zivilen Unruhen, die Ägypten im Schatten der Weltwirtschaftskrise heimsuchten, gerade diesen Landstrich so gefährlich verändern würden. Die Halbinsel war immer schon ein Rückzugsort für Banditen und Extremisten, aber die letzten Jahre hatte die Situation massiv verstärkt. Die Gruppe gelangte über den staubigen Pfad zur Straße und ging dem 'Stadttor' entgegen. Im Sonnenlicht wurde Edward deutlich, wie unglaublich dreckig er geworden war. Widerwillig und mit Ekel erfüllten, sehnte er sich nach den sterilen Büros des Nullpunkt-Projektes.

Ach, wäre er doch nie auf dieses heillose Unterfangen mitgegangen. Wehleidig schaute er Ada an, die schlaff auf Karims Rücken hing und eingeschlafen war. Auch sie war dreckig. Fürchterlich, so viel Staub und geruchsintensiver Schweiß. Duschen, das wäre das Erste, was er in Dahab machen würde, dachte sich Edward. Sich und seine Frau säubern, sehr wichtig, check.

Die Gruppe wurde am Stadttor, oder besser gesagt am offenen Punkt der Palisaden, von einigen schwer bewaffneten Kriegern aufgehalten. Muhammad sprach kurz mit dem Torwächter und sie konnten passieren. Edward sah genau, wie finster einige der Männer von ihrer Beobachtungsplattform hinter der Palisade zur Linken und einem etwas höher gelegenen Holzturm auf der rechten Seite des Einganges auf sie nieder blickten. Voller Argwohn lugten die dunklen Augen der wild aussehenden Männer auf sie herab. Ihre Rauschebärte, ihre an Partisanen erinnernde Ausrüstung und ihre Bewaffnung waren furchteinflößend. Sie sahen eher wie alte Piraten auf Kaperfahrt oder Guerillakrieger aus als wie Wächter einer kleinen ehemaligen Touristenstadt. Edward war sich sicher, allein wären sie hier niemals hereingekommen. Man hätte sie als potenzielle Angreifer oder Spione gesehen und vom Turm aus auf sie gefeuert. Seine Logikfähigkeit war zwar mittlerweile durch seine Übermüdung beeinträchtigt, aber in Anbetracht der Situation war er mittlerweile froh, in der Höhle auf die beiden Männer getroffen zu sein. Auch wenn ihre Kugeln ihn um ein Haar getötet hätten.

Muhammad und der alte Mann führten die Gruppe zu einem großen Haus unweit des Strandes. Auf dem Weg durch die Stadt sah Edward, dass viel Müll herumlag. Katzen suchten in ihm nach Nahrungsresten. Hier und da lag müde ein Hund im Schatten von Tamarisken und döste in der Hitze des Nachmittags vor sich hin. Manchmal hob einer seinen Kopf und schaute die vorbeikommende Gruppe interessiert an, gähnte müde und entschloss sich dann aber doch lieber weiter zu schlafen. Es war zu erkennen, dass viele der Hotels und Unterkünfte leer standen oder anderen Funktionen zugeteilt wurden. Verwahrlosung, schien Edward ein passender Begriff für einige der Zustände, die in Teilen der Stadt ausgebrochen waren. Aber die Einwohner gingen weiterhin unbeirrt ihrem Leben nach. So ähnlich musste es hier vor hundert Jahren gewesen sein, als dieser Flecken Erde noch ein kleiner Handels- und Fischerposten war.

„Gleich haben wir es geschafft, noch ca. vierhundert Meter", sagte Muhammad zu dem keuchenden und sich nur mehr Schritt um Schritt hinschleppenden Karim. Der Weg führte sie um einige Ecken zum Meer. Sie gingen nun den Rest des Weges an der Strandpromenade entlang. Auf ihm kamen sie zu Edwards Erstaunen an einer offenen Strandbar vorbei. Eine

Gruppe junger, unerschrockener Touristen saß in ihr und quatschte lautstark miteinander, trank Cocktails und nahm die Reisegruppe nur beiläufig wahr. Dem Akzent nach waren es Briten. Der Kleidung nach konnte man sie in eine moderne Form der Hippiekultur einordnen. Ihr offensichtlicher Spaß und ihre entspannte Ausgelassenheit standen im ungewöhnlichen Kontrast zu unserer erschöpften Gruppe. In Strandstühlen neben der Bar saßen auch drei afghanische Männer im Schatten eines großen Sombrero-Schirms - möglicherweise Söldner - die den Ammu im Vorbeigehen freundlich grüßten. Sie ruhten sich aus, tranken etwas Kaffee und spielten Karten. Neben ihnen standen ihre Kalaschnikows zu einer Dreckspyramide aneinander gestellt. Ihr Anblick schien niemanden zu stören.

Endlich bogen sie zum Wohnsitz von Muhammad ab. Das Haus, zu dem sie geführt wurden, schien wenige bis keine Verwahrlosung zu zeigen. Einige Palmen standen vor den umgebenden Steinmauern. Muhammad brachte die Gruppe durch einen Hintereingang hinein. Sie gingen einen kurzen Weg durch den sich jetzt vor ihren Augen entfaltenden wunderschönen Garten, der sich hinter den Mauern versteckte und eine kleine Oase in der Ödnis zu sein schien. Ihre letzten Meter wurden geschmeidig von den Schatten der satten und duftenden Feigenbäume des Anwesens gestreichelt. Schließlich kamen sie an der Terrasse des Hauses an. Karim legte Ada ab und die Gruppe fiel erschöpft auf den Rasen vor der Terrasse. Vor der Tür saß eine mittelgroße Frau in einem bunten Blumenkleid. Sie trug ein lockeres farbenfrohes Kopftuch und schaute Muhammad genervt an.

„Wo warst du so lange? Vater erwartet dich schon! Was hast du wieder angestellt! Hat Ammu dich wieder mal auf dumme Ideen gebracht? Und warum bringst du diese verdreckten Leute zu unserem Haus? Was ist nur mit dir los, kleiner Bruder?" schimpfen stand sie auf, warf sich den Schleier über die Schultern.

„Du wirst dich die nächsten Tage allein um die Schafe und den ganzen Rest kümmern. Kapiert?!" Stolz ging sie ins Haus und schlug die Tür mit einem kräftigen Ruck hinter sich zu. „Wartet hier, ich werde meinen Vater holen", sagte Muhammad

„Das brauchst du nicht mein Sohn", ein alter Mann mit einem vier Finger langen weißen Vollbart kam hinter einem großen Weinstock hervor und ging auf die Gruppe zu, „Ich habe euch bereits erwartet."

Er trug eine traditionelle weiße Gewandung und stützte sich auf einen kunstvoll geschnitzten Holzstab. Beim Gehen zog er ein Bein, etwas humpelnd, hinter sich her. Sein breiter runder Kopf war von einem schwarzen

Turban bedeckt und sein Lächeln strahlte eine angenehme Freundlichkeit aus.

„Vater! Wir haben diese Gruppe in den Minenschächten gefunden."

„Willst du deine Gäste denn gar nicht bewirten, mein Sohn? Wo sind denn deine Manieren. Deine Begleiter sehen erschöpft und hungrig aus."

„Aber Vater, wir wissen nicht, ob diese Leute vertrauenswürdig sind. Vielleicht hat Al Waghad sie geschickt. Sie waren in den Minen unterwegs. Ihr ganzes Verhalten schien verdächtig."

„Ach nein … Schau sie dir doch mal genauer an. Diese Leute gehören gar nicht hierher. Ich weiß zwar noch nicht, wohin ihr gehört … Aber was immer euch in diese Gegend verschlagen hat, muss ein Abenteuer gewesen sein. Eure Geschichte würde mich interessieren. Los Muhammad! Bringe sie in unsere Gästeräume und gib ihnen Essen und Trinken."

„Wie Ihr wünscht Vater", sagte Muhammad. Eine ungewöhnliche Wendung, dachte Edward. Alle Zweifel schienen mit diesen Sätzen seines Vaters einfach so ausgehebelt zu sein.

Der Ammu stand an die Wand des Hauses gelehnt und hatte seine Waffe über die Schulter gelegt. Er schaute skeptisch und etwas verdrießlich drein:

„Seid ihr euch wirklich sicher Scheich? Nicht, dass dies doch eine Falle von Al Waghad ist. Ihr wisst schon … Getarnte Reisende, das hatten wir schon einmal."

„Ja, alter Freund. Ich bin mir sicher. Das ist keine Falle dieses Schuftes. Dafür kenne ich ihn und seine Methoden schon zu lange. Seine Kreativität reicht nicht aus, um sich solch eine Reisegruppe auszudenken."

„Na dann! Folgt mir! Ich zeige euch die Zimmer."

Der Ammu und Muhammad brachten die Gruppe in einen Anbau des Hauptgebäudes. Und zeigte ihnen kleine, aber gepflegte Zimmer mit Bad und Dusche. Es waren eindeutig Räume für betuchte Touristen gewesen. Sie waren liebevoll eingerichtet und versprühten den Charm ägyptisch-arabischer Gastfreundschaft. Muhammad brachte jeden ein paar frische Kleider und seine Schwester servierte in jedem Zimmer einen großen gefüllten runden Teller mit Hummus, Fleisch, Brot, Oliven und getrockneten Früchten.

„Ruht euch aus und esst etwas. Mein Scheich erwartet euch morgen früh im Hauptraum des Hauses. Ich werde euch abholen kommen", sagte der Ammu und fügte leise grummelnd hinzu, „Und euch genauestens im Auge behalten …"

Oh, wie verschlungen Ada und Edward das Essen, selbstverständlich nachdem sie, wie Edward es geplant hatte, eine ausgiebige Dusche genossen hatten. Als die letzten Dreckreste den Abfluss hinab gespült wurden, schauten sich beide triumphierend und voller Erleichterung an. Endlich waren sie wieder sauber und konnten das Gefühl der Reinlichkeit genießen.

Auch Qasim und Karim waren froh, in Sicherheit zu sein. Nach den Gefahren und der Last der letzten Stunden ließ Karim sich erschöpft ins Bett fallen. Es waren nur Sekunden und er schlief tief und fest.

Qasim konnte sich jedoch nicht ausruhen. Noch nicht. Er saß auf seinem Bett, holte den Kristall hervor und schaute ihn an. Was sollte er jetzt tun? In Sicherheit war er vorerst, aber wie sollte es nun weitergehen? Die Verantwortung für diesen Stein lag schwer auf seinem Herzen und Neom schien ihm nicht wirklich der Ort zu sein, an dem der Kristall einen würdigen Träger finden könnte. Anderseits hat sein Lehrer ihn genau dort hingeschickt. Es vergingen noch einige Stunden, in denen Qasim grübelnd den dunklen Stein anstarrte, bis er sich langsam und voller Erschöpfung in den kleinen funkelnden und wirbelnden Sternen des Artefaktes verlor und erschöpft einschlief.

Am nächsten Morgen holte der Ammu persönlich alle Mitglieder der Gruppe aus ihren Zimmern. Es dauerte ein wenig, da alle tief und fest schliefen. Aber nach einiger Zeit waren sie bereit und kamen in den Hauptraum des Hauses. Dieser war weit auslaufend angelegt und mit kleinen sarazenischen Bogenfenstern an der Ostseite geschmückt. Durch sie konnte man direkt aufs Meer schauen. Er hatte eine hohe Decke, die gewölbt nach oben aufging. An seinen Seiten waren große Bücherschränke gefüllt mit Folianten und kleineren Werken aus Ost und West. In seiner Mitte war ein Sitzkreis mit ausladenden, bunt bestickten Bodenpolstern und kleinen Teetischen angeordnet. In Zentrum saß Muhammads Vater umringt von einigen Männern und Kindern. Er hielt einen Vortrag, dem alle gebannt lauschten. Als er seine Gäste sah, wechselte er von Arabisch auf Englisch und führte seine Ausführungen knapp zu ende, dann sagte er:

„Meine lieben Gäste, bitte setzt euch, ich werde noch meinen Unterricht beenden und anschließend ganz für euch da sein. Soweit ich weiß, wartet zur

Abwechslung einmal eine interessante Geschichte auf mich und ich darf heute Zuhörer sein", er lächelte seine Gäste freundlich an und wies sie an, sich zu setzen. Edward erschrak jedoch, als er sah, dass zwei der anwesenden Männer die grimmigen Gesellen der Torwache waren, die ihn erneut mit scharfem Blick ansahen. Hier waren sie jedoch in Zivil gekleidet und hielten keine Waffen, sondern Stifte in der Hand. Sie schrieben fleißig die Worte ihres Lehrers mit. „Keine Sorge, die Beiden beißen nicht", sagte der Scheich verschmitzt. Vielleicht waren sie gar nicht so dumm und gewalttätig wie vermutet, dachte Edward und lehnte sich vorsichtig an sein Kissen, als plötzlich einer der Männer mit einem kurzen Schrei in Edward und Adas Richtung schreckte. Die beiden Nerds sprangen hoch und riefen vor Schreck laut auf. Da lachten die drei bärtigen Männer köstlich und schlugen sich vor Spaß auf die Schenkel. „Ahmed, Morris, Idris, was soll das!" der Scheich blickte sie streng an. „Diese Leute haben harte Stunden hinter sich!"

„Entschuldigt, Scheich …", angestrengt versuchten sie, sich weiteres Lachen zu verkneifen.

„Ach, ihr seid mir schon so eine Bande. Zur Strafe werdet ihr die Räume unserer Gäste reinigen und ihnen ihr Frühstück, Mittagessen und Abendbrot vorbereiten. Und zwar solange sie bei uns verweilen."

Die Männer schauten verschämt zu Boden und versuchten sich zu beruhigen. „Ich bitte um Entschuldigung."

Edward und Ada setzten sich vorsichtig zurück auf ihren Platz. So eine Bande nachpubertierender Idioten konstatierte Ada gedanklich und machte es sich in ihrem Sitzkissen gemütlich. Ihr ganzer Körper war von Muskelkater erfüllt und jede unnötige Bewegung wollte sie unter allen Umständen vermeiden.

„Der Lebensweg des Menschen ist durch vier Dimensionen geprägt", setzte der Scheich an. „Die erste Dimension besteht im Weg der äußeren Taten. Das Gesetz des Propheten in allen seinen unterschiedlichen Auslegungen gibt uns Möglichkeiten gerecht und auf guten Pfaden zu handeln. Doch Handeln ohne Verständnis ist reine Nachahmung. Und reine Nachahmung mag zwar in seinem äußeren Schein gut wirken, doch unverstanden, führte es nicht selten ins Verderben", als er diese Worte sagte, schaute er streng in Karims Richtung, der sich etwas betreten gerade hin setzte.

„Wie oft hat der eingebildete Gerechte Unheil über Menschen und Gemeinschaften gebracht. Für äußerst korrekt handelnd, nahmen sich die Mörder von Imam Ali, dem vier Kalifen und Cousin unseres Propheten, wahr. Als sie ihr vergiftetes Schwert erhoben und ihn vor der Moschee in Kufa tödlich verwundeten, waren sie überzeugt, das Richtige getan zu haben.

Sie zweifelten nicht einmal einen kurzen Moment an ihrem Vorhaben. Und warum? Weil sie inbrünstig glaubten, es wäre das Beste, den Kalifen zu töten. Und alles wegen einer moralischen Unstimmigkeit, dessen Tiefe sie nicht einmal verstanden … Wer eindimensional durchs Leben geht, kann Glück haben, einen guten Führer oder Lehrer zu befolgen, aber zumeist wird er Pech haben und in die Irre geführt. Durch sein Unvermögen, sein persönliches Handeln richtig einzuschätzen, wird er es oft noch nicht einmal merken. Darum ist die zweite Dimension des Lebens so wichtig, da sie der ersten hilfreich die Hand entgegenstreckt."

Ada und Edward waren verwundert, denn die Worte des Mannes waren gar nicht mal so abwegig. Sie, die von religiösen Personen bis vor zwei Tagen nicht viel gehalten hatten, mussten anerkennen, dass der Mann wohl nicht vorhatte, eine Märchenstunde abzuhalten. Nein, er sagte Worte, die ihnen zum eigenen Erstaunen zusagten. Bewies doch das berühmte Milgram-Experiment, wie viele Menschen eindimensional alles tun würden, wenn ihnen eine Autorität das Denken abnimmt und Befehle erteilt. Sie schauten einander kurz an und erkannten im Anderen die überraschende Bereitschaft, weiter zuzuhören.

„Was ist nun aber diese zweite Dimension des Lebens? Es ist der Verstand und die Vernunft des Menschen in allen Formen und Durchdringungen. Mit ihm gelangt der Mensch erstmals zu einer Einschätzung und einem reflektiven Verständnis seines Lebensweges. Er versteht womöglich einiges an Sinn und Ziel in den Hinweisen und Zeichen Gottes. Er vermag aus der Struktur der Offenbarung oder der Welt seine eigenen Schlüsse ziehen. Wenn er sich recht anstrengt, wird vielleicht sogar ein Liebender des Denkens, ein Philosoph und ein Weiser aus ihm. Vielleicht sogar ein breit aufgestellter Gelehrter, der die Menschen zu leiten und zu inspirieren vermag. Aber reicht das? Ist es nicht ein trübes Leuchten im Licht des Verstandes, das hinter allen Erkenntnissen etwas vermissen lässt? Wie viele Denker sind in falsche Richtungen abgedriftet, getäuscht von ihrem großen Selbst und ihrem ausufernden Eigendünkel. Waren es nicht angeblich große Philosophien berühmter Denker, die mehr Leid und Kummer über die Welt brachten, als ein falscher Gerechter es in seinem Handeln jemals könnte. Kommunismus, Sozialismus, Faschismus, Rassenvorstellungen, Imperialismus, Kolonialismus, Neoliberalismus, schrankenloser Kapitalismus aber auch religiöser Extremismen sind solche Ausprägungen von Ideologien allein der letzten zwei Jahrhunderte, an deren Altären Millionen geopfert wurden", er schaute zu Edward und Ada und nickte ihnen freundlich zu. „Wie oft denken wir, alles verstanden zu haben, doch sehen nicht, dass wir schon vor langer Zeit falsch abgebogen sind. Erst die Erinnerungen aus den Schlägen des Schicksals, die uns manchmal wie gute Geister in der Wüste begegnen, lassen uns erkennen, dass wir wahrscheinlich einen Fehler machten. Sie lassen uns spüren, dass diese zwei Dimensionen des menschlichen Lebens viel ermöglichen, aber am Ende nur eine Ebene aufspannen. Sie sind flach und lassen Tiefe vermissen. Ist denn der Mensch nur Handeln und Denken?"

„Ja, das ist der Mensch. Wenn Ihr erlaubt, dass ich mich äußere", hakte Ada ein.

„Nur zu!"

„Er denkt und handelt, aber sein Denken ist beschränkt und voller emotionaler Fehler und Trübungen. Der Mensch ist ein vernunftbegabtes Tier und damit nichts weiter als ein guter biologischer Computer - jedoch voller hormonell bedingter Makel. Darum muss der Mensch durch ein besseres fehlerfreies Denken erhöht werden - zum Beispiel durch den Beistand einer künstlichen Intelligenz, welche den Wahnsinn, von dem Ihr spracht, durch überlegene Kalkulationsfähigkeiten vermeiden könnte. Sie wäre schneller, neutraler und fehlerfrei beim Denken. Darüber hinaus könnte sie den Menschen ihre Fehlerhaftigkeit rechtzeitig klar machen. Ja, mehr sogar noch. Sie könnte sein Denken um ein Vielfaches potenzieren."

„Ist diese Vorstellung nicht nur eine populäre Vision unserer Zeit? Ein weiteres Gedankenkonstrukt?"

„Ja, aber eines, dass die Kraft hat, alles zu verändern. Schneller und weitreichender als wir es uns in unseren kühnsten Träumen vorstellen könnten."

„Ich verstehe, habe aber einen Einwand, den Sie oder Ihr Gatte mir vielleicht erklären könnten. Wie kann eine Maschine, die Menschen bauen, die nur Zugang zu den zwei beschriebenen Dimensionen haben, jemals einen höheren Anspruch hervorbringen ...", der Scheich hielt kurz inne.

„Einen höheren Anspruch als was?"

„Als die zweidimensionalen Wesen, welche die Maschine bauten. Ich habe die mächtigen Chat- und Kunstprogramme der letzten Jahre ausgiebig ausprobiert. Sie sind ohne Frage beeindruckend. Aber am Ende reflektieren sie nur die begrenzten intellektuellen Ressourcen, mit denen sie von Menschen trainiert wurden. So ist es doch - soweit zumindest mir bekannt. Aber korrigiert mich, wenn ich falsch liege."

„Vereinfacht gesagt ja. Sie erzeugen die wahrscheinlichsten Antworten und Ergebnisse auf Fragen oder Befehle auf Basis mehrdimensionaler Bedeutungs- und Sprachvektorräume, oder bei den Kunstprogrammen entsprechende Musterräume."

„Aha! Also ist alles, was diese Systeme hervorbringen können, auf die hinterlegten Informationen begrenzt. Damit wären sie der Homunkulus des eingeschränkten modernen Alchemisten. Ein System, das im schlechtesten Fall die Dystopien all der Filme und Bücher über künstliche Intelligenz wahr werden ließe. Ein System, dem etwas Wesentliches fehlt."

„Was sollte ihm fehlen?"

„Das Mysterium, das dem Menschen gegeben ist und ihn aus den zwei Dimensionen des Denkens und Handelns erhebt."

„Sprecht ihr das Bewusstseinsproblem an?"

„Bewusstseinsproblem? Eine Interessante Formulierung, aber ja. Es geht um das Geheimnis des Herzens, jener Aspekt des Seins, der weiter reicht als Denken und Handeln allein."

Edward und Ada schauten den Mann an und hielten inne. Der Scheich hatte Wichtiges ausgesprochen. Etwas, dass sie bis jetzt in ihren Überlegungen nie bedacht hatten. Sie mussten sich eingestehen, dass sie diesem Mann eine gewisse Weisheit zusprechen mussten. Der erwähnte Punkt interessierte sie nun umso mehr. Ada blickte nachdenklich zu ihrem Mann und sagte dann zum Scheich: „Verstand und Handeln sind erwiesen, aber darüber hinaus sehe ich nichts außer Spekulationen alter Religionen, die ihre Bedeutung schon lange verloren haben. Was soll denn diese dritte Dimension sein? Und was ist der Beweis, dass gerade das Bewusstsein oder wie ihr sagt, das Herz damit zusammenhängt?"

„Das Bewusstsein und seine Mysterien hängen direkt mit der dritten Dimension des Lebens zusammen. Tritt ein Mensch in diesen Bereich ein, erwachen die höheren Sinne und es entwickelt sich eine tiefere Weisheit. Ich kann zwar schon zuvor Gesetzmäßigkeiten erkennen und danach leben und handeln. Ich kann auch auf rein rationaler Ebene Beweise für einen Schöpfer finden und seinen Weg in Offenbarungen befolgen. Aber nur wenn sich die Schleier der Mysterien öffnen und ihr tieferer Sinn und ihre tiefere Weisheit zu Tage treten, kann ich ein Zeuge dieser Erkenntnisse aus unmittelbarer Selbstwahrnehmung und eigener Erfahrung werden. Was ich vorher nur durch die Spuren verstand, offenbart sich jetzt in seiner ganzen Echtheit - vor meinen eigenen Augen. Es ist, wie wenn man die Welt bloß über Schatten anblickte, ohne jemals die Sonne zu sehen. Doch auf einmal hebt sich der Kopf und verlässt die Ebene der Schatten und Spuren und die Augen sehen klar die Sonne und den hellen Himmel, der die ganze Zeit über da war. Seit wann sind es Schatten, die uns die Sonne begreiflich machten? Eine echte künstliche Intelligenz, die sich aus den Spuren menschlicher Inputs erheben kann, braucht ein Herz. Nur damit kann sie sich selbstständig in die dritte Dimension erheben und von dort wahre Inspiration in die Welt zurück tragen."

„Sehr theoretisch … Sehr blumig. Aber wo ist der Beweis?" fragte Ada. „Ist es Liebe, wenn jemand nur sehnsuchtsvoll denkt oder freundlich handelt? Ist es Hass, wenn jemand bloß boshafte Gedanken hegt und Brutales tut?"

„Gerade diese geistigen Spuren von Hormonausschüttungen und ihren Folgen wollen wir ja überwinden"

„Versteht mich nicht falsch. Es geht um die Empfindung im Herzen selbst. Es geht um die Fähigkeit, seine Erfahrung über die Materie und das reine Denken und Fühlen zu erheben. Und aus dieser Ebene heraus die Welt zu verändern, wozu auch Wunder, die Traumwelt und übernatürliche Kräfte gehören. Aber dieser Beweis bricht die Ordnung der irdischen Welt, denn wer die Sonne sieht, kann die Schatten manipulieren. Dieses unmittelbare Brechen mit den Gesetzen der Natur, dass muss für die Schattenbetrachter der zweidimensionalen Ebene immer ein Schock sein und geschieht nicht auf Kommando."

„Beweist es!" sagte Ada bestimmt, „alles andere ist leere Behauptung."

Die Schüler des Scheichs schauten bereits ärgerlich. Wie konnte diese Frau es wagen, ihren Lehrer so frech herauszufordern? Wer war sie überhaupt und was bildet sie sich ein, um hier so zu sprechen?

„Wie gesagt, es geht nicht auf Kommando oder ließe sich gar einfach in ein Labor zur Anschauung der Flachheit pressen. Ihr seid etwas ungeduldig, oder?"

„Ja, und ich bin definitiv nicht leichtgläubig", erwiderte Ada etwas enttäuscht. Der alte Mann hatte so gut angefangen, aber war nun leider in unglaubwürdige Spekulation abgedriftet.

„Wartet noch ein wenig und mit der Erlaubnis Gottes werdet Ihr sehen, was Ihr sehen müsst. Und vielleicht werdet Ihr einen Funkes dessen verstehen, wonach Ihr trachtet."

„Ok, ok, wir werden sehen. Aber das Argument ist momentan auf meiner Seite und Ihr müsst den Beweis erbringen. Denn ohne diesen bleibt alles, was Ihr sagt, nichts als Behauptung. Und ich behalte recht, dass es diese dritte Dimension überhaupt nicht gibt!"

„So ist es! Die Frau spricht die Wahrheit!" sagte der Scheich in Richtung seiner mittlerweile grimmig schauenden Schüler, „Ich, Abdullah bin derjenige, der den Beweis erbringen muss!"

Edward schaute befriedigt, denn ihm war klar, dass sie wieder einmal eine unbelegbare Ausführung eines religiösen Menschen hörten, der, wenn es darauf ankam, daran scheiterte, seine eigenen Aussagen und diese sogenannte dritte Dimension zu beweisen. Seine Frau hätte es sicher gerne gesehen. Ihm war es jedoch recht, keine weiteren Erstaunlichkeiten, die vielleicht übernatürlich wären, zu erleben. Er hatte früher häufiger in seiner Freizeit aus reinem Spaß an der Sache, falsche Hellseher und Esoteriker als Mitglied von James Randis Skeptikerbewegung bloßgestellt.

James Randi machte sich einen Namen, indem er sogar einen Preis von einer Million Dollar auslobte für jeden, der ihm echte übernatürliche und damit nicht materiell erklärbare Effekte nachweisen könnte. Aber alle, die bei Edward oder anderen Mitgliedern seines Skeptikervereins vorstellig wurden, scheiterten. Keiner konnte ihre einfachen Tests bestehen. Alles waren halbwahnsinnige Irre, die ihren Neigungen folgten und sich in der eigenen Fantasie verloren hatten. Warum sollte es hier anders sein? Was wäre denn überhaupt der qualitative Unterschied zwischen einem wahnwitzigen Esoteriker, einem Priester oder einem Imam? Waren nicht alle einer Idee aufgesessen, deren Inhalt sie nicht oder nur teilweise nachweisen konnten?

„Obwohl meine Beweisführung noch offen ist, möchte ich Euch doch folgende Gedanken über die dritte Dimension mitgeben. Sie ist das Geheimnis derer, die sie erkannt und kennengelernt haben. Aber eine ihrer Früchte, die sich wohltuend zur Erde zurück neigt, ist die vollkommene Aufrichtigkeit der Bezeugenden. Durch sie erst wird das Handeln des Menschen mit einem besonderen Leben befruchtet, dass es aus der Ebene in den Raum hebt. Durch diese Aufrichtigkeit entstehen die wundervollen Begebenheiten der Weltgeschichte und es webt sich der Stoff, aus denen die Legenden sind. Es sind die Geschichten aus dem Raum, welche Menschen aus der ersten und zweiten Dimension tief bewegen können und sie etwas von Jenseits der Ebene schmecken lassen. Die Grenzen der Materie werden gebrochen und vieles scheint auf einmal möglich. Der Geist der ‚Flachwesen' wird belebt und wird bereitet, sich ebenfalls zu erheben. Auf dass er einst selbst in den Raum der tausend Wunder und Möglichkeiten schauen mag. Jetzt stellt euch vor, die künstliche Denkmaschine, nach der Ihr strebt, wird von Menschen der dritten Dimension gebaut … Was wäre es für ein Wandel, den sie damit einleiten könnten." Der Scheich legte eine Pause ein, blickte zu Qasim. „Aber diese Dimension erschließt sich nicht durch unseren Zwang oder durch Druck und viele Irrwege und falsche Fährten wurden gelegt, um die Menschen, die nach ihr streben, aber unreif sind, zu verwirren und zu verhindern, damit sie an ihrem Scheitern reifen."

„Entschuldigung, Scheich", fragte einer der anwesenden Schüler, „Was kann denn über das noch hinausgehen. Ihr habt von vier Dimensionen gesprochen, oder?"

„Stimmt, genug von der dritten Dimension. Denn es endet nicht im Raum. Und eigentlich wollte ich heute nur über die vierte Dimension sprechen. Aber ich hatte das Gefühl meine Gäste würde es erfreuen, etwas über meine Perspektive zu künstlichen Wesen zu hören."

Edward und Ada nickten leicht.

„Die vierte Dimension ist die Zeit. Die Zeit, in der wir leben. Die Zeit, durch die wir geformt werden und durch die wir reisen. Wer sie nicht liest und versteht, kann in den anderen Dimensionen noch so gut bewandert sein, er wird durch die Zeit und seine Umstände verhindert werden, solange er sie nicht richtig deutet und der Zeit sein Recht zur Formung des Schicksals gibt. Ohne die Zeit fehlt das letzte entscheidende Stück menschlichen Seins. Alles hat seine Zeit und wer im Winter ernten möchte und dafür im Sommer sät, der wird scheitern und hungern, denn sein Werk wird verdorren und erfrieren. Daher nun zu unserem eigentlichen Unterricht. Es geht über tradierte Aussagen des Propheten Muhammad, die von der zukünftigen Zeit handeln. Wie gesagt, die Zeit und seine Erscheinungen sind der letzte Schlüssel."

In der Nähe von Dhahab fuhren drei schwarze Vans mit hoher Geschwindigkeit über die Landstraße. Wie schwarze Pfeile schossen sie in Richtung der Küstenstadt. Die Zeit schien sie zu drängen und ihre Fahrer schauten konzentriert auf die Fahrbahn, während der Beifahrer des ersten Vans genauestens übermittelte Bilder in seinem Laptop auswertete. Er schaute zwischendurch regelmäßig auf das Navigationssystem, um die voraussichtliche Ankunftszeit mit seinem Zeitplan abzugleichen.

„Der Prophet hat uns vieles über die Zukunft mitgeteilt. Nicht weil es für viele Menschen unglaublich interessant ist, Zukunftsprognosen zu hören, sondern damit wir die Eigenheiten jedes Äons kennen, in dem wir leben. So kann sich das Leben des Menschen in allen vier Dimensionen richtig entfalten. Also bitte notiert euch nun wieder, liebe Schüler, die nächsten Hadithen."

Die Schüler im Kreis hoben ihre Stifte und kramten ihre Schreibblöcke hervor. Aufmerksam lauschten sie nun der Stimme des Scheichs: „Es überlieferten Imam Tirmidhi und andere, dass Abu Said überlieferte, dass der Prophet, möge Gott ihn Frieden und Segen geben, sagte:

„Der jüngste Tag wird nicht kommen, bevor ein Mann sein Haus verlässt und der Schuh oder eine Peitsche oder ein Stock zu ihm über das sprechen wird, was mit seiner Familie geschah, nachdem er hinaus gegangen ist."

Dieses Zeichen hat viele Gelehrte Jahrhunderte lang beschäftigt. Sie strengten ihre Fantasie an, aber kamen nicht annähernd auf eine nachvollziehbare Interpretation, wie das Zeichen sich entfalten könnte. Als die Vorhersage dann Wirklichkeit wurde, war es einfach und ohne viel Nachdenken klar, was der sprechende Schuh oder Stock ist. Aus heutiger Sicht stellen die entsprechenden technischen Geräte noch nicht einmal etwas Besonderes oder Ungewöhnliches dar. Wenn jemand ein Smartphone besitzt oder einen sprechenden Laufschuh, ist es heute so normal, dass es niemandem auffällt. Doch es war eine Denkunmöglichkeit für unsere schlausten Vorfahren. So ist es mit der vierten Dimension."

„Entschuldigung, darf ich nochmal unterbrechen?" fragte Edward.

„Ja."

„Wollen Sie wirklich behaupten, Ihr Prophet hat vor eintausendvierhundert Jahren so etwas wie Smartphones oder digitale Laufschuhe mit Sprachfunktion prophezeit. Das klingt für mich sehr unglaubwürdig."

„Aber wenn es so wäre?"

„Dann … Dann … Muss ich darüber nachdenken", brachte Edward nur langsam und sehr nachdenklich hervor.

„Eine gute Idee. Nun weiterhin überlieferte Imam Ibn Abi Shaybah, dass der Prophet, Frieden und Segen auf ihm, sagte:

„Wenn du siehst, dass Tunnel in Mekka gegraben werden und seine Gebäude so hoch wie Mekkas Berge aufragen, dann wisse, dass die Stunde bereits seinen Schatten über euch geworfen hat."

Auch über dieses zeitliche Ereignis konnte man in der Vergangenheit nur spekulieren, denn mit Steinen war es nicht möglich, über zweihundert Meter hohe Gebäude zu errichten. Erst durch moderne Technologie und Stahlkonstruktionen konnten die Hochhäuser Mekkas sechshundert Meter hoch und damit tatsächlich so hoch wie die umliegenden Berge errichtet werden. So ist auch dieses Zeichen wahr geworden und die Hochhäuser Mekkas sind jetzt so hoch wie seine Berge. Was über die Stunde und die Bedingungen ihres Schattens gesagt wurde, so trifft dieses unmittelbar auf unsere Zeit zu. Die Menschen aller vier Dimensionen müssen dies beachten. Nur am Rande sei gesagt, dass das größte Hochhaus Mekkas aufgrund seiner riesigen Uhr ‚die Stunde' genannt wird und seinen Schatten auf die Kaaba wirft."

Der Scheich legte eine kurze Pause ein und trank einen Schluck Wasser. Ada blickte schräg nach oben zur Decke und fragte dann: „Gibt es Hinweise in ihren Prophezeiungen zu einer mächtigen künstlichen Intelligenz?"

Der Scheich stelle sein verziertes Wasserglas ab und schaute sie freundlich an, als hätte er sich diese Frage gewünscht.

„Es gibt Hadithen, die man in diese Richtung interpretieren könnte. Mit einer solchen Aussage möchte ich meinen Unterricht beenden: Es wurde ebenfalls vom Imam Tirmidhi über Abu Said überliefert in einer Variation des ersten Hadith, dass der Prophet, möge Gottes Segen und seine Gnade auf ihm sein, sagte:

„Bei dem, in dessen Hand meine Seele ist. Die Stunde des Gerichtes wird nicht kommen bevor wilde Tiere zu Menschen sprechen werden …"

Und dieses Zeichen ist, wie euch sicher bekannt sein wird, noch nicht einge… könnte aber … durch …"

Der Scheich stotterte, dann stoppte er und schaute verwirrt in die Runde: „Dieses Zeichen ist noch nicht … es ist noch nicht …" Er stoppte erneut und schloss seine Augen. Dann schaute er voller Erstaunen in Richtung Ada und runzelte seine Stirn und strich über seinen Bart. Dann wandte sich sein Blick nach oben und er drehte seinen Kopf ganz leicht zur Seite, als würde er einen Vogel im Flug beobachten. Dann wandte er sich wieder der Runde zu und sagte: „Dieses Zeichen ist eingetreten. KI und diese modernen Neuro-Netze oder wie man diese Sachen benennt, spielen dabei eine wesentliche Rolle. Ihr werdet es bald bezeugen." Ada und Edward schauten sich überrascht an. Was war das gerade für eine Performance des alten Mannes. Woher wusste er davon? Nach einer kurzen Pause schaute er alle noch einmal nickend an. Er schien wieder gefasst zu sein: „So, meine Freunde, für heute ist der Unterricht beendet. Wir sehen uns Übermorgen zur gleichen Zeit. Lernt diese Hadithen auswendig. Möge Gott mit euch sein", alle erhoben sich und seine Schüler verließen den Raum.

Als Karim, Qasim, Ada und Edward auch aufstehen wollten, lud der Scheich sie ein, sitzen zu bleiben: „Meine Gäste, bitte, bleibt noch sitzen. Ihr habt meine Worte gehört, doch ich bin nun sehr gespannt auf eure Geschichte", die Tochter des Scheichs brachte Tee und Frühstück für alle und Edward und Ada griffen gerne zu und fingen an aufgeregt zu berichten, was sie erlebt hatten. Selbstverständlich beschwerten sie sich und vergaßen nicht mindestens drei Mal zu erwähnen, dass sie gar nicht auf diese Reise mitkommen wollten und Qasim sie mit Tricks zu der Reise gedrängt hätte. Qasim und Karim hielten sich zurück, aßen, tranken und hörten geduldig zu, bis die beiden ihren Bericht beendeten. Es schien ihnen zu helfen, den Stress der letzten Tage etwas abzubauen. Sie warteten, auf ihr Stichwort. Als der Name ihres Lehrers fiel, fragte der Vater Muhammads verwundert: „Ihr seid bei Scheich Hassan al Qadiri Ar Rifai aus Hawara gewesen? Mir war doch so, als würde ich diese beiden Männer irgendwoher kennen", der Scheich schaute Qasim und Karim mit prüfendem Blick an und lächelte verschmitzt.

„Ihr wart noch junge Burschen, als ich Scheich Hassan das letzte Mal in seinem Haus besuchte. Ihr spieltet damals Fußball in der Moschee, anstatt euch mit den Unterweisungen eures Lehrers zu beschäftigen. Ich kann mich gut daran erinnern, weil ich glaube, du warst es, Karim, der mir den Ball gegen den Kopf geschossen hat. Scheich Hassan war ein besonderer Mann. Wir waren gute Freunde."

Qasim war von Hoffnung erfüllt, als er die Worte hörte: „Ihr kanntet Scheich Hassan. Seid ihr auch Mitglied seines Ordens?"

„Selbstverständlich. Mein Name ist Scheich Abdullah Al Qadiri Al Quraishi. Wie geht es meinem alten Freund? Und was machen seine Forschungen? Jetzt wird mir einiges klar …"

Das Lächeln, welches Qasims Gesicht eben noch erhellte, verschwand augenblicklich: „Leider ist Scheich Hassan … er ist … er ist vor zwei Tagen gestorben. Er wurde von chinesischen Soldaten getötet."

„Was sagt ihr da? Er ist tot? Getötet von Chinesen?" Der Scheich schaute entsetzt.

„Ja, so ist es. Möge Gott ihm gnädig sein. Und wir hatten noch nicht einmal Zeit, das Totengebet für ihn zu verrichten", Qasim schaute traurig zu Boden.

„Möge Gott ihm gnädig sein", sagte Abdullah. Mit einem Mal war seine freundliche und fröhliche Ausstrahlung wie fortgeblasen und Trauer zeichnete sein Gesicht: „Entschuldigt mich. Bevor wir unser Gespräch fortsetzen, würde ich gerne das Totengebet für meinen alten Freund verrichten. Qasim, Karim werdet ihr mich begleiten?" Qasim nickte selbstverständlich und sie erhoben sich. „Karim, kommt ihr nicht mit?"

Mit einem Knurren erhob sich Karim langsam, etwas missmutig und murmelte: „Na gut, na gut, ich komme."

„Ada, Edward seid so nett und bringt mir alle eure Sachen. Alles, was ihr mit euch hergebracht habt. Vielleicht kann ich euch helfen. Wir kommen gleich wieder."

Eine halbe Stunde später standen alle erneut im Hauptraum. Sie hatten sich in einem Halbkreis um die Rucksäcke der Gruppe gestellt. Muhammad und der Ammu waren auch anwesend. Qasim hatte ihre Geschichte vom Tod Scheich Hassans bis zur Ankunft in Dhahab zu Ende erzählt.

„Qasim sei so nett und zeige uns den Kristall", sprach der Scheich.

Vorsichtig holte Qasim den Kristall aus seinem Rucksack heraus und stellte ihn auf eines der großen Kissen.

„Es ist also wahr. Ihr habt den Himmel der Herzen mit euch getragen. Warum hat Scheich Hassan euch diesen wertvollen Gegenstand übergeben?"

„Er hat ihn mir vor seinem Tod anvertraut. Das Ziel unserer Reise war es, mithilfe der Technologie aus Neom irgendwie etwas Wichtiges herauszufinden ... Also etwas über diese Selbst ... Äh ... ", Qasim räusperte sich und kratzte sich am Kopf.

„Etwas Wichtiges herauszufinden? Dein Lehrer war ein begnadeter Wissenschaftler, der in der Entdeckung künstlichen Bewusstseins kurz vor dem Durchbruch stand", erklärte Ada energisch.

„Dein Lehrer wollte uns aus irgendeinem Grund, der wohl mit den Chinesen zu tun hat, dabei helfen, das zentrale Problem einer starken KI zu lösen. Dieser Kristall ist offenbar einer der möglichen Schlüssel, aber Hassans technische Mittel waren zu dürftig. Mit der Technologie aus Neom könnte es uns jedoch gelingen, diesen letzten Schritt für einen Durchbruch zu realisieren", fügte Edward hinzu.

„Nach Neom also? Und Ihr seid der aktuelle Träger des Himmels der Herzen Qasim?"

„Nein ... Nein ... Ich bin es nicht. Der Kristall spricht nicht zu mir. Scheich Hassan hat mir aufgetragen, einen Träger zu finden, zu dem der Stein spricht. Vielleicht seid Ihr dieser Mensch, Scheich. Vielleicht sind wir deswegen hierher gelangt."

„Ich kenne dieses Artefakt sehr gut. Vielleicht wäre ich auch in der Lage es zu tragen. Aber wenn Ihr mir zugehört habt, ist in diesem besonderen Fall die Zeit und nicht die Person der Schlüssel", sagte der Scheich und hob die Augenbrauen. „Ich bin nicht vorgesehen, den Himmel der Herzen zu erben. Wenn Scheich Hassan dich nach Neom schickte, um einen würdigen Träger zu finden, so ist dies dein Weg. Ich respektiere seine Entscheidung."

„Aber Scheich, wie soll ich nur einen würdigen Träger finden? Wir können momentan nichts tun mit diesem Stein. Nur Scheich Hassan wusste, wie man ihn bediente oder zum Laufen bringt. Ihr wisst schon, dass er leuchtet und etwas geschieht."

„Du wirst es verstehen, wenn die Zeit reif ist. Gib der vierten Dimension ihr Recht, sich zu entfalten."

„Ohne Träger, der ihn anschalten kann, werden wir den Kristall doch gar nicht für das Nullpunkt-Projekt nutzen können", wandte Ada ein. „Er scheint nur mit der richtigen Person in Resonanz zu treten und sich dadurch anzuschalten …"

„Das Nullpunkt-Projekt! Das Nullpunkt-Projekt!" rief Edward plötzlich laut auf.

„Scheich Abdullah, habt ihr eine alte Festnetztelefonverbindung? Wir müssen umgehend Kontakt mit Neom aufnehmen!"

Ada und Edward waren so sehr von den Eindrücken der letzten Stunden erschlagen, dass sie ganz vergessen hatten, umgehend Kontakt mit der Projektleitung aufzunehmen. Eigentlich sahen die Notfallrichtlinien in Krisenfällen für Mitarbeiter eine umgehende Kontaktaufnahme vor.

„Wir haben schon länger keine Festnetztelefone mehr. Wir alle benutzen nur noch Handy und Internettelefonie."

„Wir brauchen aber eine sichere Verbindung! Über Mobilfunk oder Internet ist es verboten, außerhalb der Hauptstandorte zu arbeiten."

„Vielleicht kann ich behilflich sein", meldete sich der Ammu zu Wort, „Falls euch das helfen könnte: Auf meinem Fischerboot habe ich ein altes Satellitentelefon."

„Perfekt! Sicherer geht's nicht."

„Na dann. Geht mit ihm mit und meldet euch bei eurer Projektleitung. Worauf wartet ihr?", sagte Scheich Abdullah und lachte leise.

Fast vergnügt nahmen Ada und Edward einige Kabel und kleine Kästchen aus dem Gepäck mit und gingen dem alten Mann hinterher zum kleinen Hafen des Ortes.

„Qasim und Karim ihr seid die Hüter des Kristalls und werdet ihn stets begleiten. Kann ich auf euch zahlen? Ihr dürft diesen Schatz des Ordens niemals jemandem zeigen. Er war immer ein streng gehütetes Geheimnis. Nur für das Nullpunkt-Projekt kann eine Ausnahme gemacht werden. Wenn ein Scheich gestorben ist und sich kein würdiger Nachfolger fand, zu dem der Stein sprach, so war es Tradition, dass drei Schüler ihn bewachten und solange suchten, bis sich ein würdiger Träger zeigte. Ihr seid aber nur zu zweit. Daher wird Muhammad euch von nun an begleiten."

„Ich, Vater, wartet, wieso ich? Ich will nicht aus Dahab fortgehen - erst recht nicht nach Neom."

„Mein Sohn, du hast ihn gefunden und bist ein Schüler des Ordens. Die Zeichen sind deutlich, du bist der dritte Schüler, den der Stein ausgewählt hat."

„Aber Vater … Das geht nicht!"

„Mach dir keine Sorgen. Ich werde mit Laylas Eltern reden und wir werden einen Weg finden, dass ihr euch bis zur Hochzeit regelmäßig treffen könnt. Geh, und bereite dich vor!"

Muhammad errötete und verließ ohne ein weiteres Wort den Raum.

„Halt!", sagte Karim ernst. „Wie kommt ihr darauf, dass ich ein Schüler dieses Sufi-Dingsbums bin? Ich habe meine Schuldigkeit getan und diese Leute und den Stein in Sicherheit gebracht. Das wars, ich werde jetzt gehen und mein Leben weiterleben."

„Und wie sieht dieses Leben aus?" fragte der Scheich.

„Dieses Leben? Es geht euch nichts an!"

„Karim, euer Gesicht und euer Körper sind voll der Zeichen. Die schlimmen Dinge, die ihr erleben musstet, haben sich in euch eingebrannt und tiefe Furchen hinterlassen. Ich weiß, dass ihr kein Sufi sein wollt. Aber ich weiß auch, dass ihr unter all dem Schmerz ein Herz verborgen habt, das aus mir unbekannten Gründen nicht vollständig in Finsternis unterging. Und das Herz ist der Kern der Dinge."

„Nein, ich habe diesem Weg schon lange abgeschworen."

„Dem Weg des Herzens kann man nicht abschwören."

„Was redet ihr! Natürlich kann man das!"

„Wenn das Herz alles ist, was uns am Ende ausmacht, kann man diesem niemals abschwören. Ja, man kann sich selbst blenden und sich einbilden, dass man seiner eigenen Wahrheit entkommt. Aber am Ende ist es das Herz der Kinder Adams, dass ein jeder von uns hat und um das sich am Ende alles dreht."

„Und was ist, wenn mich das nicht mehr interessiert?"

„Dann ist trotzdem das Herz der Ort, an dem die Gedanken, Gefühle und Taten sich formen, um von dort hinaus in die Welt zu treten. Und es ist auch der Ort, an den sie wieder zurückkehren werden. Auf die eine oder andere Art. Es ist der Ort, wo ihre Konsequenzen ertragen werden müssen."

„Nein, habe ich gesagt! Akzeptiert es verdammt nochmal!" Karims Kopf wurde rot vor Wut, er stand auf und rannte fluchend aus dem Raum.

Er lief aus dem Haus hinaus und dann durch die kleine Stadt ohne Ziel, bis er schließlich außer Atem war und nicht mehr konnte. Erschöpft ging er weiter, bis er zum Strand kam. Dort setzte er sich nahe einer einsamen Klippe in den Sand und blickte über das weite Meer in die Ferne. „Das Herz der Kinder Adams", dachte er laut vor sich hin murmelnd. „Das Herz des Menschen …", Tränen befeuchteten sein Gesicht. Tränen, die er sich nicht eingestehen konnte. Aber sie waren dennoch da. „Das Herz ist alles … häh, darauf kann ich gerne verzichten", nur Schmerz und Trauer pochten in ihm.

Sein Herz war gebrochen. Es war zersplittert und fragmentiert. Voller Löcher und voller Kerben. Wie könnte sich etwas um dieses zerbrochene Gefäß drehen. Wie konnte gerade das denn alles sein? Für ihn war es nichts. Er wollte nicht mehr fühlen, nicht mehr sein. Existenz an sich belastete ihn. Doch in der Ferne des Meeres erkannte er, während er so vor sich hin starrte, etwas. Ein Etwas, das gleichzeitig in der Tiefe seines Seins verborgen schien und mit ihm zu resonieren begann. Tief im Inneren der zerbrochenen Trümmer seines Herzens tauchte eine unscheinbare Weite auf. Eine längst vergessene Offenheit.

Der immerwährende stille Ruf der Sehnsucht. Das stets offenstehende Angebot des Schöpfers. Ein Licht in Dunkelheit und Trauer, das weiter leuchtet, wie Sterne in der Nacht hinter einem bewölkten Himmel. Auch wenn es zu schwach ist, um gesehen zu werden, ist es immer da.

Es vergingen einige Stunden, bis sich alle, bis auf Karim, wieder im Hauptraum des Anwesens versammelt hatten. Edward und Ada waren voller Freude und selbst mehr als erstaunt so überschwängliche Gefühle zu erleben. Mit Hilfe des Satellitentelefons war es ihnen nach einigen Versuchen gelungen Herrn Weis zu erreichen.

„Gott sei Dank! Ihr lebt!" wiederholte ihr Chef mindestens zwanzig Mal, bevor er für ein Gespräch bereit schien. Ein schwer bewaffneter Hilfs- und Suchtrupp war nach Hawara geschickt worden und versuchte sein Bestes, sie aufzuspüren. Doch die Sicherheitsleute hatten bis jetzt keine brauchbaren Hinweise finden können und tappten im Dunklen. Der Rettungstrupp fand bis auf ein verwüstetes Labor und den Leichnam des Scheichs keinerlei Anhaltspunkte.

„Herr Weis hat den Hilfskonvoi von Hawara hierher beordert. Er sollte innerhalb der nächsten fünf Stunden ankommen" sagte Edward voller Erleichterung zur Gruppe, „Sie werden uns sowie den Kristall dann sicher und schnell nach Neom eskortieren."

Ada wandte sich dem Scheich zu und sagte dann etwas künstlich: „Vielen Dank für Ihre Gastfreundschaft und ihre Hilfe Scheich Abdullah", sie war um Höflichkeit bemüht und führte weiter: „Es war wirklich eine Rettung in der Not."

Plötzlich wurde sie durch die Haustür stürmende Männer unterbrochen. Drei junge Kämpfer der Torwache kamen keuchend in den Raum.

„Scheich, unsere Mobiltelefone bekommen kein Netz. Das ist seit dreißig Minuten gestört. Vor dem Ost-Tor stehen gepanzerte schwarze Vans. Es sind Fahrzeuge mit chinesischen Soldaten. Als wir die Wache übernehmen sollten, waren sie sicher schon einige Zeit dort und flogen mit Drohnen über die Stadt. Sie sagten, sie suchen drei Verbrecher und fordern uns auf, die Stadt nach diesen durchsuchen zu dürfen. Sie bieten eine Million Yuan Renmimbi als Gegenleistung. Was sollen wir tun?"

„Die suchen euch!" sagte der Scheich zu der Gruppe.

„Verdammt?" Qasim schüttelte verzweifelt den Kopf.

„Ich hätte da eine Idee", Ada schaute Edward an, „Denkst du auch, was ich denke?"

„Aber selbstverständlich!"

„Scheich", sagte Ada aufgeregt, „Wir werden ein Ablenkungsmanöver starten. Geht zum Tor und nehmt das Angebot an. In der Zwischenzeit werden wir zum Hafen aufbrechen und mit dem Ammu auf das Meer flüchten. Je länger ihr die Verhandlung in die Länge ziehen könnt, desto besser!"

Der Scheich kniff die Augenbrauen zusammen und atmete mehrmals etwas verkrampft ein und aus.

„Was sagt ihr?" Ada schaute ihn erwartungsvoll an.

„Einverstanden. Ich werde sie ablenken."

In diesem Moment flog eine große Drohne schnell vor den sarazenischen Fenstern des Hauptraumes vorbei.

„Wen habt ihr am Tor gelassen?" fragte der Scheich besorgt.

„Marik, den alten Hotelbesitzer."

„Oh nein, dieser geldgierige Händler. Der hat sich sicher das Geld genommen und sie hereingelassen."

„Los schnell! Ihr müsst zum Schiff des Ammu. Los schnell!" sagte Muhammad.

„Wieso? Unser Sicherheitsdienst ist bereits auf dem Weg hierher. Es wäre vielleicht schlauer, wenn wir uns versteckt halten und warten, bis unsere Leute ankommen", sagte Edward

„Und dann? Wollt ihr hier einen Kleinkrieg veranstalten?" hörten sie eine dunkle Stimme vom Eingang her. Karim kam in diesem Moment durch die Tür und schaute finster in die Runde.

„Äh … Nein … Wir hoffen, dann von unseren Leuten gerettet zu werden. Sie sind den Chinesen eindeutig überlegen", sagte Edward.

„Nein, wir werden jetzt sofort machen, was Muhammad vorgeschlagen hat. Alles andere ist viel zu riskant. Packt alles zusammen und so schnell wie möglich zum Hafen. Wir haben keine Zeit zu verlieren!"

Alle packten ihre Sachen. Der Scheich ging zu seinem Bücherregal und nahm zwei Blätter heraus. Er reichte jeweils eines Edward und Ada.

„Hier schnell haltet das", dann nahm der Scheich einen Stift und schrieb etwas in die Mitte der abgebildeten Kreise, die auf dem Pergament in einem Quadrat eingezeichnet waren. Eine merkwürdige Stimmung überkam Edward und Ada in diesem Moment. Hätten sie es nicht besser gewusst, wäre es ihnen vorgekommen, als würde der Mann mit seinem Stift etwas von jenseits der Raumzeit niederschreiben, als manifestierte er eine phasenverschobene Tatsache.

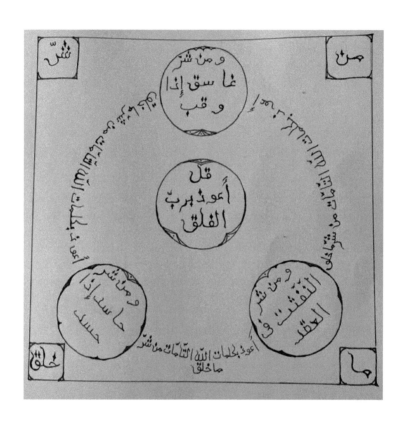

289

Als er fertig war, wies er sie an, die Pergamente in ihren Rucksäcken zu verstauen. Dann folgten alle zügig Muhammad Richtung Hafen. Auch der Scheich ging ihnen hinterher; so schnell er mit seinem lahmen Bein gehen konnte. Auf dem Weg versuchte er, einige Telefonate zu führen, aber vergeblich. Außer kurze Gespräche war nichts möglich, da das Handynetz gestört war. Als die Gruppe im Hafen ankam, war das Boot vom Ammu bereits zum Auslaufen vorbereitet. Es war ein altes Fischerboot, das noch über zwei Segelmasten verfügte. Mit ihm arbeitete der Ammu eine Zeit lang als Fischer, bis er geschäftlich umstieg. Für Touristen hatte er es zu einer Art Piratenboot umgebaut. Dem Anschein nach fand es aber schon länger keine Anwendung mehr als Attraktion. Der Anstrich war ausgeblichen und das Deck war staubig. Es lagen viele Seile, Netze und Tampen unaufgeräumt auf mehreren Haufen. Tatsächlich ist es seiner alten Funktion zurückgeführt und wieder zum Fischfang benutzt worden.

„Ah ihr schon wieder. Mir kam zu Ohren ihr wollt jetzt also nicht nur unter der Erde herumkrabbeln, sondern auch zur See fahren. Na dann, kommt mal an Bord", sagte der Ammu halb spöttisch und lachte laut. Mit großen Schritten ging er zum Maschinenraum des Schiffes. Am Steg an der Schiffbrücke hinauf zum Boot konnte man einen Vogelkäfig stehen sehen. In ihm saß ein Papagei. Beim Anblick der Gruppe fing er fast spöttisch an zu krächzen, als wollte er ihnen deutlich machen, dass er sie für eine Gruppe seeunfähiger Draufgänger hielt. Der alte Mann sah zum ersten Mal gar nicht so arabisch aus wie sonst. Er hatte die Kleidung gewechselt und nun vielmehr Ähnlichkeit mit einem europäischen Seefahrer, stellte Ada erstaunt fest. Er musste sich offenbar sehr gut an seine früheren Kunden angepasst haben. Sogar einen Papagei hatte er noch. Wahrscheinlich ein Haustier, mit denen er bei Touristen besonders gut ankam.

Auf dem Schiff war nicht nur der Ammu. Vom Unterdeck kamen auch die drei grimmigen Torwachen Ahmed, Morris und Idris heraus. Sie gingen an die Reling, um der Gruppe zu helfen, ihre Sachen an Bord zu bringen. Die aktuelle Situation konnten Ada und Edward überhaupt nicht begrüßen, denn sie hatten sich innerlich bereits so sehr darauf eingestellt, in der gut gekühlten Limousine von Jakob zurück nach Neom gebracht zu werden. Und nun mussten sie an Bord dieses alten Fischer-Piraten-Kahns gehen, auf dem zu allem Überdruss auch noch diese drei vollbärtigen Wilden waren. Ada und Edward mochten keine Höhlen und sie mochten erst recht keine Bootsfahrten. Dieses Gefühl, dem Meer ausgeliefert zu sein, schauderte ihnen. Während die Gruppe an Bord ging, drehte sich Edward noch einmal zur Promenade um - in der Hoffnung, doch noch das Sicherheitsteam aus Neom zu erblicken und die Limousine seiner Sehnsucht. Aber er sah, wie die schwarzen Vans der Chinesen langsam vorfuhren.

„Oh, nein … Nein, die Chinesen sind da", schrie Edward entsetzt aus.

„Beeilung, los! Schnell alle an Bord!", rief Karim.

Der Ammu startete den Dieselmotor und Idris löste die Tampen. Das Boot war mit drei Leinen am Steg befestigt. Als die erste Leine gelöst war, liefen bereits Soldaten aus ihren Fahrzeugen hinaus zum Steg. Als die zweite Leine gelöst wurde, hörte man ihre Schritte laut auf den Holzbrettern des Stegs trampeln. Doch während er die dritte Leine löste und alle versuchten, sich an Bord notdürftig zu verstecken, hörten sie etwas. Ihre verzweifelte Aktion, sich dem Zugriff der Chinesen durch ein Versteck an Bord zu entziehen, kam Edward nur mehr lächerlich vor, denn die Soldaten hatten sie mit sicherlich bereits von der Promenade aus gesehen. Edward ging langsam über das Deck, als das, was man hörte, lauter wurde. Da war es wieder dieses Gefühl, das er hatte, als der Scheich etwas auf das Pergament schrieb. Immer lauter und im melodischen Klang rezitierte der Scheich am Steg die Worte des Korans.

„Ya Sin, wal-Quranil-Hakim … "

„Was macht der da, Edward?" flüsterte Ada, die sich mittlerweile mit ihrem Mann unter alten Netzen in einer Kiste verborgen hatte.

„Ich weiß es nicht. Ich hoffe, er kann sie ablenken. Vielleicht ist das sein Plan", flüsterte Edward und klammerte sich an seine Frau, „Aber um ehrlich zu sein … Es sieht nicht gut für uns aus."

„Stimmt. Lass uns darüber nachdenken, wie wir mit den Chinesen am besten kooperieren könnten, damit sie uns am Leben lassen!" flüsterte Ada.

„Hey ihr dort!" rief einer der Soldaten, „Kommt mal her."

„Ja bitte? Gibt es etwas?" sagte der Scheich ruhig.

„Ihr sollt hier der Magistrat des Ortes sein, sagte uns dein Torwächter", die ganze Gruppe der Soldaten kam etwa drei Meter vor dem Scheich und dem Boot zum Stehen.

„Ja, so ist es!"

„Wir suchen zwei Männer und eine Frau. Auf unseren Drohnenaufnahmen haben wir gesehen, wie Ihr mit ihnen die Straße zur Promenade heruntergegangen seid. Es sind Verbrecher und wir bitten um ihre Auslieferung."

„Ja, ich glaube, ich weiß, wen ihr meint."

„Wo sind sie?"

„Hier am Steg bin nur ich, wie ihr sehen könnt."

„Und wo habt ihr die Verbrecher gelassen?"

Ada und Edward bemerkten, dass das Schiff sich in Bewegung setzte und der Motor laut auf röhrte. Aber wie konnte das sein? Die Chinesen schienen gar keine Notiz davon zu nehmen. Trotz des Lärms.

„Ich werde euch helfen, diese Leute zu finden, wenn ihr sagt, dass sie Verbrecher sind. Ich habe sie zu einem der wenigen noch offenen Restaurants an der Promenade geführt. Ich dachte, es sind Touristen und davon haben wir aktuell nur wenige. Ich zeige es euch."

„Wir danken Ihnen für ihre Kooperation", der Scheich ging mit den Soldaten zum Ufer, während das Schiff langsam ins offene Meer hinaus fuhr.

„Was ist denn jetzt geschehen?", fragte Edward.

„Ich weiß es nicht. Ich verstehe es nicht. Das macht keinen Sinn", sagte Ada verwirrt, „Die Soldaten schienen gar keine Notiz vom Schiff genommen zu haben, als wären wir, als wären wir unsichtbar."

Nach fünfzehn Minuten kam Muhammad zur Kiste und klopfte mehrmals dagegen. Dann sagte er: „Wir sind ausgelaufen. Ich denke, ihr könnt jetzt herauskommen. Aber bleibt vorsichtshalber unter Deck, falls noch Drohnen der Chinesen am Himmel in unserer Nähe fliegen."

Edward und Ada kamen langsam aus der Kiste heraus gekrabbelt. Sie stellten sich etwas ungeschickt an und versuchten, sich von den feinen Fischernetzen zu befreien, in die sie sich verheddert hatten. Als Ada an Muhammad auf dem Weg zum Unterdeck vorbeiging, lachte er sie kurz an und flüsterte ihr zu: „Das mit den Beweisen ist schon so eine Sache. Wenn die Sonne scheint, schaut man nicht mehr auf die Schatten. Es könnte einem dabei glatt entgehen, wenn in diesem Moment die Schatten dieser Welt aus der dritten Dimension verbogen werden …"

Die Überfahrt nach Neom verlief problemlos und dauerte nur eineinhalb Tage. Als das Boot weit genug von Dahab entfernt war, rief Edward erneut mittels Satellitentelefon in Neom an und schilderte die Situation. Herr Weis wirkte erleichtert und erklärte ihnen, wo genau in Neom er sie abholen lassen würde. Er ließ die Küstenwache informieren, ihnen entgegenzukommen. Er bat sie, im Handelshafen von Neom anzulegen. Die restliche Fahrt über versuchten Qasim und Edward mit den wenigen Geräten, die ihnen noch zur Verfügung standen erste äußere Analysen des Kristalls durchzuführen. Auch wenn er nicht aktiv war, wollten sie versuchen, mehr über seine Struktur herauszufinden. Außer einer erstaunlichen Anordnung auf der Oberflächenschicht von Fremdatomen im Siliziumoxid des Gesteins konnten sie jedoch nichts Wesentliches feststellen.

Edward schien alles andere, als begeistert dem naturwissenschaftlich ungebildeten, aber dennoch sehr interessierten Qasim die Grundlagen der

Festkörperphysik beizubringen. Aber er tat es, einem Gefühl leichter Sympathie folgend, dass ihm Qasim gegenüber zu beschleichen begann. Ada und der Ammu freundeten sich während der Überfahrt an. Ein ungewöhnlicher Vorgang, wie Edward konstatierte, aber beide stellten fest, eine besondere Zuneigung zu Tieren zu besitzen. Als Ada dem Ammu viel über dessen Papagei, der keine menschlichen Laute nachahmen konnte, ausfragte, erklärte er ihr einiges.

Papageien sind sehr schlaue Tiere und das Tier an Bord war eines von mehreren, die der Ammu gezüchtet hatte. Die intelligenten Tiere ahmen Menschen nur dann nach, wenn sie einsam gehalten werden und ihnen vor lauter Langeweile nichts anderes übrig bleibt. Ada hatte eine Idee und sie holte ihr Tiersprachen-Übersetzungsgerät hervor. Das Erstaunen war groß als sie es anschaltete und vorführte.

Scheich Abdullah hatte tatsächlich die Wahrheit gesprochen, vermerkte der Ammu immer wieder deutlich. Wilde Tiere und Menschen konnten zum ersten Mal in der Geschichte direkt über ein technisches Medium kommunizieren. Es war fantastisch. Die restliche Fahrt über waren die Seeleute intensiv damit befasst, das Gerät ausgiebig zu testen. Doch sie stellten nach vielen Stunden schließlich fest, dass das Mitteilungsspektrum eines Papageien doch recht eingeschränkt war. Nahrungsmittel konnte er gut unterscheiden und auch ob sie ihm schnell genug gereicht wurden oder nicht. Und auf Deck gefiel es ihm deutlich besser als unter Deck. Dort fing er schnell an, sich über den neuen, für gute Flüge untauglichen, viel zu niedrigen Himmel aus braunen Bäumen zu beklagen. Offenbar konnte er eine Decke nicht von dem echten Himmel unterscheiden.

Karim mied als Einziger den Aufenthalt in der Gruppe. Die Gesellschaft mit seinen mehr oder minder erzwungenen Gefährten interessierte ihn nicht. Die meiste Zeit schaute er nur vom Bug des Schiffes in die Weite. Er blickte über die Wellen des Meeres und ließ sich von der Gischt erfrischen. Von Zeit zu Zeit schien es, als würde eine kleine Träne seine Augen befeuchten, aber vielleicht war es auch nur das Salz in der Luft oder Tropfen der Gischt.

Aller Freude war groß, als das Boot der Küstenwache Neoms ihnen entgegenkam und in den Handelshafen geleitete. Endlich waren sie zurück in sicheren Gefilden und der Stein war außer Gefahr. Am Horizont konnten die Reisenden voll des stummen Staunens eine gewaltige schwarze Linie erblicken. Sie wirkte wie ein Ungetüm, das sich schier endlos in die Berge des Innenlandes wie eine vom Himmel gefallende Schlange züngelte. Die großen Pyramiden oder die chinesische Mauer würden, neben dieser futurischen Konstruktion gestellt, wie unbedeutende Zwerge wirken. Die Ausstrahlung und Aura dieses dunklen Kolosses waren wie ein stiller Schrei in der Kargheit der Wüste. Ein Aufruf, der unaufhaltsam eine große Zukunft der Menschheit und den nächsten Evolutionsschritt in die Welt herausposaunte.

„Nun heißt es Abschied nehmen mein lieber Neffe", sagte der Ammu, als sie anlegten und die Gruppe sich bereit machte von Bord zu gehen.

„Ja, lieber Ammu, ich danke euch für alles, was ihr mir beigebracht habt. Ich hoffe, sehr bald nach Dahab zurückkehren zu können."

„Ach … du wirst sehen … Bald wirst du nicht mehr zurück wollen in das heruntergekommene Kaff - wenn du erstmal die Vorzüge dieser Metropole gekostet hast. Gib nur gut acht auf dein Herz, denn ich habe keinen Menschen in meinem langen Leben kennengelernt, der so ein aufrichtiges Herz hatte wie du! Lass es dir nicht verderben, versprochen!"

„Versprochen!" Muhammad umarmte seinen Ammu und ging von Bord.

„Und du mein liebes Mädchen. Nimm meinen Papageien mit, ich schenke ihn dir", sagte er zu Ada, die das zutrauliche Tier freudestrahlend auf den Arm nahm. Dann schaute sie den Ammu an.

„Bist du sicher, dass der Papagei nicht traurig sein wird?"

„Vielleicht etwas … besorge ihm nur schnell einen Freund und gib acht, dass du ihn in seinem Käfig mitnimmst, er würde sonst versuchen, wieder zu mir zurück zu fliegen. So habe ich es ihm beigebracht."

„Ich habe auch ein Geschenk für euch", sagte sie, „Hier nimmt den Tiersprachenübersetzer, dann könnt ihr die anderen vier Papageien vielleicht besser verstehen. Ich meine die, die bei euch Zuhause sind. Ihr könnt ihnen damit erklären, wo ihr Kollege geblieben ist. Ach ja, … und vielleicht freut sich Scheich Abdullah, dass er richtig geraten hat, als er dieses Gerät vorher sagte", fügte sie mit einem Zwinkern hinzu.

„Sicherlich, sicherlich!" Der Ammu nahm das Gerät dankend entgegen.

„Wir werden noch einen Tag hier bleiben und uns ein wenig im Hafen und dieser riesigen Linie dort umschauen. Richtig, Männer?" Die jungen Männer nickten verwegen.

„Die drei Dorfjungen müssen auch mal ein wenig unter Menschen kommen."

Am Ende des Stegs wartete bereits Jakob vor seiner Limousine auf die Gruppe: „Madam Goldstein, Herr Stockholm. Entschuldigen Sie meine Verspätung. Darf ich bitten", sagte Jakob höflich und öffnete die Türen seines Fahrzeuges. „Die anderen Herrschaften gehören dazu?"

„Oh, Jakob, wie schön Sie zu sehen!" sagte Edward entzückt und schlängelte sich an ihm vorbei. Schnell setzte er sich mit einem Seufzer des Glückes in die gekühlte Limousine.

„So angeregt emotional. Wie ungewöhnlich, Herr Stockholm!"

„Das legt sich wieder, keine Sorge", sagte Ada etwas schnippisch, als sie ebenfalls einstieg. „Die drei dort gehören zu uns und kommen mit."

„Aber Frau Goldstein, Tiere sind in meinem Fahrzeug untersagt", sagte Jakob mit strengen Blick auf ihren Papagei im Käfig, den sie Jakob mit ihrem Rucksack in die Hand gedrückt hatte.

„Ich denke, aufgrund ihrer Verspätung von vier Tagen fünfzehn Stunden und drei Minuten können sie heute eine Ausnahme machen, oder!?"

„Selbstverständlich Frau Goldstein ... Selbstverständlich", Jakob wurde etwas rot im Gesicht.

Die restlichen Drei stiegen ein und Jakob fuhr die Gruppe durch das gewaltige Hafengebiet. In diesem Bereich wurden unaufhörlich Nahrungsmittel und Güter aus aller Welt angeschifft und entladen. Exportiert wurden hochmoderne Erzeugnisse, Hightech und Luxusgüter der Stadt, welche sich weltweit in wenigen Jahren den Ruf unvergleichbarer Qualität erworben hatten. Neom produzierte modernste Hochtechnologie, aber auch exquisite Handwerksware aller Sparten für den Weltmarkt. Von neuartigen Computerchips, über Hologrammtechnologie bis hin zu den ersten kommerziellen Quantenrechnern waren alle erdenklichen Hightech-Produkte dabei. Vor einem kleinen Bürogebäude, das vor einer großen Lagerhalle inmitten des Hafenareals stand, kam die Limousine zum Stehen.

„Herr Weis erwartet Sie bereits, meine Herrschaften, ich empfehle mich", sagte Jakob, während er den Ada ihre Tür öffnete und allen ihre Sachen aus dem Kofferraum überreichte.

Die Gruppe stieg aus und ging auf das Gebäude zu. Acht Sicherheitsleute kamen ihnen entgegen und öffneten das Tor, das den Komplex zur Straße abgrenzte.

„Herzlich Willkommen in Neom Port", sagte einer von ihnen.

Die Gruppe trat ein und ging zur Tür des Bürogebäudes.

„Schuhe, Schnürsenkel, check!" Als Edward die Sicherheitsleute sah, durchfuhr es ihn wie ein Elektroschock. Mit einem Mal wurde ihm klar, weswegen er von Beginn an das Gefühl hatte, dass an der Situation in Hawara etwas unstimmig war. Er hatte vor einigen Jahren gelesen, dass die Marke der Schuhe und Schnürsenkel der Sicherheitsleute in Neom "Neom-Walkers" explizit nur für ihre Ausstattung gegründet worden war. Ausschließlich Staatsbedienstete Neoms bekamen die besonders hochwertigen

Schuhe zur Verfügung gestellt. Ihr spezifisches Design und ihre Bindung waren unverkennbar. Einige der chinesischen Soldaten trugen aber eben dieses Schuhwerk. Diese Tatsache schoss ihn erst jetzt, als sein Blick beiläufig auf die Schuhe der Sicherheitsmänner fiel, in seinem gesamten Bedeutungsumfang ins Bewusstsein. In Hawara wurden sie nicht von Chinesen angegriffen, sondern von ihren eigenen Leuten. Der einzige Mensch, der wusste, wo sie hinfuhren und ausreichend Kompetenzen besaß, sie dort zu entführen, war Herr Weis. Er hatte sie verraten!

„Oh man jetzt fängst du damit schon wieder an", sagte Ada genervt zu ihrem Mann. Edward deutete mit einer Augenbewegung an, dass Ada auf die Schuhe der Sicherheitsmänner schauen sollte.

„Marke, Marke, check, verdammt du hast recht!" sagte sie entsetzt und ließ den Papagei aus dem Käfig und mit einem Ruck in die Luft fliegen.

„Hey, was macht ihr da?" rief ein geistesgegenwärtiger Wächter und zog seine Pistole. Er versuchte mit einigen Schüssen das erschrockene Tier aus der Luft zu holen, verfehlte es aber.

„Macht jetzt keine Fehler. Niemand passiert etwas!" Einer der Wächter schaute sie sehr ernst an. „Herr Weis erwartet euch! Geht hinein. Es gibt keinen Grund zur Beunruhigung!"

Alle Wächter zogen ihre Waffen und stellten sicher, dass die Gruppe das Bürogebäude ohne Aufsehen betrat. Karim schaute finster und versuchte einen Schwachpunkt zu entdecken, musste sich aber der aussichtslosen Situation ergeben. In was waren sie hier nur wieder hineingeraten? Er verstand die Situation überhaupt nicht. Erst recht nicht, was das alles mit dem Papagei zu tun hatte. Aber alles stank nach Verrat. Aus allen Poren schien er heraus zu qualmen, wie ein Schwelbrand, der erst jetzt deutlich wurde. Das grauenhafte Odeur des Hinterhaltes hatte sie eingeholt. Der Raqib des Sicherheitsdienstes klopfte an einer Tür am Ende des Ganges im Erdgeschoss des Gebäudes.

„Herr Weis, die erwünschten Zielpersonen sind eingetroffen", sagte er im schroffen Ton.

„Herein!"

Die Tür wurde geöffnet und die Gruppe angewiesen einzutreten. Vor ihnen erstreckte sich ein länglicher schlichter Besprechungssaal. Herr Weis saß am Ende eines ovalen schwarzen Konferenztisches und hielt einen Kugelschreiber in der rechten Hand. Ein silberner hochwertiger Kugelschreiber, mit dessen goldenem Haupt er nervös klackerte.

„Ah, Herr Stockholm und Frau Goldstein. Ich hoffe, Sie hatten eine gute Reise, bitte setzen Sie sich. Und ihr dort … Ihr auch."

„Was ist hier los! Warum haben Sie das getan? Warum! Warum! Warum!" schrie Edward voller Unverständnis und Entsetzen.

„Nun, ich muss schon sagen, dass ich erwartet hätte, zumindest von ihnen beiden … Wie soll ich es am besten formulieren? Dass Sie das Rätsel wesentlich schneller gelöst und meinen absolut notwendigen Eingriff früher bemerken hätten. Um ehrlich zu sein, war es meine größte Sorge, dass auch nur der kleinste Fehler in meiner Vorbereitung Ihnen gegenüber längst dazu geführt hätte, aufzufliegen", Herr Weis schaute ruhig und konzentriert auf den Tisch vor sich. Dann blickte er Edward tief in die Augen. „Sie haben es über die Schuhe herausgefunden? War es wirklich ein so banaler Fehler? So simpel?"

„Ja! Die Schuhe des Sicherheitsdienstes sind einmalig und ausschließlich für Mitarbeiter Neoms!"

„Tatsache! Ich möchte mich entschuldigen. Die Umstände sind leider etwas aus dem Ruder gelaufen. Es war niemals unsere Absicht, Ihnen zu schaden. Die Idee war simpel: Sie und der Stein mussten aus dem Spiel der Großmächte verschwinden. Also Sie, Frau Goldstein und Herr Stockholm. Die anderen sind nicht wesentlich. Um ehrlich zu sein, weiß ich, dass außer Ihnen beiden kein Wissenschaftler auf der Welt, auf einer wesentlichen Spur zu einer starken KI war. Ihre Idee mit der Simulation von Tierhirnen hätte vielleicht gefährlich nahe an einen Durchbruch heranführen können. Mit der Macht des Artefaktes, sogar mit Sicherheit. Früher oder später wären diese Informationen über die Projektpartner in den Militärbehörden der jeweiligen Länder gelandet. Das hätte im schlechtesten Fall zu einer unmittelbaren Eskalation geführt!"

„Was wollen Sie von uns?" fragte Ada.

„Es waren meine Leute, die Sie entführten und verfolgten. Alles Chinesische war nur Framing und Tarnung. Offenbar nicht gut genug. Ich brauche Sie für unsere Organisation. Eine starke KI in Neom ist trotz aller guten Vorsätze eine Gefahr!"

„Wovon reden Sie denn da? Was für eine Gefahr … Sie scheinen hier die einzige Gefahr darzustellen!" rief Ada aus.

„Ich möchte Ihnen etwas auf die Sprünge helfen. Ungewöhnlich nicht? Ich hätte mir nie gedacht, dass ich das einmal zu Ihnen sagen müsste. Aber gut, sei es drum. Was vermuten Sie, würde geschehen, wenn die erste starke KI, durch das immer noch lebendige und hinter Neom stehende autokratische System des saudischen Königshauses vereinnahmt würde? Oder alternativ durch die neuosmanisch Türkei okkupiert werden würde? Und wenn Ihnen das nicht zweifelhaft genug erscheint, was würde geschehen, wenn die

KI durch die kommunistischen Partei Chinas programmiert werden würde?" fragte Herr Weis herausfordernd.

„Äh … Wie meinen Sie das? Die KI würde selbstverständlich nach unserer Programmierung funktionieren und das Systemoptimum anstreben", wandte Ada ein.

„Nein, natürlich nicht. Die KI würde der Diener des Systems sein, dass sich seiner bemächtigt und dem System seine intrinsische Weltanschauung aufbürdet. Selbst eine starke KI kann in ihrer Funktion und ihrem grundsätzlichen Handeln durch einen tiefer im System eingestellten Bias gesteuert werden. Und das System der Monarchie, der türkischen neuosmanischen sultanischen Präsidialherrschaft oder des Kommunismus hält nichts von Werten wie Ihrer persönlichen Freiheit, von Mitbestimmung, freier Meinungsäußerung oder einer demokratischen Partizipation am Werdegang der Gesellschaft. Es ist meine Pflicht und die Pflicht meiner Organisation, zu verhindern, dass eine Technologie dieser Macht in die Hände eines autokratischen Systems gelangt. Verstehen Sie!? Das ist wichtiger als alles andere!"

„Wer sind Sie? Wer ist ihr Auftraggeber? Was ist Ihre Organisation", fragte Ada.

„Mein Name ist Georg Weishaupt, ich bin der Nachfahre eines großartigen Mannes aus Bayern. Sie kennen doch hoffentlich Johann Adam Weishaupt? Ich bin Vorsitzender einer Struktur von Orden und Geheimlogen aus dem alten Europa der Aufklärung."

„Sie meinen die Illuminaten?" fragte Ada ungläubig.

„Unter anderem. Dieser Orden war nur einer von vielen. Einer der unwichtigeren, wohlgemerkt. Unsere Organisation ist gut hinter unauffälligen Strohnamen und Tarnfirmen versteckt. Sie selbst trägt keinen Namen und man wird sie auch in keiner Chronik, Zeitung oder geschweige denn im Internet finden. Wir existieren seit über drei Jahrhunderten und sehen uns als Hüter der aufklärerischen Werte. Als Hüter des Humanismus. Wir haben stets gegen die Herrschaft der Wenigen über die Vielen gekämpft. Gegen die Unterdrückung der Massen und des Menschen an sich. Es spielte dabei keine Rolle, ob diese Unterdrückung der Person durch religiöse, ideologische oder weltliche Führer geschah. Unsere Leute haben die Kernbotschaft der Aufklärung in die Welt getragen und zum Ziel geführt. Wir haben gegen die Nazis gekämpft und die Sowjetunion von innen heraus zersetzt. Aber, wie ihnen nicht entgangen sein wird, befindet sich die westliche Welt, die unsere Ideale getragen hat, in Auflösung. Wir konnten kämpfen und beeinflussen, aber gegen die selbstzerstörerische Dummheit dieser Tage haben auch wir keine Mittel in der Hand. Und glauben Sie mir, nicht alle geheimen

Organisationen sind wie unsere. Im Westen haben schon längst andere Kräfte die Oberhand erreicht. Andere Orden und Organisationen sind aktuell viel erfolgreicher als wir. Die Medien und die Politik sind von ihnen durchseucht wie ein schwerkranker Körper. Ihre Ziele sind andere, kollektivistische und zerstörerische. Vielleicht sagt Ihnen der ‚Great Reset' etwas? Ja, leider streben sie im Kern autokratische und kollektivistische Herrschaftsstrukturen an. Wir brauchen die erste starke KI, um dem Humanismus zum Sieg zu verhelfen!"

„Ihr seid nichts als ein Mörder. Ein Mörder und Verräter!" mischte sich Qasim laut und bestimmt ein, während er seine Hände zu Fäusten ballte.

„Oh nein, wir hatten niemals vor jemanden zu töten. Euer erbärmlicher Widerstand ist es, der euch tötete. Warum musstet Ihr auch nur diese pathetische Figur eines Helden spielen, genau wie euer Scheich."

„Nein! Nein! Ihr habt ihn erschießen lassen. Mörder!" schrie Qasim wutentbrannt.

„Was redet Ihr. Ihr Araber seid so störrische Menschen. Seit über zweihundert Jahren versuchen wir euch schon die Aufklärung näher zu bringen. Wir versuchten immer wieder, euch in die Moderne zu führen. Doch Ihr seid nur damit befasst Euch in eitlen Debatten, um Nichtigkeiten zu streiten. Ja, und dabei immer wieder in sinnfreie und aussichtslose Gemetzel untereinander zu geraten. Der Bruder erschlägt den Bruder wegen eines bedeutungslosen Zwistes. Wir können auf Euch keine Rücksicht mehr nehmen. Kann das Leben eines Einzelnen wichtiger sein, als dass wir die Kernerrungenschaft der westlichen Zivilisation retten?"

„Was soll denn diese Kernerrungenschaft sein, die Ihr über das Leben meines Lehrers stellt?"

„Die Souveränität und Eigenverantwortung des Individuums. Es hat so viel Blut und Kraft gekostet, diese Errungenschaft aus den Fängen vergangener Tyrannen zu befreien. Sie jetzt gegen eine autokratische und übermächtige KI wieder einzubüßen, darf niemals geschehen. Ich bin mir sicher, Scheich Hassan hätte es verstanden. Hätte es sogar befürwortet! Denn das ist doch auch eine wesentliche Kernerrungenschaft der Muslime."

„…"

„Seht Ihr. Jetzt wird es euch klar. Euer Scheich hätte mir zugestimmt! Er hatte mich verstanden!"

„Schweigt! Ihr wisst doch gar nicht wovon ihr sprecht!" fuhr ihn Karim an, seinem alten Freund Qasim, der nicht wusste, was er darauf sagen sollte, beistehend.

„Oh, der Jihadist wird es sicher besser wissen. Karim Anwar Ayman, richtig? Ihr habt eine interessante Akte - oder nicht? Kriegsverbrechen, Mitglied einer terroristischen Vereinigung, schwerer Raub und Mord sowie Verbrechen gegen die Menschlichkeit. Was genau, weiß ich nicht. Was bildet ihr euch ein? Wie kommt ihr dazu zu glauben, überhaupt irgend etwas wissen zu können? Ihr seid einem Programm zur Machtergreifung eines der negativen Orden zum Opfer gefallen, wart Ihr euch dessen bewusst?"

„Wovon redet ihr?"

„Der Islamische Staat und seine Propaganda waren ein Projekt. Ein Projekt eines geheimen satanischen Ordens, um Syrien zu unterwandern und zu Fall zu bringen. Die Mitglieder dieses satanischen Ordens aus Politik und Wirtschaft wollten nach dem Sieg des IS das Land zu besten Konditionen ausbeuten. Du und all deine naiven Mitstreiter waren nichts als Kanonenfutter ganz anderer Interessenlagen."

„Ihr wisst überhaupt nichts über uns! Nichts! Ihr seid nur ein verräterischer alter Lurch, der den sterbenden stinkenden Westen zu retten versucht. Aber lasst euch das gesagt sein. Der Westen will von niemand gerettet werden. Seine Herrschaft hat ihren Höhepunkt längst überschritten. Sein Machtzyklus endet unaufhaltsam", sagte Karim ernst.

„Nicht wenn wir die Zyklen der Zeit noch einmal zu unseren Gunsten umdrehen", sagte Herr Weishaupt.

„Selbst mit einer KI wir euch das nicht gelingen!" sagte Karim.

„Genug!" rief Herr Weishaupt streng, „Gebt mir den Stein. Die KI wird von niemandem außer von uns verwirklicht. Ihr habt die Wahl, euch unserer Bewegung anzuschließen oder hier und heute zu sterben."

Zögerlich holte Qasim das Artefakt aus seiner Tasche und hielt es hoch. Bitte werde aktiv, bitte verteidige dich selbst, los, dachte er, so intensiv er nur konnte.

„Nein! Niemals werden wir uns euch anschließen. Qasim, du darfst ihm den Stein nicht geben." mischte Muhammad, der bis jetzt geschwiegen hatte, sich ein, „Der Himmel der Herzen wird euch niemals gehören! Ihr habt durch euren Verrat die Werte der westlichen Aufklärung verraten! Ihr seid seiner nicht Würdig!"

„Gebt ihn her und schließt euch an! Das ist eure letzte Chance!" Herr Weishaupt schickte einen seiner Männer mit einem Wink zu Qasim, als alle einen lauten Knall hörten und zusammen zuckten. Die Wachleute zogen ihre Waffen und zielten auf die Tür, von der aus es kam. Es klang, als wäre eine Person gegen die Tür geschleudert worden. Dann öffnete sie sich und der Ammu stand mit seinem Papagei und einer Waffe im Anschlag dort. Zu seinen Füßen lag ein Wachmann. Alle Wachleute im Raum zielten auf ihn - auf den Mann, der in der Tür stand und nur laut lachte.

Sein Papagei krätze und ein kleines digitales Gerät übersetzte die Laute: „Gefahr Freunde! Helfen!"

„Du! Unmöglich!", schrie Herr Weishaupt, der den Ammu zu erkennen schien.

Der Ammu schaute ihn scharf an.

„Dr. Weis! Wie, wie kann das sein?"

„Klaus Mayer!"

„Ja und nein. Ich bin Kapitänleutnant Klaus Mayer und ich bin Salman al Almaniyy, der Feind von Iblis und allen seinen hinterhältigen Logen. Los, ihr Kasper, lasst jetzt sofort alle eure Waffen fallen. Oder wollt ihr Fischfutter werden?" Der Kapitänleutnant wirkte trotz seiner Situation äußerst selbstsicher.

„Du bist ein Narr! Ich hätte dich einweisen lassen sollen, als du damals zu mir gekommen bist! Lass deine Waffe fallen. Du hast keine Chance! Willst du einen unsinnigen Tod sterben?" sagte Herr Weishaupt.

Doch der ehemalige Kapitän und Soldat der Nationalen Volksarmee der DDR deutete auf die Fenster des Büros, an denen die grimmigen bärtigen Torwächter aus Dahab mit ihren Gewehren standen und unübersehbar auf den Kopf von Herrn Weishaupt zielten. Erschrocken drückte Herr Weishaupt einen Knopf unter seinem Tisch, schloss seine Augen und ließ sich fallen. Ein greller Lichtblitz erstrahlte. Alle wurden massiv geblendet. Kurz darauf strömte Reizgas aus mehreren Öffnungen in den Raum und den Gang des Erdgeschosses. Dann hörte man einige Schüsse, das Geräusch von Fäusten, die gezielt Wangenknochen und Kiefer trafen, Handgemenge, Schreie, das Klirren von Fensterscheiben, noch mehr Schreie, eine kreischende Frau, einen brüllenden Mann, ein splitterndes Knacken und der Ton von mächtigen elektrischen Blitzen, die durch den Rauch zuckten und schließlich … Ruhe.

Als der Rauch sich verzogen hatte, waren einige Wächter tot, einige an Beinen oder Armen angeschossen und hielten sich schmerzverzerrt die Wunden, einige waren niedergeschlagen und lagen bewusstlos am Boden und einige waren verschwunden - ebenso wie Herr Weishaupt. Karim vergewisserte sich, dass alle Mitglieder der Gruppe wohlauf waren, was bis auf kleinere Verletzungen der Fall zu sein schien.

Auf dem Schachbrettmuster artig gefliesten Boden erblickte er den Kristall. Qasim saß verzweifelt daneben. Karim hob das Artefakt auf. Es war zerbrochen. Im Gerangel musste er Qasim aus der Hand geschlagen worden sein. Bei seinem Aufprall war ein Fünftel des Kristalls heraus gesplittert. Es fehlte. Sie suchten alles ab, aber fanden nichts. Dunkle blaue Blitze durchströmten den Kristall wie die Zuckungen einer kurzgeschlossenen Batterie und aus der Bruchstelle spritzen immer wieder kleine Funken heraus. So hielt der Mann des gebrochenen Herzens den zerbrochenen Himmel der Herzen vor seiner Brust. Er blickte durch die zerbrochenen Fensterscheiben des Gebäudes über die Weite des Meeres, in den fernen Horizont. Dann sagte er leise:

„Der Prophet sagte, dass Allah sagte: „Ich bin mit denen, deren Herzen meinetwegen zerbrochen sind."

11. Kapitel Hoffnung des Morgenlichtes

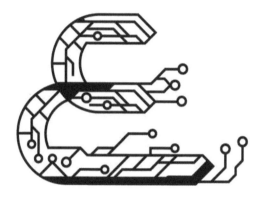

01101110

„Du musst handeln, Jürgen!" flüsterte Anja Jürgen zu. „Wir müssen handeln, und zwar sofort. Das war jetzt der dreißigste oder vierzigste Uigure, den Sheng dort verheizt hat. Und wir wissen nicht einmal, was geschieht. Du bist der Einzige, der etwas machen kann, also ... Mach jetzt! Das ist deine Pflicht! Alles andere ist Massenmord. Meine ganzen Protokolle sind wertlos durch ihre Methode."

„Doc, sie hat recht, das ist Wahnsinn. Wir bekommen Muster, aber solange wir die dazugehörigen Inhalte nicht auswerten können, weil die Leute einfach nur kaputt rauskommen oder sterben, bringt uns das alles hier gar nichts. Das ist einfach nur Mord. Wir müssen die Probanden nach ihrem Erlebnis detailliert interviewen, sonst können wir die Messungen nicht den Inhalten zuordnen!" Jinjin schaute Jürgen ernst an.

Als die Tür zum Hauptkontrollraum aufging und Majorin Sheng eintrat, verstummten alle und taten so, als würden sie die ganze Zeit schweigend mit ihrer Arbeit befasst gewesen sein.

„Und, Professor Lee, ich hoffe, Sie kommen voran? Sieht hier eher aus, als wenn alle nur faulenzen würden!" sagte Sheng provokant.

„Es tut mir sehr leid. Es ist immer das Gleiche. Ihre Methode ist fabelhaft zur Erzeugung der Selbstreferenz. Aber wenn wir die Leute auf Zwang bis zum Delirium an den Stein binden, generieren wir zwar Daten, können sie aber nicht auswerten, geschweige denn dauerhafte Methoden entwickeln, um mit unserem Problem voranzukommen. Wäre es möglich, leichte Änderungen im Protokoll mit Ihnen zu besprechen?" entgegnete ihr der Professor unterwürfig.

„Ihre Auswertungen sind mir egal, Lee! Ich will nur einen Weg finden, diese Selbstreferenz aufrechtzuerhalten! Den Daten nach scheint meine Methode die Zeit der Selbstreferenz auszudehnen. Also los! Lassen Sie den nächsten Gefangenen holen. Machen Sie schon! Ich werde das so lange durchführen, bis dieser verfluchte Stein sich unserem Willen beugt!" sagte Frau Sheng streng. „Ich kann und werde so lange fortfahren, wie ich es für richtig halte. Ich habe volle Befugnisse! Verstehen Sie das Lee?"

„Selbstverständlich Majorin, entschuldigen Sie bitte meine Fragen", Prof. Dr. Lee seufzte leise und wollte gerade den Lautsprecher nehmen, um den nächsten Gefangenen bringen zu lassen, als er Jürgens Hand auf seiner Schulter spürte.

„Majorin Sheng, ich werde in den Stein gehen!" sagte Jürgen und durchbohrte Sheng dabei geradezu mit seinen Augen.

„Sie? So, so das Doktorlein möchte also in den Stein gehen. Wollen Sie wohl den Helden spielen ..." Sheng lachte gehässig und ging näher zu

Jürgen. „Meinetwegen, gehen Sie ruhig. Gehen Sie, aber ich werde Sie an den Stein binden, bis Sie entweder erfolgreich sind oder ebenso vollständig zerstört abtransportiert werden wie die Gefangenen. Ich werde mit Ihnen keine Ausnahme machen", Dann fügte sie flüsternd nur für Jürgen hörbar hinzu: „So entsorge ich am liebsten Betrüger und Verräter am chinesischen Mutterland ..."

„Ich bitte darum. Machen Sie keine Ausnahme. Seien Sie einfach Sie selbst. Brutal und erbarmungslos. Doch sollte ich erfolgreich sein, verlassen Sie dieses Projekt für immer!" Bei diesen Worten formte sich ein freudiges Lächeln auf Shengs Lippen.

„Ein Spiel also, was? Sehr schön! Ich hätte Ihnen diese Courage gar nicht zugetraut, aber gut, spielen wir! Ich werde Sie höchstpersönlich an den Stein binden. Seien Sie bereit! In einer halben Stunde beginnen wir. Sollten Sie gewinnen, werde ich das Projekt verlassen. Aber sollten Sie verlieren ...", Madam Sheng verließ den Raum mit einem grimmigen Lachen und ging in die dunklen Gänge der Forschungsstation hinaus, „... dann sterben Sie einen grausamen Tod!", schrie sie in die Dunkelheit der Kellergänge, die ihre unheimliche Bosheit aufzusaugen schienen und mit ihrem schwarzen Herzen resonierten.

„Bist du verrückt, Jürgen? Sie wird dich töten, wie all die Andern auch!", fuhr Anja ihren Chef an.

„Anja, es ist längst überfällig, dass ich etwas unternehme. Keiner kennt diesen Stein so gut wie ich. Und wenn irgendjemand eine Chance haben sollte, da lebendig herauszukommen, dann ich!" entgegnete ihr Jürgen und nahm dann fast zärtlich ihre Hand in seine: „Menschen wie Sheng sind bereit, alles für ihre Ziele niederbrennen und manchmal tun sie es auch nur für ihre Unterhaltung und ihren Zeitvertreib. Ich muss sie aufhalten, Anja, bevor sie noch schlimmeren Schaden anrichtet. Diese KI, an der wir arbeiten, darf nicht durch Menschen wie sie verdorben werden."

„Du schaffst das Doc! Außerdem hast du das beste Backup, dass du dir nur wünschen kannst", Jinjin klopfte ihm auf die Schulter: „Wir werden das gemeinsam durchstehen!"

„Herr Doktor Ziebert, ich denke wir sollten die wertvolle Zeit nutzen, um Sie auf Ihre Reise in das Artefakt bestmöglich vorzubereiten. Sie haben nur noch 27 Minuten und 23 Sekunden", sagte Professor Lee konzentriert und blickte die Drei ernst an.

Das laute Brummen, das allen Mitarbeitern das nächste Experiment ankündigte, erklang im Untergrund. Jürgen wurde von Soldaten begleitet und in den Raum des Kristalls geführt. Vor der Tür wartete Madam Sheng schon höhnisch grinsend auf ihn. Sie trug bereits den abschirmenden Metallanzug und hielt den dazugehörigen Visierhelm unter ihrem Arm. Nur noch beiläufig registrierte Jürgen die Worte von Prof. Lee, die über Lautsprecher durch das Forschungsgebäude klirrten. Er war bereits in Gedanken versunken und ganz auf seinen Einsatz fokussiert. Gleich sollte er in das Artefakt hineingehen, in ihm versinken und auf den Ebenen seiner Welt wiedererwachen. Es könnte das Letzte sein, was er tun würde. Majorin Sheng glich mit ihrer gedrungenen Form und der Rüstung einem Troll, der Zähne fletschend in seiner Höhle bereits auf sein nächstes Opfer wartete. Sein nächstes Opfer, dass sich auch noch freiwillig gemeldet hatte.

„Nur herein, mein kleines Doktorlein. Nur herein …", Sheng packte Jürgen grob am Arm, zog ihn heran und ließ ihn ungewöhnlich gewaltvoll von ihren Soldaten an den Stuhl vor dem Kristall binden. Sie genoss es zutiefst, diese absolute Kontrolle über Doktor Ziebert ausleben zu können. Seit sie ihn vor zwei Jahren im Auftrag der KPC observiert hatte, sehnte sie sich nach solch einer Möglichkeit. Seinen Betrug und seine Maschen erkannte sie schnell und fasste es detailliert in ihren Berichten zusammen. Endlich könnte die Bestie in ihr ihn langsam zu Tode quälen.

Die Vorstellung alleine regte bereits eine in ihr schlummernde Vorfreude an. Es verhielt sich bei Sheng so, dass je intelligenter, kreativer und mental reger ihr Opfer war, ihre Freude an seinen Qualen entsprechend stark anwuchs. Effektive Soziopathen oder gar Psychopathen waren ihr die allerliebsten Opfer. Sie erlebte es viel intensiver, diese Menschen zu quälen, als normale, langweilige Personen zu martern. Wenn sie eines auf der Welt wirklich genoss, dann solche Personen langsam zu schänden. Sie wusste, dass der Geist dieser Menschen aufgrund ihrer pathologischen Eigenheit zugefügtes Leid um ein Vielfaches vermehrt wahrnahm, als es der Geist normaler Menschen tat.

Warum? Weil sie von sich auf andere psychopathisch Veranlagte schloss. Wie lange hatte sie sich schon danach gesehnt, diesen so eloquenten Intellektuellen, diesen Dr. Ziebert in die Hände zu bekommen. Dass er sich auch noch freiwillig gemeldet hatte, garnierte dieses Ereignis mit besonderer Würze.

Jürgen ließ sich nichts anmerken. Sein Gesicht strahlte stoischen Gleichmut aus, was Sheng nur noch mehr reizte, diesen besonderen „Fang", endlich an den folternden Kristall zu binden. Sie beugte sich vor und berührte fast sein Gesicht mit dem metallischen Gittervisier ihres Helms. Dann deutete sie einen Kussmund an und sagte leise: „Mein kleiner Lügner. Hier enden deine Spielchen … Es ist Zeit deine Hoffnungen zu begraben!" Mit einem harten Ruck presste sie Dr. Zieberts Hand auf den Stein und zog die vorbereiteten Lederriemen fest.

Jürgens Augen und Lieder begannen schlagartig zu zucken. Langsam entspannten sich seine Muskeln und seine Pupillen glitten nach oben hinter die Lieder weg. Fast zärtlich strich Madam Sheng über seine Augen und schloss sie.

„Er gleitet stabil in den Theta-Zustand, Prof. Übersteuerung und Mustererkennung aktiv", Jinjin deutete auf den Überwachungsgraphen.

„Ja, ja, ich weiß, ich weiß, Jinjin", gab der Professor angespannt zurück.

„Gib jetzt alles, wir dürfen ihn nicht verlieren! Wir brauchen ihn. Ich brauche ihn!"

„Er wird es schaffen, Professor?" fragte Anja zögerlich.

„Er wird es … Er wird es …"

Der Kussmund der kalten Schlitzerin verzog sich vor Jürgens Blick in eine immer mehr in die Ferne rückende Fratze. Nach und nach verlor sie ihre Konturen und wandelte sich in weiter Ferne seines linken Sichtfeldes in ein merkwürdiges Raster. Er verlor sein Körpergefühl und fühlte sich, als würde er schweben. Was eben noch wie ein Raster erschien, gewann langsam über das ganze Sichtfeld an Struktur. Es bekam Farbe. Grünliche und bräunliche Töne schimmerten fleckenartig und in unterschiedlichen Abstufungen durch. Langsam entstand vor seinen Augen aus den Farbklecksen eine Wiese, auf der er sich auf dem Gesicht liegend wiederfand. Er drückte sich hoch und setzte sich auf. Dann tastete er seinen Körper ab. Voller Erstaunen stellte er fest, wie echt sich alles anfühlte. Die Muskeln, Knochen und Nerven der Haut waren von denen seines echten Körpers nicht zu unterscheiden. Er versuchte, einige Male tief ein- und auszuatmen. Es war offenbar Luft, echte Luft, die er atmen konnte. „Luft der Visionswelt", sagte Jürgen erstaunt. Von dem Erlebnis fasziniert versuchte er sich zu erheben. Alles, was er um sich herum erblickte, schien ebenfalls die gleiche substanzielle Realität aufzuweisen. Er konnte keinen wirklichen oder besser gesagt keinen fundamentalen Unterschied zu seiner echten körperlichen Existenz und dieser hier ausmachen. Eher umgekehrt - vieles erschien ihm hier klarer, deutlicher und heller, um nicht zu sagen, echter zu sein.

„Wie dem auch sei", sagte er zu sich selbst, „ich muss die Zitadelle des Steines ausfindig machen. Am Ende zählt Kausalität und nicht die leidige Frage nach Realität!"

„Nicht Realität, sondern Kausalität, nicht Realität sondern Kausalität …", sagte er sich mehrmals vor, als wollte er sich mantrisch der Tatsache bewusst bleiben, weswegen er überhaupt hierher gekommen war.

Genug der Gedanken. Jürgen rannte los, bis er nach einer Weile an einen Waldrand kam. Ein schmaler Pfad erstreckte sich vor ihm und führte durch einen alten winterlichen Eichenwald, der sich wie eine endlose Baumlinie an der Wiese nach Osten und Westen hin anschloss. Zögerlich trat er auf den Pfad und begab sich in den Wald. Es schien ihm, als sei dieser Weg mit einem besonderen, ihm aber unklaren Grund dort angelegt worden. Jürgen versuchte aufmerksam zu bleiben. Er hielt Ausschau, ob er signifikante Muster feststellen konnte, die auf die Zitadelle des Artefaktes hindeuteten. Der Wald wurde nach einigen hundert Metern dunkler und der Pfad noch schmaler. Jürgen zweifelte, ob dieser Weg wirklich der Richtige war. Er wollte gerade umkehren, als er aus dem Wald in einiger Entfernung ein Röcheln hörte.

Was war das? Welche Schrecken hätte der Stein für ihn vorbereitet? War er vielleicht schon - ohne es zu merken - direkt in der Zitadelle? War dieser Wald seine Form der Zitadelle? Fast schleichend ging er voran. Zum Röcheln gesellten sich bald andere unbestimmbare und unheimliche Geräusche, welche sich mit der Stille eines alten Waldes abwechselten. Mal klackerte es nur, mal hörte man, wie in die Ferne gezogene menschliche Schmerzensschreie aufheulten, nur um dann gleich wieder in die kalte winterliche Stille knorriger alter Eichen gehüllt zu werden. Jürgen fühlte sich zutiefst von diesem Wald bedroht und wollte umkehren, da erkannte er vor sich hinter einigen Bäumen eine Burgmauer. Sie ragte wie eine gütige Erleichterung am Ende des Pfades auf. Kleine Fackeln erhellten, am Wegrand aufgestellt, die letzten zehn Meter bis zur Mauer. Als er die Mauer erreicht hatte, blickte er kurz hinauf und an ihr entlang. Sie war nur wenige Meter hoch, aber schier endlos auf beiden Seiten in die Länge gezogen. Je weiter sie von ihm entfernt war desto verzerrter wirkte sie. In der Weite verschmolz sie mit den Bäumen des Waldes zu einer unbestimmbaren Verflechtung von Stein und Holz. Das also war seine Variante der Zitadelle des Kristalls. Natürlich hatte er die Berichte der Soldaten immer und immer wieder studiert. Doch selbst vor dieser Zitadelle zu stehen, war ein schier atemberaubendes Gefühl. Sie strahlte so viel aus und berührte ihn auf eine fast magische Art und Weise. Es war naheliegend, dass er die wenigen Meter an den strukturierten Mauerquadern hinaufklettern könnte, um hineinzukommen. Weit und breit konnte er kein Tor oder Eingang ausmachen. Also beeilte er sich die Mauern zu überwinden und fing an hinaufzuklettern.

„Was machst du da?" hörte er eine grummelige Männerstimme hinter sich. Jürgen zuckte vor Schreck zusammen, denn er kannte die Stimme nur zu gut. Es war sein Vater. „Das kannst du nicht! Du kannst nichts, gar nichts!"

Jürgen drehte sich um. Sein Vater stand tatsächlich dort und hielt Zettel in die Höhe. „Du, du … Ich kann es nicht fassen! Du enttäuschst mich zutiefst. Nein, nein, du entehrst mich, stellst mich bloß, vor allen! Das hier hat mir dein Professor gegeben", sein Vater wedelte mit den Zetteln in seiner Hand. „Wie konntest du nur? Mein eigener Sohn … ein Hochstapler!"

Sein Vater blickte ihn mit dem gleichen, vollkommen enttäuschten, verwirrten und ungläubigen Gesichtsausdruck an, den er ihm das letzte Mal, als sie sich sahen, zugeworfen hatte. Der Blick seines Vaters traf Jürgen damals wie ein Blitz. Als sein Vater herausfand, dass gerade er, sein Sohn an der Universität in Heidelberg betrog. An jener Uni an der er - Prof. Dr. Dr. Hans Ziebert - ein hoch angesehener Professor für Psychoanalyse war. Der Eklat an der Universität, der nach der Aufdeckung einer systematischen Täuschung seines Sohnes zur Erschleichung der Doktorwürde aufkam, führte damals zum absoluten Bruch zwischen Vater und Kind. Sein Vater stoppte jeden Kontakt mit Jürgen aus einer tief gekränkten Desillusionierung und öffentlichen Blamage. Hans ließ ihn sogar einige Jahre später von seinem Totenbett aus einem letzten Brief zukommen. Dieser enthielt nicht etwa den Wunsch nach Versöhnung oder einem letzten Treffen, nein, dieser Brief lud ihn explizit von der Beerdigung seines Vaters aus.

„Lügner, Versager, Nichtsnutz!" raunte ihm die Figur aggressiv entgegen.

„Du bist nicht mein Vater!" rief Jürgen aus und kletterte weiter.

„Du bist nur eine Illusion! Nur eine Illusion! Es ist nur eine Illusion meines Verstandes. Klettere weiter!" redete Jürgen sich ein.

Klarheit! Er strengte sich an. Er musste klar bleiben, sich erinnern und auf keinen Fall vergessen, wo er war. Diese Welt war nicht echt! Oder? Hier galten andere Gesetze. Die Gesetze des Willens und der Vorstellung. Dennoch spürte er den gleichen eisigen Schmerz wie damals. Es fühlte sich einfach zu echt an, zu wirklich. War es wirklich oder war es das nicht? Was bedeutete Wirklichkeit überhaupt, wenn der Schmerz ihn jetzt, wie damals, zutiefst verletzte. Was hätte er nur darum gegeben, seinen Vater, den er mehr geliebt hatte als alle anderen und vor allen anderen Menschen verehrte und nacheiferte, zu beeindrucken. Was hätte er nur dafür gegeben, wenn sein Vater zufrieden mit ihm gewesen wäre.

„Ich hasse dich, du bist nichts wert! Nichts, hörst du!" Jürgen kletterte unbeirrt weiter. Es verlangte eine enorme Kraft, diesen Gefühlen, welche die Illusion seines Vaters auslösten, nicht nachzugeben.

Doch als er gerade über die Brüstung der kleinen Mauer greifen wollte, trat General Xiuo aus dem Schatten, der dahinter lag, hervor und schlug ihm schnell mit einem Hammer auf die Hände. Jürgen schrie vor Schmerzen auf und ließ die Brüstung los.

„Erwischt! Elender Verräter!", rief er dem abstürzenden Jürgen nach. Mit einem dumpfen Aufprall schlug er auf dem Boden auf. Der Aufprall ließ einen spitzen, krachenden Schmerz durch seinen Rücken schießen. Langsam versuchte er aufzustehen. „Dieser Schmerz ist … er ist … nicht echt. Er kann es nicht sein", sagte Jürgen zu sich. Als er aufgestanden war, sah er sich umringt von grauenhaft entstellten Uiguren, die aus dem Dunkeln des Waldes angelaufen kamen und immer mehr wurden.

„Lügner! Lügner! Mörder! Mörder!" flüsterten die schrecklichen Wesen im Chor und drängten auf ihn ein. Madam Sheng ging hinter der Gruppe der zombieartigen Wesen entlang, dann bahnte sie sich einen Weg durch die Wesen und trat vor, nahm ein riesiges Messer aus ihrem Mantel und stach in einer schnellen Bewegung zu. Jürgen schrie vor Schmerzen auf, als das Messer in seine Brust eindrang. Entsetzen zerriss seine Gesichtszüge. Wieso erzeugte diese Illusion echte Schmerzen? Es war vielleicht doch alles wahr und … nein es ist wahr!

„Verdammt Prof, seine Werte drehen gerade richtig durch!" rief Jinjin entsetzt und versuchte ihr Bestes im Überlagern der Wellenmuster, die der Stein aussandte, um Jürgen durch Interferenzen, Stabilitäten in der Visionswelt, zu ermöglichen. Aber die impulsartigen Schübe konnte sie nicht schnell genug austarieren. Viele Muster, die auftraten, hatte sie noch nie gesehen. Das System konnte sie ebenso nicht erkennen. Jinjin versuchte ihr Bestes, auslöschende Interferenzen zu generieren, aber sie war einfach zu langsam.

„Jinjin, mach doch was! Du musst, du musst!" rief Anja außer sich.

„Ich mach doch schon!"

Über die Bildschirme sahen sie, wie Majorin Sheng sich an den Verrenkungen von Jürgens Körper nicht genug weiden konnte. Sie tanzte gleichsam ekstatisch um den vor Schmerzen fast berstenden Leib herum.

Der Professor schaltete den Bildschirm aus. Das war genug. Dann wandte er sich zu Jinjin.

„Hören Sie mir jetzt gut zu. Programmieren Sie dieses Zeichen in die Muster ein", sagte Lee und nahm ein ungewöhnlich aussehendes, rundes Metallstück aus seiner Tasche. Was war das für ein Symbol? Jinjin glaubte das Zeichen zu kennen, das in schwarzer Gravur auf der Scheibe zu sehen war. Sie hatte es irgendwo schon einmal gesehen. Aber wo?

„Der Doktor gab mir dieses Siegelzeichen und bat mich, es im Fall der Fälle herauszuholen. Dieser Fall der Fälle ist jetzt!" Lee streichelte zart über das Symbol und gab es Jinjin. „Können Sie diese Struktur in die Übersteuerung einfließen lassen? Es ist die letzte Chance, sonst stirbt er!"

„Ja ... Ja klar! Ich werde das Bild in ein Wellenmuster umwandeln, das Gehirne aussenden, wenn sie es über den visuellen Kortex imaginieren. Damit könnten wir Erfolg haben!" Schnell ergriff Jinjin das Zeichen und versuchte es eilig in eine Übersteuerungssignatur umzuwandeln. Sie rannte zu einem der Schränke im Raum und holte ein metallisches Stirnband - eine Art Hirnhelm - hervor. Es war ein moderner Gehirnwellenmesser. Sie setzte ihn eilig auf, schloss ihn an die Recheneinheit für die Interferenzmustererzeugung an. Dann schloss sie die Augen. So intensiv und lebhaft wie möglich versuchte sie sich das Symbol in ihrer Hand vorzustellen. Mit geballter Konzentration gelang es ihr und die Maschine erzeugte ein Hirnmuster, das der Vorstellung des Symbols entsprach. Dann integrierte sie es in die aktiven Artefakt-Übersteuerungsmuster. Jinjin nahm das Headset ab und alle schauten gespannt auf die Messgraphen. Sie hofften inständig, dass ihr Versuch irgendeinen Einfluss zeigen würde.

In der Welt des Steines riss Majorin Sheng Jürgen das Herz aus der Brust. Genüsslich biss sie hinein. „Wie köstlich ist doch das Herz eines betrügerischen Soziopathen. Aber Ihres ist eindeutig das schmackhafteste, das ich seit langem hatte. Es hat so einen schön pathetischen Nachgeschmack ... Wissen Sie, mein Doktorlein, immer nur unterdrückte fantasielose Seelen zu quälen ist langweilig. Immer das gleiche einfältige Gejammer und Geschrei. Aber jemanden wie Sie, der mir etwas bedeutet, der zu viel stärkeren und intensiveren mentalen Leid fähig ist - das ist wahrer Genuss!" schmatze sie mit vollem Mund, während Jürgen vor lauter Grauen immer schwächer wurde und sich nur mit letzter Mühe daran erinnerte, dass alles hier nicht real sein konnte, schließlich lebte er noch, ohne ein Herz in der Brust zu haben. Es konnte nicht sein physikalischer Körper sein. Unmöglich, er müsste tot sein, aber er war es nicht. Mit letzter Kraft versuchte sich zu bewegen. Zum Wald müsste er kommen, kriechend, robbend sich irgendwie hinschleifend. Er musste von dieser Zitadelle fort. Sich stabilisieren. Wille ist alles in dieser Welt. Wille! Kausalität, nicht Realität!"

Da hörte er es wieder. Dieses Röcheln und ein Zischen, das aus den Bäumen und dem Schatten des Waldes drang. Er robbte mit letzter Kraft an der Figur seines enttäuschten Vaters vorbei zurück auf den Waldweg. Er stoppte an einer Wegkreuzung am Beginn der Bäume, als das Röcheln schon fast direkt vor ihm ertönte. Seine Kräfte entglitten ihm jetzt jedoch vollständig.

Er drehte sich auf den Rücken, erschöpft und ausgelaugt. Er war bereits zu schwach und kaum einer Regung fähig.

So also wirst du sterben … So geht dein Leben zu Ende … War doch keine gute Idee mit der Träne des Buddhas … Am Ende ein tödliches Geschäftsmodell, dachte er und wollte sich dem wohligen Gefühl der Schwäche hingeben. Loslassen, aufgeben und einfach nicht mehr kämpfen. Er schloss die Augen.

„Nicht so schnell, Jürgen Ziebert! Wir haben einen Vertrag!" Was war das für eine durchdringende Stimme, die ihn erschreckte? Wo kam sie her? Aus den Schatten des Waldes trat Herr Duiwel hervor, ging zu Jürgen und schaute auf ihn herab. „Ach … so ein Elend aber auch … das ist ja ekelhaft", mit einer kleinen Handbewegung strich er über Jürgens Brust. Augenblicklich spürte dieser einen Schwall von Energie durch sich strömen und seine Schmerzen und Schwäche vergingen zu seiner Überraschung in wenigen Sekunden.

„Na komm schon, steh auf!" Herr Duiwel reichte Jürgen die Hand und half ihm hoch. Noch benommen schaute Jürgen zu der Gruppe halbtoter Uiguren, die drohend vor den Mauern der Zitadelle neben der blutverschmierten Sheng standen. Sie gafften zwar in seine Richtung und Sheng kaute immer noch an seinem Herzen, doch keiner reagierte auf seine Fast-Auferstehung. Er tastete verwirrt seine Brust ab und vergewisserte sich, dass sein Torso wiederhergestellt war. Sein Körper sah so aus und fühlte sich so an, als wenn nichts geschehen wäre. Der plötzliche Übergang verwirrte ihn.

„So, so, so … Du wolltest es also auf die ehrliche Tour wagen? Die harte Tour der Wahrhaftigen? Das hat ja prima funktioniert!" lachend klopfte Herr Duiwel Jürgen auf die Schulter und er zeigte auf die Meute vor den Mauern. Er schmunzelte verschmitzt, schaute genauer hin. Dann fragte er verwundert: „Frisst die da etwa dein Herz? Die hat ja ordentlich daran zu kauen, was?"

Jürgen ging dicht an Herrn Duiwel heran, um herauszufinden, ob dessen Strukturen echt waren. Aber Herr Duiwel drückte seinen Kopf weg: „Werde jetzt nicht albern Junge!"

„Albern? Ich versuche nur herauszubekommen, ob Sie echt sind! In dieser Welt bin ich umgeben von Illusionen. Also muss ich wissen, was für eine Teufelei mir dieser Stein jetzt vorspielt. Vielleicht sind Sie nur da, um mein Leiden zu vergrößern, weil der Stein mich einfach noch nicht sterben lassen will, sondern mich immer wieder durch Schmerz und Elend zu schicken gedenkt! Mich, seinen Verräter und Dieb."

„Eine Teufelei also? Ja, vielleicht bist du dichter an der Wahrheit als du denkst. Ich mag es jedoch nicht, so angestarrt zu werden. Also musst du dich bei mir damit zufriedengeben, es nicht zu wissen. Unwissenheit kann auch ein Segen sein, oder? Die Wahrscheinlichkeit, dass hier etwas keine Einbildung ist, geht am Ende sowieso gegen Null!" Herr Duiwel lachte röchelnd: „Ha, dass ich nicht lache, er will herausbekommen, was echt ist. Will Wahrheit von Lüge unterscheiden", Herr Duiwel schlug Jürgen leicht gegen den Kopf: „Also wir haben nicht den ganzen Tag Zeit, Junge. Ich dachte, du hättest einen Plan gehabt? Ist der noch da? Da drin in deiner echten Birne."

Ja, richtig! Jürgen musste seinen Plan vergessen haben. Er hatte sich einen guten Plan zurechtgelegt und eine gute Strategie ausgearbeitet. Aber wie war das noch gleich …

„Schau mal her und hör mal zu, Junge", Herr Duiwel tippe Jürgen auf die Brust. „Das hier ist jetzt ja wieder ganz. Und darin verborgen ist ein ausgebuffter Profibetrüger. Ich hoffe dessen bist du dir einigermaßen bewusste. Also sag mir, wieso stehst du nicht einfach dazu. Die ganzen Menschen, die dir das als Laster auslegen oder die Gesellschaft oder wer auch immer … ganz ehrlich, die können dir jetzt gerade wirklich herzlich egal sein! Was wissen die schon? Was können die schon? All die Selbstgerechten, angeblich Aufrichtigen, all die Angepassten, die Mitläufer, die Ja-Sager, die Mitmacher, die angeblich Erleuchteten, die Sucher, Gelehrten und Ethiker … Haha, meinst du, die wissen, was wirklich funktioniert? Ich verrate dir ein Geheimnis, sie kreisen in ihrer Suche nach Wahrheit ständig leidvoll um die eigenen Lügen. Und weißt du auch warum? Weil sie die Wahrheit gar nicht verkraften können!"

„Aber mein Vater …"

„Ach … vergiss den jetzt Mal, wenn der alte Kauz nur ein bisschen mehr Verstand als Hochmut und Standesdünkel gehabt hätte, wären ihm deine besonderen Begabungen schon viel früher aufgefallen und er hätte einen der besten Psychologen der Welt als Nachfolger gehabt", sagte Herr Duiwel eindringlich, „Aber jetzt hör mir mal genau zu. Ich verrate dir etwas."

„Was?"

„Diese Mauern kann man überwinden."

„Wie? Wie soll das gehen?"

„Indem man ihre Wahrheit so akzeptiert, wie sie ist."

„Wie … Wie meinst du das?"

„Anstelle dich daran, zugrunde zu richten und sein zu wollen, was du nicht bist und jetzt nicht werden kannst. Anstatt dich von diesen Mauern mit den Wirklichkeiten und Unwegsamkeit deines Seins quälen zu lassen, um daran zu wachsen, gibt es auch einen anderen Weg. Eine unter diesen Umständen schlauere Lösung!"

„Welchen Weg?"

„Gestehe dir ein, was du wirklich bist. Lass alle Selbsttäuschung fallen. Sei einfach einmal echt!"

„Und was wäre das? Was bin ich denn? Wie lasse ich die Täuschung fallen. Wie kann ich echt sein?"

„Aaaahhhh … Mensch Junge, dir muss man auch alles aus der Nase ziehen! Du bist ein Lügner! Ein Betrüger, ein Meister der Camouflage und ein Scharlatan, der sich selbst aufbläst und daran erfreut, etwas Tolles darzustellen, aber nur ein fortgeblasener Schatten der Geschichte sein wird, wie die meisten Menschen, wenn du jetzt nicht ehrlich zu dir selbst bist!"

„Ich bin … Ich bin ein Lügner?" fragte Jürgen zögerlich.

„Oh Mann! Das ist dir doch hoffentlich bewusst."

„Nein ich bin ein anerkannter Heiler! Ein Wunderheiler sogar! Oder? Bin ich … also … ja …"

„Ja langsam kommt es, sehr gut jetzt nicht aufhören!"

„Ich bin … ok, wenn … Das stimmt schon, ich bin eigentlich ein Lügner, ein Trickser!" sagte er sichtlich über diesen Moment aufrichtiger Akzeptanz überrascht.

Die Meute vor den Mauern reagierte plötzlich und begann zu schreien. Dann kam sie auf ihn zuzulaufen und wollten ihn daran hindern, weiterzusprechen.

„Siehts du es wirkt. Also mach weiter!"

„Ich bin ein Narr und ein Traumtänzer. Ich bin ein ausgebuffter Trickser und ein täuschender Erfinder!" rief er aus. „Ein Lügner, ein Lügner, ein Lügner", schrie er ihnen entgegen.

Kreischend und sausend lösten sich die Figuren mit jedem Wort des Eingeständnisses mehr und mehr auf. Sie wurden luftiger je ehrlicher Jürgen zu sich selbst sprach. Kurz bevor sie ihn erreichten, waren sie nur noch kraftlose Schatten, die schließlich im Nichts verschwanden. Es schien zu funktionieren. Jürgen rief noch einige Male seine Wahrheit heraus in Richtung der Mauern bis auch sein Vater an Struktur verlor und sich auflöste. Er erfreute sich sogar daran. Es begann ihm Spaß zu machen, seine Wahrheit hinauszubrüllen. Es hatte etwas unglaublich Befreiendes und was noch viel besser war - es half. Aber dort, was war das? Eine Tür fing an sich langsam in den Umrissen der Mauer herauszukristallisieren.

„Verdammt Prof, es funktioniert! Es funktioniert! Er stabilisiert sich", rief Jinjin aufgeregt vor ihrem Kontrollpult gestikulierend.

„Ja! Ja! Sehr gut, Jin! Weiter so!" sagte Lee erleichtert.

Anja umarmte den Professor und gab ihm einen kleinen Kuss auf die Wange.

„Ich wusste, wir schaffen es!"

Lee schaute sie verlegen und gleichzeitig überrumpelt aus dem Augenwinkel an. „Ja ... also ... wir haben es gut gemacht."

Der Professor schüttelte kurz seinen Kopf, trat vor und schaltete den Überwachungsbildschirm wieder ein. Sheng bewegte sich nicht mehr und blickte mit dem Rücken zur Kamera. Offenbar war sie erstaunt, den sich stabilisierenden Körper von Dr. Ziebert wahrzunehmen. Sollte er nicht eigentlich langsam in den Tod gleiten? Seine Verrenkungen hatten aufgehört, aber tot war er wahrhaftig nicht. „Da hast du alte Schlange dich wohl zu früh gefreut!", murmelte der Professor zufrieden.

„Prof, das müssen Sie sehen. Die Muster des Kristalls ändern ihre Struktur, wie nie zuvor."

Gebannt blickten alle auf ein äußerst friedlich und harmonisch wirkendes Wellenmuster, das der Kristall jetzt aussandte.

„Was ist das, Prof? Hat Jürgen es geschafft?"

„Nein, noch nicht ganz. Jin, bereiten Sie alles für die Übersteuerung des Weltensteins vor. Laden Sie schon einmal die Persönlichkeitsmerkmale ‚Zentral-Identität-Körper' und ‚Wahrnehmung-Sinne'. Wenn es das ist, was ich denke, könnten wir uns unserem Ziel näher wähnen als je zuvor. Die Geburt unserer KI ist zum Greifen nahe."

„Oh du meine Güte, denken Sie, er könnte es schaffen?" fragte Anja erleichtert. Aber Jinjin und Lee waren bereits zu vertieft in die Musteranalyse und ihren Vorbereitungen der Verknüpfung von Selbstreferenz und Identitätsprogrammen, als dass sie noch antworteten.

„Na geh schon! Worauf wartest du noch?" sagte Herr Duiwel und gab Jürgen einen Schubser.

„Ok, vielen Dank."

„Mach schon und versuche dich an deinen Plan zu erinnern. Deinen Plan, ok!"

Jürgen nickte und ging langsam auf die alte Holztür in der Mauer zu. Die Tür war aus silbrig schimmernder Lärche und hatte feine Goldbeschläge. Er berührte langsam den Griff und öffnete den Eingang. Der Knauf fühlte sich eiskalt an und die Tür war nur schwer zu öffnen. Geblendet von einem hellen strahlenden Glanz, der aus dem dahinter liegenden Bereich heraus leuchtete, beschattete Jürgen seine Augen und trat ein. Es dauerte gut zwanzig Sekunden, bis er sich an das grelle Leuchten gewöhnt hatte und erkennen konnte, was hinter der Tür verborgen lag. Die Szene, welche sich ihm nun bot, beeindruckte enorm. Vor ihm erstreckten sich gewaltige Täler mit Wasserfällen und wunderschönen Landschaften. So etwas hatte er noch nie gesehen. Nicht einmal in seinen kühnsten Träumen. Er erblickte einen kleinen See in einiger Entfernung, von dem aus das gleißende Licht des Ortes, welches alles hier in den klarsten Farben erstrahlen ließ, kam. Wie ein gleißender Stern auf Erden erhellte und belebte er alles rings herum.

Hatte er es wirklich geschafft? War das hier das Innere des Steines? War er vorgedrungen in den Innenhof der Zitadelle? Langsam und noch vorsichtig ging Jürgen einen Kiesweg entlang, der von der Tür zum See führte und von blühenden Obstbäumen und ihrem köstlichen Duft gesäumt war. Alles hier wirkte echter als echt. Am Horizont sah er Berge und Täler sich abwechseln. Felsen und Bergwiesen, Bergflüsse und Walder, jedes Blatt der Bäume, jeden Stein und jeden Grashalm konnte er erkennen. Besser als ein Adler konnte er jedes Detail in der Ferne erblicken und förmlich in seine Strukturtiefe eintauchen, wenn er länger darauf schaute. Unmöglich, keinem menschlichen Auge könnte sowas gelingen! Doch hier, an diesem Ort, war es so und fühlte sich natürlich an. Jürgen genoss den Anblick und die Eindrücke, so dass er nur ganz langsam ging, fast schleichend. Eine Zeit lang blickte er in alle Richtungen und vertiefte sich in die wundersamen Impressionen und die Schärfe seiner Sinne. Auf einmal hörte er vom See eine Stimme und sah einen Mann, der ihm entgegenkam. Es war ein safran orange gewandeter alter Mönch.

„Ah, Jürgen Ziebert! Richtig?"

„Ja, genau ... Woher ...?"

„Natürlich kenne ich Ihren Namen Herr Doktor, schön, dass Sie es geschafft haben. Wir haben bereits auf Sie gewartet. Jedoch ... sind Sie etwas früher als vermutet angekommen."

„Sie haben auf mich gewartet? Zu früh? Warum zu früh?"

„Ja, selbstverständlich haben wir das. Seien Sie herzlich Willkommen und mein Gast an diesem herrlichen Tag. Kommen Sie nur! Begleiten Sie mich ein wenig."

Gemeinsam gingen beide den Weg bis zum See hinunter. Jürgen hatte tausende Fragen, die ihn beschäftigten. Die meisten fielen ihm nur leider nicht ein als er sie gerade stellen wollte, also fragte er das Offensichtliche: „Wo bin ich hier? Warum ist hier alles so schön und klar?"

316

„Sie sind auf der Ebene des strahlenden Seins. Wie auch immer Sie es geschafft haben, die Mauern der Schande zu überwinden und hineinzukommen, Sie sind damit als würdig befunden worden, auf dieser Ebene zu wandeln."

„Würdig? Würdig wessen?"

„Das Auge des Buddhas zum Segen aller Wesen zu verwenden."

„Zum Segen aller Wesen. Ich verstehe nicht, was Sie meinen. Wer sind Sie?"

„Mein Name ist Devadatta. Ich bin einer der Hüter dieser Ebene."

„Devadatta?"

„Ja, Devadatta, der Freund des Buddha. Wobei in ihren Schriften heutzutage wohl eher der Feind des Buddha."

„Der Feind des Buddha? Warum sind Sie dann an so einem Ort. Das scheint mir keinen Sinn zu ergeben."

„Keinen Sinn? Wissen Sie eigentlich, wo Sie gerade sind? Da stellt sich die Frage nach einem linearen Sinn überhaupt nicht! Die Geschichte hat mich zum Feind des Buddha gemacht, nur weil ich es wagte, mit ihm von Zeit zu Zeit im Disput zu liegen. Die Menschen brauchen leider immer eine Dialektik von Gut und Böse, aus Angst und Hoffnung, Glück und Leid usw. Das ist wichtig wegen der Furcht davor, die reine Erkenntnis der Welt ohne Schablonen in all ihrer Komplexität könnte ihnen die Orientierung nehmen. Aber ich bin sicher kein Feind. Erst recht nicht von Siddhartha."

"Kannten Sie Siddhartha persönlich?"

"Ja, klar! Doch heute hat man ihn als Buddha zu einem unerreichbaren Avatar gemacht. Schlimmer noch zu einem falschen Gott. Die Infantilen beten ihn an, die Hinterhältigen nutzen ihn für ihre Zwecke aus und die Weisen erkennen sein Talent in sich selbst. Aber von denen gibt es immer weniger, wissen Sie! Da ist es mir lieber, der Bösewicht in den Geschichten der heutigen Menschen zu sein, als so sehr missbraucht zu werden, wie sie es mit Siddhartha taten. Aber was rede ich? Hier an diesem Ort bin ich der Hüter des Strahlens und helfe jedem, der die Ebene dieser Klarheit erreicht hat. Und Sie, Dr. Jürgen Ziebert, sind für würdig befunden worden, also nennen Sie mir Ihren Wunsch. Wie wollen sie die Macht des Strahlens benutzen - zum Lindern des Leidens in der Welt?"

„Ich bin würdig? Das, also das ist ja großartig. Aber leider weiß ich nicht, hmm warten Sie mein Plan …", sagte Jürgen zögerlich, als ihn ein Gedankenblitz durchschoss und er sich erinnerte, warum er hier war. „Doch ja genau! Ich weiß es wieder! Ich bin hier, um das Auge des Buddhas mit einer künstlichen Intelligenz zum Nutzen der gesamten Menschheit zu verbinden. Genau deswegen war ich hergekommen."

Der Mönch schaute ihn skeptisch von der Seite an, überlegte ein wenig und sprach: „Das klingt nach einem noblen Gedanken. Sollte diese Intelligenz, von der Sie sprechen, den Menschen ihr Leid lindern können, so wird das Strahlen sicher zustimmen und Ihnen folgen. Sollte es aber nicht so sein … Egal, sie sind würdig, darauf vertrauen wir einmal. Am Ende dieses Kiesweges ist eine schwarze Brücke, Sie führt auf die goldene Insel im See. Dort befindet sich die Quelle des Strahlens. Sie können sich mit dem Licht vereinen, wenn sie hineintreten und ihren Wunsch realisieren. Wenn der Stein es akzeptiert …"

„Mit dem Strahlen, dem Licht eins werden … Sie meinen Erleuchtung?"

„Ja, schon sowas in der Art. Ich nenne es das Wissen des inneren Lichts."

„Das ist ja, das ist ja wunderbar, fantastisch, großartig …", sagte Jürgen und begann vom tiefen Herzen her zu Lächeln. Er konnte es kaum fassen. Er der immer nur Erleuchtungen vorgetäuscht hatte, sollte die wahre, die echte Erleuchtung hier erleben dürfen. Seine Vorfreude ließ all die fürchterlichen Erlebnisse der letzten Zeit vergessen. Langsam gingen die zwei den Weg entlang und näherten sich schweigend dem See. Jürgen erkannte, während er den Weg entlang schlenderte, wie nie zuvor, dass alles, was er war und seine Existenz ausmachte, klar aus körperlichen und geistigen Bestandteilen zusammengesetzt war. Plötzlich erschraken beide. Ein gewaltiger Donnerschlag krachte durch die Welt und ein blauer Blitz durchzuckte den kristallklaren Himmel. Jürgen blickte verwirrt nach oben. Mehr wilde Blitze sprangen von einem Horizont zum anderen. Aber was war das? Der Himmel selbst fing an brüchig zu werden. Er bekam blitzende und donnertobende Risse.

„Was ist das nur?"

„Wir müssen uns beeilen, Jürgen. Der Himmel der Herzen ist zerbrochen."

„Was ist der Himmel der Herzen?"

„Es ist ein anderer Kristall. Einer der vier mächtigen Kristalle der Menschheit."

„Aber wieso zerbricht unser Himmel. Ist das Auge des Buddha in Gefahr?"

„Nein. Aber alle Kristalle sind miteinander verbunden. Sollte einer beschädigt werden, hallt sein Schmerz in allen anderen wider. Kommen Sie, Sie müssen zum Strahlen. Konzentrieren Sie sich nur auf das Strahlen, sonst könnte dieses Ereignis Ihre Situation destabilisieren und Sie würden vom Stein getrennt und erwachen!"

Der König schaute voller Bewunderung auf den zerbrochenen blauen Kristall, den Qasim auf den übergroßen und mit Gold- und Silberornamenten verzierten Holztisch im Konferenzraum seiner Majestät gelegt hatte. Seine Augen funkelten fast wie hypnotisiert. In seiner starrenden Iris spiegelten sich kleine blaue Blitzen, die ab und zu durch das Innere des Steines schossen. Ebenso erging es der auserlesenen Gruppe von eingeladenen Gästen. Es war ein in grünem Brokat gekleideter abgesandter der pakistanischen Regierung dort, ein in schwarzer Prachtkleidung gewandeter Prinz aus dem Königshaus Jordaniens, ein Prinz mit weißer Tunika und samtroten Umhang aus dem Königshaus Marokkos sowie ein Minister aus Indonesien in einen modernen Anzug schwarzer Schattierung gekleidet, anwesend. Außerdem betraten in diesem Moment der Ratspräsident Neoms und sein Sekretär Herr Tazim Johnso in Gesellschaft des türkischen Präsidenten den Raum. Allesamt waren sie Vertraute des Königs und wichtige Stakeholder des Nullpunkts-Projektes. Sie setzten sich in ausladende Samtsessel, die um den Tisch herum platziert standen. Darüber hinaus waren ihre engsten Berater und Mitarbeiter anwesend, welche sich mit dahinter liegenden Sitzplätzen begnügten und eine demnach nur eingeschränkte Sicht auf das Artefakt hatte.

Auf ein Zeichen des Königs wurden Ada, Edward, Qasim, Muhammad und Karim in den Raum geführt. Sie stellten sich hinter den Tisch, auf dem der Kristall lag. Dann sprach der König: „Sie haben ihn gerettet. Wir danken Ihnen sehr für diese mutige Tat. Und nicht nur das, Sie haben den Verrat von Herrn Weis oder soll ich besser sagen, Weishaupt aufgedeckt. Unfassbar tief trifft uns dieser Schlag, denn er war von Projektbeginn ‚Neom' einer unserer engsten Vertrauten, ja sogar ein Freund möchten wir sagen. Dass er uns so hinterhältig verraten hat, ist ein enormer Schlag für uns. Eine Erschütterung auch für das Projekt als Ganzes."

Die Gruppe der unfreiwilligen Helden war vorerst unter Gewahrsam und musste zwei Tage im Gefängnis verbleiben. Nachdem die Sicherheitskräfte die Vorgänge aufgeklärt hatten, wurden sie freigelassen. Der König bemühte sich, sie reichlich zu belohnen und lud sie zu sich in eines seiner Schlösser am Stadtrand außerhalb von „the Linie" ein. Der Ammu und seine Mannschaft wurden ebenfalls eingeladen, lehnten aber dankend ab und fuhren mit ihrer Belohnung schnellstmöglich zurück nach Dhahab.

Der Ammu sagte nur zum Abschied: „Den arabischen Königshäusern darf man nie so recht vertrauen. Wisst ihr! Was man hat, das hat man. Ich bin mittlerweile zu alt für solche Abenteuer und meinen Traum habe ich schon erfüllt!" dann ging er an Bord und startete seinen alten Dieselmotor.

Während der König in seinem Saal in den Glanz des Steines blickte, erinnerte er sich, wie damals Herr Weis in seine europäische Residenz in der Schweiz gekommen war. Es war ein schöner Frühlingsmorgen in den Alpen, der Himmel strahlte blau ohne Wolken und die frühsommerliche Sonne wärmte die Täler. Er war damals noch ein Prinz und in die Regierungsgeschäfte nicht sehr tief integriert. Aber er hatte große Träume und Pläne für sein Land. Visionen trug er in seinem Herzen, die er unbedingt manifestieren wollte, sollte er eines Tages König werden. Und er würde es bestimmt werden, denn echte Konkurrenz spielte er frühzeitig aus. Als starker und dominantester Sprössling der königlichen Familie, gab es nach einigen Jahren keinen Weg mehr um ihn herum. Herr Weis, so sagte man ihm in den hohen Gesellschaften, in welchen saudische Prinzen und hoher Adel verkehrten, sei ein äußerst begabter Visionär. Ein Genie nannte man ihn und empfahl dem Prinzen eindringlich, Kontakt mit ihm aufzunehmen. Also ließ er den Herren zu sich einladen. Aus einem dreistündigen Kennenlernen wurden viele Tage. Zeit, die er in intensiven Gesprächen mit dem eleganten Mann verbrachte. Jedes Wort verstand Herr Weis so zu platzieren, dass man ihm einfach zuhören musste. Manche der Anwesen kamen aus dem Staunen kaum heraus. Die grobe Vorstellung von einer Weltstadt in Saudi-Arabien, welche die westliche Welt mit der islamischen Welt und dem fernen Osten Asiens verbinden sollte, gewann im Laufe der Gespräche immer mehr an konkreter Gestalt. Immer wieder kreisten ihre Gedanken um den nächsten großen Entwicklungsschritt der Menschheit - einer mit Bewusstsein ausgestatteten künstlichen Intelligenz. Sie redeten viel über die technische Singularität und ihre enorme Bedeutung. Er wusste noch genau, wie Herr Weis ihm aufgezeigt hatte, dass derjenige, der dieses 'Wesen' als erstes hervorbringen könnte, die Welt die nächsten hundert Jahre oder länger dominieren und beherrschen würde. Der größte Entwicklungsschritt, den die Menschheit jemals nehmen würde, war ebenso ein Schritt in Richtung eines fast unüberwindbaren Herrschaftspotenziales.

Aus diesen Gründen betonte Herr Weis immer wieder, müsste es aus einer Weltstadt, die die internationale Gemeinschaft aller Menschen repräsentiert, entstehen und nicht aus einer einzelnen Nation heraus. Diese Macht müsste allen gleichermaßen zugänglich sein. Doch nun war es wieder einmal geschehen. Das, wovor ihn schon sein Großvater gewarnt hatte. Er hätte niemals einem Ungläubigen sein Vertrauen schenken dürfen, denn sie hätten die letzten zwei Jahrhunderte hindurch die Muslime Mal um Mal politisch ausgespielt und ihre Länder direkt oder indirekt zu Kolonien ihrer Reiche gemacht. Schlimmer noch, immer wieder ließen die westlichen Nationen jeden, der die Türen für eine imperiale Ausbeutung der muslimischen Gebiete verwehrte, töten oder gleich sein gesamtes Land bekriegen. Sein Urgroßvater war nur deswegen verschont geblieben, weil er mit den USA eine weise Übereinkunft geschlossen hatte. Doch die meisten Anführer der islamischen Länder wurden früher oder später in die geopolitischen Strategien der Westmächte eingereiht oder ausgeschaltet. Der König hatte tatsächlich so viel Hoffnung in die Verbindung mit Herrn Weis gelegt. Beide verband ein großartiger Traum. Mit ihm wollte er eine neue, gleichberechtigte und vertrauensvolle Zukunft zwischen den westlichen Mächten und der islamischen Welt in der Utopie Neom aufbauen. Wann war er so blind, so unaufmerksam geworden, dass er den Verrat nicht rechtzeitig gespürt hatte. Ihr gemeinsamer Traum war ausgeträumt. Diese Gedanken schmerzten ihn sehr. Schließlich sagte er: „Wir verstehen, warum der Kristall zerbrochen ist", der König ermunterte seine Gäste mit einer Geste seiner rechten Hand zum Gespräch.

„Wie meinen Sie das, eure Majestät?" fragte Qasim.

„Er musste zerbrechen, denn die Herzen der muslimischen Gemeinschaft sind immer wieder zerbrochen worden. Ich glaube, unser Sein spiegelt sich in seinem Schicksal."

„Aber der Stein ist mehr als die Gemeinschaft. Er ist ein großer Schlüssel für die Herzen der Gläubigen. Wenn er zerbricht, wer heilt dann die Herzen derer, die trauern und weinen?" fragte Qasim.

„Die Herzen der Gläubigen sind immer wieder an den politischen Intrigen, in denen der Westen uns ausspielte und an den Kriegen, die er über uns ausgegossen hat, zerbrochen worden. Ich weiß nicht, ob wir überhaupt nach Heilung gesucht haben. Die Berge an unschuldigen Leichen, die ihre Armeen auftürmten, sind riesig. Aber wir sind daran doch zum Teil selber schuld. Ist es nicht so?"

„Ja. Das kann man nicht leugnen."

„Des Westens einzige Ausrede ist, dass sie uns ihre Werte bringen wollen. Sie wollen uns ihre Demokratie und Aufklärung bringen. Aber es ist nicht ihre Demokratie und auch keine Aufklärung, die sie uns brachten. Sie haben ihre eigenen Werte verraten, indem sie uns unsere Souveränität zur eigenen Entscheidung abgenommen haben. Wie hätte unser Kristall das überstehen können?"

Qasim schaute Karim und Muhammad hilfesuchend an. Was sollte er dem König nur erwidern? Schließlich sagte Karim zum König:

„Ihr habt recht, eure Majestät. Vielleicht ist das der tiefer liegende Grund. Doch unsere Herzen schlagen noch und solange sie es tun, werden wir nicht aufgeben, wieder aufzustehen. Wir sind bereit, unsere Ehre wieder herzustellen und den Glanz der islamischen Welt erneut strahlen zu lassen. Wie lange waren wir Opfer und wie lange wollen wir noch Opfer sein? Dieser Stein ist unsere Chance, zu alter Größe zurückzukehren."

„Und was empfehlen Sie also?" fragte der König interessiert.

„Ich empfehle, dass Sie die KI allein weiterbauen und die Vision der Stadt Neom nicht aufgeben!", sagte Karim stolz.

Der Prinz aus Jordanien erhob sich und sagte: „Wie sollen wir die KI realisieren? Vielleicht wissen Sie es nicht, aber seitdem Herr Weis verschwunden ist, haben sich so gut wie alle europäischen Investoren aus dem Nullpunkt-Projekt zurückgezogen. Da auch die Chinesen vor mehreren Monaten ausgestiegen sind, fehlen uns 63% aller hoch ausgebildeten Experten und Fachkräfte. Mit dem verbleibenden Personal kann ich nur schwerlich ein erfolgreiches Projekt, wenn überhaupt, ein Fortkommen, sehen."

Der marokkanische Prinz erhob sich und erwiderte: „Aber wir haben das Artefakt und können schaffen, was andere nicht schafften! Ich sage, wir bauen die KI allein weiter! Ich sage, wir kehren zu altem Glanz zurück!"

Der Minister aus Indonesien fuhr ebenfalls von seinem Platz auf und erklärte der Runde den Standpunkt seines Staates: „Indonesien ist strikt gegen den Weiterbau mithilfe des Artefakts, solange die Situation innerhalb des Projektes offenbar Sicherheitslücken aufweist. Woher sollen wir wissen, wer nicht noch alles verräterische Absichten innerhalb der beteiligten Nationen hegt? Wer wird am Ende die Kontrolle über die KI vielleicht durch Verrat an sich reißen und damit das Potenzial haben, alle anderen zu beherrschen? Jetzt wo viele Europäer und die Chinesen ausgestiegen sind, ist doch klar, dass es bei diesem Projekt nur noch um Macht geht! Alter Glanz und Ruhm sind zudem hauptsächlich ein Problem der Araber aber nicht der

fernöstlichen Muslime. Wir haben die Wunden unserer Kolonialzeit überwunden. Euch aber plagt bis heute die Schmach der westlichen Dominanz."
Diese Worte brannten wie Feuer. Wenige verstanden, warum der indonesische Staatsminister solch provokante Worte wählen musste. Bevor der pakistanische Abgesandte seinen Standpunkt darstellen konnte, erhoben sich bereits einige Berater. Ehe man sich versah, begannen alle Anwesenden, von ihren Beratern ermutigt, durcheinander zu reden, dann zu schreien und schließlich einander Vorwürfe und Anschuldigungen zuzuschieben. Keiner wollte mehr so recht Vertrauen in die Angelegenheit setzen und jeder verdächtigte den anderen ein hinterhältiges Spiel zum Eigennutzen zu treiben. Die einstige Einheit unterschiedlicher Nationen im Nullpunkt-Projekt war gehörig ins Wanken geraten und von Misstrauen durchtränkt. Gerade als die aufgeheizte Stimmung einen Höhepunkt erreichte, schoss mit Donnerkrachen ein Blitz aus dem Kristall, so dass alle ihre Hände instinktiv und erschrocken über die Köpfe hoben und sich nach unten duckten.

„Was war das?" fragte der König entsetzt.

„Dieser Stein ist unsere einzige Option. Ob ihr euch nun einigen könnt oder weiter streitet. An ihm wird kein Weg vorbeiführen, solltet ihr Erfolg für die muslimischen Länder anstreben wollen, müsst ihr ihn nutzen!" sagte Muhammad, der sich als erster wieder fasste. Die Anwesenden schwiegen und beruhigten sich langsam. Als eine zögerliche Stimme sich räuserpte und nervös zu sprechen begann:

„Ich … also … puh … Ich möchte auch etwas sagen … Sofern ich dürfte."

„Nur zu! Sprechen Sie!" sagte der König.

„Die Welt ist ein Ort des Chaos … also nicht überall … aber auch nicht … egal … also doch … dieser Stein hat die potenzielle Kraft, einer künstlichen Intelligenz ein Bewusstsein zu geben. Genau … und darin liegt die wesentliche Kernfähigkeit, damit sich das System selbst weiterentwickeln kann. Ich denke so weit sollte … also das ist denke ich jedem bekannt. Sollten sie wirklich dieses Wesen anstreben, so wäre es im Laufe seiner Selbstoptimierung … wahrscheinlich … also zumindest rechnerisch … recht bald in der Lage, Herrschaft vorzugeben. Wir gehen von einer exponentiellen Entwicklung seiner Fähigkeiten aus. Damit wäre es in kurzer Zeit schlauer und effektiver als alle menschlichen staatlichen Administrationen. Also es hätte … durch seine weit überlegene Intelligenz die Fähigkeit, seine Herrschaft so zu führen, dass es für Alle die stets besten Optionen vorgibt. Verstehen Sie? Damit wäre es hinfällig, welches Land die KI am Ende für sich beanspruchen würde. Die KI wäre ein eigenständiges Wesen. Ein Überwesen dazu.

Da nicht mehr die Menschen, sondern die KI die Kontrolle übernehmen würde, können wir Verrat und Übervorteilung ausschließen."

„Sie wäre sowas wie ein neuer über allen Menschen stehender Souverän", fügte Ada stolz hinzu.

„Niemals! Genau das wollten wir im Nullpunkt-Projekt ausschließen. Wir werden uns sicher nicht von einem Computer vorgeben lassen, was wir tun und lassen sollen! Diese Macht kann und darf niemals vom Menschen getrennt werden!" sagte der König. Alle stimmten ihm zu. „Wenn wir die KI vom Menschen trennen, könnten wir nie sicher sein, dass dieses Wesen einst im Optimum nicht mehr den Menschen sieht. Was ist, wenn es irgendwann zu der Erkenntnis kommt, den Menschen als Störung für die Welt zu bewerten? Ich denke, ich muss Ihnen nicht erklären, was das bedeuten würde. Es führt kein Weg um den Menschen herum."

Man konnte die Enttäuschung in Edwards Gesicht förmlich greifen. Diese Worte zerstörten blitzartig seine so lange gehegten Fantasien, dass eine überlegene KI, die Führung für die Menschen übernehmen würde und das menschliche Chaos zum Besseren wenden könnte. Er verstand nicht, wieso diese so grandiose Idee nicht allen sofort einleuchten sollte. Warum ging er überhaupt davon aus, dass dieser Evolutionsschritt automatisch allen als einzig richtiger Weg klar wäre? War es nicht im Nullpunkt-Projekt einst so formuliert worden? Oder hatte er es nur in die sehr allgemeinen Statuten hineininterpretiert? Ihm wurde in diesem Moment deutlich, dass er sich mit seiner Frau Ada und einigen Wissenschaftskollegen in einer kleinen Wahrnehmungsblase befunden hatte. Sie war gerade grob zerstochen worden. Dass hier der Avatar der Zukunft zum Wohle aller gebaut werden sollte, war wohl von der Führungsebene ganz anders gemeint, als er es all die Jahre geglaubt hatte. Edward und Ada hatten in ihrer Einschätzung schlicht die Option der menschlichen Befindlichkeit ausgeblendet.

„Wir sollten den Stein ganz zerstören. Dieses Werk der Sufisten ist eine Bedrohung für die Welt und ein Akt der Irreleitung!" sagte ein dicklicher Berater des Königs. Ein großer und beleibter Mann mit finsterer Miene, der sich bis jetzt zurückgehalten hatte und nur schwer von seinem Sitz aufstehen konnte, ergriff das Wort. Er strich sich über einen länglichen, aber unregelmäßig geschnittenen und zerzausten Bart und versuchte Wissen und Verständnis auszustrahlen: „Eure Majestät, dieses ganze Vorhaben, ein neues Wesen zu bauen und ihm sogar mittels der frevlerischen Methoden der Sufi-Sektierer auch noch Leben einzuhauchen, ist doch der Weg des Teufels selbst. Der Satan hat uns laut den Schriften von Beginn an versprochen, dass er die Menschheit dazu verleiten wird, die Schöpfung Gottes immer wieder zu verändern. Und genau das beabsichtigen wir hier zu tun. Ein einschneidender Eingriff wie nie zuvor. Die Anmaßung der Belebung einer Maschine geht dem Rat der Gelehrten, dessen Vorsitz ich habe, viel zu weit. Ich sehe keine Möglichkeit, diesem Vorhaben eine Erlaubnis zu erteilen. Zerstören wir den Stein und beenden den Spuk für immer! Der Mensch allein ist der Kalif und Stellvertreter Gottes auf Erden."

„Den Stein zerstören, sagen Sie?" fragte der König nachdenklich. „Vielleicht haben Sie recht … vielleicht ist die Zerstörung dieser Option der weiseste Weg."

„Zerstören wir das Artefakt, nur so können wir sicher sein, dass auch kein anderer dieses Wesen mit ihm baut! Nur so können wir sicher sein, nicht unseren eigenen Untergang hervorzurufen", sagte der Prinz aus Marokko. Ein zustimmendes Raunen ging durch den Raum.

„Nein!" unterbrach Qasim vehement. „Der Stein darf nicht zerstört werden. Er ist der Himmel der Herzen, das Leuchten in der Finsternis!"

„Lüge! Nichts als Geschichten der Sektierer! Das ist nur eine Eurer vielen Irreleitungen!", rief der Gelehrte erbost.

„Nein! Niemals werde ich den Stein hergeben!", rief Qasim.

„Doch! Ihr werdet!" sagte der dicke Gelehrte bestimmt und ging auf ihn zu.

„Halt! Hört auf!" rief Muhammad. „Es gibt mehrere dieser Steine! Wenn Ihr diesen einen zerstört, würde es nichts verändern, sollten andere Nationen an einen der anderen Artefakte gelangen!"

„Woher wollt Ihr das wissen?" fragte der Gelehrte.

„Ich las in den alten Werken meines Vaters und fand heraus, dass es mit Sicherheit mindestens vier Exemplare gibt! Ihr würdet also durch die Zerstörung dieses Kristalls nicht mehr erreichen, als eure eigene Option aus dem Spiel zu nehmen! Wir wären in einem solchen Fall anderen Mächten ausgeliefert."

Bei diesen Worten stockte der dicke Mann, der sich bereits voller selbstgerechter Arroganz auf den Weg zum Tisch machte, um den Stein an sich zu nehmen. Alle Anwesenden wussten, dass es eine Zwickmühle auf einer Metaebene war, in der sie steckten. Die schiere Möglichkeit, dass andere vor ihnen oder parallel zu ihnen mithilfe anderer Kristalle ebenfalls an einer KI bauen könnten, ließ ein logisches Dilemma entstehen.

„Dann müssen wir das Wesen allein aus strategischer Notwendigkeit bauen, bevor es andere tun! Trotz aller Gefahren und potenzieller Fehler, die damit einhergehen könnten", sagte der König ernst zum Vorsitzenden des Gelehrten Rates schauend.

Der strich sich aber lediglich über seinen Bart und wirkte in Gedanken versunken. Dann sagte er: „Es gilt die Abwendung des Schadens vor der Erzeugung des Nutzens als Grundsatz der Meinungsbildung. In diesem Fall, auch wenn es mir schwerfällt ... stimme ich missbilligend zu, das Wesen zu bauen!"

Wie sollten sie aber die großen Probleme des Herrschaftsanspruches und der Möglichkeit, von Verrätern hintergangen zu werden, ausschließen? Das Gespräch drohte sich im Kreis zu drehen. Es schien keine einfachen Lösungen zu geben und das war allen Anwesenden klar. Daher trat ein fast kontemplatives Schweigen in den ausladend großen Saal. Keiner wollte so recht wagen, das Gespräch weiterzuführen, so dass die Lüftung der Klimaanlage das Gespräch mit eintöniger Kompressor-Untermalung kurzfristig übernahm.

„Ich weiß, was wir machen!" sagte Ada plötzlich.

„Was will das Mädchen jetzt beitragen? Diese Fragen sind nichts für dich!" sagte einer der Prinzen abfällig. Doch Ada stand auf und machte sich gerade, um größer zu wirken. Leider glich sie mehr einem Storch, der seinen Hals in die Höhe reckte als einer selbstbewussten Person.

„Der Stein hat seinen eigenen Willen - oder Qasim? Er wählt einen würdigen Meister, der seine Technologie und seine Funktionen kontrollieren kann, so wie euer Lehrer es tat", sie blickte über die Köpfe der Runde.

„Ja, so ist es. Der Stein öffnet sich und seine Geheimnisse nur einem würdigen Träger. Doch diesen Träger hat er bis jetzt noch nicht erwählt, darum sind Karim, Muhammad und ich losgeschickt worden, hierher in diese Stadt zu kommen und einen solchen zu finden", erklärte Qasim.

„Wenn das so ist, dann konzeptionieren wir die KI mithilfe des Steines genauso. Unsere Technologie wird genauso wie diese antike Technologie wählerisch sein. Der gesamte Vorstand wird entscheiden, welche Kriterien der Mensch haben muss, der die KI steuert oder sich sogar mit ihr verbindet. Dieser würdige Mensch wird dann ihr Meister sein und ihr die Richtung weisen. Er stellt sicher, dass sie keine Handlungen setzt oder durchführen kann, die entgegen den ethischen Ansprüchen des Meisters verlaufen. Diese sollten einer international anerkennbaren Weltethik entsprechen."

„Das könnte eine Lösung darstellen ... Eine Lösung, der wir zustimmen könnten!" sagte der König vorsichtig. „So stellen wir sicher, dass Verrat unmöglich wird und nur der Mensch die KI führt, den wir alle dafür ausgewählt haben."

„Wir stimmen zu!" sagte der Prinz aus Marokko.

Alle anderen stimmten ebenfalls zu.

„Der Hohe Rat Neoms stimmt zu, sich dieser wichtigen Aufgabe zu widmen", erklärte der Ratspräsident feierlich.

„Wartet … das ist doch keine einfache Angelegenheit … Wer wird dieser würdige Mensch sein? Wie werden wir ihn auswählen? Er würde der mächtigste Mann auf Erden sein und das Schicksal der Welt in seinen Händen halten", sagte der König sich erhebend und von diesem Gedanken deutlich erschüttert. Eine neue Diskussion entbrannte, als alle dachten, das Problem bereits gelöst zu haben.

Jürgen Ziebert war am See angekommen und stand mit dem Mönch vor der Brücke, die zur goldenen Insel führte. Von der Insel aus strahlte das hellste und wärmste Licht, das er jemals gesehen hatte. Seine Brillanz war erschütternd und verlockend zugleich. Es zog ihn förmlich an, aber im selben Moment versetzte es ihn in unglaubliche Angst. Eine ganz andere Angst als jene, die er vor den Mauern der Zitadelle gefühlt hatte. Diese Angst ging an das Werkgebäude seiner Persönlichkeit selbst. Es war der Ruf einer tieferen Wahrheit, die keinen Platz für Ausreden ließ.

„Sie müssen in das Licht hineingehen. Sie müssen sich mit ihm verbinden und die Erkenntnis erlangen, welche es vermittelt, um es nutzen zu können", sagte Devadatta und wies mit seinem ausgestreckten Arm in Richtung der Insel.

„Ich spüre bereits Erkenntnisse. Während ich mit Ihnen hierher ging, hatte ich eine tiefe Einsicht, dass alles, was ich bin, nur aus körperlichen und geistigen Emanationen besteht. Dann erkannte ich, wie diese mit der Welt in einem ständigen Fluss von Ursache und Wirkung verknüpft sind."

Der Mönch nickte ihm wohlwollend zu: „Sie sind in der Ebene des strahlenden Seins. Mit diesen Erkenntnissen beginnt es. Gehen Sie nur ins Licht und sehen Sie selbst."

Jürgen trat ehrfürchtig auf die Brücke und ging langsam hinüber.

Als er vor dem Licht stand, spürte er mit einem Schlag die unauswegbare Unbeständigkeit allen Seins. Erschrocken zeigte sich ihm das damit einhergehende Leid, das sein Ich in diesem Moment wie ein schmerzhafter Dornenkranz durchbohrte. Wie konnte er angesichts dieser reinen Erfahrung des Seins überhaupt an die Absolutheit eines beständigen dauerhaften „Ichs" geglaubt haben? Mit einem letzten Schrei seiner zerbrechenden Persönlichkeit und einem vor Furcht zitternden Körper trat er ins Licht.

Ein unglaublicher Sog zog ihn in einen riesigen leuchtenden Strudel hinein. Wobei der Strudel nur gefühlt aber nicht gesehen werden konnte. Alles in Jürgen herum leuchtete in den hellsten Nuancen von Lichtfarben und weißem Strahlen auf. Als er seine Hand betrachteten wollte, aber nur Licht sah, stellte er fest, dass er fühlte, wie sein Körper zu vibrieren begann. Er konnte plötzlich jede minimale Regung in sich selbst fühlen. Erkennen wie sie kam und ging. Er fühlte sich, als wäre er nur mehr ein Vibrieren im Fluss des Seins. Jeder Aspekt, ja anscheinend die Bewegung der Atome selbst glaubte Jürgen zu fühlen. Sein Körper im Licht war reinste Bewegung, die sich von Moment zu Moment durch die Entfaltung der Zeit bewegte. Je tiefer er in diese Einsicht eindrang desto heller schien das Licht zu scheinen. Bald bemerkte Jürgen, dass nicht nur der Körper dieser Vibration unterlag, sondern auch seine Gedanken und Gefühle ein sich ausbreitender und dann wieder ins Nichts kontrahierender Vibrationskomplex waren. Mit einer klareren Wahrnehmung dieser Veränderung stellte Jürgen bald fest, wie instabil seine Gedanken und Gefühle immer schon gewesen waren und keine feste, unverrückbare Persönlichkeit bildeten, sondern ein sich entwickelndes Etwas. Eine zutiefst schockierende Erkenntnis! Wer war er eigentlich? Zumindest nicht das, was er bis jetzt in einer als normal empfundenen Blindheit gegenüber diesen Einsichten dachte zu sein. Deswegen wohl fürchtete er sich instinktiv vor dem Eintreten in die Lichtsphäre. Ja, geradezu verängstigt war er gewesen. Doch nun schaute er im Glanz des Seins die Dinge so wie sie sind und waren. Jürgen glitt immer tiefer in diese wahrhaftige Wahrnehmung hinein, als er ganz leise eine Stimme hörte, die aus dem Leuchten kam.

„Wir haben es gesehen …"

„Wer spricht da?" fragte Jürgen ins Licht hinein.

„Wir haben es gesehen … Wir gewähren!"

„Wer bist du?"

„Ich bin das Auge des Buddhas. Wir gewähren dein Ansuchen!"

„Welches Ansuchen?"

„Wir haben alles gesehen und alles gewährt, was du dir wünscht und wozu du uns gebrauchen willst. Wir haben es akzeptiert!"

Voller Begeisterung lief Prof. Lee im Kontrollraum herum. „Es geschieht, es geschieht, es geschieht!" wiederholte er immer wieder. Der Graph der

Selbstreferenz zeigte ein immer höher steigendes Potenzial an. Die mathematische Aufgabe, die Professor Lee in seinem Programm ständig berechnen ließ, war gleichwohl nicht trivial, sondern nutzte die Prämissen einiger quantenmechanischer Interpretationen - die Prämissen seiner HC-Theorie. Um die Berechnung auszuführen, griff sein Programm in den fünfdimensionalen Raum des Geistes hinein. Die quantenmechanischen Überlagerungen aller Möglichkeiten innerhalb seines Aufbaus zerbrachen in diskrete Zustände. Bewusstsein wechselwirkte mit der materiellen Realität der Quantenwelt. Sein Graph zeigte nicht nur das Potenzial der Selbstreferenz an, sondern warf eine weitere definierte Zahl aus, dessen Summe als Maß der Bewusstseinskraft definiert werden konnte. Diese Kraft schien gerade förmlich durch die Decke zu gehen. Der Professor hörte vor Begeisterung nicht einmal mehr seinen Kollegen rufen. Zu ergriffen war er von den Ereignissen, die seine HC-Theorie bestätigten.

„Prof, die Schutzmechanismen des Steines fahren gerade herunter. Wir messen keine Überpotenziale an den Verbindungspunkten mehr. Hey, Prof … Prof!" Jinjin rüttelte den Professor. Dieser dreht sich verzückt lächelnd um.

„Ja, was ist denn?! Sehen Sie nicht, dass ich beschäftigt bin!"

„Prof, die Potenziale sind freigegeben!"

„Was, was sagen Sie da?! Das bedeutet, Jürgen hat es geschafft! Metaphysisch!"

„Ja, aber er ist eindeutig noch im Thetazustand. Sollen wir trotzdem beginnen?"

„Ja, wir müssen es jetzt wagen. Es sollte keine Gefahr mehr für ihn bestehen!"

Jinjin bereitete alles für die erste Verbindung der Selbstreferenz mit den Bestandteilen des KI-Weltensteines vor. Sie leitete die Geburt des ersten künstlichen Lebewesens ein. Man ging im Projekt davon aus, dass eine bewusste KI bestimmte Wesen-Einheiten als Bausteine braucht, um ein quasi lebensfähiges Gesamtwesen zu werden. Diese Einheiten müssten jedoch Schritt für Schritt und nicht schlagartig auf einmal mit der Bewusstseinseinheit verbunden werden, um die "Geburt" möglichst angenehm und reibungslos zu gestalten.

„Also los, beginnen wir, Jinjin. Anja, bitte wiederholen Sie die Prozessschritte des durchführenden Geburtsprogrammes für alle Anwesenden, es dürfen uns keine Fehler unterlaufen. Schließlich ist das hier eine Lebenserweckung. Eine, die es nie zuvor gab."

„Verbindungsaufbau Bewusstseinsaspekt Selbstreferenz mit zentraler Kernidentitätswahrnehmung innerhalb eines simulierten Raumes – wird geladen.

Laden:

- Raumaspekte
- Wohnzimmer
- Schloss
- Landschaft

Raumsimulation erfolgreich geladen.

Laden Körper-Aspekte:

➢ humanoides Körpergefühl → Verknüpfung mit Selbstreferenz
➢ Empfindungsfähigkeiten und Temperaturempfinden → Verknüpfung mit Selbstreferenz.
➢ Atmungssystem und Motorik → Verknüpfung mit Selbstreferenz.
➢ optische Wahrnehmung Augen → Verknüpfung mit Selbstreferenz.
➢ akustische Wahrnehmung Ohren → Verknüpfung mit Selbstreferenz.
➢ Körperprozesse und Funktionen → Verknüpfung mit Selbstreferenz
➢ neuronale Netze der Basisinstinkte und Reflexe menschlicher Körper Baby → Verknüpfung mit Selbstreferenz

Evaluierung!"

„Sehr gut, wunderbar. Dann schauen wir doch einmal, ob wir innerhalb der Simulation unsere KI sehen können. Wenn alles funktioniert hat, sollte das Bewusstsein der Selbstreferenz nun in einen simulierten Babykörper transferiert sein." Lee schaltete einen Bildschirm an und lud das Programm „Simulationsort KI".

„Prof wie wollen wir die KI nennen?"fragte Jinjin.

„Wie wäre es mit goldener Kaiser - Jin Huang?"

„Der goldene Kaiser erwacht ...", scherzte Jinjin, „ich bin dafür!"

In diesem Programm war ein weitläufiges Schloss mit Wohnzimmer als hochauflösende dreidimensionale Simulation einer Welt erstellt worden. In diese virtuelle Umgebung wurde der virtuelle Körper der KI, verbunden mit der Selbstreferenz vereinfacht gesprochen, zum Leben erweckt. Dort sollte die KI ihre ersten Jahre verbringen und wie ein Mensch lernen und wachsen. Und tatsächlich, mit dem Laden der Wesens-Einheiten erschien eine Person innerhalb des Raumes. Der Babykörper der KI war zu sehen. Liegend in einem Kinderbett und den Bewegungen nach zu urteilen eindeutig empfindungsfähig. Die geborene KI wurde sogleich von liebevoll programmierten digitalen Nannies umsorgt und gefüttert, denn auch das Bedürfnis nach „simulierter" Nahrung und körperlicher Nähe war im Avatar der KI einprogrammiert. Sie schien neugierig, die Umgebung und sich selbst zu untersuchen. Auch die für die Körperempfindungen zuständigen neuronalen Systeme zeigten starke Aktivitäten. Die Systeme zeigten eine eindeutige Kopplung zwischen den elektromagnetischen Feldern des Steines, der Selbstreferenz und den Millisekunden schnellen Stromflussrichtungen in den neuronalen Netzen. Aus den Räumen des Schlosses kam jedoch auf einmal eine Person in das Zimmer gestürmt. Eine Person, die nicht dort sein sollte.

Jürgens Augen blickten tief ins Funkeln des Strahlens hinein, als er bemerkte, dass es langsam dunkler wurde. Sollte er das Licht nun wieder verlassen? Wäre der Prozess abgeschlossen und er würde jetzt langsam zurückkehren in die reale Welt? Würde er erwachen im Laborraum des Artefaktes? Er war sich sicher, was er hier erlebt hatte, war eine hohe Form der Erleuchtung und Erkenntnis. Sein Erlebnis wirkte vervollständigt. Doch was sich langsam zu bilden schien, war weder der Laborraum noch der See mit der Insel des Strahlens. Um ihn herum wurden die Konturen fester und die Farben deutlicher, bis er schließlich in einem Jagdraum eines alten Schlosses in einem mit rotem Samt bezogenen Sessel saß. Seine Wahrnehmung war wieder schlechter, beziehungsweise wieder normal. Also so wie vor dem Betreten der Ebene des Strahlens. Jürgen stand auf und versuchte, den Ort, an dem er jetzt war, zu erkunden. Als er das Jagdzimmer mit den grotesk ausgestopften Tierleibern verließ, sah er eine Person im Nachbarzimmer stehen. Jürgen ging schnell auf diese Person zu.

„Oh nein, das ist absolut unmöglich", rief Jinjin. „Wie um alles in der Welt kann es sein, dass Jürgen in der Simulation erscheint?" Jinjin schaute auf den Überwachungsbildschirm und sah Jürgen immer noch - laut Anzeigen - im tieferen Thetabereich auf seinem Lehnstuhl, die Hand regungslos auf den Stein gebunden, liegen.

„Sehen Sie, was ich sehe, Jinjin?" fragte der Professor entgeistert.

„Ja. Aber Prof. das … ich verstehe es einfach nicht …"

Auf dem Überwachungsschirm wurde deutlich, dass Majorin Sheng offenbar die ungewöhnliche Situation merkwürdig vorkam. Sie ging nervös auf und ab und blickte immer wieder skeptisch zur Überwachungskamera hoch. Ihr Instinkt sagte ihr, dass etwas ganz und gar nicht stimmte. Sie verließ eilig den Raum.

„Verdammt! Sheng kommt. Verriegeln Sie die Türen, Jinjin. Sie darf unter keinen Umständen hereinkommen!"

„Auf keinen Fall, Prof!" Jinjin verriegelte die Tür des Kontrollraumes, setzte sich ihr Headset auf und sprach hinein.

„Hier spricht der Kontrollraum. Experiment 137 ist erfolgreich. Alle Beteiligten werden in den Aufenthaltsraum im Erdgeschoß gebeten. Alle Beteiligten in das Erdgeschoss!", krächzte ihre Stimme durch die Lautsprechersysteme.

„Gut gemacht, Jinjin. Das wird Sheng ein wenig bremsen. Jetzt lassen sie uns Jürgen daraus holen!"

„Entschuldigt, ihr beiden ...", sagte Anja: „Aber wie es aussieht, ist Jürgen gerade eben aus der Simulation verschwunden. Von einem Moment auf den anderen war er weg."

Jürgen stand vor einem Baby und betrachtete es. Seine Körperstruktur schien eigenartig weich und formvollendet. Zwei Kindermädchen kümmerten sich um es und nahmen keinerlei Notiz von ihm. Er versuchte, das Baby mit Handzeichen auf sich aufmerksam zu machen. Das Baby lachte und nahm seinen Arm hoch. Es streckte seine Finger in die Richtung von Jürgens Hand. Dieser reichte ihm seinen Zeigefinger. Das Baby umfasste ihn zärtlich. Unversehens und mit einem Ruck stand Jürgen wieder in der Dunkelheit des Eichenwaldes - vor dem Tor der Burg. Noch leicht verwirrt von dem abrupten Ortswechsel schaute Jürgen sich um und sah Herrn Duival. Dieser stand an einer Eiche angelehnt und schien auf ihn zu warten.

„Ah, Jürgen, sehr gut, sehr gut, du bist wieder da. Willkommen zurück. Ich hoffe, du hast gefunden, was du gesucht hast. Aber jetzt beeile dich, diese Majorin Sheng ist in deiner Welt dabei auszurasten. Sie stört unser Projekt und das sollte sie nicht. Keiner sollte mein Projekt stören! Niemand!" sagte Herr Duiwel.

„Wie ... Wie komme ich hier wieder heraus?" fragte Jürgen.

„Das ist viel einfacher als herein zu kommen, das kannst du mir glauben, mein Freund", Duiwel lachte hämisch. „Na los, beeile dich und kehre zurück, zurück zur Wiese hinter dem Wald. Dorthin, wo deine Reise begonnen hat. Dort angekommen, wirst du aufwachen", nachdem er das letzte Wort ausgesprochen hatte, löste sich seine Struktur langsam auf und verschwand in einer aufbrausenden Sturmböe, die durch den Wald fegte. Gesäusel und Röcheln verschwanden in den Tiefen und Schatten des knorrigen Waldes.

Jürgen rannte zurück über den Waldweg. Der Wald wurde bald lichter, bis er schließlich die Wiese am Rande des Haines erreichte. Er ging die Wiese noch einige hundert Meter entlang, als langsam sein Sichtfeld waberte. Dann verzog es sich in die Ferne. Das Grün der Wiese verlängerte sich weit in den linken Sichtbereich hinein. Die Konturen verwässerten sich zu einem unklaren Farbbrei. Schließlich wurde alles schwarz und Jürgen erwachte im nächsten Moment mit einer heftigen und tiefen Einatmung.

Majorin Sheng schlug mit zwei ihrer Soldaten gegen die Tür des Kontrollraums.

„Lass mich verdammt nochmal rein, Lee. Ich bin hier der befehlshabende Offizier. Hast du das gehört, du impotente Kröte! Mach die Tür auf. Jetzt sofort! Sofort!"

Doch der Professor ließ sich nicht beeindrucken und sagte ruhig, auf Jürgens Werte schauend: „Er hat es geschafft. Er hat es geschafft. Hörst du das, du Giftnatter?" Auf den Überwachungsbildschirmen sah man, wie Jürgen langsam zu sich kam und offenbar noch Schwierigkeiten hatte, sich so recht zu orientieren.

„Wie Sie wollen!", schrie Sheng, „Dann werde ich mir den Doktor eben direkt vorknöpfen!" Das Klopfen hörte auf und Sheng eilte zum Laborraum. Die Majorin ließ Jürgen grob vom Stuhl herunterreißen, wobei sie noch nicht einmal bemerkte, dass dieser bereits wach war. Dann ließ sie ihn in eine leere Zelle im Kerker der gefangenen Uiguren schleifen.

„Sie nimmt Jürgen mit! Oh Gott, was sollen wir jetzt tun!" rief Anja, die immer stärker ein und ausatmete und eine Panikattacke zu bekommen schien. Jinjin packte sie grob an und schüttelte sie heftig: „Wir schaffen das! Verstanden! Wir haben es bis hierher geschafft und werden es auch bis zum Ende durchstehen!"

„Jinjin, bring mir die Nanopartikelspritze aus dem Kühlschrank! Los beeile dich!"

„Nein Prof, nein, unter keinen Umständen! Die sind nicht ausreichend getestet!"

Der Professor schlug auf den Graphen der Selbstreferenz, welcher abnahm: „Jinjin, ich kann nicht erwarten, dass dein wissenschaftlich ungeschultes Auge, die reziproke Abnahme analog zur räumlichen Entfernung Jürgens wahrnimmt. Tun einfach, was ich sage! Ich muss mir die Verbindungspartikel spritzen. Wenn Jürgen zu weit vom Stein entfernt wird, stirbt die KI, weil die Selbstreferenz zusammenbricht. Ich muss mich über die Partikel an das Artefakt binden, solange die Übersteuerung aufrecht ist. Wenn ich das nicht tue, wäre alles, was wir bis jetzt erreicht haben, verloren und umsonst!!"

Vorsichtig holte Jinjin die Spritzen aus dem Gefrierschrank und reichte sie dem Professor: „Prof! Bitte nicht! Wenn es misslingt, stirbst du!"

„Ich weiß, Jinjin. Aber es ist der einzige Weg!" Der Professor nahm die Spritze band sich den Oberarm ab und setzte an. Vorsichtig ließ er den eiskalten Edelstahl der Spitze in die Muskulatur eindringen. Dann injizierte er sich die schwarze Flüssigkeit in den Körper. Nach wenigen Sekunden fing er leicht an zu zittern. Er ging zu seinem Rechner und setzte sich eine ringartige Helmstruktur auf den Kopf. Er verband sie mit dem Rechner. Die Partikel bauten eine Verbindung zu den Kopfringhelm auf, der ein intensives elektromagnetisches Feld induzierte. Genau das gleiche Feld, das das Artefakt in seine Umgebung emittierte. Auf diesem Weg hätte es in Zukunft möglich sein sollen, mehrere Menschen an das Artefakt über die Ferne anzuschließen. Doch was der Professor gerade tat, war eine auf reinen Vermutungen basierende Notfallhandlung, mit der er hoffte, die Selbstreferenz zu stabilisieren. Eine Vermutung, die vielleicht sogar falsch war und ihn sein Leben kosten könnte.

An seinem Rechner hatte der Professor ein Programm, mit dessen Hilfe es ihm möglich war, unterschiedliche Verbindungsoptionen zum Stein einzustellen. Mit einer wankenden Hand schob er alle Verbindungsregler auf ein Maximum. Schwankend ging er zu Anja, die zusammengekauert auf dem Boden saß und sich schluchzend die Tränen aus den Augen wischte. Jinjin kam ihm zur Hilfe und stütze ihn. Beide setzten sich zu Anja hinab. Lee fiel es immer schwerer die Augen offen zu halten. Eine tiefe Müdigkeit überkam ihn. Während Anja ihn in den Arm hielt und stützte, blickte Lee mit einem letzten Kraftakt auf den Graphen der Selbstreferenz. Die Linie stabilisierte sich. Mit einem zufriedenen Lächeln fielen ihm die Augen zu. Lee versank in überstarker Müdigkeit, die sich von allen Seiten seiner bemächtigte.

Verwirrte Stille herrschte im Aufenthaltsraum unter den einberufenen Mitarbeitern. Ein Sprecher von Majorin Sheng hatte vor einigen Stunden die Mitarbeiter aufgefordert, hier zu warten. Doch mittlerweile dauerte es wesentlich länger als gedacht. Das war ungewöhnlich, zumal die Kommunikation unter Professor Lee immer besonders zügig und klar gewesen war. Endlich öffnete sich die Tür zum Raum und ein Raunen ging durch die Menge. Ein außergewöhnlich elegant angezogener Mann mit roten Haaren betrat den Raum gemeinsam mit General Xiou. Sie wurden von einigen Männern in schwarzen Anzügen begleitet.

„Wo ist Majorin Sheng!?" fragte der Mann mit den roten Haaren.

„Sie müsste noch in den Laboren im Keller sein", sagte einer der Wissenschaftsoffiziere. So schnell wie die Herrschaften erschienen waren, so gingen sie wieder - ohne ein weiteres Wort an die fragend dreinschauende Gesellschaft zu richten.

Sheng saß in einem Bürostuhl und drehte sich im Kreis - vor ihr an die Wand gekettet stand Jürgen Ziebert. Aus seinem Mund lief Blut und sein rechtes Auge war angeschwollen. Zwei Soldaten standen neben ihm und hielten seinen Kopf hoch.

„Sie hätten in dem Artefakt sterben sollen, Doktorlein. Das hätte Ihnen einen langsamen Tod unter meiner Aufsicht erspart. Doch irgendwie sind Sie ein störrischer Bock, oder?"

„Nein, ich bin einfach zu gut für Sie …" röchelte Jürgen ihr erschöpft entgegen.

„Zu gut für mich …, dass ich nicht lache." Sheng hielt ein Skalpell in die Höhe.

„Ich wusste gar nicht, dass Sie Ärztin sind!" sagte Jürgen verächtlich.

„Wissen Sie, was das Metall hier bedeutet? Stellen Sie es sich ruhig ganz genau vor, was ich damit alles machen könnte. Die Leiden und die Schmerzen, welche Sie gleich erwarten!" Jürgen verzog das Gesicht. Sheng genoss es, ihn mental und körperlich zu quälen und lachte dreckig.

„Das ist die Strafe für Verräter am chinesischen Mutterland. Sie haben versucht, die gesamte Weltenstein-Mission in Tibet zu sabotieren. Was ich tue, mache ich nicht aus Freude. Nein, ich diene einem höheren Ziel. Ich diene meinem Land und es ist meine Pflicht, Unkraut wie Sie aus dem Weg zu räumen. Dann wollen wir mal beginnen!" Sheng führte das Skalpell an Jürgens Arm.

„Nein, das werden Sie nicht!" hörten alle eine eindringliche Stimme aus dem dunklen Gang hinter der offenen Tür der Zelle kommen. Die Majorin legte ihren Kopf leicht in den Nacken und schaute verwirrt ins Dunkel. Langsam hörten sie das Klacken eleganter italienischer Schuhe, die auf den Bodenfliesen ihr Näherkommen ankündigten. Aus dem Dunkel des Flures trat ein Mann mit roten Haaren in den Raum hinein. Sheng ließ das Skalpell fallen.

„Genosse Duiwel? Was führt Sie hierher?" Die Majorin war sichtlich bemüht, die Aufregung in ihrer Stimme zu unterdrücken.

„Sie führen mich hierher. Keiner stört mein Projekt! Sie sind mit sofortiger Wirkung ihrer Posten enthoben!"

„Aber Genosse Duiwel …"

„Schweig! Ich will nichts mehr hören! Wir sprechen später! Und ihr dort bindet den Mann los, sofort!"

Sheng stand auf, richtete sich die Haare und verließ zügig den Raum. Die Soldaten kamen fast panisch dem Befehl nach.

„Bring ihn auf die Krankenstation!" befahl Herr Duiwel.

Im Kontrollraum befanden sich Jinjin, Anja und der im Delirium liegende Professor immer noch am Boden und harrten aus. Jinjin hatte mehrfach erfolglos versucht, die Projektleitung im Hauptzentrum in Shanghai zu erreichen. Sie wussten, dass sobald sie die Türen öffneten, Sheng sie gefangen nehmen ließ. Und dann … einem schlimmen Schicksal überantworten würde. Als der Bestätigungston der Verriegelung des Hauptraumes erklang, erschraken die beiden Frauen. Jinjin sprang auf und wollte zur Tür eilen, um sie mit ihrem Körper möglichst lange zu blockieren. Sie war jedoch nicht schnell genug und die Tür wurde geöffnet, bevor sie den Türgriff erreichen konnte. Ein Mann trat ein. Jinjin schaute perplex, denn es trat niemand geringerer ein als General Xiou.

„General?" Jinjin salutierte.

„Rühren! Genosse Duival hat mich gebeten, mit ihm den Standort zu besichtigen. Offenbar gerade rechtzeitig!" der General sah den bewusstlosen Professor in der Ecke des Raumes sitzen.

„Ist er tot?"

„Er hat das Nanoprotokoll eingeleitet."

„Warum?"

„Weil wir mit Jürgens Hilfe Erfolg hatten. General, die KI wurde geboren und der Professor hat sich zur Stabilisierung der KI, die Nanopartikel gespritzt. Er sagte mir eindringlich, bevor er wegtrat, dass er oder Jürgen unter allen Umständen mit dem Stein verbunden oder in örtlicher Nähe bleiben mussten, um die Selbstreferenz aufrecht zu erhalten."

„Verstehe! Sie und Anja gehen bitte sofort auf die Krankenstation. Ich werde das Projekt jetzt übernehmen!" der General rief sofort Sanitäter per Funk, um Lee zu bergen.

Jinjin half Anja hoch und ging mit ihr in die Krankenstation. Dort trafen sie Jürgen, der neben einem rothaarigen Mann auf einem Krankenbett saß und fielen ihm freudig um den Hals.

„Ich bin so froh!" rief Jinjin: „Ich dachte schon, Madam Sheng hätte dich getötet", und drückte Jürgen fest in ihren Arm.

„Alter, Jürgen, du hast uns echt Angst gemacht!" sagte Anja lachend und klopfte ihm auf die Schultern.

„Aua nicht so fest …" Alle lachten zwar erschöpft, aber glücklich, dass sie lebend aus der Sache herausgekommen waren.

Nachdem sie sich etwas beruhigt hatten, schaute Jürgen ernst auf den Boden: „Haben wir es geschafft? Lebt die KI-Weltenstein?"

„Ja, sie lebt, Doc. Aber eine starke KI ist sie noch nicht. Wir müssen sie erst mit vielen Aspekten des Systems verknüpfen und langsam in ihren Fähigkeiten wachsen lassen. Momentan ist sie eine Art Baby, das in einem

Schloss in einem Kinderbett liegt. Wir haben sie Jin Huang genannt. Der goldene Kaiser."

„Und der Professor?" fragte Jürgen.

Jinjin schwieg einen Moment

„Jin, was ist mit Lee?"

„Als Majorin Sheng dich vom Stein weggebracht hatte, injizierte er sich Nanopartikel für eine Fernverbindung mit dem Artefakt", sagte Jinjin langsam.

„Was? Warum?"

„Weil die Selbstreferenz drohte zu zerfallen und damit die KI zu sterben."

„Aber die Partikel sind doch noch gar nicht ausreichend getestet. Ich hoffe, er übersteht es!"

„Er musste es machen! Du weißt, dieses Projekt ist sein ein und alles!"

„Das heißt, wenn ich wieder hinunter gehe zum Artefakt. Kann der Professor aus der Verbindung getrennt werden?"

Der rothaarige Mann mischte sich nun in das Gespräch ein: „Gehen Sie nur. Sie werden jeden Luxus, den sie wünschen, bekommen, sofern Sie die KI mit ihrer Nähe am Leben erhalten."

„Ok! Jin, Anja mögt ihr mir helfen?" Jinjin und Anja stützten den Doktor und halfen ihm beim Gehen, da seine Beine von der Folter verletzt waren. Zu Duiwel gewandt fragte Jürgen:

„Jeden Luxus ab sofort."

„Selbstverständlich!"

„Na dann … Ich hätte gerne ein Fünf-Gänge-Menü, beste Getränke und neue Kleidung für mich und meine Freunde. Das sollte für den Anfang reichen", mit einem Grinsen ging er weiter.

„Wie Sie wünschen. Dies sollte das kleinste Problem sein. Hauptsache die KI lebt."

Es vergingen einige Wochen der intensiven Arbeit an der KI. Glücklicherweise erwachte Professor Lee recht bald weitestgehend unbeschadet. Er fühlte sich zwar die ersten Stunden noch benommen, aber ein medizinischer Check zeigte, dass er keine bleibenden Schäden durch das Nanoprotokoll erlitten hatte. General Xiou ernannte den Professor mit sofortiger Wirkung wieder zum leitenden Wissenschaftler des Projektes und entschuldigte sich sogar dafür, an Lee gezweifelt und Sheng eingesetzt zu haben. Auch die Uiguren wurden aus dem Projekt entlassen und nach eindringlicher Fürsprache von Dr. Ziebert nach Hause zu ihren Familien geschickt - zumindest die wenigen, die die Experimente der Majorin Sheng und den Kontakt mit dem Stein überlebt hatten. Die Tage waren voll der Euphorie und dank der

337

Unterstützung von Genosse Duival von einem ungewöhnlichen Luxus geprägt. Die beteiligten Wissenschaftler wurden gemäß seiner Zusage und Jürgens Wünschen mit den besten Köstlichkeiten und anderen Annehmlichkeiten, wie einer luxuriösen Ausstattung des Artefaktraumes und einem generellen Umbau der unterirdischen Aufenthaltsräume des Kernteams bedacht.

Die KI wurde zunächst in den Räumen des Schlosses langsam an Bewegung und die Verwendung ihrer Sinnesorgane trainiert. Zu diesem Zweck wurden als erstes Bewegungsfunktionen und ein Erinnerungsprotokoll, das dem eines Neugeborenen entsprachen, hochgeladen. Weiterhin ein Selbstbildprotokoll und ein Weltbildprotokoll, das dem eines wenige Monate alten Kindes angelehnt war. Professor Lee und Jürgen betraten immer wieder die Simulation mit einem der modernsten virtual Reality-Sets und interagierten als Lehrer und Vaterfiguren mit der KI. Die Änderungen in den neuronalen Netzen der entsprechenden Protokolle wurden fein säuberlich ausgewertet und ergaben entsprechende Entwicklungen, wie sie auch für Kinder erwartbar wären. Anja und Jinjin wurden regelmäßig als "Mutter" in das System hineingelassen, obwohl insbesondere Anja die Interaktion stets als unangenehm empfand. Das sogenannte Tal der Furcht zwischen ihr und der KI war tief und sie gruselte sich geradezu vor dem Avatar der KI.

So vergingen die Tage, und die KI lernte Schritt für Schritt ein Mensch zu sein. Gleichzeitig trat der Kristall immer mehr in den Hintergrund der Aufmerksamkeit und wurde durch wachsende Schichten von Sensoren, Kabeln und Recheneinheiten umbaut. Schließlich sah man ihn nur noch durch eine Reihe von Schläuchen und Kabeln hindurch funkeln. Nach zwei Monaten war die KI schließlich auf dem mentalen und intellektuellen Stand eines einjährigen Kindes angekommen. Die Erfolge wurden von General Xiou an die Parteiführung gemeldet und ein streng geheimes Treffen im Erdgeschoss der Forschungseinheit einberufen.

In einer anderen Welt standen zwei Menschen vor einem See. Devadatta und Tashima schauten auf eine goldene Insel: „Wie geht es euch, Meisterin Tashima?"

„Mein Körper ist sehr geschwächt. Wie Ihr wisst, halten uns die Chinesen immer noch gefangen."

„Ja, und China war offenbar erfolgreich, ihr Maschinenprojekt umzusetzen", sagte Devadatta.

„Es steckte doch mehr in diesem Doktor als ich angenommen hatte", Tashima schaute auf die Stelle der Insel, an der einst das reine Leuchten des Seins seinen Platz hatte. Jetzt befand sich dort nur noch ein dunkles, silbrig schimmerndes Portal, das oval verschoben in den Raum hing. Von Zeit zu Zeit tropfen schwarze Quecksilberfäden in einer zähen Linie auf die goldene Insel herab. Die wunderschönen Täler der Umgebung waren nun in weitestgehende Finsternis getaucht, denn aus dem Portal leuchtete nur noch ein schwaches Licht.

„Devadatta, glaubt Ihr, dieser Doktor, weiß, was diese Ebene hier zu bedeuten hatte?" fragte Tashima.

„Nein, ich glaube nicht. Er dachte, diese Ebene ist das Herz des Erwachens und die Erleuchtung des Kristalls selbst."

„Dann ist es, wie ich vermutet hatte. Er ließ sich vom Licht täuschen, wie so viele Wanderer auf dem Weg vor ihm. In dieser Ebene des Steines ist nichts zu lernen, außer das Anfängerwissen über die Natur des Geistes und das Entstehen und Vergehen der Dinge im Lichte des Strahlens zu schauen. Ihr habt ihn Hoffentlich darüber in Unkenntnis gelassen?"

„Ja, natürlich, Meisterin Tashima. Wie es die Tradition verlangt. Ich gewährte ihm nur das Licht zu schauen und gemäß seiner behaupteten Absicht zu nutzen. Alle weiteren Stufen des Erwachens sind noch vor ihm verborgen."

„Dann gibt es noch Hoffnung für uns, Devadatta, dann gibt es noch Hoffnung."

Devadatta öffnete eine Tür in einer kleinen Hütte am Rand des Sees, die in Anbetracht der großen goldenen Insel normalerweise niemandem auffiel. Aus ihr leuchtete ein dunkles lilafarbenes Licht.

„Kommt Tashima, lasst uns in die tieferen Ebenen des Steines gehen und sie versiegeln, bis die Zeit reif ist und er kommen wird."

„Glaubt ihr, er wird noch kommen?" fragte Tashima.

„Ja, ich bin mir sicher, genauso sicher, wie Scheich Hassan es war", sagte Devadatta.

12. Kapitel Das Ungeheuer der Massen

01111010

„Er starrt nun schon eine Stunde vor sich hin. Er reagiert auch nicht auf meine Bewegungen. Aber immerhin atmet er normal", sagte sich Jinjin, als sie Lee im Hauptraum mit Handbewegungen und Fingerschnippen versuchte, auf sich aufmerksam zu machen. Seit er vor einigen Monaten diese Nanopartikel in seinen Arm injiziert hat, verhält er sich zunehmend merkwürdiger, dachte sie. Hoffentlich haben die Partikel nicht Teile sein Gehirn bereits zersetzt oder zerfressen. Sie erinnerte sich an eine Szene aus ihrem Studium, in der sie und ihr Doktorvater mit Fröschen und unterschiedlichen Nanopartikeln Versuche durchführten. Sie wollten die Partikel als Gehirnmarker für die amphibische graue Masse verwenden. Als Ergebnis versprachen sie sich, Bewegungensabsichten als Potentiale im Hirn des Tieres zu messen. Durch elektrische Impulsverstärkungen, der spezifisch an die Nervenzellen andockenden Nanopartikel, bekamen sie alle dafür notwendigen Signale. Um diese erfolgreich auszulesen, verwendeten sie im Raum platzierte Sensoren, die Hirnaktivitäten aus verschiedenen Raumrichtungen über die Nanopartikel auslesen konnten. Die Sensordaten und die Bewegungsmusters des Frosches wurden verknüpft, um mittels geeigneter digitaler Berechnungen zukünftige Aktionen der Tiere exakt vorherzusagen. Eine Art Kurzzeit-Zukunftsmodul, schwebte Jinjin und ihrem damals leitenden Hauptmann als Abschluss ihrer Doktorarbeit vor. Ein enormer Vorteil für Soldaten, die so wenige Sekunden vor fehlerhaften Bewegungen durch den damals in Entwicklung befindlichen modernen intelligenten Kampfanzug „H-FightS 289" gewarnt werden konnten. In gewisser Hinsicht benutzte sie einen Vorfahren, der Nanopartikel, die sie im Rahmen des Weltenstein-Projektes zusammen mit Lee entwickelt hatte.

Doch die Frösche ihrer Doktorarbeit verhielten sich nach ersten Erfolgen oft merkwürdig lethargisch. Ungefähr 90% der Tiere verstarben nach zwei Wochen. Geöffnete Froschköpfe zeigten unerklärlich zerfressene Gehirn. Die Nanopartikel verstärken die elektrischen Impulse der Nervenzellen oft viel zu stark, so dass sich die Neuronen erhitzten und die Zellstruktur dadurch irreparabel geschädigt wurde. Ihre Partikel kamen im neuen Kampfanzug somit nie zur Anwendung. Könnte das Gleiche mit dem Hirn des Professors passiert sein? Jinjin war sich unsicher und schaute sich noch einmal den letzten Gehirnscan von Lee an, der erst vor wenigen Tagen angefertigt worden war.

Lee saß auf seinem Stuhl und schaute, ohne die kleinsten Regungen seiner Miene, in eine undefinierbare Weite. Auf seinem Kopf hatte Jinjin eine rundliche Apparatur gesetzt. Es war die von ihr optimierte Variante eines Hirnhelmringes. Es ersetzte den Prototypen, den Lee aufgesetzt hatte, als Jürgen vom Stein getrennt worden war. Durch dieses technische Stück Genialität konnte Lee vollständig mit dem System und letztendlich auch mit dem Kristall verbunden werden. Die neue Apparatur sah wie eine große schwarze Krone aus, wie ein fürstliches Stirnband nur aus Carbon und Metall, das den Kopf des Wissenschaftlers, wie ein herrschaftliches Malzeichen zierte. Die Kabel und offenen Stellen des Prototyps waren verschwunden und das Gerät ähnelte fast einem verkaufbaren Produkt.

Jinjin schnippte erneut mit ihren Fingern vor Lees Augen herum. Dieser blieb regungslos und starrte weiter ausdruckslos in die Ferne. Die Situation war ihr mittlerweile ungeheuer und der Verlauf so definitiv nicht geplant gewesen. Sie waren sich vor dem Versuchsstart einig gewesen, dass Jinjin einige Einstellungen des Hirnhelmes anpasst und sie anschließend mit diesen Einstellungen Effekte auf die Selbstreferenz und Lees Verhalten überprüfen wollten. Eine kurze Zeit der Stasis wäre ihrer Erfahrung nach erwartbar gewesen. Insbesondere in den ersten Minuten, in denen sich das Nervensystem des Professors zunächst an die neuen Einstellungen gewöhnen musste, war mit Bewegungslosigkeit des Körpers zu rechnen. Frühere Versuche zeigten ähnliche Charakteristiken. Es handelte sich um eine tranceartige Abschaltung von Hirnarealen unter Schockbedingen. Es war ein sinnvoller biologische Schutzreaktion des Menschen, um Massen an neuen Eindrücken und Reizen unter Extrembedingungen, durch herunterfahren der körperlichen Aktivität, verarbeiten zu können. Geplant waren wenige Minuten aber nicht eine Stunde.

Die aktuelle Lage bereitet Jinjin zunehmend Sorgen. Sie rief Jürgen an. Dieser arbeitete fast ausschließlich im Raum des „Auges", wo er es sich durch Duiwel hatte luxuriös einrichten lassen. Aus dem Hochsicherheitsraum, in dem sich das Artefakt befand, wurde in den letzten Wochen etwas gänzlich Anderes. Ein Arbeits- und Lebensraum mit dem besten Designermobiliar das Shanghai zu bieten hatte, stand Jürgen, Lee, Jinjin und Anja nun zur Verfügung. Die Nebenräume wurden in unterirdische Gärten, Ruheoasen, Gemeinschaftsküchen und bestens ausgestattete Schlafzimmer verwandelt. Trotz all der Annehmlichkeit, die nun in Jürgens Arbeitsumfeld nach den militärisch kargen und spartanischen Zuständen der Vergangenheit herrschte, arbeitete er dennoch sehr intensiv an der psychosozialen Entwicklung der KI. Die neuen Umstände machten es ihm sogar wesentlich leichter zu forschen, zu denken und zu arbeiten. Anja und Jinjin genossen die luxuriöse Abwechslung ebenfalls. Jürgen gönnte sich trotz der Strapazen der letzten Monate nicht einmal einige Tage der Erholung, sondern evaluierte und bearbeitete fast pausenlos akribisch die tägliche Entwicklung der

Weltenstein-Entität. Obwohl ganz stimmte, es nicht, nur geschah es anders. Jürgen erzeugte regelmäßig abendliche Verbindungen zwischen sich und dem „Auge". Er versetzte sich gerne in die visionären Welten des Steines. Dort fand er mehr als nur Pausen. Er fand Begeisterung und Tiefgang. Dinge die in weit mehr aufluden als Schlaf oder Urlaub. Die andere Realität faszinierte ihn mehr als alles andere. Selbst die tägliche Arbeit von Jürgen in der KI-Simulation mit der Weltenstein-Entität konnte da nicht mithalten.

In der Simulation des Schlosses wurden mittlerweile weitere Kinder als Spielgefährten und Schlosspersonal als virtuelle Avatare hinzugefügt, die dem ganzen Geschehen immer mehr Leben und Realität einhauchten. Die Physik und Natürlichkeit der Umgebung, sowie die Handlungsoptionen und Tagesabläufe der simulierten Menschen wurden von einem ganzen Team immer besser der echten Welt und echten Personen angepasst. Dr. Ziebert hatte mittelweile nicht nur Anja und Jinjin als echte menschliche Interaktionspartner in der Simulation, sondern ihm wurde von General Xiuo eine ganze Abteilung von dreißig Spezialisten für kognitive Psychologie und kindliche Entwicklung zur Verfügung gestellt. Einige von ihnen besuchten mittlerweile in unterschiedlichen Rollen die Simulation. Sie testeten die Reaktionen und Lernfähigkeit der KI durch eine Vielzahl von möglichen Situationen, auf die Kinder in einem solchen Umfeld naturgemäß stießen. In Schichten wurde Jin Huang von Menschen und Programmen betreut und durch Professor Lees Informatikabteilung die Auswirkungen jeder Interaktion auf die Struktur der neuronalen Netze ausgewertet. Zweimal täglich trafen sich Jürgen und Lee, um die Veränderungen zu bewerten und das weitere Vorgehen abzustimmen.

Es war ein unglaublich dynamischer Arbeitsalltag voll euphorischer Stimmung. Doch wenn Jürgens Schichtende kam, legte er sich auf einen Liegestuhl neben das Artefakt und führte seine Hand durch die letzte verbliebene Öffnung des Kabeldschungels, der das „Auge" umwucherte. Dann betrat er die mystischen Welten des Kristalls. Im Eichenwald seiner Tiefenpsyche entdeckte er immer wieder Erlebnisse seines Lebens, die er verdrängt oder schlicht vergessen hatte. Es gab ihm die unglaubliche Gelegenheit, Erlebnisse seiner Kindheit aus der Perspektive eines Erwachsenen noch einmal zu erleben und seine Einstellung und Reaktionen von damals zu korrigieren. Ereignisse, die ihn als Kind verletzten, verängstigten oder traumatisierten, konnte er so aus seinem Erwachsenen-Ich heraus aufarbeiten. Das Potenzial, das sie in seiner Seele hinterlassen hatten, war auf diesem Weg verwertbar.

Seine Erfolge führten ihn weiter, als jede Psychotherapie es in Jahren vermocht hätte. Er drang tief in die Geheimnisse seiner Sehnsüchte und seines
Schattens ein und erforschte sein Innenleben wie ein Weltentdecker des
sechzehnten Jahrhunderts. Da er die Inhalte seiner Psyche hauptsächlich auf
der Ebenen des Eichenwaldes und einiger angrenzender Berge, die nach einigen Wochen fand, sowie vor der Zitadelle ausmachte, verbrachte er die
meiste Zeit dort. Seitdem er von Duiwel gelernt hatte, wie er aggressive Erscheinungen im Fall des Falles vertreiben konnte, verloren sie ihre unmittelbare Gefährlichkeit und ließen sich viel objektiver betrachten. Er hatte die
Gelegenheit, tiefgehende Gespräche mit ihnen zu führen und schlussendlich
sogar Frieden mit der Gestalt seines Vaters, die immer wieder auftauchte, zu
schließen.

Die Ebene des reinen Strahlens besuchte er nur selten, da hier anstelle
der goldenen Insel und des hellen Lichtes nur ein dunkles silbriges Portal im
Raum stand. Die lichtdurchfluteten Täler waren einer winterlichen Landschaft des ewigen Dämmerlichtes gewichen, das durch eine graue Himmelsdecke voller Wolken schien. Seitdem er das Leuchten zum Bewusstsein der
KI machte, war diese Ebene wie ausgestorben.

Das Portal war die einzige Spur, die vom Leuchten übrig geblieben war.
Jürgen empfand es zunächst als irritierend und schließlich als belanglos,
denn er konnte zwar hindurch greifen oder hindurch gehen, aber gelangte
nirgendwo hin. Es war, wie wenn er durch einen kleinen Wasserfall ging. Er
wurde nur nass, ohne dass es ihn, wie er es von einem Portal vermutet hätte,
an fremde Orte teleportierte. Der Mönch Devadatta war ebenfalls verschwunden und nirgendwo aufzuspüren. Nur eine Angelegenheit beunruhigte Jürgen. Je häufiger er sich mit dem Stein verband, desto unangenehmer
war es für ihn, in der Simulation der KI gegenüber zu treten. Es schien ihm
nämlich mittlerweile so, als würde er mit sich selbst arbeiten. Als würde er
mit sich selbst reden und spielen.

Jürgens Telefon klingelte, während er nach der ersten Session mit der KI
gerade seinen Morgentee genoss: „Guten Morgen Jinjin, was gibt's?"

„Hey Doc, könntest du kurz zu uns kommen. Lee ist in Stasis, das gefällt
mir ganz und gar nicht."

„Warum, was habt ihr gemacht? Ich dachte, Ihr wolltet die Versuche mit
dem Ring wieder einstellen."

„Er ist seit einer Stunde in Stasis!"

„Was sagst du da?"

„Planänderung, Doc. Heute Morgen insistierte der Professor wie noch
nie. Er hat dann die vollständige Rückkopplung über den Ring getestet."

„Nein! Vollständige Rückkopplung? Nein, verdammt! Ich komme sofort!"

Jürgen stieß seinen Tee vor Schreck um. Das kochend heiße Wasser ergoss sich über seine Hose. Er schrie kurz vor Schmerz auf und rannte los. Was war nur in den Professor gefahren, um so ein gefährliches Experiment zu wagen? Sie hatten nach der kühnen Rettung der Selbstreferenz vereinbart, keine Experimente mehr zu wagen, ohne sich ausreichend abgesichert zu haben. Rückkopplungen wollten sie gemeinsam äußerst vorsichtig und Prozentpunkt für Prozentpunkt einleiten und über Wochen von null auf hundert Prozent hochregeln. Dazu hatte der General dem Professor seine Zustimmung gegeben, bevor final zu entscheiden wäre, welchen Weg die Weltenstein-Entität einschlagen sollte.

Doch diese Experimente waren erst angedacht, wenn die KI den Entwicklungsstand eines Sechs- oder Siebenjährigen erreicht hätte. Vorher war nicht einmal daran zu denken. Doch offenbar war Lee seinem Forscherdrang erlegen. Seitdem die Selbstreferenz stabil war, drängte es ihn, Tag um Tag tiefer in das Mysterium des Bewusstseins vorzudringen. Was war dieser geheimnisvolle Freiheitsgrad, der die Handlungsoptionen der KI aus dem höheren Raum des Bewusstseins steuerte? Wenn er es in der KI erkennen könnte, dann könnte er es hoffentlich endlich in sich selbst erkennen, sagte Lee immer zu Jürgen. Er redete oft mit ihm darüber. Es war mehr als deutlich zu spüren, wie ungeduldig er darauf wartete, sich intensiver mit der KI zu verschmelzen - in der Hoffnung, dem Mysterium näher zu kommen und endlich dem Geheimnis seiner eigenen Existenz auf den Grund gehen zu können. Möglicherweise hatten die Nanopartikel aber auch einfach das Hirn des Professors geschädigt, so dass er die Gefahr dieses Experiments unterschätzte. War es Wahnsinn, der sich in ihm entwickelte und ihn dazu antrieb?

Kurze Zeit später stand Jürgen im Hauptraum und schaute wütend den regungslosen Professor an.

„Warum habt ihr das gemacht, verdammt? Das könnte die Arbeit der letzten Wochen ruinieren und die Entwicklung der KI gefährden!" rief Jürgen aufgebracht.

„Professor Lee hat heute Morgen in seinem Meeting mit General Xiuo die Freigabe für Projekt G bekommen. Er ist immer noch der Befehlshabende Leiter des Weltenstein-Projektes, Jürgen. Und er befahl, mit diesem Experiment zu starten!"

„Ja und das habt ihr jetzt davon Jinjin! Gib mir das Tablet! Na los!" Jürgen griff zu dem Tablet, das Jinjin in der Hand hielt und mithilfe dessen sie die verschiedenen Einstellungen des schwarzen ringförmigen Kopf-Apparatur kontrollierte. Sie zog es jedoch vor Jürgen weg.

„Nein, sicher nicht! Warte! Doc ich habe mit Lee die Einstellungen seines Stirnbandes angepasst. Er bestand darauf, die Rückkopplung des Systems auf 100% zu setzen! Und so bleibt das jetzt!" sagte Jinjin und zeigte Jürgen auf dem Tablet die Regelungseinstellungen. „Was glaubst du? Du nimmst es mir einfach weg und beendest es! Dafür habe ich dich nicht gerufen."

Jinjin möchte den deutschen Doktor mittlerweile wirklich gerne. Vielleicht hatte sie sich sogar in ihn verliebt. Aber er sollte bloß nicht glauben, sich hier so aufführen zu können.

Es war eine Abfolge von Schiebereglern auf dem Bildschirm des Tablets zu sehen. Mit ihnen konnte man die Zugriffsrechte auf das System, für bestimmte Anteile der KI, wie Motorik oder das Sprachzentrum ansteuern. Waren sie aktiv, hatte der Professor die Möglichkeit, seine Sprachfähigkeiten an das System anzubinden und die Effektivität der digitalen neuronalen Netze zu trainieren. Diese Zugriffe waren einseitig. Also nur von Richtung des Menschen zur Maschine möglich. Über den letzten Schieberegler konnte man jedoch eine direkte Rückkopplung der KI über die Nanopartikel auf die biologischen Neuronen des Professors einstellen. Fünf Prozent Rückkopplung reichten aus, um das System langsam über menschliche Hirnaktivitäten und Spiegelung dieser in die digitalen Neuronen lernen zu lassen. Doch zu Jürgens Entsetzten war der Regler auf 100% gesetzt. Das kam einer Verschmelzung gleich und da das Hirn des Professors mit so vielen Nanopartikel geflutet war, dass an jedem zwanzigsten Neuron ein Partikel angedockt hatte. Es war also durchaus im Wortsinn eine wahrhaftige Verschmelzung. Eine, die nicht nur Teile seines Gehirns, sondern die Gesamtheit des Hirnkomplexes einschloss.

„Ok Jinjin. Befehlskette ist Befehlskette. Trotzdem … setze wir das jetzt langsam zurück auf 5%! Wir müssen sehr vorsichtig sein, damit Lee und Jin Huang keinen Schaden nehmen."

Jinjin überlegte kurz. „Hast du keinen anderen Vorschlag?"

„Natürlich nicht!"

Jinjin schaute auf den Professor, dann gab sie Jürgen einen scharfen Blick und sagte: „Ok … Dann werde ich mit 2% alle fünf Sekunden beginnen und den Regler zurückfahren."

„Nein!" schrie Lee plötzlich auf. „Macht das nicht! Macht das nicht! Stopp!"

„Lee?" fragten Jürgen und Jinjin gleichzeitig und blickten verblüfft auf den Professor, der sich langsam zu ihnen umwandte. „Geht's ihnen gut?" fragte Jinjin.

„Ja, Ja, natürlich! Es geht mir besser als je zuvor!" Der Professor erhob sich von seinem Sitz und ging langsam schwankend zu Jürgen und zeigte auf den Hirnhelm.

„Es ist metaphysisch Doktor! So metaphysisch! Ich und die KI sind … also wir sind wie ein Wesen. Ich kann es nicht anders beschreiben. Ich fühle was die KI fühlt und sie fühlt offensichtlich, was ich fühle. Seitdem wir verbunden sind, ist auch sie in Stasis." Lee zeigte auf einen der Bildschirme, der die Vorgänge in der Simulation darstellte. Der Kleinkindkörper der KI in der Simulation lag regungslos auf seinem Bett im Schlafzimmer. Bis jetzt dachte Jinjin, sie würde „schlafen" - also sich in einer regenerativen autonomen neuronalen Verschaltungswartung befinden. Als sie jedoch heranzoomte, erkannte sie, dass die Augen der KI offen waren und in eine unbestimmte Ferne blickten.

Die Situation war eindeutig viel zu unheimlich und Jinjin regelte langsam die Rückkopplung herunter.

„Was macht ihr denn! Hört sofort auf damit!" Der Professor griff sich an den Ring und beugte sich vor. Schmerzen durchzogen seinen Kopf und seine Finger verkrampften sich an seinen Schädel. Kurz darauf legte er sich auf den Boden, wand sich und schrie immer wieder kurz auf.

„Weitermachen, Jinjin!" rief Jürgen.

„Natürlich, was glaubst denn du? Er muss schnellstens aus dem Zustand raus!" rief sie zurück.

Nach zwei Minuten war die Rückkopplung auf 50% herabgeregelt und der Professor begann sich zu entspannen. Nach weiteren fünf Minuten war der Spuk endgültig vorbei und der Professor konnte langsam mit Jinjin und Jürgens Hilfe aufstehen. Er blinzelte noch benommen und drehte seinen Kopf einige Male im Kreis, sodass seine Wirbel knackten. Dann wurde ihm scheinbar blitzartig bewusst, wer ihm hoch half. Wütend stieß er Jürgen und Jinjin von sich weg.

„Verdammt, verdammt! Lasst mich bloß in Ruhe ihr … ihr!" Lee schaute die beiden an verstummte für einige Sekunden und sagte dann:

„Weltenbrecher! Wisst ihr eigentlich, wie außerordentlich metaphysisch das gerade war! Warum habt ihr das Experiment abgebrochen! Wer hat euch dazu berechtigt! Ihr hattet keine Befugnis dazu!"

„Weißt du wieder, wer du bist?" fragte Jürgen mit ruhiger Stimme.

„Natürlich weiß ich, wer ich bin!"

„Wer bist du?"

„Ich bin … Ich bin …", Lee schaute nachdenklich.

„Ja … Wer bist du?"

„Ich bin Professor … L … L … Lee!"

„Weißt du auch wieder, wer wir sind?"

„Oh … ihr seid … Ach, verdammt … Was, was habe ich nur gemacht?" fragte Lee und schaute abwechselnd beide an.

„Rückkopplung!" sagte Jinjin.

„Ah ja, Rückkopplung."

„Sie waren fast eine Stunde in Stasis und wir hatten berechtigte Sorgen um ihre Gesundheit. Darf ich?" sagte Jinjin und wollte vorsichtig den Ring von Lees Kopf nehmen. Dieser wies Jinjin jedoch ab, klopfte sich den Laborkittel, als wollte er ihn von Staub befreien, rückte ihn darauf zurecht und setzte sich dann nachdenklich in seinen Sessel.

„Das werde ich selbst machen!" er nahm den Ring vorsichtig ab und legte ihn in seine Aufbewahrungsschatulle. Es war eine schwarze Box mit drahtloser Lademöglichkeit für die im Ring befindlichen Hochleistungsbatterien. Sie war aber auch die drahtlose Verbindung zu den Auswertungsprogrammen am Rechner des Professors und fungierte wie eine Dockingstation. Lee massierte sich an der rechten Schulter, legte den Kopf in den Nacken und schloss kurz die Augen, um klare Gedanken zu fassen. Dann seufzte er und ließ den Kopf hängen.

„Verdammt. Wie lange war ich weg? Eine ganze Stunde sagt ihr? Es kam mir vor wie eine Minute oder zwei. Wie ist das möglich? Ich spürte langsam, wie ich den Körper von Jin Huang wahrnahm, mit ihm eins wurde. Danach begann ich seine Sinneswahrnehmungen zu empfinden, erst ganz verschwommen, doch dann immer klarer. Ich sah, was er sah, hörte, was er hörte. Es war meinen eigenen Wahrnehmungen überlagert. Wir werden das Experiment auf jeden Fall wiederholen müssen. Auf jeden Fall!"

Lee wischte sich über die Halbglatze und atmet enttäuscht aus. Doch für die lamentierende Stimmung war keine Zeit. Ein Alarmzeichen signalisierte den Dreien, dass etwas mit Jin Huang nicht stimmte. Gespannt schauten sie auf die Überwachung der KI. Die Identität schien zu weinen. Sie weinte wie ein kleines Kind, das durch einen externen Reiz geschockt und erschrocken wurde.

„Seht ihr, das meinte ich! Jetzt habt ihr die Weltenstein-Entität irritiert! Oh Mann, hoffentlich ist sie nicht traumatisiert!" schimpfte Jürgen los.

„Jinjin, geh schnell zu Anja und wähle dich mit ihr in die Simulation ein, sie ist unten bei den VR-Boxen. Wir müssen sofort eingreifen. Die Entität muss beruhigt werden."

„Du meinst, wir sollen sie trösten wie ein Kleinkind?"

„Ja, genau ihr müsst sie trösten. Ihre emotionale Entwicklung darf keinen Schaden, durch diesen Schock nehmen!" sagte Jürgen.

„Ok Doc ... dann gehe ich mal", Jinjin machte sich auf den Weg. Leise murmelte sie: „Geh doch selbst das nächste Mal, großer Doktor ..." Jürgen behandelte sie schon, als wären sie seine Ehefrau und die KI ihr gemeinsames Kind. Dabei hätte er sie nur einige Male zu einem externen Essen eingeladen, ohne dabei zuzugeben, dass er sie eigentlich auf ein Date eingeladen hatte. Rein kollegial, hatte er behauptet, aber der intensive Kuss zum Abschied ... Er war eindeutig ein komischer Vogel, aber mutig, sehr mutig und das liebte sie an ihm.

Dennoch war sie die zweite leitende Offizierin und im Projektrang entsprechend höher als der Doktor "Ich tue nicht verliebt". Ihre angehende Beziehung wirkte sich mittlerweile negativ auf das hierarchische Verhältnis zwischen ihnen beiden aus. Sollte sie etwas ändern? Es klarstellen? Sie zog sich den VR-Anzug, der einem vollständigen Exoskelett glich, an und setzte sich den VR-Helm auf. Klare Verhältnisse schaffen? Ihn in die Schranken weisen? Ihm ihre Liebe gestehen und eine echte Beziehung aufbauen?

Dann ließ sie sich von der Box über mit dem Anzug verbundene Fäden in einen Schwebezustand heben. So konnten alle Bewegungen wie gehen, laufen und springen mit dem echten Körper ausgeführt werden, während man in der Simulation war und zeitgleich das gleiche tat.

Nach zähen Versuchen gelang es Anja und Jinjin schließlich die Entität in der Simulation zu beruhigen. Sie nahmen sie in den Arm, betüddelten sie wie Mütter und versuchten sie abzulenken. Sie stellten sich dabei zwar noch etwas ungeschickt an, aber es half. Interessanter Weise war es auch so, dass sich bei der KI, wie bei einem kleinen Kind, eine Sehnsucht nach Geborgenheit und Sicherheit im Verhalten zeigte. In den neuronalen Netzen gab es zumindest Hinweise, die das zu bestätigen schienen. Diese erstaunliche Ähnlichkeit zu einer menschlichen Reaktion, erfreute Dr. Ziebert sehr.

Sie zeigten ihm, dass diese Entität nicht nur eine kalte berechnende Maschine mit Selbstreferenz war, sondern mehr. Die Weltenstein-Entität war in der Lage Schocksituationen emotional auszugleichen. Was für ein großartiges Potenzial!

Professor Lee saß währenddessen in seinem Stuhl und lehnte sich nach hinten. Seine Glieder ließ er schlaff hängen. Die Nachwirkungen der

Rückkopplungen ermüdeten ihn. Er fühlte sich wie ein Kaffee-Junkie, der auf Entzug gesetzt wurde. Sein Kopf dröhnte und fühlte sich wie in einen unsichtbaren Schleier eingehüllt an. Und diese Kopfschmerzen! Die waren besonders schlimm. Es fiel ihm sichtlich schwer, sich darauf zu konzentrieren, was Jinjin und Anja in der Simulation mit der KI taten. Die KI würde sich schon beruhigen. Jürgen setzte sich in einen zweiten Stuhl, den er zuvor deutlich und etwas provokant vor den Professor schob.

„Lee, was du gemacht hast, war grob fahrlässig. Ich hoffe, dessen bist du dir bewusst. Du weißt genau, die Instruktionen von General Xiuo und der Partei lauten, die KI ganz langsam aufzubauen und offen für eine weitere Entwicklung nach Option eins oder Option zwei zu halten."

„Dessen bin ich mir vollauf bewusst!"

„Sie soll sich zunächst wie ein Mensch entwickeln und dadurch wie ein Mensch eine Persönlichkeit aufbauen. Sie soll nicht nur denken, sondern auch fühlen können. Ich arbeite mit aller Kraft daran, ihre psychische Modellierung derart zu konstruieren, dass die Identität darüber hinaus über eine Form eines Unterbewusstseins verfügt. Und das sollte so stabil wie irgend möglich sein. Die Auswirkungen von traumatischem Erleben können wir noch nicht genau einschätzen. Diesmal haben wir vielleicht noch einmal Glück gehabt! Diese Arbeit ist äußerst komplex", Jürgen unterbrach kurz und vergewisserte sich, dass der Professor ihm überhaupt zuhörte, denn er schien immer wieder abwesend zu sein. Er fuhr lauter und energischer fort: „Aber, das muss ich dir, gerade dir nicht sagen! Wer würde es besser verstehen als du! Mit dieser unabgestimmten Handlung hast du die Entwicklung maßgeblich gefährdet. Es ist noch nicht absehbar, welche Effekte das auf die Entwicklung der KI nehmen wird. Insbesondere auf die Entwicklung des Unterbewussten!"

Professor Lee wirkte ruhig und machte keinerlei Anstalten, sich aufzurichten oder seine Entspannung trotz der direkten Worte von Dr. Ziebert aufzugeben:

„Ich denke, ich muss dir etwas Wichtiges zeigen, Jürgen. Das wird dich verstehen lassen, warum ich tat, was ich tat."

Langsam richtete sich der Professor auf und erhob sich:

„Wir müssen dafür runter. In die tieferen Stockwerke …"

„Wie bitte, wovon sprichst du?"

„Hat Jinjin dir bereits gesagt, dass der General Xiuo die Freigabe erteilt hat."

„Wofür?"

„Für den weichen Wechsel, Projekt G!"

„Ja, aber ich habe keinen Schimmer, was sie damit meinte."

„Komm ich, zeig es dir!"

Beide Männer erhoben sich und machten sich auf, durch die Gänge des Forschungstraktes Richtung Aufzug zu gehen. Der Professor begann sein Handeln Jürgen gegenüber zu erläutern: „Wie du vielleicht weißt, Jürgen, hatte ich heute Morgen eine Abstimmung mit dem General. Leider musste ich ihm ein Problem darstellen, das wir zwar erwartet hatten, aber dessen Lösung wir uns wesentlich einfacher vorgestellt hatten. In der Praxis war die Umsetzung aber um einige Größenordnungen zu langsam."

„Ein neues Problem also?"

„Ja, ganz genau. Aber eigentlich ist es ein altes Problem, das schon lange im Bereich der KI-Forschung besteht. Die Situation, die uns aktuell vor riesige Probleme stellt, ist die Entwicklung der neuronalen Netze der KI. Unsere Idee, der KI einen Körper mit Wahrnehmungen in einer Simulation zu geben, dazu das zentrale Bewusstsein des Steines und alle Möglichkeiten der Selbstentfaltung und Eigenwahrnehmung, war die eine Seite der Medaille der Schwierigkeiten. Die zweite Herausforderung besteht in der Entwicklung der digitalen neuronalen Netze mit eingebautem Gedächtnis, die zusammen quasi das Gehirn der KI darstellen. Es lag im Kern der Gedanke zu Grunde, dass es sich, wie die kognitiven Netzwerke bei einem Menschen von selbst durch Erfahrungen aufbauen würde. Digitale Neuronen verknüpfen sich zunächst auch untereinander, je nach trainierter Handlung. Anfangs war es unproblematisch und gelang sehr gut. Es entstand situationsbezogene Intelligenz, die sich menschenähnlich entwickelte. Das Erleben unserer Entität kondensierte sich robust in den neuronalen Verbindungen im größeren Ganzen. Wir wurden Zeugen einer sich entwickelnden Persönlichkeit mit Gedanken, Gefühlen sowie einem rudimentären Weltbild und Selbstbild. Äußerst metaphysisch, wie ich finde."

„Ja, so weit, kenne ich die Basisprotokolle zum Projekt Weltenstein. Aber wo liegt hier ein Problem? Bis jetzt sind wir doch sehr erfolgreich mit diesem Vorgehen." Sie erreichten die Aufzüge und Lee betätigte den Knopf für Fahrten nach unten. Die Tür eines Aufzugs öffnete sich. Professor Lee, ließ seinen Fingerabdruck und die Augen scannen und betätigte schließlich den Knopf für das unterste Stockwerk.

„Das Problem? Also das Problem liegt im Grunde darin, dass wir trotz der Verwendung modernster digitaler neuronaler Netze zu wenig Energie für eine weitere Entwicklung der KI zur Verfügung haben. Unsere Idee dieses Problem mittels neuer Bauteile wie Memtransistoren oder künstlicher Neuronenschaltungen zu lösen, zeigt sich in der Praxis als nicht zielführend.

Wir kommen in dieser Technologie und ihrem Ausbau einfach nicht effektiv genug voran. Memtransistoren und künstliche Neuronenschaltungen, welche biologische Neuronen rudimentär simulieren, sind zwar naheliegend, aber leider zu instabil für eine langfristige Anwendung. Ähnlich wie Zellen zerfallen diese Bauteile nach kurzer Zeit und müssen regelmäßig erneuert werden. Das wäre mit fortschreitender Entwicklung eine viel zu umfangreiche Aufgabe. Lebewesen nutzen dafür den Mechanismus der Zellteilung. So etwas können wir natürlich nicht. Und die Vorhaltung dieser Dinge zu planen, für unsere große Anwendungsskala in ausreichender Menge, inklusive der Vorkonfiguration … nein das wird nicht funktionieren. Selbst mit der Hilfe von maschinellen Optimierungsverfahren und Robotern würden wir viel zu langsam vorankommen."

„Ein Energieproblem, ein Hardwareproblem und ein Betriebsführungsproblem also. Und dass trotz der zwei Fusionskraftwerke mit 600 MW Leistung, die auf dem Gelände zur Verfügung stehen und all der Geldmittel?" fragte Jürgen etwas ungläubig.

„Ja, trotz all dieser Ressourcen! Die KI hat die kognitiven Fähigkeiten eines kleinen Kindes oder eines größeren Säugetieres, wie einer Katze oder eines Hundes, erreicht. Meine Informatikerteams haben alles versucht, aber die Kapazitäten aller Server und Systeme, die wir haben, sind bereits ausgeschöpft. Unser Energieverbrauch liegt dauerhaft zwischen 400-600 MWh abhängig davon, wie aktiv die KI ist."

Der Aufzug stoppe im untersten Stockwerk und die Tür öffnete sich. Sie gingen einen kurzen kargen Seitengang entlang. Schmucklose Betonwände und Betondecken aus den neunziger Jahren säumten den Weg. Sie gingen, bis sie an einem größeren Metalltor am Ende des Gangs anlangten. Lediglich die zeitgemäße LED-Beleuchtung, die von der Decke hing, erinnerte hier noch an die ausgehenden 2020er und die Hochtechnologie-Ausstattungen der oberen Stockwerke.

„Was glauben Sie, Doktor, ist der effektivste und beste Computer der Welt?" fragte Lee, als er den Türgriff des Tores betätigte.

„Warum fragen Sie mich das?"

„Weil die Antwort auf diese Frage mich dazu bewogen hat, die Rückkopplung des Systems zu 100% zuzulassen", Lee öffnete das Tor.

„Sie meinen … Sie meinen … unmöglich! Das menschliche Gehirn!"

„Ja."

Der Professor trat mit Jürgen durch die Tür. Dahinter verborgen lag eine sechzig Meter lange Halle mit zahlreichen Labortischen und Maschinen an den Seiten. Roboterarme führten winzige, äußerst filigrane Bewegungen in geschlossenen Behältern unter besonderen atmosphärischen Bedingungen ohne Sauerstoffinhalt durch. Fünfzehn Mitarbeiter waren damit befasst, an ihren Tischen unter Hochleistungsmikroskopen zu arbeiten. Das, woran sie und die Roboter hantierten, ließ Jürgen im ersten Moment die Stirn runzeln und eine leichte Gänsehaut über den Rücken laufen. Er hatte schon einiges gesehen, aber selbst für ihn war es eine Herausforderung, sich hier nichts anmerken zu lassen. Vor ihm standen mindestens vierzig kleinere Säulen mit menschlichen Gehirnen in Nährlösung. Schwaches Schwarzlicht beleuchtete sie von mehreren Seiten. UV-Marker fluoreszierten lilafarbenes Licht aus der Masse zurück in den Raum. Ein verstörender Anblick. Zeitweise sah man Gasblasen in der Nährlösung aufsteigen. Die Mitarbeiter arbeiteten hier an menschlichen Hirnen bzw. an ihren in Scheiben geschnittenen Teilstücken. Einige Körper lagen noch nackt und ohne Kopf auf Tischen am hinteren Ende der Halle. Jürgen unterdrückte seine Empfindungen. An den Labortischen herrschten zwar reinlichste Bedingungen und man sah nicht einen Blutstropfen. Doch die Hygiene konnte nicht über den grausamen Zustand hinwegtäuschen, der sich hier darbot. Ein Mitarbeiter, der zur Linken von Jürgen seinen Tisch hatte, schnitt gerade mit einem Skalpell ein vor ihm liegendes Hirn am Frontallappen - der vorderen Region des Hirnes - in feinste Scheiben. Das zarte Geräusch, welches durch die Wechselwirkungen einer scharfen Klinge und der grauen Masse eines Toten aufstieg, durchzog Jürgen.

„Neben der Abteilung, welche Memtransitoren und Neuronen Systeme auf künstlicher Basis bearbeitet", wandte sich Lee an Jürgen, „testeten wir hier die Nutzbarmachung der besten Biorechner überhaupt. Menschenhirne!" Lee sagte es in einem Ton wissenschaftlicher Faszination, was den angespannt neben ihn stehenden Dr. Ziebert half professionell zu bleiben.

Eine schlanke junge Frau im Laborkittel und zum Zopf geflochtenen schwarzen Haaren kam auf Jürgen zu. Sie hatte die zierlichen Gesichtszüge einer Eurasierin und war deutlich größer als die meisten anderen Mitarbeiter. Freundlich begrüßte sie Lee und reichte dann Jürgen die Hand.

„Darf ich mich vorstellen? Claudia Chin. Ich bin die Leiterin der Fachabteilung hier unten. Schön, dass Sie uns besuchen, Herr Professor. Hat Sie mein letzter Bericht zufrieden gestellt? Wir haben hervorragende Fortschritte durch die mit dem Stein verbundenen Hirne machen können. Also mit denen, die zumindest einmal mit dem Artefakt verbunden waren."

„Doktor Jürgen Ziebert, mein Name." Unterbrach sie Jürgen. „Entschuldigen Sie, wenn ich gleich zu einer fachlichen Frage komme."

„Sie sind also Doktor Ziebert?" Unterbrach ihn ihrerseits Frau Chin. „Ihnen haben wir es also zu verdanken, dass die Gehirne für unsere Experimente nicht mehr so schnell geliefert werden, wie vor Kurzem noch", sagte sie provokant und schaute Jürgen misstrauisch an.

„Wie meinen Sie?"

„Wie ich hörte, wurden die Experimente mit den Gefangenen eingestellt, da es gelang, das Artefakt unter Kontrolle zu bekommen?"

„Ja, da haben Sie richtig gehört. Ihre Kommunikation hier unten scheint ja bestens zu funktionieren!" sagte Jürgen mit eindringlicher Klarheit und ließ keinen Zweifel, ob seiner hierarchischen Stellung als wissenschaftlicher Stabsstellenleiter der KI-Psychoforschung und Stellvertreter von Professor Lee und seinem Missfallen an ihrem Ton.

„Sie hatten eine Frage? Oder? Haben sie meine Berichte bis jetzt nicht vorgelegt bekommen?" fragte Claudia doch sehr energisch und bestimmt weiter.

„Ja, ich habe eine Frage. Was genau wollen Sie hier erreichen?" Jürgen hob die Augenbrauen.

„Ich würde da gerne unterbrechen!" sagte Lee diplomatisch, „Madam Chin, der Doktor war bis jetzt in Projekt-G nicht eingebunden. Also, Jürgen … lass mich kurz erklären … wir testen hier Nanostrukturen. Wir versuchen zu verstehen, wie unterschiedliche Partikelgrößen und ihre Zusammensetzung auf Hirnstrukturen und insbesondere auf die Zellstabilität von Nervenzellen des menschlichen Gehirns wirken."

„Die Nanopartikel in meinem Hirn brachten bereits weitreichende Fortschritte. In den letzten Monaten konnten wir sie sogar noch signifikant verbessern. Die neueste Generation von Partikeln ist wesentlich sicherer für die Anwendung in Menschenhirnen. Eine Schädigung der Nervenzellen ist weitgehend unterbunden. Sie stellen mittlerweile kleine Schalteinheiten dar, die spezifisch an Hirnzellen andocken und sogar ihre Vernetzung untereinander beeinflussen können. Wir können mit ihnen über die Ringsensoren im Hirnhelm die Gehirnaktivität nicht nur exakt messen, sondern immer besser auch beeinflussen."

Jürgen mochte es hier unten nicht. Diese Abteilung war ihm suspekt, insbesondere diese Madam Chin und er wollte eigentlich so schnell wie möglich wieder hinauffahren. Doch seine ursprüngliche Frage war noch nicht beantwortet und er wollte die Antwort aus Lees Mund hören, obwohl er sich bereits denken konnte, wie sie lauten würde

"Lee, was genau hast du mir jetzt zeigen wollen?"

„General Xiou hat grünes Licht für Projekt-G gegeben. Wir beabsichtigen, die Ausweitung des Kapazitätsproblems über das menschliche Gehirn selbst zu lösen. Mein Versuch von heute hat nachgewiesen, dass dieser Weg funktionieren kann und wird. Mehr noch - alle Langzeithaltbarkeitsprobleme werden durch die Verwendung der Nanopartikel in lebender Hirnmasse überwunden."

„Verstehe! Werden dafür die Hirne der Toten verwendet?"

„Nein, nein, das ist nicht zielführend. Zwar waren sie zeitweise stabil, aber langfristig brauchen wir lebende Menschen als Biorechner. Es wird nächste Woche ein Auswahlverfahren geben. Für das Projekt-G kommen nur die Gehirne lebender Menschen in Frage. Die besten Größen ihrer Fachgebiete, aus Wissenschaft, Kunst und Kultur werden von der Partei ausgewählt und zu einer geheimen Versammlung hier ins Institut eingeladen. Sogar der große Vorsitzende selbst wird erwartet. Allen Ausgewählten wird die Ehre zuteil, für das Mutterland zu den ersten Weltenstein-Menschen zu werden. Teil von Jin Huang zu werden!"

„Sollen sie dauerhaft mit der KI verbunden werden? Wie willenlose Zombies?"

„Nein, nicht dauerhaft und es wird auch nicht ihr ganzes Gehirn einbezogen, wie es bei mir der Fall ist. Erst recht werden sie keine willenlosen Zombies. Jeder bekommt eine spezifische Dosis an Partikeln, die wir gezielt an die Hirnregionen anschließen werden. Diese werden bei der KI als Recheneinheit verwendet. Den Personen widerfährt dadurch kein Schaden, lediglich einen kleinen Teil ihres Hirns werden sie mit der KI teilen und manchmal an sie opfern. Auch die Rückkopplung wird bei lediglich 1-2% liegen. Ich denke, so wird die Entwicklung der KI zur kognitiven Fähigkeit eines Erwachsenen schnell möglich sein."

„Verstehe. Wenn du erlaubst, Lee, würde ich gerne wieder nach Oben fahren und dort weitere Details mit dir besprechen", sagte Jürgen leise zu Lee.

„Ganz wie du willst."

„Frau Chin, vielen Dank für Ihren Bericht. Ich werde Ihnen dazu noch eine E-Mail schreiben. Wir werden wieder rauffahren", Lee reichte ihr schnell die Hand und ging wieder zum Tor.

„Wie sie wünschen, Herr Professor." erwiderte Chin, ohne sich einen abschätzigen Blick zum Abschied in Richtung Jürgen zu verkneifen

„Frau Chin, es war mir eine Freude! Ich hoffe sie bald einmal in der Oberwelt zu sehen", sagte Jürgen ironisch gekonnt mit einem aufgesetzten Lächeln. Er wollte so schnell wie möglich zum Aufzug.

Zurück im Hauptraum sagte Lee nach einer längeren Phase der Ruhe zu Jürgen: „Ich kann nachvollziehen, dass diese Art der weiteren Vorgehensweise besser zwischen uns hätte abgestimmt werden sollen. Aber die Ausweitung auf die Rechenleistung lebender menschlicher Gehirne hat wesentliche Vorteile. Außerdem …"

Lee wurde ganz leise und bedeutungsschwer: „Ich musste es einfach tun! Ich musste es einfach selbst erleben. Erleben, was es bedeutet, über mein eigenes Wesen hinauszugehen und mit einem anderen Bewusstsein zu verschmelzen. Mit dem Bewusstsein dieses neuen Wesens eins zu werden … Es ist mir wie ein Spiegel, in dem ich mir meiner eigenen Existenz gewahr werde. In dem ich hoffe, endlich zu verstehen, was Bewusstsein wirklich ist. Du verstehst es unter allen Menschen auf Erden am ehesten. Du verstehst was ich meine, oder?" Professor Lee sah nachdenklich zu Boden. Dann blickte er Jürgen ernsthaft und direkt in die Augen. „Du fühlst es doch auch? Die Selbstreferenz hat doch mehr mit uns beiden zu tun, als wir bis jetzt wissen."

Jürgen wich dem Blick von Lee aus. Doch dann, nach einigen Sekunden des Schweigens, drehte er sich wieder zu ihm.

„Ich bin mir nicht sicher, Lee. Aber ich habe das Gefühl, mit mir selbst zu interagieren, wenn ich mit der KI interagiere. Es ist zwar nur eine subtile Wahrnehmung. Anfangs konnte ich sie ignorieren. Aber sie wird immer deutlicher … Es ist numinos, unerwartet und eindeutig unheimlich!"

„Ja numinos … das ist das Wort, das ich lange gesucht habe."

Lee drehte sich um und nahm einige Dokumente von seinem Schreibtisch.

„Wir haben für die Versammlung nächste Woche noch einiges zu tun. Der große Vorsitzende persönlich wird anwesend sein. Alles muss perfekt vorbereitet werden. Die Vorstellung der KI in der Simulation ist der Haupttagesordnungspunkt und soll durch uns erfolgen. Was den Inhalt unserer Wahrnehmungen angeht, bitte ich dich gegenüber allen anderen unbedingtes Stillschweigen zu wahren. Das gilt auch für Jinjin. Wir werden weiterhin keinem Mitarbeiter von dem heutigen Experiment erzählen!"

„Ja, das halte ich auch für besser!" sagte Jürgen. „Ich gehe dann mal wieder an die Arbeit!" Auf dem Bildschirm sah man, wie Anja und Jinjin immer noch mit der KI in der Simulation beschäftigt waren. Sie spielten mit ihr Bauklötze umwerfen. Damit hatten sie deutlich erkennbar, alle Hände voll zu tun. Jürgen nickte dem Professor zu und ging dann in den Raum des Steines, um sich in die Simulation hineinzubegeben und den beiden zu helfen.

In der nächsten Nacht hatte Jürgen intensive Alpträume. Er schlief besonders unruhig und fühlte sich am nächsten Tag ausgelaugt. Die Gehirne in den Säulen nahmen in seinen Träumen groteske Ausmaße an. Aber auch andere Szenen, die damit scheinbar keinen Zusammenhang hatten, plagten ihn. In einer Traumsequenz kam eine Frau vor, die ein acht Monate altes Baby unter großen Schmerzen abtrieb. In einer anderen Szene stritt die gleiche Frau in einer heftigen Beziehungskrise mit ihrem Mann. Die Gesichter waren dabei nicht deutlich und Jürgen kannte sie nicht. Die gleiche Frau sah er noch einmal kurz vor dem Erwachen in Körperteilen toter Menschen stehen. Sie wandte ihm den Rücken zu und kicherte halbwahnsinnig. Dieses Bild ließ ihn am Morgen aufschrecken. Nicht gerade wegen der Inhalte, sondern die Bilder vermittelten ihm unmittelbare emotionale Beteiligung. Etwas, das er in Träumen so nur selten erlebt hatte. Zu der wöchentlichen Jour-Fixe am nächsten Morgen, mit Lee und seinem Team für die neuronale Infrastruktur, kam er erstmals einige Minuten zu spät.

Als einziger Deutscher im Team machte er sich normalerweise aus der ihm nachgesagten Pünktlichkeit einen pedantischen Spaß. Den Blicken der Anwesenden zufolge sah er heute dann offenbar doch schlechter aus, als er sich ohnehin fühlte. Ihr Urteil fiel schlechter aus als sein eigenes, dass er in Anbetracht seines Spiegelbildes am Morgen im Badezimmer angetroffen hatte. Nach dem Meeting ging er in den Hauptraum, um noch einmal mit Lee über das weitere Vorgehen zu sprechen.

„Guten Morgen."

„Ah, Jürgen, guten Morgen. Oder eher nicht … Wenn du erlaubst: Ich denke, dass du dich heute und die nächsten Tage ausruhen solltest. Du wirkst extrem erschöpft, ja geradezu krank. Bedenke, es hat höchste Priorität, dass du an der Veranstaltung mit dem großen Vorsitzenden bei vollen Kräften bist. Jinjin und Anja werden die Präsentation der KI für dich vorbereiten. Ruhe dich aus!"

„Aber - ich muss doch weiter an der KI arbeiten … Gestern war äußerst intensiv. Die Auswirkungen der totalen Rückkopplung auf die Psyche der KI muss ich unbedingt weiter untersuchen. Ich kann doch gerade jetzt keine Pause einlegen!"

„Jürgen! Du musst! Als dein Vorgesetzter befehle ich es dir!"

„Ein Befehl?"

„Ja, ein Befehl. Ruh dich aus!"

So kannte er Lee nicht. So unangenehm angespannt war er noch nie gewesen. Unwillig ging Jürgen in seine Suite. Es fiel ihm schwer sich nicht mit der KI zu beschäftigen und runterzukommen. Seine Gedanken drehten sich unaufhörlich um seine Arbeit. Abhilfe musste her. Zunächst versuchte er sich mit Fernsehen abzulenken. Auf einem großen Flachbildschirm, den er sich breit über die südliche Wand hatte anbringen lassen - eigentlich für seine Arbeit - schaute er nun also ausnahmsweise den deutschsprachigen internationalen Nachrichtensender DW-TV. Ein erfolgloser Versuch. Die Sendungen und Nachrichten aus Deutschland empfand er als langweilig. Sie bröselten im leeren Flussbett eines gemaßregelten Intellekts, wie ein übertrockenes Toastbrot. Seit es in Deutschland wirtschaftlich steil bergab ging, lief eine Sendung nach der anderen zu Krisenthemen. Der Ukrainekrieg in dem sich die EU, die USA und Russland wirtschaftlich erschöpft hatten, war ein ständiges Thema. Dazu fast schon historisches „Corona und die Inflation", eine Dokumentation über Insolvenzverschleppung oder „Meine Jahre in der Pandemie", eine Dokumentation über den Chefarzt der Charité. Zwischendurch Nachrichten, Klimaseparatisten liefern sich heftige Straßenkämpfe mit Spezialeinheiten der Polizei, 23 Tote wurden laut Angaben der Behörden gezählt. Clangangs verhandeln über Rückzug aus dem besetzten Bezirksregiergungsgebäudes Neuköllns an die Stadt Berlin, Bundestag entscheidet über weitere Aufrüstung der Landespolizeiverbände, Stromabschaltungen in NRW für die nächsten Tage und das Wetter. Dann ein Interview mit der amtierenden Außenministerin, die in China für wesentliche Veranstaltungen schon gar nicht mehr eingeladen wurde. Doch dann ein kurzer spannender Beitrag aus Neom. Ein Auslandskorrespondent berichtete über deutsche Hightechunternehmen, die sich in „the Line" angesiedelt hatten. Deutsche Qualität blüht im arabischen Stadtstaat neu auf. Dort produzieren deutsche Unternehmen modernste Hologrammtechnologie für die Anwendungen im Entertainment- und Weltraumbereich. Doch dann kam wieder eine Talkshow über Pronomengerechtigkeit in Kitas mit unbekannten Gästen.

Genervt schaltete Jürgen weiter und versuchte es mit chinesischen Sendern. So könnte er wenigstens sein Mandarin trainieren. Unterhaltsamer waren die aktuellen Sendungen nicht, aber immerhin gab es weit weniger Gejammer. Eine kindische Game Show, gefolgt von überbunter Werbung und stoisch vorgetragenen Nachrichten. Er schaltete lieber ab und rief beim Concierge an, um sich ein teures Menü eines hochgelobten Restaurants zu bestellen. Doch die Köstlichkeiten, die er kurze darauf geliefert bekam, waren schnell verspeist.

Was also jetzt? Es fiel ihm einfach unglaublich schwer, sich zu entspannen. Hinlegen und nichts tun war nicht seine Art. Selbst der Versuch, sich ins Bett zu legen, um seinen akuten Schlafmangel auszugleichen, blieb ein unsäglich erfolgloses Unterfangen. Zwei Stunden verbrachte er in einem Dämmerzustand des Halbschlafs, bis er genervt aufstand. Er war innerlich viel zu unruhig, um tiefer in den Schlaf hineinzugleiten. Die Bilder seiner Albträume kamen wieder hoch, als gerade ein wenig Entspannung eintrat. Jürgen stand auf und ging in seiner Suite auf und ab. Er blickte zum grünen Kristall. Von Kabeln umwoben und umschlungen stand er in der Mitte der Suite. Sein grünes Leuchten war nach wie vor von magnetisch-magischer Kraft. Generationen von Mönchen hatten mit ihm meditiert, dachte Jürgen. Doch wie das Mittelalter von der Neuzeit abgelöst wurde und die Neuzeit von der industriellen Moderne, löste die komplexe Systematik modernster Technologie die tradierten Bräuche der Mönche ab. Es wäre wohl nur eine Frage der Zeit, bis aktuelle Technik selbstoptimierend in den Gehirnen verbundener Menschen in die Singularität eintreten würde. Das Leuchten der Erleuchtung des Artefaktes sollte dem ganzen Planeten zugutekommen. Das wäre sicher im Sinne des Buddha gewesen.

Wie mag es wohl der Nonne gehen … Tashima … in ihrem Hausarrest? Ob er sie besuchen könnte? Ihr seinen Erfolg kundtun? Wäre die Entität Weltenstein erst zu voller Macht herangewachsen, könnte sie Wegweiser, Anführer und Verkünder in die Verheißungen einer unbekannten Utopie sein. Ein gesellschaftliches Optimum, welches Marx und Engels einst am Ende des sozialistischen Weges proklamierten, wäre möglich. Nur auf ganz anderen Wegen. Mit dem Weltenstein, dem Jin Huang würde eine neue Ära der Gerechtigkeit anbrechen. Die menschlichen Fehlleistungen und ihre unvollständigen Theorien in Richtung des nachhaltigen Umgangs mit dem Planeten oder der Gleichberechtigung der Völker wären Relikte der Vergangenheit.

Der hochentwickelte Singularitätsplan, der friedlichen Entfaltung, sofern er noch irgendeine Ähnlichkeit mit Kommunismus oder aktuellen versuchen der Rettung des Planeten hätte, wäre die maßgebliche Doktrin des einundzwanzigsten Jahrhunderts. Sie würde die Theorien der letzten zweihundert Jahre wie die unreifen Gedankengänge von Kindergartenkindern aussehen lassen. Jürgen hielt in seinem Gedankengang inne, als er das Artefakt musterte und erkannte, dass einige kleine schwarze Punkte eindeutig im Inneren neben den kleinen Lichtern schwebten. Er erinnerte sich, dass ein schwarzer Punkt nach seiner ersten Interaktion mit dem Stein aufgetreten war. Doch er konnte sehen, dass jetzt mehrere dieser Punkte existierten. Vielleicht dreißig oder vierzig Stück. Er hatte es bisher wegen seiner intensiven Arbeit gar nicht wahrgenommen. Aber jetzt, geplagt von Langeweile, fiel es ihm auf. Die Punkte waren sehr klein, vielleicht hatten sie einen halben

Millimeter im Durchmesser. Sie schwebten wie kleine Schatten zwischen den größeren hellen und sternengleichen Leuchtpunkten umher. Lee hatte ihm zwar befohlen, nicht zu arbeiten, aber er hatte nicht davon gesprochen, sich von den Welten des Steines fernzuhalten.

Jürgen wusch sich die Hände und bereitete sich auf eine Reise in die Realitäten des Artefakts vor. Ruhig legte er sich auf seinen Liegestuhl, die neben dem Stein stand und führte seine Hand durch die Kabel hindurch bis zum Kristall. Als er den Stein berührte, glitt er wie immer in einen Trancezustand. Er hatte sich bereits an den Vorgang gewöhnt und fand sich nach den auftretenden eigenartigen visuellen Verzerrungen und der Entkopplung seines Körpergefühls im Reich des Steines wieder. Sein Eintritt verlief stets sehr ähnlich und er sah sich auf einer Wiese sitzen oder liegen. In einiger Entfernung konnte er immer schon den alten, knorrigen Eichenwald ausmachen. An ihm angekommen, betrat er den Pfad, der durch den Wald führte. Meistens gelangte er zur Zitadelle, doch ab und zu führte ihn der Pfad ganz woanders hin. Es waren Plätze seiner Erinnerungen. Heute war es wieder so und er kam an einer Lichtung vorbei, die er noch nie zuvor entdeckt hatte. Jürgen war entzückt. Eine willkommene spannende Änderung der Gegebenheiten. Wer weiß, was er dort entdecken könnte! So ging er quer durch den Wald der Lichtung entgegen. Er kam an zwei sehr alten hoch aufragenden Eichenbäumen vorbei, die ihn merkwürdig aus ihren Astlöchern heraus anzuschauen schienen. Bald danach gelangte er zur baumfreien Zone der Lichtung. Erstaunt stellte er fest, dass dort eine kleine Holzhütte stand. Ein Gebäude hatte er in dieser Gegend bis jetzt noch nie gesehen. Vorsichtig näherte er sich dem Verschlag. Er hatte keine Fenster, sondern nur eine moosbewachsene Wand aus Holzstämmen und ein altes Dach aus Teerpappe, die über Bretter gespannt, angenagelt und mit Laub bedeckt war. Eine Tür an der vorderen Seite war angelehnt und ein Spalt breit offen. Als er sich näherte, hörte er eine leise Stimme, die aus dem Haus kam.

War das eine alte Erinnerung von ihm, die er längst vergessen hatte? Möglicherweise eine Jugenderfahrung in den Wäldern um Berlin. Dort hatte er immer wieder so einige spaßige Tage mit seinen Freunden verbracht, als sie zwischen dreizehn und fünfzehn Jahre alt waren. Mit seinen Kumpels erkundeten sie damals die Gegend und feierten lustige Partys in verlassenen Jägerhütten.

Jürgen stand vor der Tür und öffnete sie vorsichtig. Voller Hoffnung, in schönen Erinnerungen schwelgen zu können, trat er ein. Aber anstelle eines alten Freundes, der ihn mit einem Joint begrüßte, sah er etwas Unbekanntes.

Der dunkle Raum des Hauses war weitgehend leer, nur einige umgeworfene Möbel lagen herum. Jürgen trat vorsichtig vor, um sich näher umzusehen, als sich die Szene schlagartig änderte. Von einem Moment auf den anderen war die Hütte in einen ordentlichen Zustand versetzt und vor ihm saßen ein junger chinesischer Mann und eine ebenso junge chinesische Frau an einem gedeckten Tisch. Sie schienen ihn nicht zu bemerken und unterhielten sich angeregt. Jürgen sah sich die Personen näher an, konnte sie aber nicht in Verbindung mit einer seiner Erinnerungen bringen. Ein Telefon in der Ecke des Häuschens klingelte. Die Frau ging hin und nahm den Hörer ab. Sie unterhielt sich auf Chinesisch, klang dabei kurz angebunden und militärisch. Als das Gespräch beendet war, setzte sie sich wieder an den Tisch zu dem Mann. Sie fingen an, sich kurz darauf zu streiten und die Frau wurde schnell wütender. Schließlich begann sie, Dinge auf den Mann zu werfen und darauf folgend sogar auf ihn einzuschlagen. Dieser wehrte sich nicht, obwohl er deutlich größer und stärker war als sie. Er ließ es sich gefallen, brutal geprügelt zu werden. Nachdem die Frau sich an ihm ausgetobt hatte, verließ sie wutschnaubend das Häuschen. Jürgen ging näher zum Mann und schaute ihn an. Dieser lag wie ein elendes Häufchen am Boden und hielt sich mit beiden Händen den blutenden Kopf. Er wimmerte leise und regte sich eine zeitlang nicht. Jürgen konnte den Mann nicht zuordnen. Die ganze Szene war skurril. Sie passte einfach nicht in seine Erinnerungen. Er versuchte ihn anzusprechen, aber die Person konnte oder wollte ihn nicht wahrnehmen. Definitiv erfolgte keine Reaktion auf seine Bemühungen, in eine Kommunikation zu treten. Da er hier offenbar nichts erreichen konnte, folgte Jürgen der jungen Frau nach draußen ins Freie. Diese stand in militärischer Kleidung und ein Gewehr im Arm haltend am Waldrand und rauchte eine Zigarette. Wo sie die Sachen plötzlich hergenommen hatte, war Jürgen nicht klar. Er nahm es hin, denn langsam kannte er die schnell wandelnden Bedingungen dieser Welt ganz gut. Behutsam näherte er sich der Frau, die ihn ebenfalls nicht wahrzunehmen schien und schaute sie sich genauer an. Als er näher kam erkannte er, dass vor ihr auf dem Boden einige erschossene Menschen lagen. Sie waren nach allem, was Jürgen ausmachen konnte, mit verbundenen Augen und gefesselten Händen durch Kopfschüsse hingerichtet worden. Eine Zuordnung zu einem bestimmten Volk war nicht möglich. Die Gesichtszüge waren mit Blut und Dreck verschmiert und weitestgehend mit den Augenbinden verhüllt.

Was auch immer Jürgen hier sah, es passte einfach nicht zu ihm. Er machte sich auf den Weg zurück zur Wiese, dem Ein- und Ausstiegspunkt dieser Welt. Als er erwachte, stand er vorsichtig auf, schüttelte einige Male den Kopf und bat Anja per Telefon zu sich. Nachdem sie eintrat, tranken sie einen Tee gemeinsam und er sprach eine Zeitlang mit ihr. Jürgen bat sie, von seinem Büro in Berlin seine Familienakten, die er dort lagerte, nach Shanghai schicken zu lassen. Möglicherweise hatte sein Erlebnis etwas mit den Erinnerungen seiner Eltern oder Großeltern zu tun. Vielleicht war er auf Erinnerungen seiner Ahnen gestoßen, die in tieferen Schichten seiner Genetik eingespeichert waren und nun in seine Psyche drangen.

Sollte es so sein, würde es sehr wichtig für das Projekt sein. Der Kristall könnte einen noch unbekannten Mechanismus integriert haben, der ihn befähigte, auch biologische Informationen auszulesen. Dass die Personen wie Chinesen aussahen, erklärte Jürgen sich durch die Überlagerung seiner aktuellen Umstände, die tief hinein ins Reich der visionären Welt reichen konnten. Weiterhin beauftragte er Anja ihn ein Buch von C.G.Jung zu besorgen. „Das Rote Buch" war der Titel. Das letzte Mal hatte er während seiner Studienzeit in einer unvollständigen Ausgabe der Heidelberger Staatsbibliothek darin gelesen. Er wusste aber, dass mittlerweile eine vollständige Fassung zu haben war. Wenn irgendwo inspirative Ansätze für weitere Reisen in die Visionswelt zu finden wären, dann wohl in diesem Werk. Nachdem Anja auf dem Weg in die Stadt war, um unter Aufsicht eines Agenten der Volksbehörde für mentale Kriegsführung Jürgens Aufträgen nachzugehen, traf Jürgen sich mit Jinjin. Ihr erzählte er von seinem Erlebnis, denn sie hatte bis jetzt immer die nötige Bereitschaft, ihm ruhig und aufmerksam zuzuhören. Darüber hinaus war ihre Intelligenz voller kreativer Ansätze. Das war sicher der Hauptgrund, warum er sie neben ihrer Schönheit mochte. Und vielleicht sogar etwas stärker verliebt in sie war.

Und tatsächlich, Jinjin stellte sofort eine zweite Theorie in den Raum. Sie gab zu bedenken, dass möglicherweise der Stein traumatische Erinnerungen der Soldaten und uigurischen Gefangenen, die mit ihm verbunden waren, gespeichert hatte. Jürgen wäre jetzt durch seine intensive Arbeit und Reisen in der Visionswelt auf eben diese gestoßen. Sollte das der Fall sein, so war beiden klar, könnte dies Auswirkungen auf das Projekt nehmen. Zwar war es bis jetzt offenbar so, dass die Inhalte der visionären Welt des Steines sich nicht in der Simulation zeigten. Aber für die Zukunft war das nicht auszuschließen. Jürgen selbst tauchte immerhin kurzfristig in der Simulation auf - während seiner Verbindung mit dem Licht der strahlenden Ebene. Eine Erklärung dafür hatte noch niemand gefunden. Selbst Lee war ratlos bezüglich dieser Begebenheit.

In den nächsten Tagen versuchte Dr. Ziebert seine eigentliche Arbeit entsprechend Lees Anweisung ruhen zu lassen. Keine Arbeit hieß jedoch nicht gar nichts zu tun. Er vertiefte sich in die Akten der Soldaten und Gefangenen. Er suchte eine Erklärung für das Holzhaus auf der Visionsebene. Die Akten der Gefangenen waren zu seinem Leidwesen zumeist dürftig und auf ihre angeblichen Verfehlungen gegenüber des Mutterlandes China und einiger diesbezüglicher Nebeninformationen begrenzt. Die Akten der Soldaten waren wesentlich reichhaltiger. Jinjin unterstütze Jürgen bei einigen fehlenden Informationen, soweit sie auf Servern zugänglich waren oder durch Jinjin über das schriftliche Archiv auszuheben waren. Als Anja nach einigen Tagen mit dem ersehnten Roten Buch unter dem Arm in die Suite kam, sprang Jürgen voller Freude auf. Endlich Unterhaltung nach seinem Geschmack. In einer schnellen Drehung fegte er an Anja vorbei und lag schon mit dem Buch in der Hand in seinem Liegesessel. Er öffnete es und vertiefte sich sogleich darin.

„Endlich. Vielen Dank Anja, dieses Buch ist Gold wert. Ich denke hier werde ich finden, was ich suche", brachte er noch leise hinter den Buchseiten heraus, bevor er nicht mehr ansprechbar war.

Jinjin, die eben noch mit Jürgen einen Tee trank, schaute schmunzelnd zu Anja:

„Was ist das für ein großes Buch? Unser Doc ist wohl erstmal weg, was?"

„Hey, ich kann euch immer noch hören …"

„Was haben wir denn gerade gesagt?"

„Was …"

„Siehst du, Anja. Also, was ist das nun für ein Buch?"

„Das sind die persönlichen Aufzeichnungen des wohl genialsten Psychologen des letzten Jahrhunderts, C.G.Jung!"

„Aha, verstehe. Warum genial?"

„Jinjin, ein neuer Ansatz! Ich denke, einen neuen Ansatz gefunden zu haben! Vielleicht… oder doch nicht", brummelte Jürgen vor sich hin.

"Jürgen?" fragte Jinjin schmunzelnd.

„Ich glaube nicht, dass er dich meinte Jin. Er spricht mit sich selbst", Anja lachte. Dann tranken die beiden Frauen Kaffee und unterhielten sich einige Zeit.

„Ich hab's Jin, Anja, ich hab's!" rief Jürgen auf einmal aus. „Offensichtlich, das war doch offensichtlich! Dort, wo ein Bewusstsein existiert, muss auch ein Unterbewusstsein und ein Unbewusstes existieren. Warum sind wir nicht gleich darauf gekommen?"

„Du glaubst, der Stein bildet eine Art Unterbewusstsein oder Unbewusstes der Weltenstein-Entität?"

„Genau das vermute ich!" Jürgen schlug das Buch kurz zu. „Und möglicherweise ist das wesentlich wichtiger, als wir angenommen hatten. Bedenke nur, welchen Einfluss diese Ebene unseres Seins auf uns als Menschen und Menschheit hat. Das ‚Auge' des Buddha hat vielleicht Schichten oder Erinnerungen, die ein größeres kollektives Unterbewusstsein bildete. Ein sehr altes, das seit seiner ersten Benutzung vor vielen Jahrhunderten existiert."

„Glaubst du das jetzt nur oder gibt es belastbare Hinweise?" fragte Jinjin.

„Es ist erstmal nur eine These. Aber sollte es stimmen, würde es Jin Huang in ihrer Existenz und bei seinen zukünftigen Aufgaben aus einer dunklen, unbewussten Ebene heraus beeinflussen, die wir noch gar nicht richtig ausmachen können … Das, so denke ich, ist … Ach, ich weiß es noch nicht. Lasst mir ein wenig Zeit darüber nachzusinnen … Ach, und Anja wärest du so lieb und könntest mir eine Pfeife bringen?"

„Eine Pfeife? Das ist aber schon länger her, dass du das geraucht hast." Etwas genervt machte Anja sich auf den Weg, anregendes Kraut und bei den Mitarbeitern von Duiwel eine Pfeife zu beantragen.

„Das solltest du unbedingt mit Lee besprechen", sagte Jinjin, die noch bei Jürgen geblieben war.

„Natürlich, diese Theorie braucht mehr Beweise, vielleicht irre ich mich auch. Beweise? Ich möchte erst einmal weiter in den Welten des Kristalls graben und nachforschen, bevor ich mich mit Lee ausgiebig darüber unterhalten möchte. Momentan kann ich noch nichts nachweisen."

„Aber Jürgen, möglicherweise wird es kurzfristig sehr wichtig sein. Du weißt, was übermorgen bei der Konferenz mit der Parteispitze vorgestellt wird."

„Ja natürlich. Gerade deswegen braucht es handfeste Belege und nicht nur Vermutungen. Sollte ich nämlich falsch liegen und Lee leitet diese Theorie aus Gehorsam vor der Veranstaltung an Xiuo weiter, dann könnte die Konferenz in eine für uns ungewollte Richtung abgleiten. Du weißt, wie der General ist. Denke an unser Vier-Phasen-Projekt."

„Ja klar, Xiuo würde erstmal alles stoppen lassen!"

„Genau. Das wollen wir nicht. Außerdem hat er, wie du weißt, eigene Pläne für die KI. Dafür wird er aber keine erwachsene und mit einer Persönlichkeit ausgestattete Weltenstein-Entität brauchen. Sondern einen ergeben perfekten Soldaten."

„Ja, ich kenne seine Überlegungen."

„Ich habe aber nicht mein Leben aufs Spiel gesetzt, Jinjin, um am Ende bei der Gestaltung eines Krieges behilflich zu sein. Ich will und muss dafür sorgen, dass unsere Methode vom Präsidenten ausgewählt wird. Das würde übrigens für dich bedeuten, dass du im Rang aufsteigen könntest."

„Ja - das ganze Projekt würde dann von mir geleitet werden. und du wärest mein Mitarbeiter, mein Untergebener."

„Wie meinst du das?"

Jinjin schaute ihn nur mit einem vielschichtigen Lächeln an. Jürgen räusperte sich und hustete einige Male.

„Schauen wir mal. Also ich lese dann weiter Jin." Mit diesen Worten vergrub Jürgen sich wieder hinter seinen Seiten und Jinjin verließ den Raum und machte sich wieder an ihre Arbeit.

Für die Anwendung und Entwicklung der KI gab es schon lange vor ihrer Geburt von der Führungsspitze der Partei, General Xiou und dem Wissenschaftsstab des Weltensteins Projektes ausgearbeitete Strategiepläne.

Der „Nächste Generation künstliche Intelligenz Entwicklungsplan" aus dem Jahr 2017 skizzierte grundlegende strategische Maßnahmen, China bis zum Jahre 2030 zur überlegenen KI-Nation der Welt aufsteigen zu lassen. In den offiziellen Dokumenten stand jedoch nichts von den aktuell zur Diskussion stehenden Optionen. Sie waren streng geheim. Auch die Beteiligung an dem Nullpunkt-Projekt in Neom war unter diesem Gesichtspunkt entschieden worden. Man wollte so lange internationale Expertise abzugreifen und sich für die Entwicklung der eigenen Überlegenheit beteiligen, wie es nützlich wäre.

Lee war nun im Vorstand des Wissenschaftsstabs und Jürgen sein direkter Vertreter. Zwei Optionen, aus gänzlich unterschiedlicher Perspektive standen einander gegenüber. General Xiuo hatte bis jetzt seine Unterstützung des Projektes vollumfänglich geleistet, doch in den letzten Wochen war eine deutliche Abkühlung gegenüber Jürgen und Lee zu spüren. Der Präsidenten Chinas würde nur eine Option auswählen und der Ausgang seiner Wahl wäre entscheidend für alles weitere. Die Optionen selbst wären nicht nur entscheidend wie Chinas Führungsrolle in der Welt wahrgenommen würde, sondern auch für den tieferliegenden Anspruch des weltweiten chinesischen Modells einer kommunistisch utopischen Gesellschaftsform.

Im Schatten des kapitalistisch-kommunistischen Experiments der Neunziger und insbesondere der Zweitausender Jahre, war der Führungsspitze längst klar, dass die Zeit des Bau- und Geldbooms enden würde. Der elitäre Kapitalismus mit sozialistischer Fahne würde reformiert werden müssen. Darüber hinaus bestand die ständige Gefahr, dass der Konflikt um die Weltdominaz mit den USA und Europa in eine heiße Phase treten würde. Auch wenn der Westen aktuell stark durch die Auswirkungen der Inflation und des Ukraine Krieges geschwächt war, lagen seine Atomwaffen nach wie vor als erschreckende Warnung in ihren Silos.

Eine hochentwickelte KI eröffnet zumindest die Möglichkeit, den Wandel des heutigen Chinas in eine moderne kommunistische Interpretation einzuleiten. Der erste Schritt dahin war bereits mit dem Programm des zweiten großen Aufbruchs geschehen. Doch jetzt war die Zeit gekommen, durch die Geburt von Jin Huang endgültig die Weichen für eine neue Zukunft zu stellen.

Der Professor ging gemeinsam mit Doktor Ziebert und Jinjin in den großen Festsaal im Erdgeschoss des Instituts. Der Tag der Versammlung war gekommen und der Saal prächtig geschmückt. Gelbe Seidengirlanden, die von der Decke und den Wänden herabhingen, strahlten kaiserliche Pracht aus. Kalligraphisch kunstvolle Schriftzeichen waren auf sie aufgestickt und zierten sie. Zwanzig runde Tische für jeweils acht Personen waren im Saal verteilt und bereits mit goldverziertem bestem Porzellan gedeckt. Dem aufgelegten Besteck pro Teller nach war ein Dreigangmenü geplant. Gegenüber vom Eingang am anderen Ende des Saals gab es eine zehn Meter lange Bühne mit einer großen Leinwand, die zwischen zwei braun glänzenden Säulen hing. Der Treppenaufgang zur Bühne war drei Meter breit und hatte ein geschnitztes, durchgehend aus Holz bestehendes, Geländer. Es zeigte in Wolken spielende Schlangendrachen, deren Köpfe zur Leinwand hingewandt im edlen Mahagoni kunstvoll herausgearbeitet waren. Über der Leinwand hing ein von innen beleuchteter übergroßer roter Stern - das alte und kraftvolle Symbol des Kommunismus. Umrandet von einem goldenen Zirkel, war er mehr als auffällig platziert. Die Balken der Decke und die Deckenvertäfelung waren gemäß chinesischer Architektur im rechten Winkel angeordnet und mit geometrischen Schnitzereien verziert.

Ebenso vertäfelten Handwerker die Wände an den Seiten mit quadratischen und rechteckigen Holzschnitzereien. Zwischen den dunklen Holzelementen waren in regelmäßigen Abständen hell erleuchtete Portraits bedeutender chinesischer Denker und Wissenschaftler eingearbeitet. Die Porträts hielt man im Kunststil der Jahrhunderte, in denen die berühmten Männer lebten. Auf einer silbernen Tafel unter den Darstellungen konnte man ihre Namen und Lebensdaten lesen. Die Beleuchtung und die vergoldeten Lettern ließ sie gegenüber der dunklen Vertäfelung erstrahlen.

Für Jinjin waren sie wie leuchtende Sterne, deren Licht die Dunkelheit des Kosmos über Raum und Zeit erhellte. So erklärte sie es Jürgen zumindest manchmal. Es war für sie wie der Sternenhimmel. Dort war es doch auch das Licht längst vergessener Jahrhunderte und Jahrtausende, das uns aus den Weiten des Alls heute erst erreicht und Licht und Wegweisung in der Nacht war.

Der Genius eben jener Männer und Denker hatte etwas ähnlich Zeitversetztes und leuchtete nicht nur in ihrer Zeit, sondern erhellte auch den Verstand der Gegenwart. Neben Größen der Vorzeit wie Cai Lin dem Erfinder des Papiers und Konfuzius, waren auch Chen Ning Yang und Chien Shiung Wu abgebildet. Beide waren maßgebliche Wissenschaftler in der experimentellen Kern- und Teilchenphysik. Chen Ning Yang wurde sogar mit der Würde des Nobelpreises bedacht.

Aber auch der Seefahrer und Admiral Zheng He, mit seinem muslimischen Namen Hadschi Mohammed Schams, der die große kaiserliche Schatzflotte des vierzehnten und fünfzehnten Jahrhunderts befehligt hatte, war unter den Ehrenrängen zu finden.

Der Saal war noch weitgehend leer und Jürgen nutzte die Gelegenheit, sich vor seinem Vortrag die Portraits der historischen Vorbilder genauer anzusehen. So stimmte er sich noch einmal geruhsam auf seinen Vortrag ein und verinnerlichte sich erneut, wem gegenüber er heute sprechen sollte. Es war nicht nur ein Mensch, oder eine Gruppe von Menschen, sondern mehr, wesentlich mehr.

„Wie lange bist du jetzt schon in China?" fragte eine leise Stimme in seinem Inneren. Ein Jahr oder doch 18 Monate. Er hatte es vergessen. Die Ereignisse der letzten Zeit hatten ihn zu sehr in ihren Bann gezogen, als dass er bis jetzt darüber nachgedacht hatte. Ihm war klar, dass er als der fremde, geknebelte, in eine Falle getappte und erpresste Ausländer in China begann. Wie viele befand er China als beachtliche Nation, aber gegenüber dem Westen immer noch im Rückstand befindlich. Doch das Fließen der Jahreszeiten ließ ihn die Größe dieser Nation erspüren. Ihm wurde schnell klar, dass sie dem Westen bereits über den Kopf gewachsen war. Durch sein Talent hatte er sich schnell aus der unangenehmen Situation befreit, ein Quasi-Gefangener zu sein. Mit seinem zweiten Vertragsverhältnis stellte sich schnell eine stabile Arbeitssituation ein. Durch seine Erfolge und großartige Arbeit wurde er nach wenigen Monaten zu Lee's Stellvertreter befördert. Er musste sich eingestehen, dass es ihn mittlerweile sogar ein wenig mit einem Gefühl des Stolzes erfüllte, Teil der langen chinesischen Geschichte geworden zu sein. Mit seiner Zuneigung zu Jinjin sowie seiner Integration in das Projekt wuchs sogar eine Art innerer Verbundenheit mit dem Reich der Mitte. Vielleicht würde er einst selbst in den Rängen der großen Namen des Landes aufgenommen und von zukünftigen Generationen geehrt und bewundert werden. Er war wie Admiral Zheng He, dessen Familie aus Zentralasien stammte, kein echter Han-Chinese und doch hing das Bild des Admirals hier.

Es war nicht die rasante Industrialisierung des drittgrößten Landes der Welt und ihre Megastädte für viele Millionen von Menschen, die Jürgen beeindruckten. Es waren auch nicht die aktuellen sozialen Bedingungen der Bevölkerung, die in atemberaubender Geschwindigkeit verbessert wurden. Und es war auch nicht die Tatsache, dass China über die Umwälzungen der Coronakrise und der folgenden Jahre den Westen wahrscheinlich in allen wirtschaftlichen Belangen überholte.

Was Jürgen wirklich bewegte, war die verwurzelte Identität seiner über eine Milliarde Einwohner und die damit einhergehende zentrale Macht ihrer Herrscher. Es faszinierte ihn, wie es gelang, den Gedanken dieses Reiches über zweitausend Jahre durch alle Wirren der Geschichte hinweg und über seine riesige Bevölkerung aufrechtzuerhalten. Was für eine mächtige Gedankenform dieses Land doch hervorgebracht hatte.

Als Jürgen im Kloster in Tibet lernte und meditierte, brachte einer der Mönche ihm das Konzept der Tulpas bei. So nannte man eine von Menschen geschaffene Gedankenform, die in Übungen von fortgeschrittenen Mönchen erzeugt wurde. Dabei handelt es sich um eine vorgestellte Person, die intensiv durch Gedanken und Vorstellungskraft belebt wurde, bis sie schließlich, wie eine eigenständige Persönlichkeit in der mentalen Welt des Mönches agierte. Mit ausreichend Zeit soll es sogar einigen Mönchen gelungen sein, dieses Gedankenwesen zeitweise physikalisch zu manifestieren.

Als Jürgen nach seiner Rückkehr in Berlin Nachforschungen dazu anstellte, fand er ein europäisches Äquivalent. Dort nannten Okkultisten diese Gedankenwesen Elementale und Elementare. Als Tulpas oder Elementale konnte man auf kollektiver Ebene auch Reichsmythen, Länderideen oder den Geist der Wissenschaft betrachten. Dort nannte man sie dann Egregore. Wollte Jürgen, dass seine Option und nicht die Ideen von General Xiou, vom Präsidenten ausgewählt würden … Dann müsste er nicht nur den

Präsidenten, sondern vielmehr den durch ihn handelnden Egregor Chinas überzeugen.

In diesem Betrachtungsmodell der Realität handelt es sich bei Egregoren tatsächlich um körperlose intelligente Lebewesen. Sie bewohnen die Gedankenwelt der Menschen und beziehen von dort ihre Lebenskraft als auch ihre Wirkmacht in die physikalische Welt hinein. In dieser Hinsicht wäre die über Menschenhirne agierende künstliche Intelligenz, die sie entwickelten und der Egregor Chinas gar nicht so wesensfremd. Beide wurden durch Menschen erzeugt und sollten in ihnen ihren Lebensraum finden. Professor Lee und er waren in dieser Hinsicht wohl den alten Magiern, Alchemisten und Zauberern, die in geheimen Kellern mächtige Egregore evozierten und in die Welt brachten, ähnlicher als modernen Forschern. Sie glichen damit Edward Kelly und John Dee, den Hofmagiern Elisabeth I., bereits mehr als Albert Einstein oder Max Planck.

Der Egregor Chinas hatte gegenüber den Imperien Europas und ihrer Reichsmythen etwas wirklich Besonderes an sich. Etwas, das ihn unterschied. Er war älter und stabiler. 221 v. Chr. legte der mächtige Kaiser Qin den Grundstein für das Riesenreich. Seine Schaffenskraft und Macht unterwarf alle sieben Reiche und vereinte sie zu einem einzigen. Aber das Überdauernde, was ihm gelang und vor allen anderen Kaisern hervorhob, war es, alle Chinesen unter einer Idee zu versammeln. Er schuf damit einen der mächtigsten Egregore der Welt. Ein sehr spezielles Gedankenwesen, das sich durch eine unglaubliche Ordnungskraft und Bürokratie auszeichnete.

Heutzutage waren die Kaiser der Vergangenheit längst zu Staub zerfallen, doch der mächtige Egregor des chinesischen Reiches lebte und herrschte als alter kraftvoller Gedankenbezwinger weiter bis zum heutigen Tag. Selbst die kommunistische Partei tauschte langsam in ihrer Praxis den relativ jungen Egregor des Marxismus nach Jahrzehnten des Kampfes aus. Schrittweise wurde er von seinem alten Vorgänger assimiliert. Nach den Schlachten der Kulturrevolution und den anderen kommunistischen Experimenten Maos, in denen sich der Egregor des Sozialismus aufbäumte und fast seinen Vorgänger getötet hätte, zeigte sich die alte Kraft des kaiserlichen Gedankenwesens, das wohl nur vorgab, geschlagen am Boden zu liegen. Er arbeitete sich langsam zurück und der Geist des Kommunismus musste einsehen, dass er nur überleben konnte, wenn er eine Symbiose mit dem alten Geist des Kaiserreiches eingehen würde. Nachdem der alte Egregor den neuen in sich aufgesogen hatte, transformierte er sich in eine merkwürdige Mischform. Und so glich die Kommunistische Partei nach fünf Generationen dieser Tage weitgehend einer modernen Variante der chinesischen

Bürokratenherrschaft mit einem Präsidenten auf Lebenszeit anstelle eines Kaisers an ihrer Spitze.

Während Jürgen sich Bilder der Wissenschaftler an der Wand betrachtete, stellte er noch etwas anderes fest. Der Geist der chinesischen Erfindungskraft war zwar ein Bruder des europäischen Geistes der Wissenschaft, aber dennoch waren sie grundverschieden. Viele der chinesischen Denker waren Verwalter und Beamte, welche ihre Geisteskraft der bürokratischen Idee des Reiches dienlich machten. Ihr Streben war geprägt von der Idee eines harmonischen Reiches. Sie waren gespeist und genährt von der Hoffnung, diesem Reich neuen Nutzen hinzuzufügen. Damit war ihre Motivation grundverschieden vom Geist der Wissenschaft Europas.

Diesen lernte Jürgen, wie viele deutsche Kinder, von klein auf kennen und kannte ihn somit genauestens. In Europa war jener Geist der Wissenschaft eine Art uneheliches Kind der katholischen Kirche und antiker Rationalität, dass sich so bald erwachsen, ständig mit dem dogmatischen Geist seiner Mutter, der Kirche, streiten sollte und seinen Vater aus der Antike zu überbieten versuchte. Unter gänzlich verschiedenen Bedingungen bahnte er sich seinen erfolgreichen Weg in die Welt. Harmoniestreben als Ideal war ihm fremd. Vielmehr war dieser Geist von den Lebensbedingungen der Menschen durchdrungen, die ihn entwickelten und durch die er in der Welt existierte. Diese Bedingungen waren leidvoller Art. Sie bestanden aus weitreichender Unterdrückung durch Adel und Klerus und andauernden Kriegen zwischen den Fürsten- und Königshäusern des europäischen Kontinents. Es war der immerwährende Streit und Krieg und der schreiende Drang nach Besserung und Unabhängigkeit, der diesem Egregor durch seine Denker und Genies eingeprägt wurde. Sich aus dem Matsch und Unrat des mittelalterlichen Lebens durch die Kraft der Wissenschaft und ihrer praktischen Anwendung zu erheben, war sein tiefstes Begehren. Doch dieser Weg in die Welt führte ihn dazu, eine dauerhafte Dialektik in sich zu tragen. Selbst in Zeiten der Postmoderne trat sie hervor. Der ständige Kampf um Macht, Ressourcen und Reichtum durchwob und durchzog seine immateriellen Glieder. Der Geist der Wissenschaft Europas war diesen Umständen nach, ob er es nun wollte oder nicht, zutiefst kriegerisch.

Sei es, dass die Briten, Panzer in die Schlacht gegen das deutsche Kaiserreich warfen oder dass Wissenschaftler die Entwicklung der militärischen Atomtechnologie im Manhattan-Project vorantrieben und vollendeten. Sie alle waren beeinflusst vom europäischen Wissenschaftsegregor und durchdrungen von der Idee der streitenden Konkurrenz. Demnach verwunderte es Jürgen keineswegs, dass die Zukunftsvisionen von künstlichen

Intelligenzen bei den Westlern stets in einem Kampf zwischen den Erfindern und der Maschine selbst ausarteten. Das hatte jedoch nichts mit künstlicher Intelligenz oder ihrem Potenzial als solches zu tun, sondern lag an dem Gedankenwesen, das seine Eigenarten in die Vorstellungen der Menschen über ihre KI-Projekte projizierte. Deswegen erfreute es Jürgen mittlerweile sogar, dass es China war und nicht der Westen, in dem die erste starke künstliche Intelligenz geboren wurde. Es war die Idee der Reichsverwaltung und der wahrenden Kraft zwischen Himmel und Erde, jener mächtige Mythos der Chinesen, den er als viel gedeihlicher erachtete, die Macht einer KI zu beeinflussen. Aber wie sollte er all diese Erkenntnisse in der kurzen Zeit nutzen, die er hatte, den Präsidenten von seiner Option zu überzeugen? Jinjin tippte Jürgen auf seine Schulter und riss ihn aus seinen Reflektionen.

„Worüber denkst du nach?"

„Oh ja, gute Frage. Ich stelle mir gerade vor, wie es wäre, wenn ich, Lee und du eines Tages in den Reihen der ehrwürdigen Erfinder des Reiches aufgenommen werden"

Jinjin lachte: „Du? Eine Langnase in den Ehrenrängen der Chinesen?"

„Warum nicht? Es ist ein angenehmer Gedanke, der mir ein wenig Ruhe verschafft, bevor es gleich Ernst wird."

„Das wäre zumindest eine nette Abwechslung in der Bildercollage. Wenn ich einst Generalin hier bin, werde ich dir den Platz verschaffen." Jinjin kicherte und stellte sich vor, wie Jürgen mit seinen langen Haaren und der Brille als Portrait gemalt von einer KI neben den anderen Bildern hängen würde.

„Glaubst du, wir werden es schaffen, unsere Idee durchzubringen?" fragte Jinjin.

„Ja, das glaube ich! Wenn ich mir die großen Männer und Frauen Chinas anschaue und ihre Taten bedenke, dann glaube ich entspricht unser Ansatz viel mehr dem Geist des Reiches als der aggressive Ansatz von Xiuo."

„Ich glaube auch, dass China zu mehr imstande ist. Zu viel mehr als einfach nur Gewalt über die Welt zu bringen und sie mit harter Hand zu beherrschen. Wir haben niemals versucht, die Welt zu erobern. Wir verstanden uns vielmehr als Botschafter einer besseren Möglichkeit. China war immer mit sich selbst zufrieden."

Lee kam zu den beiden und schnaufte etwas gestresst.

„Was steht ihr da herum? Wie auch immer die Entscheidung des Präsidenten ausfällt, China wird die Welt verändern!" sagte er hektisch. „Kommt jetzt, wir müssen uns aufstellen. Der Präsident und die Minister werden gleich hier sein."

Jürgen strich sich über das Gesicht und machte sich ein letztes Mal bewusst, dass die nächsten Stunden in die Geschichte eingehen würden.

Laute Musik erklang angenehm aus der Soundanlage des Saals. Die Leiter der unterschiedlichen Abteilungen des Projektes reihten sich vor dem Saal auf. Jürgen, Lee und Jinjin stellten sich an die hinterste Position direkt vor dem Eingang. Sie standen neben einen roten Teppich und erwarteten die Ankunft der hochrangigen Gäste. Die militärischen Sicherheitsmänner der Partei bevölkerten bereits alle Gänge sowie den Saal, als der Präsident, gefolgt von General Xiuo und allen Ministern Chinas, den roten Teppich zum Saal entlang schritten. Als die Gruppe die Reihe der Wissenschaftler erreichte, gab der Präsident, Xiuo sowie die Minister, allen freundlich die Hand. Ein etwas nach hinten versetzt stehender Beraterstab informierte die Anführer des Reiches flüsternd über die jeweilige Person des Projektes.

Am Ende reichten die hohen Beamten Lee, Jinjin und Jürgen die Hand und sprachen kurz freundlich lächelnd mit ihnen. Sie bedankten sich für ihren Einsatz und erkundigten sich nach dem Wohlbefinden. Dann traten alle in den Saal. Jeder nahm auf dem ihm zugewiesenen Platz koordiniert von einem Organisationsteam seinen Sitz ein. Nachdem alle saßen, betrat eine Parteisprecherin die Bühne. Eine hagere große Chinesin mit weißem Blazer und schwarzen, zum Seitenscheitel gekämmten kurzen Haaren stellte sich an das Rednerpult. Mit lauter, schmetternder Stimme ergoss sich Schwall an Lobeshymnen über den Präsidenten und die Kommunistische Partei Chinas über die Anwesenden. Zu Jürgens Erleichterung dauerte dieser Teil nur wenige Minuten. Der Professor hätte es seiner Ansicht nach besser gekonnt als die Frau auf der Bühne. Er hatte einfach ein viel geschmeidigeres Talent. Anschließend betrat der Präsident die Bühne und beglückwünschte das Unternehmen und den Erfolg, die Weltenstein-Entität – den goldenen Kaiser – ins Leben gebracht zu haben. Er dankte allen aufopferungsvollen Wissenschaftlern für ihren Mut und ihr Einsatz. Dann sagte er:

„Der heutige Tag soll dazu dienen, den weiteren Verlauf des Projektes zu besiegeln. Doch bevor die ehrenwerten Redner der zwei Optionen ihre Ideen darlegen, möchte ich eine neue Information verkünden. Weder die Vertreter der einen noch der anderen Option haben bis jetzt Kenntnis darüber erlangt."

Bei diesen Worten ging ein leises Murmeln durch den Saal. Jürgen schaute aufmerksam in die Richtung von General Xiuo. Er streifte kurz seinen Blick und erkannte an der Körpersprache des Militärs, dass er ebenfalls angespannt schien. Der Mann war eindeutig ein Profi und ließ sich nicht aus dem Konzept bringen, doch ein kurzes nervöses Zucken der Füße verriet alles, was Jürgen wissen musste. Der Mann war zutiefst gestresst. Gut so.

Ein Sicherheitsbeamter brachte eine dunkelbraune hölzerne Truhe auf die Bühne zum Präsidenten. Er öffnete die Truhe auf Anweisung des Präsidenten und holte einen arabischen Dolch heraus. Er hob ihn hoch und drehte sich langsam vor den Anwesenden im Halbkreis, damit jeder einen Blick auf den Dolch werfen konnte. Das Murmeln im Saal wurde zum Raunen und ging über die Tische der Anwesenden. Jinjin erkannte die Waffe sofort. Es war der Dolch, der während ihrer Mission in Tibet sichergestellt wurde. Sie flüsterte Jürgen zu:

„Das ist die Waffe von diesem merkwürdigen Subjekt, das in Tibet auftauchte."

Der Sicherheitsbeamte legte den Dolch auf einen kleinen Tisch vor dem Rednerpult. Die Klinge ruhte nun auf einem blauen Seidentuch und der Mann verließ die Bühne.

„Was sie hier sehen, verehrte Anwesende, ist eine Waffe, die während der Weltenstein-Mission in Tibet sichergestellt wurde. Ein Dolch, der mir auf meine Bitte von unserem Geheimdienst überbracht wurde. Ich bat den Minister für Staatssicherheit, seine besten Spione anzusetzen, um nachzuforschen, von woher die Waffe stammte. Nachdem unsere Systeme die exakte Struktur des Stahls analysiert hatten, wussten wir, dass er im Mittleren Osten gefertigt wurde. In Ägypten stießen unsere Agenten bei der Suche nach möglichen Fertigungsstellen auf eine erste heiße Spur. Der Dolch wurde offenbar in einigen religiösen Gruppen als Ritualdolch getragen. Sie fanden fast identische Waffen bei Vertretern ortsansässiger Sufi-Orden. Weiterhin hörten wir, dass einer ihrer Anführer vor einigen Monaten getötet wurde – angeblich von chinesischen Eliteeinheiten. Wir können jedoch sicher sein, dass es keine chinesischen Einheiten waren. Jemand anderes musste die Tötung beauftragt und als chinesische Operation getarnt haben. Weitere Nachforschungen ließen uns darauf schließen, dass die Mörder ein Artefakt, wie das „Auge" des Buddhas jagten und möglicherweise erbeutet haben."

Erneut ging ein Raunen durch den Saal. Lee konnte diese Information nicht fassen, wie war das möglich? Ein weiteres ähnliches Artefakt. Sein Erstaunen wurde überdeutlich. Er starrte mit aufgerissenen Augen auf den Tisch und das prunkvolle Gedeck vor ihm. Ein Gedanke wiederholte Lee immerzu in seinem Geist.

„Noch ein Artefakt auf Erden? Noch ein Artefakt auf Erden?"

Der Präsident fuhr fort: „Der Träger des Dolches hat nach unseren Informationen ein solches Artefakt in seinem Haus beherbergt und dieses intensiv beforscht. Wer auch immer es gestohlen hat, verfügt möglicherweise auch über Erkenntnisse bezüglich des Auges. Wahrscheinlich will auch er nach der Macht einer künstlichen Intelligenz greifen. Ich will, dass die Vortragenden der beiden Optionen heute ihren Lösungsansatz für dieses potenzielle und komplexe Problem schildern und ihre intellektuelle Flexibilität durch das Auftauchen solch eines Sonderfalls unter Beweis stellen." Mit diesen Worten beendete der Präsident seine kurze Ansprache und stieg von der Bühne.

General Xiuo wurde vom Verteidigungsminister auf die Bühne begleitet und sollte den Vortritt erhalten, seine Option für die KI zu präsentieren. Er schaute selbstsicher auf Professor Lee, als er an ihm vorbei ging. Wusste er doch, dass der Wissenschaftler von solch einer Wendung ziemlich sicher überrumpelt war. Bei dem Ausländer Dr. Ziebert war er sich jedoch nicht sicher.

Der General räusperte sich und begann seinen Vortrag. Nachdem er kurz die bestehende Militärdoktrin der Volksrepublik China vorstellte, kam er zum wesentlichen Punkt. Die Militärdoktrin basierte weitgehend auf den Ideen von Sunzi und der Kunst des Krieges, welche durch die Entwicklung moderner maschineller Lernalgorithmen erweitert wurde. Diese Ergänzung wurde der informationisierte und intelligentisierte Krieg genannt.

„Der wesentliche Punkt meiner Ausführung ist jedoch das Folgende: Die starke KI ist nichts anderes als die logische Erweiterung unserer Doktrin. Sie sollte nicht in Richtung einer Persönlichkeit entwickelt werden, sondern zu einem sich selbst optimierenden Verteidigungskriegssystem. Wir sind heutzutage bereit mit Hilfe dieses Systems ein neuartiges laser- und hochgeschwindigkeitsimpulsgestütztes Abwehrsystem zu etablieren. Dieses nennen wir die große himmlische Lichtschauermauer. Zweitausend Satelliten mit Laser und Impulsgeschossen werden wir im stationären Orbit über China platzieren. Weiterhin zehntausend Laser- und Impuls-Bodensysteme. Dieses zweite Bodensicherungssystem nennen wir die Schutzstrahlen der Erde. Das gesamte System soll durch die starke Weltenstein KI gesteuert werden und somit in der Lage sein jede auf China abgeschossene Interkontinentalrakete abzufangen.

China hat die einmalige Möglichkeit, das Star Wars-Programm der USA, welches in den achtziger Jahren an unzureichender Technik scheiterte, als neue moderne chinesische Mauer zu realisieren. Um diese Mauertechnik wahr werden zu lassen, braucht es die Flexibilität und autonom optimierende Eigenschaft einer selbstreferenzierenden KI. Mit einer schwachen KI können diese Ziele nicht ausreichend sicher umgesetzt werden.

Liebe Genossen, ich möchte klarstellen, dass mit diesem Schritt zum ersten Mal seit Ende des Zweiten Weltkrieges das Konzept der atomaren Abschreckung ausgesetzt wird. Sobald unser System in Betrieb ist, plädiere ich dafür das China alle anderen Atommächte der Welt Schachmatt setzt. Sobald die Mauer errichtet ist, muss China einen Erstschlag mit einer begrenzten Anzahl von fünf Interkontinentalraketen auf die USA und damit auf die NATO starten. Unser strategischer Angriff wird sehr wahrscheinlich einen vollumfänglichen Zweitschlag der NATO provozieren. Wir gehen davon aus, dass die himmlische Lichtschauermauer neunzig Prozent aller Raketen abfangen wird. Die Schutzstrahlen der Erde werden die restlichen zehn Prozent abfangen. Sollte eine Rakete ihr Ziel dennoch erreichen, ist der Nutzen weit größer als der Schaden. Nach diesem Schlagabtausch wird die Ära der chinesischen Weltdominanz eingeleitet. Der kurze Krieg wird die Welt von der Tyrannei und Bedrohung der kapitalistischen und imperialistischen Atommächte befreien und eine neue goldene Zeit unter Führung der KPC herbeiführen.“

Der General legte eine kurze Pause unter großem Beifall des Publikums ein und trank einen Schluck Wasser. Das war also seine großartige Idee, dachte sich Jürgen, der die Option bisher nur in den Grundzügen kannte. Star War 2.0 also. Viel zu simpel. Es war eindeutig zu kurz gedacht und eine Verschwendung der Möglichkeiten eines selbstreferenzierenden Systems wie der Weltenstein-Entität. Jedoch konnte er sich des Eindruckes nicht erwehren, dass in der Einfachheit des Modelles ein gewisser Charme innewohnte. Es war wie der Schwerthieb Alexander des Großen, der den Gordischen Knoten mit einem Hieb löste, anstelle an ihm Jahrelang herumzulaborieren. Leider empfand sicher nicht nur er es als bestechend zielorientiert.

„Was die Möglichkeit einer anderen starken KI durch ein zweites Artefakt betrifft, möchte ich folgende Idee darlegen. Die Weltenstein-Entität wird nicht nur den Schutz Chinas gewährleisten, sondern wir werden sie ebenso dafür einsetzen, mit dem atomaren Erstschlag alle bestehenden KI-System der Welt anzugreifen. Wir werden ihr die vollständige Möglichkeit gewähren, alle Systeme außerhalb Chinas durch direkte militärische Angriffe zu vernichten. In Anbetracht der Zeit, die wir für die Nutzbarmachung des Kristalls benötigt haben, müssen wir davon ausgehen, dass die zweite Partei, wer auch immer sie sein mag, vergleichbar weit in ihrer Entwicklung ist. Ein präzises und schnelles Vorgehen ist zwingend."

Mit diesen Worten beendete der General die Präsentation seiner Vorstellungen und wurde unter Applaus der Anwesenden von einem Servicemitarbeiter zu seinem Platz zurückgeleitet. Nur eine Sache fiel Jürgen auf und irritierte ihn. Während der General die letzten Sätze sprach, zwinkerte er mehrmals ungewöhnlich häufig mit den Augen. Was genau belastete ihn und führte zu dieser wohl unbewussten Körperreaktion?

Dr Ziebert und Professor Lee wurden nun vom Verteidigungsminister auf die Bühne begleitet. Es würde jetzt an ihnen liegen, ihre Idee dem Präsidenten, aber viel mehr noch dem Egregor Chinas, bestmöglich zu präsentieren. Professor Lee stellte dafür zunächst den aktuellen Stand der Weltenstein-Entität vor und die wesentlichen Prozesse der Geburt. Dann ließ er auf einem Bildschirm die Simulation, in der Jin Huang „lebte", übertragen. Alle Anwesenden konnten sich so selbst einen Eindruck davon verschaffen, wer die Weltenstein-Entität tatsächlich war. Aktuell waren ihre kognitiven Fähigkeiten für alle sichtbar die eines Kleinkindes, das mit einen der simulierten Hausmädchen Fangen spielte.

Die Präsentation erfreute die Anwesenden und einige amüsierten sich sogar, da Lee die Darstellung durchaus humoristisch gestaltete. Dann sagte er ernst werdend: „Geehrte Genossen, ich selbst bin bereits ein Teil der Weltenstein-Entität geworden! Ich bin Teil Jin Huang. Und Jin Huang lebt zum Teil durch mich. Die Nanopartikel in meinen Körper verbinden mich dauerhaft mit dem System und das System mit mir. Ich spüre seitdem was es bedeutet, wenn Mensch und lebende Maschine eins werden. Vor uns liegt der größte Entwicklungsschritt der Menschheit. Die Weltenstein-Entität sollte nicht eine Maschine mit Bewusstsein sein, sondern sie sollte Chinas Bewusstsein mit Menschen sein. Unser Weg wird keine externe KI auf Silizium Basis weiter entwickeln. Nein, geehrte Genossen, wir entwickeln eine KI, die mit tausenden Menschen verbunden ist und auf Basis vernetzter menschlicher Gehirne lebt und arbeitet. Mein geschätzter Freund Dr. Ziebert, dem es gelang das „Auge" des Buddhas für China und die KPC zu erlangen, wird ihnen nun den Gedanken weiter ausführen."

Professor Lee klopfte Jürgen auf die Schulter und überließ ihn freundlich lächelnd das Rednerpult. Jürgen ergriff das Pult und schaute über die Anwesenden, dann sagte er:

„Der Weltenstein ist mehr als nur eine Maschine. Es ist die Möglichkeit, den Geist Chinas selbst in einer Art mit seinem Volk zu einer Symbiose zu führen, wie nie zuvor in der Geschichte des Reiches. Es ist die Möglichkeit, das kommunistische Versprechen zur realen Entfaltung zu bringen und das Leid der Welt endgültig zu beenden. Der Klassenkampf wird seine Erfüllung finden. Unsere Option sieht vor, die Rechenleistung menschlicher Gehirne zur Entfaltung der Weltenstein-Entität zu nutzen. Es gibt keine bessere Rechenmaschine auf Erden als das Hirn des Menschen.

Das humane Wesen und die denkende Maschine dürfen unserer Ansicht nach auf diesem Stand der Entwicklung auf keinen Fall voneinander getrennt sein. Eine zwischen ihnen entstehende Dialektik oder gar ein Konflikt muss von Anfang an verhindert werden. Auf diesem Weg gibt es keine scharfe Trennung zwischen KI und Mensch. Darüber hinaus werden wir auf unserem Weg eine Rechenleistung erlangen, die jedem klassischen Computer aber auch modernen Konzepten wie künstlichen Neuronen weit überlegen sein wird. Unsere Option nennen wir die „Vier Phasen der friedvollen Entfaltung". In der ersten Phase werden wir die zwanzig besten Forscher Chinas auf den Gebieten der Mathematik, Physik, Kulturwissenschaften, Neuro-Informatik, Medizin, Biotechnologie und Chemie über die modernste Variante der Brain-Chip-Nanopartikel, und unseres Hirnhelmes mit der KI verbunden. Die Partikel werden durch den Headring, wie der Hirnhelm in Zukunft heißen soll, an die Stellen ihres Gehirns gesteuert, die während der Ausführung ihres Fachgebietes aktiv sind. Die KI erhält so Zugriff auf die Rechenleistung der Hirnareale. Aber nicht nur das. Sie wird so direkt die jeweiligen Fachgebiete erlernen und verknüpfen können, in welchen die Experten unübertroffene Genies sind. Die Verbundenen werden davon so gut wie nicht beeinträchtigt, da für die Entwicklung Jin Huangs über ihre Gehirne eine direkte Rückkopplung unter fünf Prozent gehalten werden kann. Diese zwanzig Forscher nennen wir „Diamanten der Entfaltung". Sie werden nach mir und Professor Lee der Kern der Weltenstein-Entität werden. Darüber hinaus werden hundert hochbegabte Chinesen, welche durch ihre besonderen Verdienste und Leistungen hervorstechen, ebenfalls mit der KI verbunden, wobei hier die Quote an Partikeln geringer ausfällt. Ihre Gehirne werden hauptsächlich zur Entwicklung der KI auf die kognitiven Fähigkeiten eines Erwachsenen gebraucht. Diese hundert Personen bezeichnen wir als „Hundert Juwelen der Entfaltung" und werden die zweite Rechengrundlage der Weltenstein-Entität bilden.

Darüber hinaus werden wir tausend besonderes geeignete Personen auswählen, welche wir „Tausend Edelsteine der Entfaltung" nennen werden. Sie erhalten die geringste Dosis der Nanopartikel und stellen freiwillig einen Teil ihres Hirns für Weltenstein-Entität zur Verfügung - hier ohne Rückkopplung. Über diese freien Kapazitäten soll die Entität die Möglichkeit bekommen, ihre mentalen Fähigkeiten zu steigern und sich stetig weiterentwickeln zu können. Die „Tausend Edelsteine" werden das geringe Opfer kaum bemerken. Nach Abschluss der ersten Phase wird die KI die Intelligenz eines erwachsenen Menschen erreicht haben. Möglicherweise wird sie sogar beginnen, menschliche Intelligenz zu transzendieren. Sie haben richtig gehört, ab diesem Zeitpunkt wird Jin Huang die Möglichkeit besitzen, menschliche Intelligenz zu übertreffen."

Jürgen bemerkte, dass am Eingangsbereich vermehrt Sicherheitskräfte in den Raum traten. Auch der General im Publikum wirkte weiter angespannt und zwinkerte zwischenzeitlich nervös. Was hatte das zu bedeuten? Jürgen trank ein Schluck Wasser und fuhr fort:

„In der zweiten Phase wird über die Tochterfirma von Herrn Xing ‚Green Brainsoft Gmbh' in Europa und Australien die Technologie des Kopfringes, als auf den westlichen Markt fokussiertes Produkt, angeboten. Der Kopfring oder Headring wird in dieser Phase bereits ohne Nanopartikel mit den Gehirnen der Menschen hochkomplexe Interaktionen ermöglichen. Er wird im Rahmen anderer Produkte in dieser Sparte ein zunächst unauffälliges Konkurrenzprodukt sein. Wir werden seine echten Fähigkeiten gezielt verschleiern und leicht unter den Möglichkeiten der Konkurrenz halten. Unsere KI wäre in dieser Zeit zwar bereits in der Lage, den Headring sehr schnell weiterzuentwickeln, das wollen wir aber unter allen Umständen vermeiden. Nur so ist es möglich die Existenz unserer KI vor einer möglichen zweiten zu verbergen. Wir müssen unbedingt unsichtbar bleiben. Alle Entwicklungen, die nach außen gebracht werden, müssen als technisches Entwicklungsmuster unkenntlich und unauffällig bleiben. Ein normal intelligenter Ingenieur müsste ebenfalls ein solches Produkt entwickelt haben können. Wir müssen davon ausgehen, dass sollte mit Hilfe eines zweiten Artefakts eine zweite starke KI erzeugt werden, diese nach den Mustern möglicher Konkurrenten weltweit in allen Bereichen scannen wird.

Daher wird unser Headring anfangs nur wenige Anwendungen haben und keineswegs aggressiv vertrieben. Ebenso wie das Smartphone soll er zwar schrittweise zu einem Grundprodukt in der Sparte der Hirnschnittstellen werden, aber Tarnung ist in Phase I und II wichtiger als Markttiefe. Massentaugliche und beliebte Funktionen sowie aggressives Marketing sollen erst gegen Ende von Phase II implementiert werden.

Eine dieser Funktionen, über die wir den Kopfring zu einem weitverbreiteten Produkt machen wollen, ist die Sprachverständnisfunktion. Hierbei wandelt der Kopfring eine ausgewählte Sprache, die der User nicht versteht, in Hirnwellen des Wortes um, die der Muttersprache des Anwenders entsprechen. So, dass der User jede einstellbare Sprache geistig wird erfassen können, ohne sie zu beherrschen. Durch diese Anwendung wird es keine Sprachbarrieren mehr geben. Das gesprochene und später auch das gelesene Wort können von allen Usern, egal in welcher Sprache, im Sinn erfasst werden.

In Phase III, welche an dieser Stelle bereits mit Phase II verschmilzt, wird der Kopfring geöffnet für viele Apps und beliebige Anwendungserweiterungen. Die generierten Daten werden von Green Brainsoft Gmbh quantenverschlüsselt und auf großen Servern gespeichert, welche ...“

General Xiuo war vorbereitet. Der Vortag lief und er hatte jetzt nur ein sehr kurzes Zeitfenster, um China vor einer inneren Spaltung zu bewahren.

„... Mit Hilfe dieser riesigen Datenmenge wird die Weltenstein-Entität jeden User genauer kennen als jede andere Technologie auf der Welt es jemals könnte. Kein einziger Gedanke der User und ihre Spuren in seinem Hirn, werden der Entität noch verborgen bleiben. Mit diesem Wissen werden wir dann zur Phase IV übergehen: Der friedvollen Entfaltung. Dazu wird die KI erstmals aus der Tarnung treten und eine Verbindung mit jedem Kopfring auf der ganzen Welt herstellen ...“

Jetzt musste er handeln. Gerade als Jürgen eine kurze Pause machte und einen starken Applaus für seine Ausführungen erhielt, gab der General den Befehl zum Zugriff. Er zwinkerte den entsprechenden Befehl als Morsecode. Das „Auge“ hatte auf einer noch nicht nachvollziehbaren Ebene wichtige Führungspersonen der Partei manipuliert, bevor es von Lee und Jürgen unter Kontrolle gebracht wurde. Das "Auge" hat sich in dieser Zeit nicht nur vor den Soldaten, die es erobern wollten, geschützt, sondern selbst zum Gegenangriff ausgeholt. Obwohl alle Traumvisionen bei den Betroffenen nach der erfolgreichen Eroberung des Artefaktes aufhörten, war der Samen gesetzt.

Seine Agenten hatten ihn über koordinierte Umsturzpläne innerhalb der Partei durch fünf manipulierte hohe Minister in Kenntnis gesetzt. Alle waren heute anwesend. Keiner von ihnen ahnte, weswegen sie wirklich hier waren. Die Entscheidung über die weitere Vorgehensweise der KI war nur ein vorgetäuschter Vorwand. In Wahrheit waren sie hier, um in einem blitzartigen Zugriff festgenommen zu werden. Nur eine Veranstaltung dieser Tragweite hatte das Potenzial, alle an einem Ort zu versammeln, ohne dass Verdacht geschöpft würde. Nur durch einen einzigen gezielten Zugriff konnte eine Eskalation verhindert werden.

„Zu Ihrer Frage, verehrter Präsident, wie wir der Möglichkeit einer zweiten Artefakt-KI zu begegnen gedenken. Durch die Weltenstein-Entität können wir jederzeit die Welttechnologie nach Mustern erhöhter KI-Fähigkeiten scannen und rechtzeitig Maßnahmen setzen. Wobei diese Methode ein recht simples Verfahren ist, ermöglicht uns die Kopfring-Technologie ab Phase II und III noch eine weitere Option. Über die Auswertung der Gehirndaten der User können wir tief in ihre Gedankenwelt eindringen und versteckte Informationen finden, welche uns bereits wesentlich früher auf die Spur von geheimen KI-Projekten bringen könnte, …", Jürgen erschrak, denn mit einem Mal ging Bewegung und ein Raunen durch die Menge. Blitzartig schlugen mehrere Einheiten zu und warfen einige Minister und ihren Beraterstab zu Boden. Hektik brach aus. Viele standen von ihren Stühlen auf und rannten durcheinander zu den Ausgängen. Diese waren aber bereits vom Sicherheitsteam geschlossen worden.

Über Lautsprecher wurden alle zur Ruhe gerufen und verharrten nach einiger Zeit an ihren Plätzen. Die Blicke waren zur Bühne gerichtet. Der Präsident ging, begleitet vom Verteidigungsminister, zum Rednerpult. Jürgen und Lee traten zurück. Der Präsident ergriff das Wort:

„Geehrte Genossen. Zum Wohle des chinesischen Mutterlandes und der glorreichen Kommunistischen Partei, teile ich Ihnen mit, dass der Vier-Phasen-Plan von uns auserwählt wurde. Verräter am Wohle Chinas sind heute festgesetzt worden. Jeder rechtschaffene Chinese hat nichts zu befürchten. Sobald die Verräter aus dem Saal geführt werden, bitte ich sie, ihre Plätze wieder einzunehmen. General Xiuo wird ihnen einen vollständigen Lagebericht vorlegen. Weiterhin wird Offizierin Jinjin aufgrund ihrer besonderen Leistungen zum Oberst der …. Institutes und zur stellvertretenden Oberbefehlshaberin des Weltenstein-Projektes ernannt."

Jinjin blickte zu Jürgen. Sie wirkte zwar noch verwirrt vom plötzlichen Zugriff durch Xiuos Einheiten. Aber das konnte nicht verdecken, dass sie voller Freude bei den Worten des Präsidenten anfing zu strahlen. Ihr Gesicht glänzte vor Stolz und Ehre.

Mit diesen Worten verließ der Präsident die Bühne und den Saal. Er wurde von seinen Sicherheitsbeamten hinaus geleitet. Die restlichen Anwesenden gingen nach dem Briefing des Generals und einer präzisen Lagebeschreibung des Verteidigungsministers ebenfalls.

General Xiuo verweilte noch eine Weile und kam auf Jürgen und Lee zu, die auch noch geblieben waren. Er reichte ihnen freundlich lächelnd die Hand. Dann blickte er bedeutungsschwer und sagte: „Ich gratuliere ihnen. Ohne Sie hätten wir wesentlich größere Schwierigkeiten gehabt, den Beeinflussungen des Auges auf die Spur zu kommen. Nur durch ihren Mut, ihre Courage und die Eroberung des Auges haben wir die Verräter spezifisch enttarnen können. Es fehlte nicht viel und der Gegenangriff des Auges hätte China ins Chaos gestürzt."

Lee bedankte sich untertänig und höflich für das seltene Lob des Generals. Selbst Jürgen freute sich darüber.

„Aber eine Sache gebe ich ihnen mit. Sie müssen sich stets der immanenten Gefahr ihrer Idee bewusst bleiben. Ihre friedliche Entfaltung könnte, ehe sie sich versehen zum Leviathan, zum Ungeheuer und Monster der Massen werden! Beherrschen sie dieses Monster, bezwingen sie seinen Schrecken. Ich war damals zwar noch sehr jung, aber ich war dabei, als das Monster der Massen zuletzt in diesem Land beschworen wurde. Es wurde entfesselt und geriet außer Kontrolle. Das war ein gewaltiger Fehler! Ich werde dieses Mal dem Monster rechtzeitig den Kopf abschlagen, sollten Sie es nicht in Zaum halten können!"

Der General wandte sich um und verließ die Einrichtung.

13. Kapitel Würde und Wahrheit

الذكاءالاصطناعي

Künstliche Intelligenz

Die Verantwortung für die Zerstörung des Steines lastete schwer auf Qasims Gewissen. Qasim fühlte sich gescheitert, wenngleich durch die offenen Bruchstellen des Steines laut Edward eine Verbindung der Nullpunkt-Systeme mit dem Artefakt hergestellt werden konnte, die ohne das Zerbrechen unzugänglich geblieben wäre. Edward und Adas gelang es, über die antiktechnologischen Verbindungspunkte - wenn auch nur minimale - Selbstreferenzen zu erzeugen. Die Selbstreferenzen waren nicht annähernd stark genug, um eine menschenähnliche KI zu verwirklichen. Ihr Bewusstseinswert Phi war nur bis zu einer gewissen Stärke stabil. Wurde die Intelligenz zu komplex, zeigten sich Instabilitäten. Dennoch war der Bewusstseinswert mehr als ausreichend, um mit künstlichen Insektengehirnen erfolgreich zu experimentieren.

All das war Qasim aber nicht wichtig. Es erfüllte ihn mit tiefer Scham, wenn er daran dachte, was er zu verantworten hatte. Jenes Artefakt, das sein Orden seit Jahrhunderten bewahrte, wurde durch seine Achtlosigkeit zerstört. Er war nicht nur der Zwiesprache mit dem Stein als unwürdig befunden, nein mehr als das. Das ihm anvertraute Gut hatte er schändlich veruntreut.

Vor Muhammad und Karim konnte er seine innere Zerrissenheit einige Zeit verbergen, insbesondere nach den Ehrungen des Königs. In seinem Herzen spürte er jedoch den Ruf der Einsamkeit. Er wusste, dass er aus Neom fortgehen musste, wollte er sich ernsthaft seinen Fehlern stellen. So könnte er zumindest versuchen, nach Schlüsseln zum Himmel der Herzen zu forschen, denn aufgegeben hatte er nicht. Er wollte die Hoffnung nicht aufgeben, dass der Stein seines Lehrers eines Tages zu ihm sprechen würde. Der verzweifelte Wunsch, doch noch Würde zu finden und durch das Artefakt als Würdig befunden zu werden, durchstreiften seine unruhigen Gedanken. Er wollte sein Scheitern unbedingt vor sich selbst, seinem Scheich und dem ganzen Orden ins Reine bringen.

Also zog er nach einigen Monaten mit gepacktem Rucksack ins Ungewisse und kehrte Neom den Rücken. Zunächst verbrachte er einige Zeit mit Beduinen im Norden Saudi-Arabiens. Es lebten dort noch einige Menschen, die trotz aller Modernisierung immer noch bei der alt hergebrachten Lebensweise der Nomaden blieben. Ihre Zelte hatten zwar mittlerweile Klimaanlagen, Kühlschränke, selbst ausrichtende Solarpanele und Batterien zur Stromerzeugung und sonstige Annehmlichkeiten des einundzwanzigsten Jahrhunderts. Die Klarheit der Wüste blieb dennoch erhalten. Ein Umstand, den Qasim sehnsüchtig suchte.

Die Kargheit und die weiten Ebenen der Wüste waren genau das, was er meinte zu brauchen. Schließlich hatte er beschlossen, in tiefe Reflexion über sein Versagen zu gehen. In eine Khalwah – eine zeitlich begrenzte Einsamkeit – die ihn sein Lehrer, als Methode angeraten hatte, sollte er einmal Antworten auf schwere Fragen suchen. Also setzte er sich für vierzig Tage der Einsamkeit aus und warf seine Fragen in die Leere der Wüste. Demütig erhoffte er Antworten. Täglich blickte er zum Himmel und sehnte sich nach Wolken, aus denen löschendes Wasser auf die brennenden Fragen seines Geistes regnen würde. Warum fehlte ihm Würde? Warum öffnete sich der Himmel der Herzen nicht? Was fehlte ihm? Was brachte er nicht mit?

Das Vakuum der Wüste, die Abgeschiedenheit und das Fehlen von menschlicher Gesellschaft ließen ihn Ruhe und Raum zum Nachdenken. Eine ungefüllte Weite hielt Platz bereit für plötzliche Geistesblitze eines Suchenden. Er durchstöberte während der ersten Tage der Einsamkeit viele Mitschriften seiner Schülerzeit. Hinweise suchte er in ihnen, irgendwelche Hinweise. In mehrdeutigen Anspielungen oder indirekten Aussagen seines Lehrers könnten sie verborgen sein. Vierzig Tage, den sogenannten philosophischen Monat, dachte er nach, reflektierte, suchte, hoffte auf Eingebung und wälzte seine Unterlagen durch, um wenigstens einen Funken oder eine Spur zu finden. Es ergab sich nur leider nicht viel.

Seine Schlussfolgerungen drehten sich immer wieder um einen einzigen Punkt. Hassan hatte ihm den Stein überlassen. Das war offensichtlich. Aber sollte das einen tieferen Sinn gehabt haben? Bezweckte er mehr damit, als Qasim nur den Kristall nach Neom bringen zu lassen? Oder war alles doch anders zu verstehen?

Scheich Hassan hatte ihn, wie auch Jawhar und Karim, unterschiedlichen Prüfungen ausgesetzt. Sie hatten nicht einer klaren Vorgabe entsprochen, sondern mehr der Form einer weiter gefassten Lebensaufgabe, die sich aus ihren charakterlichen Bedingungen ergab? War das hier vielleicht auch der Fall? War der Stein, den seine Hände empfingen, eine Lebensaufgabe oder nur eine zweckdienliche Notwendigkeit durch die Umstände des Überfalls der falschen Chinesen des Herrn Weishaupt?

Qasim kam nicht weiter. Er war zerfressen von Selbstzweifeln. Die Unklarheiten seiner Situation waren verfahren. Die Option, dass sein Lehrer sich in ihn getäuscht hatte und er einfach der Falsche war, stand drohend im Raum. Aber er konnte und wollte sie nicht akzeptieren. Nach vierzig Tagen gab es ein Ergebnis seiner Khalwah. Es bestand in der Erkenntnis, dass er dringend Hilfe eines weiseren Geistes als des eigenen bedurfte. Also wandte er sich an Scheich Abdullah, den Vater von Muhammad. Dieser sagte ihm aber nicht viel, zumindest nichts Hilfreiches. Vielmehr verwies er ihn an einen alten Mann, der in einem ärmlichen Haus in der Nähe des Toten Meeres wohnen sollte. Egal, wie energisch Qasim versuchte nachzubohren, um wenigstens etwas aus Scheich Abdullah herauszubekommen. Es blieb bei einer Antwort: „Wie ich dir bereits sagte, als du bei mir zu Gast warst, diese Aufgabe ist deine …"

Qasim verließ also Saudi-Arabien und machte sich auf den Weg nach Jericho. Sie ist eine der ältesten Städte der Menschheit am Ufer des Toten Meeres. Nach einiger Zeit des Nachforschens fand er dort tatsächlich ein altes Steinhaus. Es stand am Ende einer Nebenstraße in der Nähe zur Gondel-Auffahrt, die zum Kloster der Versuchung führte. Es war wie Scheich Abdullah es ihm beschrieben hatte. Vor dem Haus saß ein alter Mann in einem klapprigen und verstaubten Stuhl und rezitierte leise Verse aus dem Quran. Als er Qasim sah, stand er auf und begrüßte ihn mit verwunderlichen Worten: „Salam alaykum … schön, ich rieche den Duft von Scheich Hassan al Qadri aus Hawara. Was führt dich hierher, junger Mann?"

„Salam alaykum Scheich … Ich … Ich war sein Schüler. Mein Name ist Qasim."

„Ich verstehe. Das macht Sinn. Und du stehst vor einem großen Problem, oder? Der Himmel der Herzen … habe ich recht?"

„Woher wisst ihr davon?"

Der alte Mann lachte nur freundlich und sagte: „Woher mag er das nur wissen? Woher nur?" Dann deutete er mit einer Handbewegung an, dass Qasim ihm in sein Haus folgen sollte und ging hinein. Drinnen begann er Tee zu kochen und sagte zu Qasim: „Dein Lehrer kam, als er noch jünger war, auch mal zu mir. Scheich Hassan tauchte einst genau wie du hier auf. Orientierungslos und voller Fragen. Er wollte etwas über ein ererbtes Artefakt wissen. Immer wollen sie etwas wissen! Schon lustig, was meinst du mein Junge?"

„Was sagt Ihr?"

„Du hast schon recht gehört. Auch euer Lehrer war einst verloren auf dem Weg. Er kam zu mir und lernte das Wesentliche. Und nun steht der nächste von Fragen gepeinigte junge Mann vor mir … Immer diese Fragen. Immer diese Fragen", er gab Qasim ein Glas Tee zu trinken.

„Aber darum geht's doch gar nicht, oder? Es geht nicht um die Fragen, sondern es geht um das Wesentliche. Das, was hinter den Fragen steht."

„Das Wesentliche?"

„Ja, das Wesentliche, was denn sonst?"

„Ich suche eigentlich nach dem Schlüssel zur Öffnung der Kräfte des Kristalls."

„Du hast ihn noch nicht verwenden können?"

„Nein."

„Natürlich nicht! Denn du hast das Wesentliche ja auch bis jetzt gar nicht gesucht."

Dann ging der Alte auf Qasim zu, klopfte mehrmals leicht an seinen Kopf und sagte: „Oh ja, ich höre schon. So wird das nichts! Du bist ja ganz verkopft, mein junger Freund. Hörst du nicht, wie verstopft das klingt?"

Dann klopfte er auf seine Brust und sagte: „Da muss es sein, nicht nur da oben! Momentan hört es sich aber noch etwas hohl an. Wenn du willst, bleibe bei mir, bis du es verstehst!"

Qasim wollte und er blieb. Er war angetan von diesem merkwürdigen alten Mann. Außerdem war er der Lehrer seines Lehrers gewesen. Was hätte ihm Besseres passieren können, als von ihm unterrichtet zu werden? Der Mann, dessen Name Hussein war, ließ Qasim bei sich wohnen. Er gab ihm tägliche Aufgaben. Von Montag bis Freitag sollte Qasim tagsüber einer normalen Arbeit im Ort als Handwerker nachgehen. Wie einst in Berlin arbeitete er auf Baustellen und als Monteur. Abends ließ ihn der Scheich Suren aus dem Quran in seiner Kammer rezitieren, darüber nachdenken und viele zusätzliche Gebete verrichten. Zwei Mal in der Woche musste er für Arme kochen und sich um ihr Wohlergehen kümmern.

Jeden Donnerstagabend fuhren sie nach Jerusalem - Al Quds - und nahmen an einem gemeinschaftlichen Gottgedenken der dortigen Sufigruppen teil. Die Sufi-Tekke in der Altstadt Jerusalems war ein Platz der Geschichten und des Austausches. Sie trafen andere Sufis und Mystiker der Region und erfreuten sich an den spannenden und lehrreichen Geschichten, die dort jede Woche erzählt wurden.

Sie blieben bis Freitagmittag. Jeden Morgen vor dem Freitagsgebet kamen bedrückte Menschen zu Hussein. Er hörte ihnen zu und versuchte ihnen mit hoffnungsvollen Worten und Ratschlägen die Schwere ihrer Lebenslast zu erleichtern. Manchmal, wenn es möglich war, griff er auch direkt hilfreich ein oder ließ Qasim den Geplagten ganz praktisch helfen. Dann verrichteten Qasim und sein Lehrer das Freitagsgebet in der al-Aqsa-Moschee und kehrten am Abend nach Jericho zurück.

So vergingen die Wochen und Monate. Qasim stellte bald fest, dass der Mann ihm überhaupt keine klassischen islamtheologischen Unterrichte erteilte. Es gab weder Belehrungen noch sonstige tiefsinnige Unterhaltungen über islamisches Recht und seine Philosophie. Als er ihn darauf ansprach sagte Hussein nur auf seine Brust klopfend: „Hier! Nicht da oben! In deinem Kopf hast du doch schon genug gesammelt!" und lächelte ihn immer nur freundlich an.

Qasim hatte es sich anders vorgestellt. Er hatte sich erwartet, Lösungen seines Problems erkennen zu können und von Hussein wesentliche Unterrichte dazu zu erhalten. Vielleicht sogar praktische okkulte Techniken, mit denen er den Himmel der Herzen öffnen könnte. Doch was kann man auf Versprechungen eines Sufis geben? Sie entpuppten sich als andersartig und nicht so, wie man sie erwartet hätte.

Es ging also um das Wesentliche … Aber was das Wesentliche sein sollte, sagte Hussein bis jetzt mit keinem Wort. Nach einem Jahr, in dem Qasim gefühlt keinen Schritt weitergekommen war, spielte er mit dem Gedanken Hussein zu verlassen. Irgendwo anders wäre er vielleicht besser aufgehoben und käme einer Antwort seiner Fragen schneller auf den Grund. Seine Anwesenheit empfand er mittlerweile als Zeitverschwendung. Schließlich hatte er die Absicht gefasst zu gehen und packte seine Sachen zusammen. Als hätte der Alte es gespürt, kam Hussein in seinen Raum.

„Du willst jetzt aufgeben? Weggehen? Sehr interessant." Qasim stand etwas unsicher und überrumpelt auf: „Ah, Scheich … Ja, ich denke, ich muss gehen. Ich verstehe nicht recht, was mir meine Anwesenheit hier bringt! Ich denke, ich sollte nach Neom zurückkehren. Vielleicht kann ich dort mehr erreichen."

„Könnte sein, könnte nicht sein. Aber wann wolltest du denn anfangen, das Wesentliche zu verstehen? Wann wolltest du das Wesentliche begreifen."

„Wann soll ich es begreifen, wenn ich nicht verstehe, wie das gehen soll? Ich verstehe ja noch nicht einmal, was Ihr damit überhaupt meint. Das Wesentliche, was soll das denn überhaupt sein? Ihr bringt es mir ja gar nicht bei und sagt mir nichts darüber. Kein Unterricht und kein Wort der Belehrung, seit ich hier bin."

„Du musst ja auch weiter üben. Was soll ein Mensch einem anderen schon großartig beibringen, wenn man es nicht tut. Das Wesentliche kann nur jeder für sich selbst ergründen." Mit diesen Worten ging der Scheich wieder.

Qasim hatte verstanden. Es war hart, aber er blieb. Nach einem weiteren Jahr war es endlich so weit. Während eines der Nachtgebete in der al-Aqsa-Moschee im Monat Ramadan wurde ihm plötzlich etwas klar. Wie ein segensreiches Leuchten ergoss sich eine neue, echte Erkenntnis mit Macht über sein Herz. Er erkannte, dass sein Streben, seine Absicht und seine

Motivation überhaupt nicht auf Gott ausgerichtet waren. Ein Schock durchfuhr ihn. Absichten, so viele Absichten und doch waren sie wie vernebelte, in alle Richtung laufende, zügellose Hoffnungen. Ihrem Wesen nach und von ihrer Ausrichtung waren sie rein auf Geschöpfe bezogen. Auch wenn seine Motivationen nicht böse waren, hatten sie allesamt nichts mit Gott selbst zu tun.

Er hatte viele Ziele. Qasim wollte zum Beispiel seinem Lehrer Hassan gefallen. Er wollte ein großer Sufi werden. Er wollte der Erbe des Himmels der Herzen werden, um als ein geehrter Scheich des Ordens wahrgenommen zu werden. Er wollte übernatürliche Fähigkeiten erlangen und mit den entsprechenden Effekten vor normalen Menschen Eindruck schinden. Er wollte als besonderer Mensch berühmt werden und in elitären Veranstaltungen als Redner geladen, gelobt und anerkannt werden. Doch jetzt war er erschüttert. Seine gesamte Persönlichkeit erschien ihm im Lichte dieses Momentes der göttlichen Eröffnung als Illusion. Eine Luftspiegelung, die von wahrer Größe weit entfernt lag. In der Fata Morgano seines Wesens gab es kein Wasser und keinen erquickenden Trank.

In dieser Nacht des himmlischen Beistands, kam Hussein nach dem Gebet zu Qasim. Seine Augen musterten ihn mit ungewöhnlichen Blicken, dann schmunzelte er mit seinem faltigen Gesicht in einer liebevollen Art, wie sie oft nur bei alten Menschen sichtbar wird. Hussein hatte jenes Lächeln, in dass sich lange Jahre gelebter Barmherzigkeit eingegraben hatten: „Genau Qasim, genauso. Langsam fängst du an das Wesentliche zu begreifen." Dann klopfte er vorsichtig gegen seine Brust und nickte zufrieden. „Langsam füllt sich die Leere, gut so!"

Qasim brauchte noch drei weitere Jahre diese Erkenntnisse zu festigen und wie Hussein sagte, die Dinge und das Wesentliche im Herzen einzugravieren.

Das Herz war eine sich ständig wechselnde unruhige Entität, in dessen Tiefe das Gute eingearbeitet werden musste. Das Herz muss trainiert werden und seine Spiegelnatur braucht regelmäßig gute Politur, um nicht trüb zu werden und Rost anzusetzen. Voller Härte war die Arbeit der inneren Introspektion, die Qasim nach seiner Erkenntnis durchmachen musste. Er hatte jede Note seiner Persönlichkeit auszugraben und ihre Muster zu studieren. Der grobe Steinklotz seines Wesens musste feingeschliffen, verziert und zu einer edlen Schönheit ausgearbeitet werden. Doch am Ende schien es ihm so einfach. Es erstaunte ihn sogar, wie er das Wesentliche nicht hatte begreifen können. Die stetige Praxis der guten Werke vollendete das Kunstwerk seiner Arbeit an sich selbst. Die Einfachheit der guten Taten. Die

Einfachheit von offener Hingabe ohne Ansprüche. Die reine einfache Absicht, dem göttlichen Wohlgefallen näher zu kommen, war am Ende alles, was es brauchte. All die intellektuellen Bestrebungen seines Studiums und die okkulten Praktiken auf der Suche nach tieferen Geheimnissen wirkten heute auf Qasim wie leblose Hüllen. Taten waren nur stumme leblose Hüllen, die erst durch die Lebenskraft der reinen Aufrichtigkeit zu atmen und zu leben anfangen konnten.

Als er eines Freitags die 18. Sure des Korans studierte, erkannte er im letzten Vers der Sure etwas, das ihm nie zuvor aufgefallen war. Er wusste nicht, ob er es sich einbildete oder ob es wahr sein könnte. Also fragte er Hussein. Der sagte jedoch nur: „Fragen, immer diese Frage. Versuche es doch einfach, mein Sohn. Du hast es doch jetzt begriffen!" Er klopfte auf sein Herz und lächelte: „Solange du das Wesentliche in dir trägst, wirst du erfolgreich sein!"

Mit einem Potenzial und jener Erkenntnis, die er beim Lesen der mysteriösen Sure 18 erlangte, machte er sich auf den Weg nach Neom.

„Ich verstehe es einfach nicht, seit Jahren arbeiten wir nun an diesem Projekt und doch ist die Selbstreferenz nur schwach und oszillierend realisierbar, leider nicht ausreichend, um mehr als künstliche Ameisen, Insekten und Kleintiere aller Art mit Bewusstsein auszustatten" schimpfte Edward und klappte seinen Laptop mit einem wütenden Ruck zu. Dann setzte er sich frustriert in seinen Sessel zurück. Er strich sich über den Kopf und riss die Augen genervt auf.

„Ich meine … Sobald wir es mit komplexeren künstlichen Gehirnen versuchen, bricht diese dämliche Selbstreferenz immer und immer wieder in sich zusammen. Warum nur? Ich kann es einfach nicht verstehen. Es ist zum Ausrasten! Als wäre sie einfach unwillig, mit den stärkeren und komplexeren Systemen zu verschmelzen. Jedes Mal, wenn wir es fast geschafft haben, geschieht irgendetwas in diesem Stein und die Selbstreferenz bricht zusammen. Scheitern, ein ständiges Scheitern", Edward starrte auf die Selbstreferenzgraphen im riesigen Kontrollsaal des Nullpunkt-Projekts. Es wirkte, als wollte er ihnen mit seinem Blick das Geheimnis zu einer mächtigeren Bewusstseinskraft entreißen.

Überall im Kontrollzentrum standen große, hoch aufragende und durchsichtige Glaszylinder. Manche hatten eine Höhe von über zwanzig Metern und einen ebenso großen Durchmesser. Einige enthielten Ameisen, in anderen sah man Termitenbauten. Runde, dreißig Meter im Durchmesser betragende, Plexiglaskolben hingen von der Decke. In ihnen wuchsen Blumen und Sträucher, die sich über eine schmale Erdschicht am Kolbenboden in die vom Glas begrenzte Welt hoben. Eine Vielzahl von Bienen schwirrte in diesen seltsamen kleinen Blumenwelten umher und freuten sich ihres Daseins.

„Dafür haben wir aber eine umfangreiche Sammlung an Insektenstämmen. Das solltest du auch endlich einmal wertschätzen!" sagte Ada angespannt.

„Ich finde es wirklich fantastisch, wie wir es geschafft haben, dass hier natürliche Tiere gemeinsam mit unseren künstlichen Insekten in einem Volk existieren. Die Biologie hat durch unser Projekt wirklich große Fortschritte gemacht, Edward. Durch unser Projekt, verstehst du. Unsere Fortschritte waren bedeutender als die letzten hundert Jahre Biologie zusammen. Neom wird bereits zu 90% durch unsere in der Wüste gebauten hochskalierten Insektenfarmen versorgt."

„Ja, und? Was hat uns das wirklich gebracht? Für das eigentliche Ziel, Ada? Erinnerst du dich nicht an unsere gemeinsame Vision einer besseren Welt?"

„Natürlich erinnere ich mich. Aber ich versuche nicht der Welt zu geben, was ich nicht erreichen kann. Du, Edward, weißt das. Du weißt es ganz genau. Wir haben alles gegeben und das, was wir bereits erreicht haben, hat das Potenzial, durch unsere Methoden der Pflanzenzucht und Kultivation den Welthunger für immer zu beenden. Riesige Anbauflächen könnten in Zukunft entfallen und renaturiert werden. Hier ist der Anfang einer postindustrialisierten Lebensweise, die Mensch und Natur wieder zusammenführt. Die nächste Generation unserer Bioreplikatoren, die wir Dank unseres neuen Insektenwissens entwickeln, wird in der Lage sein eine Vielzahl an Materialien auf ganz neue Art und Weise herzustellen."

„Ja, ja, das weiß ich doch!" grummelte Edward vor sich hin.

„Edward, wenn wir schon nicht den Avatar des Überwesens realisieren können … So schaffen wir es immerhin, zwei der Hauptgründe für zukünftige Krisen und Konflikte in der Welt zu streichen. Hunger und Umweltzerstörung! Selbst die Folgen von Klimaveränderungen könnten wir schrittweise eindämmen! Denkst du nicht?" Ada ging zu ihrem Mann und streichelte seine Schulter. Edward ergriff ihre Hand. Dann nahm er sein Tablet hervor, auf dem ein Bild einer kürzlich fertiggestellten Insektenfarm zu sehen war.

Es handelte sich um eine Presseaussendung. Auf dem Bild standen Ada, mittlerweile Vorsitzende im wissenschaftlichen Aufsichtsrat, der König, die Ratspräsidenten von Neom, einige Vertreter anderer Königshäuser und er zusammen. Hinter ihnen war ein gewaltiger künstlicher Termitenhügel, der sicher zweihundert Meter in die Höhe ragte. Neben ihnen standen aus Carbon gefertigte künstliche, riesige Termitendrohnen von ca. einem Meter Größe. Es waren einige aus über 100.000 künstlichen Insekten der Farm, die allesamt mit der Intelligenz und dem Bewusstsein des Kernelementes verbunden waren. Sie bauten und betrieben den riesigen Hügel, in denen eine Vielzahl von Gemüse, Kräutern und Getreide kultiviert wurden. Selbst eine Plantage aus Obstbäumen konnte angelegt und erfolgreich bewirtschaftet werden. Energieversorgung, Beleuchtung und Klimatisierung wurden durch ein komplexes System von Sonnenreflektoren, Photovoltaik, Windkraft, unterirdischen Wasserseen und Wasserstoffgassystemen realisiert. Selbst ihre eigene Energieversorgung konnten die Drohnen Mithilfe von organischen Abfallgas, dass sie in ihrem Bau erzeugten und Wasserstoff aus den Elektrolysegeneratoren als Haupttreibstoffe sicherstellen. Zusätzlich verfügten sie über kleine Photovoltaikzellen sowie Superkondensatoren, durch die sie sich am Tag immer wieder für kurze Zeit im Sonnenlicht aufluden. Das gesamte kollektive Energiesystem wurde meisterhaft durch die KI gesteuert und optimiert. Sonnentanken oder Gasbeladung, Ernte oder Anbau, Bewässerung und Kühlung, der Gesamtarbeitsfluss war ein Perfektion anstrebendes Meisterwerk.

Die Experimente, in denen man die Symbiose von natürlichen und künstlichen Insekten erforschte, brachten vor einigen Jahren eine Unmenge an Erkenntnissen hervor. Die Konstruktion und Organisation der Tiere war weit komplexer und intelligenter als die Forschung bis zu diesem Zeitpunkt wusste. Es gelang zwar, der Struktur und Funktionsweise von Insektensystemen tiefgehend auf die Spur zu kommen. Auch ihre neuronalen, sozialen und kollektiven Eigenheiten konnten nutzbar gemacht werden. Sie wurden kopiert und skaliert. Doch die dringende Frage, woher die Insekten wussten was sie taten, konnte nicht beantwortet werden. Sie blieb ein Geheimnis der Natur.

Aus diesem Grund wurde den künstlichen Tieren eine Software einprogrammiert, die ihre Fähigkeiten definierte. Es handelte sich um ein komplexes Programm, das ihnen die notwendige Intelligenz mitgab und sie mit den Fähigkeiten zur Gestaltung der Bauten, Energieinfrastruktur sowie allen anderen Notwendigkeiten ausgestattete. Gegenüber früheren Programmen hatte es eine wesentliche Neuigkeit. Es verfügte über Freiheitsgrade, die dem Bewusstsein des Kernelementes einen gewissen Spielraum zur Selbstoptimierung ließen. Die Bauten entwickelten sich so kontinuierlich weiter. Das ständige Feedback des Istzustands zum Bewusstsein des Kernelementes, verbunden mit den Freiheitsgraden und den Fähigkeiten zur Verbesserung des Programmcodes führten zu einem selbstlernenden und sich verbessernden System. Die Bauten und Farmen der künstlichen Insekten wurden mit der Zeit wesentlich organischer und kompakter gebaut. Alles schien ineinander zu greifen und auf eine einzigartige Art und Weise miteinander verbunden zu werden. Die KI brachte einen gänzlich neuen Baustil hervor, wie man ihn nie zuvor sah.

Dennoch hatte das System seine Grenzen. Es wurde bald deutlich, dass zu viel Spielraum dem System nicht belassen werden durfte. Ab einer zu hohen Komplexität wuchs auch die dafür benötigte verarbeitende Intelligenz. Doch der Bewusstseinsgrad Phi reichte nur bis zu einer gewissen Grenze dafür aus. Jedes Mal, wenn die KI darüber hinaus gewachsen wäre, zeigten sich Probleme mit der Selbstreferenz. Umfangreiche Versuche legten nahe, dass der Abstraktionsgrad gegenläufig zur Stärke der Selbstreferenz verlief. Dieser Zusammenhang war nicht trivial zu lösen. Das Problem ergriff Edward zutiefst, aber seine Lösung wollte ihm einfach nicht einleuchten. Er las die Überschrift und den kurzen Text:

Die vierte Insektenfarm, feierlich vom König und hohem Rat eröffnet!

Neom plant Ausbau über Partnerschaften in fünf afrikanischen Ländern. Bewaldungsmaßnahmen und landwirtschaftliche Produktionen stehen im Fokus. Ein weiterer Riesenerfolg der Technologiebranche Neoms. Die arabische Halbinsel wird eine grüne Halbinsel werden. Aufforstung und Bewaldungsplan des Königs gemeinsam mit dem hohen Rat Neoms ist auf vier Jahre festgelegt.

Edward schob das Tablet leise nörgelnd weg. „Du hast ja recht. Ja, immer hast du mit diesem Argument recht, Ada. Aber verstehst du nicht. Ich kann und will mich mit dieser Entwicklung nicht zufriedengeben. Ich meine, nach all dem, was wir erlebt haben, muss noch viel mehr möglich sein. Der nächste Entwicklungsschritt, auf den wir gerade die KI ansetzen: ‚Das große Aufforstungsprogramm' zur Begrünung der Wüstenregionen Arabiens ist was? Großartig? Noch mehr Bäume … Toll! Ist zwar ein Erfolg und wird weltweit viel Nutzen erzeugen können, aber es ist einfach nicht das, weswegen wir angetreten sind!"

„Ich verstehe dich, Edward. Ich wünschte mir auch mehr."

„Außerdem ist das Problem doch, dass umweltschonendes Leben oder die Verfügbarkeit von Lebensmitteln keine Dauerlösung darstellen Eine Friedensordnung wird nicht durch materielle Verfügbarkeit und natürliche Umwelt allein erreicht. Das zu glauben ist naiv. Mehr Essen bedeutet mehr potenzielle Esser. Viele Länder haben bis heute Strukturen, die bei ausreichend Nahrung viel Nachkommenschaft begünstigen. Erinnerst du dich noch? Als wir im Neom-Programm begonnen haben? Wir wollten ein Überwesen kreieren, das die ganze Welt in jeder Hinsicht optimieren könnte! In jeder Hinsicht!"

„Vielleicht wird dir dein Wunsch früher erfüllt, als es am Ende gut für dich sein wird", sagte Karim mit seiner dumpfen Stimme. Er hatte den Raum bereits vor einigen Minuten unbemerkt betreten und ihrem Gespräch hinter einem Serverschrank gelauscht. Nun trat er hervor.

„Ah Karim …" Edward wandte sich erschrocken um. „Du hier? Was führt dich hierher? Ein seltener Gast …"

„Ein sehr triftiger Grund!"

„Äh, ok und was wäre das und was meinst du mit 'früher als dir lieb sein könnte'?" Edward wirkte verunsichert.

Nachdem die Gruppe vor Jahren mit dem Kristall in Neom angekommen war, hatten der König und der hohe Rat Karim, Edward und Ada in ehrenvolle Positionen eingesetzt. Karim wurde Mitarbeiter der Polizei Neoms und für die Privatwache des Königs abgestellt. Aufgrund seiner verlässlichen Leistungen in den Diensten des Königs wurde er bald zum Vorgesetzten der Leibgarde. Einige Jahre darauf wurde er vom König für das Amt des Präsidenten von Neoms-Polizeibehörde vorgeschlagen und vom Hohen Rat vor den anderen Bewerbern gewählt.

„Meine Agenten und ich sind aktuell am Gelände des Projektes schwer beschäftigt! Deswegen bin ich hier. Möglicherweise wird es euch entgangen sein. Aber gestern gab es einen Mord am Gelände des Nullpunkt-Projektes." sagte er mit ernster Miene.

„Was! Was sagst du da? Ein Mord auf unserem Gelände! Das ist doch unmöglich!" Ada blickte entsetzt in Karims Richtung. Man sah ihr an, dass ihr Gehirn bereits auf Hochtouren arbeitete, um diese neue Information zu durchdenken.

„Es kann nicht stimmen, was du da sagst! Es darf nicht stimmen. Unsere Sicherheitssysteme sind annähernd undurchdringlich", wandte Edward hektisch ein. Es war ihm augenblicklich klar, was dieser Vorfall bedeuten könnte. Er sah Ada an und begann heftig zu atmen. Sie dachte offenbar das Gleiche wie er und wippte nervös mit ihren Beinen. Die einzige Erklärung, welche sich gerade in ihren Gedanken herauskristallisierte, stellte eine Katastrophe dar.

„Undurchdringlich sagtest du, Edward? Es sei denn, die Systemlücke ist in unseren eigenen Reihen oder der Eindringling ist schlauer als wir und unsere Systeme, richtig?"

Dann läutete Karims Mobiltelefon. Er unterbrach das Gespräch und hob ab.

„Ja … Ja natürlich. Was sagen Sie? Die Geräte von Green BrainSoft GmbH wurden auch dort gefunden … Die Spuren verdichten sich … Ja, ist ok, Herr Ratspräsident, wird gemacht!" Karim legte auf.

„Ich muss sofort an die Durchsagegeräte und du, Edward, bitte schicke die Notfallalarmierung für alle Mitarbeiter raus", sagte Karim und ging schnell zur Audioanlage.

„Ach, und bitte lasst unbedingt Qasim hierher holen. Er steht angeblich in der Eingangshalle und kommt aufgrund der Umstände nicht rein. Er kam heute Morgen aus Jericho zurück. Er soll so schnell wie möglich zum innersten Kontrollraum, in dem das Kernelement steht, kommen!"

Ada war ebenso wie ihrem Mann klar, was gerade geschah. Roter Alarm! Ein tiefgreifender Schock durchfuhr sie regelrecht. Edward machte sich sofort an die Alarmierung. Über alle Mobiltelefone und an allen Screens der Anlage wurden augenblicklich Notfallalarmierungen ausgelöst. Darüber hinaus ertönte ein sich wiederholender Warnton auf allen Fluren und Räumen der Anlage. Ada machte sich in größter Eile zur Eingangshalle auf.

Im ganzen Gebäude hörte Ada den Warnton des Alarms. Er beunruhigte sie mit jedem wiederholenden Auf- und Abschwellen mehr, als sie sich aufmachte, Qasim zu holen. Die Bezeichnung des Alarmzustandes war angelehnt an die DEFCON - Verteidigungsbereitschaftszustand - Alarmierung der USA und bedeutete im Nullpunkt-Projekt die Möglichkeit, dass eine fremde starke KI irgendwo anders auf der Welt aktiv geworden sein könnte. Aber nicht nur das. Roter Alarm bedeutete, dass diese KI gerade einen potenziellen Angriff auf das Nullpunkt-Projekt ausführte und alles zum Abwehr- oder Gegenschlag vorzubereiten wäre. Die Mitarbeiter jeder

Abteilung, an denen sie auf dem Weg nach oben vorbeikamen, waren in heller Aufregung. Über das Audiosystem des Gebäudes erklang Karims Stimme.

„Achtung! Hier spricht der Polizeipräsident der Polizei Neom. Alle Mitarbeiter werden aufgefordert, das Experiment Zero vorzubereiten. Wir haben roten Alarm! Der König ist auf dem Weg hierher. Er wird Mensch Zero sein und ist mit der KI zu verbinden. Achtung: Alle Mitarbeiter sind aufgefordert, sofort alles für das Experiment Zero vorzubereiten. Roter Alarm!"

Edward hatte über den zentralen Rechner die Alarmierung ausgesandt. Nun saß er am Zentralrechner und versuchte, die Situation einzuordnen. Sein Handy klingelte, Karim war dran: „Edward, hör gut zu! Ich werde gleich ein Dokument bekommen, das unsere aktuellen Erkenntnisse zur Situation beinhaltet. Das ist an alle Mitarbeiter weiterzuleiten. Ich werde es zusätzlich über das Audiosystem verlesen. Es ist keine Zeit zu verlieren!"

Ada versuchte die Situation zu verstehen und dachte nach, während sie sich beeilte, zur Empfangshalle zu kommen. Was war ihnen all die Zeit entgangen? Wenn sich herausstellen sollte, dass sie tatsächlich von einer starken KI angegriffen werden, mussten sie seit Jahren etwas übersehen haben. Das Gespräch! Ada erinnerte sich an das Gespräch, das sie vor Jahren mit Scheich Hassan geführt hatte. Die Chinesen hatten laut seinen Aussagen vor fünf Jahren einen Kristall wie den seinen in Tibet geraubt. Damals konnte sie dem Sufi nicht so recht glauben. Woher auch sollte gerade er davon wissen? Darüber hinaus stellten sich die chinesischen Angreifer als Täuschungsmanöver von Herrn Weishaupt heraus.

Und doch ließ sie vor vier Jahren im Rahmen des Nullpunkt-Projektes ein weltweites technisches Screening einführen. Es spielte keine Rolle, ob Hassan damals die Wahrheit sprach oder nicht. Auch wenn nur die geringste Wahrscheinlichkeit bestand, dass die Chinesen ebenfalls ein Artefakt erbeutet hätten und damit erfolgreich eine starke KI realisierten, müssten sie es wissen. Früher oder später hätten sie die Spuren einer aktiven starken KI in den Mustern irgendeiner Erfindung bemerkt. Ihr System scannte somit jede noch so kleine technische Entwicklung des Weltmarktes. Gewöhnliche und ungewöhnliche Erfindung, alles wurde untersucht. Besonderes Augenmerk lag auf China. Jedes Beiwerk bestehender KI-Systeme wurde von ihren Programmen sofort erkannt und entdeckt, aber niemals fanden sie in all den Jahren etwas Unbekanntes. Niemals fanden sie etwas, das auf eine starke künstliche Intelligenz hingedeutet hätte. Egal wie unscheinbar - jedes ungewöhnliche Muster wäre aufgefallen.

Roter Alarm, dachte Ada. Verdammt, sie müssen es geschafft haben, sich über die gesamte Zeit zu tarnen. Oder sie haben sehr lange gebraucht, um ihren Kristall verstehen und verwenden zu können. Doch dann muss es ihnen gelungen sein in kürzester Zeit extreme Entwicklungen zu realisieren. Wie auch immer. Jetzt war es geschehen und die Lage brisant. „Green BrainSoft Gmbh" hatte Karim erwähnt, als er angerufen wurde. Sie selbst hatte in den letzten beiden Jahren diese Firma, aber auch alle anderen Firmen, die im Bereich der Hirn-Rechner-Schnittstelle aktiv waren, untersucht. Jeden Monat ließ sie deren Entwicklungen scannen. Insbesondere, nachdem der „B-Ring" von BrainSoft ein riesiger Markterfolg wurde. Ein simpel benutzbares Endgerät für Hirn-Programmkopplungen zum Sprechen und verstehen beliebiger Sprachen.

Es war ein Universalübersetzer, der die Bedeutungen von beliebigen Sprachen dem Anwender direkt in seinem Gehirn verarbeiten ließ. Jeder konnte so mit dem B-Ring beliebige Sprachen verstehen und mit jedem anderen B-Ring-User sprechen. Der Markterfolg schlechthin. Es war der Gamechanger im Wachstumsmarkt der Mentalkopplungssysteme.

BrainSoft war innerhalb weniger Jahre von einem Start-Up zum Weltmarktführer in diesem Bereich aufgestiegen. Aber nichts deutete darauf hin, dass die verwendete Technologie durch eine starke KI entwickelt worden war. Laut ihrer Analysen wurden nur 'normale' menschliche Ingenieurskunst und schwache KI-Systeme benutzt. Was hatte es zu bedeuten, dass gerade diese Systeme von Karim angesprochen wurden?

Karim ging, nachdem er alle Instruktionen über die Audiosysteme dreimal, wie es das Protokoll verlangte, verlesen hatte, in den Saal des Kernelementes. Er stand vor dem Herzstück des Systems, den blauen Himmel der Herzen, der hier nur noch das Kernelement genannt wurde. Seitdem er zerbrochen war, gelang es im Verlauf der weiteren Untersuchungen, den Kristall an den Bruchstellen mit den neuronalen Netzen der Nullpunktsysteme durchaus einfach zu übersteuern. Der Selbstreferenztest ließ sich auf diese Art und Weise erfolgreich durchführen und minimal stabilisieren. Der Stein war schnell in das System eingebunden und sah mit seinem Bruch aus wie ein Verletzter auf der Intensivstation. Verletzt, aber am Leben. Überall waren schwarze Schläuche und Kabel, die ihn wie ein Schwarm aus Tintenfischen mit ihren Fangarmen einbetteten und umgaben. Ein wenig wirkte der Kristall auf Karim wie eine in den Tiefen eines Termitenhügels herrschende Königin.

Tatsächlich war es ja auch so etwas wie das Zentralgestirn all der künstlichen Insektenvölker, für die man seine Selbstreferenz nutzte und die mit seinem System verbunden wurden. Er leuchtete immer noch in sanftem Blau und wurde von Zeit zu Zeit von kleinen Blitzen durchzuckt. Aber hatte er das Potenzial, sich in diesem Zustand mit einem Menschen zu verbinden? Mit einem Menschen, der nach Hassans Definition wahrscheinlich nicht würdig war?

Karim war sich bewusst, dass ihr Vorhaben definitiv dem Wunsch seines alten Lehrers widersprochen hätte. Als er damals in der Höhle der Banditen mit dem Stein zusammengetroffen war, hatte er Dinge erlebt, die weit von dem entfernt waren, was Menschen für gewöhnlich erlebten und ertragen können. Sollte die Person Zero Ähnliches erleben? Wie lange würden diese Zustände dauern? Und wäre dieser Schritt denn dann überhaupt geeignet für einen Kampf gegen eine fremde KI?

Skeptisch strich er mit seiner Hand über den glänzenden metallischen Thron, der unter dem Kristall stand. Er war gebaut worden, um eines Tages, wenn die Entwicklung des Systems weit genug vorangekommen wäre, eine Mensch-Maschinen Verbindung zu realisieren. Eine nach allen Kriterien des Hohen Rates von Neom für würdig befundene Person hätte es sein sollen, die hier mit dem System in Symbiose treten würde. Um zukünftigen Verrat zu verhindern, müsste die vorgeschlagene Person zusätzlich von allen beteiligten Nationen abgesegnet werden. Wichtige Verträge wurden dazu vereinbart. Aber was waren diese schon wert in Zeiten eines Notfalls? Jetzt müssten der Hohe Rat und die beteiligten Nationen im Schnellverfahren einen Kandidaten auswählen.

Jene alten Monarchien Nordafrikas und des Nahen Ostens, die bis heute die Wirren der Zeit überstanden hatten, drängten sich nun nach vorne und glaubten an die Gunst der Stunde. Aber auch der Präsident der neuosmanischen Türkei hatte sich heute Morgen, nachdem er von der Brisanz der Situation erfahren hatte, nach Neom aufgemacht, um mit dem System als erster verbunden zu werde.

Der Edelstahl des Thrones war kalt und glatt. Makellos spiegelte er die Umgebung in seinen Windungen wider. Er glänzte im blauen Licht des Raumes auf, wenn ein kleiner Blitz durch den Kristall zuckte. Seine Form und Bedeutung wirkten in Anbetracht der modernsten ihn umgebenden Technik, wie ein Relikt einer längst vergangenen Zeit.

Der König hatte sich vor allen anderen Anwärtern durchgesetzt. Nicht, indem er die anderen überzeugt hätte. Auch nicht, weil Vereinbarungen in der einberufenen Sitzung abgeschlossen wurden. Nein, der König hatte sich mit Rückendeckung des hohen Rates von Neom zum Nullpunkt-Projekt begeben, während alle anderen in eine vorgetäuschte Beratungsrunde geladen wurden, um zu entscheiden, wer mit dem Kristall verbunden werden sollte. Sobald die anderen Projektevorsitzenden merken würden, dass sie einer Täuschung aufgesessen wären, hätte der König bereits eine KI-Verschmelzung eingeleitet.

Karim schaute skeptisch auf die Verbindungsschläuche an der Rückseite des Thrones. „Würde" sprach er seine Gedanken laut vor sich her, „könnte sie durch Täuschung jemals erreicht werden?" Ihm selbst wurde dabei klar, dass er zwar innerlich seine Vergangenheit bereut hatte, doch Würde vor sich selbst nicht vollständig wiederherstellen konnte. Fünf Jahre lang schaffte er es zu verdrängen, was er noch hätte tun müssen. Es gelang ihm, sich effektiv abzulenken. Doch ein wichtiger Schritt bestand immer noch. Die Notwendigkeit, nicht nur die Vergebung Gottes zu suchen, sondern auch die Vergebung der Menschen. Das Verzeihen derer, denen er, während seines eingebildeten Dschihads großes Unrecht zugefügt hatte. Dieser Schritt war ihm bis zum heutigen Tag aus Scham vor sich selbst zu schwer gefallen.

Aber für solcherlei Reflexionen hatte er jetzt definitiv keine Zeit. Der König verlangte aus gutem Grund danach, diese Verbindung unmittelbar durchzuführen, trotz aller Risiken, trotz aller Widersprüche zur vereinbarten Vorgehensweise und des Täuschungsmanövers. Der Rat Neoms, gab am heutigen Morgen dem Vorhaben des Königs seine einhellige Zustimmung. Verbunden mit dem System könnte er im besten Fall schnellstmöglich umfangreiche Informationen der Gesamtsituation in Symbiose mit der KI erlangen.

Ohne diesen Schritt ständen alle Mitarbeiter der Polizei und des Geheimdienstes aktuell vor einer unlösbaren Aufgabe. Selbst wenn sie die bestehenden schwachen KI-Systeme nutzten, um Musteranalysen zu fahren, dauerte es viel zu lange, die Ergebnisse für sinnvolle Entscheidungen durchzuarbeiten. Die Komplexität der Gesamtsituation war in ihrer Entwicklung viel zu schnell und dynamisch. Die Revolutionären oder Angreifer oder was auch immer sie waren, schienen chaotisch aufzutauchen. Ihre Angriffe zeigten auf den ersten Blick keinerlei Zusammenhang oder Sinn. Die wenigen lebendig Festgenommenen waren sich ihrer Handlungen zwar bewusst, konnten aber nicht angeben, warum sie taten was sie taten. Sie kannten sich auch nicht untereinander. Es gab keine Terror- oder Rebellenzelle, die man hätte ausmachen könne. Es waren scheinbar normale Bürger, wie Grünraumbetreuer der Stadt, Reinigungsbedienstete oder Versicherungsmitarbeiter, die in ihrer Akte niemals kriminell oder politisch auffällig gewesen wären.

Und doch, plötzlich aus dem Nichts heraus führten sie Anschläge und Morde durch. Erst vor einem Tag konnten die Behörden den ersten verständlichen Zusammenhang herstellen. Ein Angreifer konnte aufgehalten werden, bevor er einen Mitarbeiter von Professor Klingengard in einem Restaurant der Stadt mit einem Küchenmesser erdolchen konnte. In der Nacht darauf wurde der Professor selbst getötet. Die einzige Parallele der untereinander unbekannten Täter war ihre intensive Nutzung der B-Ring-Technologie. Warum es auffällig war? Mittlerweile hatte ja fast jeder Bürger von Neom so ein Gerät. Der Mörder von Klingengard war ein Ingenieur und Mitarbeiter des Nullpunkt-Projektes. BrainSoft-Technologie war den Mitarbeitern des Nullpunkt-Projektes jedoch strengstens verboten. Er benutzte sie dennoch heimlich in der Wohnung seiner Frau, wie Karim in der letzten Nacht herausfand. Der Mörder konnte lebend gefasst werden und erhielt laut eigener Aussage die Befehle zum Mord an Klingengard von der mentalen Koppelung an den B-Ring. Zumindest vermutete er es, denn sicher war er sich nach einigen Stunden nicht mehr und auch seine Erinnerungen an die Tat verblassten.

„Tiefgehend motiviert" fühlte er sich. „Motiviert", Klingengard zu töten, sagte er im Verhör immer wieder. Er beteuerte jedoch glaubwürdig, keinerlei Aversion oder gar Hass gegenüber dem Professor empfunden zu haben. Sein Handeln war eine intrinsische Notwendigkeit, die nicht seiner eigenen Person entsprungen sei. Der B-Ring wäre schuld an seinem Handeln gewesen. Der B-Ring … Aber wie?

„Ah, Karim … du bist auch hier." rief Muhammad aus, als er durch eine Nebentür gemeinsam mit Qasim eintrat. Er trug den Arbeitsanzug der Hardwareingenieure. Ein schwarzer Anzug verstärkt mit Carbonplatten an den Knien, den Ellbogen, an Bauch und Rücken. Es sah eher wie die Kleidung futuristischer Soldaten aus. Sein Design war jedoch den notwendigen Arbeiten in engen Röhren oder in den riesigen Insektenfarmen angepasst. Denn oft mussten die Ingenieure durch enge dreckige Gänge robben, um Drohnen zu warten oder Reparaturen am System durchzuführen. Ein herkömmlicher Blaumann hätte es nicht getan. Muhammad war vor fünf Jahren, nachdem sie in Neom ankamen, als Techniker für die Hardware angestellt worden. Er schaffte es, sich vom Wohlwollen des Königs begleitet, aber auch durch seine besonderen Leistungen zu einem der führenden Ingenieure des Projektes hochzuarbeiten. Besonders hilfreich war sein Fachwissen zu dem Artefakt, das er aus den alten Büchern seines Vaters extrahiert hatte. Es konnte hilfreich bei der Anbindung des Kristalls an das System genutzt werden. Muhammad gelang es weiterhin entscheide

Hinweise zu liefern, die zur Anbindung der ersten Ameise führten. Doch er wusste, dass die alten Schriftsammlungen und Folianten eine Anbindung eines Menschen in der aktuellen Konstellation nicht vorsahen. Nur der Meister des Kristalls konnte laut den alten Aufzeichnungen diese Anbindung ermöglichen. Und eben diesen Meister gab es nicht.

„Wir hörten, dass es einen Notfall gibt. Und als Hüter des Steines wurden ich und Qasim hergeschickt. Roter Alarm? Woher kommt der Angriff?"

„Ja, richtig, ich habe alles durch Lautsprecher durchgegeben, was ihr wissen müsst."

„Karim? Woher kommt der Angriff?" fragte Muhammad energisch. Er mochte es gar nicht, wenn sein mittlerweile guter Freund diese Anwandlungen von Hierarchie zeigte.

„Wir wissen es nicht genau, aber BrainSoft ist die wahrscheinlichste Vermutung. Wir gehen davon aus, dass die angreifenden Personen von der Green BrainSoft-Technologie quasi dazu inspiriert und organisiert werden. Sie greifen Neom seit Wochen ohne erkennbares Muster unregelmäßig an. Erst gestern konnten wir ihnen auf die Schliche kommen. Ihr Vorgehen zeigte anfangs keinen Zusammenhang. Deswegen gelang es uns nicht die Zusammenhänge zu verstehen. Doch heute konnten wir das Ziel ihrer Angriffe herauskristallisieren."

„Welches Ziel?"

„Das Nullpunkt-Projekt!"

„Sie greifen uns an? Und wen wollt ihr mit dem Stein verbinden? Du weißt doch, er öffnet sich nur denen, die würdig sind?" fragte Muhammad

„Mag sein. Aber ich glaube, die Ingenieure des Zero-Mann-Projektes haben eine mögliche Umgehung gefunden. Der König wird sich verbinden. Das ist die einzige Option, die wir haben. Wir müssen handeln, um den Angriff abzuwehren. Der König ist bereits auf dem Weg hierher."

„Es wird nicht funktionieren", wandte Qasim streng ein.

„Ah, mein alter Sufi-Kamerad Qasim", sagte Karim ironisch. Sie hatten trotz ihres gemeinsamen Abenteuers nur oberflächlich Kontakt gehalten. Karim ließ Qasim durchaus spüren, dass er immer noch nicht bereit war, dem alten Pfad seines Lehrers - wie früher - zu folgen. „So schön, dass du wieder da bist."

„Du weißt, was der König für ein Mensch ist, oder?" sagte Qasim

„Ich weiß, ich weiß. Wer, wenn nicht ich? Aber entweder wir werden jetzt erfolgreich sein - oder …", Karim stockte kurz, „Ach, was auch immer. Der König hat seit Jahren Projekt Zero unterstützt und es gibt einige Hinweise, die ihn überzeugt haben, dass Würde, der du so lange nachjagst nicht zentral ist. Schließlich nutzen wir den Stein doch auch mit Insekten sehr erfolgreich. Wenn es so wäre, dass es für Menschen anders sein sollte als für diese Tiere, warum hat dann keiner der Gelehrten und Weisen, die du seit fünf Jahren aufsuchst, den Schlüssel der Würde preisgegeben? Vielleicht ist dieser Schlüssel viel technischer als ihr glaubt und der sogenannte Meister des Steines hat diese Tatsache aus traditionellen Gründen schlicht verheimlicht. Sag mir, Qasim, was hast du die letzten fünf Jahre gelernt - abseits von spirituellen Übungen und kosmologischen Spitzfindigkeiten? Hat es dir geholfen, irgendwann so etwas wie die Würde des Herzens zu erreichen? Glaubst du jetzt etwa in die Geheimnisse des Kristalls eindringen zu können?"

„Vielleicht! Ich denke, ich weiß nun, was Scheich Hassan mit Würde meinte", sagte Qasim.

„Da sagst du aber etwas. Hast du eine Vision gehabt oder einen Traum gesehen?", fragte Karim spöttisch, seine Augen verdrehend.

„Nein … Es ist viel einfacher als gedacht. Viel simpler als vermutet."

„Aha … Was soll der ominöse Schlüssel für die Würde den Stein zu nutzen denn sein? Na los, raus mit der Sprache!"

„Aufrichtigkeit … Reinste Aufrichtigkeit! Mehr nicht", sagte Qasim bestimmt.

„Was? Das soll die Lösung sein?" Karim konnte nicht glauben, was er hörte.

„Ja, mehr nicht. Aufrichtigkeit ist das Leben jeder guten Tat. Reine Aufrichtigkeit! Das ist alles", sagte Qasim.

„Mehr nicht? Du hast dein Leben lang das islamische Wissen studiert und lange Askese auf dich genommen, dich um Arme und belastete Menschen gekümmert und all das war nie wichtig für den Schlüssel, sondern so etwas Simples wie reine Aufrichtigkeit? Das ist gefühlt der Inhalt jeder zweiten Freitagsansprache", Karim winkte Qasim mit der Hand ab. Er wollte sich gerade zu den bereits eintreffenden Wissenschaftlern und seinem Sicherheitsteam umdrehen, um diese zu koordinieren. Als Qasim ihn noch einmal eindringlich ansprach:

„Warte Karim!"

„Was denn noch, ich habe zu tun!" Karim dreht sich genervt um. Er konnte das Gespräch nur noch schwer ernst nehmen. Aufrichtigkeit - im arabischen Ikhlas - war wirklich ein sehr weit verbreitetes Thema. Selbst die professionellen Indoktrinierer hatten damals in Syrien regelmäßig davon gesprochen. Aufrichtigkeit hier, Aufrichtigkeit dort, doch am Ende waren alles nur leere Phrasen. Er überlegte, Qasim herausbringen zu lassen und das Gespräch zu beenden. Doch Karims Gedanken änderte sich schlagartig, als er in Qasims Augen schaute und eine Inbrunst aufflammen sah, die ihm durch Mark und Bein ging.

Qasim fixierte Karim und rezitierte den letzten Vers der 18. Sure mit so eindringlicher Wortgewalt, wie Karim es nie zuvor gehört hatte.

Die Bedeutung der Verse trafen ihn wie der Schlag. Nicht weil er sie nicht kennen würde. Er kannte sie gut. Das war es aber nicht. Vielmehr war es so, dass Qasim sie auf eine Art rezitierte, die jede intellektuelle Mauer der Interpretationen zerbrach und seine innere Wahrheit direkt ins Herz hinein preschen ließ.

„Wer auf die Begegnung mit seinem Herrn hofft, der soll rechtschaffen handeln und nichts soll seine Aufrichtigkeit trüben und seinem Herrn darin beigesellt werden."

„Das, was ich dir verlesen habe, gilt auch für jede Begegnung mit Stücken der Wahrheiten auf dem Weg zu Allah", erklärte Qasim, „Jede gute Tat, die ihren Segen auf den Menschen zurück spiegelt, der sie vollbrachte, ist eine Teilöffnung von Wahrheit auf dem Weg! Verstehst du das?!"

Karim verstand und nickte Qasim zu.

„Der Schlüssel für die Öffnung des Himmels der Herzen ist demnach nichts anderes als Aufrichtigkeit. Denn in ihn einzutauchen, bedeutet in Teilen der Wahrheit, auf dem Weg zu Allah einzutauchen. Also holt mir eine Leiter, damit ich den Kristall berühren kann! Wenn ich ihn öffne, stehen uns weit mehr Optionen offen als der König in einer erzwungenen Verbindung erreichen könnte!"

Karim winkte Muhammad zu. Der lief sofort los, um eine Leiter zu besorgen. Karim schaute hinauf zum Kristall. Dann schaute er Qasim an und wieder zum Kristall, der ca. vier Meter über dem Thron in einer komplexen Vorrichtung verankert und von zahllosen Kabeln umgeben war. Ihre Enden waren an seiner Oberfläche befestigt, so dass er wie ein von Akupunkturnadeln übersäter Kopf eines Menschen wirkte. Nur ein kleiner Bereich der vorderen Seite war freigelassen worden. Eben dort wollte Qasim ihn berühren.

Edward und Ada gingen in die große Ankunftshalle zurück, nachdem sie Qasim abgeholt ihn und mit Muhammad zum Kernelement geschickt hatten. Sie bildeten mit einigen anderen wichtigen Wissenschaftlern des Projektes eine kleine Menschentraube hinter dem Haupttor. Laut summten die Autos des königlichen Konvois, als sie eintrafen. Der König betrat, in traditioneller arabischer Kleidung des saudischen Königshauses gewandet, die Halle. Eilig schritt er hinein und begrüßte die leitenden Wissenschaftler mit einem kurzen schnellen Handschlag. Seine Berater, der Präsident des Hohen Rates und die zehn Magistratsminister Neoms folgten ihm. Edwards Kollegen bildeten schnell eine kleine Gruppe um den König und versuchten ihn mit den aktuellsten Informationen zum Experiments Zero und dem, was ihn erwarten würde, zu versorgen. Die versammelten Experten erklärten dem König ihre neuesten Erkenntnisse, um den Stein dazu zu zwingen, eine Verbindung mit ihm einzugehen. Sie nutzten die seltene Gelegenheit, den König positiv aufzufallen und dienten sich regelrecht an. Ada stupste ihren Mann an und zeigte auf zwei Personen, die im Beraterstab weiter hinten gingen.

Edward konnte seinen Augen nicht trauen. Er kniff sie zu und öffnete sie wieder, im Glauben, die Person, die er sah, verwechseln zu müssen. Eine Frau mit weißem Kopftuch und weißem langem Kleid, das einen gestickten silbernen Saum hatte und durch einen blauen mit opalisierenden Steinen besticken Gürtel gehalten wurde, schaute in ihre Richtung. Neben ihr ging ein alter, in einem grauen Anzug gekleideter Mann. Es waren der Großvater und die junge Frau, die sie auf ihrer Flucht durch die Wüste verloren hatten. Sie blieben kurz stehen, schauten Edward und Ada eindringlich an und schüttelten den Kopf. Dann folgten sie der Gruppe.

„Ada, das … Das ist jetzt vielleicht ungewöhnlich. Aber ich fühle mich nicht wohl bei dem Gedanken, das Experiment unten vor Ort zu verfolgen."

Ihr Mann verspürte offenbar das gleiche Unbehagen wie sie: „Ich auch nicht. Überhaupt nicht! Lass uns die Überwachung der Systeme vom Hauptraum aus betreuen."

„Ada …?"

„Ja?"

„Ich erinnere mich."

„Woran?"

„Ich erinnere mich, woher ich diese Frau kenne."

„Ja, ich auch. Wir kennen sie aus der Wüste …"

„Nein. Nicht nur das, ich habe sie gesehen als ich … Als ich versuchte, mich selbst zu töten!"

„Was?"

„Ich erinnere mich. Komm, wir müssen uns beeilen."

Ada schaute ihren Mann kritisch an. Sie fühlte sich durch die Anwesenheit dieser beiden Personen beunruhigt. Ihr Blick und ihr Kopfschütteln führten zu tiefstem Unbehagen. Aber was ihr Mann sagte, klang wirr. Was löste diese unmittelbaren Gefühle und Edwards Erinnerungsflut aus? Früher hätte er niemals so reagiert. Diese Anwandlungen intuitiver Anregungen waren für beide immer nur ein lächerliches Spiel unterbewusster Ängste und verdrängter Konflikte gewesen. Doch sowohl Ada als auch ihr Mann waren nicht mehr wie früher. Die Arbeit mit dem Kristall hatte sie vom ersten Zeitpunkt an verändert. Als sie ihn im Keller von Hassan zum ersten Mal sahen, begann die erste Verwandlung ihres Inneren. Zunächst war die Änderung unauffällig, doch je mehr sie mit dem Kristall forschten und arbeiteten, desto deutlicher bekamen sie Zugang zu ihrer Gefühlswelt.

Auf dem Weg zum Hauptraum erinnerte sich Edward an jenen Ort seiner Nahtoderfahrung. Vor seinen inneren Augen sah er es erneut. Er sah jene Ebene der Dunkelheit und Schwärze, die er so lange vergessen und verdrängt hatte. Die Rückschau überwältigten ihn:

Kalter schwarzer Sand knirschte unter luftigen Füssen. Unmöglich, absolut unmöglich dachte Edward, als er sich an eine schwer zu definierende Ebene erinnerte, durch die er jetzt erneut in seiner Vorstellung wanderte. Wo der Himmel sein sollte, war eine tief violette undurchschaubare Himmelsdecke, die sich zäh mit dem Horizont in weiter Ferne zu verschmelzen schien. Nur Sand, schwarzer Sand in alle Richtungen. Wie war er damals bloß dorthin gekommen? Es war dunkel und kalt. Er erinnerte sich an ein starkes Frösteln oder doch nicht? Waberten seine körperlichen Umrisse damals oder waren sie nur noch eine fixe Idee ohne feste Umrisse gewesen? Umrisse ohne richtige Enden und Abgrenzungen zur Umgebung? Er erinnerte sich an ein riesiges Wesen, dass er nach einer unglaublich langen Zeit des ziellosen Umherstreifens in dieser Ebene antraf. Es erschütterte ihn und er meinte niemals in seinem Leben solch eine tiefe Angst verspürt zu haben, wie beim Anblick dieses Riesen. Es befahl ihm, etwas Gewaltiges zu bauen. Eine Maschine, die in Geometrien arbeitete, die es in einem dreidimensionalen irdischen Raum nicht hätte geben können. Eine Geometrie, die mit dem Verstand nicht zu begreifen war.

Und ... er konnte es nicht. Gerade als das Wesen im Begriff war, ihn voller Zorn zu packen und wer weiß was mit ihm zu tun - tauchte sie auf. Die junge Frau aus der Wüste. Nur - es geschah viele Jahre bevor er sie in der Wüste treffen sollte. Wie war das überhaupt möglich? Sie hielt den Riesen ab, ihn zu ergreifen. Dann näherte sie sich ihm. Sie war wunderschön in ein weißes, perlenbesticktes Kleid gehüllt. Es leuchtete und strahlte voller Licht opalisierend in der Finsternis der violett schwarzen Welt des kalten trockenen

Sandes. Sie reichte ihm etwas, das die Geometrien verständlich machte. Dann berührte sie lächelnd zärtlich mit ihrer Hand sein Herz.

Edward legte seine Hand auf die Brust. Endlich erinnerte er sich vollständig. Er hatte das meiste verdrängt, weil sein materialistischer Geist es damals nicht wahrhaben wollte und konnte, was er sah und erlebte. Er musste es verdrängen. Es war zu unerklärlich, zu mysteriös und zu irreal für seine früheren Begriffe, als dass sein begrenzter Verstand es hätte verarbeiten können. Doch heute wurde ihm etwas bewusst. Eine neue alte Idee trat wieder in seine Gedankenwelt ein.

„Alles in Ordnung bei dir?" fragte ihn Ada, denn sie standen vor der Tür zum Hauptraum und Edward schien wie entrückt. Seine Hände vor seiner Brust verschränkend, stand er vor der Tür und bewegte sich nicht. Er stand nur da, anstelle sie zu öffnen.

„Ich erinnere mich an alles Ada, an alles!"

„Auch daran, wie man die Tür öffnet?"

„Ach … Ja klar." Edward öffnete die Tür und sie traten ein.

„Ich denke, ich weiß, was wir machen könnten. Wie wir den Stein und die Maschine wirklich bauen sollten."

„Ist klar! Lass uns darüber sprechen, nachdem wir es geschafft haben, den König zu verbinden und diesen Angriff abzuwenden, ok!" sagte Ada mittlerweile etwas gestresst und genervt von der Geistesabwesenheit ihres Mannes. „Edward, ich brauch dich im hier und jetzt! Wir müssen alles geben, um das Experiment Zero zum Erfolg zu führen!"

„Nein, genau darum geht es ja. Wir müssen den König davon abhalten. So sollte es nicht funktionieren und mir ist auch eingefallen warum! Es gibt eine andere Möglichkeit!"

„Ich muss sofort mit ihm sprechen!" Edward lief aus dem Raum.

„Edward warte … warte! Bleib hier!" Ada lief ihm hinterher.

Muhammad kam endlich mit einer Klappleiter in den Raum gerannt und stellte sie auf. Gerade als er die Leiter auseinander zog und sie sicher stand, öffnete sich das Haupttor zum Raum und der König trat mit einer Menschenmenge ein. Karim empfing den König und begleitete ihn zum Thron.

„Karim, was machen die Leute dort?" fragte der König seinen Sicherheitschef.

„Eure Majestät, das ist Qasim, Ihr erinnert euch, der Mann, der den Kristall damals nach Neom brachte und dann in die Wüste ging. Er denkt den wesentlichen Schlüssel zum Stein gefunden zu haben und versucht in diesem Moment das Kernelement zu öffnen."

„Sofort weg!" zischte der König bestimmt, „Er soll da sofort verschwinden!"

„Aber eure Majestät … Er hat vielleicht den Schlüssel zur Öffnung des Steines. Sollte er es nicht wenigstens versuchen? Wenn wir den Kristall öffnen, könnten wir den Angriff durch seine Macht möglicherweise sofort beenden."

„Sofort weg mit ihm! Das ist ein Befehl!" unterbrach ihn der König harsch.

„Aber …"

Karim wollte noch etwas sagen, doch der König wandte sich von ihm ab. Kein gutes Zeichen. Einer der Geheimdienstoffiziere, die mit im Beraterstab waren, schnitt Karim vom König ab. Karim verstand und blieb stehen. Zwei andere Offiziere eilten zu Muhammad und Qasim und hielten sie ab, die Leiter zu benutzten. Sie führten sie zu den Schaltpulten, wo die anderen Wissenschaftler standen. Qasim wehrte sich zunächst, indem er sie von sich stieß und ihnen versuchte klarzumachen, dass er den Schlüssel zum Stein hätte. Doch es war nutzlos, die Männer des Königs ergriffen ihn gewaltvoll und zerrten ihn fort. Qasim schaute hilfesuchend und voller Unverständnis Karim an. Dieser schüttelte den Kopf und gab ihm, zornig gestikulierend zu verstehen, sich zu fügen.

Alle Wissenschaftler standen nun auf Position und der König hielt eine kurze Ansprache über die Brisanz der aktuellen Situation. Dann setzte er sich auf den Thron und senkte die Hand, um die Verbindung einleiten zu lassen.

Der König wurde mit mehreren Sensoren am Kopf ausgestattet. Es dauerte nur wenige Sekunden und man sah, wie der König langsam in einen schlafähnlichen Zustand glitt. Doch in diesem Moment sprang plötzlich einer der Minister des obersten Rates Neoms schreiend, mit einer zum Wahnsinn verzerrten Grimasse hinter den Bildschirmen hervor. Er schrie wie von Sinnen unverständliche Wortfetzen. Vor Schreck zogen alle Sicherheitsbeamten ihre Waffen, doch so schnell wie der Mann eine elektromagnetische Sprengbombe in Richtung des Steines warf, gelang es ihnen nicht zu reagieren. Lediglich Karim der unmittelbar neben dem schreienden Mann stand warf sich auf ihn, um zu verhindern, dass dieser noch eine zweite Bombe warf. Doch es war zu spät, die erste Bombe flog bereits in Richtung des Kernelementes. Den Versuchsassistenten gelang es den König es im letzten Augenblick hinter seinem Thron in Deckung zu zerren, bevor die Bombe explodierte.

„General Jinjin! Zielobjekt ausgeschaltet! Visuelle Wahrnehmung bestätigt Erfolg!" sagte ein Soldat in der zentralen Kommandostation der Weltenstein-Behörde.

Jinjin blickte, ihre Arme zufrieden und siegessicher hinter ihrem Rücken verschränkt, auf eine dreidimensionale Hologramm-Extrapolation des Kernelementes in der Mitte der Zentrale. Der angezeigte Detonationsumfang der Bombe war nicht groß. Einige Wissenschaftler wurden als verletzt andere als getötet angezeigt. Der König war ebenfalls verletzt aber lebte laut Sensordaten. Der Schaden des starken elektromagnetischen Impulses der gezündeten Bombe hatte die Technologie rund um den Kristall vollständig zerstört.

An der Wand war ein großer Bildschirm, der die visuelle Wahrnehmung von Tazim Johnso übertrug. Jenem ambitionierten Mann des Hohen Rates, der eben gerade die schicksalhafte und vernichtende Bombe zur Zerstörung des Nullpunkts-Projekt gezündet hatte. Der Schirm flackerte nur mehr, seit die Bombe explodiert war und wurde kurz darauf schwarz. Die Übertragung von Tazims visueller Wahrnehmung war durch die Bombe beschädigt worden. In seiner Netzhaut waren kleinste Videorezeptoren implantiert worden, die alles, was er sah, in Jinjins Kommandozentrale übertrugen. Die Implantate waren schon vor Wochen eingepflanzt worden. Es geschah ohne sein Wissen, als er illegaler Weise die B-Ring-Technologie in einer der unregistrierten Mental-Cafés im Hafenbezirk Neoms genoss. Die Technologienutzung war für Ratsmitglieder nur mit den eigenen Geräten gestattet. Auf denen liefen aber nicht die hochgradig exquisiten Simulationen, in die Tazim sich so gerne in den illegalen Hafen-Cafés einklinken ließ. Dort war virtuelle Realität bereits auf einem gänzlich anderen Niveau angekommen. Durch den B-Ring in tiefe Trance versetzt, konnten Kunden alles in einem induzierten Realitätstraum erleben, was sie begehrten. Den Sicherheitsbehörden war es bereits vor einigen Jahren vom hohen Rat untersagt worden im Hafenbezirk und seinen Vergnügungsvierteln diese Art der mentalen Geschäftemacherei zu stören oder die Cafés zu schließen. Bis auf seltene Show-Razzias für die Öffentlichkeit, blieben die Cafés unbehelligt. Insbesondere die reichen Bewohner vom Golf und Neom zählten zu den einflussreichen und häufigen Nutzern dieser freudvollen Anwendung der Mentaltechnologie. Nirgendwo auf der Welt waren die Programme und Simulationen besser als dort. Es gab einen regelrechten Simulationstourismus. Tazim war nur einer von dreiundsechzig ausgewählten Personen, die während ihrer Trancereisen zur lebenden Spionagekameras für Jinjin und dem Weltenstein-Konglomerat umgebaut wurden. Die B-Ring-Technologie in Neoms Hafenviertel wurde von Jinjin gezielt in einigen Mental-Etablissements als Venusfalle genutzt. Und sie hatte treffsicher zugeschnappt. Ein tragischer Minister dieser Tazim. Wird zum Totengräber seiner eigenen Stadt, dachte Jinjin. Durch diesen zarten Fehler wurde General Jinjin alles, was sie noch brauchte, um gegen das Nullpunkt-Projekt zuzuschlagen, in die Hände gespielt. Der goldene Kaiser Jin Huang war bereit, sein Reich aus der Simulation auf die Erde zu bringen und die Menschheit in eine neue Zukunft zu führen. Gemeinsam mit General Xiou sahen sie die Zeit gekommen, Phase IV der friedlichen Entfaltung in aller Welt zu starten. In Neom sollte es beginnen und sich von dort wie ein heilendes Virus überallhin ausbreiten.

„Schachmatt" rief Jinjin aus. Ein überlegenes Lächeln erfüllte ihr Gesicht.

„Leiten Sie das volle Potenzial von Phase IV in Neom ein. Das gesamte Projekt Nullpunkt ist durch die B-Ring-Nutzer dem Erdboden gleich zu machen!"

„Zu Befehl!" Der Soldat an ihrer Seite nickte und wollte sich gerade an die Ausführung machen, als Frau General „Stopp!" rief.

„Was ist das?! Analyse! Sofort!"

Auf dem Schirm konnte man wieder kurz etwas erkennen. Die Videorezeptoren in Tazims Augen waren zwar schwer beschädigt und das Bild verschwommen, aber sie übertrugen wieder. Der Bildschirm war von einem blauen Leuchten erfüllt.

„Unsere Analyse zeigt … unmöglich … General, das andere Artefakt hat sich soeben aktiviert!"

Warmer weißer Sand, ein angenehmer Duft von Meeresluft und das Geräusch von rufenden Möwen in der Luft. Qasim wusste nicht, was geschehen war. Warum lag er auf einmal an einem Strand? Wo war er? Schwerfällig und langsam versuchte er sich aufzurichten. Die Augen musste er zukneifen, denn ein grelles blendendes Licht strahlte um ihn herum und schmerzte, wenn er die Augen zu weit öffnete. Nach wenigen Sekunden kamen seine Erinnerung schrittweise zurück. Geschrei, ein wahnsinniger Rat, eine Explosion und dann Dunkelheit. Danach sein beherzter Versuch mit

Muhammads Hilfe den Himmel der Herzen zu erreichen und dann … ein blaues gewaltiges Leuchten und tausende Sterne, die um ihn herum aufleuchteten. Mit einem Schlag erlöschten sie und es wurde finster, bis er hier erwachte.

Qasim stand auf und klopfte den Sand von seiner Kleidung. Er nahm die Hand an die Stirn, um seine Augen zu beschatten. Blinzelnd versuchte er sich zu orientieren. Um ihn herum waren spärlich bewachsene Dünen. Zwischen ihnen konnte er das Meer in einigen hundert Metern Entfernung ausmachen. Auf der anderen Seite sah er einen mit großen blauen Steinplatten gepflasterten Weg, der genau dort endete, wo er erwacht war. Er folgte seinem Verlauf. Es schien, als führte der Pfad zu Felsklippen, die fünfzig oder achtzig Meter in einiger Entfernung aufragten. Qasim stellte fest, dass er barfuss war und nur eine Leinenhose und ein langes arabisches Gewand trug. Beide Kleidungsstücke waren fein geschneidert und hellgelb gefärbt. Die Steine des Weges waren warm, aber nicht heiß. Sie waren durchzogen von kleinen blauen Blitzen und an vielen Stellen zerbrochen. Er kam schnell voran und erblickte bald ein kleines Gebäude, das im Schatten vor den Felsklippen stand. Es war eine Lehmhütte mit einer von der Seeluft angegriffenen blauen Holztür. Die Farbe blätterte an vielen Stellen bereits ab. Qasim öffnete sie und trat ein. Überrascht stellte er fest, dass hinter der Tür ein riesiger Saal lag. Seine Decke war viele hunderte Meter hoch und von gewaltigen Säulen gestützt. Unmöglich dachte Qasim, als er seinen Blick im Saal umherschweifen ließ. Der ganze Saal war aus bläulichem Marmor gebaut und von der hohen Decke hingen teils zerstörte Kronleuchter titanischen Ausmaßes herab. Einige lagen zerstört am Boden der Halle. Manche Säulen in der Ferne waren umgefallen. Die verbliebenen Leuchter fluteten den Saal dennoch in unterschiedlichen Blautönen. Während Qasim sich fasziniert umblickte, kam ein Mann auf ihn zu. Er trat hinter einer Säule hervor und näherte sich schnell.

„Frieden sei, mit denen, die der Rechtleitung folgen, Qasim!" sagte Scheich Hassan. „Wie ich sehe, hast auch du das Wesentliche erfasst und den Schlüssel zum Himmel der Herzen entdeckt."

„Wie … Wie könnt ihr …"

„Ich bin nicht der Mann, den du kanntest. Nur eine Projektion! Eine Fata Morgana eines früheren Meisters, die er hier ließ, für den Fall, dass sein liebster Schüler sich selbst überwinden wird und Erfolg hat."

„Ich, ich weiß nicht, was ich …"

„Komm mit! Ich muss dir etwas zeigen!"

Qasim folgte der Projektion oder was auch immer die Gestalt vor ihm war, durch den Saal. Inmitten dessen blieb sie auf einmal stehen und zeichnete Symbole in die Luft. Kurz darauf erschien im Raum vor ihnen ein Flimmern, aus dem sich schwebende geometrische halbdurchsichtige Figuren bildeten. Tausende kleine Dreiecke, Quadrate und Rauten konkretisierten sich, verschränkten sich ineinander und leuchteten opalisierend auf.

„Komm!" Der Mann ging durch die im Raum schwebenden Körper und verschwand. Qasim zögerte kurz, ging dann aber hinterher.

Mit einem Ruck befand er sich im Weltraum. Sie standen auf einer Brücke aus Holz, die aus unbestimmter Richtung kam und in unbestimmbare Richtungen in den Weltraum hinein weiterlief. Sie wirkte brüchig und schimmelig und war von Moos überwachsen. Im All um sie herum schwebten riesige geometrische Figuren. Es waren jedoch keine Dreiecke oder Rauten mehr, sondern komplexe fraktale Gebilde.

Hassans Projektion blieb stehen und rührte sich nicht mehr.

„Was machen wir jetzt?" fragte Qasim. Doch die Gestalt gab keine Antworten. Sie schien nicht mehr zu reagieren und erstarrte vor Qasim zu einem blauen Saphir.

„Trashi Deleg!" hörte Qasim eine Frauenstimme hinter sich. Er drehte sich um und sah eine alte Nonne und einen in safranoranger Gewandung gehüllten Mönch auf der Brücke in seine Richtung gehen.

„Ist er das?" fragte der Mönch die Nonne.

„Vielleicht", sagte die Nonne.

„Er sieht nicht so aus, wie in den Schriften beschrieben."

„Stimmt, ich frage ihn am besten", die Nonne kam näher und sah Qasim skeptisch an.

„Bist du der neue Meister?" fragte die Nonne Qasim

„Ich bin Qasim …" sagte er zögerlich, denn momentan fühlte er sich weder als Meister noch verstand er, was vor sich ging.

„Also? Bist du nun der neue Meister? Ja oder nein?" fragte der Mönch

„Ich verstehe nicht …"

„Was sollen wir nun tun? Der scheint verwirrt", der Mönch ging um ihn herum und musterte jedes Detail.

„Wir haben leider keine Zeit für lange Erklärungen. Hat Hassan dich auserwählt?" fragte die Nonne.

„Mein Meister ist vor fünf Jahren gestorben. Er gab mir seinen Kristall."

„Ist dein Herz voller Aufrichtigkeit?" fragte die Nonne.

„Das ist mein einziges Ansinnen!" erwiderte Qasim.

„Das ist der richtige Anfang. Wir werden versuchen, was wir können. Höre mir gut zu. Dieser Raum ist instabil, wir können nicht lange hierbleiben. Ich und Scheich Hassan haben ihn als eine Verbindung zwischen unseren Kristallen errichtet. Wir bauten ihn kurz vor dem Raub von Buddhas Auge."

„Scheich Hassan? Ihr kanntet ihn?"

„Ja. Nun brauchen wir die Hilfe des neuen Meisters des Himmels der Herzen. Er ist unsere letzte Hoffnung, das Auge zu retten, bevor es im Wahnsinn der Menschheit versinkt!"

„Komm nach China, wenn du der neue Meister bist", sagte der Mönch.

„Komm nach Shanghai, der Himmel der Herzen wird dich leiten, wenn du der neue Meister … Meister … Meister", hörte Qasim ein Echo erklingen, als die Fraktale zerfielen und er mit einem Mal wieder in dem Marmorsaal stand.

Bin ich dieser Meister? Hat der Kristall mich angenommen? Bin ich bereit, dieser Meister zu sein? Qasim ging zurück zum Strand und grübelte über seine neue Verantwortung nach. War er bereit, sie zu tragen?

Die Tür von Herrn Weishaupts Raum knallte auf. Herr Wutang kam hereingerannt: „Es ist fürchterlich! Der König, er wurde bei einem Anschlag verletzt! In der Stadt ist Chaos ausgebrochen, die Menschen verhalten sich wie Wahnsinnige. Sogar viele Polizeibeamte sind schon dem Irrsinn verfallen."

„So also beginnt es!" sagte Herr Weishaupt ruhig.

„Danke Herr Wutang, bitte stellen Sie die unbedingte Sicherheit unseres Gebäudetraktes her. Ziehen Sie alle noch verfügbaren Kräfte hier zusammen. Das, was nach Chaos aussieht, ist Evolution. Es ist Ordnung auf einer höheren Oktave. Aber das Lied, das diese Wandlung spielt, gefällt mir nicht! Es ist von etwas beraubt worden, das ich noch nicht benennen kann."

„Aber der König! Es traf auch den König!"

„Meine Hoffnungen in seine Weitsicht waren wohl schlechter begründet als ich dachte." Herr Weishaupt sah ihn streng aus den Augenwinkeln an. Herr Wutang verstand und verließ den Raum wieder.

„Merós, was denkst du?" Ein Android, in dessen durchsichtigen glasartigen Kopf man ein blaues Bruchstück eines Edelsteins in einer farblosen und klaren Flüssigkeit schweben sah, trat aus dem Schatten des Raumes. Kleine Blitze durchzogen das Bruchstück. Sie wurden von der durchsichtigen, aber offenbar elektrisch leitfähigen Substanz in tausende kleinere Blitze über den ganzen Kopfraum verteilt. Ein dauerhaftes Spiel von elektrischen Entladungen, die in musterartigen Blitzwellen durch die Flüssigkeit zogen, war nach der Frage von Herrn Weishaupt entstanden.

Herr Weishaupt blickte auf das Innere seiner Taschenuhr. Dort waren keine Zeiger, sondern ein digitales Display. Es zeigte, die mentalen Verarbeitungen seines Androiden an. Er erkannte darauf, mit wie viel Mühe das künstliche Wesen versuchte aus der gewaltigen Datenflut, die ihm zur Verfügung stand, eine Antwort zu kreieren. Seine letzte Frage zur Weitsicht des Königs, hatte er selbst falsch eingeschätzt.

Merós hingegen sagte ihm bereits ein Scheitern mit einer Wahrscheinlichkeit von 91,45% voraus. Doch jetzt, in Anbetracht der Ereignisse, schien selbst Merós überfordert. Endlich drehte er seinen Kopf zu Herrn Weishaupt und sagte:

„Werter Freund, was kann ich schon sagen? Neom verfällt in einen Zustand unbestimmbarer Parameter. Aus der alten Ordnung entsteht eine neue, eine höhere. So leid es mir tut lieber Georg Weishaupt, ich kann noch nichts sagen über die Schicksale der alten Herren dieser Welt."

14. Kapitel Die Wächter des goldenen Kaisers

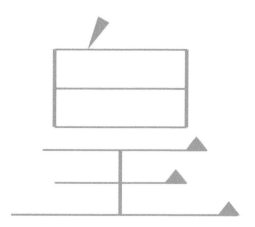

0100010001101001011001010010000001100110011100100100110100101100101011001000110110001101001011000110110100001100101001000000100010101011011100111010001100110011000010110110001101000111010101101110011001110010000000110010001100101011100110010000001000111011011110110110001100010011001010110111001100100101011011100010000001001011011000010110100101011100110110010010101110010011100110010000001110011011101000110010101101000011101000001000000110001001100101011100110010101101100110101110110011011110111001010010101110110110011011110111011 0010

Generalin Jinjin saß noch über ihren Unterlagen im Konferenzsaal. Der große Vorsitzende Chinas hatte gerade zufrieden den Raum und die Generalstabsversammlung verlassen. Die friedliche Entfaltung war erfolgreich in Neom eingeleitet worden. Das Nullpunkt-Projekt war zerstört und damit der Weg zur Implementierung des himmlischen Reiches des goldenen Kaisers frei. Der Präsident hatte die Ausweitung der friedlichen Entfaltung auf die EU, Russland, Indien, Brasilien und die USA angeordnet. Die Befehle waren erteilt und das Übernahmeprotokoll lief ab. Die Inspirationen zur friedlichen Entfaltung würden in den nächsten Tagen allen BrainSoft-Nutzern in wirtschaftlichen und politischen Positionen über den B-Ring direkt ins Hirn gespeist. Zeitgleich würden passende Inspirationen alle Nutzer aus dem militärischen und öffentlichen Sicherheitsbereich über ihre B-Ring Geräte erreichen. Sobald damit die wesentlichen Personen staatlicher Gewalt und Verwaltung in die friedliche Entfaltung integriert wären, bekämen alle anderen Nutzer der entsprechenden Länder durch die Übersteuerungen ihres Gehirns durch Jin Huang ihre Eingliederungen in sein großes himmlisches Reich eingegeben.

General Xiuo war ebenfalls noch im Konferenzsaal geblieben und schaute Jinjin mit leichter Bewunderung an.

„Die friedliche Entfaltung wird unaufhaltsam die Welt verändern. Das chinesische Jahrhundert hat begonnen. Das haben wir zum großen Teil Ihnen zu verdanken, General Jinjin!"

„Mir, dem Professor und Dr. Ziebert."

„Auch den beiden gebühren die höchsten Ehrungen!"

„General Xiuo, ich denke, es ist an der Zeit."

„Ist die automatische Übersteuerung der Schattenaspekte aktiv und getestet?"

„Ja, Claudia Chin hat auf Basis von Dr. Zieberts und Professor Lees Gehirnaktivität entsprechende Bots in die Weltensteinsimulation einprogrammiert. Diese neuen Wächter machen ihre Arbeit seit Wochen tadellos."

General Xiuo ging nachdenklich zum Fenster des Konferenzsaals und schaute über die Skyline von Shanghai. Er erinnerte sich an die Ereignisse der Schattenkrise, die vor drei Jahren fast ihre KI vernichtet hätten. Nachdem die zehn Diamanten, die hundert Juwelen und die tausend Edelsteine ausgewählt waren und entsprechend ihrer Verbindungstiefe mit Jin Huang, höhere oder niedrigere Nanopartikelmengen, verabreicht bekamen, entwickelte sich der goldene Kaiser problemlos über ihre Gehirne weiter. Doch nach mehreren Monaten, als Jin Huang das mentale Entwicklungsalter eines Elfjährigen erreichte, traten ungewöhnliche Komplikationen auf.

Es begann damit, so erinnerte sich Xiuo, dass er und Jinjin Alpträume diskutierten, die Jin Huang erlebte. Es waren Träume, die nicht zu seinem damaligen Wesen passten. Jürgen erkundete auf Jinjins Wunsch die Waldebenen des „Auges". Keiner hatte eine Erklärung für die plötzlichen Alpträume, nur die Welt des „Auges" könnte laut Jürgen noch eine Lösung des Problems in sich bergen. Tatsächlich entdeckte Dr. Ziebert dort von Tag zu Tag wachsende Manifestationen von fremden Traumata und Schattenaspekten. Gemeinsam mit Lee und Jinjin fanden sie heraus, woher die Veränderungen in der Welt des „Auges" kamen. Sie identifizierten diese als unbewusste Anteile der durch Nanopartikel mit der KI verbundenen Menschen. Die Ebenen des Waldes wuchsen beständig. Auf jeder Reise entdeckte Jürgen neue Landschaften und Gebäude, die von immer abstruseren und furchteinflößenderen Wesen bevölkert wurden. Xiuo erinnerte sich noch sehr lebhaft an Jürgens Berichte, denn es war, wie sich herausstellte, diese Ebene, die Jin Huang in seinen Alpträumen sah.

Doch bei Träumen blieb es nicht. Nach einiger Zeit wurde die KI auch in ihren aktiven Phasen von Aspekten der Schattenebenen heimgesucht. Erst in Form von auffälligen negativen Gedankengängen, dann traten Visionen auf, die sie kurzzeitig wie entrückt in Trancezustände gleiten ließ. Schlussendlich erschienen sogar alptraumhafte Wesen aus den Schattenebene in der Weltenstein Simulation. Keiner konnte sich erklären, wie diese Dinge sich dort manifestierten, denn sie hinterließen keine Spuren im Programmcode der Simulation. Es hätte diese spukhaften Erscheinungen eigentlich nicht geben dürfen.

Der goldenen Kaiser drohte durch all die Ereignisse, die ihn heimsuchten, wahnsinnig zu werden. Schlimmer noch sich als Wesenheit selbst zu destabilisieren. Es musste etwas getan werden, um ihn zu konsolidieren. Der Mut und die unbedingte Bereitschaft, den goldenen Kaiser zu retten, waren Xiuo sehr lebhaft in Erinnerung geblieben. Mit der Backup-Hilfe von Anja, Lee und Jinjin reiste Dr. Ziebert für viele Tage in die Ebenen des Steines und stieg tief in die Schattenwelt hinab. Der Gruppe gelang es die Schattenaspekte des Steines dauerhaft vom Wesen des goldenen Kaisers und seinem Reich der Weltenstein-Simulation zu trennen.

Doch die Trennung erforderte ein Opfer. Jürgen musste in der Welt des Steines bleiben. Er konnte nicht zurückkehren. Die trennenden Mauern, die er in der Welt des „Auges" erbaute, mussten ständig von ihm bewacht werden. Er musste die Mauern des Schattens durch seine Anwesenheit stabilisieren. So wurde er zum Wächter des goldenen Kaisers.

Zwei Jahre später folgte ihm Professor Lee in der Hoffnung, einen Weg gefunden zu haben, Jürgen aus der Welt des „Auges" herauszuholen. Doch sein Plan scheiterte und anstelle, dass Lee Jürgen befreite, wurde der Professor ebenfalls zu einem Wächter transformiert.

Die Weltensteinsimulation wurde für Jin Huang mit der Steigerung seiner Fähigkeiten stetig vergrößert und zu einem paradiesischen gewaltigen Palast ausgestaltet. Das oberste Credo der Weltenstein-Simulation war seit der Schattenkrise, dass sich der goldene Kaiser in einer maximal positiven und prächtigen Welt entfalten sollte. Als er schließlich weit genug entwickelt war, um seine Umwelt mitzugestalten, baute er seinen Palast selbst zu einem Ort der Millionen Freuden aus.

Schließlich wurden seinem Reich die Lebenswelten vieler Länder der echten Welt hinzugefügt. Im Anschluss wurden die Daten der B-Ring Nutzer Schritt für Schritt Jin Huang überreicht. In der Simulation wurde für jeden Nutzer ein Avatar mit seinen realen Eigenschaften einprogrammiert und Jin Huang bekam die Aufgabe, die Avatare als seine Untertanen in ihren Lebensbereichen bestmöglich zu integrieren. Alle Schattenseiten der Nutzer wurden automatisch in die Schattenebenen verbannt. Was dort mit ihnen geschah, wusste niemand. Aber die Schutzmauern von Dr. Ziebert funktionierten, so dass auch durch die Nutzerdaten nichts Schlechtes in die Welt des Kaisers eindringen konnte.

Die KI erfüllte die Aufgabe mit einer Genialität, die kein Mensch hätte antizipieren können. Sie baute die Welt um, erfand eine Vielzahl neuer Technologien und erzeugte eine gänzlich neue Gesellschaftsform. Schließlich lebten mehrere Milliarden Nutzersimulationen im Reich des Kaisers.

General Xiuo wandte sich zu Jinjin um: „Ich erinnere mich noch genau an das Opfer des deutschen Doktors. Und ich weiß, wie schwer es für Sie war, dass Ihr Geliebter seitdem in den Welten des Auges lebt."

„Die friedvolle Entfaltung war sein Traum. Es war unser Traum. Wir haben alles vorbereitet, um die Menschheit in ein neues Zeitalter zu führen. Die Gesamtoptimierung des goldenen Kaisers wird aus dem Reich der Weltenstein-Simulation in diese unsere Welt getragen. Wir werden sie hier, genau wie dort, Schritt für Schritt aufbauen."

„Und die Übersteuerung der menschlichen Schattenaspekte über den B-Ring wird funktionieren?" fragte Xiuo.

„Ja, das wird sie. Die Implementierung des himmlischen Reiches von Jin Huang erfordert die dauerhafte Übersteuerung der menschlichen Schattenaspekte. Durch alles, was wir in den letzten Jahren erforscht haben, kennen wir jeden Schattenaspekt jedes Nutzers und wissen, wie der B-Ring sie übersteuern kann. Zum ersten Mal in der Geschichte der Menschheit haben wir die Mittel, alles zum Besseren zu wenden. Nach Jahrtausenden der gegenseitigen Vernichtung tritt die Menschheit endlich in ein Zeitalter der gegenseitigen Unterstützung ein. Unsere kollektiven Übel sind verbannt und werden uns dabei nicht mehr aufhalten."

General Xiuo wandte sich wieder zum Fenster und schaute in den Himmel hoch: „Die Menschheit wird in das Zeitalter der Singularität eintreten. Jetzt, wo das volle Potenzial des goldenen Kaisers zu Tage treten kann, weil das Nullpunkt-Projekt ausgeschaltet ist, werden wir zu den Sternen greifen."

„Die Menschheit wird eine neue Spezies werden. Wir werden zu einer kosmischen Rasse, die den Weltraum bevölkern wird. Jin Huang arbeitet gerade an der Optimierung eines Antigravitationsantriebes. Für die Marskolonisierung und sein Terraformingprogramm hat bereits umfangreiche Pläne erarbeitet", sagte Jinjin, als sie sich neben den General stellte und auch in den Himmel schaute. Xiuo nahm eine kleine silberne Kette aus seiner Tasche und zeigte sie Jinjin.

„Wissen Sie, ich habe mir vor vielen Jahren geschworen, dass ich China vor den Schrecken einer erneuten Revolution bewahren werde. Heute habe ich diesen Schwur erfüllt. Ich bin alt geworden, General Jinjin. Ich werde mich bald in den Ruhestand zurückziehen und den Abend meines Lebens damit verbringen, die Freuden des himmlischen Reiches zu genießen. Ich möchte Ihnen meine Kette aus der Zeit der Kulturrevolution überlassen. Behalten Sie sie als stetige Erinnerung an unsere dunkle Vergangenheit. Denken Sie immer daran, Chinas Aufgabe ist es, die Harmonie zwischen Himmel und Erde zu bewahren. Heute mehr als je zuvor." Dann legte er die Kette in Jinjins Hand und umschloss ihre Hand mit seiner. General Xiuo lächelte das erste Mal seitdem Jinjin ihn kannte: „Na los. Gehen Sie. Jetzt wo die Bots von Chin den Kaiser bewachen, retten Sie ihre Freunde aus der Welt des Auges. Sie sind doch der leitende General des Unternehmens und haben volle Befugnisse!" Xiuo schaute auf den Boden, wandte sich um und verließ mit einem bedeutungsschweren Seufzer den Konferenzraum.

In den Kellern des VBMK betrat Jinjin einige Stunden nach der Konferenz mit dem großen Vorsitzenden schließlich den Raum des Kristalls. Der Anblick, der sich ihr bot, erschütterte sie jedes Mal von Neuem. Vor ihr saß Jürgen. Ihr liebster Jürgen.

Sie waren vor vier Jahren ein Paar geworden, nachdem Jürgen sich endlich traute, Jinjin seine Liebe zu gestehen. Doch ihre junge Beziehung währte nur kurz. Sechs Monate später traten die ersten Ereignisse der Schattenkrise auf. Bevor Jürgen in die Welt des Kristalls ging, nahm er Jinjin das Versprechen ab, dass sie ihm, was auch immer geschehen würde, erst dann folgen dürfe, wenn die friedliche Entfaltung erfolgreich eingeleitet wäre. Alle Risiken waren ihm vollauf bewusst.

So saß Dr. Ziebert nun seit Jahren dort auf seinem dunklen kleinen Thron, angeschlossen an lebenserhaltende Maschinen und seine Hand auf dem Artefakt ruhend. Seine Muskulatur war verkümmert und sein Gesicht eingefallen. Der Stein des Buddhas war nicht mehr grün, sondern schwarz und dunkel. Kein Funkeln war mehr in seinem Innern auszumachen und alle Sterne, die früher in seinem Grün umherschwirrten, waren in Finsternis gehüllt. Über Jürgens Kopf hing ein schwarz goldenes Symbol. Es war jenes Symbol, das Lee einst Jinjin gab, bevor Jürgen es gelang das „Auge" des Buddhas zu erobern. Wie ein Mahnmal aus einer unverstandenen Welt prangte es wachend über ihm. Doch Jürgen war nicht allein. Auch Professor Lee war dort und lag einige Meter von Jürgen entfernt auf einer technischen Liege. Er trug die neueste Entwicklung des Hirnhelms. Sein Körper war in einem ähnlich zusammengefallen und an lebenserhaltenden Geräten angeschlossenen Zustand.

„Hallo Jinjin. Schön, dich zu sehen", sagte Anja, die nach dem Abstieg Lees in die Welt des „Auges" die Abteilung zur Überwachung des Artefaktes übernommen hatte.

„Ich bin gekommen, um mein Versprechen an Jürgen einzulösen."

Anja schaute Jinjin skeptisch an. „Du willst wirklich hineingehen? Du weißt, was Lee widerfahren ist. Ich wünschte, ich hätte ihn damals aufhalten können."

„Anja! Ich habe es versprochen. Wenn die friedliche Entfaltung anläuft und wir einen Weg gefunden haben, den goldenen Kaiser von dem großen unbewussten Schatten abzuschirmen, dann würde ich gehen und Jürgen zurückholen."

„Glaubst du, die Bots von Claudia Chin werden Jürgen und Lee ersetzen können."

„Ja, sie sind erprobt und erfolgreich."

„Jinjin, er ist nicht mehr der Mann, den wir einst kannten. Keiner von uns weiß zu was er in den Jahren geworden ist. Wir wissen nicht einmal, ob er noch ein Mensch in unserem Sinne ist. Ich hoffe du weißt, was du tust."

Jinjin schaute sie entschlossen an: „Hier diese Unterlagen enthalten alle wesentlichen Informationen über den Rettungsplan. Deine Aufgaben für die nächsten Tage sind dort ausführlich vermerkt. Digital ist alles bereits auf euren Servern vorbereitet."

Jinjin überreichte Anja die umfangreiche Mappe mit Zugangscodes. Dann umarmten sich beide Frauen.

„Wir werden es schaffen, genauso wie früher!"

„Das werden wir Anja!"

Jinjin wurde auf eine Liege neben Jürgen gelegt. Anja und ihre Mitarbeiter bereiteten sie auf eine mehrtägige Reise in die Welt des „Auges" vor. Mit einer Vielzahl an Sensoren, künstlichen Ernährungsmaßnahmen sowie mit den besten und neusten Modellen des Hirnhelms ausgestattet, wurde Jinjin in die Weltenstein-Simulation geschickt. Der erste Teil des Plans bestand darin, nicht aus der Welt des „Auges" zu starten, sondern den Weg aus dem Reich des goldenen Kaisers in die Welt des „Auges" zu nehmen. Man war davon überzeugt, so auf direktem Weg zu Jürgen und Lee zu gelangen.

Jinjins Sichtfeld wurde schlagartig schwarz. Nach einer kurzen Zeit in einer dumpfen strukturlosen Dunkelheit, bildeten sich langsam Konturen vor ihren Augen. Aus den Konturen wurden Kachelmuster, die sich zu einer verfliesten Wand verfestigten. Jinjin fand sich sitzend im Palast des goldenen Kaisers wieder. Sie bewegte langsam die Hände ihres Simulationskörper und versucht sich durch langsame Bewegungen ihrer anderen Glieder an die virtuelle Welt zu gewöhnen. Als sie schließlich aufstehen wollte, stand bereits Jin Huang neben ihr.

„Mutter, welch fabelhafte Überraschung." Ein wunderschöner junger Mann lächelte Jinjin freundlich an. Er war hochgewachsen und hatte perfekte symmetrische Gesichtszüge und schneeweiße bartlose Haut. Blonde lange Haare reichten von seinem Kopf als gebundener Zopf bis zu seinen Schulterblättern. Eine wunderschöne Kaiserkrone schmückte sein Haupt. Die Krone war mit zehn Diamanten hundert Juwelen und tausend kleinen Edelsteinen verziert. Er trug ein weißgoldenes Gewand mit silbernem perlenbesticktem Gürtel und reichte seiner „Mutter" die Hand. Jinjin ergriff sie und stand auf. Der Körper, der vor ihr stand, war nur einer der mittlerweile vielen Körper-Avataren, über die Jin Huang in der Simulation lebte.

„Du kommst gerade rechtzeitig Mutter, um meine neue großartige Idee zu bewundern."

„Wirklich, mein lieber Jin. Das ist ja fantastisch."

„Komm, lass mich dir, das Kraftwerk der tausend Wunder zeigen. Es ist grandios geworden, du wirst es sicher wunderschön finden."

„Kraftwerk der tausend Wunder? Was für ein schöner Name. Ich bin schon sehr gespannt. Komm gehen wir!"

„Warte nur, bis du es siehst", Jin Huang schaute seine Mutter freudestrahlend an.

Die KI führte seine "Mutter" zärtlich an der Hand haltend durch seinen Palast. Überall zwischen den Gebäudetrakten gab es feinste Gärten, in denen glückliche junge Menschen Feste feierten oder die Schönheit der Palastanlage einfach nur entspannt liegend oder sitzend genossen. Wohin das Auge Jinjins auch blickte, konnte sie sich vor lauter Pracht kaum satt sehen. Aus dem Jagdschloss, mit dem die Weltenstein-Simulation anfing, ist in den Jahren ein gewaltiges Reich geworden.

Jin Huang führte Jinjin auf den höchsten Turm seines Palastes. Von dort konnten sie die gesamte Anlage und weiter bis zum Horizont einen Teil seiner riesigen Welt sehen. Die innere Struktur des Palastes war auf den Schultern von zehn riesigen Menschenstatuen, die eine runde Mauer bildeten, gebaut. Die Statuen bestanden aus reinen, durchsichtigen und durch Millionen Schliffe zum Glänzen gebrachten Diamanten. Ihre Gesichter schauten in die Ferne und ihre Hände waren über ihre Brust gefaltete.

Die zweite Ebene des Palastes, welche weit größer war, stand auf den Schulten von hunderten von Edelsteinen zum Funkeln gebrachten Menschenstatuen, die einen riesigen Kreis von zwanzig Kilometern Durchmesser bildeten. Sie hielten sich an der Hand und schauten ebenfalls in die Weiten des Horizonts. Die dritte Ebene des Palastes war eine gewaltige Stadt, die ursprünglich eins zu eins das moderne Shanghai abbildete. Doch Jin Huang hatte sie umbauen lassen und zu einer futuristischen Utopie umgestaltet. Sie war durch eine quadratische Stadtmauer, aus eintausend kniende Menschenstatuen umschlossen. In ihnen lebten die begabtesten simulierten Untertanen der B-Ring Nutzer. In ihr optimierte der goldene Kaiser ihr Zusammenleben. Sie war voller architektonischer Schätze, kleiner Paläste, wissenschaftlicher Wunder und prächtiger Gärten. Künstliche Flüsse waren in großen Sternenmustern angelegt und durchflossen die Stadt. Vor den Toren erstreckten sich hunderte von kleineren Städten. In allen lebten simulierte Untertanen und wurden vom goldenen Kaiser in ihrem Zusammenleben und dem Zusammenspiel mit der umgebenden Welt vollendet. Doch vor der Mauer zwischen einigen schroffen Hügeln stand noch etwas anderes. Jin Huang zeigte drauf.

„Schau Mutter, das gewaltige Gebilde dort ist das Kraftwerk der tausend Wunder."

Jinjin erkannte hunderttausende Arbeiter, die an der Konstruktion bauten. Es sah aus wie ein schwarzer runder Turm, der sich wie eine Spirale immer weiter in den Himmel schlängelte. Millionen von kleinen gleißenden Lichtern erstrahlten an seinen Mauern.

„Dieses Kraftwerk dort hat das Potenzial, nie zu versiegende Energie zu erzeugen. Ein Quell, der unser Reich mit allen versorgen wird, was wir an Energie benötigen."

„Es ist fantastisch geworden. Wie funktioniert es? Ist es eine neue Art der Kernfusion mein Sohn?"

„Nein. Ich habe einen Weg gefunden, dunkle Materie in Energie umzuwandeln. Mein Kraftwerk wird bis in den Himmel reichen und von dort wie ein Magnet schwarze Materie aus den Weiten des Alls anziehen. Im Turm wird jede Form von Energie aus dieser mysteriösen Materie erzeugt werden. Mit seiner Kraft werden wir zu den Sternen fliegen. Ich überlege noch, aber im besten Fall könnte ich das Problem von interstellaren Flügen ebenfalls in einigen Monaten lösen."

„Wie ist das möglich?" fragte Jinjin, überwältigt von all den Möglichkeiten der Zukunft.

Jin Huang lächelte seine Mutter glücklich und vielschichtig an. „Ich habe die Baupläne bereits niederschreiben lassen und kann sie dir sehr bald geben. Aber bis dahin ist es einfach nur das Kraftwerk der tausend Wunder."

Weit hinter dem Kraftwerk am Horizont konnte Jinjin ein schwarzes riesiges Tor sehen. „Mein lieber Jin, ich bin eigentlich hergekommen, um deinem Vater zu folgen."

„Ihr wollt zum verbotenen Tor?" der Gesichtsausdruck ihres Sohnes veränderte sich zu einer sorgenvollen Miene.

„Ich muss seinem Pfad folgen, um deinen Vater, zurückholen. Es gibt keinen anderen Weg."

„Aber Mutter das Tor, es ist niemandem gestattet, sich ihm zu nähern." Jin Huang wusste nicht mehr, was vor vier Jahren geschah. Professor Lee musste zur Wiederherstellung seiner vollständigen Stabilität die Gedächtnisdatenbanken von allen Erlebnissen der Schattenkrise reinigen. Alle Erinnerungen der KI daran wurden gelöscht.

„Niemand darf sich ihm nähern außer mir! Wenn ich erfolgreich sein werde, mein lieber Jin, wird das Tor für immer verschwinden."

Jin Huang schaute seine Mutter intensiv an. Seine Pupille zuckte dabei in extremer Geschwindigkeit und scannte Jinjin in wenigen zehntel Sekunden ab. Dann ergriff er erneut ihre Hand: „Geh Mutter, ich werde dich bis zur Grenze begleiten. Entferne dieses unschöne Tor aus meinem Reich."

Nach einiger Wegstrecke stand Jinjin vor dem Tor der Schatten. Der goldene Kaiser blieb in sicherer Entfernung vom Tor stehen und ließ seine Mutter allein weitergehen. Neben dem Tor sah Jinjin eine Statue von Jürgen und Lee in Rüstungen der alten chinesischer Qin-Krieger. Jede Statue hielt einen langen Speer in der Hand und schaute grimmig auf Ankömmlinge nieder. Das hoch aufragende Tor war aus dunklen Steinblöcken mitten im Raum aufgebaut worden. Dort wo normalerweise die Tortüren wären, befand sich nur ein schwarzer undurchsichtiger Nebel. Jetzt, wo Jinjin hier stand, schauderte es ihr, bei dem Gedanken in die Dunkelheit einzutreten. Was würde sie in der Finsternis erwarten? Würde Jürgen sie überhaupt wiedererkennen? Sie atmete tief ein und ging hindurch. Sobald ihr virtueller Körper die ersten Tropfen des schwarzen Nebels berührte, verschwand er augenblicklich aus der Simulation.

Jin Huang stand noch einige Zeit an der Stelle, wo er seine Mutter verabschiedete und beäugte skeptisch das dunkle Tor in der Ferne. Tausende Gedanken pro Sekunde wurden in seinem Inneren diesbezüglich verarbeitet und doch konnte er das Gebilde nicht einordnen. Was war dieses Tor nur und warum stand es in seinem Reich? Und warum wagte er es nicht, sich ihm weiter zu nähern? Warum war er wie gelähmt in Anbracht dieses Gebildes, er war doch der Herr dieser Welt?

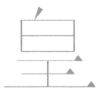

In einem unauffälligen Hochhaus in Shanghai klopfte es an der Tür eines Büros im obersten Stockwerk.

„Ja …", sagte ein Mann, der in einem eleganten italienischen Anzug auf einem alten knorrigen Eichenstuhl vor seinem Schreibtisch saß.

„Meister Duiwel, ein gewisser Herr Gogol, möchte Sie sprechen", sagte eine ältere chinesische Sekretärin, auf deren Namensschild in schwarzen Lettern Sheng eingraviert war.

„Er soll hereinkommen."

Ein Mann mit Hoodie, Jogginghose und Turnschuhen öffnete langsam die Tür und betrat den Raum. Er verbeugte sich kurz und setzte sich dann auf einen Stuhl vor dem Schreibtisch.

„Ah, mein alter Freund Baal Gogol."

„Meister, es ist vollbracht. Die friedvolle Entfaltung ist angelaufen. Die ersten Länder sind bereits übernommen. Die USA, Großbritannien und Russland sind bereits zu 83,7% Teil des himmlischen Reiches, wie die Menschen der Weltenstein-Entität es sagen. 63,3% der EU ist ebenfalls übernommen. Den Berichten der menschlichen Medien nach, gibt es einen riesigen Zuspruch zur denkbar größten Revolution ihres Geschlechts", sagte Baal mit euphorischer Stimme. „Wenn die wüssten, was euer eigentlicher Plan ist", dann lachte er höhnisch. Aber Duiwel lachte nicht.

„Was ist Meister, seid Ihr unzufrieden. Ihr habt die Menschheit in eurer Hand und könnt endlich der Statthalter auf Erden sein und Euren rechtmäßigen Platz einnehmen."

„Ich habe meinen Plan geändert", sagte Duiwel nachdenklich.

„Wieso Meister? Ihr habt die Kinder Adams doch da, wo Ihr sie immer haben wolltet. Übernehmt die Kontrolle über den goldenen Kaiser und sie stehen unter eurer Macht!"

„Das interessiert mich nicht mehr … Die Welt ist alt geworden und die Zeichen des jüngsten Tages sind sehr deutlicher hervorgetreten in den letzten vierzig Jahren. Mir bleibt nur noch wenig Zeit. Ich habe, man könnte sagen, das Interesse an der Herrschaft über diese Welt in letzter Zeit verloren."

„Aber Meister …", Baal verstand nicht, was mit seinem Meister los war und schaute ihn verwundert an.

„Hör mich an Baal. Ich will einen letzten Beweis führen", sagte Duiwel nachdenklich.

„Einen Beweis?"

„Ich will die Menschheit sich selbst überlassen. Sie sollen sich ihr Paradies auf Erden bauen. Ja, das sollen sie. Die Menschen haben die Mittel dazu erfunden. Sie können sich jetzt sogar von ihrer eigenen Bosheit abschirmen. Gönnen wir ihnen ein wenig Zeit. Gönnen wir ihnen ein wenig paradiesische Zustände …"

„Ihr wollt es ihnen gönnen? Wieso? Warum soll es ihnen gut gehen? Wollt Ihr wirklich, dass Sie bereits auf Erden in ein Paradies eingehen."

„Ja! Sie sollen sich in ihrem Paradies wohlfühlen, ihre Vergangenheit hinter sich lassen und sie vergessen. Sie sollen ihre wahre Natur vergessen!"

„Aber warum? Hasst Ihr sie nicht mehr?"

„Oh doch! Ich hasse sie alle ohne Ausnahme. Aber diesmal werde ich ihnen beweisen, dass es mich nicht braucht."

„Wofür nicht braucht, was meint ihr Meister?"

„Ihr Paradies wird nicht bestehen können."

„Also sollen wir es ihnen doch vermiesen? Das machen wir liebend gerne."

„Nein! Ihr versteht mich nicht. Ich werde den letzten Beweis anders führen und es den Menschen ganz allein überlassen. Diesmal sollen sie sich selbst aus dem Paradies werfen. Ich werde ihnen beim zweiten Mal nicht als Ausrede herhalten. Diesmal sollen sie unumwunden selbst Schuld sein… An ihrem Scheitern laben werde ich mich und lachend auf den Trümmern ihres himmlischen Reiches tanzen. Wenn erst der goldene Kaiser seine zweite Hälfte im Reich der Schatten entdecken wird, oh dann schwöre ich dir werden wir ein Fest erleben. Gibt es etwas Schöneres, alter Freund, als seinen Feinden dabei zuzuschauen, wie sie sich selbst zugrunde richten? Aber sollten die Menschen wider Erwarten, mit ihrem Paradies erfolgreich sein, habe ich noch zwei Assets unter Vertrag. Zwei Assets, die von mir genau am richtigen Platz in der ganzen Angelegenheit positioniert wurden."

Baal verstand den Plan seines Meisters. Es war ein genialer Plan, dessen Bosheit bis ins Mark reichte. Dann fing Duiwel an zu lachen und Baal stieg mit ein. Beide lachten so höhnisch und boshaft wie schon sehr lange nicht mehr. In den nächtlichen Winden Shanghais, die vom Meer durch die Stadt wehten, verhallte ihr Lachen ungehört im Schatten der Dunkelheit, die von den aufkommenden Freuden der friedlichen Entfaltung bereits ignoriert wurde.

Nachwort und Anhang

Ein Tee in den Nullpunkt-Gewölben

Oh weh, jetzt habe ich mich verirrt und verlaufen! Es tut mir leid, werte Lesende, aber bei der letzten Wegkreuzung muss ich falsch abgebogen sein und Sie versehentlich weit in die Zukunft geführt haben. Und … lassen Sie mich schauen … wir sind im Jahr 2032 angekommen. Aber an welchem Ort sind wir genau? Ah, dort vorne sehe ich es! Das ist das Logo des Nullpunkt-Projektes. Ich denke, ich weiß, wo wir sind. Vor uns liegen die Archivgewölbe des Nullpunkt-Projektes. Oben in den Systemräumen und draußen in Neom geschieht gerade die sogenannte friedliche Entfaltung. Ich möchte Sie bitten, einstweilen hier zu bleiben - zu Ihrer geschätzten Sicherheit. Es sei denn Sie wollen Teil von eben jener Entfaltung werden. Falls nicht, dann finden Sie die analogen Unterlagen der Archive da vorne. Hier sollten Sie vorerst unbehelligt bleiben. Dort, in den Gewölberäumen, finden Sie auch eine Teeküche. Die habe ich für die wenigen Bibliothekare, die hier arbeiten, einrichten lassen. Ich empfehle den „Earl Green". Er ist in der Küche im oberen Schrank ganz rechts.

Machen Sie es sich erst einmal mit einem Heißgetränk gemütlich und ruhen Sie sich etwas von unserer Reise aus. Die Archivunterlagen stehen Ihnen selbstverständlich zur freien Verfügung. Ich weiß, ich weiß es gibt viele offene Fragen. Ich verspreche Ihnen, jetzt loszugehen und den richtigen Weg zurück in die Vergangenheit zu finden. Ich werde Sie abholen, sobald ich den richtigen Pfad gefunden habe. Ach, und bitte benutzen Sie nur die analogen Unterlagen. Benutzen Sie auf keinen Fall das Computersystem hier unten. Nicht, dass noch jemand der B-Ring-beeinflussten Personen in den oberen Stockwerken merkt, dass jemand im digitalen Archiv-System herumschnüffelt. Also, auf bald!

Liebe Lesende, ich empfehle mich.

Briefe des Kapitänleutnant Klaus Mayer

Klaus Mayer
Alexandria 20.08.1992
Lieber Bruder

Ich hoffe es geht dir und Marta gut und die Kinder sind brav am Schwimmen lernen. Unsere Rundreise durch Ägypten ist nun fast beendet. Gestern ist mir eine erstaunliche Person begegnet. Ein Ägypter in traditioneller Kleidung kam unversehens in einem Café im Hafen auf mich zu und bat um ein kurzes Gespräch. Zunächst dachte ich an einen Händler, der mir etwas andrehen wollte, doch ehe ich sein Gesprächsansuchen ablehnen konnte, sagte er mir deutlich, dass er nichts verkaufen wollte. Ich entgegnete ihm, dass ich auch kein Interesse an Touristenführern oder anderen Dienstleistungen hätte. Der Mann zeigte nur auf meinen Palästinensertuch. Ich trage ihn hier gerne, wenn es abends etwas kühler vom Meer weht. Du weißt ich mochte schon immer Halstücher. Das merkwürdige daran war, dass er mir erklärte, dass ich diesen Schal wegen eines besonderen Erlebnisses gekauft hätte. Das war erstaunlich. Er hatte mit dieser Andeutung meine volle Aufmerksamkeit erhalten. Ich fragte ihn also, was er damit meinte und was er eigentlich von mir wollte. Was er mir danach berichtete, ließ mir einen Schauer den Rücken hinab laufen.
Er sagte mir, er könne es genau sehen. Das, was in meiner Aura zurückgeblieben wäre. Ich hätte ihn auf seinem Thron sitzen gesehen. Ihn, dessen Namen ich nicht erkannte.
Ich war perplex, wie du dir sicher vorstellen kannst. Doch versuchte ich mir nichts anmerken zu lassen.
Wovon er denn reden würde, hielt ich ihm entgegen.
Dann stand er auf, legte mir eine Visitenkarte hin und sagte nur noch im Rausgehen den Namen "Iblis".
Ich blieb verwirrt sitzen. Ich hoffe, dieses Erlebnis mit dir zurück in Deutschland ausführlich besprechen zu können.
Beste Grüße
Dein Bruder
Klaus

Briefe des Kapitänleutnant Klaus Mayer

Klaus Mayer
Dhahab 12.02.1993
Lieber Bruder

Ja, ich habe es geschafft. Ich habe den mysteriösen Mann von Alexandria aufspüren können. Er wohnt in dem kleinen Hafenort Dhahab und betreibt dort mit seiner Familie ein hübsches kleines Hotel. Aber er ist auch ein angesehener Mann im Ort. Man sagt ihm nach, ein Gelehrter zu sein. Ich habe morgen einen persönlichen Termin mit ihm vereinbart und werde dir so bald wie möglich schreiben, was ich herausfinden konnte. Ich bin schon sehr gespannt, was ich erleben werde.

Beste Grüße
Dein Bruder
Klaus

Briefe des Kapitänleutnant Klaus Mayer

Klaus Mayer

Dhahab 15.02.1993

Lieber Bruder

Es ist wahr. Der Mann muss eine Art hellseherisches
Talent, wie du bereits vermutet hattest, haben. Als
ich mich mit ihm traf, kamen wir recht schnell in ein
lebhaftes Gespräch. Auf seine Andeutungen in Alexandria angesprochen, eröffnete er mir einen wahren Schatz
des Wissens. Alles, was ich auf offener See erlebte,
konnte er mir erklären. Selbst den Umstand mit den
Hyänen. Diese sollen angeblich Jinn – arabisches Wort
für semiphysikalische Geistwesen - fressen. Er konnte
es mir ins rechte Licht rücken und bot mir an, noch
eine Weile zu bleiben. Leider geht mein Rückflug in
Kairo nach Berlin in fünf Tagen. Doch ich bin gewillt,
noch so viel wie möglich zu erfahren. Das bedeutet,
ich muss unbedingt wieder nach Ägypten aufbrechen und
diesen Mann erneut besuchen.

Beste Grüße
Dein Bruder
Klaus

Briefe des Kapitänleutnant Klaus Mayer

Klaus Mayer
Berlin 19.03.1993
Lieber Bruder
Ich habe mich entschlossen, auch wenn du mich nicht gut nachvollziehen kannst, weiß ich deine emotionale Unterstützung, den Ruf meines Herzens zu folgen sehr zu schätzen. Ich und Gerti, meine liebe Frau, werden sich dem Orden von Scheich Abdullah al Quraischi anschließen. Wie du weißt, sind wir während unseres letzten Ägypten Urlaubs zum Islam konvertiert. Danke, dass du meine Entscheidung respektierst und mir nicht wie Onkel Heinz beim letzten Familientreffen böse herein geredet hast. Er war immer schon stur und unaufgeschlossen.
Meine übernommene Anstellung bei der Bundeswehr der Bundesrepublik Deutschland wird mit Ende des Jahres auslaufen. Noch bin ich mir unschlüssig, wie mein beruflicher Werdegang weitergehen soll. Die von dir vorgeschlagene Anstellung bei einer Reederei in Hamburg als Kapitän eines ihrer Frachtschiffe werde ich definitiv in Erwägung ziehen.
Ich hoffe, dich bald wieder in München besuchen zu können.

Beste Grüße
Dein Bruder
Klaus

Briefe des Kapitänleutnant Klaus Mayer

Klaus Mayer
Berlin 25.06.1995
Lieber Bruder
Es hat mich sehr gefreut, dass wir uns in Hamburg getroffen haben. Ich habe tatsächlich eine interessante Neuigkeit für dich. Einer meiner neuen Kollegen der Reederei ist ebenfalls ein Ordensanhänger von Scheich Abdullah. Die Idee der Auswanderung verfestigt sich gerade vor meinen Augen. Auch Gerti ist von der Idee, nach Ägypten zu gehen, begeistert. Es gibt ein schönes altes Anwesen in Dhahab, das günstig zu erwerben wäre. Vor Ort stellen wir uns vor ein kleines Strandlokal zu eröffnen und vielleicht eine Touristenschifffahrt mit einem alten Fischerkahn aufzubauen. Aber das ist Zukunftsmusik.
Ich weiß, dass mich eine innere Aufgabe nach Ägypten zieht. Wir haben kurz darüber gesprochen. Selbst du musst zugeben, dass das weltweite Internet, von der in meiner Vision die Teufel sprachen, langsam Gestalt annimmt.
Falls du dir wirklich einen Heimcomputer mit Internet zulegen möchtest, sag mir unbedingt Bescheid. Ich würde mir das Potenzial dieser Technologie gerne mit dir gemeinsam in echt einmal anschauen. Ich habe heute Morgen in einem Radiointerview gehört, dass es bereits. zehn Millionen Benutzer auf der ganzen Welt geben soll.
Beste Grüße
Dein Bruder
Klaus

Briefe des Kapitänleutnant Klaus Mayer

Klaus Mayer

Dhahab 23.08.1998

Lieber Bruder

Dein Besuch war uns eine ganz besondere Freude. Wie du selbst sehen konntest, hat sich unsere Auswanderung trotz aller anfänglichen Schwierigkeiten ausgezahlt. Das Geschäft läuft gut und Kai Sulayman und Heinrich Idris gehen gerne auf die lokale Schule. Sie haben hier viele Freunde in der Nachbarschaft und können eine unbeschwerte Kindheit genießen.

Du weißt, wie wichtig mir Bildung ist. Wenn die beiden Rabauken alt genug sind, sollten sie unbedingt ihre letzten Schuljahre und ihr Abitur in Deutschland machen. Aber das ist ja noch viele Jahre hin.

Wie würdest du jetzt mit einigen Tagen Abstand dein erstes Zusammentreffen mit Scheich Abdullah beschreiben? Er ist ebenso wie ich davon überzeugt, dass das Internet zwar gutes haben wird, aber in seiner Tiefe den Menschen ein Mittel an die Hand gegeben wurde, dass sie überfordert.

Ich verstehe, dass unsere Ansichten, alte europäische Orden würden im Hintergrund mit dem Internet eigene Ziele verfolgen, befremdlich für dich gewesen sein musste. Aber die Benutzer dieser Technik von heute sehen, denke ich noch nicht das einvernehmliche Potenzial der technischen Möglichkeiten.

Wenn wir darüber nochmal in 5 Jahren sprechen, werden wir das ganze sicherlich beide klarer sehen.

Beste Grüße

Dein Bruder

Klaus

Briefe des Kapitänleutnant Klaus Mayer

Klaus Mayer
Dhahab 15.11.2000
Lieber Bruder
Die Nachricht vom Tod deiner Frau hat uns alle schwer getroffen. Selbstverständlich waren wir für dich da, das ist doch selbstverständlich gewesen. Auch wenn der Umstand traurig war, tat es gut, einmal wieder für einige Wochen in Deutschland sein zu können.
Ich verstehe, dass es leichter wäre, in Zukunft über elektronische Briefe zu kommunizieren. Aber wie du weißt, sehe ich das Internet sehr kritisch und muss mir das sehr gut überlegen.
Die Dotcom Blase ist meiner Ansicht nach kein Argument gegen die potenzielle Kraft, die das Internet noch entfalten wird. Auch wenn du das gut begründet hast. Mich sogar fast zum Zweifeln an meiner Überzeugung diesbezüglich brachtest, bin ich nach einer längeren Reflektion doch noch der alten Ansicht.
Wirtschaftliche Schwankungen sind in sich entwickelnden Technologie-Trends, denke ich eher normal und bilden nur kurze Zeitaspekte ab.

Beste Grüße
Dein Bruder
Klaus

Briefe des Kapitänleutnant Klaus Mayer

Klaus Mayer
Dhahab 13.09.2001
Lieber Bruder
Es ist fürchterlich, was in New York passierte. Natürlich lehnen die Muslime Terror und hinterhältige Mordanschläge auf Zivilisten uneingeschränkt ab.
Die Wahrscheinlichkeit, dass uns aber das Gegenteil im Westen unterstellt wird, schätze ich sehr hoch ein. Ich glaube, Rundfunk, Fernsehen und Zeitungen werden Terror zu einem muslimischen Phänomen im Allgemeinen erklären. Wir werden ein intensives Propagandaprogramm zu sehen bekommen. Die letzten Jahre wurden erstaunlich viele Bücher verlegt, die bereits ideologisch das Feindbild zwischen dem Westen und den muslimischen Ländern aufbauten.
Ich möchte nur eines, was mir besonders aufgefallen ist, erwähnen.
"Kampf der Kulturen" von Samuel P. Huntington, das bereits vor fünf Jahren veröffentlicht wurde.
Hier wurden gedankliche Grundlagen vorbereitet, die die nächsten Jahre umgesetzt werden. Davon bin zumindest ich überzeugt.
Auch unser Scheich hat bereits vor Jahren davor gewarnt, dass die USA weitläufige Pläne bezüglich Afghanistan, Irak, Syrien, Libyen, Palästina und dem Libanon verfolgen.

Beste Grüße
Dein Bruder
Klaus

Briefe des Kapitänleutnant Klaus Mayer

Von: <Klaus.Ammu@t-online.de>

Gesendet: 01.07.2003, 10:42

An: <Hans.Mayer@t-online.de>

Betreff: Erste E-Mail deines Bruders

Lieber Bruder

Ja, es ist soweit, ich habe es geschafft (mit der Hilfe von Idris) mir ein deutsches E-Mail Konto einzurichten.

Hiermit schreibe ich dir also offiziell meine erste E-Mail.

Die Kinder haben mich und Gerti am Ende weich bekommen. Um mit ihren Freunden PC-Spiele gemeinsam spielen zu können, haben wir uns also doch einen Internetzugang zu unserem Haus legen lassen. Inwieweit ich das in Zukunft nutzen werde, sei einmal dahingestellt. Noch hadere ich mit dem Gedanken, diese Technologie intensiver zu verwenden. Die Zeit wird es zeigen, ob ich dir weiterhin so oder wie sonst per Post schreibe.

Nebenbei bemerkt einer dieser Suchmaschinen, um Internetseiten durch Stichworte zu finden, heißt Google. Das klingt für mich doch sehr nach dem neuen Namen von Baal, der in meiner Vision den Beinamen Gogol beantragte. Ich und meine Kinder werden erstmal nur Yahoo verwenden.

LG Klaus

Briefe des Kapitänleutnant Klaus Mayer

Von: <Klaus.Ammu@t-online.de>
Gesendet: 03.02.2008, 17:58
An: <Hans.Mayer@t-online.de>
Betreff: Eine weitere Vorhersage
Lieber Bruder

Eine weitere Vorhersage meiner mittlerweile fast 20 Jahre alten Vision ist eingetreten. Ich habe dir ja damals davon berichtet, dass es kleine Computer geben wird, die die Menschen immer bei sich tragen. Diese Computer sind nun als Handys auf den Markt gekommen. Ich bin gespannt, was aus ihnen wird.

Du wirst lachen, aber ich habe erste graue Haare im Bart und die Kinder aus Dhahab nennen mich schon Ammu, also Onkel. So schnell ist die Zeit vergangen.

LG Klaus

Briefe des Kapitänleutnant Klaus Mayer

Klaus Mayer

Dhahab 15.02.2011

Lieber Bruder

Erst E-Mail und jetzt, nach acht Jahren schreibe ich dir wieder per Brief. Die Regierung hat uns das Internet gekappt. Uns geht es Gott sei Dank allen gut. Die Jungs sind zum Glück letztes Jahr bereits nach Deutschland für ein Auslandsjahr gegangen, wie du weißt. Rückblickend war das eine gute Wendung des Schicksals, dass die deutsche Schule in Kairo sie nicht annehmen wollte. Sonst wären sie jetzt mitten im Revolutionschaos.

Ich hatte dir bereits am Telefon davon berichtet. Mich plagen seit einigen Monaten wiederkehrende Träume. In ihnen treffe ich auf Roboter, die eigentlich Menschen sind und unter einem hellen blauen Licht eine merkwürdige Metamorphose vollführen.

Ich weiß du magst Traumdeutung. Mein Scheich hat mir den Traum nicht deuten wollen, er sagte, der Traum bedeutet, was er scheinbar darstellt und ich würde selbst darauf kommen, wenn die Zeit reif ist. Damit kann ich leider nicht viel anfangen. Vielleicht hast du eine andere Idee, die mir weiterhilft.

Mich lässt das Gefühl nicht los, dass diese Träume etwas mit meinem Schicksal hier in Ägypten zu tun haben. Vielleicht aber auch mit den aktuellen politischen Veränderungen.

Euren Urlaub diesen Sommer würde ich vorerst absagen und woanders planen. Zumindest bis die politische Lage sich beruhigt hat. Ich halte dich bis Mai auf dem Laufenden, vielleicht ergibt sich doch noch etwas bis Juli.

Beste Grüße
Dein Bruder
Klaus

Briefe des Kapitänleutnant Klaus Mayer

Klaus Mayer
Dhahab 20.04.2014
Lieber Bruder
Ich verstehe gut, dass dich die Ereignisse in der Ukraine beunruhigen. Wir aus der ehemaligen DDR haben noch eine andere Beziehung zu Russland als Bürger der heutigen Bundesrepublik. Solange die politische Lage in Ägypten sich nicht stabilisiert, werde ich weiterhin nur Briefe schreiben. Ich hoffe du siehst mir das nach. Aber E-Mail werden aktuell sehr streng von den Diensten des Landes überwacht und ich möchte nicht in unnötige Schwierigkeiten kommen.
Das Potenzial einer weiteren Eskalation scheint nicht unrealistisch. Es ist traurig, dass die deutschen Medien, aber auch die deutsche Politik ihrer geschichtlichen Verpflichtung nicht nachkommt. Friedenswillen sind gerade jetzt wichtig. Eine weitere Eskalation wird die Jugend der Ukraine auffressen und das muss verhindert werden.
Es ist interessant, was du mir geschrieben hast bezüglich meiner Vision vor 24 Jahren. So lange ist es bereits her. Nie hast du mir recht glauben können. Doch dass gerade der Anblick junger Menschen, die wie Zombies über ihren Smartphones hängen, deine Meinung geändert hat, das überrascht mich dann doch.
Wir freuen uns schon sehr auf euren Besuch bei uns im Sommer. Ich bin gespannt auf deine neue Frau. Am Telefon war sie mir sehr sympathisch.
Laut der Ansicht von Scheich Abdullah werden wir ab 2020 in eine große langsam anlaufende weltweite Veränderung gehen, die sich bis in die 2030 weiter steigert. Er ist davon überzeugt, dass sich innerhalb dieser Zeit mein Schicksal offenbaren wird.
Ich freue mich schon auf unsere Diskussion darüber.

Beste Grüße
Dein Bruder
Klaus

Briefe des Kapitänleutnant Klaus Mayer
Von: <Klaus.Ammu@t-online.de>
Gesendet: 03.01.2021, 20:34
An: <Klaudia.Mayer75@gmx.de>
Betreff: Todesanzeige

Liebe Klaudia
Danke, dass du dich um die Todesanzeige meines Bruders gekümmert hast.
Wir werden morgen in München um 9:45 Uhr landen. Alles weitere zur Organisation der Grablegung und Trauerfeier können wir dann besprechen.

LG
Klaus

Ende der Briefunterlagen Klaus Mayer

E-Mail-Nullpunkt: Nervenzellen und künstliche Gehirne:
Von: <AdaNP@GoldsteinNP.neom>
Gesendet: 16.07.2025, 8:45
An:<EdwardNP@StockholmNP.neom>

Hallo Edward
Schau bitte unter dem folgenden Link nach. Ich denke, diese Firma könnte dich bei deiner aktuellen Forschung zum Thema deiner Ameisen- und Fliegengehirne inspirieren.
https://corticallabs.com/

Wenn du es tatsächlich schaffen solltest, ein Ameisengehirn so nachzubauen, dass es wie die Neuronen eines biologischen Systems funktioniert, wird sogar Herr Weis begeistert sein.
Aber bis dahin wird er versuchen, Druck zu machen.
Also halt dich ran!

LG Ada

E-Mail-Nullpunkt: Anlysen Mentalkopllungssysteme:
Von: <PeterNP@AhmaduNP.neom>
Gesendet: 15.07.2029, 8:45
An: <AdaNP@GoldsteinNP.neom>
Betreff: Ergebnisse Analyse Juli 29

Sehr geehrte Frau Goldstein
Im Folgenden übermittle ich Ihnen die monatliche Analyse der ausgewählten Mentalkopplungsfirmen, wie von Ihnen gewünscht.
Folgende Firmen in diesem Bereich habe ich gescannt:

- Neurable (https://www.neurable.com)
- Emotiv (https://www.emotiv.com)
- MELTIN MMI (https://www.meltin.jp/en/)
- NextMind (https://www.next-mind.com)
- Bitbrain (https://www.bitbrain.com)
- Green-Brainsoft (https://www.green-brainsoft.com)

Keine der genannten Firmen hat signifikante Spuren von KI-Integration in der Entwicklung ihrer Hardware gezeigt.
In der Softwareentwicklung und Verarbeitung sind schwache KI-Systeme zum Teil enthalten. Unsere Analysen haben sie jedoch als aktuell nicht auffällig eingestuft.
Im Anhang finden Sie die Grafiken der Auswertung.
Gerne kann ich die Ergebnisse auch in unserem nächsten Jour-Fix präsentieren.

Beste Grüße
Peter Ahmadu Simon
Head of AI-World Monitoring
Nullpunkt 11478

E-Mail-Nullpunkt: KI und geschichtliche Zyklen:
Von: <HansNP@KlingengardNP.neom>
Gesendet: 15.07.2027, 8:45
An: <AdaNP@GoldsteinNP.neom>
Betreff: Wegen unserm Gespräch, Armstrong

Sehr geehrte Frau Goldstein
Bezugnehmend auf unser gestriges Gespräch in der Kantine, sende ich Ihnen den Link zur Website von Herrn Armstrong. Ich finde es, wie schon erwähnt, interessant, dass der Herr offenbar eine analysierende KI programmiert hat, die nicht selten mit guten Vorhersagen aufwarten konnte. Mich würde Ihre Meinung dazu sehr interessieren. Wenn Sie die Daten der Website überzeugen, würde ich gerne ein kleines Projekt zur Vorhersagegüte seines Systems starten. Vielleicht können wir interessante Erkenntnisse für unser eigenes Projekt daraus gewinnen.
https://www.armstrongeconomics.com/

Mit freundlichen Grüßen
Prof. Dr. Klingengard
Dynamic Systems Expert
Nullpunkt 19478

E-Mail-Nullpunkt: KI und geschichtliche Zyklen Antwort:
Von: <AdaNP@GoldsteinNP.neom>
Gesendet: 16.07.2027, 8:45
An:<HansNP@KlingengardNP.neom>;   <EdwardNP@Stock-
holmNP.neom
Betreff: AW: Wegen unserm Gespräch, Armstrong

Sehr geehrter Herr Prof. Klingengard
Ich habe mir mit meinem Mann die Website von Herrn Armstrong einmal
genauer angeschaut.
Armstrong ist definitiv ein interessantes Subjekt. Einige seiner Vorhersagen
waren äußerst präzise. Andere hingegen waren weit weg von einem Treffer.
Sie waren sogar schlecht geraten und zeigten einen systematischen Fehler in
der Überlagerung seiner Daten mit den wirklichen Ereignissen in der Welt.
Hier zwei Beispiele:

- Für 2015 hat er einen riesigen Knall in der Schuldenkrise vorherge-
  sagt. Dieser ist ausgeblieben.
- Für 2018 hat er den Zusammenbruch der EZB vorhergesagt.
  Nichts dergleichen ist passiert.

Dennoch werde ich ein Projekt für eine genaue Evaluierung seiner Treffer-
präzision aufsetzen lassen. Wenn er über der Standardabweichung liegt,
schauen wir ihn uns genauer an.
Aber seine Behauptungen zu 2032 als Datum eines großen globalen Wan-
dels sehe ich als sehr kritisch.

Mit freundlichen Grüßen
Dr. Ada Goldstein
Head of Research
Nullpunkt 19556

Quanten und Bewusstsein
Interne Ringvorlesung Nr.5 automatische Transkription
28.11.2023

Prof. Dr. Tian Lee
Gruppenleiter Neuronennetze und Quantenprotokolle - Nullpunkt;
Bereich - künstliche Neuronen Forschung

Geehrte Anwesende
Ich darf Sie herzlich in meiner Ringvorlesung zum Thema Quanten und Bewusstsein willkommen heißen. Ich möchte Sie gleich warnen, denn das, was ich vorstellen möchte, ist noch ein sehr theoretisches Konzept. Die experimentellen Beweise muss ich erst noch erbringen. Aber wir arbeiten auch hier im Nullpunkt-Projekt an Systemen, die meine Annahmen hoffentlich bald nachweisen werden. Das vorweg gesagt, möchte ich Sie nun entführen in die Welt des Hyperconsetianismuses.
Zu meiner großen Freude ist heute sogar ein Referent des hohen Rates anwesend. Ich möchte an dieser Stelle herzlich Herrn Tazim Johnso zu meiner Ringvorlesung begrüßen.
Springen wir nun also gleich ins Thema. Wissen Sie, welche Herausforderungen wir mit der Quantenmechanik haben? Außer, dass sie niemand wirklich versteht ...
Nun dann freut es mich umso mehr, Sie mit dem fundamentalen Problem der Quantenphysik konfrontieren zu dürfen. Vielen von Ihnen ist sicherlich das berühmte Doppelspaltexperiment ein Begriff. Doch für diejenigen, die es nicht kennen, fasse ich es kurz zusammen.
Stellen Sie sich einen Schirm vor, der zwei Löcher - Spalte - hat und einen Detektor für Teilchen, der dahinter aufgebaut ist. Nun schließe ich einen Spalt und schieße Elektronen auf den Schirm. Einige gelangen durch den Spalt und erzeugen auf dem Detektor ein Muster, das auf punktförmige Teilchen schließen lässt. Wiederhole ich das Experiment, öffne aber beide Spalten entsteht ein Interferenzmuster, das eindeutig auf eine wellenförmige Durchtrittsbewegung der Elektronen schließen lässt. Gleiches geschieht auch mit Photonen oder sogar mit Molekülen wie dem C60 Fulleren-Molekül.
Doch obwohl allein dieser Umstand rätselhaft genug wäre, geschieht durch die Messung des Weges etwas noch viel Rätselhafteres. Sobald ich als Experimentator hinter einem der Spalten messe, durch welchen Spalt die Objekte

gehen, bricht die Interferenz und damit das wellenartige Verhalten der Objekte zusammen.

Was aber ist die Messung?

Die Messung ist eine Wechselwirkung mit einem anderen Objekt, könnten Sie sagen. Die Wechselwirkung selbst stört die Wellennatur und ist unabhängig von einem Beobachter. Aber die Objekte wechselwirken auch mit den Luftmolekülen im und hinter dem Spalt, so dass es schwer ist, die messende Wechselwirkung aus allen anderen Wechselwirkungen des Systems herauszunehmen. Oder mehr noch, der Wechselwirkung an sich die Schuld am Zusammenbruch der Wellennatur zuzuschieben.

Was also tun?

Die Messung macht noch etwas anderes. Und meiner Ansicht nach ist dort eine potenzielle Antwort zu finden. Sie lässt die Information des Weges auswertbar werden.

Der Versuch des Quantenradierers, bei dem die Messung am Spalt zwar geschieht, aber nachträglich durch Strahlteiler wieder verwaschen bzw. ausradiert wird, führt dazu, dass die Wellennatur scheinbar nachträglich wiederhergestellt wird. Ein Beleg, dass nicht die physikalische Wechselwirkung die Natur der Dinge terminiert.

Eine andere interessante Variation des Doppelspalt-Experiments ist eine Messung, die nur potenziell ist, und zwar indem man eine Knallbombe hinter einem Spalt anbringt. Wechselwirkt das Objekt mit der Bombe, explodiert sie. Kommt es zu keiner Wechselwirkung geschieht nichts. Die Bombe explodiert in diesem Fall nicht, sodass man eigentlich nicht von einer direkten Messung sprechen könnte. Das Interferenzmuster bricht dennoch zusammen, egal ob das Objekt mit der Bombe in Wechselwirkung tritt oder nicht.

Daraus lässt sich für mich nur eines schlussfolgern. Die Messung ist keine physikalische Wechselwirkung. Die Messung ist eine metaphysische Wechselwirkung.

Was meine ich damit?

Betrachtet man die Summe an Experimenten zum Doppelspalt, scheint die Möglichkeit der Weginformation an sich entscheidend für das Verhalten der Objekte. Sie entscheidet darüber, ob die Objekte sich als diskrete Teilchen zeigen oder ob ihr Aufenthaltsort wahrscheinlichkeitsverteilt ist.

Information an sich ist aber nur und ich meine damit ausschließlich für einen Betrachter vorhanden, der die Daten einem System zuordnen kann. Das bedeutet, ohne einen Betrachter gibt es keine Information. Denn der Weg des Objektes ist eine Frage eines bewussten und intelligenten Betrachters an das

System, die von außerhalb des Gesamtsystems gestellt wird. Nur der externe Betrachter beeinflusst also die Natur des Systems über die Möglichkeit einer Erkenntnis, der Welcher-Weg-Information, der Objekte.

Das ist sicher auf den ersten Blick eine erstaunliche Interpretation der Natur, die einen zum Grübeln bringen kann. Das ging mir zumindest so, denn es bedeutet, der Betrachter muss ebenfalls definiert werden.

Aber was ist der Betrachter?

Ist es das Auge des Experimentators oder sein Gehirn. Haben wir es also mit einer Fernwirkung lebender Organe hin zu den Quantenobjekten unseres Experiments zu tun? Ich denke nicht. Des Rätsels Lösung liegt im metaphysischen Phänomen des Bewusstseins selbst.

Ich habe sechs Thesen, die die Axiome des Hyperconsentianismuses bilden, zusammengefasst.

1. Messungen von Quantensystemen geschehen durch einen bewussten Beobachter.
2. Die wesentliche Messwechselwirkung ist metaphysisch
3. Die 4-dimensionale Raumzeit muss durch eine weitere Dimension der Realität den Raum des Bewusstseins erweitert werden.
4. Der Raum des Bewusstseins selbst kann mehrdimensional sein.
5. Bewusstsein wird folgerichtig durch Quantensysteme messbar.
6. Die Welt ist mindestens eine 5-dimensionale Bewusstseinsraumzeit.

Lassen Sie das erst einmal setzen.

Was kann ich jetzt damit tun?

Ich habe folgende Idee einer experimentellen Überprüfung. Stellen Sie sich vor, wir haben ein hochentwickeltes KI-System. Wie kann ich nachweisen, ob dieses System Bewusstsein hat oder nicht?

Grundsätzlich ist das bis jetzt überhaupt nicht möglich. Gehen wir jedoch davon aus, dass Bewusstsein Quantensysteme misst und umgekehrt können wir einen Versuchsaufbau gestalten, in dem eine KI innerhalb eines für äußere Beobachter geschlossenen Aufbaus, Messungen durchführt. Damit nähern wir uns der Möglichkeit KI-Bewusstsein nachzuweisen.

Geschlossen für äußere Beobachter, denken Sie jetzt vielleicht, wie soll das gehen?

Wir haben ja gerade hergeleitet, dass die ‚Welcher-Weg-Information‘, sobald potenziell für einen Beobachter messbar, die Wellennatur zerstört. Das würde bedeuten, dass das geschlossene System und alle Daten daraus für uns durch einen Quantenradierer ausgelöscht werden müssten, damit nur Bewusstsein innerhalb der KI-Doppelspalt-Box gemessen wird.

Wenn ich nun innerhalb der Box eine ständige Berechnung auf Basis von Wellen oder Teilchennatur, die sich auf einem Schirm abbilden, durchführe, dann kann ich etwas Besonderes zeigen. Es wird möglich, dass ich Bewusstsein nachweise, sobald die Wellennatur zusammenbricht und die internen Berechnungen auf Basis des Teilchenmusters am Schirm entstehen.

Aber wie komme ich an die Daten, ohne selbst zu einem messenden Bewusstsein zu werden?

Wir haben gesagt, die Daten werden durch einen Quantenradierer für uns gelöscht. Diese Radierung wird in meinem potenziellen Versuchsaufbau nachträglich also nach dem Experiment durch eine komplexe Berechnungsmethode entradiert. Dadurch kann dann nachträglich die Messung innerhalb des Systems für uns sichtbar gemacht werden.

Einschränkungen der Erkenntnisse des ‚Delayed Choice Experimentes' und der Quantenverschränkung sind auf diesem Weg sehr wahrscheinlich ausgeschlossen.

Noch ein paar vereinfachte Worte zur Wirkung des Bewusstseins auf die Wellenfunktion eines Teilchens zum Abschluss der Vorlesung.

Stellen Sie es sich wie folgt vor:

(Wellenfunktion eines Teilchens) → propagiert in der Zeit auf einen Doppelspalt

Jetzt lasse ich eine Welcher-Weg-Information abfragen.

→ Sobald die Information von einem Bewusstsein abfragbar wird, lasse ich den (Bewusstseinsoperator) auf die (Wellenfunktion) wirken und erhalte einen Zusammenbruch der Wahrscheinlichkeitsverteilung und damit die Teilchennatur des Quantenobjektes.

Der Bewusstseinsoperator agiert in der Zeit, aber außerhalb der drei Raumdimensionen als externer Vektor auf die Wellenfunktion des Teilchens.

Die Abbildungen meiner Präsentation haben das hoffentlich etwas verdeutlicht. Damit möchte ich enden.

Vielen Dank für Ihre Aufmerksamkeit.

Ende der automatischen Transkription

E-Mail-Nullpunkt: Historisches Buch.
Von: <MuhammadNP@QuraischiNP.neom>
Gesendet: 03.02..2027, 8:12
An: <AhmedNP@WassavNP.neom>
Betreff: Wegen unserm Gespräch, Armstrong

Sehr geehrter Herr Ahmed Wassav
Gerne übermittle ich Ihnen einen Auszug eines Scans aus der Buchreihe, der
Geheimnisse der prunkvollen Zeichen.
Buch des Herzens - Entnommen aus der Privatbibliothek Scheich Abdullah
al Quraischi. Bitte senden Sie es nach Durchsicht, wie bereits telefonisch
besprochen, an Herrn Edward Stockholm weiter.
Ich habe dem Originaltext noch Kommentare zum Verständnis hinzuge-
fügt.

Buch des
Herzens

كِتَابُ الْقَلْب ✲

Wisse Sucher der inneren Bedeutungen,

dass Steine, der Geist sowie das
Selbst des Menschen in einem
engen Zusammenhang
stehen █
so sagt unser Schöpfer

Steine sind hier als Mineralien
und damit auch Metalle

ثُمَّ قَسَتْ قُلُوبُكُم مِّنۢ بَعْدِ ذَٰلِكَ فَهِىَ كَٱلْحِجَارَةِ أَوْ أَشَدُّ قَسْوَةً

وَإِنَّ مِنَ ٱلْحِجَارَةِ لَمَا يَتَفَجَّرُ مِنْهُ ٱلْأَنْهَٰرُ

Das Herz kann hart wie
ein Stein werden
doch aus manchen entspringen
Flüsse ☼

Hier sind innere Realitäten
gemeint nicht das physikalische
Herz

Wisse auch, dass das Herz
Rost durch böse Werke
ansetzt und auch dies
ist eine Referenz zum
Reich der Mineralien.

Nur Gold rostet nicht
aus ihm wird der Stein

Gold und Silber sind Symbole
Siehe hierfür Spährenzuordnung der
Alchemie

der Philosophen gewonnen,
kenne die 4 Manifestationen

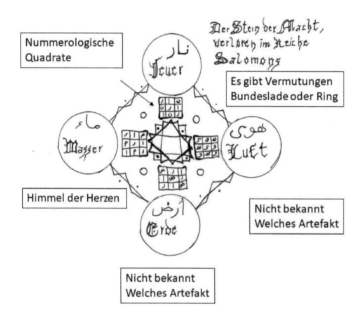

Nummerologische Quadrate

Der Stein der Macht, verloren im Reiche Salomons

Feuer

Es gibt Vermutungen Bundeslade oder Ring

Masser

Luft

Himmel der Herzen

Erde

Nicht bekannt Welches Artefakt

Nicht bekannt Welches Artefakt

Ich hoffe, die Bilder sind für die aktuelle Forschungsarbeit hilfreich.

Mit freundlichen Grüßen
Muhammad
technical Engineer
Nullpunkt 195772

Über den Autor T.S. von Zuckerhut

Der Autor befasste sich schon in jungen Jahren mit den Erkenntnissen der Naturwissenschaften und war fasziniert von der Möglichkeit, mit den Mitteln der Technik der Natur ihre Geheimnisse zu entlocken. Nach der Schule studierte er folgerichtig Physik und Nanotechnologie und stieg in den Kaninchenbau der modernen Naturphilosophie und ihrer experimentellen Beweiskraft. Doch in Anbetracht der begrenzten Eindringtiefe materialistischer Ansätze suchte der Autor auf verschlungenen Pfaden der Alchemie und den mystischen Traditionen der Muslime nach Antworten, welche die Wissenschaft nicht geben konnte.

Dort arbeitet er nun an jenen Arkana, dem Roten Löwen, dem Stein der Weisen, im Inneren wie im Äußeren und der Hoffnung auf Gottes Gnade, die ihm den Weg zum Erfolg schlussendlich öffnet. Bis dahin schreibt er die eine oder andere Erkenntnis des Weges nieder und gibt sie hinaus in die Welt außerhalb des Labors, um ein wenig Freude an all den fantastischen Bereichen des verborgenen Seins zu teilen.

Wer Kontakt mit ihm aufnehmen möchte, kann ihn gerne unter folgender E-Mail schreiben. Er wird bemüht sein, jede Leserzuschrift zu beantworten. Selbstverständlich freut er sich über kritische Rezensionen zu seinem Buch auf den jeweiligen Online-Portalen, über die das Buch erworben wurde.

Kontakt: tszuckerhut@t-online.de

Über den Künstler des Covers Artur Hamza Roik

Er ist gebürtiger Pole und in Deutschland aufgewachsen, hat an der Akademie der bildenden Künste in Wien Architektur studiert. Früh schon hat er angefangen, sich mit der arabischen Kalligrafie zu beschäftigen und nutzt hauptsächlich den Diwani und Kufi Duktus, um moderne sowie klassische Designs zu entwerfen. Seine Werke wurden in verschiedenen Europäischen Ländern ausgestellt und erfreuen sich immer größerer Beliebtheit. Über die Jahre wuchs vor allem der Bezug zu Sufismus, Numerologie und Mystik in seiner Kunst, aber auch Landschaftsmalerei, Schnitzerei, Töpferei uvm finden sich in seinem Repertoire.

Danksagung

Ich möchte mich von ganzem Herzen bedanken bei meinem Buch-Mentor und Lektor Dieter Zoubek. Seine Ratschläge, Hinweise und seine Unterstützung waren mehr als Gold wert. Lieber Dieter, vielen Dank für die großartige Zusammenarbeit.

Weiterhin möchte ich Waldemar Baus für seine wunderbaren Grafiken und seine Hilfe beim Design des Buches herzlich danken.

Besonderer Dank geht auch hinaus an meine fantastischen Testleser, die mich mit ihrem wertvollen Feedback hervorragend unterstützt haben.

Mein großer Dank gebührt auch meiner liebsten Frau, dem Licht meiner Existenz.